江苏省社会科学院专家文集

勤奋耕作三十年
——经济论文荟萃

李富阁 著

凤凰出版传媒集团 凤凰出版社

图书在版编目（CIP）数据

勤奋耕作三十年：经济论文荟萃 / 李富阁著. -- 南京：凤凰出版社，2011.9
（江苏省社会科学院专家文集）
ISBN 978-7-5506-0863-4

Ⅰ.①勤… Ⅱ.①李… Ⅲ.①中国经济－文集 Ⅳ.①F12-53

中国版本图书馆CIP数据核字(2011)第192950号

书　　名	勤奋耕作三十年
	——经济论文荟萃
著　　者	李富阁
责任编辑	林日波
出版发行	凤凰出版传媒集团
	凤凰出版社（原江苏古籍出版社）
	南京市中央路165号　邮编 210009
	发行部电话 025—83223462
集团网址	凤凰出版传媒网　http://www.ppm.cn
照　　排	南京凯建图文制作有限公司
印　　刷	江苏凤凰通达印刷有限公司
	南京市六合区冶山镇　邮编:211523
开　　本	880×1230毫米　1/32
印　　张	19.375
字　　数	539千字
版　　次	2011年9月第1版　2011年9月第1次印刷
标准书号	ISBN 978-7-5506-0863-4
定　　价	68.00元

（本书凡印装错误可向承印厂调换,电话:025-57572508）

江苏省社会科学院专家文集

编委会

主　任：宋林飞
副主任：张德华　陈　刚　周祥宝
委　员（以姓氏笔画为序）：

　　　　田伯平　包宗顺　孙克强
　　　　张　卫　杨颖奇　吴先满
　　　　陈　颐　陈爱蓓　胡发贵
　　　　胡传胜　姜　建　葛守昆
　　　　韩璞庚

江苏省社会科学院专家文集

总　序

2010年,我们迎来了江苏省社会科学院建院30周年!

30年来,在江苏省委、省政府的领导下,在社会各界的大力支持下,我们社科院各项事业不断发展,尤其是科研队伍不断壮大,科研成果不断增加、积累,学术影响和地位不断扩大、提升。据不完全统计,建院30年,我院研究人员牵头主持国家社会科学基金课题共63项,牵头主持江苏省社会科学基金课题共208项,共发表学术论文14100多篇,出版学术著作900多部,共有246项成果获得省部级哲学社会科学优秀成果奖和国家、江苏省精神文明建设"五个一工程"奖。这些成果来之不易,是全院广大科研人员勤劳智慧之结晶。

30年不断发展创新的科研过程,形成了我院一大批学者、专家和学科带头人,特别是那些荣获国家"有突出贡献的中青年专家"、国务院"政府特殊津贴"享受者和江苏省"有突出贡献的中青年专家"称号的教授、研究员,他们为我院科研事业发展做出了突出贡献。因此,在庆祝建院30周年之际,我们决定为我院享有以上三类专家称号的教授、研究员出版个人文集,作为江苏省社会科学院专家文集隆重推出,委托凤凰出版社出版,每位专家1本,每本40万字左右,主要汇集已公开发表的学术论文。以后,我们还将为我院上述三类专家称号的新获得者(已出专家文集者不重复出)和学科带头人出版专家文集。

首次列入出版专家文集的这21位专家,涵盖了我院经济学、社会学、马克思主义研究与政治学、文学、历史学、哲学等多种学科,他们在各自的工作岗位辛勤耕耘,在各自的学科领域长期探索,形成了丰富的成果,积累了宝贵的经验,创新了研究方法,走出了一条各具特色的成功的科学研究之路,在全国和江苏省享有较高的知名度,受到社会的广泛称赞和好评。这是我院事业兴旺发达、科研持续发展的一笔宝贵的精神财富,值得全院同志特别是青年科研人员学习借鉴。如今,这些专家,他们中有些年事已高,却依然忙于笔耕;更有不少年富力强者,他们任务重,压力大,积极作为,发挥着学术带头人的作用。

江泽民同志强调社会科学的认识世界、传承文明、创新理论、资政育人等功能作用,强调以科学的理论武装人。胡锦涛为总书记的党中央倡行科学发展观,强调党和国家的各项工作都要以人为本。我们社会科学工作者要深入学习领会中央领导同志的这些重大战略思想,努力把这些重大战略思想贯彻落实到自己的科研实践中去。在我院事业发展的最近十多年的时间里,我们继承发扬我院已有的解放思想、实事求是、重视实际调查和科研团队协作等优良传统与作风,与时俱进,进行一系列新的开拓创新。最近十多年来,我们坚持理论研究和应用研究相结合,贴近现实,贴近决策,努力创建一流的地方社会科学院。我们陆续推出了江苏经济形势分析会、重点课题研究、江苏经济社会形势分析与预测蓝皮书、《咨询要报》、江苏研究报告、江苏研究丛书、院学者文库和青年学者文库、比较优势学科基地建设、研究员论坛、《江苏通史》、《历代江苏名人辞典》、《江苏历代名人传记丛书》等重大科研工程项目与活动,有效调动了全院科研人员的积极性和创造性,科研成果增长加快,成果质量不断提高,社会影响不断扩大,使我们的科研工作让领导满意、学界认同、社会欢迎。这些重要的开拓创新与努力及其形成的成果为我院事业以后的发展打下了深厚扎实的基础。

当前,我国正处在深化改革开放与发展的关键时期,江苏也正处于建设更高水平的全面小康社会进而率先基本实现现代化的关键时期,有大量的理论与实践问题亟待我们社科工作者去研究探索。我们社科院的同志要戒骄戒躁,踏实前进,不断创新,多出成果,多出精品力作,通过多出成果,多出精品力作,而多出人才,多出专家、名家甚至大家。不仅深入研究江苏,而且要重视研究全国性、普遍性的问题,还要有世界眼光,博采众长,兼收并蓄,加强学理性,突出重点,搞好协作攻关,努力提升工作水平,进一步彰显我院的特长与优势,为国家和江苏省的社会主义现代化建设做出更大的贡献。

今天正是30年前江苏省政府批复江苏省哲学社会科学研究所扩建为江苏省社会科学院的日子,仅以上述所言为专家文集总序。

江苏省社会科学院院长、党委书记、教授
宋林飞
2010年6月3日

作者小传

李富阁(曾用名:李小猛;笔名:童稚),男,汉族,1941年农历六月初六出生,山东省成武县人。1950～1966年,渐次在家乡草里王小学、成武二中、菏泽一中、山东大学政治系完成学业。大学毕业后分至南京大学马列主义教研室任教,后先后在泰州红旗军农场锻炼、在江苏省徐州耐火材料厂任厂党委秘书、在中共徐州市委党校任理论教员,1979年2月调至江苏省社会科学院经济研究所。在所历任助理研究员、副研究员、研究员,工业经济研究室副主任、副所长、正处级副所长(主持工作)、所党支部书记、《现代经济探讨》杂志主编;兼任院学术委员会委员、中国社会科学院研究生院兼职教授、南京经济学院教授、南京大学跨国经营与研究中心特邀研究员和副秘书长,省哲学社会科学"八五"～"十五"规划学科专家组成员、省社会科学研究人员高级职务任职资格评委会委员、省经济专业高级职务任职资格评委会委员,省经济学会、省工业经济联合会、省劳动学会常务理事等。自1999年起享受国务院"政府特殊津贴"。2002年1月退休。

退而不休,乐在耕耘。

目 录

自 序……………………………………………………………(1)

第一编 社会主义经济理论研究

马克思主义讲不讲物质利益原则……………………………(3)
人们不能自由选择自己的生产力………………………………(8)
探讨社会主义社会的生产目的必须从社会主义发展的客观实际
　　出发……………………………………………………………(13)
谈谈社会主义企业生产目的的二重性…………………………(26)
科学社会主义在当代中国的新发展……………………………(34)
社会主义本质的分层次说
　　——学习邓小平同志关于社会主义本质的多角度论述……(46)
论实现市场经济与社会主义公有制有机结合…………………(62)
论市场经济同社会主义的结合…………………………………(71)
所有制问题上的又一次思想大解放……………………………(82)
"重新认识社会主义"需辨清楚的几个问题……………………(88)
"十五大"对邓小平所有制理论的新发展………………………(98)
社会主义经济制度的基础和社会主义初级阶段的经济基础
　　——学习《中国共产党中央委员会关于修改宪法部分内容的
　　建议》……………………………………………………(107)

关于社会主义与公有制经济的几点思考……………………(117)
换个角度论说"分配不公"问题………………………………(125)
理论上的重大创新………………………………………………(137)

第二编 中国经济体制改革和发展研究

"多层次社会主义公有制"探析…………………………………(143)
"多层次社会主义公有制"构想…………………………………(152)
论社会主义所有制的改革………………………………………(156)
国有资产管理体制的进一步创新………………………………(170)
以公有制为主体的多种所有制经济长期共同发展的客观性……(181)
市场经济体制中的公有制实现形式探讨
　　——兼议"中国特色社会主义的所有制结构特色"………(190)
"有进有退"并非"全面退出"竞争……………………………(202)
公有制的主体地位必须坚持
　　——"民营经济主导论"质疑………………………………(205)
让企业像细胞一样具有活力……………………………………(209)
进一步把国营大中型企业放开…………………………………(211)
推进国有企业改革和发展的几个基本认识……………………(213)
深化企业改革的思考……………………………………………(223)
把企业制度的改革引向深入……………………………………(232)
如何造就职业企业家队伍………………………………………(239)
世纪之交中国国有企业的改革与发展…………………………(244)
国有企业重振雄风路在何方
　　——"春兰"、"小天鹅"、"常柴"等企业高速高效发展的经验
　　　及其启示…………………………………………………(251)
国有企业改革与竞争
　　——兼议国有经济从竞争领域的"退出"………………(259)

关键在于增强国有经济的竞争力……………………………(267)
苏州市集体工业是怎样发展起来的……………………………(271)
要更好地发展城镇新办集体企业………………………………(277)
城镇集体工业企业"大划小"趋势初探…………………………(281)
对"劳动群众集体所有制"要重新认识
　　——兼谈"地方公有制"问题……………………………(287)
要注重研究经营集团持大股的股份合作制……………………(298)
苏南农村雇工经营调查报告……………………………………(303)
关于"两户"的概念和划分标准…………………………………(321)
关于私人雇工的性质问题
　　——对白永秀等同志《商榷》的答辩…………………(324)
从理论和实践结合上求得对私营经济的认识
　　——《中国现阶段私营经济研究》读后…………………(329)
试论社会主义条件下公有制与非公有制的兼容、相促
　　——兼谈中国西部地区所有制结构的调整……………(332)
社会主义与非公有制经济………………………………………(344)
关于促进非公有制经济健康发展的问题
　　——兼论中国改革者肩负的一项重大历史责任………(353)
不能干多干少一个样
　　——贯彻"各尽所能，按劳分配"原则…………………(364)
按生产要素分配和按劳分配……………………………………(375)
社会主义市场为什么有几种价格？……………………………(384)
加强计划指导与充分发挥市场调节作用………………………(388)
市场经济与计划经济体制不容
　　——同孙开镛先生商榷……………………………………(390)
国有资产管理体制改革迈出的重要一步
　　——谈"直接委托大企业、大集团公司行使运作国有资产的
　　　　职能"…………………………………………………(393)

建设社会主义必须走自己的路
　　——重读《论十大关系》………………………………(399)
社会主义的根本任务是发展生产力…………………………(407)
实现苏南现代化必须以邓小平的发展思想为指导…………(414)
努力走出一条西部开发的新路子……………………………(424)
努力按客观经济规律办事……………………………………(428)
社会主义市场经济和社会主义精神文明
　　——学习党的十四届六中全会《决议》体会……………(434)

第三编　江苏经济发展研究

五十年光辉历程
　　——江苏经济发展五十年回顾及启示…………………(445)
"企业集团化"和创建江苏经济发展新优势
　　——兼论解困国有企业的必由之路……………………(456)
漫谈江苏工业结构调整………………………………………(467)
西部大开发给江苏带来发展机遇……………………………(490)
江苏环保产业面临的问题及建议……………………………(495)

第四编　集团经济研究

深化经济联合　优化规模结构………………………………(501)
深化企业改革和发展企业集团………………………………(505)
建立社会主义市场经济体制和合理组建企业集团…………(512)
大力推进中国企业集团经营的国际化………………………(517)
提高企业集团发展的质量和水平……………………………(526)

第五编　其他方面研究

浅议推进我国企业的跨国经营……………………………………（533）
"入世"杂说………………………………………………………（539）
论"开放融入"战略中的国家、民族利益保护 ………………………（544）
再论经济全球化的实质……………………………………………（554）
漫谈知识经济………………………………………………………（562）
香港经济考察………………………………………………………（591）

李富阁论著要目……………………………………………（600）

自 序

在建院30周年之际,院里决定为一些具备条件的专家出文集,这使我感慨良多。

我于1941年农历六月初六,出生在山东省成武县县城东南方18里远的屈庙村,一个贫苦农民家庭。按老辈人说法,六月初六是个好日子,是年又恰逢闰六月,能在这天出生的孩子,必有大富大贵。只可惜我生来命运不济,幼时与祖母、父亲、母亲、哥哥相依为命,艰难度日;稍长大些,又8岁时失去母亲、10岁时失去祖母、19岁时(正读高中)父亲去世更是塌了天,往事不堪回首。我家在庄上是老户,又是独门独户,祖祖辈辈都是"睁眼瞎"。是新中国诞生给了我入学读书的机会,并渐次在草里王小学、成武二中、菏泽一中和山东大学完成学业。虽吃尽常人难以想象之苦,但能从小学一直读到大学,终究还算是幸运的。想到此,我特别怀念我那受苦受穷一辈子、临终也未能最后见儿子一面、既做爹又做娘的慈爱的父亲;也要深深谢谢给我知识和格外关爱的母校和恩师。

在大学里我是学经济的。1966年毕业后被统配到南京大学马列主义教研室做老师。后又随南大应届留校生一起到泰州红旗军农场锻炼。1970年初锻炼结束后,先是在徐州耐火厂做厂党委秘书,后又在中共徐州市委党校做理论教员。1979年2月由党校调至本院经济研究所,从助理研究员、副研究员做到研究员,并两任主持研究所的工作,直至2002年1月退休。

之所以先在这里简略地说一下个人家庭和成长道路,是因为它与我这些年的研究工作很有些关系。我同新中国一起长大，在学校学的是马克思列宁主义、毛泽东思想经典，受了多年正统的马克思主义熏陶。共产主义的信念，社会主义制度的优越，社会主义公有制和按劳分配，这些早都已是刻骨铭心。这在一些论文中，也都有体现。由于我个人常发表一些这方面的文章，骂我是"旧制度卫道士"、"思想保守"、"用传统的观念看问题"的有之；赞我"理论功底深厚"、特邀我就某个难点问题撰写文章的知名刊物亦有之。我这人心直口快，常指名不指名地同一些不同意见者商榷；商榷归商榷，不敢有半点私心，在此要请有关人士见谅了。

为着读者阅读的方便，也便于较集中地展现我个人对一些要研究问题认识发展的轨迹，本文集具体分5个专题展开。第一是"社会主义经济理论研究"；第二是"中国经济体制改革和发展研究"；第三是"江苏经济发展研究"；第四是"集团经济研究"；第五是"其他方面研究"。每个专题中的文章，基本按发表时间先后排序，从中不难看出我本人认识发展的过程。为了展现这个过程，我把改革开放初期撰写的几篇小文章，也一字不改地收入在本文集中。如，对于社会主义经济体制的研究，在我1979年和1981年发表的两篇短文中，还只是回答"社会主义市场为什么有几种价格"和"加强计划指导与充分发挥市场调节作用"的问题，直到1992年才在一篇商榷性短文中，明确提出"是市场经济体制就不可能同时还是计划经济体制"的问题。又如，对社会主义条件下非公有制经济、特别是私营企业性质问题的认识，现在看，提出"不能把私营经济看作社会主义经济"，"私营企业基本上属于私人资本主义企业，至少应该说它是体现雇佣劳动关系、带有私人资本主义性质的企业"我至今认为是坚持对了。但在改革开放初期又认为，"对于那种明显带有剥削雇佣劳动性质的所谓'个体经营'"，应创造条件"向各种类型的合作经济引导"，的确是又有些保守。我认为发展公有制经济和非公有制经济，不能回避主体和非主体的问题。在后来撰写的论文中，我早给非公有制经济做了历史定位，就是："若干年后我国走过社会主义的初级阶段，社会主义自身发展成熟了，非公有制经济也不会被消灭。"

社会主义初级阶段基本经济制度决定了,在我国,非公有制经济必须有更大发展,但不可以喧宾夺主。

值得一提的是,对两个有争论问题我个人有独到看法,并认为仍有必要继续坚持下去:一是"多层次社会主义公有制"问题。在1986年撰写的发表在内刊上的一篇论文中,我就明确提出过应将传统的两种基本形式的社会主义公有制,即社会主义全民所有制和社会主义劳动群众集体所有制,改革为"多层次社会主义公有制"。很清楚,我文中提出的"多层次社会主义公有制",同理论界一些同志所提出的"多层次公有制",是有重大差别的。迄今所进行的国有资产管理体制改革,只是实行了国有资产产权的"分级所有",而所有权仍是国家的,原来涵义的劳动群众集体所有制经济更是大多已不存在了。而我提出的"多层次社会主义公有制"要能真正实行,首先还要求我国国有资产管理体制的进一步创新,即由对国有资产产权的"分级所有",转向国有资产所有权的"分级所有",进而由传统"大一统的国有制",转变为"多层次社会主义公有制"。二是如何科学认识社会主义本质的问题。按照现在权威部门的解释,邓小平同志所讲的"社会主义的本质,是解放生产力,发展生产力,消灭剥削,消除两极分化,最终达到共同富裕",正是"对社会主义本质这一重大问题作了总结性的理论概括"。分析这个问题的角度是,"在坚持社会主义基本制度的基础上进一步认清社会主义的本质","坚持公有制和按劳分配,维护公有制和按劳分配的主体地位,是体现社会主义本质的前提"。这样来领会邓小平同志关于社会主义本质的这一论述自然有其道理。不过换个角度思考,我则认为邓小平同志对于社会主义本质的论述原本是多角度、分层次的;完整地领会邓小平同志对社会主义本质的论述,还可以不把公有制和按劳分配看作体现社会主义本质的前提,或与社会主义本质有别的社会主义实体,而直接地把其看作社会主义本质的一个本源层次,分清什么是社会主义的制度本质、什么是社会主义的运行本质和什么是从运行结果看的社会主义的本质。邓小平同志专门回答过改革开放会不会"伤害社会主义的本质"的问题,他这里所论述的社会主义的本质,无疑正是社会主义基本制度自身。在我国改革开放中私有化的阴影不散。一些人动不动就拿邓小平同志视察南方谈话中所讲的社会主义本质说事，说什么要坚持社会主义的本质就不能再强调坚持公有制为主体了。这样把邓小平关于必须坚持公有制和按劳分配为主体的思想，同他关于社会主义本质的论述从根本上对立起来，真是可笑到了极点。

再有，文集收录了我自1978年以来公开发表的、除专（编）著以外的主要研究成果；对中国经济改革和发展，从理论到实践进行长时间持续不断地跟踪研讨，构成本书最大的特色。

从这里说，它正是中国30年改革的一个缩影。

李富阁
2010年9月于南京

社会主义经济理论研究

马克思主义讲不讲物质利益原则

搞社会主义要不要讲群众的物质利益？这是一个被"四人帮"搞得混乱不堪的重大理论问题和实践问题。时至今日，不少同志对"物质利益"这几个字还是心有余悸、讳莫如深。事情竟然弄成了这个样子：仿佛资产阶级、修正主义是注重物质利益的，而无产阶级是讲不得物质利益的。马克思主义真的不要讲物质利益吗？否！

物质生活是全部人类社会生活的基础

马克思和恩格斯在阐明历史唯物主义的基本原理时指出："我们首先应当确定一切人类生存的第一个前提也就是一切历史的第一个前提，这个前提就是：人们为了能够'创造历史'，必须能够生活。但是为了生活，首先就需要衣、食、住以及其他东西。因此第一个历史活动就是生产满足这些需要的资料，即生产物质生活本身。"[①] 无产阶级的革命导师在这里讲得多好啊！不论干什么事情总得先要吃饭，这确实是一个普通而又伟大的真理。吃饭、穿衣、居住等等物质生活问题不解决，人类社会的其他一切活动都无从谈起，社会进步也就失去了现实的基础。对于人类社会的发展来说，物质生活问题实在是太重要了！

难道不正是这样吗？人类社会不正是在人们的物质文化生活不断

---

① 《马克思恩格斯选集》第一卷，人民出版社1972年版，第32页。

得到提高的基础上发展起来的吗？人们为了生存和发展，在共同劳动中不断地发展社会生产力和变革社会生产关系。与此同时，也发展了自己的物质生活和精神生活的需要。而这种需要回过头来又推动着人们去进一步发展社会生产力，创造出更多更好的物质财富和精神财富。现代社会人们的生活水平，较之原始社会那种茹毛饮血的状况来，高得不可比拟。随着社会生产的不断进步，人们的物质生活必将得到进一步改善和提高。这难道有什么不好？不错，在阶级社会中，共产主义者任何时候都不会忘记阶级斗争。但是，我们搞阶级斗争、搞革命，最终目的不正是为着实现人类最美好、最理想的社会生活吗？共产主义不正是好就好在生产力极大发展、物质产品极大丰富，从而能够实现"各尽所能，按需分配"吗？如果认为马克思主义不要讲群众的物质利益，这岂不是对马克思主义的莫大讽刺吗？！

马克思主义的伟大真理，近年来被"四人帮"糟蹋得简直不成样子。连人要穿衣、吃饭这样不成问题的问题，也被他们搅成了一盆糊涂浆。张春桥竟声言，"八亿人民主要是抓上层建筑。"又说，"不要怕生产搞下去"，"颗粒无收也没关系"。这不明明是叫八亿人民喝西北风吗？张春桥居然"发明"了没有物质基础的"共产主义"，他摆出"理论权威"的架势，摇头晃脑地说，"我的兴趣在领导权"，"至于物质基础，共产主义的物质基础，我就不管了"。帽子也现成："说共产主义总得要物质基础，真是个'物质迷'。"够了！对于这伙自命不凡的假马克思主义的政治骗子来说，这些不打自招的话已经足够揭穿他们的假面具了！

个人物质利益从属于阶级的物质利益

物质利益问题，对任何阶级、任何个人来说，都是一个不能不考虑的生死攸关的问题。因此，人们关心个人物质利益，希望生活得更好些，自然也就毫不奇怪。但是，愿望并不等于现实。个人总是作为社会的一员而存在的。人类改造自然的活动，总是在一定的社会生产关系下进行的。人们既不能自由地选择自己的生产力，也不能自由地选择自己的生产关系。在生产力极其低下的原始社会,人类老祖宗只能共同占有生产资料,集体劳动和平均分配产品。当生产力有了发展、生产有了剩余的时候,"阶级"这个怪物却光临了。"通常所说的阶级究竟是什么呢?这就是说,允许社会上一部分人占有另一部分人的劳动。"①"获者不劳,劳者不获"意味着一部分人生活得好而另一部分人生活得坏。广大劳动人民的水深火热使得一小撮剥削者享尽了人间富贵荣华。广大劳动人民不论怎样挣扎,总难摆脱苦难的深渊。这就是人吃人的旧社会的严酷事实。

只有在推翻了地主资产阶级的反动统治、建立起无产阶级专政的社会主义国家,广大劳动人民才破天荒第一次过上了好日子。但另一方面,一小撮剥削者再也过不上不劳而获、坐享其成的生活了。这就充分证明:不同的生产关系必然表现为不同阶级的物质利益。个人只能在一定的社会经济地位中生活,个人的物质利益,是不能不从属于阶级的物质利益的。无产阶级懂得:个人奋斗是没有出路的,只有作为一个阶级并联合其他劳动群众团结战斗,推翻并最终消灭一切剥削制度,才能逐步实现自己的物质利益,并使全人类获得彻底解放。马克思主义正是从阶级的整体利益出发考察个人物质利益的。但是,这是不是说,强调阶级的整体利益就根本不要考虑群众的个人物质利益了呢?绝对不是这样。

必须给群众以看得见的物质利益

列宁在谈到向共产主义过渡时指出,"不是直接依靠热情,而是借助于伟大革命所产生的热情,依靠个人兴趣、依靠从个人利益上的关心"等等,否则"就不能到达共产主义"②。斯大林也指出,"为了最终摆

---

① 《列宁选集》第四卷,人民出版社1972年版,第352页。
② 《列宁选集》第四卷,人民出版社1972年版,第572页。

脱旧时的羁绊,仅仅击溃剥削者是不够的。为了做到这一点,还要建立新生活,建立一种使劳动农民能够改善他们的物质生活状况和文化生活状况,而且能够一天比一天、一年比一年上升的生活。"①关心群众生活,给群众以看得见的物质利益,也是伟大领袖毛主席的一贯思想。共产党人不是禁欲主义者,更不要求广大群众那样做。在社会主义社会,无产阶级和广大劳动人民的长远利益和眼前利益在根本上是一致的。无产阶级先锋队领导人民群众搞革命、搞建设,在发展生产的基础上使人民群众的物质文化生活逐步得到改善,这是社会主义社会发展客观规律、首先是社会主义基本经济规律的要求,也是社会主义制度优越性的根本标志。相反,如果社会主义意味着广大劳动人民比在资本主义旧社会吃得更坏、穿得更差、住得更糟,又为什么要干这样的社会主义呢?显然,马克思主义同资产阶级、修正主义的区别,不在于讲不讲物质利益,而在于讲哪个阶级的、讲什么人的物质利益。资产阶级、修正主义讲一小撮剥削者的物质利益,马克思主义讲无产阶级和广大劳动人民的物质利益。这也正是我们党同"四人帮"的重大分歧。

　　物质利益关系是一种经济关系。在人民内部,只有恰当地处理了人与人之间的物质利益关系,才能调动各方面的积极性。在发展生产的基础上"逐步改善人民的物质生活和文化生活",已经庄严地写进了五届人大通过的新宪法。我们一定要把群众的疾苦时时放在心上。一定要正确实行"各尽所能、按劳分配"原则,把精神鼓励同物质鼓励结合起来,反对平均主义。让"四人帮"的"福利主义"、"物质刺激"、"奖金挂帅"的大帽子连同"四人帮"一起见鬼去吧!

　　"四人帮"一见谁讲"个人物质利益"就火冒三丈。但是,难道这些家伙真的不讲"个人物质利益"吗?他们的所作所为早把自己的伪装剥个精光。他们比谁都贪图物质利益。他们任何时候也没有忘记要"吃得饱饱的,睡得好好的",过着穷奢极欲的糜烂生活。这群丑类在吃饱

---

①《斯大林全集》第十三卷,人民出版社1953—1956年版,第216页。

睡足之后，居然唱起了"八亿人民生活再苦也没关系"的高调，真是可恶至极，可鄙至极。由此足以说明："四人帮"一伙确实是"比资本家还厉害"的大吸血鬼！

两种对立的物质利益原则

马克思主义的物质利益原则，是同资产阶级的、特别是现代修正主义的"个人物质利益原则"相对立而存在、相斗争而发展的。马克思主义的物质利益原则，承认无产阶级和人民群众的整体利益高于一切。在这个前提下，承认并照顾群众的个人物质利益。因此，马克思主义物质利益原则要求国家、集体和个人三者必须统筹兼顾，不能只顾一头。毛主席说："我们历来提倡艰苦奋斗，反对把个人物质利益看得高于一切，同时我们也历来提倡关心群众生活，反对不关心群众痛痒的官僚主义。"[①]这是对马克思主义物质利益原则的经典论述。"我们的重点必须放在发展生产上，但发展生产和改善人民生活二者必须兼顾。"[②]而现代修正主义者宣扬的所谓"个人物质利益原则"，只讲个人，不讲整体，把个人物质利益看得高于一切，把阶级的整体利益抛在脑后。这是我们必须坚决反对的。

（本文系作者参加全省理论工作会议期间为会议撰写的《简报》，在1978年4月30日的《光明日报》和1978年5月3日的《新华日报》上，分别以黎功辉和黎功惠的署名发表）

---

① 《毛泽东选集》第五卷，人民出版社1977年版，第272页。
② 《毛泽东选集》第五卷，人民出版社1977年版，第92页。

人们不能自由选择自己的生产力

"人们不能自由地选择自己的生产力",这是马克思主义历史唯物主义的基本常识。然而要正确理解社会主义的优越性,却正要从这一点出发。"社会经济形态的发展是一种自然历史过程。"①我们只能在现有经济条件下逐步发挥社会主义制度的优越性。

生产力作为一种客观存在的力量,原是人们的实践能力的结果。人们的实践能力取决于下列三种情况:第一取决于前人所造就的条件,第二取决于前人已经获得的生产力,第三取决于前人已经创立的生产关系的状况。总而言之,"任何生产力都是一种既得的力量,以往的活动的产物"②。这就是说,任何一代人都只能在已有的基础上来进一步发展自己的生产力。

人们既然不能自由地选择自己的生产力,当然也就无法自由地选择自己的生产关系。因为,生产关系作为生产力的特定社会形式,一定要同生产力发展的性质和状况相适应。所以,马克思说:"人们借以进行生产、消费和交换的经济形式是暂时的和历史性的形式。随着新的生产力的获得,人们便改变自己的生产方式,而随着生产方式的改变,他们便改变所有不过是这一特定生产方式的必然关系的经济关系。"③

---

① 《马克思恩格斯全集》第二十三卷,人民出版社 1956—1985 年版,第12 页。
② 《马克思恩格斯选集》第四卷,人民出版社 1972 年版,第 321 页。
③ 《马克思恩格斯选集》第四卷,人民出版社 1972 年版,第 322 页。

当然，生产关系并不是纯粹消极的东西，它会极大地反作用于生产力。当它适合生产力的性质时，它是生产力发展的动力；及至生产力发展到一定高度，它就由适应变成不适应，由动力变为阻力。于是，适应生产力发展的新生产关系将应运而生，社会革命就会到来。

由此不难看出，两种社会生产关系、从而两种社会制度相比，究竟谁比谁更优越，标准只有一个，这就是看哪个制度更能促进已经造就的生产力继续向前发展，看哪个制度能给劳动者带来实际利益。明白了这一点，对于我国社会主义制度的优越性也就容易理解了。

以生产资料公有制和按劳分配为基本经济特征的社会主义制度，确确实实从根本上优越于以资本家占有生产资料并剥削雇佣劳动为基础的资本主义制度。这样讲，至少有以下理由：第一，社会主义公有制的建立，克服了资本主义所固有的生产的社会性和占有的私人性之间的矛盾，实现了生产资料和劳动者的直接结合，从而彻底铲除了劳动人民受压迫、受剥削的老根。在社会主义制度下，劳动人民不仅是生产资料的主人，而且是生产过程的主人，社会主义生产的直接目的，就是为着最大限度地满足他们自己不断增长的物质和文化生活的需要。这就为劳动者积极性、创造性的发挥提供了广阔的可能性。这是任何以生产资料私有制为基础的社会制度都不能比的。第二，计划经济是社会主义经济的一个基本特征，也是社会主义制度优越性的重要标志。由于国家、生产单位和生产者个人三者之间并没有根本的利害冲突，所以资本主义生产的盲目竞争和无政府状态将会消除，社会的人力、物力和财力将得到最合理地安排和最充分地利用，国民经济各部门之间暂时出现的不平衡将得到自觉地调整，国民经济有计划、按比例、高速度地向前发展成为可能。第三，社会主义不仅从旧社会解放了劳动者和生产资料，而且也解放了自然界，并为科学技术的迅速发展和广泛应用扫除了障碍。第四，随着剥削制度的消灭，原被一小撮寄生虫挥霍的那部分社会财富，得以用来发展生产和改善人民的生活。总之，正像毛泽东同志所说的那样："所谓社会主义生产关系比较旧时代生产关系更能够适合生产力发展的性质，就是指能够容许生产力以旧社会所没有的速度迅速发展,因而生产不断扩大,因而使人民不断增长的需要能够逐步得到满足的这样一种情况。"①

为着正确地认识社会主义制度的优越性,有必要对"按人口平均的国民生产总值"和"按人口平均的国民收入"这个问题,做一点历史的和阶级的分析。

能不能因为我们的生产水平和生活水平没有某些资本主义国家高,就说我们的社会主义制度没有资本主义制度优越呢?当然不能。前面已经讲过,人们无法自由地选择自己的生产力。所以,离开每个国家的生产力发展水平,离开每个国家的特殊历史环境来孤立地比较人们的生活水平,这本来就不科学。某些资本主义国家的生产力比我们发达,消费水平比我们高,这的确是事实。但还有另外的事实,这就是:同已经有了三四百年历史的资本主义制度相比,社会主义制度还处在幼年时期;资本主义几百年才做到的,要社会主义几十年就做到,这当然不现实。更何况,我们的社会主义经济是在比较落后的基础上起步的呢。

其实,资本主义国家决非"天堂",我们千万不能被资本主义国家按人平均的"国民生产总值"和"国民收入"迷住了自己的眼睛。我们既要看到资本主义国家经济发展的一面,又要看到资本主义制度落后、腐朽、堕落、黑暗的一面。不错,资本主义国家科学技术先进,小汽车、电冰箱、洗衣机之类的耐用消费品比我们多得多。但这些东西再多,终究改变不了贫富悬殊的严酷现实。二次大战后,某些资本主义国家的消费水平的确有较大提高。但资本主义国家的消费的增长,始终服从于生产剩余价值的目的。以美国制造业为例:从一九五〇年到一九七七年,这个行业的资本家的利润增长了 5.46 倍,而同期工人的工资仅增长 2.89 倍;在这个行业,资本家每付出 1 美元工资,在一九四七年能从工人身上榨取 1.46 美元的剩余价值,而到了一九七一年,则能榨取

---

① 《毛泽东选集》第五卷,人民出版社 1977 年版,第 373 页。

2.37美元的剩余价值。可见,随着资本主义生产的发展,工人阶级遭受剥削的程度是愈来愈深了。马克思说得完全对:"雇佣劳动制度是奴隶制度,而且社会劳动生产力愈发展,这种奴隶制度就愈残酷,不管工人得到的报酬较好或是较坏。"①资本主义国家生活水平的提高,丝毫改变不了生产社会化同资本主义私人占有之间的矛盾,丝毫改变不了无产阶级同资产阶级之间的根本对立,丝毫改变不了资本主义制度必然灭亡的历史命运。只有看到这一点,才算认清了资本主义剥削制度的实质。

有的同志提出:人们不能自由选择自己的生产力,这当然是不言而喻的;新中国从根本上优越于旧中国,社会主义从根本上优越于资本主义,也是毋庸争辩的事实。可话得说回来,建国三十年了,人民的生活并没有得到多大改善,这又何解释呢？乍看起来,这的确有点令人费解。但只要冷静地做些分析,问题并不难解决。眼下我们国家的生产水平和生活水平之所以还比较低,除了前面讲过的历史的原因外,也还有人为的因素。完全可以设想,如果不是几经波折,我国社会主义制度的优越性一定会得到更多地发挥,我们的工农业生产和科学技术一定会有更大地发展,人民的生活水平也一定会有较大地提高。出现波折的主要原因有二:一是旧制度遗留的影响,特别是林彪、"四人帮"的长期破坏干扰;二是我们工作指导上发生失误。其中最大的失误,就是忘记了旧中国遗留给我们的是一种什么样的生产力,没有把发展社会生产力放在首要地位,从而把党的"八大"制定的正确路线抛在脑后。殊不知,公有化程度的高低,经济组织规模的大小,归根到底还要由社会生产力的发展水平来决定。同时,根据我国现有生产力的发展水平,国家计划要把一切都包下来,既办不到,也没必要。由于我们无视我国现有生产力的状况,该计划的不计划(没有采取切实可行的措施制止人口盲目增长),不该计划的硬要纳入计划(忽视市场调节的积极作用),结

---

① 《马克思恩格斯选集》第三卷,人民出版社1972年版,第17页。

果,社会主义制度优越性赖以发挥的条件,在很大程度上被我们自己的所作所为破坏了。从统计数字看,总的说,我国工农业生产发展的速度确实不算慢,然而,人民的生活水平为什么没有得到相应地提高呢?除去积累率偏高外,原因还有两条:一是浪费掉了,二是被新添的嘴吃掉了。当然,这丝毫也不意味着社会主义制度本身有问题。正像列宁说的那样:"如果从实质上来观察问题,难道历史上有一种新生产方式是不经过许许多多的失败、错误和毛病而一下子就确立起来的吗?"[①]俗话说,"吃一堑长一智"。我们付了学费,吃了些亏,但重要的是,我们的干部和人民也从中取得了正反两个方面的经验。我们坚信:只要我们善于学习,勇于实践,就一定能正确地认识和掌握现阶段我国社会经济的特点,按社会主义客观经济规律办事,把我们伟大的社会主义祖国建设得更加美好!

总之,社会主义制度不是无缘无故地在中国出现的,它是中国历史发展的必然结果,是中国亿万人民在长期奋斗中所作出的决定性选择。一百多年来,灾难深重的中国人民为了寻求解放的道路,许多办法都试过了,都行不通,只是在中国共产党的领导下,选择了社会主义道路,才获得了真正的解放。一百多年奋斗的实践证明,只有社会主义能够救中国。

(原载《群众》1980年第5期,人大复印报刊资料《政治经济学》1980年第20期全文复印)

[①] 《列宁选集》第四卷,人民出版社1972年版,第14页。

探讨社会主义社会的生产目的必须从社会主义发展的客观实际出发

《红旗》杂志1980年第17期,发表了吴振坤同志的《要真正弄清社会主义生产目的的科学含义》一文,读后很受启发。但也感到,吴振坤同志"把社会主义生产目的归结为不是为了价值,而是为了使用价值",似乎有些勉强。吴振坤同志为这个"归结"找了三条理由:一是分析社会生产目的要从生产资料所有制出发;二是在社会主义商品生产条件下,价值和利润不过是实现生产目的的重要手段;三是整个社会主义社会的生产目的同单个社会主义企业的生产目的应该完全一致。吴振坤同志提出的这三条理由显然还有商榷的必要。

在这里,我总的看法是,探讨社会主义生产目的,必须从社会主义发展的客观实际出发,否则就不会得出正确结论。

既然讲社会生产目的要由生产资料所有制来决定,那就要具体分析社会主义不同发展阶段上的公有制形式及其他经济条件

和吴振坤同志一样,我也确信社会生产目的是客观的,也承认生产资料所有制对社会生产目的具有决定作用。然而,承认这一点并不意味着要由"生产资料所有制出发"引出"社会主义商品生产的目的,既不是价值,也不是利润,而是为了使用价值,以满足社会全体成员的消费需要"的结论。因为,我们不能把现实生活中的生产资料的社会主义公

有制,完全同马克思和恩格斯等革命导师在一百多年以前所作的推断相等同。

我们所处的社会发展阶段,远不是革命导师当年设想的那个作为共产主义社会初级阶段的社会主义社会;革命导师有关社会主义生产目的的一系列论述,并不符合、至少是不完全符合现阶段各国社会主义发展的实际。

依据有关资料,马克思和恩格斯原先设想的那个作为共产主义社会初级发展阶段的社会主义社会,大致是这个样子:

1. 由社会直接占有全部生产资料,由劳动者共同使用全部生产工具。人剥削人、人压迫人已不可能,整个社会就是一个由全体成员组成的共同联合体。

2. 到那时,商品生产和商品交换将被消除,社会生产将按其需求来调节,所有的人都按照一个共同的计划和共同的规划来工作。每一个人的劳动,无论其特殊用途是如何不同,都成为直接的社会劳动。

3. 一切生产部门将由整个社会来管理,也就是说,为了公共的利益按照总的计划和在全体成员的参加下来经营。各个地方、各个部门、各个企业,在物质利益上已经没有什么差别。

4. 一切有劳动能力的人都有参加社会劳动的光荣义务,在整个社会范围内实现了劳动的平等和报酬的平等。

5. 工业的发展将给社会提供足够的产品以满足它的全体成员的需要。农业生产同样也会进入繁荣的新时代,并将给社会提供足够的产品。这样一来,社会就将生产出足够的产品,可以组织分配以满足全体成员的需要。当然,由于还要实行按劳分配,所以,人们的生活在富裕程度上还不一样。

总之,马克思和恩格斯等革命导师之所以把整个社会主义社会的生产同满足全体社会成员的消费需要直接联系起来,显然是以上述经济条件为前提。在这样的经济前提下,说社会主义生产的目的,直接就是为了产品的使用价值,以最大限度地满足全体社会成员的消费需要。对不对呢?谁都承认是对的。

然而，假定并不等于现实。未来社会到底是个什么样子，马克思和恩格斯他们并没有亲眼看到。列宁亲自领导了伟大的十月革命，亲手缔造了世界上第一个无产阶级专政的社会主义国家，但实践使他发现，直接向马克思、恩格斯所设想的那个完全的社会主义社会过渡，在俄国这样的国家根本行不通。斯大林虽然有着领导苏联社会主义革命和建设的实践经验，但是，他谈到社会主义生产目的的地方，又仅仅限于对马克思主义经典作家的有关论述作些教条式的解释，因而并不符合苏联当时的实际。

如果考虑到各国社会主义发展的实际，那就应当承认，从资本主义旧社会脱胎出来的社会主义新社会，一般都具有这样的基本经济特征：

1. 生产社会化的程度还不够高，并且也不可能一下子提得很高。主要由于历史的原因，各个地区、各个部门之间的差别还比较大。

2. 社会主义公有化的程度还比较低，还远远谈不上由社会直接占有全部生产资料、由劳动者共同使用全部生产工具。国有经济、合作社经济、辅助经济等多种经济成分还要并存。国家所有制、集体所有制和个体所有制等都是同生产力发展水平相适应的形式。

3. 社会主义经济本质上还是商品经济。不仅集体所有制企业是一个个相互独立的商品生产单位，通常所说的"全民所有制企业"也是一个个相对独立的商品生产单位，所有社会产品的生产和分配，都是作为商品来进行的。

4. 正由于各个社会主义企业是独立或相对独立的商品生产者，所以，各部门、各企业之间在物质利益上还存在着明显的差别。

5. 按劳分配还要受到客观经济条件的限制，还不可能在整个社会范围内实现劳动的平等和劳动报酬的平等。同时，社会还没有能力把全体成员的消费需要统统包下来，有的劳动者还要自谋生计。

总之，所有这些，都是马克思和恩格斯当年没有料到、而且也不可能料到的。当然，这里讲的，仅仅是经济发展比较落后的国家走上社会主义道路以后的经济发展情况。至于像英、美这样的资本主义经济高度发达的国家，一旦走上社会主义道路，会不会在短期内过渡到马克思和恩格斯曾经设想过的那个作为共产主义初级阶段的社会主义社会，那还有待于将来的实践。

既然是从事商品生产，那就得讲求商品使用价值和商品价值的统一

社会主义经济究竟是建立在单一公有制基础上的产品经济，还是建立在两种公有制基础上的有计划的商品经济，这是鉴别社会主义发展是否成熟的最为显著的标志。与此相联系，在社会主义商品生产条件下，能不能把社会主义生产目的归结为是为了使用价值，也就成了人们长期争论的一个焦点。

在吴振坤同志看来，"社会主义生产既然是为了满足人们的消费需要，它的目的就应当是使用价值。而不是价值和利润"，也不能"既是使用价值，又是价值，即所谓双重目的论"。又说"把社会主义生产目的归结为不是为了价值，而是为了使用价值"，并不是"把使用价值和价值对立起来"，然而，我总觉得这样的解释难以成立。

首先，笼笼统统地讲社会主义社会的生产目的是为了满足全体社会成员的消费需要并不确切，或者说不够全面，至于理由，等后面分析社会主义社会的生产目的同社会主义企业的生产目的是否完全一致时再讲。

其次，把社会主义商品生产的目的归结为仅仅是为了商品的使用价值同样是片面的。因为，商品之所以是商品，就在于它必须同时具有使用价值和价值两个因素。商品的生产过程，本来就是使用价值生产过程和价值生产过程的同一和统一。因此，无论商品两因素中的哪个因素，都不可能单独地成为商品生产的客观目的。

按照目前流行的说法，事情似乎是这样：在资本主义商品生产条件下，价值的生产是目的，使用价值的生产是手段；在社会主义商品生产条件下，使用价值的生产是目的，价值生产是手段。与此相联系，资本主义商品生产最关心的是价值，社会主义商品生产则把使用价值摆在

头里。下面,让我们具体分析一下,看看这样的说法是否能够站得住脚。

资本主义社会的生产目的果真是为的价值吗？不对,马克思早就揭示出,资本主义生产始终不变的目的,乃是用最小限度的预付资本,生产最大限度的剩余价值或剩余产品,要知道,价值和剩余价值这两个概念虽然非常相近,但毕竟不可混为一谈。资本主义生产以榨取剩余价值为目的,并不等于以创造价值为目的。实际上,价值生产从来不是资本主义商品生产的目的,使用价值的生产也从来不是实现价值的手段,相对于榨取剩余价值这个资本主义生产的直接目的和动力来说,不仅商品的使用价值是手段,商品的价值同样是手段,或者说充当手段的并不是商品二因素中的一个因素,而是商品本身。从使用价值这个因素来考察,不仅在于剩余价值是由特殊商品——劳动力的使用创造的,而且在于商品的使用价值是剩余价值的物质承担者;从价值来考察,不仅在于资本家支付了特殊商品——劳动力的价值才使得剩余价值的生产得以进行和继续,而且在于如果不实现价值,剩余价值也就无从谈起。总而言之,资本主义生产的直接目的是剩余价值而不是价值,但要生产剩余价值,就得生产商品,而要生产商品,就得讲求商品价值和商品使用价值的统一。商品二因素中的哪个因素实现不了,商品交换过程都会中断,从而商品生产都会停止。不错,对资本主义企业来说,的确是什么赚钱就生产什么,但是,这并不能证明资本主义生产是以生产价值为目的。因为,如果资本家真是以生产价值为目的,那么,从资本家整体看,他们连一个小钱也赚不到。不错,在资本主义社会里,粗制滥造的现象的确大量存在,然而,这同样不能证明资本主义生产是以生产价值为目的。因为,在供不应求的情况下(如果垄断市场将会出现同样的情况),粗制滥造的商品也能卖个好价钱,只不过是供求规律在起作用。这种情况,在社会主义商品生产条件下同样也是存在的。说起来也不奇怪,既然都是商品生产,那总有一些共同的规定在起作用。

那么,在商品生产条件下,社会生产目的和实现目的的手段究竟有没有一个共同规定呢？回答是肯定的。撇开任何社会的生产目的都是为了满足生产资料占有者的消费需要这一点不讲,资本主义商品生产的目的,是为了榨取剩余价值,这是资本主义生产的个性;社会主义商品生产的目的,是为了满足劳动者自己的消费需要,这是社会主义生产的个性。但是,在商品生产条件下,社会生产的直接目的,又都要通过商品,即价值和使用价值的统一来实现,又是资本主义商品生产和社会主义商品生产的共性。换言之,说价值是资本主义商品生产的目的,使用价值是实现生产目的的手段不对;说使用价值是社会主义商品生产的目的,价值是实现生产目的的手段同样是错误的。那么,这些似是而非的看法究竟是从哪里来的呢?这首先同苏联的影响有关,同志们都知道,关于商品价值和使用价值这两个内在要素之间的关系,马克思和恩格斯本来是讲得很清楚的。对于资本主义生产的目的性,他们也讲的十分明白。他们从来没有说过价值是资本主义商品生产的目的、使用价值是实现生产目的的手段这个话,也没讲过资本家只重视生产价值、而不重视生产使用价值。是苏联最早出版的《政治经济学教科书》,对商品价值和使用价值的关系做了不恰当地论述。至于我国出版的政治经济学教材,在讲到社会主义商品生产时,更是不恰当地强调了使用价值生产的意义,而忽视了价值生产的意义。然而,把社会主义生产目的归结为"不是为了价值,而是为了使用价值",背理的地方毕竟异常明显:

第一,如前所述,商品的使用价值和价值,原是商品的两个缺一不可的要素,压根就不是什么目的与手段的关系。不论是把商品二因素中的这个因素归结为社会生产目的,把那个因素归结为实现目的的手段,还是把二因素中的那个因素归结为社会生产目的,把这个因素归结为实现目的的手段,都是人为地制造二因素之间的对立。在理论上根本讲不通。

第二,在商品经济条件下,社会需要也就是市场有支付能力的需要。因此,满足人们的消费需要,并不是指的一种商品作为使用价值时可以满足人们的某种特定用途,而是作为整个部门的产品,社会的支付能力对它提出的需要如何满足的问题。显然,满足这种需要,不仅要考察商品的使用价值（质量、花色、品种等），而且要研究商品的价值（一定商品的价格、与其它商品的比价等）和劳动者的收入状况。既然这样，那么有什么理由把商品价值同满足社会需要对立起来呢？有什么理由把价值和利润排除在满足社会需要之外呢？

第三，商品的使用价值，并非是效用意义上的一般物品的使用价值，而是通过交换形式满足人们某种需要的属性。由于任何商品生产者都不会白白地把自己生产的商品送给消费者去消费，所以，商品在作为使用价值实现之前，首先必须作为价值来实现。既然这样，那么，在商品生产条件下，社会生产目的就不能不从使用价值和价值两个方面来考察。

第四，马克思曾经指出，节省时间以及在各个生产部门中有计划地分配劳动时间，乃是以集体生产为基础的首要规律。节省时间以及在各个生产部门中有计划地分配劳动时间，实际上也就是如何用最小的劳动消耗取得最大的经济效果的问题。既然社会主义发展现阶段的社会产品还要作为商品来生产，那么，社会劳动也就一定要表现为商品的价值。而按照恩格斯的说法，价值原是生产费用对效用的关系。价值首先是用来解决某种物品是否应该生产的问题，即这种物品的效用是否能够抵偿生产费用的问题。如果把商品价值排除在社会主义生产目的之外，那么，用最小的劳动消费取得最大的经济效果也就无从谈起了。

第五，具体到一个个社会主义企业来讲，它们的生产目的，可以说既是为的使用价值，又是为价值。说它们的生产目的是为的使用价值，是因为，作为一个国有企业，它的首要任务就是生产不同用途的消费品供人民消费；说它们的生产目的是为的价值，是因为，社会主义企业和劳动者个人的物质利益能否得到实现，最终还要看它们生产的商品能否得到社会承认。正因为这样，所以看一个社会主义企业的生产活动是否符合社会主义生产目的，不是看它生产了多少有效用的物品，而是看它生产了多少得到社会承认的商品。如果把社会主义生产目的归结为是为了使用价值，那么，一个企业只要生产的是成品，不管对路不对路,不管能不能得到社会承认,都不好说它背离了社会主义生产的客观目的。实际上,看一个社会主义企业的经营活动是否对头,当然不能单从使用价值的角度来考察,而是要从使用价值与价值统一的角度来考察。片面强调生产价值和利润不对,片面强调使用价值同样是错误的。

第六,展望未来,我国的对外经济关系肯定要大大发展。随着社会主义商品生产的不断发展,一定会有愈来愈多的企业既为国内市场服务,又为国际市场服务,更有一些完全是为国际市场服务的,怎么能把价值和利润排除在这些企业的直接生产目的之外呢?

第七,还可以把话说得更远些:大家知道,资本主义的发展,早把世界各国的经济联在了一起。在某些发达的资本主义国家,对外贸易在国民收入中都占有不小的比重;在个别国家,外贸收入甚至占到整个国民收入的绝大部分。这些国家一旦走上社会主义道路,总不至于回到自给自足的小农经济去。一讲到满足人们的消费需要就想到生产使用价值,这是典型的小生产的狭隘眼界。正如前面讲的,商品的使用价值同价值本来就是统一的,生产价值和利润同满足人们的消费需要并不矛盾。正像资本主义生产利润同满足资本家阶级的消费需要不矛盾一样。进一步讲,生产价值和利润不仅同满足人们的消费需要不矛盾,而且恰恰是满足社会需要所必需。比如说,由于种种情况,某个社会主义国家稻谷生产的个别劳动时间,大大低于社会(世界)平均劳动时间,而小麦生产的个别劳动时间,则大大高于社会(世界)平均劳动时间,在这种情况下,就应该集中力量生产稻谷,以便在国际市场上用稻谷换回小麦。这里,生产稻谷并非是为稻谷的使用价值,但这恰恰是为了最大限度地满足人们的消费需要所需要的。吴振坤同志以人们的消费需要的物质内容只能是使用价值,不是价值形态上的利润为理由,否定生产价值和利润也是满足人们的消费需要所需要的,显然是忽视了生产了利润也就等于生产了使用价值这样一个最明显不过的事实。

总之,在社会主义商品生产条件下,无论是使用价值生产,还是价值生产,对满足社会需要都是需要的。当然,社会主义商品经济总是要向产品经济发展的,一旦到达革命导师们曾经设想过的那个作为共产主义初级阶段的社会发展阶段,商品生产就会消除,只有在那时,整个社会的生产目的,才会通过产品的使用价值直接得到实现。

既然有特殊的物质利益存在,那就有客观目的在起作用

大家知道,政治经济学上所说的社会生产目的,不过是单个社会生产单位以及支配生产活动的个人从事生产活动的目的的一个科学抽象。因此,要把社会主义发展现阶段的生产目的搞清楚,就得具体分析各个社会主义企业和劳动者个人从事生产活动的目的。

社会主义社会的生产目的同社会主义企业的生产目的应该完全一致,这是吴振坤同志论证社会主义生产目的不是为了价值,而是为了使用价值的最后一个理由。

自然,社会主义社会的生产目的同社会主义企业的生产目的是否完全一致,并不能由哪个个人说了算,唯有通过对社会主义劳动者占有生产资料的方式,以及利用自己占有或支配的生产资料谋取物质利益的方式进行实事求是地分析,才能作出符合实际的结论来。

先看国有国营企业。列宁讲过,所有权、占有权、支配权、使用权等概念是有差别的。从生产资料的占有关系讲,一切国营企业无疑属于同一个所有者。谁都无权把本来属于国家的生产资料攫为己有,谁都不能凭借着生产资料的占有而剥削他人。但就生产资料的支配和使用来说,各个国营企业之间无疑又有着你我之分。我们既然承认各个国营企业有着自己的特殊的物质利益,那就应当承认各个国营企业有着相对独立的生产目的。这一点正好同各个国营企业作为相对独立的商品生产者的身份相一致。所谓相对独立,就是说既然是国营企业,那就得把国家的计划摆在头里,而不能想生产什么就生产什么,想怎么干就怎么干。按照国家下达的计划生产,可以说直接就是为的使用价值(注意:不是产品的使用价值,而是商品的使用价值,这个话前面已经讲过),但也要讲求使用价值与价值的统一,至于企业在保证完成国家计

划的前提下，为市场需要进行的计划外生产，与其说直接是为的使用价值，不如说直接是为的价值和利润更符合实际。当然，不论是按照国家下达的计划进行的生产，还是在保证完成国家计划的前提下独立组织的生产活动，都是为的满足社会需要，社会主义企业相对独立的生产目的，不仅一定要在企业的经营活动中顽强地表现出来，而且必然会集中地表现为企业劳动者个人从事生产活动的直接目的。大家知道，从一方面说，社会主义企业的劳动者既是国家和社会的主人，又是企业和生产的主人，从主人翁的地位出发，他们从事社会生产的目的在根本上是一致的，可以说每个人都是为着满足人民的物质文化生活需要而工作。但是，另一方面，在社会主义商品生产条件下，社会主义企业劳动者的个人物质利益，又是通过本企业生产商品来实现的，就是说，他们又有着单独的、排他性的经济利益。因此，在生产活动中，他们直接关心的，必然是本企业生产商品的情况，以便使本企业和自己获得最大的经济利益。而这一点，正是他们从事生产活动的直接目的和动力。当然，正像列宁所说的那样，每个人都希望改善自己的处境，大家都想享受生活福利，这是理所当然的。

社会主义企业有相对独立的生产目的，这一点，早就在实践中得到验证。如果硬说社会主义社会的生产目的同社会主义企业的生产目的完全一致，都是，并且仅仅是为了使用价值，以满足全体社会成员的消费需要，那么，有些问题根本无法解释。比如说，照"一致"推论，社会主义国营企业是国家举办的，企业的劳动者又是国家和企业的主人，企业的生产活动，理应把使用价值的生产摆在头里，理应不惜为使用价值牺牲一切，正像资本家甘愿为利润冒任何风险一样。但实际情况并非如此。不说企业总是在计划外生产上动脑筋，就说计划内生产，即使是国家下达的生产计划完全符合实际，企业在执行时也要考虑怎样做才能使本企业更有利可图。不少企业是这样干的：对于那些价值大、利润高、有利可图的产品（或品种），明知社会不需要也不能停止生产；对于那些无利可图的产品（或品种），即使社会迫切需要也不必作出安排。说破了，这叫钻国家计划的空子。出现这种情况，能说是身为国家主人的企业职工觉悟不高吗？恐怕不好说这个话,而唯一的解释,就是作为一个相对独立的社会主义商品生产单位,各个国营企业的确有着自己的局部需要和局部物质利益需要加以满足,也就是说,具体到单个国营企业,除去为满足全体社会成员的消费需要而生产的一面外,的确有一个相对独立的生产目的在起作用。而这个相对独立的生产目的,本来就是社会主义发展现阶段的社会生产目的的题中应有之义。问题就在于要把国家利益和集体利益结合起来。

再看集体所有制企业。如果说国营企业的生产目的主导的一面是为着满足全体社会成员的消费需要,那么,集体所有制企业的生产目的,则首先就是为的本单位劳动者的最大经济利益。这样讲,乍一听似乎有些刺耳。其实呢,既然集体所有制企业的生产资料和劳动产品仅仅属于本集体范围内的劳动者所有,那么,除去上面讲的这个生产目的外,集体所有制企业的生产压根就不可能有另外的目的。当然,集体所有制经济既然是社会主义经济的一部分,它就不能不接受国家计划的指导。但指导归指导,决定权还在集体。而只要集体还是集体,它的生产就不能直接由社会来调节,产品也不能由社会来分配。硬说集体所有制企业的生产目的同整个社会主义社会的生产目的一样,都是为了使用价值,以满足全体社会成员的消费需要,恐怕没有哪个会相信。硬说一个几十户、十几户人家的生产队,在组织生产时可以不考虑本集体的需要,这现实吗？

大家知道,由于历史的原因,我国农村的集体所有制经济自给性生产占的比重很大,商品性生产则占的比重很小。作为自给性生产,其直接目的就是为的使用价值,以满足本单位全体成员的需要,这一点无需多讲。至于从事商品性生产(包括公社、生产大队、生产队三级的工副业生产)的直接目的,则是为的价值和利润,这一点同样也很明显。不论是生产使用价值也好,还是生产价值也罢,其直接目的都是为的满足自身的消费需要。硬说农村集体所有制企业生产目的同社会主义社会的生产目的完全一致,一点也不符合我国农村集体所有制经济的实际。此外,同农村集体所有制经济并存的,还有蓬勃发展着的城镇集体所有制经济,而城镇集体所有制企业的生产目的,显然也不是为了使用价值以满足全体社会成员的消费需要,而是为的价值和利润,以满足本集体劳动者的消费需要。至于同国营企业和集体企业并存的个体商品生产,那就更是这样了。

总之,就一般而论,在同一种性质的所有制的条件下,整个社会的生产目的,同单个企业的生产目的,应该是一致的。举例说,资本主义社会的生产目的同资本主义企业的生产目的是如此,未来的共产主义社会的生产目的同共产主义企业生产目的也应该是这样。然而,对同一种性质的所有制,也要进行具体分析。正如前面已经分析过的那样,社会主义的"全民所有制"和社会主义的集体所有制虽然属于同一种性质的所有制,但它们从事生产活动的直接目的并非完全一样。正由于社会主义公有制还有"全民"与"集体"之分,正由于"全民"和"集体"这两种形式的社会主义所有制都有自己的局部需要和局部物质利益需要得到满足,因此也就决定了整个社会主义社会的生产目的同单个社会主义企业的生产目的不可能是完全相同的。吴振坤同志一方面承认社会主义企业"必须有自己的特殊的物质利益",另一方面又坚决否定社会主义企业"有自己的特殊的生产目的",这是自相矛盾。

当然,承认各个社会主义企业必须有自己的特殊的物质利益,承认各个社会主义企业应该有自己相对独立的生产目的,丝毫也不意味着各个社会主义企业可以各行其是,更不允许为着企业的局部利益而损害全体社会成员的整体利益。须知,我们的商品经济,毕竟是社会主义的、有计划的商品经济。我们的一切经济活动,都毫无例外地要受到社会主义基本经济规律的制约,也就是说,不论从整个社会讲,还是从单个企业讲,都要努力讲求商品价值和使用价值的统一。盲目建厂、重复生产的蠢事不能干,以小挤大,和国营企业争原料的现象更应努力避免。

下面,回过头来对前面的论述作个简短的小结:总而言之,对社会主义社会不同发展阶段上的社会生产目的不能一概而论,具体地讲:在马克思主义经典作家所设想的那个作为共产主义初级阶段的社会发展阶段，整个社会生产无疑是以最大限度地满足全体社会成员的消费需要为目的，并且，社会生产的这个目的将通过产品的使用价值直接得到实现。但是，在社会主义发展的现阶段，企业生产的直接目的和社会生产的目的还是有差别的，具体地说：作为社会主义社会的生产目的，那是为着满足全体社会成员的物质文化生活的需要；作为企业生产的直接目的，则既要服从社会需要，又要考虑本企业劳动者的最大的经济利益。不论社会的生产目的还是企业的生产目的，又都是通过商品，即使用价值和价值的统一来实现的。另外，文中提到社会主义生产目的的地方，凡是没有特别注明的，均系指的后者，即不成熟不完全的社会主义。

（本文原为1980年12月在北京召开的"全国社会主义生产目的讨论会"撰写的入会论文，收入吉林人民出版社1981年8月出版的《论社会主义生产目的》一书，在省哲学社会科学优秀成果评奖中获三等奖，后又收入《中国现代经济研究与实践》、《新时期中国共产党人文论选编》和《走向新世纪》等书）

谈谈社会主义企业生产目的的二重性

社会主义企业的生产目的和社会生产目的究竟是什么关系？有些同志认为，社会主义企业的生产目的和社会生产目的"完全一致"，都是保证最大限度地满足人民不断增长的物质和文化生活的需要；另一些同志认为，从整个社会讲，生产目的是保证最大限度地满足人民不断增长的物质和文化生活的需要，至于企业生产的直接目的，则是价值和利润。而我们的看法是：社会主义企业的生产活动，首先是服务于人民不断增长的物质和文化需要，同时又是为着使本企业的劳动者获得尽可能大的物质利益。

大家知道，对于社会主义生产的目的，斯大林同志在《苏联社会主义经济问题》一书中是这样表述的："保证最大限度地满足整个社会经常增长的物质和文化的需要。"而按照多数同志的理解，斯大林这里讲的"整个社会经常增长的物质和文化的需要"，也就是全体社会成员经常增长的物质和文化生活的需要。应当承认，斯大林同志的这个表述，无疑是符合马克思、恩格斯和列宁等革命导师的一贯思想的。问题是，我们所处的社会发展阶段，远不是革命导师当年设想的那个作为共产主义社会初级阶段的社会主义社会；革命导师有关社会主义生产目的的一系列论述，并不符合、至少是不完全符合各国社会主义发展的实际。正是由于这个缘故，所以对于社会主义社会的生产目的也就不能一概而论，而是应该进行历史地分析。而只要坚持对社会主义发展现阶段的所有制关系及其他经济条件进行历史分析，那就不难发现，单个社会主义企业的生产目的，同整个社会的生产目的，既在根本上相一致，又不同程度地存在着差别和矛盾。

按照革命导师原先的推断，在未来的共产主义社会（包括它的初级发展阶段，下同）的确并不存在什么有别于整个社会生产目的的企业生产目的。他们之所以把整个社会的生产同满足全体社会成员的生活需要直接地联系在一起，是以生产资料的全国性集中为前提的。正像马克思在谈到土地国有化时曾经说过的那样："生产资料的全国性的集中将成为由自由平等的生产者的联合体所构成的社会的全国性基础，这些生产者将按照共同的合理的计划自觉地从事社会劳动。"[1]如果说得具体些，革命导师原先设想的未来社会，显然具有这样一些基本经济特征：一、那时，全部生产资料都归社会直接占有，全部生产工具都由劳动者共同支配，整个社会就是一个由全体成员组成的共同联合体。二、那时，一切生产部门都将由整个社会来管理。也就是说，为了公共的利益和在全体成员的参加下来经营。各个部门和企业，在物质利益上已经没有什么差别。三、那时，商品生产和商品交换将被消除。整个社会的生产将直接按其需求来调节。每一个人的劳动，无论其特殊用途是如何不同，都成为直接的社会劳动。四、那时，随着社会生产力的大发展和劳动生产率的普遍提高，社会将生产出足够的产品，可以组织分配以满足全体成员的需要。当然，从按劳分配过渡到按需分配，不能没有个过程。很明显，革命导师原先设想的未来社会，并不是我们国家现在的这个样子，而是以社会成为全部生产资料的主人、生产采取直接的社会生产、劳动成为直接的社会劳动等等为特征的。在这样的经济前提下，说单个企业的生产目的同整个社会的生产目的完全一致，都是直接为的产品的使用价值，以保证最大限度地满足社会全体成员的消费需要，对不对呢？谁都承认是对的。

然而，假定并不等于现实。现实是：我们的生产力发展水平还不高，而且也不可能一下了提得很高。我们的社会主义公有制，还有多种

---

[1] 《马克思恩格斯选集》第二卷，人民出版社1972年版，第454页。

形式,公有化的程度也不一样。不说面广量大的社会主义集体所有制公有化的程度还比较低,就是通常所说的社会主义全民所有制,其内部也含有若干层次(或者说,其自身还具有某种程度的多元性)。我们的社会主义经济,还是有计划的商品经济。我们的社会主义企业,还是一个个独立或相对独立的商品生产单位,它们在物质利益上还存在着差别。同时,劳动还是劳动者的谋生手段,劳动力事实上还部分地归企业劳动者个人所有。在这样的经济条件下,怎么能说社会主义企业的生产目的和整个社会的生产目的"完全一致"呢?

为了进一步证明这一点,下面不妨对社会主义劳动者占有生产资料的方式,以及利用自己占有或支配、使用的生产资料谋取物质利益的方式,作些具体分析。

先看全民所有制企业,即通常所说的国营企业。列宁早就讲过,"所有权、占有权、支配权、使用权等概念"是有差别的。① 从生产资料的隶属关系讲,一切国营企业无疑属于以国家为代表的全民。正因为它们隶属于全民,所以它们的生产活动理所当然地要为全民造福。换句话说,正因为各个国营企业的生产资料属于同一个所有者,所以才由此产生了一个共同的、根本的生产目的,这就是保证最大限度地满足全体生产资料所有者的物质和文化生活的需要。但是,另一方面,本来属于全民的生产资料,事实上还是在企业范围内同劳动者直接结合的,也就是说,就生产资料的实际支配和使用来说,各个国营企业之间又是分你我的。进一步讲,在某种意义上,各个国营企业同国家也是分你我的(比如,它们对自己超额生产的产品,就有一定支配权),更不要说央企和地方国营的差别了。我们既然承认各个国营企业是相对独立的商品生产者,既然承认它们有着自己的特殊的物质利益,那就应当承认,国营企业的生产活动,除去服从于满足人民的物质和文化生活需要这个共同的社会生产目的外,客观上还要服务于自己的相对独立的特殊生

---

① 《列宁全集》第十三卷,人民出版社1955—1963年版,第314页。

产目的。而这一点,正好同它们作为相对独立的商品生产者的身份相一致。所谓"相对独立",是说,社会主义国营企业的这种独立性,不是无条件的,而是有条件的。这是在共同目的下的独立。是在保证满足全体生产资料所有者的共同需要和共同利益的前提下,来追求自己的特殊需要和特殊利益。简言之,企业有多大的相对独立性,就有多大的相对独立的特殊生产目的。舍此不能有另外的解释。有些同志,一方面承认社会主义企业必须有自己的特殊的物质利益,另一方面又否定它们有相对独立的特殊生产目的,这就令人费解了。因为,生产目的的规定性,同物质利益的规定性,本来就是连在一起的。通常说生产资料所有制决定生产目的,无非是说生产目的一定要服从生产资料所有者以及支配、使用者的物质利益的要求罢了。总之,生产资料所有权和支配权、使用权的相对分离,物质利益上的多元性,规定着社会主义国营企业的生产目的是双重的:一方面,必须服从于整个社会的生产目的,从整体上为全民造福;另一方面,同时又是为着满足企业自身的特殊需要和特殊利益。

　　社会主义国营企业的生产目的之所以是双重的,除了前面讲到的理由外,还在于企业劳动者从事生产活动的目的和动机是双重的。因为,从一方面说,社会主义企业的劳动者既是国家和社会的主人,又是企业和生产的主人,从主人翁的地位出发,他们从事社会生产的目的在根本上是一致的,可以说每个人都是为着满足人民的物质文化生活需要而工作。但是,另一方面,在社会主义商品生产条件下,社会主义企业劳动者的个人物质利益,又是通过本企业生产商品来实现的,就是说,他们又有着单独地、排他性的经济利益。因此,在生产活动中,他们当然不能不关心本企业生产商品的情况,以便使本企业和自己获得最大的经济利益。而这一点,正是他们从事生产活动的直接目的和动力之一。当然,正像列宁所说的那样,"每个人都希望改善自己的处境,大家都想享受生活福利,这是理所当然的,这也是社会主义"①。

---

　　① 《列宁全集》第二十七卷,人民出版社 1955—1963 年版,第 482 页。

实际上，社会主义企业有相对独立的生产目的，这一点，早就在实践中得到验证。为什么在国家计划许可的范围内，我们的企业总是对那些产值大、利润高的产品或品种特别感兴趣？为什么我们的企业搞起计划外生产来劲头特别足？为什么一方面是钢锭、机电产品大量积压，另一方面铁锅、铁丝、铁钉之类的小商品却经常缺货？等等。除了我们经济管理体制上的问题外，可以说明，作为一个相对独立的社会主义商品生产单位，各个国营企业，的确有着自己的局部需要和局部物质利益需要加以满足。也就是说，具体到单个国营企业讲，除去为满足全体社会成员的消费需要而生产的一面外，的确有一个相对独立的生产目的在起作用。问题就在于如何才能使社会生产目的和相对独立的企业生产目的都能得到实现。这个问题，留到后面一块来讲。

再看集体所有制企业。同国营企业一样，集体企业的生产目的也是双重的。当然，由于国营企业和集体企业公有化的程度不一样，所以两者的生产目的在同社会生产目的的关系上也存在着差别。具体讲，如果说国营企业的生产目的主导的一面是为着满足全体社会成员的消费需要，那么，集体所有制企业的生产目的，则首先就是为的本单位劳动者的最大经济利益。这样讲，乍一听似乎有些刺耳。其实，既然集体所有制企业的生产资料和劳动产品仅仅属于本集体范围内的劳动者所有，那么，集体所有制企业从事生产活动的目的首先是为着满足本单位劳动者的消费需要这一点，也就没有什么不好理解的。有些同志，一方面承认生产目的要由生产资料的所有制来决定，另一方面却不肯承认集体所有制企业有自己独立的生产目的，这实在是自相矛盾。其实，硬说一个几十户或十几户人家的生产队，在组织生产时可以不考虑自身的需要和利益，这不过是唱唱高调罢了。不应该忘记：我们是个有十亿人口，其中八亿农民的国家。考察社会主义生产目的如果把八亿农民的生产和生活排除在外，那是不可能得出正确结论来的。

话也要说回来。我们的集体所有制经济，毕竟是作为私有制经济的对立物而出现的；同国营企业并存的集体所有制企业，毕竟不是一个个离开社会主义整体而自由漂泊的孤舟。它们既然是社会主义公有经济的一个重要组成部分,那么,在社会主义公有制基础上产生的基本经济规律,当然会在其内部发生作用。实际上,不仅我国农业生产的发展方向是由整个社会主义国民经济发展计划规定的,集体企业的生产计划也是在国家计划指导下制定的。集体企业向国家缴纳的税金,更是直接为全民造福。至于集体企业的商品性生产,同样是人民生活所必需的。而且,商品生产愈发展,集体经济同整个社会主义国民经济的联系就愈密切。所有这些都说明,集体企业的生产目的,也是一方面为着满足企业自身的特殊需要和特殊利益;一方面又服从于整个社会生产目的。所以,无论是全民所有制企业,还是集体所有制企业,其生产目的都是双重的。

我们同样不赞成这样的说法,即社会主义企业既然是商品生产者,它就必然以利润作为直接目的。而整个社会生产目的的实现,就寓于各个企业对其直接目的的追求之中。

这种把利润看做社会主义企业生产唯一目的的看法之所以欠妥,首先在于把利润看做社会主义企业生产的唯一目的,显然是忘记了社会主义商品生产是在什么样的基础上进行的,显然是忘记了社会主义经济是有计划的商品经济。社会主义企业的生产既然必须按照反映社会需要的国家计划来进行,那么,这种生产本身当然也就反映了人民的消费需要;社会主义企业的生产如果撇开反映社会需要的国家计划来进行,那么,这种生产已经不是什么社会主义生产了。其次,我们的社会主义企业,毕竟不是完全独立的商品生产者;企业的劳动者,毕竟又是国家和社会的主人。既然这样,那就没有理由硬说企业的生产活动仅仅是以自身需要作目的。实际上,社会主义企业从事生产活动的直接目的,是以生产使用价值为前提的。至于我们的企业在生产活动中为什么对利润更注重,这不过是因为利润能给它们带来看得见的物质利益罢了。再次,利润虽然是满足人民的消费需要所必需的,但这并不等于说企业为利润而生产就能达到满足人民的消费需要之目的。因为,就一个企业而言(特别是中、小企业),它对社会需要的了解毕竟是有限的,而且很可能是虚假的。如果企业果真把利润看做唯一目的,就不可避免地会产生生产的盲目性。其结果，它生产的东西，或者是社会根本就不需要，或者是只需要其中的一部分，而社会真正需要的东西，却没得卖，从而造成供求关系上的脱节。在这种情况下，哪里还谈得上满足社会需要呢？从实践看，衡量一个企业的生产活动是否符合社会主义生产的目的性，也不是光看利润，而是看其是否实现了商品价值和使用价值的统一。不错，利润对满足社会需要的确是需要的，但满足社会需要的利润必须是正当的和正常的。它必须按照社会主义原则来获取。任何偷工减料、粗制滥造、以次充好等变相涨价的做法都必须坚决反对，更不要说擅自提价了。总之，满足需要同取得利润是社会主义企业必须兼顾的双重任务。把取得利润同满足需要对立起来不对，把利润看做企业生产的唯一目的和动机同样站不住脚。

我们认为，认定社会主义企业的生产目的是双重的，不仅在理论上讲得通，而且对继续贯彻调整的方针、进一步搞好国民经济管理体制和企业管理制度的改革也大有好处。首先，既然我们的社会主义企业的生产目的是双重的，那就应当承认它们在物质利益上还有差别，应当给它们以相应的自主权；否则，势必要影响企业的积极性。这个认识，对我们来说，实在是来之不易，决不能再有什么怀疑和动摇。有些同志，一看到某些试点企业的经营活动出了些问题，就以为这是给企业的自主权太"多"了的缘故，就想"收"，过去的老毛病又犯了。同时，既然社会主义企业的生产目的是双重的，那就不仅要看到企业生产目的同社会生产目的的一致性，又要看到它们之间的差别和矛盾。为着把各个企业的生产活动纳入满足社会需要的轨道，那就一定要注意加强对企业生产的计划指导，一定要注意利用价格、税收、信贷等杠杆对经济进行调节。还有，既然社会主义企业的生产目的是双重的，那就不仅要在企业内，而且要在整个社会范围内讲求商品使用价值和价值的统一。那就不仅要在企业内，而且要在整个社会范围内讲究经济效果。盲目建厂、重复生产的蠢事不能做，以小挤大、以落后挤先进的现象亦应努力避免。有些事，从局部看是有利的，但从全局看却是有害的；在这种情况下，那就要顾全大局，服从整体。我们不应该只看到局部、不看整体,只算小账、不算大账。在当前,大局就是进一步搞好国民经济的调整。我们每个同志,一定要争做经济调整的促进派,而不要做经济调整的绊脚石。

最后,还有一点需要提及的,这就是:同任何事物一样,社会主义也有一个发生、发展和完善的过程。相应地,社会主义制度优越性的充分发挥也要有个过程。在社会主义发展的现阶段,社会主义制度优越的地方,既不在于企业生产目的同社会生产目的"完全一致",也不在于企业生产目的同社会生产目的还有差别,而在于在全社会劳动者根本利益一致的基础上,能够使社会生产目的同相对独立的企业生产目的统一起来。至于这种统一如何才能实现,关键就在于建立一个既能满足企业的特殊利益、又能保证社会生产目的得到实现的经济管理体制。在我国,这样的经济管理体制虽然还没有建立起来,但我们相信,随着实践的深入,它迟早会建立起来的。

(原载《群众论丛》1982年第2期,特约撰写)

科学社会主义在当代中国的新发展

在当今国际风云变幻之际,如何正确地看待科学社会主义,特别是如何正确地认识科学社会主义在当代中国的新发展,具有非常重大的理论意义和现实意义。本文试就这一问题做一点粗浅探讨。

一

中国人民是在特定条件下来开创社会主义现代化建设道路的;社会主义在中国这个世界上人口最多的国家里实践的过程,本来就是一个充满历史创造的过程。

大家知道,到1956年,我国对农业、手工业和资本主义工商业的社会主义改造基本完成。这表明社会主义制度已经在经济文化发展还比较落后的我国确立起来了。但社会主义的经济、政治和文化应怎样建设和发展?这在马克思主义的经典著作中找不到现成答案,对别国的经验也不能照搬、照用。即是说,社会主义制度在我国确立后如何进行建设,不仅是历史赋予我们党的庄重任务,同时也是党所面临的一项全新课题。

马克思主义的创始人、无产阶级的伟大革命导师马克思和恩格斯,基于他们所处的历史时代,曾设想过无产阶级革命将首先在资本主义最发达国家同时取得胜利。列宁在新的历史条件下发展了马克思主义,提出无产阶级革命有可能在资本主义统治链条的最薄弱环节首先获得突破,并将马、恩设想的"同时胜利",发展为"一国或几国的首先胜利"。历史发展证明了列宁的正确。但无产阶级革命胜利后,社会主义建设究竟如何进行,却是列宁也未能回答的问题。列宁有个重要思想,就是在经济、文化发展还较落后的国家里,可以"先夺权,后建设"。与之相联系,列宁还一再强调,在经济、文化发展比较落后的国家必然面临着大力发展社会生产力的紧迫任务,指出:"劳动生产率,归根到底是保证新生社会制度胜利的最重要最主要的东西。"[①]可以讲,中国由一个半殖民地半封建社会不经过资本主义的充分发展就确立起社会主义制度,一方面证明了列宁思想的正确;另一方面也正如列宁早就预料到的,这同时也加大了社会主义建设的艰巨性和复杂性。因此,不能不承认,对我们党来说,完成历史所赋予的社会主义现代化建设的任务,不仅要比完成新民主主义革命和对生产资料私有制的社会主义改造更困难和更艰巨,而且所需时间也将更长。

马、恩自己讲过,他们的理论不是教条,而是行动的指南。[②] 列宁更指出:"我们决不把马克思的理论看做某种一成不变的和神圣不可侵犯的东西;恰恰相反,我们深信:它只是给一种科学奠定了基础,社会主义者如果不愿落后于实际生活,就应当在各方面把这门科学向前推进。"[③]因此,在中国这样一个世界上人口最多的国家里所进行的社会主义建设的伟大实践,不仅其本身就是人类历史的一个伟大创造,而且,正如列宁所讲,必然"在各方面把这门科学向前推进"。

二

为着把我们的分析建立在充分说理的基础上,在此要粗略地回顾一下,这几十年的不平凡路程,我们党是怎么一步步走过来的。

---

① 《列宁选集》第四卷,人民出版社1972年版,第16页。
② 《马克思恩格斯选集》第四卷,人民出版社1972年版,第456页。
③ 《列宁选集》第一卷,人民出版社1972年版,第203页。

早在1956年初,毛泽东主席就连续找了三十几个同志谈话,一方面总结我们自己的经验,另一方面也是以苏联的经验为鉴戒,并最终写出著名的《论十大关系》,从而成为独立探索中国自己建设社会主义道路的开始。毛泽东主席当时就强调:对于马克思主义理论,"我们要学的是属于普遍真理的东西,并且学习一定要与中国实际相结合";"特别值得注意的是,最近苏联方面暴露了他们在建设社会主义过程中的一些缺点和错误,他们走过的弯路,你还想走?"[①]在随后发表的《关于正确处理人民内部矛盾的问题》等著作中,也都体现出上述思想。

1956年9月党的"八大"在正确分析国内、外形势和国内主要矛盾变化的基础上,正式提出了党在今后的根本任务已由解放生产力变为在新的生产关系下保护和发展生产力。历史证明,"八大"的路线是正确的,提出的许多新的方针和设想也是富有创造精神的。由于多方面的复杂原因,"八大"制定的正确路线未能得到很好的贯彻,甚至酿成"大跃进"和"文化大革命"的动乱这样的全局性失误。但这毕竟是前进路上出现的波折。

1978年党的十一届三中全会召开,重新确立起党的马克思主义思想路线,从而为按照正确方向寻求中国自己的社会主义道路奠定了思想基础。1981年6月召开的党的十一届六中全会,通过了著名的《中国共产党中央委员会关于建国以来党的若干历史问题的决议》,其中指出:三中全会以来,我们党已经逐步确立了一条适合我国情况的社会主义现代化建设的正确道路。这条道路还将在实践中不断充实和发展,但是它的主要点,已经可以从建国以来正反两方面的经验,特别是"文化大革命"的教训中得到基本的总结。《决议》作了如下概括,包括社会主义改造基本完成以后国内的主要矛盾及党和国家的工作重点,社会主义经济建设必须从国情出发,社会主义生产关系的变革和完善必须

---

① 《毛泽东著作选读》下册,人民出版社1986年版,第741~742、720~721页。

适应于生产力的状况,正确认识和处理社会主义社会的阶级斗争,逐步建设高度民主的社会主义政治制度,社会主义必须有高度的精神文明,改善和发展社会主义的民族关系,加强国防建设,正确处理对外关系,把我们的党建设成具有健全的民主集中制的党等十个方面。

1982年9月召开的党的"十二大",第一次正式提出"建设有中国特色的社会主义"的科学命题,并第一次对社会主义的本质特征和基本原则作了系统完整的表述,概括为六条,即剥削制度的消灭和生产资料的公有;按劳分配;国民经济有计划按比例的发展;工人阶级和劳动人民的政权;高度发达的生产力和比资本主义更高的劳动生产率;以共产主义思想为核心的社会主义精神文明。

1984年10月召开的十二届三中全会,通过了《中共中央关于经济体制改革的决定》,明确指出"改革是社会主义制度的自我完善和发展",体现认识的深入,这届中央全会又创造出三个第一次:(1)第一次肯定地认为"商品经济的充分发展,是社会经济发展的不可逾越阶段",并明确地提出"社会主义经济是公有制基础上的有计划的商品经济"。(2)第一次在理论上确认不应该把全民所有同国家机构直接经营企业混为一谈,所有权同经营权是可以适当分开的。(3)第一次明确了我国现在的个体经济的性质,并明确地提出"利用外资,吸引外商来我国举办合资经营企业、合作经营企业和独资企业,也是我国社会主义经济必要的有益的补充"。

1986年9月召开的十二届六中全会,确立了社会主义精神文明建设的战略地位,并制定了社会主义精神文明建设的根本任务和指导方针。

1987年10月,党的"十三大"制定了党的以"一个中心、两个基本点"为主要内容的基本路线。这里又有几个第一次:(1)第一次确立起社会主义初级阶段理论;(2)第一次明确谈到社会主义初级阶段的所有制结构和分配方式;(3)第一次明确了曾一度引起很大争议的私营经济的性质,指出"私营经济是存在雇佣劳动关系的经济成分",在社会主义条件下它也是"公有制经济必要的和有益的补充"。

1989年9月29日,江泽民总书记在庆祝中华人民共和国成立四十周年大会上的讲话中,对建国以来社会主义建设正反两方面的经验作了系统总结,并精辟地阐述了社会主义建设中必须处理好的十个方面的关系。

　　1990年底召开的十三届七中全会,通过了《中共中央关于制定国民经济和社会发展十年规划和"八五"计划的建议》,对建设有中国特色社会主义的基本理论和基本实践从十二个方面作出了概括。

　　在庆祝中国共产党成立七十周年大会上的讲话中,江泽民总书记对党的基本路线和十三届七中全会提出的建设有中国特色社会主义的十二条原则,又进行了新的、更高程度的概括,指出:"党的基本路线和这十二条原则,总起来说,就是通过社会主义制度的自我完善和发展,建设有中国特色社会主义的经济、政治和文化。"可以认为,以江泽民总书记的这一最高程度的概括为标志,我们党已成功地找到了一条在中国建设社会主义的正确道路。

三

　　从以上简要回顾中,就总体讲至少能看出这样三点:第一,社会主义制度在中国确立后,历史所赋予我们党的领导全国各族人民进行社会主义现代化建设的新任务,我们党一开始就清醒地认识到了;第二,我们党一开始就树立起建设社会主义,也必须根据本国情况,走自己的道路这一根本思想;第三,我们党对于建设有中国特色社会主义道路的认识,从而对于科学社会主义本身的认识,经历了一个长时间摸索和不断深入的过程。

　　说我们党在带领全国各族人民进行社会主义现代化建设的新实践中,对马克思主义的科学社会主义理论作出了新的重大发展,除非顽固坚持资产阶级自由化立场的分子已很少有人不赞成;但若具体到我们党究竟在什么重大理论问题上对科学社会主义理论作出了新的重大发展,认识就不是那么一致的了。究竟应如何正确地认识科学社会主义在当代中国的新发展呢？我想可不可以说主要应搞清楚两个方面的问题：一是对科学社会主义理论的发展，二是对社会主义在中国实现的具体形式的发展（确切地说是"创造"）。就前者说，我以为社会主义初级阶段的理论和有计划商品经济理论，是直接地发展了传统上所认为的"过渡时期"的理论和排斥商品经济的"计划经济"理论，并且，对这两大理论的发展，连同对其他重大理论的发展，又都集中地表现为对社会主义基本制度认识的发展。择其要点来说：

1. 在政治上，社会主义制度确立后，剥削制度和剥削阶级虽然被消灭了，但阶级斗争并没有因此就熄灭，因而还必须实行无产阶级专政和坚持马克思主义政党的领导。

作为一种社会制度，社会主义既有着经济的特征，又有着政治和文化的特征。按照马克思主义经典作家的论述，取代资本主义旧社会的未来社会是共产主义社会，而共产主义社会又分为低级阶段（第一阶段）和高级阶段，也就是现在所说的社会主义和共产主义。马克思在《哥达纲领批判》中说得明白，作为共产主义第一阶段的社会主义社会，已经是一个"以共同占有生产资料为基础的社会"，已经不存在阶级差别，国家已失去政治职能，政党的存在更成为多余的了。因此，马克思认为："在资本主义社会和共产主义社会之间，有一个从前者变为后者的革命转变时期。同这个时期相适应的也有一个政治上的过渡时期，这个时期的国家只能是无产阶级的革命专政。"① 这就是作为马克思主义科学社会主义理论重要内容之一的"过渡时期理论"。对于马克思这里所说的"在资本主义社会和共产主义社会之间"，其中的"共产主义社会"一语究竟是指的社会主义还是共产主义，即马克思这里所说的"过渡时期"是"大过渡"（即从资本主义过渡到共产主义）还是"小过渡"（即从资本主义过渡到社会主义），20世纪60年代初期在国际共产主义运动中曾发生过一场大论战。事实上，马克思已讲得十分清楚，列宁在

---

① 《哥达纲领批判》单行本，人民出版社1974年版，第12、13、22～23页。

《无产阶级在我国革命中的任务》①、《向匈牙利工人致敬》②和《论粮食税》③中更说得明白,马克思所讲的"无产阶级专政的过渡时期",实则是由资本主义向作为共产主义第一阶段的社会主义过渡(即"小过渡")。硬说"过渡时期"是由资本主义过渡到共产主义,不过是出于对马克思的误解罢了。赫鲁晓夫当时提出"三和两全"的新纲领,既是推行的修正主义,同时也是犯了形而上学和教条主义的错误。从实践的观点看,应该讲,从资本主义过渡到社会主义(即确立起社会主义制度)时间需要多长,一国步入社会主义社会后还要不要坚持无产阶级专政和无产阶级政党的领导,社会主义社会本身要不要划分为不同的发展阶段,什么是建成了社会主义,建成了社会主义是否就等于是消灭了阶级,所有这些都只能是新的历史条件下的新实践问题。现在看,在一些已经走上社会主义道路的国家里所以会发生社会主义的后退,其祸根在赫鲁晓夫时期就种下了,即丢掉了马克思列宁主义的旗帜,丢掉了无产阶级专政,丢掉了无产阶级政党的领导的根本。这就提出一个如何以发展的观点看待马克思主义创始人创立的"过渡时期"的理论和社会主义社会的问题。实践出真知。看来,要经过一个短暂的无产阶级专政的过渡时期,就实现马克思所设想的由资本主义向共产主义的过渡,尤其是在像我国这样的经济落后的国家,是决然无可能的。同时,在理论上也应该承认,同任何新生社会制度一样,社会主义也应该有个从不发达到发达、从不完善到完善、从不成熟到成熟的发生、发展过程,所有这些都不可能是在"过渡时期"来完成的。这就构成了提出社会主义初级阶段理论的客观依据。

  进一步说,我们党确立的社会主义初级阶段理论,无疑是对马克思主义科学社会主义理论的极大丰富和发展。但这里也有个对"发展本身",即在什么重大问题上发展了科学社会主义作何理解的问题。如果

---

① 《列宁选集》第三卷,人民出版社1972年版,第47页。
② 《列宁选集》第三卷,人民出版社1972年版,第857页。
③ 《列宁选集》第四卷,人民出版社1972年版,第510页。

就社会主义社会谈社会主义社会,如果仅仅在"过去通常是把社会主义社会作为共产主义社会第一阶段看的,同时,马克思主义经典作家也并没有明确地讲社会主义应划分为不同的发展阶段,特别是没明确讲过经济发展落后的国家步入社会主义社会后,还只是处于社会主义初级阶段"的意义上,来把握我党所创立的社会主义初级阶段理论,那是很肤浅的。因为,社会主义初级阶段的首要涵义在于已经是社会主义社会了,而按照传统的科学社会主义理论,社会主义社会已经是无阶级社会,像多种经济成分的并存、无产阶级专政和工人阶级政党的领导等,都是在"过渡时期"才存在的。因此,没有对"过渡时期"理论的突破,也就谈不上我们今天所讲的"社会主义初级发展阶段"问题。长期以来一直重复着这样一种说法:在"过渡时期"里我们只是基本完成了社会主义改造的任务,而并没有完成工业化的任务。这样讲固然不错,但对于社会主义制度确立后,为什么还必须实行无产阶级专政和坚持马克思主义政党的领导这一点,却并没有用新的理论给以正确解释。而有了社会主义初级阶段理论,才使这一疑难迎刃而解。

2. 在经济上,虽然马克思主义经典作家明确地讲过公有制和按劳分配是社会主义最基本的经济特征,但必须坚持以公有制为主体的多种经济成分并存的所有制结构和以按劳分配为主体的多种分配方式,却是在马克思主义经典著作中找不到的;明确地认识到社会主义经济是公有制基础上的有计划的商品经济,更是对马克思主义经济理论的一个重大发展。

按照马、恩的预想,在取代资本主义旧社会的未来社会,是不再存在商品货币关系的。实践使列宁认识到,资产阶级的统治被推翻后,商品、货币并不能很快消失。斯大林承认在社会主义制度下还必须保留商品生产和交换,但他又认为,只有消费资料还是商品,生产资料的生产和交换不过是保留着商品的"外壳"。在我国,在商品生产问题上,主要是受到斯大林的影响,曾一度视商品为社会主义的异物。从排斥商品生产和交换,到认识到社会发展可以跨越(即不经过资本主义的充分发展就过渡到社会主义),而社会经济发展中商品经济的充分发展则不可逾越,特别是在理论上确认计划经济和商品经济都是社会主义经济的内在属性,社会主义经济是公有制基础上的有计划的商品经济,这无疑是在马克思主义经济理论上所取得的一个重大突破,并成为我国经济体制改革的又一重要理论依据。

是承认社会主义经济是公有制基础上的有计划商品经济,还是鼓吹实行不要生产资料公有制作基础的完全的资本主义市场经济,这已经成为真假改革的分水岭和识别真假马克思主义的试金石。我们进行社会主义经济管理体制改革,就是要努力把计划经济和市场调节的优点结合起来。现在看,只要生产力发展和计划手段还没有达到使全体社会劳动者的劳动一开始就成为直接社会劳动的地步,这种结合就不可少。当然,商品经济的历史地位,还不是现在就能回答了的。但至少可以预言,即便是生产力发展水平很高的资本主义国家,步入社会主义社会后要在短期内消灭商品经济制度,也只能是空想。

3. 在文化建设上,必须坚持马克思主义的指导地位,建设社会主义精神文明。

对于社会主义社会的本质特征,马克思主义经典作家曾作过不少精辟的论述,但囿于当时的历史条件,总的说来尚欠完整和系统。如上已谈到,是我们党在社会主义发展史上,第一次对社会主义的本质特征和基本原则作出了完整系统的表述,特别是,把以共产主义思想为核心的社会主义精神文明建设,也列为社会主义的重要特征。这就进一步地深化了对社会主义本身的认识。现在看得愈来愈清楚了,要不要坚持马克思主义的指导地位,要不要建设社会主义精神文明,对于科学社会主义来说的确不是可有可无的东西。在这点上,我们党一度发生的两个文明建设"一手硬、一手软"的倾向,特别是苏联、东欧广大共产党员眼睁睁地看着多年的社会主义果实丧失净尽,留下的教训十分深刻。

必须说,我们党在带领全国各族人民进行社会主义现代化建设的伟大实践中对科学社会主义的新发展,其意义十分重大。主要可以从下述三个方面来看:其一,有了对社会主义基本经济、政治和文化特征的科学规定,对什么是为科学社会主义所要求和允许的,什么是与社主义相悖的,就可以看得很清楚了。可以说,正确认识到了对科学社会主义的这些发展,也就有了分辨真改革与假改革的客观标准。其二,现在看,经济文化发展还比较落后的国家,先于发达资本主义国家步入社会主义社会,带有某种程度的人类历史发展的必然性。这些国家走上社会主义道路后,有自己的情况,但也都面临着一个在低起点上如何建设社会主义的问题。建设社会主义的具体道路会有不同,但对于社会主义的本质特征和基本原则,则毫无例外地都必须坚持。从这里说,中国的经验是带有一定的普遍意义的。其三,正确地认识到社会主义的基本特征,初步完成了对建设有中国特色社会主义道路的认识,必然能够促使社会主义制度所固有的巨大优越性充分发挥出来,从而不断扩大社会主义的影响,加快社会主义取代资本主义的历史进程。总之,我们党经过几十年的摸索,终于找到了一条适合中国国情的社会主义现代化道路,这不仅是对全中国各族人民和中国历史的贡献,也是对全人类的贡献。

这里要回过头来说说遵循和坚持科学社会主义的普遍原理,同建设有中国特色社会主义道路的关系问题。"有中国特色的社会主义",首先是社会主义,其次是中国特色。这里所说的社会主义,是指必须坚持社会主义的本质特征和基本原则;这里所说的中国特色,就是在中国实现社会主义的具体形式和做法。可以说,有中国特色的社会主义道路,既体现了社会主义发展的普遍规律,又反映了我国社会主义发展的特殊规律。也可以说是实现了社会主义的本质特征和基本原则与中国实现社会主义的具体形式和具体做法的统一。比如,作为社会主义生产关系基础的生产资料公有制,无疑是社会主义的一个最主要、最重要、最基本的特征;但在我国具体条件下,社会主义的这一最基本特征,还只能表现为生产资料公有制为主体和起主导作用,在具体形式上我国实行的是全民所有制和集体所有制两种公有制,在具体做法上则既必须坚持以生产资料社会主义公有制为主体,又要允许和鼓励其他经济成分的适当发展。又如,社会主义政治制度的基本特征首先表现在必须坚持无产阶级专政和无产阶级政党的领导;而在我国具体条件下,我国的无产阶级专政和无产阶级政党的领导,又是通过人民民主专政的形式,人民代表大会的根本制度,共产党领导的多党合作和政治协商等制度来实现的。

四

自然,这里讲我们党经过几十年的摸索,初步完成了对建设有中国特色社会主义道路的认识,并不等于在我国如何建设社会主义的所有问题都解决了。这不仅是因为我们对社会主义建设内在规律的认识还是初步的,而且在于,即便是认识到了这些规律,也还有大量被称为"疑难"的实践问题需要探讨。对已经为社会主义事业浴血奋战七十年的我们党和人民来说,正是任重而道远。

比如,走建设有中国特色的社会主义道路,必须坚持社会主义公有制和按劳分配这两个主体,这是定了的;"私有化"、"非国有化"的说教,完全是不知道社会主义为何物。但从另一方面看,在以公有制为主体的多种经济成分并存的所有制结构中,非公有制经济究竟占多大比重才合适,要不要有个量的发展界限;在社会主义公有制经济内部,国营经济和集体经济如何做到比翼齐飞;国营大中型企业怎样才算搞好了,什么才是社会主义公有制经济的最佳实现形式等,显然又都还是有待做进一步探索的问题。又如,计划经济和市场调节能够结合,也是已经定了的;但这种结合如何才能更好地实现,同样是一个迄今尚未解决的问题。再如,在政治上,坚持社会主义就必须坚持人民民主专政和中国共产党的领导,这也是早就定了的;但如何把我们的上层建筑改革得更能适合社会主义经济基础的要求,文章也还要继续做下去。

苏联、东欧发生剧变后,国际敌对势力正以人权作主线,加紧在社会主义国家中,特别是对社会主义中国推行"和平演变"的阴谋。要粉碎这种阴谋,首先就要进一步增强对社会主义的信念。要郑重地、理直气壮地告诉那些别有用心的先生:社会主义制度代替资本主义制度,这终究是任何人间的力量都改变不了的历史发展的总趋势,社会主义发展中遇到的困难挫折毕竟只是暂时的,和平演变中国的阴谋更不会得逞,还是早早收起这套把戏为好。

面对来自多方面的挑战,特别是要粉碎国际敌对势力的"和平演变"阴谋,我们所有法宝中最好的法宝,就是努力使社会主义制度的固有优越性更大地发挥出来;而要做到这点,关键又在于继续坚定不移地实行改革开放。我们坚信,只要我们不偏离党的"一个中心、两个基本点"的基本路线,就一定能使社会主义的红旗在中国大地上永远飘扬!

(原载《学海》1992年第2期,特约撰写)

社会主义本质的分层次说

——学习邓小平同志关于社会主义本质的多角度论述

邓小平同志创立的建设有中国特色的社会主义理论，所解决的一个最基本问题，是关于什么是社会主义的问题。而要真正搞清楚什么是社会主义，首先又正在于真正把握住社会主义的本质。

邓小平同志关于社会主义本质的多角度论述

事实上，关于社会主义的本质，邓小平同志从不同角度作过多种不同的论述。仅据笔者粗粗翻阅，在《邓小平文选》第二、三卷中，涉及社会主义本质的论述至少有如下五处：

一处见《社会主义首先要发展生产力》。邓小平同志的原话是这样讲的："社会主义是一个很好的名词，但是如果搞不好，不能正确理解，不能采取正确的政策，那就体现不出社会主义的本质。"[①]在这篇短文中，邓小平同志没有具体阐释社会主义的本质是什么，只是着重讲了，怎么做才能体现出社会主义的本质。在上文和下文中小平同志主要讲了：生产力方面的革命也是革命。任何革命都是扫除发展社会生产力的障碍。社会主义总要比资本主义优越，它的发展速度应该高于资本主义。社会主义的本质不是穷。各国应根据自己的特点来实行社会主义的政策。必须按经济规律办事，不论是进行社会主义改造还是建设。

---

① 《邓小平文选》第二卷，人民出版社1994年版，第313页。

讲社会主义,首先就要使生产力发展,这是主要的。只有这样才能表明社会主义的优越性。邓小平同志在这里讲起社会主义的本质时,对解放和发展生产力作了强调。

一处见《对中国改革的两种评价》。邓小平同志的原话是这么讲的:"世界上对我国的经济改革有两种评论。有些评论家认为改革会使中国放弃社会主义,另一些评论家则认为中国不会放弃社会主义。后一种看法比较有眼光。我们所有的改革都是为了一个目的,就是扫除发展社会生产力的障碍。……我们总的原则是四个坚持:坚持社会主义道路,坚持人民民主专政,坚持共产党的领导,坚持马列主义、毛泽东思想。这已经写进中国的宪法。问题是怎么坚持。""我们的经济改革,概括一点说,就是对内搞活,对外开放。……农村经济一开放,八亿农民的积极性就起来了。城市经济开放,同样要调动企业和社会各个方面的积极性。对内搞活经济,是活了社会主义,没有伤害社会主义的本质。至于吸收外国资金,这是作为发展社会生产力的一个补充,不用担心它会冲击社会主义制度。搞活开放也会带来消极影响,我们要意识到这一点,但有办法解决,没有什么了不起。因为从政治上讲,我们的国家机器是社会主义性质的,它有能力保障社会主义制度。从经济上讲,我国的社会主义经济在工业、农业、商业和其他方面已经建立了相当坚实的基础。这就是我们对这个问题的看法。"① 请读者原谅笔者对这篇短文几乎是全文照抄,并请仔仔细细地琢磨琢磨,文中所强调的没有受到"伤害"的"社会主义的本质"的内涵。在这篇可以说是专门讲改革开放会不会"伤害社会主义的本质"的短文中,邓小平同志也没有明确讲什么才是社会主义的本质、什么不应该列入社会主义的本质。但联系上下文看,笔者以为作如下领会是没有错的:第一,讲邓小平同志关于社会主义本质的思想撇开这篇谈话显然是不严肃的。第二,邓小平同志这里说的"社会主义的本质",实际是指的与其他社会制度相区

---

① 《邓小平文选》第三卷,人民出版社 1993 年版,第 134～135 页。

别的整个社会主义制度(基本经济制度、基本政治制度等)的质的规定。第三,就社会主义基本经济制度说,这里所讲的人们担心会受到伤害、而实则并没有受到伤害的"社会主义的本质",正是社会主义基本经济制度本身。这最后一点,完全能够由邓小平同志在别的地方的大量论述得到验证。

如:在《答意大利记者奥林埃娜·法拉奇问》中,邓小平同志就这样讲过:"不管怎样开放,不管外资进来多少,它占的份额还是很小的,影响不了我们社会主义的公有制。"①在《建设有中国特色的社会主义》中,又更加明确地讲,开放沿海城市,引进外资和国外先进技术,"这些会不会冲击我们的社会主义呢?我看不会的。因为我国是以社会主义经济为主体的。社会主义的经济基础很大,吸收几百亿、上千亿外资,冲击不了这个基础"②。《在中央顾问委员会第三次全体会议上的讲话》中,邓小平同志讲得更清楚了:"无论怎么样开放,公有制经济始终还是主体。同外国人合资经营,也有一半是社会主义的。……前些时候那个雇工问题,相当震动呀,大家担心得不得了。我的意见是放两年再看。那个能影响到我们的大局吗?如果你一动,群众就说政策变了,人心就不安了。你解决了一个'傻子瓜子',会牵动人心不安,没有益处。让'傻子瓜子'经营一段,怕什么?伤害了社会主义吗?"③如果说,前两个地方讲的"影响"、"冲击"还是"伤害"的近义词的话,那么,这里在用词上也换成了同一个,容不得半点怀疑。另外,《在武昌、深圳、珠海、上海等地的谈话要点》中,邓小平同志肯定地指出"特区姓'社'不姓'资'",其最主要的根据也正在于,"公有制是主体"这一条并没有变。④这就更为"没有伤害社会主义的本质"一语中的"本质",加上注脚。总之,以上列举已足以证实,邓小平同志在《对中国改革的两种评价》一文

---

① 《邓小平文选》第二卷,人民出版社 1994 年版,第 351 页。
② 《邓小平文选》第三卷,人民出版社 1993 年版,第 65 页。
③ 《邓小平文选》第三卷,人民出版社 1993 年版,第 91 页。
④ 《邓小平文选》第三卷,人民出版社 1993 年版,第 372 页。

中所说的没有受到"伤害"的"社会主义的本质",确系指的没有伤害社会主义制度,首先又是公有制。

一处见《用中国的历史教育青年》。文中有段话是这样讲的:"对于中国现在干的究竟是什么事情,有些人还没有搞清楚。我们干四个现代化,人们都说好,但有些人脑子里的四化同我们脑子里的四化不同。我们脑子里的四化是社会主义的四化。他们只讲四化,不讲社会主义。这就忘记了事物的本质,也就离开了中国的发展道路。"①显然,邓小平同志这里所讲的"事物的本质",亦即社会主义的本质,并且是就整个社会主义制度讲的。社会主义的本质具体指什么,也没有指明。但联系到下文,再联系到邓小平同志多次讲过的:"我们搞的四个现代化有个名字,就是社会主义四个现代化。"②"在改革中坚持社会主义方向,这是一个很重要的问题。……我们现在讲的对内搞活经济、对外开放是在坚持社会主义原则下开展的。社会主义有两个非常重要的方面,一是以公有制为主体,二是不搞两极分化。"③照笔者的领会,邓小平同志在这里所讲的社会主义的本质,至少应包括公有制和共同富裕。

一处见《善于利用时机解决发展问题》。邓小平同志在这里说得明明白白:"共同致富,我们从改革一开始就讲,将来总有一天要成为中心课题。社会主义不是少数人富起来、大多数人穷,不是那个样子。社会主义最大的优越性就是共同富裕,这是体现社会主义本质的一个东西。"④

一处见《在武昌、深圳、珠海、上海等地的谈话要点》。邓小平同志强调指出:"社会主义的本质,是解放生产力,发展生产力,消灭剥削,消除两极分化,最终达到共同富裕。"⑤

---

① 《邓小平文选》第三卷,人民出版社1993年版,第204页。
② 《邓小平文选》第三卷,人民出版社1993年版,第181页。
③ 《邓小平文选》第三卷,人民出版社1993年版,第138页。
④ 《邓小平文选》第三卷,人民出版社1993年版,第364页。
⑤ 《邓小平文选》第三卷,人民出版社1993年版,第373页。

此外，在《邓小平文选》中，小平同志在多次讲到，必须反对资产阶级自由化和防止帝国主义的和平演变时，还几次谈到了社会主义变质不变质的问题。读后也很能给我们正确认识社会主义的本质以启迪。例如，邓小平同志讲："同时也有右的干扰，概括起来就是全盘西化，打着拥护开放、改革的旗帜，想把中国引导到搞资本主义。这种右的倾向不是真正拥护改革、开放政策，是要改变我们社会的性质。"①"帝国主义肯定想要社会主义国家变质。现在的问题不是苏联的旗帜倒不倒，苏联肯定要乱，而是中国的旗帜倒不倒。"②照笔者领会，邓小平同志在这里所说的我们社会性质的改变和社会主义国家的变质，在经济制度上首先也正是指的由社会主义公有制演变为资本主义私有制。当然也是指基本政治制度的改变。

社会主义本质的分层次说

学习邓小平同志关于社会主义本质的极丰富思想，在如何科学地揭示社会主义本质的问题上，笔者有个基本看法：就是先要明确一下社会主义的概念，看看作为我们研究对象的社会主义，是作为理论形态的社会主义、还是作为社会制度的社会主义，是研究的社会主义社会的本质、还是仅仅是说的作为社会基本经济制度的社会主义的本质。具体也就是要把对社会主义本质的探讨分分层次。

如下就照"分层次说"的思路，挂一漏万地对社会主义的本质作一初步考察：

1. 作为理论形态的社会主义的本质和作为社会制度的社会主义的本质

科学社会主义亦称科学共产主义，它首先是一种理论形态。广义

---

① 《邓小平文选》第三卷，人民出版社 1993 年版，第 229 页。
② 《邓小平文选》第三卷，人民出版社 1993 年版，第 320 页。

上的科学社会主义,是马克思主义的同义语。狭义上的科学社会主义,是马克思主义的组成部分之一。如讲作为理论形态的社会主义的本质,它是无产阶级革命斗争和亿万人民社会主义建设实践在理论上的概括,是无产阶级的思想体系,或者说作为无产阶级的思想体系的科学社会主义即社会主义思想。

科学社会主义又是一种社会制度。马克思在《哥达纲领批判》中,把取代资本主义旧社会的未来社会划分为两个阶段,即共产主义的第一阶段和共产主义的高级阶段。列宁第一次把共产主义的第一阶段明确为"社会主义社会",并认为,就其社会经济制度说,生产资料公有和按劳分配是它的两个最基本特征。而纵观马克思和恩格斯的论述或预想,作为共产主义第一阶段的社会主义社会具有如下一些基本特征:生产资料的全社会占有;比资本主义更发达的生产力;没有商品、货币,社会生产将按其需求来调节;每一个人的劳动都是直接的社会劳动;实行按劳分配;消灭了阶级和阶级差别;无产阶级专政不再存在,国家失去政治性质;等等。总之,在马、恩看来,处于资本主义和共产主义第一阶段之间的是一个无产阶级专政的过渡时期;社会主义作为一种社会制度,在经济、政治、思想文化各方面,均应高于资本主义。按照马、恩的预想,社会主义革命将首先在最发达资本主义国家同时取得胜利;而历史的演进却把经济发展落后国家推到了前面,因而对活生生的社会主义还必须重新认识。

读《邓小平文选》可知,邓小平同志实际是既从理论形态的角度讲过社会主义,又从社会制度角度讲过社会主义。例如,在《改革是中国发展生产力的必由之路》中,邓小平同志就这样讲过:"我们总结了几十年搞社会主义的经验。社会主义是什么,马克思主义是什么,过去我们并没有完全搞清楚。马克思主义的另一名词就是共产主义。我们多年奋斗就是为了共产主义,我们的信念理想就是要搞共产主义。……共产主义是没有人剥削人的制度,产品极大丰富,各尽所能,按需分配。按需分配,没有极大丰富的物质条件是不可能的。要实现共产主义,一定要完成社会主义阶段的任务。社会主义的任务很多,但根本的一条就是发展生产力,在发展生产力的基础上体现出优于资本主义,为实现共产主义创造物质基础。"①

2. 从整体上看的社会主义社会的本质和从作为社会经济制度看的社会主义的本质

社会主义社会作为一种社会制度,既包括社会基本经济制度,又包括社会基本政治制度和思想文化制度。而社会主义基本经济制度只不过是社会主义社会整个社会制度的一部分,它是社会生产关系的总和,并成为政治制度和社会意识形态的基础。因此,如把作为一种社会制度的社会主义的本质作为研究对象,就必须具体分析什么是从整体看的社会主义社会的本质,和什么是从作为社会经济制度、社会政治制度等看的社会主义的本质。例如,邓小平同志一再强调必须坚持四项基本原则,就是从整个社会主义社会看的;他又反复讲必须坚持公有制为主体和共同富裕,又是从作为社会经济制度的社会主义看的。

3. 具体到作为社会经济制度看的社会主义的本质

考察社会主义社会的本质,首先正要抓住社会主义经济制度的本质。据笔者看,具体到对社会主义经济制度本质的考察,也应该分层次:

第一个层次是社会主义公有制和按劳分配。任何社会制度的性质,都是由占统治地位的生产关系决定的。而生产关系的性质又取决于生产资料所有制的性质。作为社会主义生产关系基础的社会主义公有制,无疑是社会主义最本质的体现,并以此同资本主义制度及一切其他剥削制度相区别。它高居于社会主义经济制度本质的第一个层次,也是社会主义本质的本源层次。处于同一层次的还有作为这一本质体现的按劳分配。讲社会主义质的规定性,首先正应紧紧抓住它从根本上与其他社会经济制度相区别的公有制和按劳分配。这可称之为"社会主义的制度本质"。

---

① 《邓小平文选》第三卷,人民出版社 1993 年版,第 137 页。

第二个层次是社会主义运行的本质规定,即解放、发展生产力。必须看到,解放和发展生产力,决不是外加于社会主义的。对此具体可以从两个相互关联的方面认识:一是,社会主义制度的建立,本身就是解放了被旧制度束缚的生产力,就是发展生产力,并通过社会主义制度自身的不断完善和发展,进一步解放生产力,发展生产力。二是,解放和发展生产力,本身又正是实现社会主义生产目的和巩固发展社会主义制度的必然要求。事实上,在《邓小平文选》中,有大量论述都是讲这一问题的。例如,邓小平同志明确地讲:"社会主义制度优越性的根本表现,就是能够允许社会生产力以旧社会所没有的速度迅速发展,使人民不断增长的物质文化生活需要能够逐步得到满足。"①"要坚持社会主义制度,最根本的是要发展社会生产力"②。

客观地说,对于社会主义制度的建立本身就是解放生产力,以及在社会主义制度建立后必须大力发展生产力,这些包括马克思、恩格斯、列宁、毛泽东等在内的马克思主义经典作家都反复强调过。邓小平同志对科学社会主义的伟大贡献,在于第一次深刻揭示出,在社会主义条件下,还必然存在一个通过改革进一步解放生产力的问题。并作为中国改革开放的总设计师,亲自领导了在中国解放、发展生产力的伟大实践。正如邓小平同志所讲:"革命是解放生产力,改革也是解放生产力。……过去,只讲在社会主义条件下发展生产力,没有讲还要通过改革解放生产力,不完全。应该把解放生产力和发展生产力两个讲全了。"③

第三个层次是从运行结果看的社会主义的本质,即共同富裕。邓小平同志立足于社会主义的实际,深刻揭示出"消灭剥削,消除两极分化,最终达到共同富裕"也是社会主义的本质,同样是他对科学社会主义的一个重大发展。

---

① 《邓小平文选》第二卷,人民出版社 1994 年版,第 128 页。
② 《邓小平文选》第三卷,人民出版社 1993 年版,第 149 页。
③ 《邓小平文选》第三卷,人民出版社 1993 年版,第 370 页。

应该说,社会主义经济制度质的规定的这三个存在层次,本身又有着密不可分的内在联系和关系。在第一个层次与第二个层次的规定中,是先有第一个层次、后有第二个层次,同时又是相互促进;第一、二两个层次同第三个层次,则是因果关系。换言之,正是先建立起以公有制为基础的社会主义制度,才谈得上在此制度下解放和发展生产力,并从根本上消灭了剥削制度;正是由于生产力的不断解放和发展,才使得社会主义经济制度得以不断完善和发展;正是由于社会主义制度的建立和自身的不断完善和发展,社会生产力的不断解放和发展这两个方面的原因,才使得消灭剥削,消除两极分化,最终达到共同富裕成为现实。

4. 处于初级阶段的社会主义的本质和自身发展成熟的社会主义的本质

这里所讲的处于初级阶段的社会主义的本质和自身发展成熟的社会主义的本质,既是指从整个社会主义社会考察的社会主义的本质,也可以是指从作为整个社会主义制度一部分的社会主义经济制度或政治制度或思想文化制度考察的社会主义的本质。就制度的建立和发展考察,社会主义制度和自阶级社会以来的任何一种社会制度的一个最大不同,在于它不是以一种私有制代替另一种私有制,而是要建立一种全新的社会主义公有制。这正是社会主义最大、最根本的特性。由于迄今为止,社会主义制度又都是在经济发展落后国家率先建立的,这就更加突出了它内部所包含的特殊矛盾。因此,对社会主义本质的考察还必须分阶段说。毫无疑问,只要是社会主义就必然具有社会主义的本质,也就是说,在社会主义发展的长过程中,社会主义的质的规定性未变。但在社会主义的不同发展阶段上,其质的外在表现又呈现出差别,并呈现出不同的发展、实现程度。例如,在社会主义初级阶段上,公有制和按劳分配这一质的规定,还只能是具体表现为以公有制为主体的多种经济成分并存,和以按劳分配为主体的多种分配方式的并存,公有制的发展程度和按劳分配的实现程度还比较低、不充分;从生产力发展说,主要还是消除同发达资本主义国家的差距,主要还是进一步解放、发展生产力;从实现共同富裕的目标说,还明显存在着收入高低和生活富裕程度的差别,存在剥削现象和个别人、个别家庭的暴富,等等。而有理由推断,随着社会主义自身发育、发展的成熟,公有化的程度将会愈来愈高,按劳分配的实现将更充分,特别是,定将创造出高度发达的社会生产力和比资本主义更高的劳动生产率。

5. 社会主义的本质和社会主义的基本特征、社会主义的基本原则、社会主义生产目的

考察社会主义的本质还不能不具体考察社会主义的基本特征、社会主义的基本原则、社会主义生产目的。

社会主义的基本特征,也就是社会主义同其他一切社会制度相区别的显著特点。它实际是社会主义本质各方面的外在的具体表现,同时也是衡量能否坚持社会主义道路的主要标志。社会主义的本质虽然是客观存在,但它只能内在于社会主义制度中,打个不太确切的比喻,就像商品的价值一样,既看不见,又摸不着,它只能通过其区别于其他社会制度的特征外在地表现出来。从这个意义上说,社会主义的基本特征就是社会主义的本质,至少是外在地表现社会主义的本质。因而,正确认识了社会主义的基本特征也就正确认识了社会主义的本质。当然,这并妨碍说,事物的特征还不是事物的本质本身,我们可以通过社会主义的特征来认识其本质,但不能将其混同于本质。择其要说,以公有制为主体的多种经济成分并存;以按劳分配为主体的多种分配方式的并存;迅速发展的生产力;人民生活的普遍提高并逐步迈向共同富裕;工人阶级和劳动人民的政权;马克思主义为指导的社会主义精神文明,这些都是处于初级阶段的社会主义的基本特征。保持社会主义的各个方面的基本特征可以使社会主义不变色。

社会主义的基本原则反映着社会主义制度的本质。它是在正确认识社会主义制度基础上规定并成为人们说话、行事所依据的准则。四项基本原则是立国之本。公有制为主体、按劳分配、消灭剥削制度、消除两极分化、共同富裕等,这些也都可以称之为社会主义的基本原则。

生产目的是客观的。社会主义生产目的只能是不断地满足人民日益增长的物质和文化需要。可以说,不仅社会主义生产目的体现着社

会主义的本质,作为社会主义的根本任务的发展生产力也直接体现着社会主义制度本质之要求。

是对社会主义本质被忽视方面的强调,还是对社会主义本质下定义

有了如上对邓小平同志关于社会主义本质的多角度论述的再学习,以及对社会主义本质的分层次考察,就可以比较有根据地对环绕社会主义本质所发生的一些不同认识进行商讨。

中央宣传部组织编写的《邓小平同志建设有中国特色社会主义理论学习纲要》,从"在坚持社会主义基本制度的基础上进一步认清社会主义的本质"的角度谈问题,并明确谈到"毫不动摇地坚持公有制和按劳分配,维护公有制和按劳分配的主体地位,是体现社会主义本质的前提",既强调了邓小平同志关于"社会主义的本质,是解放生产力,发展生产力,消灭剥削,消除两极分化,最终达到共同富裕"的思想,又强调了坚持社会主义基本制度。这样来领会邓小平同志关于社会主义的本质的论述言之成立。但在笔者看来,这样来阐释社会主义的本质尚有不足之处,就是没有明确地回答社会主义的制度本质或公有制、按劳分配是否属于社会主义的本质(或本质特征)。而事实上,邓小平同志对这点是讲得异常明确的。至于理论界有些同志提出,邓小平同志南方重要谈话中所讲的关于社会主义本质的五句话,正是"对社会主义本质的定义"或"对社会主义本质特征的科学界定",显然是对邓小平同志讲的这段话作了不正确理解。关键在于辨清,邓小平同志所讲的这五句话,是站在什么角度对社会主义本质的概括,是对整个社会主义本质的概括还是对社会主义本质被忽视方面的强调? 依笔者看来,答案显然只能是后者。

首先,邓小平同志并没有给社会主义的本质下定义,同时也很难给社会主义的本质下定义。

如上所述,社会主义可以是指社会主义制度,也可以是指社会主

思想；社会主义制度又可以是指整个社会制度即社会主义社会，也可以是指社会主义经济制度或政治制度或思想文化制度。就一般而言，讲社会主义应是指社会主义社会。如考察社会主义社会的本质，那就不仅应揭示社会主义本质外在地表现在社会生产关系、生产力发展上的特征，而且要揭示社会主义本质外在地表现在其他方面的特征，至少还应包括社会主义基本政治制度和思想文化制度的特征，如工人阶级和劳动人民的政权、社会主义民主、马克思主义为指导的社会主义精神文明等。回答什么是社会主义的问题居然可以把社会主义的基本政治制度和思想文化制度给撇开，这绝不是对邓小平同志关于什么是社会主义论述的完整领会。

其二，必须真正辨析清楚，对于社会主义的本质，对于公有制和按劳分配，邓小平同志完整地是怎么讲的。

笔者相信，上文中至少已列举出足够的事实，证明如下两点：第一，邓小平同志实际是多角度、多侧面、多层次地分析了社会主义的本质。他有时把社会主义社会作考察对象，有时又把社会主义经济制度作考察对象，有时又把社会主义经济制度中的一个方面作考察对象。第二，退后一步说，就算我们现在所考察的不是整个社会主义社会的本质，而是作为社会主义经济制度的社会主义的本质，邓小平同志也明明白白地把社会主义公有制"列入"其中。邓小平同志绝对没有，也根本不会把公有制和按劳分配"排除在"社会主义的本质之外。公有制上文中已经讲过了。这里再补充地说说，邓小平同志是如何看按劳分配的。不错，在《邓小平文选》中，更多的是把公有制为主体和共同富裕并提，讲公有制为主体而不单讲公有制，讲共同富裕而不讲按劳分配。然而，这既不能成为一些同志不把公有制"列入"社会主义本质之中的理由，亦不能成为他们把按劳分配"排除在"社会主义本质以外的理由。其实，邓小平同志讲得十分明确："我们实行的是社会主义的分配制度。"①

---

① 《邓小平文选》第三卷，人民出版社1993年版，第224页。

"按劳分配的性质是社会主义的,不是资本主义的。"[①]既是这样,又怎么可以认为,在社会主义质的规定中不包括按劳分配呢?事实上,讲社会主义的本质绝不可以把公有制和按劳分配给排除在外,穷不是社会主义,但也不等于富就是社会主义,根本的差别正在所有制以及由所有制决定的分配上。试想,如把公有制和按劳分配给排除在社会主义的本质之外,那么,到了自身发展成熟的社会主义阶段,即已经是生产力高度发展,已经是消灭了剥削、消除了两极分化、达到了共同富裕,到那时又如何看待社会主义的本质?

其三,对照上下文看,也很难认为这段话是给社会主义的本质下定义。

照有些同志的领会,邓小平同志在南方谈话中所讲的这段关于社会主义本质的话,就是对社会主义的本质下的定义。这是没有真正领会小平同志要说的是什么意思。联系上下文看,邓小平同志在这里主要是告诉我们,要用"三个有利于"作为标准,来评判改革的成败得失,不能被资本主义吓破了胆,明明不属于资本主义的东西也不敢拿来为我所用(包括明知是资本主义也可以为我所用,作社会主义经济的补充)。事实上,邓小平同志也正是针对市场经济本来并不属于社会基本制度范畴但却被说成是资本主义特有的东西,而看不到解放发展生产力也属于社会主义的本质,才讲出这段关于社会主义的本质的话的。显然,这里绝不是说社会主义同资本主义的最根本区别不在所有制,即公有制不是社会主义的本质规定;更不是说解放生产力,发展生产力,消灭剥削,消除两极分化,最终达到共同富裕就"构成了"社会主义的本质。这段话本来也不是系统论述应怎样来界定社会主义的本质的。有一种误解,似乎坚持"三个有利于"就可以不问姓"社"还是姓"资"。而没有看到,就在这段话的不远处,邓小平同志明确回答的正是"特区姓'社'不姓'资'"的问题,并且,这里首先列出的根据也正是"从深圳的情

[①] 《邓小平文选》第二卷,人民出版社1994年版,第101页。

况看,公有制是主体"①。既然是不是搞了资本主义首先还要看是不是坚持了公有制为主体,那么,界定社会主义的本质又怎么可以把公有制给排除在外呢？顺便说,也不是像有的同志所认为的那样,邓小平同志对什么是社会主义的探索,只是在这段关于社会主义本质的话中,才把以往的论述汇总起来,提到规律的高度,提到社会主义本质的高度,对社会主义的本质作了一个科学界定。邓小平同志早在《在中央顾问委员会第三次全体会议上的讲话》中谈到十二届三中全会通过的《中共中央关于经济体制改革的决定》时,就已经明确地讲过:"这次经济体制改革的文件好,就是解释了什么是社会主义,有些是我们老祖宗没有说过的话,有些新话。我看讲清楚了。"②立论的前提站不住,给社会主义本质下定义的说法也就只能是属于一些同志个人的领会了。

其四,"不列入"的理由能否成立？

一些同志一方面坚持认为,邓小平同志所讲的这段关于社会主义本质的话,就是对社会主义本质的科学界定；另一方面也感到,界定社会主义的本质,不讲讲清楚社会主义公有制和按劳分配,终究有些说不过去。于是终于找出一个自以为能自圆其说的理由,就是消灭剥削、消除两极分化以实行公有制和按劳分配为前提,公有制和按劳分配已蕴含在消灭剥削、消除两极分化、最终达到共同富裕这些根本目标之中了。因而也就不应该认为,既然在这里没有明确地提到公有制与按劳分配,那就说明它们并不是社会主义的本质特征。也就是说,由于它们已蕴含在消灭剥削、消除两极分化、最终达到共同富裕这些根本目标之中,所以在这个被理解为社会主义本质的定义中,实际是包含公有制和按劳分配的,只是"没有被明确列入"罢了。依笔者看,这种解释是软弱无力的。

首先,"消灭剥削、消除两极分化以实行公有制和按劳分配为前提"这个命题本身虽能成立,但至多才说出事情的一半。因为,消灭剥削、

① 《邓小平文选》第三卷,人民出版社1993年版,第372页。
② 《邓小平文选》第三卷,人民出版社1993年版,第91页。

消除两极分化必须具备以社会主义公有制为基础的社会生产关系和生产力的高度发展两个前提而不是生产关系一个方面的前提。同时,马克思主义历来认为,阶级的存在仅仅同生产发展的一定历史阶段相联系。"社会阶级的消灭是以生产的高度发展阶段为前提的。"[①]即是说,对于实现消灭剥削、消除两极分化、最终达到共同富裕这些根本目标讲,生产力的发展更是带有决定性的。如果前提应该排除在外,又为何不把发展生产力给排除在外?

其次,"公有制和按劳分配已蕴含在消灭剥削、消除两极分化、最终达到共同富裕这些根本目标之中"的立论就更是经不起分析,甚至可以说是本末倒置和因果的换位。只能是"只要我国经济中公有制占主体地位,就可以避免两极分化"[②]。而不能把话倒过来说是"母亲蕴含在女儿身"。其实,坚持这种看法的同志自己也承认没有公有制和按劳分配,就不能消灭剥削、消除两级分化、最终达到共同富裕。既如此,到底哪个在前、哪个在后和哪个蕴含哪个,已是不言自明。在笔者看,既承认公有制和按劳分配是社会主义经济制度的本质特征,又要为不把其明确"列入"社会主义的本质中找出充足理由,这实际是在做一件做不到的事。

再次,是否可以认为,对社会主义本质的界定,是揭示的社会主义的本质,而不是在讲社会主义的本质特征,即可以不把社会主义的有些基本特征列入呢?也不可以。第一,基于前面的分析,笔者认为,虽然可以讲事物的特征还不是事物的本质。然而,要揭示社会主义的本质,却必须把其最基本的特征列入,特别是必须把公有制列入。第二,正像邓小平同志自己所指明的,"共同富裕"也是社会主义与资本主义相区别的一个"特点"[③],也是"体现社会主义本质的一个东西"[④],而非社会

[①] 《马克思恩格斯选集》第三卷,人民出版社 1972 年版,第 321 页。
[②] 《邓小平文选》第三卷,人民出版社 1993 年版,第 149 页。
[③] 《邓小平文选》第三卷,人民出版社 1993 年版,第 123 页。
[④] 《邓小平文选》第三卷,人民出版社 1993 年版,第 364 页。

主义本质本身。既然是这样,在界定社会主义的本质时,列入共同富裕而不列入公有制和按劳分配,岂不是在执行双重标准吗?

总之,一些同志所提出的公有制和按劳分配极其重要但"没有被明确列入"社会主义的本质之中的理由难以成立。

邓小平同志关于社会主义本质的多角度、多层次、多侧面论述,特别是他对社会主义本质被忽视方面的科学揭示,无疑是他探索建设有中国特色社会主义道路的最重大的理论成果之一,是对马克思主义的重大发展。必须指出,明确社会主义的制度本质,非但没有使小平同志关于社会主义本质的思想有丝毫的逊色,而恰恰是完整地领会了邓小平同志的极丰富思想。

(原载《学海》1996年第3期,人大复印报刊资料《科学社会主义》1996年第5期全文复印;收入中共中央党校出版社1997年8月出版的《邓小平理论研究文库》、《中国社会科学理论参考文库》编纂委员会编纂的《中国社会科学理论参考文库》、人民日报海外版编纂的《决策·研究·发展——中国发展理论与实践文集》和《当代领导者管理丛书》等书)

论实现市场经济与社会主义公有制有机结合

我国 18 年来的改革已经取得了举世瞩目的巨大成就。我们今天对于社会主义市场经济的认识，已较前深入得多了。但也毋庸讳言，我国迄今的改革，特别是转换国有企业经营机制的改革，还不尽如人意；对改革中提出的一些基本理论和实际问题，也远未达到认识的一致。看得出，在诸多问题上存在的分歧，又都集中在改革开始不长时间就被提出并引起争论，至今仍没有得到很好解决的一个最带有根本性、也是最难的问题上，即我国在社会主义条件下建立市场经济体制，如何才能把社会主义公有制改革得真正符合市场经济的要求，也就是大家通常所讲的如何来具体解决好市场经济与社会主义公有制的有机结合问题。在我看来，经历了 18 年的改革，特别是有了党的"十四大"以来的丰富实践，解决这一极重要问题的基本思路事实上已经有了。从大的方面说，就是要真正解决好以下"三个必须"：

从社会的所有制构成说，必须是以公有制为主体的多种经济成分的共同发展

经过 18 年的改革，一种以社会主义公有制为主体、多种经济成分共同发展的所有制结构已在我国初步形成。这是我国改革所取得的一项了不起的成就，也是实现市场经济与社会主义公有制有机结合的一个首要的必备条件。

这一结论性认识，主要又是基于对以下四个相互关联问题的认识：

一是在我国多种经济成分的长期共同发展是必然的。其基本理论根据至少有三:(1)我国社会尚处于社会主义初级阶段。大家知道,尚处于社会主义初级阶段的我国社会生产力的最基本特征,是总体水平低,结构多层次,布局不平衡。社会生产力发展的这种实际状况决定了,在社会生产关系方面,必然是以公有制为主体的多种经济成分的长期同时存在。即是说,在我国社会主义发展的初级阶段上,之所以还必须是以公有制为主体的多种经济成分的长期共同发展,最根本的经济根源正在于生产力发展的状况和水平。(2)以公有制为主体的多种经济成分长期并存的必然性又源于商品经济的不可逾越性。商品经济是为交换而生产的经济形式,而产品之所以要采用商品的形式来交换,正在于其属于不同的所有者。正是商品经济的发展,为各种不同经济成分的共同发展提供了舞台。(3)在社会主义初级阶段,生产资料公有制这一社会主义的特征,还只能表现为以公有制为主体和起主导作用。从这里说,作"补充"的其他经济成分的存在和发展同样是客观的。

二是以公有制为主体也是必然的。必须在此强调,我们在任何时候都只能是讲"以公有制为主体的多种经济成分的共同发展",研究的是"作为主体的社会主义公有制同市场经济如何实现有机结合"。也就是说,在我国,各种非公有制经济成分与公有制的长期并存具有必然性,在所有制结构中,以公有制为主体同样是客观要求。那种只讲多种经济成分的共同发展,而不讲还必须坚持以公有制为主体的观点千万要不得。对这点,笔者已在近期发表的《公有制的主体地位必须坚持——"民营经济主导论"质疑》一文中作了阐释(见人民日报理论部主办内刊《理论参与》1996年第8期),不在此重复。

三是社会主义条件下,公有制与其他经济成分不仅能够兼容,而且还能够相促、相长。事实上,自人类历史上出现私有制以来,没有一个社会的经济是单一的,在任何社会中,又总有某一种特定的社会生产关系(基础又是所有制)居于支配的地位,决定着该社会经济制度和社会的性质。在社会主义条件下,公有制以外的其他经济成分,必然同占优势的公有制经济相联系,并受公有制经济的巨大影响和制约。在社会主义条件下,各种非公有制经济成分能够与公有制兼容,这已是共识。至于我国现实经济生活中实际存在的非公有制经济成分的发展,对建立社会主义市场经济体制,特别是对国有制企业改革与发展的促进;公有制经济对非公有制经济发展的促进;公有制与非公有制间的相互促进,这些大家已看得很清楚。自然,各种非公有制经济成分,特别是私营经济和外资经济,也存在诸如利己性、自发性和盲目性等弊病,但应该相信,只要"在社会主义条件下"这一前提不变,就能做到"兴利抑弊",更好地发挥其积极作用。

四是市场经济要求各种所有制企业间开展平等竞争,也惟有在平等竞争中才能达到公有制为主体所有制结构优化。在这点上,传统观念仍相当顽固。一些同志对改革以来,非公有制经济的发展快于国有制经济表现出这样或那样的疑虑,可以理解;但更要对造成这种状况的原因进行科学分析。必须有这样的信念,就是只要对公有制,特别是国有制坚持进行改革,公有制就决不惧怕同非公有制的竞争。同时,这里还要从思想深处解决好这样一个基本认识,这是各种所有制,各种公有制,都只能在自己适宜的范围内才谈得上优越性,决非是生产关系越大、越公越先进。是生产力决定生产关系,而不是相反。比所有制实现形式更深层次的问题是所有制本身是否适合生产力的发展水平。就市场经济与社会主义公有制的结合讲,单一的公有制,特别是单一国有制,固然无法实现市场经济与其的有机结合;而如果公有制本身脱离社会生产力发展的实际,如"大跃进"时期的"社有",或者现在就实行"共产主义公有制",同样也是没有办法来使之与市场经济有机结合的。

总之,在社会主义条件下,市场经济与社会基本制度的结合首先正在于同社会主义公有制的结合。社会主义市场经济的一个最基本的个性特征正表现在,它是在以公有制为主体的包括私营经济在内的多种经济成分共同发展的条件下运行。市场经济与社会主义公有制的有机结合能否实现,第一个要在改革实践中解决的问题又在于,必须把我们的社会主义公有制调整得适合社会生产力的发展要求。而做到这一点,在很大程度上又只能靠各种所有制经济成分的平等竞争。正是从这里说，以公有制为主体的多种经济成分的长期共同发展，是实现市场经济与社会主义公有制有机结合的一个必备的前提条件。有种看法认为，搞市场经济是公有制经济所占比重越小越好。这实质上还是认为，公有制同市场经济难以结合，至少是对我们能否实现市场经济同社会主义公有制的结合表示怀疑。而实际上，市场经济作为一种资源配置方式，与所有制性质并无直接关系，有直接关系的是所有制的具体实现形式。这点在资本主义条件下亦不例外。只要能把我们的社会主义公有制，特别是把在传统社会主义所有制理论指导下建立的"大一统"的国有制，调整得适合社会生产力的发展状况，并改变其传统实现形式，就能实现公有制同市场经济的结合。

在社会主义公有制内部，必须是多形式、多层次、多投资主体和多所有者主体

具体解决我国的社会主义公有制适合社会生产力发展状况和市场经济下的微观实现形式问题，从根本上讲，只能靠进一步地对其进行深化改革。一方面，我们的社会主义公有制应该是多形式和多层次；另一方面，在公有制内部又必须是多投资主体和多所有者主体。

首先，实践已经证明并将继续证明，适合我国社会生产力发展状况和市场经济要求的社会主义公有制，必须是"多形式"。事实上，我国的社会主义公有制也早已不是只有全民所有制即国有制和集体所有制的形式，在现实经济生活中，除去国有和集体所有的形式，还存在着公有制单位之间联营的形式、股份经济的形式和合作制形式。发展多种形式的社会主义公有制符合改革的大方向，必须毫不动摇地往前走。

其次，适合我国社会生产力发展状况和市场经济要求的社会主义公有制，不仅应是"多形式"，而且还应是"多层次"。所说"多层次"，可以从投资主体说，也可以从公有化程度和范围说。从不同的投资主体说，有中央投资企业，有地方（又分省、市、县各级，有的提出还应包括乡）投资企业，有民间投资企业。就公有化程度和范围说，有全社会范

围的公有,即全民所有或国有;有社区范围的公有,如全省、全市、全县、全乡范围的公有(现行《乡村集体所有制企业条例》已明文规定:乡村"企业财产属于举办该企业的乡或者村范围内的全体农民集体所有";笔者认为,地方投资举办的地方国有企业,包括有些被称为"二全民"的所谓"城镇大集体企业",所有权亦应属于地方);有群体范围的公有,如真正的集体所有制企业和合作制企业。

再次,适应我国社会生产力发展状况和市场经济要求的社会主义公有制,还必须是"多投资主体"和"多所有者主体"。对传统国家所有制的深化改革说,尤其应是如此。国有制企业、集体所有制企业投资主体不同,分别属于不同的所有者,这点是理论和政策规定上清楚,而实际上并不清楚。对于我国的集体所有制企业,特别是城镇大集体企业发展的实际以及应如何改革,本文不打算多讲。就中央企业和地方企业说,实际上属于不同的投资主体创办,这点是清楚的,并且也早已为现行政策所肯定。还有待于做进一步探讨的是,究竟应该不应该把在传统社会主义所有制理论指导下建立的"大一统"的国有制经济,也改革为"多产权主体"和"多所有者主体"? 现在,已明确在我国全民所有制即国有制经济内部,存在"多产权主体",是"谁投资、谁受益"。但同时又申明,全民所有制的所有权是统一不可分割的,全民企业的财产只能为全民所有,即国家所有,并由国务院代表国家行使企业财产的所有权。毫无疑问,对国家的现行政策必须不折不扣地努力贯彻执行。但作为理论探讨,对有些问题还要在这里谈点个人看法。

大家知道,所有权是排他的。只要是实行全民所有制即国有制,其所有权就只能为全民所有即国家所有,并由中央行使。问题是,对传统"大一统"的全民所有制进行怎样的改革,才最符合我国社会生产力的发展状况和市场经济的要求,是已经实行(或被称为)全民所有的就仍然必须继续坚持实行全民所有,还是以邓小平同志提出的"三个有利于"为标准,对其进行进一步的改革,包括正确地实行"抓大放小"。一个不容争辩的事实是,我国的社会主义全民所有制,的确是存在一个涉及面过宽、战线过长、布局不合理,即不该实行全民所有的也实行了全民所有的问题。不宜于实行全民所有的也实行了全民所有,这一问题如何解决,已是一个很现实的问题。从另一方面说,投资才谈得上所有,"谁投资、谁所有和谁受益",这应是最一般的经济法则。对全民所有制的改革,为何只能是"谁投资、谁受益",而不能是"谁投资、谁所有和谁受益"? 再就实际看,地方对其投资企业所拥有的,也早已不只是一个"分级监管"权和"产权",而是事实上的所有权,重大决策权、选择经营者权和受益权,事实上都在地方。现在,中央把放开放活小企业和扭亏的责任都放在了各级地方的肩上,责任亦应与权利相称。总之,我认为,不论是从我国社会生产力发展的状况考虑,还是从市场经济的要求考虑,对"大一统"的全民所有制作适当调整,让各级地方对其所投资企业拥有所有权,都是必要的有益的。解决的途径有二:一是由中央授权地方对所投资企业拥有所有权;二是变传统的"分级管理"为"分级所有",也就是依据一定原则,把"大一统"的全民所有变为国有、省有、市有和县有。变"分级管理"为"分级所有"的一个很大优点是,既解决了不该实行全民所有的也实行了全民所有的问题,又坚持了公有制的方向(至于转为"分级所有"后如何对企业进行转换经营机制的深化改革,已是另一个问题)。在江泽民总书记作序、马洪同志主编的《什么是社会主义市场经济》一书的第 59 页上,曾两次明确地提出了"地方政府公有制"的概念,一处讲"要继续坚持和发展国家所有制或地方政府公有制",一处讲"实行国有制或地方政府公有制"。仅从这里说,要不要变"谁投资、谁受益"为"谁投资、谁所有和谁受益",或要不要变对国有资产的"分级管理"为"分级所有",并进而由传统的两种基本形式的社会主义公有制转为"多层次社会主义公有制",也完全是一个不仅可以提出来做进一步研究,而且很有必要提出来做深入研究的极重要问题。

上述问题的提出和解决,要求对多年形成的传统公有制观念还必须进一步地更新。主要应明确这样几个问题:

一是,以公有制为主体不等于以国有制为主体,成为社会主义根本标志的也应是公有制而不是国有制。

有一个根深蒂固的传统观念,就是不仅把社会主义同公有制划等号,而且把社会主义同全民所有制即国有制划等号,认为惟全民所有制才具有社会主义的本质特征。正统的马克思主义政治经济学,也一直是把全民所有制看做公有制的高级形式和社会主义的标志。其实,自从国家产生就出现了国有制,它并非社会主义的专利。同时,以公有制为主体亦不等于以国有制为主体;成为社会主义根本标志的是公有制,而不是国有制。正如江泽民总书记在党的十四届五中全会闭幕时的讲话中所说:"坚持公有制的主体地位,是社会主义的一条根本原则,也是我国社会主义市场经济的基本标志。"

二是,并非国有制经济一定要占据数量的优势才能在国民经济中发挥主导作用。

毫无疑问,我们不仅应坚持以公有制为主体,而且必须坚持以全民所有制即国有制为主导。但这完全不同于传统的"国有经济主体、主导论"。传统的"国有经济主体、主导论"不仅认为,国有经济应在整个国民经济中占据统治地位,而且认为,也惟有如此国有经济才能发挥其主导作用。事实上,江泽民总书记1995年5、6月间,在上海、长春召开的企业座谈会上的讲话中已讲得明白:"今后几年,国有经济在有些行业中的比重可能会有些变化,但国有经济只要在国民经济重要和关键的行业、领域中占据支配地位,国有经济就会发挥主导作用。"无论就理论说,还是立足于改革的实践,都可以讲这个话,就是在我国具体条件下,在可以预见的将来,在公有制经济内部占据更大比重的都将不是国有制经济,而是非国有公有制经济。这也正体现出有中国特色社会主义的所有制结构的一大特色。

三是,在市场经济下管理经济有别于在传统计划经济体制下管理经济。

显然地,在市场经济下管理经济,主要应是借助于法律手段和采用经济办法,应是间接管理而非直接管理。现代国家也完全有能力运用所有权之外的手段,实现社会经济发展的调控和社会分配公平的适当调节。何况,我们并没有取消国有制,经济的命脉仍然掌握在国家手里。

具体到转为现代企业制度运营的原公有制企业，特别是竞争性行业的原国有大中企业说，必须真正实现以混合所有制为基础

实现市场经济与社会主义公有制的有机结合，最终还必须找到社会主义公有制在市场经济下最适宜的实现形式。而要造就社会主义公有制在社会主义市场经济下实现的新形式，就必须转为现代企业制度。

现代企业制度首先是一种现代产权制度。现代企业制度最本质的特征在于企业以其拥有的法人财产，独立自主地经营企业，并承担有限责任。有限责任公司和股份有限公司最具有这一本质特征，是现代企业制度的典型与主要形式。改革所取得的一个重要理论成果，就是认识到股份制经济是中性的，既可以为资本主义所用，也可以为社会主义所用。也就是说，公司制企业既可以容纳私有财产，也可以容纳公有财产。公司制已是市场经济国家大中企业普遍实行的现代企业组织形式，也定能成为公有制在市场经济下实现的新形式。

具体到我国国有企业的改制说，应是适宜于什么形式就采用什么形式。有些可采用国有独资公司的形式（主要在有关国家安全的部门和具有天然垄断性的部门）。但也需注意两点：一是这种形式的公司制企业不可以过多，有些要向国家控股公司发展；二是不能只换牌子而不转换经营机制，要真正按公司制企业运营。对于竞争性部门的国有大中企业，一般应改制为有限责任公司和股份有限公司的形式；有些可实行国家（应包括中央和地方）控股，有些可实行国家参股。值得注意的问题是，对国有大中企业的改制，必须真改，而不可以是图虚名、走过场。现在，不少企业牌子换了，而经营机制照旧。主要是存在两个方面的问题：一是，在国有大中企业进行的建立现代企业制度的试点中，还过于强调国有股要占绝大比重，并没有真正实现股权的分散（不承认"地方政府公有制"是重要原因之一）。实际上，控股并不需要占有50％以上的股份，而且股权越是分散，越是占有较少的股份就可以控

股。二是,由于配套改革没有跟上,改制企业的董事长和总经理还要由政府部门任免,他们仍然是"官",而不是"民"。而真正的公司制企业,必须摆脱政府的直接控制,也就是要真正实现政企分开,股权的分散和所有者的多元化,转变为以混合所有制为基础。能否做到这一点,关系到改革的成败,也是国有企业改制中应重点解决的问题。对于一般国有小企业,应区别不同情况,采取改组、联合、兼并、股份合作制、租赁、承包经营和出售等形式,加快改革步伐。基于如上的分析,我认为,在"抓大放小"问题上,我们的思想还必须更解放一些。特别是对于"放小",不可以过于强调"主要是改变国家对国有小企业的管理方式",该从全民所有制中退出的,就应该从全民所有制中退出,这没有什么不好。

  总之,国有企业转为现代企业制度运营,就竞争性部门的国有大中企业和一般国有小企业说,其实质就在于由传统计划经济体制下的国有国营,转上社会主义市场经济所要求的民营。国有资产管理体制改革中,一些地方的行业管理部门纷纷转体为国有资产经营公司或国有资产控股公司;一些大企业、大企业集团公司,也在积极争取国家直接授权其经营国有资产,成为国家授权投资机构,正是这一实质性问题的一个突出反映。究竟如何做才最符合建立社会主义市场经济体制的要求,要不要搞这么多的国有独资公司,竞争性行业的国有大中企业是坚持"官营"还是转上"民营",看来还明显存在一些不同看法。这些问题应该解决,也能够解决。笔者完全相信,在邓小平同志创立的建设有中国特色社会主义理论指引下,市场经济与社会主义公有制的有机结合,定将在社会主义的中国,变为活生生的现实!

  (原载《南京社会科学》1997年第1期,人大复印报刊资料《社会主义经济理论与实践》1997年第3期全文复印)

论市场经济同社会主义的结合

党的"十四大"正式确定"我国经济体制改革的目标是建立社会主义市场经济体制",并明确指出"社会主义市场经济体制是同社会主义基本制度结合在一起的"。十四届六中全会《决议》又进一步提出:"这种经济体制,不仅同社会主义基本经济制度政治制度结合在一起,而且同社会主义精神文明结合在一起。"对此应如何认识?这里谈谈我的看法。

中国改革要解决的重大历史性课题正在于
把社会主义同市场经济结合起来

以党的十一届三中全会为起点标志的我国社会主义改革,从实质上说,也就是对排斥市场机制的传统社会主义计划经济进行根本性变革,并最终建立起社会主义市场经济体制。也就是说,中国改革所要解决的一个重大历史性课题,正是要把市场经济引入社会主义,使这种经济体制同以公有制为主体的社会主义制度内在地结合起来,以更好地解放和发展生产力。

打开历史,可以说市场经济一来到人世间就与资本主义制度结下"不解之缘",并被资产阶级学者视为资本主义的"专利";传统的社会主义理论,也把其看做是社会主义的"异物"。于是也就形成了一种根深蒂固的传统观念,即市场经济只存在于资本主义社会,只有资本主义的市场经济。作为中国社会主义改革开放和现代化建设的总设计师,也是建设有中国特色社会主义理论的创立者的邓小平同志,在我国实行改革开放政策之初就批驳了这种不正确看法,明确提出"社会主义也可以搞市场经济"①。之后,他又多次地谈起这一问题,指出"社会主义和市场经济之间不存在根本矛盾"②,"计划和市场都是方法"③。特别是1992年初在南方重要谈话中,邓小平同志进一步提出:"计划多一点还是市场多一点,不是社会主义与资本主义的本质区别。计划经济不等于社会主义,资本主义也有计划;市场经济不等于资本主义,社会主义也有市场。计划和市场都是经济手段。"④这一精辟论断从根本上解除了把计划经济和市场经济看做属于社会基本制度范畴的思想束缚,从而为党的"十四大"把建立社会主义市场经济体制确定为我国经济体制改革的目标模式,提供了基本的理论依据。

在传统上,人们之所以把计划经济看做是社会主义的一个基本特征,把市场经济看做资本主义特有的东西,根本的认识错误正在于把本不属于社会基本制度的东西也看成了社会基本制度。认为在社会主义公有制基础上只能实行计划经济,在资本主义私有制基础上只能实行市场经济(或者像有些人所认为的,"市场经济不姓'资',也姓'私'")。如果真是这样,要把市场经济引入社会主义,首先就要引入资本主义所有制。改革之初的理论探讨中,争论也正是围绕着市场经济体制能否同公有制"兼容"的问题展开的。似乎,只要解决了市场经济同公有制的"兼容",在社会主义条件下建立市场经济新体制的问题也就解决了。

邓小平同志的精辟论述和"十四大"政治报告使我们茅塞顿开:一方面,作为社会资源配置方式的市场经济体制并不属于社会基本制度范畴;但从另一方面看,市场经济从来又都是具体的,必然要同一定的社会基本制度结合在一起,即使是在同一社会制度下,也会因国情的不

---

① 《邓小平文选》第二卷,人民出版社1994年版,第236页。
② 《邓小平文选》第三卷,人民出版社1993年版,第148页。
③ 《邓小平文选》第三卷,人民出版社1993年版,第203页。
④ 《邓小平文选》第三卷,人民出版社1993年版,第373页。

同而采用不同的模式。就社会主义市场经济说,社会主义市场经济是社会主义条件下的市场经济;而社会主义条件下的市场经济,又正是同社会主义基本制度结合在一起运行的市场经济。但具体到这种经济体制如何同社会主义制度结合在一起运行,我们也并不是一下子就认识得很清楚的。择其要说:"十四大"政治报告虽已明确指出"社会主义市场经济体制是同社会主义基本制度结合在一起的",但在具体阐释其如何同社会主义基本制度结合在一起时,也还只是讲了,"在所有制结构上"、"在分配制度上"和"在宏观调控上",社会主义市场经济所表现出的一些新特点。而江泽民同志作序、马洪同志主编的《什么是社会主义市场经济》一书,在谈到社会主义市场经济体制如何同社会主义基本制度结合在一起运行时,则言明:"社会主义的基本制度,从经济上说,是以公有制为主体;从政治上说,是以共产党为领导。"[①]可以认为,在这里,事实上已经提出了,社会主义市场经济不仅要同社会主义基本经济制度结合在一起,而且要同社会主义基本政治制度结合在一起。在十四届六中全会《决议》中,才第一次明确提出:"这种经济体制,不仅同社会主义基本经济制度政治制度结合在一起,而且同社会主义精神文明结合在一起。"《决议》的这一集中概括,进一步把改革实践上升到理论,标志着我党对社会主义市场经济体制认识的进一步深化。

社会主义条件下的市场经济,同资本主义条件下的市场经济,运行规则相通和相似。但由于存在条件不同,又不可等同视之。即是说:市场经济作为一种经济体制和资源配置方式,无疑带有一些共性特征,包括通常所讲的主体自主化、要素市场化、调控间接化、运行法制化、保障社会化以及要遵守国际经济交往中通行的规则和惯例等。然而,我们要发展的是社会主义条件下的市场经济,这就又要求我们,既要能很好地把握市场经济的共性,又要能切实地把握我们所搞的社会主义市场

---

① 马洪主编:《什么是社会主义市场经济》,中国发展出版社1993年版,第7页。

经济的特殊性;在某种意义上还可以说,切实地把握住我国社会主义市场经济的个性特征,比把握这种经济体制的共性特征,要更加困难,意义也更大。社会主义市场经济的个性特征可以有多个方面的具体表现,但集中到一点说,又正在于它是在社会主义条件下运行,是同社会主义相结合的市场经济。

社会主义市场经济体制如何同社会主义基本制度结合在一起

社会主义基本制度既包括社会主义基本经济制度,又包括社会主义基本政治制度和社会主义基本文化制度。而市场经济同社会主义结合在一起,首先也正表现在这种经济体制同社会主义基本制度结合在一起。

1. 社会主义市场经济体制如何同社会主义基本经济制度结合在一起

社会主义市场经济体制必然同社会主义基本经济制度结合在一起,在这点上,大家的认识比较统一。一些著作(如马洪同志主编的《什么是社会主义市场经济》一书)也已作过很好地阐释。社会主义基本经济制度主要是指以公有制为基础和实行按劳分配原则;所言"社会主义市场经济体制要同社会主义基本经济制度结合在一起",主要也正是指这种经济体制要同占主体地位的社会主义公有制和按劳分配结合在一起。事实上,市场经济要在社会主义条件下存在,就只能是在以公有制为主体的多种经济成分并存、以按劳分配为主体的多种分配方式并存和社会主义国家强有力的宏观调控的条件下运行,否则就说不上是社会主义市场经济了。这里,最困难的还在于正确地说明,这种经济体制因何能同社会主义公有制结合在一起。我认为,依据邓小平同志对市场经济和计划经济不属于社会基本制度范畴的深刻揭示,只要真正把我们的社会主义公有制,特别是传统国有制改革得适合我国社会生产力发展的状况并建立起多元化的所有制结构,同时切实解决好公有制在市场经济下的微观实现形式问题,并具体说明处于不同层次经济范畴的相互关系(拟放在后文中一并说明),就完全可以对此作出合理地解释。何况我国架构社会主义市场经济体制的实践,也已初步说明了,这种经济体制完全能够同公有制结合在一起。

2. 社会主义市场经济体制如何同社会主义基本政治制度结合在一起

一国的基本政治制度,主要是指该国的国体、政体和政党等。具体到我国的基本政治制度,依据江泽民同志《在庆祝中国共产党成立七十周年大会上的讲话》中所讲的,主要包括人民民主专政、人民代表大会制度和中国共产党领导的多党合作和政治协商制度。显然,所说社会主义市场经济体制还要同社会主义基本政治制度结合在一起,不可能是指其直接与我国的国体、政体和政党结合在一起;也不好简单地讲,它实际是在人民民主专政等条件下运行的。依我愚见,对于市场经济体制如何同社会主义基本政治制度结合在一起的问题,可从如下两个方面认识:其一,正如江泽民同志在庆祝中国共产党成立七十周年大会上的讲话中所正确指出的:"有中国特色社会主义的经济、政治、文化,是有机统一、不可分割的整体。"即是说,这种经济体制既然要同社会主义基本经济制度结合在一起,也就必然要同社会主义基本政治制度、文化制度结合在一起。其二,政治是经济的集中表现,归根到底由经济决定,并为经济服务。而一国的政治制度,总是同该国的根本性质和社会经济基础相适应的。即是说,政治和政治制度属于社会上层建筑的范畴,对于市场经济体制同社会主义基本政治制度的结合,从根本上说正应从政治对经济、上层建筑对经济基础的巨大反作用来说明。这主要表现在:(1)社会主义市场经济的微观基础,社会主义的整个基础,有了社会主义基本政治制度的保障才能巩固和发展。(2)正是由于社会主义基本政治制度的存在和发挥作用,社会主义市场经济才能不偏离社会主义的航向运行,并最终实现共同富裕。(3)也正是由于社会主义基本政治制度的存在和发挥作用,才得以不断建立、健全服务于这种经济体制的法律体系,以保障其运行的健康有序。其实,讲这种经济体制还要同社会主义基本政治制度结合在一起,正在于指明,它在社会主义条件下的存在和运行,离不开社会主义的整个基本制度。

3. 社会主义市场经济体制如何同社会主义基本文化制度结合在一起

社会主义市场经济体制同社会主义基本文化制度的结合,应从社会主义经济、政治、文化是一个统一体和文化对社会政治经济的巨大反作用来认识。因此,首先就要明确什么是社会主义的基本文化制度。十四届六中全会《决议》是讲,这种经济体制还要"同社会主义精神文明结合在一起",而不是讲还要"同社会主义基本文化制度结合在一起"。一般也是讲"社会主义基本经济制度"、"社会基本政治制度",而不是说"社会基本文化制度"。不过,我以为,既然存在社会基本经济制度、基本政治制度,那也理应存在社会基本文化制度;而且,既然是从这种经济体制要同社会基本制度结合在一起的角度提出问题,讲这种经济体制还要"同社会主义精神文明结合在一起",那么,这里所讲的"社会主义精神文明",首先也正应是指的"社会主义基本文化制度"①。难的正在于确认"社会主义基本文化制度"究竟应是指什么。

马克思主义告诉我们,任何一个社会(这里指阶级社会和有阶级社会)都必须有统治思想,而任何一个社会的统治思想又都只能是统治阶级的思想:作为社会上层建筑的一部分,每个社会都必然要在一定的经济基础上形成一定的社会意识形态,并为一定阶级的利益服务。据此可以认为,所说社会主义基本文化制度,正是指以马克思列宁主义、毛泽东思想为指导的社会主义意识形态(制度)。因此,讲社会主义市场经济体制还要同社会主义基本文化制度结合在一起,首先也正表现在

---

① 这里所说的"文化",既是指思想道德,又包括教育、科学、文学艺术、新闻出版、广播电视、卫生教育、图书馆、博物馆等各项文化事业。在这里,"社会主义精神文明"是"社会主义文化"的同义语。我领会,《决议》中讲这种经济体制还要同社会主义精神文明结合在一起,并非仅仅是指的同社会主义基本文化制度结合在一起。这点,下文中将做进一步说明。

马克思列宁主义、毛泽东思想和邓小平建设有中国特色社会主义理论居于指导地位,要同社会主义思想道德结合在一起。正如《决议》所讲:"社会主义思想道德集中体现着精神文明建设的性质和方向,对社会政治经济的发展具有巨大的能动作用。"

社会主义意识形态对社会主义政治经济,从而对社会主义市场经济运行的保障、促进作用主要表现在:(1)促进社会主义经济基础和人民当家作主的政权的巩固和发展。(2)促进正确处理竞争和协作、自主和监督、效率和公平、先富和后富、经济效益和社会效益等关系。(3)建立与这种经济体制在社会主义条件下健康有序地运行相适宜的经济和社会生活规范、科学的价值导向。

还应看到,就其基本的方面说,市场经济同社会主义、市场经济观念同社会主义思想道德,亦并非是对立的。正如《决议》所讲:"我国的实践已经证明,发展社会主义市场经济有利于解放和发展社会主义社会的生产力,增强社会主义国家的综合国力,提高人民的生活水平,也有利于增强人民的自立意识、竞争意识、效率意识、民主法制意识和开拓创新精神,使社会主义的优越性进一步发挥出来。"这可称之为这种经济体制同社会主义思想道德的"内在结合"。另一方面,市场经济自身的弱点和消极方面,也有赖于加强社会主义思想道德建设和健全社会主义法制来抑制。这可称之为两者的"外在结合"或"强制结合"。如,市场经济既是在社会主义条件下运行,就不可以是唯利是图,正要靠加强社会主义思想道德建设,以逐步形成把国家和人民利益放在首位,而又充分尊重个人合法利益的社会主义义利观。

社会主义市场经济体制还要同社会主义基本制度的一些具体制度结合在一起

笔者在不久前撰写的一篇文章中,曾试着提出一个新命题:"社会主义市场经济体制不仅要同社会主义基本制度结合在一起,而且要同社会主义基本制度的一些具体制度结合在一起。"①但限于版面,也限于当时的认识程度,未作展开。这里再进一步地加以探讨,有何理由认为这种经济体制还要同社会主义基本制度的具体制度结合在一起?

1. 改革生产关系和上层建筑中那些不适应生产力发展的方面和环节,建立社会主义市场经济新体制,本身正说明社会主义市场经济体制要同社会主义基本制度的一些具体制度结合在一起。

我国进行社会主义改革,并非要改变我们的社会主义基本制度,而是在坚持社会主义基本制度的前提下,改革生产关系和上层建筑中那些不适应生产力发展的方面和环节,并最终把实行了多年的传统计划经济体制转变为社会主义市场经济体制。据此可以说,不仅是这种经济体制还要同社会主义基本制度的一些具体制度结合在一起,而且是更直接地同其结合在一起。道理很简单:如果不是这种经济体制还要同社会主义基本制度的有些具体制度结合在一起,那也就没有必要对生产关系和上层建筑中那些不适应生产力发展的方面和环节进行改革了。同时,这种经济体制亦不是空的,离开了同其相适宜的社会主义具体制度,又如何能以市场为基础配置资源呢?如果认为,这种经济体制同社会主义结合在一起,只能是指同社会主义的基本制度结合在一起,而不是同时还要更直接地同社会主义基本制度的一些具体制度结合在一起,整个改革理论将很难自圆其说。

2. 进一步分析,社会主义必然要采取具体的实现形式,改革正是适应生产力发展的要求,对社会主义的实现形式进行改革。

笔者完全赞同有的同志提出的如下看法:一定的经济运行体制总在一定的社会制度和经济制度中运行,而一定的社会制度必然要采取具体的实现形式。这是因为,社会制度只是一种社会最本质的规定性,然而这些本质规定性并不能运行,在社会运行时,这些本质规定性还要

---

① 《社会主义市场经济和社会主义精神文明》,载《江苏经济探讨》1996年第12期。

表现为具体实现形式。社会主义的本质规定性不能变,而社会主义的实现形式则必须随着社会生产力的发展相应改革。①也无需说,任何社会基本经济制度、基本政治制度和基本文化制度,又都是通过相应的具体制度来体现的。就社会主义公有制说,具体到我国社会主义发展的现阶段,不仅有全民所有制即国有制和劳动群众集体所有制这两种基本形式,而且有公有制单位之间联营的形式、股份经济的形式和合作制形式;并且,无论是国有制还是集体所有制,又都有个实现形式问题要解决。显然,在社会主义公有制为主体、多种经济成分共同发展的基础上建立社会主义市场经济体制,求得市场经济与公有制的结合,关键也正在于解决好同这种经济体制相适宜的公有制实现形式问题,以构建这种经济体制的微观基础,造就市场竞争的主体。从这里说,公有制的实现新形式不仅直接地同这种经济体制结合在一起,而且已是这种经济体制的一个组成部分了。

3. 从构建社会主义市场经济体制所碰到的诸多具体问题看,也很难认为这种经济体制不是同社会主义基本制度的具体制度结合在一起。

我们建立社会主义市场经济体制,主要牵扯到三大块的改革:一是宏观管理体制的改革,如何由直接管理转向间接管理,由直接的宏观调控转向间接的宏观调控;二是市场体系的培育和建设;三是企业的改革。可以说,每一个方面的改革都是社会主义制度的自我完善和发展;都是对不适合生产力发展的那部分社会主义具体制度的改革。以企业改革为例:寻求社会主义公有制在市场经济下的微观实现形式,最后落到了建立现代企业制度,碰到的具体问题也特别多。如,不论是改制为国有独资公司,还是改制为以公有制为主体的股份制企业,都要探求建立与之相适应的职工民主管理制度。又如,企业改制,很重要的 个方

---

① 张曾芳著:《中国市场经济的理论与对策探索》,天津人民出版社1996年版,第46页。

面正在于要在改革实践中,切实解决好如何从制度建设上确保发挥好党的政治核心作用和职工的主人翁地位问题,"新三会"与"老三会"的关系如何处置已突出地摆在我们面前。即便是非公有制企业,也必须有制度来保障工人的合法权益;而改革进程中发生的有的非公有制企业也建立起党的基层组织和共青团等群众组织的情况,更为我国所特有。仅此已足以说明,社会主义市场经济体制正是要同社会主义基本制度的有些具体制度结合在一起。同时也应该认识到,这种经济体制并不是要同所有社会主义基本制度的具体制度结合在一起。这种结合既不是与传统计划经济体制相适应的原有社会主义具体制度的原封不动地沿用,也不是所有现实存在的社会主义具体制度就都能结合(改革的任务还很艰巨),而是指经过实践检验、真正同社会主义市场经济体制要求相适宜的种种社会主义具体制度才说得上结合,才有可能同这种经济体制结合。至于这种结合具体如何实现,那正是改革要解决的问题。

4. 市场经济体制之所以不仅要同社会主义基本制度结合在一起,而且要同社会主义基本制度的一些具体制度结合在一起,从根本上说正在于,市场经济不仅是一种经济手段,而且同时又是一整套经济活动、行为、组织、管理和规则的体系。

我认为,市场与市场经济,有联系又有区别,是两个概念而不是同义语。可以认为市场经济体制包含着市场手段的运用,但不能说市场手段就是或包含市场经济体制。通常说,市场经济不属于社会基本制度范畴,它只是一种经济手段或方法,资本主义可以利用、社会主义也可以利用,无疑完全正确。但要进一步认识市场经济同社会主义的结合,就不能到此为止,还必须循着这种经济体制不属于社会基本制度范畴的认识深入下去。

即是说,必须同时把市场经济体制看做是一整套经济活动、行为、组织、管理和规则的体系。也无需否认,作为经济体制的市场经济,事实上也是一种经济制度,只是它并不属于社会基本制度,说不上是姓"资"还是姓"社"。对于这一点,笔者在前些年就公开表明过这样的看法,即够得上"制度"的经济范畴事实上是分层次的,只有居于最高层次的经济范畴才体现出社会基本制度的差别。具体说:第一层次或最高层次是基本经济制度,主要指占主体地位的所有制和由所有制决定的分配制度,它是对社会生产关系本质的抽象;第二层次是社会经济形式,如自然经济或商品经济,它是对以一定社会生产关系联系起来的人们所从事经济活动、首先又是为什么而生产的抽象;第三层次是经济活动形式,反映的是经济运行层次(体制)的关系,如计划经济或市场经济,它是对社会资源配置方式的抽象;再下一个层次(还可以细分)是经济运行中的各项具体制度,如企业制度和管理制度等[①]。处于不同层次的各经济范畴事实上是作为一个有机体存在的。这样来把握市场经济体制同社会主义的结合,至少是说清楚了如下几点:(1) 这种经济体制本身不属于社会基本制度范畴,但它又不可能脱离社会主义基本制度而凭空存在;(2) 这种经济体制本身也是一种经济制度,并必然要同与之相适合的社会主义基本制度的具体制度结合在一起;(3) 市场经济既是一种经济手段,更是一整套经济活动、行为、组织、管理和规则的体系。其实,当我们在讲这种经济体制要同社会主义结合在一起时,就已经是在"制度"涵义上来把握社会主义市场经济了。不难看出,市场经济同社会主义的结合,实质上正是制度与制度的内在结合。而如果仅仅在"手段"、"方法"意义上来把握这种经济体制,再作出"社会主义市场经济"同"资本主义市场经济"的区分,就多少有些勉强。

(原载《学术月刊》1997 年第 11 期)

---

① 见拙文《市场经济与计划经济不容》,载《经济学消息报》1992 年 12 月 26 日。

所有制问题上的又一次思想大解放

党的"十五大"报告总结近20年的改革经验,进一步冲破传统观念的束缚,对所有制问题从理论到实践都作了明确的回答,可以认为,这是改革以来所有制问题上的又一次思想大解放,也是对马克思主义的新丰富、新发展。

传统公有制观念的逐步被打破

我以为,以党的十一届三中全会为起点标志,到"十三大"召开,可以看做是我国改革在所有制问题上的第一次思想解放,并且这一思想解放显然是经历了一个不断深化的认识过程。

在社会主义所有制问题上,在党的十一届三中全会前,占支配地位的认识是:社会主义等于公有制,公有化程度愈高愈优越——与此相联系,全民所有制即国有制被说成是公有制的高级形式,集体所有制是公有制的低级形式;小生产每时每刻都在产生资本主义,公与私"水火不容"。也因此才有了社会主义生产关系上的"一大二公三纯"和"穷过渡",连社员自留地、家庭副业和集市贸易也被看做是必须割去的"资本主义尾巴"。

1978年12月召开的具有深远历史意义的党的十一届三中全会,首先在"尾巴"上求得突破,明确提出"社员自留地、家庭副业和集市贸易是社会主义经济的必要补充部分",并强调,要"积极发展农村社队工副业"。

1979年9月29日叶剑英在庆祝中华人民共和国成立三十周年大会上的讲话中,首次在正式场合明确提出:"目前在有限范围内继续存在的城乡劳动者的个体经济是社会主义公有制的附属和补充。"1981年6月召开的党的十一届六中全会通过的《中国共产党中央委员会关于建国以来党的若干历史问题的决议》,对"一定范围的劳动者个体经济是公有制经济的必要补充"又一次作了强调。

在1982年9月召开的党的"十二大"报告中,首次明确提出"发展多种经济形式"问题。但报告中谈的除国有经济以外的各种经济形式,具体还是指的集体所有制的合作经济和个体经济。

1984年11月召开的党的十二届三中全会通过的《中共中央关于经济体制改革的决定》,在强调发展国有制经济、明确提出集体经济是社会主义经济的重要组成部分、重申个体经济是社会主义经济必要的有益的补充的同时,又在发展外资经济上求得突破,明确提出"利用外资,吸引外商来我国举办合资经营企业、合作经营企业和独资企业,也是对我国社会主义经济必要的有益的补充"。

在1987年10月召开的党的"十三大"报告中,又明确提出了"多种所有制经济"和"社会主义初级阶段的所有制结构"的概念。在所有制改革问题上又求得如下突破:(1)明确提出"公有制经济本身也有多种形式";(2)首次肯定私营经济也"是公有制经济必要的和有益的补充";(3)明确提出"改革中出现的股份制形式……是社会主义企业财产的一种组织形式,可以继续试行";(4)"一些小型全民所有制企业的产权,可以有偿转让给集体或个人"。

所有制问题上的第二次思想大解放

所有制问题上的第二次思想大解放,以邓小平同志南方发表重要谈话为起点标志,到党的"十四大"召开,延续至"十五大"前。

回顾一下可知道,党的"十三大"在明确提出社会主义有计划商品经济的体制应该是计划与市场内在统一的体制的同时,已经提出建立和完善以公有制为主体、多种所有制经济共同发展的所有制结构和发展股份制经济的任务。但1989年出现那场风波后,传统观念又有抬头并占了上风,包括股份制试点等在内的许多改革措施被说成是"资产阶级自由化在经济领域中的表现"而受到指责,有计划的商品经济被曲解为实质上的计划经济,市场经济更是与社会主义公有制不相容,干什么都要先问问是姓"资"还是姓"社",如此等等。正是在这种情况下,邓小平同志1992年初南方并发表重要谈话,从而促成了在所有制问题上的第二次思想解放。

这次思想解放,首先表现在人们终于认识到市场经济可以同公有制兼容,就是说,社会主义也完全可以搞市场经济。第二,提出了"三个有利于"的标准,以判断改革和各方面工作的是非得失。第三,不争论,大胆地试。有了包括南方重要谈话在内的邓小平理论指导,1992年10月召开的党的十四大,明确地把建立社会主义市场经济体制规定为我国经济体制改革的目标模式,并指明"社会主义市场经济体制是同社会主义基本制度结合在一起的"已是顺理成章。1993年11月召开的党的十四届三中全会《决定》,进一步提出了社会主义市场经济体制的基本框架,明确提出公有制企业要转向建立现代企业制度的改革。至此,可以说我们已找到一条如何实现公有制与市场经济结合的路。

然而,中国改革所要解决的是前无古人的重大历史性课题;要真正实现由传统计划经济体制向社会主义市场经济体制的转变,还要走一段很长的路。实践深入了,指导改革的理论也必须发展。一方面,诚如江泽民总书记在"十五大"报告中所正确指出的:"十一届三中全会以来,我们党认真总结以往在所有制问题上的经验教训,制定以公有制为主体、多种经济成分共同发展的方针,逐步消除所有制结构不合理对生产力的羁绊,出现了公有制实现形式多样化和多种经济成分共同发展的局面。"另一方面,又存在如下情况:(1)我们的国有经济还没有从整体上搞活,特别是国有大、中企业的改制在很大程度上是走过场,不仅国有独资公司过多,而且过于强调要国家控股,并没有真正实现投资主体的多元化和股权的分散化;(2)少数较规范的公司制企业,有些中外合资企业,则表现出很强的活力;(3)国内生产总值中,公有制比重不断下降,非公有制比重上升。于是,有些同志存在顾虑,理论界也认识不一。有的提出国有资产流动导致其流失;更有的把股份制、股份合作制看做是私有化;又有的提出建议,要国有经济从竞争性领域中全面退出。党的十五大,正是在这种背景下召开的。

所有制问题上的又一次思想大解放

党的"十五大"报告关于所有制问题的精辟阐述,在一些基本认识问题上又有新的重大突破,必将促成又一次思想大解放。主要是:

1. 对公有制经济含义认识的突破

改革至今,仍有一些人认为,社会主义公有制只存在国有制和集体所有制两种基本形式,并习惯地把"三资"企业笼统地看做非公有制经济。"十五大"报告明确提出:"公有制经济不仅包括国有经济和集体经济,还包括混合所有制经济中的国有成分和集体成分。"这就把人们从"只有独立存在的国有经济和集体经济才是社会主义公有制经济"的束缚中解脱出来。据国家统计局最新统计,混合经济中公有比重约三分之一,这部分公有成分占全国经济总量7个百分点。1996年我国国民生产总值为6.9万亿元,其中公有制经济为5.2万亿元,占76%。这说明,公有制经济在我国就总量来说仍居于主体地位。

2. 对"主体"、"主导"认识的突破

传统上把社会主义等同于公有制,又把公有制等同于国有制,并认为只有国有经济在量上也占优势,才能保证其主导作用的发挥,从而形成一个根深蒂固的"国有经济主体、主导论"。改革进行至今,不论是讲公有制的主体地位还是讲国有经济的主导作用,都是过于强调数量的优势。"十五大"报告指出:"公有资产占优势,要有量的优势,更要注重质的提高。国有经济起主导作用,主要体现在控制力上。"这就从根本上打破了传统观念对人们的束缚。事实上,坚持传统企业制度,各种所有制经济你是你、我是我,国有经济要发挥主导作用也就只好讲量的优势;如转上股份制,发展混合所有制经济,就完全可以做到以少量的国有资本,控制更多的社会资本,这只会更有利于发展、壮大国有经济和更大、更好地发挥其主导作用。正如"十五大"报告所讲:"只要坚持公有制为主体,国家控制国民经济命脉,国有经济的控制力和竞争力得到增强,在这个前提下,国有经济比重减少一些,不会影响我国的社会主义性质。"基于我国还处于社会主义初级阶段的基本国情和生产关系一定要适合生产力发展的规律,国有经济本来就不宜占有过大的比重。然而,国有经济适宜存在的领域只能由生产力决定,而不能由别的什么决定,那种要国有经济从竞争性领域全线退出的主张是似是而非的。

3. 对公有制实现形式认识的突破

理论和实践都证明,市场经济同什么性质的所有制并无直接关系,有直接关系的是所有制的具体实现形式。在这里,所有制同其实现形式是两个不同的概念:所有制系指人们对物质资料的占有形式;所有制实现形式是指在一定所有制前提下的企业财产组织形式和经营方式。同时,一种所有制可以有多种不同的实现形式,实现形式也是可以变的。而且,在任何一种社会制度下发展市场经济,又都有一个所有制实现形式的问题要解决(如,随着资本主义市场经济的发展,资本主义私有制的实现形式就由资本家直接经营管理的单体企业发展为公司制)。实现社会主义同市场经济的结合,关键也正在于找到公有制在市场经济下的具体实现形式。在公有制实现形式问题上,存在的最大的问题是一些同志受传统公有制观念影响太深,一方面把仅仅同传统计划经济体制相适合的国有国营形式当成唯一不变的形式,另一方面对于改革中出现的公有制实现新形式,又因其在资本主义制度下存在而持怀疑、甚至否定态度。"十五大"报告着重指出:"公有制实现形式可以而且应当多样化。一切反映社会化生产规律的经营方式和组织形式都可以大胆利用。"这就从根本上打破了传统观念的束缚,确是又一次思想大解放。显然,判断公有制及其实现形式只能坚持生产力标准,即是说,在实践中发展什么性质的公有制,哪种行业采用何种公有制实现形式,只能由生产力决定。这样一来,实际是大大地扩展了公有制经济的包容性。"十五大"特别肯定了股份制形式和股份合作制形式。但这并不是说，国有企业都要变成股份制，"放小"也不是只有股份合作制一种形式。

4. **对非公有制经济和社会主义初级阶段基本经济制度认识的突破**

上文说明，我们对社会主义条件下存在的非公有经济经历了一个不断深入的认识过程。立足于社会主义初级阶段理论和生产关系一定要适合生产力发展的规律的客观要求，党的"十五大"在发展非公有制经济问题上，认识又有新的深化。党的"十五大"报告不仅强调了"非公有制经济是我国社会主义市场经济的重要组成部分"，而且明确提出"要坚持和完善社会主义公有制为主体、多种所有制经济共同发展的基本经济制度"。这就从根本上说明，发展非公有制经济再不是权宜之计，更不是可有可无，而是少了它们就建不起社会主义初级阶段的基本经济制度。事实上，在社会主义条件下，公有制经济与非公有制经济不仅可以兼容，而且必然是相促、相长。因此，必须创造条件开展公有制与非公有制之间的平等竞争，并在平等竞争中自然地达到所有制结构的优化。从通常所讲的"坚持以公有制为基础、实行按劳分配原则的社会主义基本经济制度"，到"十五大"报告提出的"坚持和完善社会主义公有制为主体、多种所有制经济共同发展的基本经济制度"，不可以简单地理解为只是提法的改变。它标志着我党对建设有中国特色社会主义认识的深入，并在这一认识基础上调整和完善所有制结构。

在所有制问题上，"十五大"报告在理论上的突破，正是对马克思列宁主义、毛泽东思想、邓小平理论新的丰富和发展。

（原载《江苏经济探讨》1997年第10期，人大复印报刊资料《社会主义经济理论与实践》1997年第12期全文复印；收入中共中央党校出版社1998年10月出版的《江泽民重要论述研究》和该社1999年5月出版的《高举伟大旗帜　推进宏伟事业——党政军领导干部理论工作者文选》以及中国致公出版社2001年3月出版的《中国新经济——理论探索与实践》等书）

"重新认识社会主义"
需辨清楚的几个问题

不久前,一位著名经济学家的《重新认识社会主义》一文被有的刊物再次发表,并说是为了"使大家对邓小平理论和'十五大'精神的理解和掌握有新的提高"[①]。该文的观点是否真的体现了邓小平理论和"十五大"精神?这显然是一个需要提出来进一步辨清楚的问题。

可不可以避开"主体"讲"主导"?

在社会主义、社会主义经济以及社会主义市场经济问题上,这位经济学家的以下两个观点已为人们所熟知:一是避开"公有制为主体",只讲"以公有制为主导";二是把社会主义经济定义为"是以公有制为主导的多种所有制经济并存的混合经济",把社会主义社会存在的各种所有制经济都看做是社会主义经济。为了说明什么是社会主义经济,他很形象地把社会主义经济比作"八宝饭",提出:"八宝饭里糯米是主要成分,没有糯米不是八宝饭,但糯米本身并不是八宝饭。八宝饭中的糯米就像社会主义经济中的公有制经济一样,没有它就不是社会主义经济,但公有制经济又不等于社会主义经济。八宝饭里还有红枣、莲子等其他成分,这些东西本身也不等于八宝饭,但没有这些成分单有糯米,那只是糯米饭,也就不成其为八宝饭,只有把糯米和红枣、莲子等组合在

---

① 见《集团经济研究》1998 年第 8 期。

一起并以糯米为主导才是八宝饭。非公有制经济就像八宝饭的其他成分。非公有制经济是社会主义经济的有机组成部分,它不是外在于社会主义经济的。""重新认识社会主义"这里先辨第一点,即可不可以避开"主体"讲"主导",还要不要坚持公有制为主体这一社会主义的根本原则?

读《邓小平文选》,留给我的最深刻印象之一,就是邓小平同志对公有制为主体这一条看得很重。仅在《邓小平文选》第3卷,第91~149页上,必须"始终"以公有制为主体的话,就至少讲了三次:"无论怎么样开放,公有制经济始终还是主体。""我们允许个体经济发展,还允许中外合资经营和外资独营的企业发展,但是始终以社会主义公有制为主体。""我们在改革中坚持了两条,一条是公有制经济始终占主体地位,一条是发展经济要走共同富裕的道路,始终避免两极分化。"①为了贯彻以公有制为主体的思想,邓小平同志还提出了一个"始终":"在改革中,我们始终坚持两条根本原则,一是以社会主义公有制经济为主体,一是共同富裕。"②在《邓小平文选》中,有多处谈到这两条根本原则,并把以公有制为主体和不搞两极分化,看做是社会主义的"两个非常重要的方面"。请看,邓小平同志所反复强调的分明是社会主义的"两个非常重要的方面"和"两条根本原则",而不是共同富裕(一些同志所说的"社会公平")一个方面和一条原则。我们学习邓小平理论不能断章取义,要完整、准确地把握其精神实质。

邓小平同志还一再强调了以下思想:(1)社会主义的经济是以公有制为基础的;(2)公有制包括全民所有制和集体所有制;(3)非公有制经济是对社会主义经济的补充,公有资产要始终在社会总资产中占很大的份额;(4)社会主义公有制是社会主义的根本制度;(5)公有制是社会主义制度的本质。他确信:"坚持社会主义,实行按劳分配的原

---

① 《邓小平文选》第三卷,人民出版社1993年版,第91、110、149页。
② 《邓小平文选》第三卷,人民出版社1993年版,第142页。

则,就不会产生贫富过大的差距。"①"只要我国经济中公有制占主体地位,就可以避免两极分化。"②很清楚,公有制为主体和共同富裕,原是一个因、一个果。从而也就从根本上回答了为何不能离开公有制的主体地位空谈"社会公平"的问题。

在社会主义所有制问题上,江泽民同志坚持了邓小平理论,又发展了邓小平理论。例如,他1995年5月22日、6月26日在上海、长春召开的企业座谈会上的讲话中,就明确提出:"我国经济体制改革的目标是建立社会主义市场经济体制,而不是搞资本主义市场经济,重要的是要使国有经济和整个公有制经济在市场竞争中不断发展壮大,始终保持公有制经济在国民经济中的主体地位,充分发挥国有经济的主导作用。"1996年5月4日他在上海、浙江、江苏、山东四省市企业改革座谈会上的讲话中又指出,"以公有制经济为主体的现代企业制度是社会主义市场经济体制的基础"。在著名的《正确处理社会主义现代化建设中的若干重大关系》的讲话中,江泽民同志特别谈到了公有制经济和其他经济成分的关系,强调指出:"以公有制为主体、多种经济成分共同发展,是我们必须长期坚持的方针。""坚持公有制的主体地位,是社会主义的一条根本原则,也是我国社会主义市场经济的基本标志。在整个改革开放和现代化建设过程中,我们都要坚持这条原则。……任何动摇、放弃公有制主体地位的做法,都会脱离社会主义的方向。"尤其是在党的"十五大"报告中,江泽民同志围绕"公有制经济的含义"、"公有制的主体地位和国有经济的主导作用"、"公有制实现形式"以及"社会主义初级阶段的基本经济制度"等问题,作了极其精辟的论述,在社会主义经济理论上取得了多方面的突破,对邓小平理论,特别是邓小平关于所有制的理论,又有新的丰富和发展。

有的同志说,"十五大"报告强调以公有制为主体,与这位经济学家强调以公有制为主导,并无实质的不同,至多是在量上有所差别。还有

---

① 《邓小平文选》第三卷,人民出版社1993年版,第64页。
② 《邓小平文选》第三卷,人民出版社1993年版,第149页。

的说,该经济学家分明是把公有制看做是八宝饭中的糯米,即社会主义经济中的主要成分,因此占有数量的优势应是不言而喻的,只是没有把这点讲明罢了。然而,需要辨清楚的也正是这一点。

这位经济学家有个很自信的看法,即"以公有制为主导,不是着眼于其所占比重,而是着眼于其在社会主义市场经济中的特殊功能",并且确信"从市场经济角度看,公有制比重太大也不利于市场经济发展"。同时,他又认为,社会主义同资本主义的区别并不在所有制。因此,说他也是认为必须坚持以公有制为主体是没有弄明白他实际上是坚持什么、反对什么,是想当然。所以,这位经济学家所一再强调的"以公有制为主导",各种形式的公有制是社会主义经济的主要成分,同党的"十五大"报告所强调的"以公有制为主体、国有经济为主导"、"公有资产占优势,要有量的优势,更要注重质的提高。国有经济起主导作用,主要体现在控制力上"是不一样的。一些同志同他的分歧,也正集中在这两点:一是,以公有制为主体还要不要作为社会主义的一项根本原则坚持,以及公有制的主体地位要不要在资产比重上得到体现;二是,是唯有国有经济才能对经济发展起主导作用,还是各种形式的公有制经济都能对经济发展起主导作用。在这两点上,这位经济学家都有自己的独到见解,因此,他才只说"主导",而不讲"主体"。

然而,在我看来,我们既然要坚持走社会主义道路,以公有制为主体的问题就不应该回避,也回避不了。我们历来坚持马克思主义的"质量统一观"。从词义上说,"主体"指的是所有制结构,亦即在一定所有制结构中某种所有制经济所处的地位,"主导"则是指一定所有制结构中某种所有制经济所独有的功能。主体涵盖主导,主导则涵盖不了主体。可以只讲以公有制为主体,但却不可以撇开主体讲主导。事实上,没有一定的量,某种所有制经济想作"主导",也"主导"不起来。大家知道,虽然"过渡时期"和社会主义初级阶段都是多种所有制经济共同发展,但一个还不是社会主义,一个是社会主义,最根本的正是公有制经济的地位不同所致。再具体一些说,之所以必须坚持公有制的主体地位,是因为:第一,没有公有制的主体地位,也就没有社会主义的基础;

第二，没有公有制为主体，也就没有人民当家作主的主人翁地位；第三，没有公有制为主体，也就没有社会主义市场经济的根本标志；第四，没有公有制为主体，也就不可能做到对国民经济进行比资本主义更有效的宏观调控；第五，没有公有制为主体，也就没有人民的共同富裕；第六，没有公有制为主体，也就不可能建立起社会主义的精神文明。所有这些都没有了，社会主义还剩下些什么呢？

该不该把非公有制经济看做是社会主义经济的有机组成部分？

这里又需辨清楚以下三个问题：其一，市场经济要不要同一定的社会基本制度结合在一起；其二，社会主义市场经济同社会主义经济是否就是等一的范畴；其三，如何正确地认识"社会主义公有制为主体、多种所有制经济共同发展的基本经济制度"。

这位经济学家提出，不能认为"市场经济有社会主义市场经济和资本主义市场经济的社会属性的差别"，这当然是对的。邓小平同志也早已把这点讲透彻。然而，同时又必须弄清楚与之密切相联系的另一个问题，即市场经济从来都是具体的，作为一种经济体制或资源配置方式，它必然要同一定的社会基本制度结合在一起，这一点党的"十四大"报告讲得十分明确。所以，虽然不能把市场经济区分为社会主义性质的市场经济和资本主义性质的市场经济，但却完全可以讲社会主义（条件下的）市场经济和资本主义（条件下的）市场经济。也就是说，存在着一个中性的市场经济，但并不存在一种中性的社会基本制度，市场经济决不是脱离开社会生产关系而独自存在的经济。

这位经济学家提出，"因为社会主义经济是市场经济"，即它必然要求多种经济成分存在，所以"非公有制经济是社会主义经济的有机组成部分，它不是外在于社会主义经济的"。这个推理很难叫人接受。打个不太恰当的比喻：在社会主义社会里，既存在着社会主义思想，又存在着非社会主义思想，总不能把非社会主义思想也说成是社会主义思想。

事实上,社会意识恰是社会存在的反映。这是从上层建筑追溯到经济基础。还必须说,市场经济和社会主义经济原本属于性质不同的事物,一个属于经济手段和资源配置方式,一个属于社会基本制度,压根就不存在"因为""所以"的关系。"十五大"报告讲,"集体所有制经济是公有制经济的重要组成部分","非公有制经济是我国社会主义市场经济的重要组成部分",而不说其"是我国社会主义经济的重要组成部分",对不同经济成分用词的差别正反映出各自性质的差别。

党的"十五大"报告在创造性地提出"公有制为主体、多种所有制经济共同发展,是我国社会主义初级阶段的一项基本经济制度"后,紧接着作了以下阐述:"这一制度的确立,是由社会主义性质和初级阶段国情决定的:第一,我国是社会主义国家,必须坚持公有制作为社会主义经济制度的基础;第二,我国处在社会主义初级阶段,需要在公有制为主体的条件下发展多种所有制经济;第三,一切符合'三个有利于'的所有制形式都可以而且应该用来为社会主义服务。"这里首先强调的正是"社会主义性质",是讲应在公有制为主体的条件下发展多种所有制经济。显然,公有制和非公有制都是有自己规定性的;对于"十五大"报告所创造性提出的社会主义初级阶段的基本经济制度,只能从我国历史发展的特殊性,我们的社会主义还只能是"不发达"、"不完全"的社会主义,以及主要矛盾的主要方面决定着一个事物的性质说明,而不能由此引出一个结论说,非公有制自身的性质已经变了。必须指出,只有公有制才是社会主义经济制度的基础,而不是非公有制也成了社会主义的经济基础。

到底什么才是社会主义同资本主义的最重要区别,存在不存在一个不同社会制度国家都可以实行的"社会主义市场经济"?

这位经济学家提出,"用公有制和非公有制区分社会主义和资本主义就区分不清楚","真要区分社会主义和资本主义有什么不同的话,关键就看能不能把社会公平和市场效率结合起来"。他又说:"传统的资本主义,只顾市场效率,不顾社会公平。……我们发展以公有制为主导的多种所有制经济,就是为了发展能使社会公平与市场效率相结合的社会主义市场经济。有人就问,如果世界上其他国家把社会公平和市场效率结合得较好,那么它是不是社会主义市场经济?我回答说,那当然是社会主义市场经济。"在一次学术报告中,他讲得更明确:"西欧国家能做到'社会公平+市场效率',当然是'社会主义市场经济'。"

首先,把能否实现"社会公平和市场效率结合",看做是社会主义和资本主义的重要区别,这并没有错。但必须问问这种"结合"源于哪里?为什么"传统的资本主义"做不到而社会主义能做到?根源如上已分析过了,关键正在于社会主义市场经济必然要与社会主义基本制度结合在一起,资本主义市场经济也必然要与资本主义基本制度结合在一起;社会主义的经济是以社会主义公有制为基础,资本主义的经济是以资本主义私有制为基础(也就是说,根本的差别正是在所有制上)。其次,在这位经济学家看来,只要坚持公有制为主导就足以实现这种结合;而不同的看法则认为,不坚持公有制为主体就造就不出结合的基础。讲社会主义与资本主义的区分,许多同志都是从"根"上即所有制基础上看的,而这位经济学家则是从"果"上想的。由于公有制并不是社会主义的专利,因而"世界上其他国家"也完全可以搞"社会主义市场经济",便成了一个自然而然的结论性认识。然而这样一来,社会主义和资本主义两种不同社会制度的"趋同论"也就有了根据,社会主义必然战胜资本主义、人类必将实现共产主义伟大理想的定论,将从根本上被推翻。这就又引出一个不能不进一步辨清楚的重大原则性问题。

大家知道,在传统上,一直是把资本主义经济看做是百分之百的"纯"私有制经济,资本主义国有被看做是集体资本家所有;合作社所有则天生带有资本主义的属性;公有制经济成分不会在资本主义私有制内部产生。20年改革开放所带来的一大思想解放,就是我们终于承认,资本主义社会中也存在着公有制经济,并承认现代资本主义国家同样也在对经济进行着宏观管理和调控。

经过20年的改革、发展,中国所发生的两个方面的变化,也使一些同志认为是向资本主义"靠":一是,也像资本主义那样,搞起了市场经济;二是,进行了公有制改革和所有制结构调整,非公有制经济迅速发展壮大。

在这种情况下,时隐时现的社会主义和资本主义两种不同社会制度的"趋同论"也就有了更大的市场。近几年来,有关社会主义同资本主义两种制度、两种思想对立的话,已很少能在我们的报刊上看到。不过,在我看来,"趋同论"不过是说说而已。但我们对资本主义制度、社会主义制度以及社会主义取代资本主义的必然性等问题,也需要重新认识。话可不可以这么说:资本主义和社会主义都以市场为基础来配置社会资源,并都是多元的所有制结构,这是两种社会经济制度共同的一面;而资本主义是以资本主义私有制为主体、主导,社会主义是以社会主义公有制为主体、主导,这又是两者的本质差别。正是由于存在着这种本质的差别,社会主义国家才能够实现比资本主义制度下更有效的宏观调控,才能创造出比资本主义更高的劳动生产率和取得更大的宏观经济效益,更有力地推动社会的全面进步,并在此基础上实现资本主义所不可能实现的社会公平。这也正是社会主义制度必然取代资本主义制度的内在原因。人类历史发展的长河从来就不是笔直的。"主体"的换位将引起两种不同社会制度的一次较量。但作为一种历史发展总趋势,社会主义必然战胜资本主义是没有任何力量能够阻挡得住的。

什么才是我们进行社会主义改革的初衷,把增强国有大中型企业的竞争力作为改革的重点是否错了?

这位经济学家提出:"在社会主义市场经济中,公有制经济和非公有制经济有不同的功能,各有强点弱点。"因此,必须按照国有经济在社会主义市场经济下的功能,对国有企业进行改革。与他"在竞争性领域非公有制经济一般有较高效率"和"国有企业的功能主要应定在为政府调节经济提供物质条件(如银行)、保证经济发展的基础产业、高风险和高技术产业以及涉及国家安全的部门、自然垄断性行业和公益性行业,除此以外的其他部门,特别是竞争性行业不是国有企业的长处"的认识相一致,他一直在倡导,国有企业应从一些领域特别是竞争性行业退出,并将收回的资产投入优先发展的部门。他的这一观点在江苏省委党校作的一次学术报告中亦作过集中说明,并引起一场激烈争论。这就提出了一个重大问题,即什么才是我们进行社会主义改革的初衷,改革是不是要增强公有制企业,特别是国有大中型企业的竞争力?

我们一开始就明确地把"增强企业的活力,特别是增强全民所有制的大中型企业的活力"作为整个经济体制改革的中心环节;后来,随着改革的深入,对国有经济的改革又从着眼于搞活单个国有企业,转向从整体上搞好国有经济,抓大放小,对国有企业进行战略性改组。我领会,这变那变,有一条没有变,就是要通过改革增强国有经济的控制力和竞争力。在以上引证的江泽民同志的论述中,已多次强调了这一点。在《中共中央关于制定国民经济和社会发展"九五"计划和2010年远景目标的建议》中,亦明确指出:"增强国有企业特别是国有大中型企业的活力,发挥国有经济的主导作用,关系到经济体制改革的成败。"党的"十五大"报告又强调指出:"只要坚持公有制为主体,国家控制国民经济命脉,国有经济的控制力和竞争力得到增强,在这个前提下,国有经济比重减少一些,不会影响我国的社会主义性质。"这里说得很清楚,国有经济比重减少一些而又能保持我国的社会主义性质不变,增强国有经济的控制力和竞争力,正是其前提条件之一。只讲控制力,不讲竞争力,实乃一种片面性的做法。必须强调,改革的初衷并没有变,也不能变;从根本上说,改革就是为了解决公有制经济,特别是国有经济活力不强的问题。国有企业并不惧怕同非公有制企业竞争。

我以为,真正把这一点搞清楚是十分重要的。这同依据生产力发展要求,适当收缩国有经济战线,包括将竞争性行业中的有些国有小企业、直至个别大一些的企业有偿转让,并不矛盾。要国有企业从竞争性领域"全面退出"的提法本来就不正确,对国有小企业亦不能"一卖了之"。要国有企业从竞争性领域全面退出,要害是不承认公有制经济会有高效率,实质是认为公有制经济,特别是国有经济不能同市场经济结合。其实,不论是在市场经济发达国家,还是在我国,竞争性行业的国有制企业(包括国家控股、参股企业)都有办得很好的。我们绝不应该去干那种"把赚钱的买卖都让给非公有制经济去做,把有风险的、不赚钱的、赔本的买卖都留给公有制经济"的蠢事。

总之,我认为,邓小平理论已正确地解答了什么是社会主义以及如何建设社会主义的问题。党的"十五大"报告对邓小平理论,特别是对邓小平关于所有制的理论,又有新的丰富和发展,使我们对什么是社会主义以及如何建设社会主义的问题,认识得更加深刻了。重要的正在于我们对邓小平理论和"十五大"精神必须准确、完整地领会。

(原载求是杂志社主办《内部文稿》1998年第22期,本院主办《咨询要报》1998年第33期独篇刊出,收入《共和国改革与建设五十年鉴》一书,在全国引起反响)

"十五大"对邓小平所有制理论的新发展

邓小平关于所有制的理论要点

在邓小平理论中,邓小平经济理论内容尤为丰富、集中,占有十分突出的地位;而邓小平关于所有制的理论不仅是邓小平经济理论的最重要的内容,而且是邓小平经济理论、乃至整个邓小平科学理论体系的基石。

1. "猫论"

在上个世纪60年代初,邓小平同志就提出了"白猫黑猫,抓住老鼠就是好猫"的著名论断。改革开放进行中关于"实践标准"、"社会主义的根本任务"、"社会主义的本质"、"三个有利于"的标准、"社会主义优越性的体现"、"姓'社'姓'资'问题"等一系列根本性问题的精辟论述,都是这一思想的生动体现。邓小平同志的这一思想,被理论界形象地称为"猫论"。"猫论"可看做是社会主义所有制问题的总论。

2. 社会主义公有制发展、完善论

社会主义公有制建立后,必然要经历一个不断巩固、发展和完善的过程。邓小平同志一再强调了这样的思想:要坚持社会主义制度,最根本的是要发展社会生产力。社会主义优越性最终要体现在生产力能够更好地发展上。① 如下思想更为邓小平同志所首次强调:"革命是解放生产力,改革也是解放生产力。……过去,只讲在社会主义条件下发展生产力,没有讲还要通过改革解放生产力,不完全。应该把解放生产力和发展生产力两个讲全了。"②邓小平同志的这一重要思想,从根本上否定了长时间流行的"完全适合论"。

3. 走社会主义道路必须坚持公有制为主体的主体论

邓小平同志有一个基本思想,就是走社会主义道路必须坚持公有制为主体。他多次指出,社会主义的经济是以公有制为基础的。③ 在改革中坚持社会主义方向,这是一个很重要的问题。④ 在改革中,我们始终坚持两条根本原则,一是以社会主义公有制为主体,一是共同富裕。⑤ 邓小平同志还直接地把社会主义公有制同社会主义的根本制度并论⑥,并毫不含糊地把社会主义的基本制度,把社会主义公有制,看做是社会主义的制度本质。⑦ 邓小平同志又多次强调,公有制不等于国有制,以公有制为主体并不等于以国有制为主体。他明确指出,"公有制包括全民所有制和集体所有制"⑧。邓小平同志强调:"我们要发展社会生产力,发展社会主义公有制,增加全民所得。"⑨对于集体所有制,他更给以充分肯定和极大地称赞,并有一系列论述。⑩ 邓小平同志实际上又有这样的思想,就是从性质上说,中外合资企业中的公有制成

---

① 《邓小平文选》第三卷,人民出版社1993年版,第149页。
② 《邓小平文选》第三卷,人民出版社1993年版,第370页。
③ 《邓小平文选》第三卷,人民出版社1993年版,第167页。
④ 《邓小平文选》第三卷,人民出版社1993年版,第138页。
⑤ 《邓小平文选》第三卷,人民出版社1993年版,第142页。
⑥ 《邓小平文选》第三卷,人民出版社1993年版,第133页。
⑦ 《邓小平文选》第三卷,人民出版社1993年版,第135页。
⑧ 《邓小平文选》第三卷,人民出版社1993年版,第138页。
⑨ 《邓小平文选》第三卷,人民出版社1993年版,第195页。
⑩ 《邓小平文选》第三卷,人民出版社1993年版,第25、315、376页。

分,仍属于社会主义公有制经济。①

4. 社会主义公有制还必须有非公有制作补充的补充论

邓小平同志还有另一个重要思想,就是社会主义公有制经济还必须有各种非公有制经济作补充。邓小平同志事实上已把以公有制为主体的多种所有制经济的共同发展,提到"制度"的高度来看待,指出"我们的制度是以公有制为主体的,还有其他经济成分"②。他反复说明,改革开放不会使中国放弃社会主义,发展非公有制经济影响不了我们社会主义的公有制。"公有制包括全民所有制和集体所有制,现在占整个经济的90%以上。同时,发展一点个体经济,吸收外国的资金和技术,欢迎中外合资合作,甚至欢迎外国独资到中国办厂,这些都是对社会主义经济的补充。"③邓小平同志不仅时时在关心着各种非公有制经济成分的发展,而且对它们的发展给予了一次次地直接推动。④

5. 社会主义公有制实现(形式)论

坚持社会主义道路,坚持公有制为主体,还必须研究公有制的实现形式。早在1962年,邓小平同志就精辟地指出:"生产关系究竟以什么形式为最好,恐怕要采取这样一种态度,就是哪种形式在哪个地方能够比较容易比较快地恢复和发展农业生产,就采取哪种形式;群众愿意采取哪种形式,就应该采取哪种形式,不合法的使它合法起来。"⑤改革进行中,他这方面的论述就更多了。例如,他明确指出,企业改革主要是解决搞好国营大中型企业的问题,要用多种形式把所有权和经营权分开。"许多经营形式,都属于发展社会生产力的手段、方法,既可为资本主义所用,也可为社会主义所用,谁用得好,就为谁服务。"⑥"证券、股

---

① 《邓小平文选》第三卷,人民出版社1993年版,第91页。
② 《邓小平文选》第三卷,人民出版社1993年版,第172页。
③ 《邓小平文选》第三卷,人民出版社1993年版,第138页。
④ 《邓小平文选》第三卷,人民出版社1993年版,第91、216、371～373页。
⑤ 《邓小平文选》第一卷,人民出版社1994年版,第323页。
⑥ 《邓小平文选》第三卷,人民出版社1993年版,第192页。

市……允许看,但要坚决地试。""总之,社会主义要赢得与资本主义相比较的优势,就必须大胆吸收和借鉴人类社会创造的一切文明成果,吸收和借鉴当今世界各国包括资本主义发达国家的一切反映现代社会化生产规律的先进经营方式、管理方法。"①对于如何来寻找社会主义公有制在市场经济下的实现形式,邓小平同志已指明了方向。

6. 社会主义公有制与市场经济结合论

邓小平同志的社会主义市场经济思想已为大家所熟知。针对长时间以来把市场经济直接同资本主义所有制相联系的理论禁锢,邓小平同志明确提出计划经济不等于社会主义,资本主义也有计划;市场经济不等于社会主义,社会主义也有市场。计划和市场都是经济手段。计划多一点还是市场多一点,不是社会主义与资本主义的本质区别。这就从根本上解除了把计划经济和市场经济看做属于社会基本制度范畴的思想束缚,也从根本上回答了社会主义公有制能不能同市场经济相结合的问题,从而为在中国进行建立社会主义市场经济体制的改革打下坚实的理论基础。

以上所谈到的邓小平关于所有制的理论的主要点,对马克思主义关于社会主义所有制的理论无疑是一个新丰富,有些还是新的重大发展。但中国改革仍在进行中,同时也应该承认,在一定程度上,邓小平同志在有生之年,还受到实践的限制。随着实践的深入,包括邓小平关于所有制的理论在内的整个邓小平理论还将不断丰富,不断得到新的发展。

"十五大"对邓小平关于所有制的理论的发展

实践经验的进一步丰富,已有可能对近20年的改革开放进行科学总结。令人兴奋的是,这一庄重任务已由1997年9月召开的党的"十

---

① 《邓小平文选》第三卷,人民出版社1993年版,第373页。

五大"历史地完成。"十五大"高举邓小平理论伟大旗帜,实现了又一次思想大解放,特别是在社会主义经济理论上,取得了多个方面的新突破;而"十五大"报告所取得的一系列经济理论的突破,又正集中地体现在对社会主义所有制理论的升华;这一系列的理论升华,对邓小平关于所有制的理论是一个新的丰富,在有些问题上,也可以说是新的重大发展。

1. 对"猫论"的新认识、新发展

如上已指出,为邓小平同志所一再强调的"猫论",正是马克思主义关于生产力决定生产关系原理的通俗化和具体化。它所要解决的,既包括建立适合生产力发展的所有制结构,又包括寻求所有制的具体实现形式。不难看出,党的"十五大"报告围绕"建设有中国特色社会主义的经济"和"调整和完善所有制结构"所作的一系列精辟论述,正是灵活运用邓小平同志的这一极重要思想,进一步解决好我国的所有制结构和公有制实现形式,所作的一份极好的答卷,同时也可以看做是对"猫论"的新认识、新发展。

2. 对社会主义公有制含义的新认识、新发展

回想一下可知道,直至党的"十五大"召开,一般仍是认为,只存在国有制和集体所有制两种基本形式的社会主义公有制,混合所有制经济中的公有制经济成分并不作公有制经济看待。虽然可以推断说,邓小平同志事实上已经提出,公有制还包括中外合资经济中的公有制成分,但邓小平同志毕竟还没有把这一点讲明确。"十五大"报告明确提出:"公有制经济不仅包括国有经济和集体经济,还包括混合所有制经济中的国有成分和集体成分。"这就把人们的认识从"只有独立存在的国有经济和集体经济才是社会主义公有制经济"的束缚中解脱出来,同时,用语也科学化了。"十五大"报告对社会主义公有制含义的这一新认识和新描述,在某种意义上说,也是对邓小平关于所有制理论的新认识、新发展。

3. 对"主体"、"主导"的新认识、新发展

如实地说,讲到公有制经济的主体地位,邓小平同志通常所强调

的,还是公有制经济所占比重。"十五大"报告明确指出:"公有资产占优势,要有量的优势,更要注重质的提高。国有经济起主导作用,主要体现在控制力上。""只要坚持公有制为主体,国家控制经济命脉,国有经济的控制力竞争力得到增强,在这个前提下,国有经济比重减少一些,不会影响我国的社会主义性质。"顺便指出,这里所陈述的对"主体"、"主导"的新认识,江泽民同志早就一再强调过。这确是对公有制主体地位和国有经济主导作用的一个全新的认识,也是对邓小平关于所有制的理论的一个新丰富、新发展。

4. 对公有制实现形式的新认识、新发展

如上所述,邓小平同志已明确讲过,"许多经营形式,都属于发展社会生产力的手段、方法","必须大胆吸收和借鉴人类社会创造的一切文明成果,吸收和借鉴当今世界各国包括资本主义发达国家的一切反映现代社会化生产规律的先进经营方式、管理方法"。但邓小平同志尚没有具体分析公有制实现形式,对证券、股市也只谈到"要坚决地试"。"十五大"报告明确提出:"公有制实现形式可以而且应当多样化。一切反映社会化生产规律的经营方式和组织形式都可以大胆利用。要努力寻找能够极大促进生产力发展的公有制实现形式。"报告还特别谈到:"股份制是现代企业的一种资本组织形式,有利于所有权和经营权的分离,有利于提高企业和资本的运作效率,资本主义可以用,社会主义也可以用。不能笼统地说股份制是公有还是私有,关键看控股权掌握在谁手中。""目前城乡大量出现的多种多样的股份合作制经济,是改革中的新事物,要支持和引导,不断总结经验,使之逐步完善。劳动者的劳动联合和劳动者的资本联合为主的集体经济,尤其要提倡和鼓励。""十五大"报告围绕公有制实现形式所作的精辟论述,是对我国改革实践经验的科学总结,也是对邓小平关于所有制的理论的新丰富、新发展。

5. 对公有制为主体条件下存在的非公有制经济和社会主义初级阶段基本经济制度的新认识、新发展

党的"十五大"报告明确提出:"非公有制经济是我国社会主义市场

经济的重要组成部分。""公有制为主体、多种所有制经济共同发展,是我国社会主义初级阶段的一项基本经济制度。"可以认为,这是党的"十五大"报告所取得的一个最带有实质性的突破和理论创新,也是对邓小平关于所有制理论的一个重大发展。主要的突破和理论创新集中表现在以下三个问题上:一是突破了"非公有制经济有限数量补充论"。二是从理论上确立起非公有制经济在社会主义市场经济中的牢固地位。三是把公有制为主体条件下存在的非公有制经济包容进社会主义初级阶段的基本经济制度。

关于非公有制经济的历史地位

在传统社会主义理论中,取代资本主义旧制度的未来共产主义社会(包括作为其初级阶段的社会主义社会),已经是一个不再存在商品货币关系,实现了生产资料的全社会占有,各种私有制已全部被消灭,不仅消灭了阶级、而且消灭了阶级差别的社会。这样,在人类社会发展中曾起到无可替代作用的各种非公有制经济,也就随着资本主义制度的灭亡而灭亡。

党的"十五大"报告对社会主义条件下存在的各种非公有制经济作了新定位,非公有制经济被包容进社会主义初级阶段的基本经济制度中。报告同时又指出,这一阶段至少需要经历100年。而具体到社会主义自身发展成熟后,社会主义的基本经济制度又是怎样的,非公有制经济是否依然存在,报告没具体涉及。

作为理论研究,还可以想得更远一些。我认为:就是若干年后我国走过社会主义的初级阶段,社会主义自身发展成熟了,非公有制经济也不会被消灭。主要理由是:第一,只要还是商品经济和市场经济,就说明生产社会化的发展仍然要求有多种所有制经济与其相适应;社会主义的初级阶段还只是"由自然经济半自然经济占很大比重,逐步转化为经济市场化程度较高的历史阶段",商品经济、市场经济还不知要存在多少年(是否是"商品经济万岁"姑且不论),单一公有制现在还无从设想。第二,21世纪人类将迈进知识经济的新时代。知识经济时代的到来,使得有些被认为是绝对正确的东西,还必须再来接受实践的检验。如长期以来都是认为,高度社会化与私有制不容,然而,知识经济的发展,信息高速公路的开通,全球互联网的实现,倒是使非公有制经济存在、发展的空间扩大了。第三,经济全球化更是一种必然趋势,将来只会使世界各国的经济、技术联系更密切,外资经济也会更加发展。很难想象,多少年后,全球经济一体化了,我国将会再来个新的闭关锁国,干没收(赎买)外国资本的蠢事。同时,知识经济的发展,经济全球化的发展,也使得计划经济更难实行。

既然社会主义和资本主义都是搞的市场经济,都存在多种所有制经济,并且事实上又都在对经济进行宏观调控,那么,社会主义和资本主义这两种不同的社会经济制度是否就没有了差别,马克思主义所揭示的社会主义终将战胜资本主义的客观规律已变得不灵了呢?当然不可以这么认为。

在我看,话应该这么说:资本主义和社会主义都以市场为基础来配置社会资源,并都是多元的所有制结构,这是目前所看到的这两种社会经济制度共同的一面;而资本主义是以资本主义私有制为主体、主导,社会主义是以社会主义公有制为主体、主导,这又正是两者的本质差别。正是由于存在着这样的本质差别,社会主义国家才能实现比资本主义国家更有效的宏观调控(更高的劳动生产率、更大的宏观经济效益),才能求得资本主义所不可能达到的社会公平。从而,当然是社会主义更有利于发展社会生产力和更能促进社会的全面进步。这也正是社会主义所必然取代资本主义的内在原因。当然,社会主义取代资本主义是漫长的历史过程,这个总趋势不会改变,对各个国家来说,所不同的仅在于实践形式。

总之,对非公有制经济的历史地位还必须重新认识,至少是在整个社会主义社会,都必然要存在非公有制经济。但也不应因此就否认社会主义同资本主义的差别,社会主义终将战胜资本主义这一人类历史发展的必然趋势更是没有任何人间的力量能阻挡得住。

（本文原为中国社会科学院和中共深圳市委、市政府联合举办的"中国经济体制改革和对外开放20周年:回顾与前瞻"国际学术研讨会入选论文,会后收入由王洛林主编、中国社会科学出版社1999年5月出版的《面向21世纪的思考——中国经济体制改革和对外开放20周年:回顾与前瞻》一书,完整稿收入江苏人民出版社1999年9月出版的《科学的理论 创新的实践》一书;《中国社会科学》1999年第1期首篇发表的"学术综述"中大段引用了本论文的观点,《经济管理学院学报》1999年第1期发表了该文的主要部分;本文获中国改革实践与社会经济形势社科优秀成果进步奖）

社会主义经济制度的基础和社会主义初级阶段的经济基础

——学习《中国共产党中央委员会关于修改宪法部分内容的建议》

中共中央致全国人大常委会,根据我国改革开放和社会主义现代化建设事业进一步发展的实践,提出了修改中华人民共和国宪法部分内容的建议,并已公开发表。其中,宪法第六条:"中华人民共和国的社会主义经济制度的基础是生产资料的社会主义公有制,即全民所有制和劳动群众集体所有制。""社会主义公有制消灭人剥削人的制度,实行各尽所能、按劳分配的原则。"建议修改为:"中华人民共和国的社会主义经济制度的基础是生产资料的社会主义公有制,即全民所有制和劳动群众集体所有制。社会主义公有制消灭人剥削人的制度,实行各尽所能、按劳分配的原则。""国家在社会主义初级阶段,坚持公有制为主体、多种所有制经济共同发展的基本经济制度,坚持按劳分配为主体、多种分配方式并存的分配制度。"宪法第十一条,建议修改为:"在法律规定范围内的个体经济、私营经济等非公有制经济,是社会主义市场经济的重要组成部分。""国家保护个体经济、私营经济的合法的权利和利益。国家对个体经济、私营经济实行引导、监督和管理。"《建议》关于宪法第六条、第十一条为何要作出这样的修改,而不是另外的修改,这很值得我们好好学习。

社会主义初级阶段不等于整个社会主义

首先要明确,我们现在所讲的"我国社会主义初级阶段",同通常所讲的"社会主义"并非等同的概念,"社会主义经济制度"的命题是指的"整个社会主义社会"。

1. 初级阶段社会主义还不成熟

众所周知,为马克思主义所科学证明的、取代资本主义旧制度的未来的共产主义社会(社会主义是它的初级阶段)是后资本主义、后工业化的历史发展新形态。在经济、政治、文化等各个方面,都比资本主义要高得多。同任何新事物一样,社会主义也必然要经历一个发生、发展,从不成熟到逐步走向成熟的过程。而我们所处的"社会主义初级阶段",则比社会主义所必然要经历的"起始阶段"的发展程度还要低。尽管我国的这个"社会主义初级阶段"大约需要经历 100 年时间,但同社会主义的整个历史阶段相比,依然是短暂的。

一方面,应看到,我国社会主义初级阶段还不是为马克思主义所科学证明的那个社会主义社会,但又已经是社会主义。这主要是说,在我国已初步建立起社会主义基本制度,并且,带有决定意义的是,社会主义公有制已在国民经济中居于主体的地位,成为马克思所说的"普照的光"。

另一方面,又必须明白,我们的社会主义还"不合格"。从生产力发展说,我国的社会生产力发展水平还远远落后于发达国家,国家和人民还比较穷,还是"不发达社会主义";从生产关系说,公有化程度还比较低,社会主义自身发展还不完善,还是"不完全社会主义"或"不完全是社会主义"。

2. 现在所说要搞清楚"什么是社会主义、怎样建设社会主义",首先正是指要搞清楚"什么是初级阶段的社会主义、怎样建设初级阶段的社会主义"

我领会,我们现在讲要搞清楚"什么是社会主义、怎样建设社会主义",首先也正是指要搞清楚"什么是初级阶段的社会主义、怎样建设初级阶段的社会主义"。党的"十五大"报告指出:"我们讲要搞清楚'什么是社会主义、怎样建设社会主义',就必须搞清楚什么是初级阶段的社会主义,在初级阶段怎样建设社会主义。"这也是最好的注脚。

3. "社会主义经济制度"命题中的"社会主义"是指"整个社会主义社会"

明显地,通常讲"社会主义制度"和"社会主义经济制度",并不是单就"社会主义初级阶段"说的,而是就"整个社会主义社会"说的。

我们正在建设着的初级阶段的社会主义,在各方面都已是解放前的旧中国所不能比,但这样一种"不合格"的社会主义,既不等于自身发展成熟的社会主义,更不是人类要实现的最高理想。为邓小平同志所创造性概括的"社会主义的本质"所揭示的,正是从整体上看的社会主义基本经济制度的特征,而并不就等于社会主义初级阶段基本经济制度的特征。

因此,拿我国社会主义初级阶段的现实来说明整个社会主义经济制度,就很难作出正确的结论。现在,大家对"社会主义经济制度的基础"的认识存在一些分歧,很重要的一点也正是由于一些同志没有把"初级阶段的社会主义"和"整个社会主义社会"区分清楚。

社会主义初级阶段的基本经济制度不等于社会主义基本经济制度

其次,必须说,我国社会主义初级阶段的基本经济制度也不就等于社会主义基本经济制度。我领会,修改后的宪法第六条,前半部分"中华人民共和国的社会主义经济制度的基础是生产资料的社会主义公有制,即全民所有制和劳动群众集体所有制。社会主义公有制消灭人剥削人的制度,实行各尽所能、按劳分配的原则",是说的从质上规定的社会主义基本经济制度;后半部分"国家在社会主义初级阶段,坚持公有制为主体、多种所有制经济共同发展的基本经济制度,坚持按劳分配为主体、多种分配方式并存的分配制度",明显是指的社会主义初级阶段的基本经济制度。

1. 社会主义初级阶段的基本经济制度还明显带有不发达、不完全社会主义的特征

直至党的"十五大"前,我们还是讲"坚持以公有制为基础、实行按劳分配原则的社会主义基本经济制度"①。列宁更早就指出:"人类从资本主义只能直接过渡到社会主义,即过渡到生产资料公有和按劳分配。"②可以认为,从质的规定性和整个社会主义社会看的,也是一般所说的"社会主义基本经济制度"很可能是这样的。但毕竟不可以把它等同于"社会主义初级阶段的基本经济制度"。一般所说的"社会主义基本经济制度",反映不出社会主义初级阶段即不发达、不完全社会主义的个性特征。

2. "社会主义经济制度的基础"只能是生产资料的社会主义公有制

"社会主义基本经济制度"同"社会主义初级阶段的基本经济制度",显然是既有联系又有区别的两个不同的概念。现在,我也倾向于认为,可以而且应该把社会主义初级阶段基本经济制度,看做是初级阶段在以公有制为主体的多种所有制基础上形成的多种经济关系的总和,而社会主义基本经济制度则是社会主义本身所固有的质的规定性在社会经济关系上的体现,其内容和特征涵盖包括其初级阶段在内的整个社会主义历史过程。在这里,"社会主义基本经济制度"属于"一般","社会主义初级阶段的基本经济制度"则属于"特殊"。

倘若一般地讲和从整体上看社会主义经济制度,那就必须说它的基础是公有制,社会主义基本经济制度就是不存在剥削的社会经济制度。所以,邓小平同志才讲:"社会主义的经济是以公有制为基础的,生产是为了最大限度地满足人民的物质、文化需要,而不是为了剥削。"③

---

① 中央宣传部组织编写:《邓小平同志建设有中国特色社会主义理论学习纲要》。
② 《列宁选集》第三卷,人民出版社1972年版,第62页。
③ 《邓小平文选》第二卷,人民出版社1994年版,第167页。

因此，对于宪法第六条原条文"中华人民共和国的社会主义经济制度的基础是生产资料的社会主义公有制，即全民所有制和劳动群众集体所有制"并没有必要进行新的修改（或许还可以考虑将"即全民所有制和劳动群众集体所有制"修改为"即全民所有制和劳动群众集体所有制以及混合所有制经济中的国有成分和集体成分"）。

3. 社会主义基本经济制度还同时包括着按劳分配制度

马克思主义历来认为，消费资料的任何一种分配都不过是生产条件本身分配的结果。所有制关系决定分配关系，就是说在我国社会主义初级阶段上，既然还必须坚持公有制为主体、多种所有制经济共同发展的基本经济制度（所有制结构），也就必须坚持按劳分配为主体、多种分配方式并存的分配制度（分配结构）。党的"十五大"报告也是讲"公有制为主体、多种所有制经济共同发展，是我国社会主义初级阶段的一项基本经济制度"。我领会，修改后的宪法第六条，事实上已把"按劳分配"看做是属于社会主义基本经济制度，把"按劳分配为主体、多种分配方式并存"看做是属于社会主义初级阶段的基本经济制度了。

明确这一点有重大理论意义和实践意义。它直接关系到社会主义公有制的实现，更不可以否定按劳分配的社会主义性质，亦不可以用按生产要素分配来取代按劳分配。

社会主义初级阶段基本经济制度中的公有制经济和非公有制经济

这里，要具体分析一下社会主义初级阶段基本经济制度中的公有制和非公有制。

1. 既必须分清"主体"和"非主体"，又要牢记"两个必须坚持"

党的"十五大"后，有种不正确看法在或明或暗地流行，即从社会主义初级阶段这个中国的最大实际出发，今后不应再受所有制的困扰。有的同志甚至认为，邓小平同志1992年初南方发表重要谈话，所解决的最大问题就是不要再问姓"社"姓"资"；"十五大"最大的思想解放，就是不要分什么姓"公"姓"私"。笔者年前就曾收到浙江温州的一位不相识的朋友寄来的贺年明信片，上面写着："先生的文章(《"重新认识社会主义"需辨清楚的几个问题》)让我感到不寒而栗。为所有制所困扰的苦难的中国人刚刚松了口气，又将遇到旧制度卫道士的无情挑战，所以改革将会是一个多么艰苦的历程。劝先生以国家民族前途为重，放弃您的谬论。"谁提出仍然必须坚持公有制为主体谁就是"旧制度卫道士"——这正是这位朋友也是一些同志所不应有的心态。说句不好听的话，其实有些同志并非不讲所有制，只是在变着法儿贬低社会主义公有制。这就有必要把一些有争议问题提出来，明辨是非。

第一，必须确认，坚持公有制的主体地位是社会主义的一条根本原则，也是我国社会主义市场经济的基本标志。在整个改革开放和现代化过程中，我们都必须坚持这条原则。把公有制为主体看做是一种还没有经过实践检验的"假定"，只讲以公有制为主导、不讲公有制为主体，或者仅仅把公有制看做是发展生产力的"手段"，都是貌似有道理，实则经不起分析，站不住脚。

第二，必须说，在中国具体情况下，坚持公有制为主体同坚持"三个有利于"的标准是统一的。

第三，必须准确、完整地领会邓小平经济理论和党的"十五大"精神。坚持公有制为主体正是邓小平同志的一贯思想。说邓小平同志在改革开放初期是坚持公有制为主体的，但在南方谈话中认识已经变了，这才是对邓小平同志的天大误解。事实上，就在《邓小平文选》第3卷第372页，人们即可清楚地看到，邓小平同志在提出"三个有利于"的标准后，紧接着讲的正是："对办特区，从一开始就有不同意见，担心是不是搞资本主义。深圳的建设成就，明确回答了那些有这样那样担心的人。特区姓'社'不姓'资'。从深圳的情况看，公有制是主体，外商投资只占四分之一。"话讲得这样明确，再去争公有制为主体是不是邓小平同志的一贯思想已没多大意思。对"十五大"报告所创造性提出的社会主义初级阶段的基本经济制度本来就是"以公有制为主体"以及报告所明确指出的"我们是社会主义国家,必须坚持公有制作为社会主义经济制度的基础"视而不见,断章取义地对"十五大"精神进行歪曲,为己所用,这不是实事求是的态度。

第四,必须真正弄清楚,我国的改革是改什么,向发达资本主义学习是学什么,我们今天究竟又正在干什么。大家知道,我国的改革不是要改变社会主义的基本制度,而是在坚持社会主义基本制度的前提下,把社会主义同市场经济结合起来,变单元的公有制结构为以公有制为主体、多种所有制经济共同发展的多元化的所有制结构,由传统计划经济转变为社会主义市场经济。我们向发达国家学习,并不是要学习资本主义制度,而是要学习那些属于人类精神文明成果的一切反映社会化生产规律的先进经营方式、管理方法,包括利用外国的资金和技术,创办"三资"企业。更要清楚,我们现在终究不是在发展资本主义,而是在干社会主义。

总之,在社会主义初级阶段的基本经济制度中,首先要分分清谁是"主体"、谁是"非主体"。"主体"和"非主体"本来就存在着差别,不能是平起平坐,更不可以喧宾夺主。但从另一方面说,我们又不可以仍然戴着有色眼镜来看待和对待非公有制经济。也就是说,这里要的是"两点论",而不是"一点论";这里有"两个必须坚持",而不是只有"一个必须坚持"。诚如江泽民同志在党的十一届三中全会20周年纪念大会上的讲话中所讲:"我们是社会主义国家,必须坚持公有制为主体。同时,必须坚持多种所有制经济共同发展,积极鼓励和引导非公有制经济健康发展。不能只强调前者而不讲后者,也不能只强调后者而不讲前者,否则都会脱离社会主义初级阶段的实际,都不利于生产力的发展。""两点论"还要加上一个"重点论":"离开公有制为主体,就不成其为社会主义经济。"

2. 既要看到公有制经济与非公有制经济的相促、相长,又不能无视非公有制经济与公有制经济之间存在的矛盾和冲突

我们现在所讲的,是在社会主义公有制为主体条件下必然存在、发

展的非公有制经济。多种所有制经济能兼容早已不是问题。还必须说，在公有制为主体的条件下，社会主义公有制和非公有制，不仅能够兼容，而且能够做到相促、相长。但又不能忘记，公有制和非公有制毕竟是性质不同的所有制，因而在运营中也不可避免地存在一些矛盾和冲突。所以，修改后的宪法第十一条，一方面规定"国家保护个体经济、私营经济的合法权利和利益"，同时又规定"国家对个体经济、私营经济实行引导、监督和管理"。

3. 谈几个具体问题

(1) 能否认为"社会主义经济就是社会主义市场经济"

"社会主义经济"和"社会主义市场经济"到底是两个不同的概念，还是等同的概念？一些同志坚持认为两者是等同的概念，并提出一个"社会主义经济即社会主义市场经济"的新命题，认为非公有制经济既然是我国社会主义市场经济的重要组成部分，当然也是我国社会主义经济的重要组成部分。而不同的看法则认为，"社会主义经济"和"社会主义市场经济"是两个不同的概念，也不属于同一个层次。笔者赞同这一看法。应该说，社会主义经济属于社会基本制度范畴，体现着经济的社会属性，而社会主义市场经济则属于经济运行层次，它虽然要同社会主义基本制度结合在一起，但其本身并不具有社会基本制度的属性。事实上，社会主义经济可以是市场经济，也可以不是市场经济。"十五大"报告中讲"集体所有制经济是公有制经济的重要组成部分"，"非公有制经济是我国社会主义市场经济的重要组成部分"，不同的用词也说明，不可以把社会主义经济等同于社会主义市场经济。确认"非公有制经济是我国社会主义市场经济的重要组成部分"，主要在于社会主义市场经济是一个有机整体，作为微观基础的各种所有制性质的企业只能是平等竞争关系，"重要组成部分"正体现了这种整体性和平等性，而"补充"则带有从属性。它同时也说明，发展非公有制经济本身不是发展社会主义经济，但却是发展社会生产力的一项重要内容。修改后的宪法第十一条明确规定："在法律规定范围内的个体经济、私营经济等非公有制经济,是社会主义市场经济的重要组成部分。"无疑是意义重大。但正是由于它们本身是非公有制经济,这种意义才存在。

(2) 如何判定非公有制经济的性质

最难的是如何判定私营经济的性质。以下四种看法有代表性:一认为它属于或基本属于资本主义性质;二认为它仅仅是一种私有制或非公有制经济;三认为它是具有公有制和私有制两重性的经济成分;四认为它属于社会主义公有制经济性质。客观地说,显然不能够把公有制为主体条件下存在的我国私营经济等同于资本主义经济,甚至还可以认为它的肌体中已存在一些社会主义因素,但它毕竟仍然是以雇佣劳动为基础,也不能否认"私营企业主同工人之间实际上存在着剥削与被剥削的关系"。有鉴于此,可以认为私营经济实际上是一种受社会主义公有制经济制约但仍具有资本主义性质的经济成分。

(3) 非公有制经济怎么可以成为社会主义初级阶段基本经济制度的一部分,如何看社会主义初级阶段的经济基础

说起如何看社会主义初级阶段的基本经济制度或经济基础,据笔者从报刊上公开发表的文章中分析、归纳,有代表性的看法有以下四种:一是"同质论",即认为非公有制经济是社会主义经济的组成部分,以公有制为主体的多种经济形式共同构成社会主义初级阶段的经济基础;二是"主要矛盾决定论",即认为公有制和非公有制是不同性质的所有制,它们都现实地存在于初级阶段的社会主义社会中,但由于居于主体地位的公有制是矛盾的主要方面,决定事物的性质,因而公有制为主体、多种所有制经济共同发展,也就成为社会主义初级阶段的一项基本经济制度;三是"系统结构论",即认为社会主义初级阶段的经济基础是以公有制为主体的多种经济形式的系统结构,不能在这个结构里划分哪个是社会主义性质的,哪个是非社会主义性质的,这需要从社会主义初级阶段历史坐标的高度来理解;四是"排他论",即认为不论是在社会主义初级阶段,还是在整个社会主义历史阶段,都只有公有制才构成社会基本经济制度、才属于经济基础。笔者倾向于用"主要矛盾决定论"

来说明社会主义初级阶段的基本经济制度。

（原载《江苏经济探讨》1999年第3期，人大复印报刊资料《社会主义经济理论与实践》1999年第5期全文复印，收入《中国社会科学理论参考文库》、《中国新世纪理论精典文库》等书）

关于社会主义与公有制经济的几点思考

不坚持以公有制为主体,就不可能坚持社会主义

社会主义之所以称之为社会主义,从根本上说,在于它是一种以生产资料的社会主义公有制为基础的社会制度。可以说,社会主义从它诞生的那一天起,就同公有制结下了不解之缘。

科学社会主义创始人马克思和恩格斯曾经从理论上推断,取代资本主义制度的新社会,即共产主义社会(社会主义是它的初级阶段)将是一个由社会直接占有全部生产资料,由劳动者共同使用全部生产工具的社会。单一公有制是马克思和恩格斯对未来新社会生产关系的高度抽象。在当时,他们还没有条件对未来新社会的经济制度作具体分析。马克思曾讲过:"在一切社会形式中都有一种一定的生产支配着其他一切生产的地位和影响,因而它的关系也支配着其他一切关系的地位和影响。这是一种普照的光,一切其他色彩都隐没其中,它使它们的特点变了样。这是一种特殊的以太,它决定着它里面显露出来的一切存在的比重。"由此可以看出,马克思和恩格斯并不认为,在未来的新社会中特别是在社会主义阶段,不会存在公有制以外的生产关系。

列宁结合俄国社会主义实践丰富和发展了马克思主义的社会主义所有制思想。在俄国十月革命前,列宁曾经认为,在社会主义社会中,"全体公民都成了国家(武装工人)的雇员。全体公民都成了一个全民的、国家的'辛迪加'的职员和工人"。然而列宁的伟大之处在于,他并

不是从书本上"照搬"社会主义,而是脚踏实地地创立社会主义新制度。十月社会主义革命胜利后,面对极度贫困、经济破坏和战争,先是实行了"战时共产主义",后又转到实行"新经济政策"。列宁还创造性地提出:"在生产资料公有制的条件下,在无产阶级对资产阶级取得了阶级胜利的条件下,文明的合作社工作者的制度就是社会主义制度。"

我们党在所有制问题上继承和发展了马克思主义,邓小平理论对此作出了创造性贡献。在邓小平理论中,关于所有制的理论,不仅是邓小平经济理论的最重要内容,而且是邓小平经济理论、乃至整个邓小平科学理论体系的基石。笔者认为:邓小平的走社会主义道路必须坚持以公有制为主体的主体论,社会主义公有制发展、完善论,社会主义公有制还必须有非公有制作补充的补充论,社会主义公有制实现形式论,社会主义公有制与市场经济结合论等,已初步构建起一个关于社会主义所有制(至少是初级阶段社会主义所有制)的理论框架。

具体到社会主义与公有制的关系,邓小平同志突出地强调了搞社会主义必须坚持以公有制为主体的思想。比如,"社会主义的经济是以公有制为基础的"、"无论怎么样开放,公有制经济始终还是主体"、"我们在改革中坚持了两条,一条是公有制经济始终占主体地位,一条是发展经济要走共同富裕的道路,始终避免两极分化"、"总之,一个公有制占主体,一个共同富裕,这是我们所必须坚持的社会主义的根本原则"等等。

有种看法认为,邓小平同志在改革初期是坚持以公有制为主体的,但在1992年南方谈话中已不再坚持以公有制为主体了。这是误解。事实上,邓小平在南方谈话中提出"三个有利于"的标准后,紧接着讲的正是:"特区姓'社'不姓'资'。从深圳的情况看,公有制是主体。"可见,以公有制为主体始终是邓小平经济理论的核心。这是一个客观事实,是不容否定的。

以江泽民同志为核心的第三代中央领导集体,坚持和发展了马列主义、毛泽东思想和邓小平理论,在坚持以公有制为主体这一根本问题上,始终坚定不移,旗帜鲜明。比如,江泽民同志在《正确处理社会主义现代化建设中的若干重大关系》、党的"十五大"报告和在党的十一届三中全会二十周年纪念大会上的讲话等著名文献中,始终强调进一步实行以公有制为主体、多种所有制经济共同发展的所有制结构,实行按劳分配为主体、多种分配方式并存的分配制度,这是科学社会主义的基本原理在当代中国的创造性运用。强调我们是社会主义国家,必须坚持以公有制为主体,同时必须坚持多种所有制经济共同发展,积极鼓励和引导非公有制经济健康发展。公有制是我国社会主义经济制度的基础,非公有制经济是我国社会主义市场经济的重要组成部分。他还特别强调,我们要积极开拓,勇于进取,但决不搞私有化。离开以公有制为主体,就不是社会主义经济。这是一条大原则,决不能有丝毫动摇。

　　经济不发达国家步入社会主义社会后,多种所有制经济长期共同发展是必然的,但要坚持走社会主义道路,就必须坚持以公有制为主体这一社会主义的根本原则。对于这一重大方针政策,我认为,可以作如下概括:第一,没有以公有制为主体,就没有社会主义市场经济;第二,没有以公有制为主体,就不可能做到对国民经济进行比资本主义更有效的宏观调控;第三,没有以公有制为主体,就没有人民的共同富裕;第四,没有以公有制为主体,就没有人民当家作主的主人翁地位;第五,没有以公有制为主体,就不可能建立起社会主义的精神文明;第六,最根本的,没有以公有制为主体,社会主义的基本政治制度和中国共产党的执政地位就丧失了存在的基础。总之,倘若公有制这一"普照的光"和"特殊的以太"发生了易位,这样的社会也就很难叫做社会主义社会了。

社会主义经济制度的基础和
初级阶段社会主义的经济基础

　　近年来,有些同志提出这样的问题:既然"非公有制经济是我国社会主义市场经济的重要组成部分","以公有制为主体、多种所有制经济共同发展,是我国社会主义初级阶段的一项基本经济制度",既然非公有制经济已从社会主义的"体外",进入社会主义的"体内",那么,为什么还要坚持讲"社会主义经济制度的基础是生产资料的社会主义公有制","公有制经济是我国社会主义制度的经济基础"呢?

这是一个必须做出明确回答的重大经济理论和政治原则问题。我认为:

第一,我们现在所说的"我国社会主义初级阶段",同通常所讲的"社会主义"或"社会主义社会"并非完全等同的概念。我国社会现在所处的发展阶段,不同于马克思揭示的那个作为共产主义初级阶段的社会主义社会,但又已经是社会主义。这就是说,在我国已初步建立起社会主义基本制度,并且,带有决定意义的是,社会主义公有制已是国民经济的主体,成为马克思所讲的"普照的光"。另一方面,又必须看到,我们的这个社会主义严格些说还"不够格"。从社会生产力的发展来说,我国还远远落后于发达资本主义国家,国家和人民都还不富裕,还是"不发达社会主义";从社会生产关系来说,公有化程度还比较低,社会主义制度自身还不成熟、不完善,还存在多种所有制经济,还是"不完全的社会主义"或"不完全是社会主义"。因此,用我国社会主义初级阶段的现实来说明整个社会主义经济制度,是不科学的。现在,一些同志对"社会主义经济制度的基础"的认识存在一些分歧,很重要的一点,正是在于这些同志没有把"初级阶段的社会主义"和"在人类社会发展长河中作为一种崭新社会经济制度存在的社会主义"区分清楚。

第二,我国社会主义初级阶段的基本经济制度或经济基础,不完全等于社会主义的基本经济制度或社会主义制度的经济基础。修改后的《中华人民共和国宪法》第六条前半部分,关于"中华人民共和国的社会主义经济制度的基础是生产资料的社会主义公有制,即全民所有制和劳动群众集体所有制。社会主义公有制消灭人剥削人的制度,实行各尽所能、按劳分配的原则"的论述,是从质上规定了社会主义的基本经济制度;而后半部分,关于"国家在社会主义初级阶段,坚持公有制为主体、多种所有制经济共同发展的基本经济制度,坚持按劳分配为主体、多种分配方式并存的分配制度"的论述,则明显是指社会主义初级阶段的基本经济制度。以《宪法》为根本依据,我们有充分的理由认为,社会主义经济制度的基础只能是公有制,而不是别的什么所有制。

对社会主义初级阶段的基本经济制度和经济基础,必须作具体分析。既然我们已经在理论上承认,"以公有制为主体、多种所有制经济共同发展,是我国社会主义初级阶段的一项基本经济制度",那么,以公有制为主体的多种所有制经济也就共同构成了社会主义初级阶段的经济基础。"社会主义初级阶段"这种历史发展的"特殊性",铸成了这一阶段社会主义经济基础的"特殊性"。社会主义制度的"共性"和社会主义初级阶段的"个性",在这里实现了统一。

第三,能否认为,在社会主义条件下,非公有制经济已经改变了自身的性质,属于社会主义经济了呢?回答当然是否定的。这是因为,在社会主义条件下存在的私营经济,虽然同占主体地位的公有制经济相联系并受公有制经济的制约,不应把它完全等同于私人资本主义经济。但是,也不能否认私营经济是存在雇佣劳动关系的经济,私营企业主同工人之间仍存有剥削与被剥削的关系。不妨说,我国的私营经济实际上是一种受社会主义公有制经济制约、客观上为社会主义服务,但仍具有私人资本主义性质的经济。在社会主义初级阶段,由于它们在发展我国社会主义社会生产力、增强社会主义国家的综合国力等方面有着无可替代的作用,所以应当而且必须把它们包容进我国社会主义初级阶段的基本经济制度。然而,如果因此就把公有制经济、非公有制经济不分青红皂白通通看做是社会主义经济,则是非常错误的。如果用以影响我们的政治生活和经济政策,更是有害的。

第四,必须分清楚什么是"市场经济"、什么是"社会主义经济"和什么是"社会主义市场经济"。市场经济本身没有社会属性的差别,邓小平同志早已把这一点讲透彻了。但同时又必须看到,市场经济作为一种经济体制和资源配置方式,必然要同一定的社会基本制度结合在一起。也就是说，存在着一个中性的市场经济，但并不存在中性的社会基本制度，市场经济决不可能是脱离开社会基本制度而凭空存在的一种经济体制。所以，完全可以讲社会主义（条件下的）市场经济和资本主义（条件下的）市场经济。有一种看法认为，"社会主义经济即社会主义市场经济"，并推理说，非公有制经济既然是我国社会主义市场经济的重要组成部分，当然也就是我国社会主义经济的重要组成部分。事实上，社会主义经济属于社会经济制度范畴，体现着经济的社会属性；而市场经济则属于经济运行层次，它虽然要同一定的社会基本制度结合在一起，但其本身并不具有社会的属性。社会主义经济既可以是市场经济，也可以不是市场经济（如改革前的中国经济）。"十五大"报告指出，"集体所有制经济是公有制经济的重要组成部分"，"非公有制经济是我国社会主义市场经济的重要组成部分"，就是对两类不同性质经济的明确界定，我们绝不能把社会主义经济等同于社会主义市场经济。确认"非公有制经济是我国社会主义市场经济的重要组成部分"，主要在于社会主义市场经济是一个有机整体，作为其微观基础的各种所有制性质的企业，只能是平等竞争关系，"重要组成部分"的提法正体现了这种整体性和平等性。

是以公有制为主体，还是以私有制为主体，是社会主义制度同资本主义制度的一个最根本区别

近年来，某些持"私有化"观点的人，试图从社会主义同公有制的天然联系上打开缺口，竭力宣扬社会主义同资本主义的区别不在所有制上，不应再纠缠什么姓"社"姓"资"、姓"公"姓"私"；不应坚持以公有制为主体，而只能以民营经济或非国有经济为主体，应使民有民营经济成为市场经济的基础等观点。这就提出了一个带有根本性的问题，即我们向资本主义国家学习到底学什么，究竟是学资本主义、干资本主义，还是学资本主义国家中对我有用的东西、干社会主义？社会主义同资本主义这两种不同的社会制度，到底还有没有区别？如果有，最根本的

区别又是什么?

任何一种特定的社会形态都是一定社会经济基础和上层建筑的统一。经济基础的性质决定上层建筑的性质。所有制是生产关系的基础,社会主义制度同资本主义制度最本质的区别只能从所有制上去寻找。尽管资本主义的基本政治制度和意识形态同社会主义有着根本的不同,但最本质的区别还是基本经济制度的不同。资本主义以资本主义私有制为基础,社会主义以社会主义公有制为基础。正是不同的生产资料所有制决定了不同的社会生产目的和分配。资本主义生产的始终不变的目的,是用最低限度的预付资本获取最大限度的剩余价值。而社会主义生产的目的则是为了最大限度地满足人民的物质、文化需要,而不是为了剥削。正因为资本主义实行的是生产资料的资本主义私有制,所以又只能是按"资"分配,致使富的更富、穷的更穷,永远也解决不了"社会公平"问题。而正由于社会主义实行的是生产资料的社会主义公有制和按劳分配,所以才可以避免两极分化,逐步实现社会公平,最终达到共同富裕。职工工资的高低和社会福利、社会保障的满足程度,说到底取决于生产力的发展水平。我们不要被一些发达资本主义国家的表面现象所迷惑,不能因为它们中的一些国家实行"高工资、高福利、高保障"就看不清资本主义制度的剥削实质。其实,这不过是资产阶级从自己的超额利润中拿出一点点,给穷人施舍一杯羹而已。其结果既不能实现公平分配,更不能遏制两极分化。

有种观点认为,资本主义国有化和股份经济的发展,使资本主义从私有制变成了"公有"、"共有",资本主义社会的基本矛盾已经消除了。这种观点没有认清资本主义社会的本质。众所周知,生产的社会性和生产资料的资本主义私人占有形式之间的矛盾,构成了资本主义社会的基本矛盾,这一基本矛盾并未因资本主义国有化和股份经济的发展而从根本上得到解决。资本主义国有经济相对私人资本主义经济来说也属于"公有",但这种"公有"不仅是有限度的,而且说到底它只能是资本主义私有制的一种具体形式,完全不同于社会主义的国有经济。资本主义世界至今仍保持着"经济的繁荣"有多种复杂原因,但它决非是永世长存的制度。资本主义的基本矛盾激化到一定程度,资本主义的丧钟就必然要敲响。

（原载中央组织部党建研究杂志社编《党建研究内参》2000年第4期,特约撰写,在"首届中国现代化管理成果奖"征集活动中被提名为一等奖,选入《中国现代化理论成果汇编》一书）

换个角度论说"分配不公"问题

引 言

  2009年9月,刘国光同志在《现代经济探讨》上撰文提出如下重要观点:"可以说,高度集中的传统计划经济体制向社会主义市场经济体制转换的改革已经基本完成。当然现在还有少数领域,市场化改革有不到位的地方;但另一方面,也有不少领域发生了过度市场化的毛病。""公有制经济与非公经济的公降私升的趋势,已影响到公有制为主体的临界点。""'让一部分人先富起来',早已超期超额完成。"[①]刘国光同志这里所讲的,是关系到国家改革开放方针大计的大问题。对他敢讲真话的勇气,笔者表示钦佩;对他文中的观点,表示完全赞同。本文要进一步探讨的是:随着30多年来改革开放的阔步推进,"分配不公"的问题为何愈来愈严重?又如何从根本上来解决这一疑难?

---

  ① 刘国光:《也谈"改革开放"——共和国60周年感言》,《现代经济探讨》2009年第9期,第5~7页。

不能囿于分配领域来研究解决分配问题，什么才是造成"分配不公"的根

不言而喻，这里所讲的"分配"仅是指个人消费品的分配；所说"分配不公"，亦是指个人消费品在全社会分配的不公。当人们在议论我国分配中地区、城乡、行业间差距不断扩大、种种形式的大量非法收入更加剧了这种"分配不公"的时候，多是就分配说分配，而很少触及到改革进行中已发生很大变化的所有制结构问题。其实，正如马克思和恩格斯所讲："消费资料的任何一种分配，都不过是生产条件本身分配的结果。而生产条件的分配，则表现生产方式本身的性质。"[①]"每一个社会的经济关系首先是作为利益表现出来。"[②]马克思和恩格斯在这里所揭示的正是生产资料为谁所有即为谁带来利益，亦即所有制决定分配的问题。如果要实话实说，那就必须讲：在我国目前具体条件下，解决个人消费品"分配不公"决不可以避开所有制结构问题；正是由于在所有制结构调整中公有制经济下降过速、过大，非公经济上升过多、过猛，造成生产资料占有的不平等矛盾加剧，才导致"分配不公"的问题愈来愈严重。按照刘国光同志的说法，即"公有制经济与非公经济的公降私升的趋势，已影响到公有制为主体的临界点"。应该看到，造成地区差距、城乡差距等不断扩大，确有分配体制和分配政策不合理方面的问题。然而，当人们热谈地区差距、城乡差距等不断扩大的时候，是否也想到了东部沿海地区、城市比中西部地区、乡村非公经济也发展得更多、更快呢？若把包括动产和不动产在内的私人财产，都计算在个人和家庭财产或累计收入内，那么，生产资料占有者同打工者和普通老百姓的差距，无疑要比现在为人们所热议的地区、城乡等差距大得多。实际情况

[①] 《马克思恩格斯选集》第三卷，人民出版社1972年版，第13页。
[②] 《马克思恩格斯选集》第二卷，人民出版社1972年版，第537页。

是,分配领域存在的地区、城乡等差距遮掩了生产资料占有者同打工者和普通老百姓的财产和生活水平差距,这才是最大的危险!

中国原是一个贫穷的国家,虽经建国 60 年特别是改革开放 30 多年的发展,但对人口中的绝大多数讲,也才刚刚解决了温饱问题。然而曾几何时,中国竟一下子冒出那么多有钱人。据《中国经济周刊》资料统计,2009 年中国奢侈品市场增长了近 12%,达到 196 亿美元,占全球市场份额的 27.5%。预计未来 5 年,中国奢侈品市场将占据全球奢侈品消费额的首位。现在在中国,再贵的洋房都有人买。对那些暴发新贵来说,真可谓是花天酒地、一掷千金,连发达资本主义国家的阔佬都要自愧弗如。刘国光同志提出"'让一部分人先富起来',早已超期超额完成",难道不是吗?

能否认为社会主义与资本主义的区别并不在所有制上,为何坚持社会主义一定要坚持公有制和按劳分配

众所周知,我们是在坚持社会主义道路的大前提下来进行经济体制改革的。任何一种社会经济制度都有其质的规定性。那么,什么才是社会主义制度的质的规定性,或坚持社会主义要坚持什么呢?

马克思和恩格斯预想,在共产主义第一阶段上,已经实现了由社会直接占有全部生产资料,每一个人的劳动直接就是社会劳动,只是由于受生产力发展水平限制,还只能实行按劳分配。

列宁把共产主义第一阶段直接称为"社会主义社会",并提出一个"社会主义=公有制+按劳分配"的著名公式。列宁同时又提出,同社会主义经济相联系的合作制属于公有制。

在长时期内,中国共产党也是把公有制和按劳分配看做社会主义制度的根本特征。而错就错在"左"的影响太深,我国的社会主义经济被搞成了公有制一统天下的经济。改革中认识到我国将长期处于社会主义初级阶段后,才解决了不是要实行纯而又纯的公有制和按劳分配,

而是还只能坚持以公有制为主体和以按劳分配为主体的问题。这也才有了在党的"十四大"政治报告①、"十五大"政治报告中②的创造性新表述;特别是1999年3月第九届全国人民代表大会第二次会议通过的《中华人民共和国宪法修正案》,对宪法第六条作出重要修改,在保留原条文"中华人民共和国的社会主义经济制度的基础是生产资料的社会主义公有制,即全民所有制和劳动群众集体所有制"及"社会主义公有制消灭人剥削人的制度,实行各尽所能、按劳分配的原则"的同时,增加了"国家在社会主义初级阶段,坚持公有制为主体、多种所有制经济共同发展的基本经济制度,坚持按劳分配为主体、多种分配方式并存的分配制度"③的新条文。

总之,社会主义经济制度的基础是生产资料的社会主义公有制并要求实行按劳分配,资本主义经济制度的基础是生产资料的资本主义私有制并要求实行按资分配。不能因为在社会主义初级阶段还要发展非公经济,就说社会主义同资本主义的区别不在所有制上。

一些人鼓吹社会主义与资本主义的区别不在所有制上,所能拿出的最重要的根据,是邓小平同志在南方谈话中对社会主义本质的表述,即:"社会主义的本质,是解放生产力,发展生产力,消灭剥削,消除两极分化,最终达到共同富裕。"④在这里,邓小平同志讲社会主义的本质没有讲公有制,而在一些人眼里,公有制竟成了社会主义本质以外的东西。这完全是对邓小平同志论述的误解。早在10多年前,笔者就在一

---

① 《中国共产党第十四次全国代表大会文件汇编》,人民出版社1992年版,第22~23页。
② 《中国共产党第十五次全国代表大会文件汇编》,人民出版社1997年版,第21、25页。
③ 《中华人民共和国宪法》单行本,人民出版社2004年版,第48页。
④ 《邓小平文选》第三卷,人民出版社1993年版,第373页。

篇论文①中说明如下三点：第一，邓小平同志对于社会主义本质的论述是多角度、分层次的，仅在《邓小平文选》第2、3卷中，直接说到社会主义本质的地方就有5处②。因此，对社会主义的本质也必须分层次说。第二，具体到邓小平同志在南方谈话中所讲的社会主义的本质看，毫无疑问是说社会主义制度已经建立起来，社会主义制度正是作为这里所讲的社会主义本质的前提条件存在的，实际上是讲的社会主义运行本质。第三，邓小平同志在会见外宾时的一次谈话中，用很长篇幅明确讲对内搞活"没有伤害社会主义的本质"③。他这里所讲的社会主义的本质正是指的社会主义基本制度，并且首先又是社会主义公有制，这里又是说的社会主义的制度本质。

那么，在社会主义初级阶段上又为何一定要坚持公有制为主体呢？对此，笔者在一篇论文④中作过系统论证。择其要说：第一，不坚持公有制为主体，社会主义经济制度就没了基础，我们搞的就不是社会主义。第二，不坚持公有制为主体，也就不能坚持按劳分配为主体；没了公有制为主体和按劳分配为主体，绝无可能实现共同富裕，这对广大人民来说是灾难。第三，不坚持公有制为主体，共产党成为执政党、国家实行人民民主专政就丧失了基础。千万不能忘记，政治是经济的集中表现，经济的强者是一定要参与政治的，或直接成为政治的强者，或在政治权力中寻找代言人。在我国政治生活中这也不是什么秘密了。

---

① 李富阁：《社会主义本质的分层次说》，原载《学海》1996年第3期，后收入《邓小平理论研究文库》第1卷，第859～862页。

② 《邓小平文选》第二卷，人民出版社1994年版，第313页；第三卷，人民出版社1993年版，第135、204、364、373页。

③ 《邓小平文选》第三卷，人民出版社1993年版，第135页。

④ 李富阁：《"重新认识社会主义"需辨清楚的几个问题》，载求是杂志社主办《内部文稿》1998年第22期，第1～6页。

有种流行看法认为,发展市场经济最重要的是竞争,在国民经济中各种所有制经济占比多大不是人为规定的,优化的所有制结构只能在竞争中自然形成。这种看法能否成立

这种看法乍一听颇有道理,但却经不起推敲。

第一,这是忘记了我们所搞的是社会主义市场经济。正如党的"十四大"政治报告所讲,"社会主义市场经济体制是同社会主义基本制度结合在一起的",而社会主义经济制度的基础又正是社会主义公有制。换言之,我们是在公有制为主体的条件下来发展市场经济的,这也正是社会主义市场经济同资本主义市场经济的一个最大区别。

第二,在公有制为主体的条件下搞市场经济,必须保证国有经济对经济发展起主导作用。固然,国有经济起主导作用,主要体现在控制力上。但是,如果没有一定数量和质量,国有经济又哪来控制力呢?

第三,既是要坚持公有制为主体,那么,对公有制就既要讲质、又要讲量,或者说其本身就已经规定了公有制应占较大比重。在党的"十四大"政治报告中就明确提出:"在所有制结构上,以公有制包括全民所有制和集体所有制经济为主体,个体经济、私营经济、外资经济为补充。"在中共"十五大"政治报告中,一方面创造性地提出"公有制为主体、多种所有制经济共同发展,是我国社会主义初级阶段的一项基本经济制度"。另一方面,又明确提出公有制的主体地位要体现在"公有资产在社会总资产中占优势;国有经济控制国民经济命脉,对经济发展起主导作用"。在党的"十六大"、"十七大"政治报告中,虽然没有再重申公有资产占优势,但这决不是说不要再坚持公有资产占优势了。其实,公有制为主体本身就已预示着非公有制为非主体,不可以喧宾夺主。规定公有资产在社会总资产中占优势决不表示公有制企业惧怕竞争,而是社会主义市场经济本身要求使然。这也意味着,不仅要对私营企业进

行引导、监督和管理，而且在必要时必须对其的发展作适当限制。

我国改革已进行30多年，但贬低国有经济、否定集体经济、倡导私有化的论调仍有市场，这就要求我们在现代化问题上必须旗帜鲜明。正如邓小平同志所言："我们搞的四个现代化有个名字，就是社会主义四个现代化。"①在中国搞私有化绝对是一条死路！

能否认为私营企业是社会主义企业或具有社会主义性质的企业，该不该把私营企业雇工工资收入和业主的收入装进"按劳分配"的大筐

非公有制经济包括个体经济、私营经济和外资经济。个体经济通常是指生产资料归劳动者个人所有，以个体劳动或家庭成员的劳动为基础、劳动成果也归劳动者个人所有和支配的一种经济成分，这种经济成分再发展也不会成问题；外资经济性质是明确的，可以另当别论；最需要研究的是私营经济。

无需说，从改革至今，人们对于私营企业属于何种性质的所有制经济的认识并不统一。如：有的认为当今的中国私营企业属于社会主义企业；有的认为它属于带有社会主义性质的企业；有的认为它基本上属于私人资本主义企业，至少应该说它是体现雇佣劳动关系、带有私人资本主义性质的企业。笔者认为，后一种看法更贴近事实。

从一方面说，我国现有的私营企业如果还能保持在社会主义公有制为主体的社会大环境下存在、发展，必然要受到公有制经济的制约，也要接受社会主义国家的监督、管理，因而决不可以把它等同于资本主义制度下的私人资本主义企业，私营企业主更不是通常意义上的资本

---

① 《邓小平文选》第三卷，人民出版社1993年版，第181页。

家。还可以讲,没有非公有制经济的存在、发展,我们就发展不起社会主义市场经济,就建不成有中国特色的社会主义。从另一方面分析,尽管私营企业发生了一些"与时俱进"的变化,但企业内存在的雇佣劳动关系并没有发生根本性改变,虽然现在可以认为作为管理者出现的私营企业主对企业的管理也创造价值,风险投资也应得到回报,但私营企业收益中的大部分无疑还是来源于雇佣劳动并为雇主占有。因而把私营企业看做是体现雇佣劳动关系、带有私人资本主义性质的企业是合适的。在此要进一步说明的是,这点并不因党的"十五大"报告提出"非公有制经济是我国社会主义市场经济的重要组成部分",和把私营企业主等看做是"社会主义事业的建设者"而就改变了。其实,"社会主义市场经济"并非所有制概念,不说非公有制经济是我国社会主义经济的重要组成部分,而只说"非公有制经济是我国社会主义市场经济的重要组成部分",这本身就排除了把非公有制经济也看做是社会主义经济。至于应如何看私营企业主等是"社会主义事业的建设者",不说马克思在《资本论》中曾明确地把小生产者和资本主义企业主区分为劳动者和非劳动者,指出:"私有制的性质,却依这些私人是劳动者还是非劳动者而有所不同。"[1]就是在《中华人民共和国宪法》中,"全体社会主义劳动者、社会主义事业的建设者、拥护社会主义的爱国者"[2]等也是并列的。据笔者的理解,不直接把私营企业主称为社会主义劳动者,正在于私营企业主既是自己企业的经营管理者,同时又是雇工剩余劳动的享有者这一双重身份。以公有制为主体的多种所有制经济长期共同发展,其本身就预示着,作为主体的公有制经济是社会主义经济,作为非主体的非公有制经济不是社会主义经济。社会主义企业是公有制企业,任何私有制企业都不可能是社会主义性质的企业。明白这一点并不需要有多高的学问。

---

[1] 《资本论》第 1 卷,人民出版社 1975 年版,第 829~830 页。
[2] 《中华人民共和国宪法》单行本,人民出版社 2004 年版,第 59 页。

同理，社会主义的按劳分配也只有在公有经济范围内才能实行。如若不然，也就说不上坚持和完善公有制为主体、多种所有制经济共同发展的基本经济制度，坚持按劳分配为主体、多种分配方式的并存了。宋善文先生"按资分配"可以看做是"按劳分配的一种'特殊'形式"的观点，就值得商榷。①

什么是改革的初衷，如何正确认识国有经济的"进"与"退"

为什么要对国有企业进行改革，或者说什么才是中国经济体制和国有企业改革的初衷？这点原本是清楚的，即要实现社会主义与市场经济的有机结合，关键在于转换国有企业的经营机制，从根本上解决国有经济活力不强的问题。在指导思想上，党在改革一开始就明确地把增强企业活力，特别是增强国有企业的活力，作为整个经济体制改革的中心环节。在改革进行中，一方面大力恢复和发展非公有制经济，培育多种所有制并存的所有制结构；另一方面又采取切实措施，转换企业经营机制，以及对国有经济作战略性调整、对国有企业作战略性改组。显然，所有这些，并不等于说增强国有企业活力的改革初衷已经变了。

大家知道，在"左"的指导下，实际是认为，社会主义等于公有制，国有制是公有制的高级形式、集体所有制是公有制的低级形式，低级形式的公有制要向高级形式的公有制过渡；在行动上，是没完没了地搞"穷过渡"，没完没了地割资本主义"尾巴"，搞了一个纯而又纯的社会主义。这完全是脱离了我国还处于社会主义初级阶段的基本国情，自然也不会有好效果。

照直说，改革开放前的我国国有经济，的确是存在一个涉及面过

---

① 宋善文：《区别两类不同性质的收入差距》，《现代经济探讨》2010年第3期，第20页。

宽、战线过长,即不该是国有的也实行了国有的问题;在改革中对国有经济作战略性调整,对国有企业作战略性改组,正是治本之策。但这并非如一些人所倡导的那样,国有经济要全面退出竞争。针对一些人所鼓吹的国有经济"全面退出论",笔者曾撰写专文阐述了个人看法①,不在此重复。国有经济"全面退出论"在理论上站不住,在实践上更是不可行的。令人欣慰的是,我国的改革并未被这种似是而非的流行观点所左右,对国有经济的战略性调整和对国有企业的战略性改组,总体说是成功的。

事实上,并非国有经济退出越多越好。例如,笔者并不认为国有企业不可以涉足房地产业。又如,比房价居高不下更严重的是百姓的吃饭问题,必须未雨绸缪。在无大灾的情况下粮价已在不断上涨,业内人士普遍认为粮价上涨还会继续。现在已有不少人在议论:一风吹地关掉国有粮店是否有些过头,如能在大城市新建一些综合性的国有制大粮店,就不仅能更好地保证粮食供应,而且抑制粮价过快上涨也有了抓手。这点决策层不可以掉以轻心。

如何正确认识和发展集体经济

现在,我国农村、城市中存在的各种形式的合作经济,都被认为是社会主义劳动群众集体所有制经济。但在概念上,什么是合作经济又模糊不清。一般认为,合作经济系指合作制经济或合作社经济。也有人认为,合作经济还指包含多种所有制成分在内的联合经济。在改革前直至改革开始后的很长一段时期内,社会主义劳动群众集体所有制经济被定义为"部分劳动群众或一定范围的群众共同占有生产资料的

---

① 求是杂志社主办《内部文稿》1999年第16期,发表了笔者的《国有经济"全面退出论"质疑》;《光明日报》1999年9月24日以"笔谈"的形式,发表了笔者的《"有进有退"并非"全面退出竞争"》。

一种公有制形式"，在农村中分社(乡)所有、大队(村)所有和生产队(村民小组)所有，在城市又分为大集体(区、局办以上)和小集体(街道办以下)。如今，除了在江苏华西村和河南南街村还保留着为村民集体所有的集体所有制经济外，无论是在农村还是在城市，长期以来为人们所熟悉的劳动群众集体所有制经济，早已是江河日下了。

在我国，土生土长的集体所有制经济曾被誉为是我党对科学社会主义的新发展，邓小平同志更把乡镇集体企业的异军突起，看做是突然冒出这样一个效果，是中国农民的一个伟大创造！集体经济曾创造出几十年的辉煌。据统计资料：在1978年的全国工业总产值构成中，集体工业占到22.2%，1997年更上升为40.5%；在1978年的国内生产总值中，集体经济占43%，1996年仍占到35.2%。江苏省更是一个集体经济占绝对优势的省份，在1978年全省全部工业产值中，全民工业占61.46%，集体工业占38.54%。在乡镇集体工业发展最红火时，江苏乡镇工业号称"三分天下有其二"。在1997年全省全部工业总产值中，乡以上集体工业加上村办工业，占52.7%，国有工业占17.65%。[①]我国最基本的国情是社会生产力发展水平总体上还比较低，且不平衡，在这种情况下国有经济占比重过高肯定是不合适的。然而，是否可以认为，凡是适于非公有制经济发展的地方都适于发展集体经济；甚至有些不适于非公有制经济发展的地方也适于发展集体经济呢？这一点很值得深思。

原设想随着我国所有制结构调整，国有经济占比势必要有较大降低，但集体经济会跟上来，仍能保住公有制经济的主体地位。没想到对集体企业的改革却来了个一风吹，就是一些经营很好的所谓"大集体"企业，也一窝蜂地改制成私营企业和私人控股的股份制企业，造成公有

---

① 以上和下文数据转引自：齐桂珍主编《中国所有制改革20年》，中国古籍出版社1998年版；李富阁主编《江苏经济50年》，江苏人民出版社1999年版；宋林飞主编《蓝皮书：2000江苏经济社会形势分析与预测》，江苏人民出版社2000年版。

资产大量流失。在1978年江苏全部工业产值中,城镇集体工业占20.05%,1997年仅占0.98%。乡镇企业中能称得上集体的也早已是凤毛麟角。粗略地说,在当今江苏经济总量中,国集经济、个私经济、外资经济应是各占三分之一。① 由于改革中否定了原有定义的集体经济,被称为合作经济的新型集体经济又未成长起来,致使借集体经济大发展保住公有制主体地位的预想成为不可能。

如上所述,我国社会主义经济制度的基础是生产资料的社会主义公有制。积极发展作为社会主义公有制经济不可缺少部分的劳动群众集体所有制经济,是写入《中华人民共和国宪法》的。特别是在党的"十五大"政治报告中,更特别强调:"要支持、鼓励和帮助城乡多种形式集体经济的发展,这对发挥公有制经济的主体作用意义重大。"话完全可以这么说,没有集体经济的大发展,公有制经济的主体地位就维持不住,全国人民的共同富裕就将成为泡影。回过头来看,发展集体所有制经济是讲得多、做得少;如果能拿出发展非公有制经济一半的劲头来发展集体经济,集体经济也不至于是今天这种局面。不解决公有制主体地位问题,我们将成为历史的罪人。

(原载《现代经济探讨》2010年第6期,人大复印报刊资料《社会主义经济理论与实践》2010年第9期全文复印)

---

① 在现行统计分类中股份制经济占了很大比例,又看不出各股份的所有制性质,因此只能估计,但同实际不会相差太远。

理论上的重大创新

江泽民总书记《在庆祝中国共产党成立八十周年大会上的讲话》（以下简称《讲话》），确是一篇马克思主义的纲领性文献。读江泽民总书记的这个《讲话》，令人精神振奋。我感受最深的是，《讲话》，对马克思列宁主义、毛泽东思想、邓小平理论既有继承又有发展，既有坚持、又有创新。这在讲话中的一系列新思想、新观点中得到充分体现。在此就来谈谈我初步学习的点滴体会。

坚持、发展了党的建设理论

"三个代表"是贯穿讲话始终的主题和灵魂。《讲话》全面阐述的"三个代表"重要思想本身，就是对马克思列宁主义、毛泽东思想、邓小平理论的既有继承又有发展。《讲话》强调我们党要坚持中国工人阶级的先锋队性质，始终保持党的先进性，这正是坚持了马克思主义政党的阶级性、先进性理论。《讲话》同时又阐明，要根据经济发展和社会进步的实际，不断增强党的阶级基础和扩大党的群众基础，不断提高党的社会影响力；《讲话》分析了工人阶级的新特点和社会阶层结构的新变化，明确把八种人员归于"中国特色社会主义事业的建设者"，明确起吸收新党员应掌握的标准；《讲话》提出要按照总揽全局、协调各方的原则，改进党的领导体制和工作方式，健全党的工作机制等等，又都是理论创新的成果。这亦是《讲话》最伟大的理论创新。从而，使党建问题上的一些思想混乱，如认为应把我们党建成劳动者的党，甚至提出应把个体私营企业经营者看做中国先进生产力的代表,或把私营企业经营者等同于资本主义社会的资本家等等,得以澄清。

坚持、发展了我们党关于社会主义改革的理论

《讲话》在深刻阐述"我们党要始终代表中国先进生产力的发展要求"的科学内涵时,特别指出:"生产力是最活跃最革命的因素,是社会发展的最终决定力量。生产力与生产关系、经济基础与上层建筑的矛盾,构成社会的基本矛盾。这个基本矛盾的运动,决定着社会性质的变化和社会经济政治文化的发展方向。社会主义与资本主义的根本区别,就在于它们的生产关系和上层建筑是不同的。"《讲话》又指出:"无论什么样的生产关系和上层建筑,都要随着生产力的发展而发展。如果它们不能适应生产力的发展要求,而成为生产力发展和社会进步的障碍,那就必然要发生调整和变革。"因此,"在社会主义社会的各个历史阶段,都需要根据经济社会发展的要求,适时地通过改革不断推进社会主义制度自我完善和发展,这样才能使社会主义制度充满生机和活力"。这样认识社会主义改革,特别是明确提出改革是伴随社会主义各个阶段的任务,又正是对我党关于社会主义改革理论的丰富和发展。以往,我党虽然已明确提出,我们所进行的改革就是在坚持社会主义基本制度的前提下,改革生产关系同生产力、上层建筑同经济基础之间不相适应的方面和环节,但明确地用马克思主义关于社会基本矛盾的理论来指导社会主义的改革实践,在马克思主义的纲领性文献中,这还是第一次。这同时也向世人宣布:中国决不搞私有化和西方多党制,因为它完全不适合中国的基本国情。

深刻论述了党的最低纲领和最高纲领的统一

《讲话》强调我们党"是最低纲领与最高纲领的统一论者",这是历史唯物主义的基本观点在当代的发展,具有深远的指导意义。我们已

进入了全面建设小康社会、加快推进社会主义现代化的新的发展阶段。到本世纪中叶基本实现社会主义现代化是我们的既定奋斗目标。而党的最高纲领则是在社会主义社会充分发展和高度发达的基础上实现共产主义。这样明确地讲党的最低纲领和最高纲领的统一,在马克思主义文献中是第一次;明确提出"实现共产主义是一个非常漫长的历史过程。过去,我们对这个问题的认识比较肤浅、简单。……我们对社会未来发展的方向可以作出科学上的预见,但未来的事情具体如何发展,应该由未来的实践去回答",这更是第一次。《讲话》进一步提出:"我国现在处于并将长期处于社会主义初级阶段。社会主义初级阶段,是整个建设有中国特色社会主义的很长历史过程中的初始阶段。"长时间以来,对于有中国特色社会主义涵有两种认识:一是特指处于初级阶段的社会主义;二是泛指中国所走的整个社会主义道路。《讲话》明确提出"社会主义初级阶段,是整个建设有中国特色社会主义的很长历史过程中的初始阶段",从而使对这一问题的认识得以明确,也加深了邓小平理论的普遍、长远意义。

把促进人的全面发展看做是马克思主义关于建设社会主义新社会的本质要求

《讲话》指出,共产主义社会将是物质财富极大丰富,人民精神境界极大提高,每个人自由而全面发展的社会。我们建设有中国特色社会主义的各项事业,我们进行的一切工作,既要着眼于人民现实的物质文化需要,同时又要着眼于促进人民素质的提高,也就是要努力促进人的全面发展。这是马克思主义关于建设社会主义新社会的本质要求。我们要在发展社会主义社会物质文明和精神文明的基础上,不断推进人的全面发展。社会生产力和经济文化的发展水平是逐步提高、永无止境的历史过程,人的全面发展程度也是逐步提高、永无止境的历史过程。这两个历史过程应相互结合、相互促进地向前发展。在党的文献中,把促进人的全面发展提到这样的高度认识,也是第一次。

提出要深化认识社会主义社会劳动和劳动价值理论

《讲话》提出：马克思主义经典作家关于资本主义社会的劳动和劳动价值理论，揭示了当时资本主义生产方式的运行特点和基本矛盾。现在，我们发展社会主义市场经济与马克思主义创始人当时所面对和研究的情况有很大不同。我们应结合新的实际，深化对社会主义社会劳动和劳动价值理论的研究和认识。不应简单地把有没有财产、有多少财产当作判断人们政治上先进与落后的标准。这个论述，为进一步创新和发展马克思主义的劳动价值论提供了新的理论支撑。

（原载《现代经济探讨》2001年第8期）

第二编

中国经济体制改革和发展研究

"多层次社会主义公有制"探析

在我国理论界,薛暮桥同志于1986年初首先提出,可否考虑把以国家所有制和集体所有制为划分标准的社会主义公有制,改变为以中央、地方(省、市、县)、乡村为划分标准的多层次、多种管理形式的社会主义公有制。紧接其后,笔者在《企业横向经济联合和所有制关系改革》一文中,首先使用了"多层次社会主义公有制"这一概念。并指出:"这个设想是受薛暮桥同志'多层次、多种管理形式的社会主义公有制'思想启发而提出来的,但又不是像他那样立足于改革使两种公有制'在经营方式上的巨大差别一部分将消失',而是从所有制形式本身进行根本性的变革。如果这一点能够成立,'两种社会主义公有制形式长期并存的理论'就会为另一种全新的社会主义公有制理论所代替。"[①]时至今日,我仍然认为,多层次社会主义公有制作为深化企业改革的思路之一,仍不失其积极的意义。其依据如下:

一、社会主义制度本来就是在自身基础上不断发展和完善的制度,所谓"社会主义全民所有制和社会主义劳动群众集体所有制将长期共同存在"并不是也不应该是社会主义公有制的固定模式

党的十一届六中全会通过的《关于建国以来党的若干历史问题的决议》认为:"社会主义生产关系的发展并不存在一套固定的模式,我们的任务是要根据我国生产力发展的要求,在每一阶段上创造出与之相

---

① 《江苏经济探讨》1986年增刊。

适应和便于继续前进的生产关系的具体形式。"

　　为说明这一问题,且简要回顾一下马克思主义关于社会主义公有制的理论和社会主义的实践过程。按照大多数同志的看法,依据马克思在《资本论》中设想的那个有名的"自由人联合体"和在《哥达纲领批判》等光辉著作中对作为共产主义社会第一阶段的社会主义社会的基本经济特征的一系列论述,有理由说,尽管马、恩的确设想过,在向完全的共产主义经济过渡时,我们必须大规模地采用合作社生产作为中间环节,甚至还直接使用过"集体所有制"的字眼,但在他们心目中,取代资本主义旧社会的"未来社会"大致是如下这种样子:1. 由社会直接占有全部生产资料,阶级和阶级差别都已消失。2. 商品生产已被消除,社会生产将按其需求调节,社会生产内部的无政府状态已为有计划的自觉的组织所代替。3. 一切生产部门将由整个社会来管理,也就是说,为了公共的利益按照总的计划在全体成员的参加下来经营,各个地方、部门、企业将不存在自己的特殊利益。4. 所有的人都按照一个共同的计划来工作,每个人的劳动,无论其特殊用途如何,都成为直接的社会劳动。5. 只是受生产力发展的限制,在社会主义社会里,社会还要按照"按劳分配"的原则来分配个人消费品。

　　马、恩逝世后,在列宁的正确领导下,社会主义第一次在经济欠发达的苏联变成现实。马克思主义关于社会主义公有制的理论也在实践中得到进一步丰富。从众所周知的《国家与革命》等著作看,直到十月革命前夕,列宁还是以马、恩所设想的模式来实践社会主义的,同时,这点从十月革命胜利后采取的宣布土地国有、变资本主义私有制为社会主义全民所有制等措施和一系列被称为"战时共产主义"的具体政策中不难得到佐证。然而,从战时共产主义向新经济政策的转变,标志着列宁对活生生的社会主义有了新认识。表现在所有制问题上,有两点尤为突出:一是对"国家资本主义"作了充分肯定;二是明确地提出,在生产资料公有制的条件下,在无产级级对资产级级取得了阶级胜利的条件下,文明的合作社工作者的制度就是社会主义制度。我们不难看出,当时的列宁已不认为马、恩所设想的整个生产资料的全社会直接占有是社会主义公有制的"固定模式",同样,他也没有把另外的什么"模式"留给后人。后来,苏联在斯大林领导下实现了社会主义工业化和农业集体化,并把社会主义公有制明确为全民所有制和土地、基本生产工具为全民财产的集体农庄所有制。于是,这两种社会主义公有制也就成了马克思主义关于社会主义公有制理论的唯一模式。

苏联的这种社会主义公有制模式,给了继苏联之后走上社会主义道路的我国以决定性的影响。尽管在生产资料私有制的社会主义改造的方法步骤上,我党对马克思主义关于社会主义公有制的理论,不乏创造性地运用和发展,但总的说还是向"老大哥"学的,并没超出社会主义公有制为全民所有制和集体所有制两种最基本形式的模式。当然,几十年来我们对这两种基本形式的认识也是有反复的。党的十一届三中全会前,在"大跃进"时期,特别是在十年动乱期间,占主导的是抬全民,贬集体;粉碎"四人帮"后,理论上进行了拨乱反正,一个很大的转变,就是确认了全民所有制经济和集体所有制经济各自在自己适应的范围内有其优越性,这两种社会主义公有制的基本形式将长期同时存在下去。然而,正像如下的分析将证明的,从苏联搬来的这一社会主义公有制的"固定模式",并不适合我国的国情。

二、由两种社会主义公有制转换成"多层次社会主义公有制",更能适合我国生产力的现实水平和进一步发展的客观要求

我国社会生产力发展有两个最突出的特点:一是总的说来发展水平还比较低;二是部门、地区间发展很不平衡。以经济发达的江苏为例,直到"五五"结束,在全省工业总产值中,中央工业的产值还只占7.2%。在乡以上工业总产值中,集体所有制工业占到大头。这个情况客观地反映了生产力发展的多层次性,同时也决定了生产资料社会主义公有制的多层次性,并且还要有非公有制经济成分的补充。我认为,社会主义制度是在自身基础上不断发展和完善的制度,这就决定了生产关系一定要适合生产力发展的这一规律的作用不仅表现为旧生产关系的灭亡,而且存在于新生产关系产生、发展的全过程之中。三十年中经济反复的重要原因之一,就是我们违背了这一客观规律,忽视了我国生产力水平不高和地区间的不平衡性这个客观事实,人为地扩大了全民所有制经济的范围和硬性地提高了某些生产资料的公有化程度,不适当地追求了社会主义生产关系的"一大二公三纯"。因此我们可以说,旧体制所以要改革,不仅在于它把全民所有同国家直接经营企业混为一谈,而且在于它不顾我国生产力的现实水平,把一些不该属于全民所有的企业也扩大为全民企业。而且解决后一个方面的问题要比解决前一个方面的问题更难,也更需要勇气。目前城市推行工商企业承包经营责任制的改革效果并不像农村改革那样理想,其中奥妙正在于农村所改变的远不止经营管理,而城市改革并没有学到其中的精髓。

三、由两种社会主义公有制转换成"多层次社会主义公有制",不仅很好地解决了马克思主义政治经济学（社会主义部分）理论同实际的严重脱节问题,同时也使得现有的被称为"全民所有制"和"集体所有制"的公有制企业变得名副其实

在马克思主义政治经济学教科书中,社会主义全民所有制是社会全体成员共同占有生产资料的公有制形式,是同高度社会化的生产力相适应的一种社会主义公有制,同时,它又必然要采取社会主义国家所有制的形式;而集体所有制经济就是生产资料归一个企业的劳动群众集体所有的经济。然而,这种至今还充斥着大学讲堂的理论说教同我国社会主义公有制的现实相距甚远。

就全民所有制经济说,至少有这样几个问题值得探讨:1. 拿"同高度社会化的生产力相适应"这把尺子衡量,一个相当的部分并不相符。2. 从理论上讲生产资料要由一个社会中心——国家掌握,实际还是有中央企业和地方企业之分;名义上是全民所有制,实际上却带有浓厚的部门、地区色彩,也可以说在很大程度上是部门、地区所有制。3. 最根本的问题还在于我国全民企业资产构成的多层次性,一是原官僚资本,二是原民族资本（这两部分早已面目全非）,三是中央投资的,四是地方（省、市、县）投资的,五是由原集体企业上升的。理论的概括显然与之不相适应。

而把集体所有制经济简单地说成是"生产资料归一个企业的劳动

群众集体所有的经济",在现实生活中更是找不出任何根据。从投资来源看,我国城镇集体所有制企业的资产构成大多为以下几部分:1. 联社资金;2. 国家的投资;3. 减免税和税前还贷形成的企业资产;4. 企业积累即企业自有资金。除最后一部分能否视作职工集体所有可进一步搞清楚外(因存在一个如何对待全民企业职工的问题),可以说,一些城镇集体(主要指大集体)企业的资产所有权实际应是地方和国家的。在现实生活中,大集体企业同全民企业也并无明显差别。例如名闻中外的苏州长城电器集团公司、苏州香雪海电器公司、常州金狮自行车(集团)股份有限公司、南通脱脂纱布集团等的主体厂都是集体所有制企业,但不论是对地方来说,还是对这些厂的职工来说,谁都不会认为企业资产是企业职工集体的。其中金狮集团主体厂——常州自行车总厂,其固定资产资金来源有四大块:联社资金1067万元,外贸部投资1050万元,银行贷款形成2000万元,自有资金(大部分得益于减免税)1180万元。是继续自以为是地把这类企业称之为"生产资料归一个企业的劳动群众集体所有"的"集体所有制",还是按投资来源把企业资产的所有权理理清楚,实际上是不难回答的。另外,如果硬是把城镇集体经济纳入"生产资料归一个企业的劳动群众集体所有",还存在这样的问题:1. 从实际看,现被称为"集体所有制经济"的经济同社会化程度较高的生产力显然也是适应的,如照政治经济学教科书上讲的那一套去改,那么,"一个企业的劳动群众占有生产资料和产品"又怎容得下社会化程度很高的生产力呢?斯大林首创集体农庄所有制同全民所有制在一定时期内并存,即使存在着土地和基本生产工具都已是全民的财产这样的条件,也没能解决集体农庄如何向全社会直接占有过渡的问题。如照教科书上讲的去做,以后对于"归一个企业的劳动群众所有的"生产资料将如何处理?是"没收"还是"赎买"? 2. 从完善承包制说,承包一方为经营者,发包一方应为资产的所有者,既然企业的生产资料是企业职工集体的,那又何必向企业主管部门承包呢?而事实上现在集体企业推行承包制都是向企业主管部门承包,这说明上上下下早已把这类企业视做地方所有了。

四、由两种社会主义公有制转换成"多层次社会主义公有制"将从根本上打破"地方与地方的大锅饭",更加有利于调动中央和地方两个积极性

我已几次提出,在我们国家,"大锅饭"不是两个而是三个。同"地方吃地方的大锅饭"相比,"职工吃企业的大锅饭"和"企业吃国家的大锅饭"不过是"小巫见大巫"。然而,这个最大的"大锅饭"至今并没有真正被触动。

这里所讲的"地方吃地方的大锅饭",既是指众所周知的存在于各省、市、区之间的财政收支情况,也包括省内各市、县间的"刮富济贫"。在现实生活中确实存在着这样一些现象:对国家贡献大的地方需要向穷地方借钱以度日,贡献小的地方反能享受比贡献大的地方更高的工资、福利待遇,以争"贫困县"为目标的奇闻也屡见不鲜。如果说在一个企业内部、在企业与企业之间存在着"鞭打快牛"的情况,地方与地方之间何尝又不是更为严重地存在着这一现象呢?导致这一不合理现象的根源正在于实际上存在着的全民所有制"大一统"。

多层次社会主义公有制的一个实质性改变,就在于可以在国家和地方、地方和地方之间分清责、权、利。这对进一步调动中央和各级地方的积极性都是有益的。对国家(中央)说,可以集中力量把地方无力举办的事办好,将不再是管不过来硬管,包不下来硬包。对各级地方说,企业的所有权已明确,也不用再担心企业办好了、扩大了会"升级",谁办的企业多,谁得到的利润就多。同时,只要地方真正有了积极性,在对经济的中观调控中还可发挥出更大作用。

五、由两种社会主义公有制转换成"多层次社会主义公有制",也是深化企业改革的必由之路

回顾走过的路程,应该说全民企业改革的目标一开始就是明确的。这就是:针对政企职责不分、企业事实上成了政府行政机构附属物的状况,改革的目标正在于,要使企业真正成为相对独立的经济实体,成为自主经营、自负盈亏的社会主义商品生产者和经营者,具有自我改造和自我发展的能力,成为具有一定权利和义务的法人。用一句不甚贴切的话概括之,也就是从现有单个企业出发,文章做在两权分开,最后再回到单个企业中去。按照这一思路,规定发展企业间的横向经济联合必须在不改变企业所有制形式、不改变隶属关系、不改变财政体制(即所谓"三不变")的情况下进行,并依据两权分开的原则在企业中普遍推行承包责任制,自然是顺理成章,取得的效果也是众所周知的。

然而,改革进行到全面推行企业承包经营责任制,毕竟还有这样一些重大问题没有解决:一是囿于两权分离的改革思路推行的承包制,还不能在更高层次上使得生产资料的占有,更能适合生产力发展的要求。资本主义股份经济如此之发达,两权分离如此之彻底,而其社会基本矛盾却照旧存在,这就是一有力例证。二是无法使得改革后的全民企业符合深化横向联合,特别是组建和发展企业集团的要求。横向经济联合的蓬勃发展,特别是具有中国特色的企业集团的大量产生,无疑是件影响深远的大事。然而,由于前面提到的"三不变"原则还没被真正打破,加之层层的财政包干和层层的承包经营,企业集团至今还是"十个里头九个空",深层次的横向经济联合已很难发展下去。可以说,社会化、现代化大生产对企业集团统一经营、统一管理的要求,同"三不变"所维持的旧格局已是一对尖锐矛盾。要么,跳出单个企业的圈子,打破"三不变"的束缚,为企业按照内在经济技术联系,在更大范围内实现生产要素的优化组合和资源合理配置,为促使企业集团跨部门、跨地区发展创造条件;要么,固守承包制和"三不变"格局,或者至多只能在同一个地区、部门内部做点变通,从而使得企业集团长期地"空"下去并染上浓厚的部门、地区色彩。此问题不管怎样都已回避不了。三是无法实现经济结构的合理调整。既然我们所进行的是社会主义社会化大生产,那就当然要在改革中解决好社会化大生产的组织形式问题。实际情况是,在条块分割的旧体制下,我们不仅搞了许多重复布点、重复引进,而且把企业办成了"大而全"和"小而全",造成了严重的结构性失调,产业结构、产品结构、技术结构和企业组织结构都很不合理。如果改革进行到推行起承包制止步,依旧是让企业各搞各的自我发展、自我改造和自我积累,可以想象,要达到经济结构的优化其路程将会是漫长的。四是就承包经营责任制本身说,由于产权关系模糊,所以在贯彻执行中并没有很好地解决由谁代表国家的问题。由此可见,由两种公有制转换成"多层次社会主义公有制",应是已有改革的必然延伸。

六、由两种社会主义公有制转换成"多层次社会主义公有制",并没有改变社会主义公有的性质

一些同志之所以对"多层次社会主义公有制"不怎么赞成,主要是出于这样一些考虑:1. 认为这是"化大公为小公",是社会主义公有制关系的后退;2. 认为这将会拉大地区间的差距,使富的更富,穷的更穷;3. 认为这样有可能把全民所有制办成了部门、地区所有制,会加强部门、地区间的封锁、割据。在我看,这些考虑有的是难以成立的,有的担心则是不必要的。

在某种意义上,可以认为搞"多层次社会主义公有制"是"化大公为小公",但决不可以不加分析地归之于"社会主义公有制关系的后退"。如上所说,由两种社会主义公有制转上"多层次社会主义公有制",其要旨是"事实上是谁的,就明确为是谁的",即使原来属于国有的企业调整为地方所有,一般也不应该是无偿的。何况,中央是国家的组成部分,地方也是国家的组成部分,转换成多层次公有制不仅没有改变社会主义公有的性质,而且也没有改变国有的性质,甚至是有所加强。在我国,农村曾从高级社一下子过渡到人民公社所有,后又从公社所有退到大队所有,再由大队所有退回到以生产队所有为基础,改革中又实行起家庭联产承包和发展家庭经济,但却很难认为这是社会主义公有制关系的倒退。

关于有可能拉大地区间的差距问题,在我看这是好事而不是坏事。像我们这样一个幅员广大、发展不平衡的发展中的社会主义大国,要最终达到"共同富裕"的目标,鼓励部分地区先富起来应是不言而喻之事。违背了这个规律,只能是延误目标的实现。至于是否有可能强化地区割据的问题,关键取决于我们的改革能否走向更深层次。所谓地区割据实际上还是地区利益问题,经济的问题还是要靠经济的方法加以解决。例如,国家可以在掌握一批实力雄厚的关系国计民生的大集团的同时,实行对区域性企业集团的控股、参股并颁布一系列相应的政策、法规,积极引导区域间的交流。对于地方来说,一旦地方利益这个长期悬而未决的问题得以明确,在互惠互利基础上的内外开放,就必然成为其自身的需要。封闭就意味着落后,意味着贫穷。

  总之,以上分析说明了,在已有改革基础上把传统的两种基本形式的社会主义公有制转换成"多层次社会主义公有制",是有其充分根据的,或者说已是势在必行。同时,实现这种转换,不仅是必要的,也是完全可能的。当然在这种转换的实施过程中,哪些企业归国家(中央),哪些企业归地方,现有企业资产如何评估以及一些具体的政策问题都还需要充分论证,但也决非难以做到的事情。此类问题拟另作探讨。

  (原载《南京社会科学》1990年第6期。需要说明的是,早在《江苏经济探讨》1986年增刊刊登的《企业横向经济联合和所有制关系改革》一文中,笔者就明确提出了将传统的社会主义全民所有制和劳动群众集体所有制,改革为"多层次社会主义公有制"的构想,因该文是发表在内刊上,未能收入本书)

"多层次社会主义公有制"构想

一、什么是"多层次社会主义公有制"

"多层次社会主义公有制"的基本涵义是：一表明这种生产资料所有制是公有制；二表明这种生产资料公有制是社会主义公有制；三表明这种社会主义公有制事实上是同时存在的从中央到地方、从城市到乡村多层次（不同范围）的公有，是同我国社会主义初级阶段的社会生产力发展状况相适合的、在社会主义初级阶段上实行的公有制。具体也就是：(1) 依据资产形成的不同，对现在被笼统地称之为"全民所有制企业"的资产加以界定，结合企业在国民经济中的重要性等方面的考虑，变"大一统"的"全民所有"为中央所有和省有、市有、县有（如把不是中央投资的企业明确为中央所有，对地方应予以补偿；反之亦然）。(2) 依据同样原则，同时对城镇集体所有制企业，特别是所谓"大集体企业"的资产进行界定，并明确其产权归属。(3) 农村集体所有制经济，包括乡镇企业另议。

二、为何必须将国有制转变为"多层次社会主义公有制"

第一，这正是生产关系一定要适合生产力发展的规律所要求的。

总的来说，我国社会生产力发展水平还是比较低的，且发展很不平衡。而社会主义全民所有制是社会全体成员共同占有生产资料的公有制，是同高度社会化的生产力相适应的一种社会主义公有制。这就决定了我国的社会主义全民所有制即国有制在整个国民经济中不宜占有过大的比重。可以说，我国的全民所有制经济人为地扩大，涉及面过宽、战线过长、布局不合理已是人所共知。如将国有制转变为多层次社会主义公有制,则既坚持了公有制,又解决了全民所有制中那部分不该国有的也国有了的问题。

第二,这也符合我国"大一统"国有资产的实际,并使得社会主义全民所有制变得名副其实。

我国实际存在的是多投资主体和多利益主体,各级地方对所属企业远不只是一个"管理"问题。如把传统国有制转变为多层社会主义公有制,就要同时明确中央资产、地方资产,明确产权所有者和产权代表。从而使我国的全民所有制变得名副其实,并把政府企业(地方企业)从全民企业中分流出去。

第三,必须在理论上肯定全民所有制只是社会主义公有制的形式之一,公有制为主体并不意味着国有制为主体。

(1)决不是公有化程度越高生产关系越先进,而只能是不同形式的社会主义公有制在其适应的范围才具有自己的优越性;(2)在我国,在一个相当长的时期内,只能是各种形式的公有制共同作主体,而不单是国有制为主体;(3)全民所有制有全民所有制的适用范围,它将成为社会主义国民经济的主导。

第四,将国有制转变为多层次社会主义公有制,同时也为对国有企业的股份制改造创造了条件。

从理论说,所有权最大的特点在于带有独占性,只能是单一的主体,不能是多重主体。但照现行股份制试点办法,财产所有权是国家的,国家股由国务院授权的部门或机构,或根据国务院决定,由地方人民政府授权的部门或机构持有并委派股权代表,因为是同一个所有者,所以实际上已失之规范。而由国有制转上多层次社会主义公有制,将国家单一产权主体具体划为中央和地方多元主体,在这个基础上才能建立起规范的股份制。

第五,做出这种改变也有利于改革中利益关系的调整。

地区利益、行业利益(还有企业利益)已是客观存在。依照谁投资、谁受益的原则,把"大一统"的国有制转变为多层次社会主义公有制,可以合理处置各方面的利益关系。另一方面,通过对企业的股份制改组,特别是中央和地方、地方和地方共同新建立企业和所属企业间的相互参股,建立起真正的企业法人制度,从而把中央和各级地方所拥有的资产改造为社会资本的形式存在,符合发展社会主义市场经济的要求。

三、集体所有制企业同样是产权关系模糊

可以讲,被称为"二全民"的我国城镇集体所有制企业的产权关系,同国有资产产权关系一样的模糊,已说不上是本来意义上的集体所有制企业。

城镇集体所有制企业,特别是所谓市、县属"大集体",并不是由企业职工集资兴建(一些老集体企业的股金早已退还)。有不少所谓"城镇大集体企业",实际上就是地方倾全力举办、扶持发展的明星企业,有的已是国家一级企业了。这种集体所有制历来也都一直是被看做地方企业,一切都"参照"全民执行。无论是地方还是这类集体企业的职工,也都不认为企业资产、至少企业的大部分资产是企业职工集体的,所以规定这类企业的财产属于企业职工集体所有是严重脱离实际。在农村集体所有制经济中,乡镇企业同样存在着产权关系模糊不清的情况。

可见,我国社会主义公有制形式上做出改变,有着巨大的理论意义和实践意义。在转上"多层次社会主义公有制"后,在所有制结构上,仍然是多种经济成分并存;在公有制内部,将变为多层次(不同范围)的公有;具体到单个企业,又将是你中有我、我中有你。

四、答疑

第一,做出这种改变会不会削弱中央的集中统一?

转上"多层次社会主义公有制"不仅不会使国家对经济的宏观调控受到削弱,反而能使之更好地实现:(1)"诸侯经济"恰恰是"大一统"国有经济的产物,而不是"多层次社会主义公有制"所致。(2)由传统国有制转上"多层次社会主义公有制",产权关系明确,在这个前提下,国家便可以根据实际需要有重点、有选择地对一些骨干企业控股、参股。特别是,由于有了企业集团的形式,国家正可以通过控制少数重点企业集团,对企业的生产经营活动施加影响,还可以从中获取必要的经济信息,及时调整宏观经济政策。(3)实现对宏观经济的有效调控,应主要

采用经济办法和法律手段。从经济办法的运用说，对中央企业、地方企业以及其他类型企业是一样适用的；从这里讲，国有制转变为"多层次社会主义公有制"，对宏观调控并未改变什么。从法律手段的运用说，由于在传统国有制下中央企业和地方企业是同一个所有者，致使经常产生一些有法不依的问题。国有制转变为"多层次社会主义公有制"，将有助于把中央与地方的关系纳入法制的轨道，这对于建立社会主义市场经济体制说，是不可缺少的一步。（4）从地方说，作为资产的所有者，必然要比在传统国有制下更能关心资产的增值，必然是顺应客观经济规律而不是抗拒规律。

第二，能否简单地认为，转上"多层次社会主义公有制"实际是削弱了集体所有制？

首先，将传统的两种社会主义公有制转变为"多层次社会主义公有制"，集体所有制企业（主要是城镇大集体企业）的部分资产转为地方资产，从这个角度而言，集体所有制经济是被削弱了。

其次，有关"大集体"和乡镇企业。一、将两种公有制转上"多层次社会主义公有制"，从产权说变动较大的是城镇大集体，而大集体本身的产权明晰问题迟早要解决。二、就乡镇企业说，理顺产权关系只能更加有利于增强其活力，而不是相反。再有，"多层次社会主义公有制"有利于重新定义集体所有制。

第三，为什么要提出一个理顺中央和地方的产权关系问题，将有些国有企业明确为地方所有是否就一定把企业管得更死？

为什么要提出一个理顺中央和地方产权关系的问题？因为这一问题原先就是存在的，并且，要建立社会主义市场经济新体制无可回避。这不仅表现在，同是国有企业原本就存在着"国营"和"地方国营"之分；而且表现在，地方事实上已成为自己所属国有企业的所有者了，转上"多层次社会主义公有制"，不过是让这种客观事实合理化而已。当然，也没有理由认为，地方拥有了所有权一定会将企业管得更死。

（原载《经济学消息报》1993年12月16日）

论社会主义所有制的改革

所有制是生产关系的基础,公有制是社会主义生产关系的基础。由传统的计划经济体制转变为社会主义市场经济体制,最大、最难的课题正在于所有制的改革,包括构建优化的所有制结构和造就社会主义公有制与市场经济有机结合的微观实现形式。我以为,我国的改革,特别是作为改革中心环节的国有企业的改革,在走过一段不短的路程后之所以很难再深入下去,在很大程度上应归之于僵化的传统公有制观念仍在顽强地发生着作用。这就提出了一个在邓小平同志建设有中国特色社会主义理论指导下,进一步创新公有制观念的问题。现就环绕这一问题谈点个人的看法,以期引起更深入的研究。

一

在人类历史上,是先有无产阶级的革命导师创立起科学社会主义理论,尔后才在其指引下创建起社会主义制度。在一个相当长时间内,由于人们对科学社会主义还只能从马克思主义的"本本"和一些率先走上社会主义道路的国家在"本本"指导下的实践来认识,从而在世人的头脑中形成了一整套的社会主义固有观念,其中,传统社会主义公有制观念又成为其核心。党的十一届三中全会以来,在邓小平同志建设有中国特色社会主义理论指导下,我国人民开始了在中国这块大地上创建有中国特色社会主义的全新的实践,对科学社会主义的认识也在逐步深入。一些传统观念已经和正在被打破。就传统公有制观念来说,已初步实现以下10个方面的转变：

1. 从认为社会主义生产关系应是"一大二公三纯"到确信在社会主义初级阶段上，还必须以公有制为主体的多种经济成分长期共同发展。

在我国，长时间存在着一个根深蒂固的传统观念，就是把社会主义与公有制划等号，认为公有制和非公有制在根本上是对立的，水火不能相容。按照马克思主义的"本本"，就是连雇短工都不能允许。其次，又认为公有化程度愈高生产关系愈先进，公有制生产单位愈大愈优越。从而盲目追求社会主义生产关系的"一大二公三纯"，不顾客观条件搞"穷过渡"（小集体过渡到大集体，大集体过渡到全民）。到1978年党的十一届三中全会召开，在我国已是公有制经济的一统天下，社会主义经济事实上搞成了"官营经济"。

十一届三中全会重新确立的党的实事求是的思想路线，解放了人们的思想。社会主义初级阶段理论，生产力决定生产关系的规律，我国生产力发展的实际状况，任何社会都不是存在一种经济成分以及在我国资本主义的尾巴生了割、割了又生的史实，都促使人们得出这样一个结论：各种所有制、各种公有制都是各有其强点和弱点，都只能在自己适应的范围才谈得上优越性，盲目追求社会主义生产关系的"一大二公三纯"和搞"穷过渡"，只能把社会主义葬送掉。从而为变公有制的一统天下为以公有制为主体的多种所有制经济并存的所有制结构找到充分根据。经过十多年的改革和发展，以公有制为主体的多种经济成分共同发展的格局已初步形成。

2. 从认为国有制是公有制的高级形式，社会主义国民经济必须以国有经济为主体、主导，到确认在多元化的所有制结构中，必然是以公有制为主体、国有制为主导。

说起社会主义公有制，另一个根深蒂固的传统观念是又把社会主义与全民所有制即国有制划等号。认为社会占有生产资料，国家垄断财产，才能造福全民。正统的马克思主义政治经济学也一直把国有制视为公有制的高级形式和社会主义的标志。是否是公有化程度愈高生产关系愈先进呢？这点在上文中已初步做过分析，这里还要补充两点：（1）如恩格斯所讲："只有在生产资料或交通手段真正发展到不适于由股份公司来管理，因而国有化在经济上已成为不可避免的情况下，国有化……才意味着经济上的进步。"①即是说，不是想国有化就可以国有化。（2）从人类历史发展看，自从国家产生就出现了国有制，凡存在国家的地方都有国有制，只是所占比例不同。即是说，国有制并非社会主义的专利。因而，在我国社会主义发展现阶段上，正确的提法应是"以公有制为主体、国有制为主导"。这里有个问题，就是国有制经济在数量上不占优势，是否还能发挥其主导作用呢？江泽民同志在上海、长春召开的企业座谈会上的讲话中明确回答说："国有经济只要在国民经济重要和关键的行业、领域中占据支配地位，国有经济就会发挥主导作用。"从而进一步解除了传统公有制观念对人们的束缚。

3. 从认为社会主义公有制建立后，就主要剩下一个调整人与人之间的关系问题，到明确社会主义公有制建立后还要靠改革不断完善和发展，还要通过改革来进一步解放生产力。

长时间以来，人们还受到这样的传统公有制观念的束缚，认为建立起以公有制为基础的社会主义制度，就"理所当然"地解决了生产关系适合生产力发展的问题，所剩下的主要是人与人之间关系的调整。谁要讲改革公有制谁就是离经叛道。邓小平同志深刻地指出："革命是解放生产力，改革也是解放生产力。……过去，只讲在社会主义条件下发展生产力，没有讲还要通过改革解放生产力，不完全。应该把解放生产力和发展生产力两个讲全了。"②邓小平同志的这一精辟论述，特别是他对社会主义的本质的未被认识方面的深刻揭示和总结性概括，即"社会主义的本质，是解放生产力，发展生产力，消灭剥削，消除两极分化，

---

① 《马克思恩格斯选集》第三卷，人民出版社1972年版，第435页。
② 《邓小平文选》第三卷，人民出版社1993年版，第370页。

最终达到共同富裕"①,把我们从多年来对社会主义认识的误区中引导出来了。

4. 从认为公有制与商品经济、市场经济不容,社会主义只能实行计划经济,到确认社会主义经济是有计划商品经济,在公有制下也可以搞市场经济。

传统的公有制观念认为,商品经济和市场经济是资本主义特有的东西,计划经济才是社会主义的基本特征。也就是通常所讲的把商品经济、市场经济与资本主义划等号,把计划经济与社会主义划等号,并提出一个"社会主义等于公有制加按劳分配再加计划经济"的公式。十二届三中全会《决定》明确提出,社会主义经济是公有制基础上的有计划商品经济,首先在商品经济问题上求得了突破。邓小平同志在南方重要谈话中进一步提出,计划经济不等于社会主义,资本主义也有计划;市场经济不等于资本主义,社会主义也有市场。计划和市场都是经济手段。计划多一点还是市场多一点,不是社会主义与资本主义的本质区别。这个精辟论断,从根本上解除了把计划经济和市场经济看做属于社会基本制度范畴的思想束缚。从而为"十四大"明确地把我国经济体制改革的目标确定为"建立社会主义市场经济体制"提供了直接依据。现在人们看得更清楚了,市场经济作为一种资源配置方式,与所有制性质无直接关系,有直接关系的是所有制的具体实现形式。这也是我国改革的难点所在。

5. 从认为股份经济带有资本主义性质,到确信股份经济也可以为社会主义所用。

传统的公有制观念还认为,股份经济是资本社会化的存在形式,是资本主义特有的东西。因而,既要坚持公有制就不能搞股份制。事实上,股份制并不是一种独立经济形态,它的性质取决于控股者性质。或者说,股份制还仅是所有制的一种外在表现形式,是企业财产的一种具体组织形式。它既不姓"资",也不姓"社",而是中性的。这一问题上的

---

① 《邓小平文选》第三卷,人民出版社 1993 年版,第 373 页。

争论直到党的"十三大"明确提出"改革中出现的股份制形式,包括国家控股和部门、地区、企业间参股以及个人入股,是社会主义企业财产的一种组织方式,可以继续试行",才得以平息。十四届三中全会《决定》明确地把建立现代企业制度作为公有制企业的改革方向,所说的建立现代企业制度也就是要转上股份制。

6. 从认为地方只是对所属企业实行"分级管理",到确认国有资产的所有权与产权可以分开。

在中央与地方关系上,我国国有资产一直是在中央统一领导下实行地方分级管理的体制,地方对所属企业只是一个"管理"的问题。随着改革的深入,这一根深蒂固的传统公有制观念也开始被打破。现在的提法是,国有资产所有权是统一的不可分割的,但这并不意味着不可以把国有资产的所有权与产权分开。同原体制下的"分级管理"相比,这是一大进步。

7. 从认为对国有企业只能实行国有国营,到确认必须实现所有权同经营权的适当分离,再到建立现代企业制度;从不承认企业有独立利益,到承认企业有独立利益。

在国家与企业关系上,传统的公有制观念把全民所有同国家机构直接经营企业混为一谈,认为对国有企业只能实行国有国营,企业完全成了政府行政机构的附属物。先是认识到所有权同经营权可以适当分开,并按照这一认识在国有企业中普遍推行起承包制;后来又转上企业制度的创新,即转上进行建立现代企业制度的试点,以使企业真正成为独立的商品生产者和经营者。传统的公有制观念不承认企业有自己独立的经济利益,随着承包制的推行,在国有企业中建立起利润留成制度,企业开始有了自有资金。

8. 从把集体经济视为同手工操作和半机械生产相适应的公有制的低级形式,到明确地把集体经济看做社会主义公有制经济的重要组成部分,并不再在全民和集体之间比高论低。

9. 从认为只存在全民所有制和集体所有制这两种社会主义公有制的基本形式,到确认公有制经济本身也有多种形式。

10. 从认为不能对公有制企业实行兼并、破产，到确认也可以对公有制企业实行兼并、破产，并采取措施推动公有资产的流动、重组。

二

上述传统公有制观念的被打破，无疑是改革取得的重大成果之一。对这些已为实践证明是正确的认识必须充分肯定。但另一方面也必须看到，改革还有待于深化，社会主义本身也还在实践，造就公有制与市场经济有机结合的微观实现形式的历史任务还远未完成。即是说，还必须坚持公有制观念的进一步的创新。

从传统公有制观念创新角度看，我以为尤其应注重研究如下 6 个方面的问题：

1. 成为社会主义根本标志的是国有制还是公有制？如何看待非公有制经济是社会主义公有制经济的"补充"？优化的所有制结构应如何建立？

我以为，改革进行到今天，人们在许多问题上进行争论都涉及上述这样一个最根本问题，而这一根本性问题又要依靠进一步地创新公有制观念来解决。

究竟是公有制是社会主义的标志，还是国有制才是社会主义的标志，这一问题的确值得花些气力真正搞清楚。本来，国有制并非社会主义的专利，各种所有制，各种公有制，都只有在自己适应的范围才具有优越性，这一问题已经解决了。问题出在有人至今对国有制仍是情有独钟，而看国有制以外的其他形式的公有制，又带有一定的偏见。不能忘记我国还处于社会主义的初级阶段，在这个阶段上，发展空间更大的是非国有的公有制经济而不是国有经济。存在这种情况一点没有使我们的社会主义制度逊色。事实上，成为社会主义根本标志的，是包括国有制经济在内的各种形式的公有制经济所占比重，而不仅仅是国有制经济所占比重。现在就可以肯定地说，要不了多久，在我国公有制经济中，占据数量优势的一定不是国有制，而是国有制以外的其他形式的公有制。也用不着担心非公有制会超过国有制。江泽民同志所强调的，也正在于"坚持公有制的主体地位，是社会主义的一条根本原则，也是我国社会主义市场经济的基本标志"[①]。而不是讲，坚持国有经济的主体地位才是社会主义的一条根本原则和我国社会主义市场经济的基本标志。上文中已指出，江泽民同志还明确地提出过，国有经济只要在国民经济主要和关键的行业、领域中占据支配地位，国有经济就会发挥主导作用。在我看来，江泽民同志的这一极重要思想，并未为一些同志正确认识，这同邓小平同志很早就提出社会主义也可以搞市场经济，而一时不为一些同志所理解的情况，很有些相似。而这恰是进一步创新社会主义公有制观念所必须解决好的一个极重要问题。

如何看非公有制经济是社会主义公有制经济的"补充"？这也是一个很实际的问题。我以为，所谓"补充"者，只在于不能是"主体"，决不能再把它们当作社会主义的异物看待，少了它们我们的社会主义就建不成。一些地方条件差不多，非公有制经济的发展却是有的慢、有的快，其主要的差距也正在思想观念上的差距。

在以公有制为主体、多种经济成分并存的所有制结构中，的确是存在一个公有制与非公有制量的比例关系问题。什么样的比例才是最优？这种最优的比例关系又如何形成？是处处对非公有制经济发展设禁区，对非公有制发展进行限制，还是创造条件，努力促使各种经济成分展开平等竞争？正确的选择只能是后者。在市场经济条件下，各市场竞争主体的关系本来也应是平等竞争关系。我们既然选择了公有制，那就首先要相信公有制并不惧怕竞争。

2. 是继续维持"官营"，还是要转向"民营"？

适合我国社会主义市场经济发展需要的国有资产管理新体制应是怎样的？至今依然悬而未决。在此，不说三个层次的国有资产管理体制是否是最佳选择；也不去争论权威的国有资产管理机构是如何建立，

[①] 江泽民：《正确处理社会主义现代化建设中的若干重大关系》。

只说构建国有资产管理新体制,首先还要解决好指导思想的问题。看来,在三个层次的国有资产管理新体制的架构中,最难的还在作为资产运营机构的中间层。这里不仅有条块在争,而且有条块合起来同大企业、大集团公司争。例如,全国性行业总公司要改组为国家控股公司,其所属大企业、大集团公司也在争取能成为国家授权投资的机构;一些地方把企业主管部门转体为控股公司或企业集团公司,其所属的大企业、大集团公司也在争取能成为投资主体和对紧密层成员企业的国有资产实行控股经营。我以为,建立国有资产管理新体制,所要解决的实质性问题还在于是继续维持"官营",还是要真正转向"民营"。行业垄断和产权关系行政化的倾向必须努力加以防止,更不可把已经下放给企业的经营权再往回收。此外,在探讨中还提出一个要不要变"分级管理"为"分级所有"的问题,这一问题更是关系重大。

3. 是真改制,还是换换牌子?

建立现代企业制度,这个大方向已经定了。问题是我们正在进行的企业改制,是真改,还是假改。现在的实际情况是,一些行业主管部门最感兴趣的是搞转体公司,试点企业的改制也大多是走走过场,不仅国有股占绝大比重,而且董事长、总经理仍要由上级部门委任,换了牌子而机制依旧。按照建立社会主义市场经济新体制的要求,第一,转体公司只能是个别的;第二,国有独资公司亦不可以搞得很多(方向应是控股);第三,多数的竞争性行业的国有大中型企业,一定要改制为产权和所有权多元的混合所有制型的现代公司,以真正由官营转向民营。同时,也并非是国有股份要占到51%以上才能控股。而且改制后的国有企业只能说是国家投资企业,已不能再称"国有企业"了。

4. 城乡集体经济如何定性、定位?

我们一直是认为,社会主义公有制只能以全民所有制和集体所有制为其基本形式。在理论上和国家现行政策规定中,"城镇集体所有制企业是财产属于劳动群众集体所有、实行共同劳动、在分配方式上以按劳分配为主体的社会主义经济组织"。并且,这里所指的"劳动群众集体所有",主要是指"本集体企业的劳动群众集体所有"和"集体企业的联合经济组织范围内的劳动群众集体所有"[1]。乡村集体所有制企业的资产,则"属于举办该企业的乡或者村范围内的全体农民集体所有"[2]。而实际上,市、县(区)属大集体企业是假集体、真地方国营(所谓"二全民"),乡办、村办企业的所有权实为乡有、村有。理论和政策规定明显地不符合实际。改制中如何界定产权已是一个不容回避的问题。国家新近规定,将在全国范围内开展对城镇集体企业的清产核资。在不少地方,已提出如何加强对集体资产保值增值管理的问题(有的成立"公资委",有的挂"国资局"、"集资局"两块牌子)。为企业劳动者集体所有的资产还要由政府管理,来清产核资,这本身就说明这些企业的资产并不为或至少是并不完全为本企业劳动者集体所有。这就提出一个城乡集体经济如何定性、定位的问题。这一问题的解决也关系到公有制观念的进一步创新。

5. 属于企业职工集体所有的资产能否量化到职工个人?

属企业集体所有的资产可不可以量化到职工个人,这已是一个争来争去的老问题了。现在,集体企业从属于集体所有的资产中拿出一块,依据一定标准量化到职工个人作"分红股"或"共享股"(所有权仍是企业集体的,只作分红依据,不能继承,也不能带走),被认为是可以的。按理讲,既然是职工集体所有,只要全体职工同意,就是拿出一块,依据一定标准,量化到职工个人,还可以作进一步研究。此外,在企业改制中遇到的另一个有争议的问题是要不要设"企业股"。现在是集体企业可以,国有企业不可以。这一问题也有待通过更进一步地研究来统一认识。

6. 是要公有资产固化,还是要公有资产流动?

长时间以来,国有企业资产固化(集体企业也一样),多年一贯制,设备烂掉反正是国家的。现在推行公有资产的流动、重组,由于未能对

---

[1] 《中华人民共和国城镇集体所有制企业条例》。
[2] 《中华人民共和国乡村集体所有制企业条例》。

企业资产进行合理评估等原因,公有资产流失严重。然而,究竟是因噎废食,还是要进一步推动公有资产流动,这里也存在一个进一步创新公有制观念的问题。第一,公有资产不流动不等于公有资产不流失;公有资产流动亦不等于公有资产流失。第二,对公有资产既有低估的问题存在、也有高估的问题存在,低估造成流失,高估则交易难成。在此要指出的是,为进行产权交易所进行的资产评估,不同于以资产保全为目的所进行的资产评估,产权的流动不是简单地买卖生产要素,而是对资产收益能力的转让。不看企业资产收益能力,一味坚持按资产原值或重置成本进行交易,将很难进行资产流动。

三

在社会主义所有制和企业改革问题上,最需要探讨也是最难的,依然是如何进一步搞好国有企业的问题。

我以为,必须进一步强化这样几个基本认识:

认识之一,必须坚持公有制的主体地位这一社会主义的根本原则。这主要是由于:

第一,公有制是社会主义生产关系的基础,同时也是我国社会上层建筑的基础。也就是说,社会主义的经济是以公有制为基础的,没了公有制也就没了社会主义。明白了这一点,也就不难明白对坚持以公有制为主体这一条,邓小平同志为何一而再、再而三地强调了又强调。

第二,只有确保公有制的主体地位,才能实行按劳分配的原则,才能防止两极分化,实现共同富裕。现在大家都在讲社会主义要消灭剥削,消除两极分化,最终达到共同富裕。如何才能真正做到这一点呢?首先是发展生产力,但同时必须坚持以按劳分配为主体。而要坚持按劳分配为主的原则,就又必须坚持公有制的主体地位。也就是说,坚持公有制的主体地位,又正是坚持按劳分配为主的原则、实现共同富裕的前提。

第三,坚持公有制的主体地位又是我国社会主义市场经济的最基本标志。我国所实行的是社会主义市场经济。社会主义市场经济和社会主义基本制度结合在一起，也就是主要和公有制结合在一起。离开了公有制的基础，我们所搞的市场经济也就不成其为社会主义市场经济了。

第四，也只有坚持公有制的主体地位才能实现比资本主义下更有效的宏观调控，从而创造出比资本主义更高的劳动生产率和达到比资本主义更高的生产力发展水平。资本主义也有计划，但却做不到对整个经济的有效宏观调控，说到底这正在于它们所实行的是资本主义私有制。有些人念念不忘鼓吹在中国实现什么私有化，而恰恰忘记了，即便是我们已发展起像当代资本主义这样发展程度的私有制，也是不可能创造出比资本主义更高的劳动生产率和达到比资本主义更高的社会生产力发展水平的。[①]

国有经济在我国国民经济中居于主导地位，国有企业是国民经济的支柱，对于巩固社会主义制度，建立社会主义市场经济体制，推进经济发展和社会进步，搞好社会主义精神文明建设，发挥着举足轻重的作用。以公有制为主体、国有制为主导这一点，不可以有丝毫的含糊。

认识之二，必须着眼于搞好整个国有经济，而不在于单个企业的得失。我们已习惯于给那些不景气企业输血供氧，有些早已是严重的资不抵债也不让其死。事实上，这是违背市场竞争规律的。着眼于搞好整个国有经济，关键又在于正确地领会和把握"抓大放小"。应该明白，国有大中企业也不是个个都能搞活搞好的，仍应采取多种改革方式；而对于面广量大的国有小企业，则应立足于把实物的国有资产变活，有些可发展同国有大企业的联合（包括为大企业兼并），有些可改为股份合作制，有些可通过产权转让变为非公有经济成分。对国有小企业的改革，应把主要责任和权益明确给举办它的各级地方政府。总之，对国有

---

① 参见拙文《公有制的主体地位必须坚持——"民营经济主导论"质疑》，载人民日报理论部主办《理论参考》1996年第8期。

小企业的改革,着眼点应放在盘活这部分存量国有资产,而不是死死抱住"实物形态的国有资产只能姓'国'"不放。

认识之三,必须坚信国有制经济决不惧怕竞争。改革以来,非公有制发展快于公有制,特别是国有制,这是有复杂原因的。只要坚持国有企业的深化改革,就没有真正转上现代企业制度的国家控股、参股的公司制大企业,竞争不过非公有制企业的道理。

认识之四,深化国有企业改革,建立现代企业制度,必须以邓小平同志提出的"三个有利于"作为判断其是非得失的标准,也只有在这个基础上才能真正统一认识。

认识之五,搞好国有企业,必须全心全意依靠工人阶级,包括企业经营者和作为工人阶级一部分的知识分子。对职工说,主要应解决主人翁地位和企业的民主管理问题;对企业经营者说,应把工作重点放在培养、造就宏大的职业企业家队伍;对知识分子队伍说,应创造条件更好地发挥他们的聪明才智。

认识之六,在改革过程中,对某些理论问题的探讨,对某些具体做法有不同意见,这是正常的。应将现行政策和理论研究分开,现行政策必须执行,但对一些深层理论问题的探讨亦应当鼓励。在实践上,则应大胆地试、大胆地闯。

基于以上认识,这里要着重谈谈"分级所有"和"多层次公有制"问题。

关于要不要实行国有资产的"分级所有",很长时间以来,在我国理论界和政府部门一直是一个存在严重认识分歧的问题。

就个人而言,我是赞同变"分级管理"为"分级所有"的。理由是:

(1) 这符合生产关系一定要适合生产力发展的规律的要求

在理论和实际上大家都承认这样三点:① 我国社会还处于社会主义初级阶段,总的说来生产力发展水平还比较低。② 社会主义全民所有制即国有制是社会全体成员共同占有生产资料的公有制形式,是同高度社会化的生产力相适应的一种社会主义公有制。③ 我国的"大一统"的全民所有制经济,的确是摊子铺得过大,涉及面过宽。解决这一问题的途径:一是走私有化的路。二是通过"抓大放小"对国有企业实行战略性改组。三是由"大一统"的国有制转为"多层次公有制"。首先,私有化的意见必须坚决反对。其次,"抓大放小"能使这一问题部分地得到解决,但却不能解决问题的全部。而由"大一统"的国家所有转变为"分级所有",即把"大一统"的国有改为中央、省、市、县四级所有(有的提出还要加上乡,改为五级所有)则既坚持了公有制,又解决了不该国有的也实行了国有的问题。同时,全民所有制也变得名副其实。

(2)现在事实上已经是"分级所有"了

应该承认,地方政府目前已拥有了事实上的地方企业所有权。所有权主要体现在参与企业重大决策权、选派(聘)经营者权和收益权。可以说,这三条地方对所属企业都有了。上海等市政府将行业局变成控股公司,广东顺德市和山东诸城市对中小型企业的改组,江苏省政府明文规定"属中央投资的,产权出让的净收入归中央;属地方投资的,产权出让的净收入归地方各级政府",都说明了这一点。

(3)"谁投资、谁所有"亦应是一般经济法则

投资才谈得上所有,拥有所有权才说得上拥有产权。现在只承认地方对所投资企业拥有产权,是"谁投资、谁受益"。为什么不可以是"谁投资、谁所有和谁受益"?

(4)这也是建立现代企业制度的要求

我们是在以公有制为主体的条件下来建立现代企业制度的。应该看到,在以公有制为主体的条件下建立现代企业制度,最怕的就是说起来是出资人不同,而实际上却是同一个所有者。因为,它不仅要求公司企业拥有完整的法人财产权和法人所有权,而且必须做到出资者所有权即股权的分散和所有权主体的多元化。这是全部问题的关键所在。不同的所有权基础构造出不同的产权结构和产权安排,在传统"大一统"的国有制框架内是很难做到这一点的。相反,如变"分级管理"为"分级所有",这一疑难问题就在很大程度上解决了。

(5)作出这种改变非但不会使国家对经济的宏观调控受到削弱,反而能使之得到加强;也不会影响国有经济在国民经济中发挥主导

作用

如不进行具体分析,那就很容易认为,作出这种改变必然导致国家宏观调控的削弱和"诸侯经济"的加强。实际并非如此。作出这种改变的一个最积极意义,就在于真正实现了国有资产产权明晰,这将有助于把中央与地方的关系纳入法制轨道。同时,也并非是只有国家(中央)手中直接掌握企业才能搞好对经济的宏观调控。何况,"分级所有"并不取消国有,并不影响国有经济主导作用的发挥。

(6) 从理顺被称为"二全民"的城镇大集体企业的产权关系看,实行"分级所有"也是势在必行

如上已讲过,被称为"二全民"的城镇大集体企业实为地方企业,必须承认这一现实。在变国有资产的"分级管理"为"分级所有"的同时,对这类公有制企业的产权进行界定,明确资产归属,再转上现代企业制度,一连串的问题都得到了解决。

变国有资产的"分级管理"为"分级所有",并相应地把有些所谓城镇大集体企业明确为地方企业,既是产权关系的变革,又是社会主义公有制基本形式的变革。有些同志,一方面坚持认为国有资产只能为国有,另一方面又认为必须把国有变为分级所有,这是自相矛盾。因为,既然是国有就只能为中央政府所有,最多也只能是由中央政府委托地方政府代行所辖国有资产的所有权。因此,分级所有要能在理论上成立,在确立变"分级管理"为"分级所有"的同时,还必须变传统的两种基本形式的社会主义公有制,为"多层次社会主义公有制"(有的叫"分级所有制")。这里所实现的已是公有制基本形式的创新。

对"企业所有制"和"企业股"问题,我的看法是:所说"企业所有制"也就是前南斯拉夫实行的"社会所有制",并不成功;而"企业股"问题,则还可以进一步做研究。

(原载《江海学刊》1996年第6期,特约撰写,人大复印报刊资料《社会主义经济理论与实践》1998年第12期全文复印)

国有资产管理体制的进一步创新

党的"十六大"报告把"继续调整国有经济的布局和结构,改革国有资产管理体制",确定为"深化经济体制改革的重大任务"。明确提出:"在坚持国家所有的前提下,充分发挥中央和地方两个积极性。国家要制定法律法规,建立中央政府和地方政府分别代表国家履行出资人职责,享有所有者权益,权利、义务和责任相统一,管资产和管人、管事相结合的国有资产管理体制。"党中央关于改革我国国有资产管理体制的这一重大决定,已通过国务院 2003 年 5 月 27 日颁发的《企业国有资产监督管理暂行条例》(以下简称《暂行条例》)成为法规。这无疑是我国国有资产管理体制的重大创新,也是我国改革取得的又一丰硕成果。然而,又正如国务院法制办负责人就《暂行条例》的公布答新华社记者问时所言明的:"考虑到国有资产监督管理体制改革的经验还不成熟,条例是暂行的,具有原则性、起步性、过渡性的特点,对当前急需解决、看得准的问题,作了比较明确的规定;对有些需要进一步研究探索的问题,作了比较原则的规定,有些没作规定。待实施一段时间后,再总结经验,对暂行条例进行修改、补充和完善。"[①]那么,深化改革我国国有资产管理体制还有些什么重大问题需要作进一步研究,特别是这一《暂行条例》所确定的我国国有资产管理体制,最终将过渡到哪里去呢?这正是本文要试着回答的问题。

---

① 新华社北京 6 月 4 日电,2003 年 6 月 5 日《新华日报》。

《企业国有资产监督管理暂行条例》的颁布实现了我国国有资产管理体制的重大创新

首先应看到,从长时间实行的对国有资产的"国家统一所有"和"分级管理",转到"由国务院和地方人民政府分别代表国家履行出资人职责",的确是我国国有资产管理体制的一个重大创新。

在传统计划经济体制下,我国长期实行的是一种被称为"大一统"的国有资产管理体制。不管企业是谁创办的,所有权都集中在中央。这一点,在1992年7月23日国务院颁布的《全民所有制工业企业转换经营机制条例》中再次加以明确。在这一指导国有企业深化改革的极重要文献中的"企业和政府的关系"一章中,曾明文规定"企业财产属于全民所有,即国家所有,国务院代表国家行使企业财产的所有权"。在1993年11月14日党的十四届三中全会通过的《中共中央关于建立社会主义市场经济体制若干问题的决定》中,又明确提出"对国有资产实行国家统一所有、政府分级监管、企业自主经营的体制"。在1996年3月17日第八届全国人民代表大会第四次会议批准的《中华人民共和国国民经济和社会发展"九五"计划和二〇一〇年远景目标纲要》中,又重申要"按照国家统一所有、政府分级监管、企业自主经营的原则,建立权责明确的国有资产管理、监督和营运体系"。就在1999年9月22日党的十五届四中全会通过的《中共中央关于国有企业改革和发展若干重大问题的决定》中,所强调的依然是"要按照国家所有、分级管理、授权经营、分工监督的原则,逐步建立国有资产管理、监督、营运体系和机制,建立与健全严格的责任制度。国务院代表国家统一行使国有资产所有权,中央和地方政府分别管理国有资产,授权大型企业、企业集团和控股公司经营国有资产"。可以看出,直至党的"十六大"召开,我们都还在固守着"全民所有制大一统"的陈旧框框,地方政府创办了企业却不能成为企业资产的所有者。也正是国务院《暂行条例》的颁布,才初步实现了我国国有资产管理体制的重大创新。

国务院新近颁发的《暂行条例》的第四条、第五条对我国的国有资产管理体制作出了这样的明文规定:"企业国有资产属于国家所有。国家实行由国务院和地方人民政府分别代表国家履行出资人职责,享受所有者权益,权利、义务和责任相统一,管资产和管人、管事相结合的国有资产管理体制。""国务院代表国家对关系国民经济命脉和国家安全的大型国有及国有控股、国有参股企业,重要基础设施和重要自然资源等领域的国有及国有控股、国有参股企业,履行出资人职责。""省、自治区、直辖市和设区的市、自治州级人民政府分别代表国家对由国务院履行出资人以外的国有及国有控股、国有参股企业,履行出资人职责。"

同长期实行的"大一统"的国有资产管理体制相比,这一国有资产管理新体制的创新主要表现在以下方面:

1. 实现了对"大一统"的传统国有资产管理体制的实质性突破,由实行了多年的对国有资产的"国家统一所有"和"分级管理",转向实行"由国务院和地方人民政府分别代表国家履行出资人职责,享有所有者权益"。

2. 向市场经济下通行的"谁投资、谁所有和谁受益"原则迈出了重要一步,将形成新的中央与地方的利益格局。在原体制下,一个地方不论创办了多少企业,其资产都要归国家统一所有,其所有权也只能由国务院行使。这简直是不讲道理,也只注意到调动中央一个积极性。在这种体制下,由于地方对所创办企业只有管理权而无所有权,因而,时常发生地方与所属企业串通起来对付中央的事,也就不足为奇;另一方面,中央赖地方的账,中央企业把大量隐性负债推给地方,也成为习以为常的事。新体制明确了中央政府和地方政府分别代表国家履行出资人职责,享有所有者权益,从而形成新的中央与地方的利益格局。目前,国务院国有资产监督管理机构直接监管的企业仅196家,面广量大的企业在地方。

3. 实现了国有资产监督管理职能的集中,明确规定了只有专设的国有资产监管机构才履行国有资产出资人职责。在传统国有资产管理体制下,国有企业有多个"婆婆",但哪个都不对国有资产的监管真正负责。在改革进行中,经过中央政府对地方政府的委托、授权,地方政府对所属企业事实上在行使出资人职责;但具体到由哪个部门代表政府履行出资人职责,却成了众多部门都在争抢的一块肥肉(中央政府与所属企业同样存在这样的情况),这也是《国有资产法》虽历经数 10 次修改而迟迟不能出台的一个重要原因。国务院《暂行条例》明确规定:"国有资产监督管理机构根据授权,依法履行出资人职责,依法对企业国有资产进行监督管理。""国有资产监督管理机构不行使政府的社会公共管理职能,政府其他机构、部门不履行企业国有资产出资人职责。"形成新的中央与地方的利益格局,是对中央与地方间关系作出的重大调整;国有资产监督管理职能的集中,则是对部门之间利益所作的重大调整。也只有改革进行到一定时候才有可能施行。

4. 对企业负责人、企业重大事项等方面的管理更符合建立现代企业制度的要求,将有力地促进企业形成新的经营机制。改革至今,在我国国有经济领域并未能真正实现"政资分开"和"政企分开",企业在形式上进行了改制,却难以建立起规范的公司治理结构,形成新的经营机制。《暂行条例》明确规定:"国有资产监督管理机构应当建立健全适应现代企业制度要求的企业负责人的选用机制和激励约束机制。"并分别对国有独资和国有控股、国有参股企业负责人管理和企业重大事项管理提出不同要求。例如,《暂行条例》明确规定,国有资产管理机构只能依照公司章程,提出向国有控股的公司派出的董事、监事人选,推荐国有控股公司的董事长、副董事长和监事会主席人选以及提出向国有参股的公司派出的董事、监事人选;在国有控股和国有参股企业,国有资本出资人的意志,只能通过其派出的股东代表、董事,通过行使表决权来体现。所有这些都是建立规范的现代企业制度所要求的。

国有资产产权的"分级所有"还不是所有制层面的"分级所有"

如果可以把党的"十六大"报告和国务院《暂行条例》所规定的国有

资产管理新体制简要、概括地称之为将对国有资产的"分级管理"变为对国有资产的"分级所有"的话,那又不能不说,这里所讲的"分级所有"还仅仅是对国有资产产权的"分级所有",而不是所有制层面和所有权含义上的"分级所有"。辨别清楚这一点,事关重大。有文章提出,党的"十六大"报告提出的国有资产管理新体制,"是深入总结国有企业改革经验教训的新成果,同经济界、学术界关于分级所有、管资产、管人管事相结合的研究结果一致,符合市场经济条件下国有资产管理的规律性"①。然而,不能不在这里指出,这种说法并不完全符合我国经济理论界对此问题研究的实际情况。

据我所知,在我国经济理论界和实际部门同样是主张对国有资产实行"分级所有",但具体却存在着两种很不相同的意见:一是在"国家统一所有"的前提下,对国有资产产权实行中央政府和地方政府的"分级所有";二是变"大一统的国有制"为"多层次社会主义公有制",变对国有资产的"分级管理"为所有制层面、所有权含义上的"分级所有"。另有一种观点,一方面提出"要继续坚持和发展国家所有制或地方政府公有制";另一方面同时又强调"国家所有这一条并没有变,变了的只是国有资产所有权的实现形式"。② 在这里,一方面从所有制含义上讲了"地方政府公有制";但在讲过这种话的不远处,又强调"国家所有这一条并没有变"。这种观点明显带有理论上的不彻底性。而党的"十六大"报告和国务院《暂行条例》规定中要实行的对国有资产的"分级所有",显然只是符合了上述看法中的第一种。其根据是:

1. 从上文中所引证的,包括党的"十六大"报告和国务院《暂行条例》在内的各个重要文献中可以清楚地看出,党的"十六大"报告和国务院《暂行条例》所讲的"国家所有",同之前所一再强调的"国家所有"和

---

① 《北京日报》2003年2月10日。
② 马洪主编:《什么是社会主义市场经济》,中国发展出版社1993年版,第59、60页。

"国家统一所有",并无二致;从所有制看问题,国有资产的所有权并未发生改变。说得再明白些,这是"在坚持国家所有的前提下",对国有资产的产权实行了中央政府和地方政府的"分级所有"。有种看法认为,地方政府拥有了所属企业资产的产权、并享有所有者权益,也就等于拥有了企业资产的所有权。这种认识显然是似是而非的。

2. 依照《暂行条例》,虽然在国务院,省、自治区、直辖市人民政府,设区的市、自治州级人民政府,分别设立国有资产监督管理机构,但各级国有资产监督管理机构并不是并列的。《暂行条例》中就言明:只有国务院国有资产监督管理机构才"可以制定企业国有资产监督管理的规章、制度"。"上级政府国有资产监督管理机构依法对下级政府的国有资产监督管理工作进行指导和监督。"国务院国有资产监督管理委员会主任李荣融在答记者问时明确表示:"今后,国资委将对地方国资委加强指导和检查,一旦发现国有资产流失的情况,将追究有关人员的责任。"[1]

3. 国有资产的终极所有权仍属于中央。《暂行条例》明确规定:"发生战争、严重自然灾害或者其他重大、紧急情况时,国家可以依法统一调用、处置企业国有资产。"从这里可以看出,虽然可以认为中央所有、地方所有都属于"国家所有",但党的"十六大"报告和国务院《暂行条例》中所讲的"国家所有",实质上仍然是"全民所有"或"整个国家所有",只有中央政府才能代表国家。国务院《暂行条例》规定地方政府对所属企业"履行出资人职责,享有所有者权益",属于中央对地方"授权"、"委托"的性质;既是这样,在必要时也就完全可以收回"授权"。

可以说,从实行了多年的对国有资产的"国家统一所有"、"国务院代表国家统一行使国有资产所有权"和"分级管理"转向"在坚持国家所有的前提下","实行由国务院和地方人民政府分别代表国家履行出资人职责,享有所有者权益",这已经是在传统全民所有制即国有制框架内,对中央和地方利益关系所作的最大限度地调整,也的确称得上是对

---

[1] 新华社北京5月22日电,《新华日报》2003年5月23日。

传统国有资产管理体制的一个意义重大的创新。问题是什么样的国有资产管理新体制才真正是发展社会主义市场经济所要求的？地方创办企业的资产最终归"国家所有"是否应该成为不可逾越的雷池？在下一步的改革中，应该不应该或者有无可能进一步改变对国有资产产权的"分级所有"为所有制层面和所有权意义上的"分级所有"？毫无疑问，对于这样的重大问题，并不是简单地给以肯定或否定的回答，就能把问题解决了。

过渡性的国有资产管理体制究竟要过渡到何处去

作为理论探讨，我认为，在我国有着完全的必要和可能，来进一步深化对传统国有制的改革，变中央和地方对国有资产产权的"分级所有"为所有权含义的"分级所有"；并在此基础上，进一步理顺中央和地方、政府和企业间的经济关系。

1. 建立社会主义市场经济体制对国有制改革提出的要求

在此先要说明这样一个观点，即经济体制是整个国民经济的管理制度、管理形式、管理方法的总和。它属于社会生产关系的范畴，但却又处在社会生产关系较低的层次。因此，不应当就国有资产管理体制来说国有资产管理体制，而是只有先从根本上解决好社会生产力发展所要求的社会生产关系问题，才能相应地解决好包括国有资产管理体制在内的整个经济管理体制问题。这也就是说，要搞好对传统国有资产管理体制的改革，必须先搞好对传统国有制的改革。

那么，在我国建立社会主义市场经济体制，又要求对传统国有制进行怎样的改革呢？

众所周知，在我国建立社会主义市场经济体制，并不是要放弃社会主义的基本制度，而是在坚持社会主义基本制度的前提下，来创造性地解决好社会主义同市场经济的有机结合问题。在这里，讲社会主义同市场经济的结合，首先正是在于社会主义公有制，特别是国有制同市场经济的结合；这样，宏观经济层面的所有制结构调整和微观基础的再造，也就成了在我国建立社会主义市场经济体制所必须解决好的两个最大、最难的课题。从所有制结构调整说，就是要变单一公有制为多种所有制经济的共同发展；从微观基础的再造说，首先又要求作为政府机构附属物的原国有企业能真正转向现代企业制度运营，而其中要解决的核心问题又是，不仅要实现企业投资主体和产权主体的多元，而且要实现所有者主体的多元。

不无根据地说，我国迄今所进行的改革，在所有制结构调整方面，主要还是解决了平等地发展非公有制经济的问题，包括党的"十五大"对非公有制经济所作的新的历史定位和党的"十六大"提出的两个"毫不动摇"以及对《宪法》所作的相应修正和现在正在完善中的"保护私人财产的法律"等等。而对于国有经济和国有企业的改革，则至今仍然受到"全民所有制大一统"传统观念的束缚。一方面，大家都承认在"左"的指导下，我国国有经济的确是存在一个涉及面过宽、战线过长、布局不合理的问题，并试图在不改变国家统一所有的前提下，通过对国有经济的布局调整使这一问题得到解决；另一方面，从国有企业的改革说，从硬性规定企业发展横向联合必须坚持所有制形式、行政隶属关系和财政解缴渠道"三不变"，到承包制和股份制的推行，都是在不触动所有制的情况下解决经营机制问题。建立现代企业制度的改革，依照《暂行条例》去做，也只能实现产权主体的多元，而实现不了所有者主体的多元。由于至今未能挣脱"全民所有制大一统"的束缚，建立社会主义市场经济体制所要求的对国有经济和国有企业的改革任务仍未完成。

既然从社会生产关系层面说还在固守着"全民所有制大一统"，那么，在国有资产管理体制上实行企业国有资产的"国家所有"就是很自然的。有种看法认为，应抛开所有制的禁锢，从所有权来定义"国有"。而"国有"就是政府所有，但只有由中央政府举办的企业才是"国有企业"。只要能够认识到并不存在"全民所有"的资本或产权，我们也就没有必要继续强化理念去维持一种并不存在的统一所有权，从此可以实事求是地确认实际存在的分级所有权并使其规范化、法制化。这是进一步解放"国有"生产力所必须解决的问题。① 对该文中所提出的应该"实事求是地确认实际存在的分级所有权",笔者表示赞同;但不首先从社会生产关系上去考察所有制,又怎么能在法律上确定财产所有权呢?

2. 转向"多层次社会主义公有制"是必然选择

上文中已经谈到,在我国经济理论界,同是主张对国有资产实行"分级所有",具体又有两种意见:一是指对国有资产的产权实行中央和地方的"分级所有";二是指实行所有权的"分级所有"。实际上,再具体到后一种意见说,亦存在着三种不相同的看法:一是主张变对国有资产的"国家统一所有"和"分级管理"为所有权意义上的"分级所有";二是主张变"大一统的国有制"为"多层次公有制";三是主张变传统的社会主义全民所有制即国有制和劳动群众集体所有制这"两种基本形式的社会主义公有制",为"多层次社会主义公有制"。笔者倾向于最后一种看法,且对这一问题进行研究也是比较早的。②

概括起来,之所以必须对传统国有制进行这样的改革,主要有如下根据:

第一,这从根本上解决了在"左"的指导下铸成的、我国国有经济确实存在的涉及面过宽、战线过长、布局不合理,即不该实行国有的也实行了国有的问题。也唯有实行这样的改革措施才能真正把我国的国有经济调整得符合生产力发展的要求。像有些同志强力主张的那样,让国有经济统统从竞争性领域退出来,推行所谓的"国退民进",并不能真正解决好国有经济的问题。事实上,要国有经济统统从竞争性领域退出完全违背了改革的初衷,再说对地方所属的面广量大的国有中小企业也不可能"一卖了之"。这里还有个重要问题,就是在我国具体情况

---

① 郭励弘:《正确认识"国资"的产权归属》,《经济研究参考》2003年第23期。
② 早在1986年,笔者就明确提出要把社会主义全民所有制和劳动群众集体所有制这"两种基本形式的社会主义公有制",转变为"多层次社会主义公有制"的理论观点;之后,又在多项研究成果中阐发了这一观点。本文对这一问题的探讨仅限于国有制经济。

下,地方要不要创办企业、发展经济？须知,让地方在"不求所有、但求所在"思想的指导下,变成单纯地"只向所在企业收收税",绝不是我们所应走的路。

第二,"谁投资、谁所有和谁受益"是市场经济通行的法则,全世界各个国家都坚持这么做。这一共性原则在我国怎么就行不通了呢？

第三,在国外,中央政府兴办的企业和地方政府兴办的企业历来就是分开的。"国有企业仅指由中央政府(或联邦政府)兴办的企业。例如,日本的公有企业是指公共自治体(国家和地方)投资兴办的企业,其中只有由国家兴办、所管的公有企业才是国有企业。美国的国有企业,指的是归属于联邦政府的企业。在任何国家,没有人把州、县、郡、市等地方政府的企业叫做'国有企业'。"[①]

第四,对传统国有制进行这样的改革,有利于在原国有企业中建立起规范的现代企业制度。最重要的一点是,这么做不仅有利于实现投资主体和产权主体的多元,而且有利于实现所有者主体的多元。

第五,对传统国有制进行这样的改革,不仅无碍于社会主义初级阶段的基本经济制度,而且有利于保持公有制的主体地位和实现人民的共同富裕。

第六,对传统国有制进行这样的改革,不会影响中央的集中统一。现在再也不可以搞传统计划经济体制下的集中,而是要实行市场经济体制下的集中。"诸侯经济"只有在传统计划经济和过渡型经济的条件下才能生存。在经济全球化和成熟的市场经济条件下搞地区封锁、保护落后,只能被市场所淘汰。可以相信,转上"多层次社会主义公有制"后,中央政府将更能集中力量办好关系国计民生的国有企业,更好地发挥国有经济对整个国民经济的主导作用,对宏观经济的调控能力不仅不会削弱,反而会加强。

第七,对传统国有制进行这样的改革,将更大地调动起地方发展经济的积极性。这么做,在一定时期内有可能加剧地区间经济发展的不

---

① 郭励弘:《正确认识"国资"的产权归属》,《经济研究参考》2003年第23期。

平衡，但这是符合地区经济发展规律的。况且，中央也完全能够运用经济的、行政的和法律的手段进行调节，以使差距不至于拉得过大。

第八，从操作层面讲，国务院《暂行条例》所规定的中央和地方对国有资产产权的"分级所有"，同所有权意义上的"分级所有"，已经相距不远。只要在法律上作出新的规定（包括出台《国有资产法》和《宪法》的修正）并搞好资产界定，这种转变即可实现。

由传统的"两种基本形式的社会主义公有制"转变为"多层次社会主义公有制"，意味着中央和地方分别拥有属于自己的公有资产和企业，并将在此基础上分别构建起各自对所属公有资产的管理体制。

参考文献

[1] 国务院：《企业国有资产监督管理暂行条例》。
[2] 马洪主编：《什么是社会主义市场经济》，中国发展出版社1993年版。
[3] 李富阁：《企业横向经济联合和所有制关系改革》，《江苏经济探讨》1986年增刊。
[4] 李富阁：《"多层次社会主义公有制"探析》，《南京社会科学》1990年第6期。
[5] 李富阁：《"多层次社会主义公有制"构想》，《经济学消息报》1993年12月16日。
[6] 郭励弘：《正确认识"国资"的产权归属》，《经济研究参考》2003年第23期。

（原载《现代经济探讨》2003年第8期）

以公有制为主体的多种所有制经济长期共同发展的客观性

生产资料所有制是最基本的生产关系和经济关系,也是整个社会赖以建立的经济基础。因此,建设有中国特色的社会主义,所要研究解决的一个极重要课题,正是创建适宜于中国国情的所有制结构。所有制结构,一是指在一定社会经济形态中,各种生产资料所有制的社会构成,以及各种所有制经济的地位、作用和它们相互之间的关系;二是指各种所有制的内部构成。社会主义是以公有制为基础的社会经济制度,但在我国社会主义初级阶段上还只能是以公有制为主体。即是说,在我国社会主义发展初级阶段,有中国特色的社会主义表现在所有制结构上,正是以公有制为主体的多种所有制经济长期共同发展的社会主义。

一、社会主义经济制度在中国的建立及其由公有制经济的一统天下向以公有制为主体、多种所有制经济共同发展的演进

科学社会主义创始人马克思和恩格斯预想,取代资本主义旧社会的未来社会("共产主义第一阶段")应该是实行生产资料的整个社会占有,即实行单一全民所有制。通过《国家与革命》等著作可以知道,在十月革命前,列宁也是主张在社会主义社会实行生产资料全社会占有的。但实践使列宁改变了看法,认为必须由"战时共产主义"转上"新经济政策",包括发展商品经济、重视市场的作用、发展国家资本主义、实行对外租赁、发展合作经济等。特别是对发展合作经济,列宁认为,"在生产资料公有制的条件下,在无产阶级对资产阶级取得了阶级胜利的条件下,文明的合作社工作者的制度就是社会主义制度"①。后来,在斯大林领导下,前苏联的所有制结构仅由两种基本形式的社会主义公有制,即全民所有制和集体农庄所有制构成,形成被视为马克思主义正统的前苏联模式。夺取新民主主义革命胜利后,我国创造性地进行了生产资料私有制的社会主义改造,胜利地建立起以生产资料公有制为基础的社会主义经济制度。但正如《中国共产党中央委员会关于建国以来党的若干历史问题的决议》所正确指出的:"这项工作中也有缺点和偏差。在一九五五年夏季以后,农业合作化以及对手工业和个体商业的改造要求过急,工作过粗,改变过快,形式也过于简单划一,以致在长期间遗留了一些问题。一九五六年资本主义工商业改造基本完成以后,对于一部分原工商业者的使用和处理也不很适当。"自 1957 年下半年起,"左"的指导思想逐步抬头,盲目追求生产关系的"一大二公三纯"和"穷过渡",连自留山、自留地和集市贸易也被视为必须割去的"资本主义尾巴"。到 1978 年底,个体私营业者仅剩下 15 万人(其中 14 万为小商小贩),非公有制经济基本被消灭光。党的十一届三中全会端正了党的思想路线,开始从两个方面对所有制关系进行改革、调整。一是破除"一大二公三纯"的传统观念,在发展社会主义公有制经济的同时发展了个体、私营、外资等非公有制经济;二是深化公有制企业的改革,探索公有制实现的新形式。一种与我国国情相适合的,以公有制为主体、多种所有制经济长期共同发展的所有制结构,开始形成。

二、以公有制为主体的多种所有制经济长期共同发展的必然性

对于以公有制为主体、多种所有制经济长期共同发展的客观性,可以从如下多个方面进行分析。

首先,以公有制为主体的多种所有制经济的长期共同发展,是以我国社会尚处在社会主义初级阶段为根本依据的。党的"十三大"政治报告精辟地指出:"我国正处在社会主义的初级阶段。这个论断,包括两

---

① 《列宁选集》第四卷,人民出版社 1972 年版,第 684 页。

层含义。第一，我国社会已经是社会主义社会。我们必须坚持而不能离开社会主义。第二，我国的社会主义社会还处在初级阶段。我们必须从这个实际出发，而不能超越这个阶段。"尚处在社会主义初级阶段的我国社会生产力的最基本特征是总体水平低，结构多层次，布局不平衡。我国至今仍然是大部分人口从事农业，主要还是用手工工具搞饭吃；一部分现代化工业同大量落后于现代水平很远的工业，同时存在；一部分经济比较发达地区同广大不发达地区和部分贫困地区，同时存在；少量具有世界先进水平的科学技术同普遍的科技水平不高，文盲半文盲较多的状况，同时存在。生产力发展的这种实际状况，决定了在社会生产关系方面，必然是以公有制为主体的多种所有制经济长期同时并存。也就是说，在我国，多种所有制经济之所以还必须同时并存，最根本的经济根源正在于生产力发展状态和水平，是生产力决定生产关系，而不是相反。

其次，以公有制为主体的多种所有制经济长期并存的必然性又源于商品经济的不可逾越性。我国可以不经过资本主义的充分发展而胜利地建立起社会主义制度，但商品经济则是社会经济发展的一个不可逾越阶段。商品经济是为交换而生产的经济形式。产品之所以要采用商品的形式来交换，正在于它属于不同的所有者。正是商品经济的发展，为非公有制经济的兴起和活动提供了有利的市场环境。即是说，在我国，商品经济的大发展具有必然性，非公有制经济的兴起和长期存在也是客观的。

再次，从社会主义生产目的的实现说，人民的物质和文化生活需要是多方面的，由于我国现阶段的社会生产力发展水平，也由于社会主义公有制自身的发展程度，多方面的社会需求仅有公有制经济很难完全给以满足。这也成为以公有制为主体的多种所有制经济长期共同发展的一个客观原因。

这里有一个重要理论问题必须从根本上搞搞清楚，就是在以公有制为主体和实行人民民主专政的条件下，社会主义公有制经济与非公有制经济能够共处于一个统一体中。即是说，在公有制为主体和人民当家作主的条件下,非公有制经济具有与公有制经济的相容性和可控性。事实上,任何一个社会形态都不是单一的所有制关系。过去认为社会主义公有制与一切私有制"水火不容",社会主义应该是"纯而又纯"的公有制经济,这是形而上学的"左"倾政策的思想基础。自然,不应否认非公有制的负面影响,如自发性、盲目性,存在剥削,造成一些人暴富,引发社会矛盾等。但这完全可以通过社会主义国家政权的力量,依靠法律、经济、行政等手段进行控制。

在此还要强调这样一点,就是在多种所有制经济中,公有制经济的主体地位不是人为强加的,而是我国社会生产力发展的要求,也是社会主义经济建设的基础。在一些前社会主义国家实行的"私有化",对广大劳动人民是一场灾难。诚如邓小平同志所讲:"在改革中坚持社会主义方向,这是一个很重要的问题。我们要实现工业、农业、国防和科技现代化,但在四个现代化前面有'社会主义'四个字,叫'社会主义四个现代化'。……社会主义有两个非常重要的方面,一是以公有制为主体,二是不搞两极分化。"①不坚持以公有制为主体,社会主义也就没了基础,还谈什么干社会主义!

具体来说,只有坚持以公有制为主体,才有可能使广大劳动者真正得到解放,成为国家的主人,主宰国家的前途和命运;才有可能从全社会整体利益出发,对社会经济进行有效调节,保持经济的快速、持续、稳定发展;才有可能坚持按劳分配的原则和逐步实现共同富裕;才有可能从自己实际出发,走出一条有中国特色的社会主义发展道路。事实上,也正是因为我们在改革中坚持公有制的主体地位不动摇,改革开放才能胜利进行,并取得今天举世瞩目的成就。总之,多种所有制经济的长期共同发展具有客观性,在多种所有制经济中保持公有制的主体地位也具有客观性。那种认为公有制不是社会主义本质特征的观点是完全错误的。

---

① 《邓小平文选》第三卷,人民出版社1993年版,第138页。

应该看到,社会主义初级阶段上以公有制为主体的多种所有制经济的并存,同科学社会主义理论中"过渡时期"内多种所有制经济的并存,不可同日而语。在"过渡时期",社会主义基本经济制度尚未确立,对资本主义经济的社会主义改造尚待完成;而在社会主义初级阶段上的多种经济成分的并存,则是以公有制为主体的,即是说,我国社会已经是社会主义社会了。

三、正确认识以公有制为主体、多种所有制经济长期共同发展的基本方针

对于适合我国社会主义发展现阶段生产力发展状况的所有制结构,我们经历了一个逐步认识的过程。

1978年12月召开的党的十一届三中全会,是一个伟大的历史转折。1981年6月召开的党的十一届六中全会,首先肯定了劳动者个体经济。1982年9月召开的党的"十二大",又明确提出"关于坚持国营经济的主导地位和发展多种经济形式"问题。不过,当时虽已明确地提出"由于我国生产力发展水平总的说来还比较低,又很不平衡,在很长时期内需要多种经济形式的同时并存"。但当时在强调巩固和发展国营经济的同时,还只是讲"在农村,劳动人民集体所有制的合作经济是主要经济形式。城镇手工业、工业、建筑业、运输业、商业和服务业,现在都不应当也不可能由国营经济包办……在农村和城市,都要鼓励劳动者个体经济在国家规定的范围内和工商行政管理下适当发展,作为公有制经济的必要的、有益的补充"。对当时出现的雇工现象,还只是采取"再看一看"的态度。十二届三中全会通过的《中共中央关于经济体制改革的决定》,又进一步地提出"积极发展多种经济形式,进一步扩大对外的和国内的经济技术交流"问题,在明确提出巩固和发展全民所有制经济,集体经济是社会主义经济的重要组成部分、许多领域的生产建设事业都可以放手依靠集体来办,个体经济是社会主义经济必要的有益的补充的同时,第一次指明"利用外资,吸引外商来我国举办合资经营企业、合作经营企业和独资企业,也是对我国社会主义经济必要的

有益的补充"。1987年10月召开的党的"十三大",进一步提出"在公有制为主体的前提下继续发展多种所有制经济"的问题,并上升到所有制结构认识,指出:"社会主义初级阶段的所有制结构应以公有制为主体。目前全民所有制以外的其他经济成分,不是发展得太多了,而是还很不够。对于城乡合作经济、个体经济和私营经济,都要继续鼓励它们发展。""十三大"政治报告还提出"公有制经济本身也有多种形式","在不同的经济领域,不同的地区,各种所有制经济所占的比重应当允许有所不同"。报告特别谈到,"私营经济是存在雇佣劳动关系的经济成分。但在社会主义条件下,它必然同占优势的公有制经济相联系,并受公有制经济的巨大影响"。报告再次明确提出,"中外合资企业、合作经营企业和外商独资企业,也是我国社会主义经济必要的和有益的补充"。1992年10月召开的党的"十四大",在十一届六中全会解决了对个体经济的认识、十二届三中全会解决了对外资经济的认识、"十三大"解决了对私营经济的认识基础上,明确地提出我国现阶段的所有制结构,并强调公有制包括全民所有制和集体所有制,多种所有制经济应长期共同发展,指出:"在所有制结构上,以公有制包括全民所有制和集体所有制经济为主体,个体经济、私营经济、外资经济为补充,多种所有制经济长期共同发展,不同经济成分还可以自愿实行多种形式的联合经营。"十四届三中全会通过的《中共中央关于建立社会主义市场经济体制若干问题的决定》(以下简称《决定》),构筑起社会主义市场经济新体制的基本框架,对我国现阶段的所有制结构作了更进一步地阐述。

依据《决定》,坚持以公有制为主体、多种所有制经济共同发展的方针,应明确这样一些主要点:

其一,必须坚持以公有制为主体、以全民所有制即国有制为主导。社会主义全民所有制是社会全体成员共同占有生产资料的公有制形式,是同高度社会化的生产力相适应的一种社会主义公有制。社会主义全民所有制自身的这种性质,决定了它必然在我国社会主义初级阶段的所有制结构中居于主导地位,是整个国民经济的主导力量。

其二，公有制包括全民所有制和集体所有制，以公有制为主体不等于以国有制为主体。从我国当前实际情况看，实行改革开放政策以来，在社会主义公有制内部已经发生了一些新变化，从量上说，在一些省、市，包括乡镇企业在内的城乡集体所有制经济已经超过了国有经济（对此，后文中将进一步说明）。若认为以公有制为主体、全民所有制为主导，国有制经济在量上也必须占优势，是不现实的，也是不需要的。

其三，就全国来说，公有制在国民经济中应占主体地位，有的地方、有的产业可以有所差别。

其四，公有制的主体地位主要体现在国家和集体所有的资产在社会总资产中占优势，国有经济控制国民经济命脉及其对经济发展的主导作用等方面。

其五，随着社会主义市场经济体制的建立，随着产权的流动、重组，财产混合所有的经济单位越来越多，将会形成新的财产所有结构。

其六，国家要为各种所有制经济平等地参与市场竞争创造条件，对各类企业一视同仁。

正确认识并自觉地贯彻以公有制为主体、多种所有制经济长期共同发展的方针，需要注意两个方面的问题：一是要充分认识国有企业，特别是国有大中型企业，在整个国民经济发展、支持改革开放和促进其他所有制经济发展方面，所发挥的无可替代的重大作用，决不允许否定全民所有制经济。二是必须正确认识非公有制经济在我国国民经济整体中的地位、作用，不能再戴着有色眼镜，动不动就提出对它们的发展进行限制。这里着重谈谈对后一点的认识问题。如上所述，从开始的允许个体经济存在到今天的多种所有制经济的"长期共同发展"，标志着我们对非公有制经济认识的深化。事实上，非公有制经济早已从开始的"拾遗补阙"，发展到成为国计民生不可缺少的行业，并正向国际市场拓展，成为地区经济生活中的活跃因素，社会主义市场经济的重要组成部分。就以个体私营经济的发展对于社会主义市场经济的催化作用及其在国民经济发展中的作用来说，即有如下不可忽视的意义：

第一,促进了经济体制转换。市场经济要求市场主体的多元化。可以说,私营经济天生属于市场经济。它事实上已成为由传统计划经济体制转向社会主义市场经济体制的先导。

第二,扩大了就业门路。我国有12亿多人口,社会生产力发展水平又比较低,城镇待业人员的就业和农业剩余劳动力的转移始终是一个严重问题。事实说明,单靠发展公有制经济实难使这一严重问题得到解决。非公有制经济的发展扩大了就业门路,促进了社会安定。

第三,吸收闲散资金用于建设,节省了国家投资,增加了财政收入。据统计,至1994年,全国个体私营经济向国家缴纳的税金达1200多亿元。

第四,繁荣了经济,活跃了城乡市场,方便了人民生活。个体私营经济的发展尤其促进了第三次产业的发展,在繁荣经济、活跃市场、方便人民生活方面发挥着愈来愈大的作用。从深层次说,发展个体私营经济还有助于解决我国现阶段的主要矛盾。

第五,增强了农民的市场经济意识,造就一大批人才。个体私营经济的发展已造就了一批被称为"企业家"的能人。

第六,成为经济的新增长点,尤其是在经济欠发达地区,个体私营经济的发展更成为促进地区经济发展,先富带后富、最终实现共同富裕的捷径。经济欠发达地区生产力落后,突出的矛盾是发展资金短缺,完全寄希望于国家和地方大量投入资金帮助改变落后面貌是不实际的,走苏南发展乡镇集体经济的路已错过了时机。而发展个体私营经济,避开了资金的矛盾,又有廉价劳动力可以利用,只要政策对头,就能滚雪球式地壮大。

当前,非公有制经济发展中,个体、私营、外资经济都存在一些问题。就个体私营经济来说,主要是认识有偏见,政策不落实,自身素质也有待提高。特别是仍然缺少一个宽松的舆论环境,一些同志对发展个体私营经济仍然存在这样那样的疑虑。说到底,是"权宜之计论"、"偏离方向论"、"消极冲击论"、"喧宾夺主论"、"两极分化论"等的影响并没有完全消失。因此,总是顾虑重重,缩手缩脚。不能说个体私营经济发展中没有消极因素,但我们不能因噎废食。关键在于必须把我们的认识统一到正确地领会和贯彻党的以公有制为主体、多种所有制经济长期共同发展的基本方针上来。对外资经济同样是如此。

(本文是论文《论中国社会主义初级阶段的所有制结构和公有制实现形式》的第一部分,全文有3万余字,原载《学海》1996年增刊)

市场经济体制中的公有制实现形式探讨

——兼议"中国特色社会主义的所有制结构特色"

在社会主义条件下建立市场经济体制,是我党领导全国各族人民所进行的一场在人类历史上从来未有过的全新的实践。而建立适合我国国情的所有制结构,特别是造就公有制经济在市场经济体制中的微观实现形式,则是在建立新经济体制过程中至今没有得到很好解决的最大、最难的课题。

市场经济体制和社会基本制度

在社会主义制度下实行市场经济体制,最大的理论问题在于证明社会主义基本制度是能够同市场经济结合的。这一问题,也是我国经济理论界曾围绕在社会主义条件下能不能搞市场经济所进行争论的焦点。现在,这一最大理论问题就整体上说已经解决,但尚待完善。这里还有必要具体分析一下,究竟应如何把握市场经济体制和社会基本制度的关系,特别是如何从理论上进一步说明公有制同市场经济结合的根据,即通常所说的社会主义公有制同市场经济的兼容性。

(一)市场经济范畴所反映的是经济运行层次的关系

市场经济作为一种有效资源配置方式或经济体制,并不具有社会基本制度的属性。这一点,邓小平同志已反复讲得很清楚了。但是,从另一方面说,市场经济又不能脱离社会基本制度而凭空存在,必然是同一定社会制度结合在一起的。并且,也无需否认,市场经济作为一种经济体制,同时也是一种制度。只不过它不属于社会基本制度。对社会经济制度我认为可以作这样理解:第一层次是基本经济制度,主要指占主体地位的所有制和分配制度,它是对社会生产关系本质的抽象;第二层次是社会经济形式,如自然经济或商品经济或产品经济,它是对以一定的社会生产关系联系起来的人们所从事生产活动,首先是为什么而生产的抽象;第三层次是经济活动形式,反映的是经济运行层次(体制)的关系,如市场经济或计划经济,它是对社会资源配置方式的抽象;末一个层次是运行中的各种具体制度,如价格制度等。由此可以说,某一社会属于何种性质的社会,决定因素是要看居于主体地位的生产资料所有制和分配;同商品经济相对应的是自然经济和产品经济,同计划经济相对应的是市场经济,就其本意说它们都是"中性"的经济范畴。

大家知道,某一特定的社会形态都不只存在一种生产关系。但其中必然存在一种特有的并对这个社会起决定作用的生产关系,构成该社会的基本经济制度。同时,经济制度决定社会制度。市场经济既不能脱离社会基本经济制度,也就不能脱离整个社会基本制度。当然,就市场经济体制同社会基本制度的结合而言,首先应是指同基本经济制度的结合。

(二) 社会主义公有制与市场经济的兼容性

显然,市场经济作为一种资源配置方式,与所有制性质无直接关系,有直接关系的是所有制的具体实现形式。这一点,首先可以从资本主义私有制具体实现形式的发展变化得到印证。事实上,在资本主义条件下,也不是市场经济天生就能同一成不变的资本主义私有制结合,或因为是私有制才能结合,而始终是同资本主义私有制具体实现形式的结合。在自由资本主义阶段,市场经济还没有发展到很高的程度,占主体的或主要的企业组织形式是独资企业,是单一产权主体;从自由资本主义发展到帝国主义,市场主体成了股份制企业,单一的产权主体变成了多元主体。资本主义性质没有变,其具体实现形式却变了。

这些都说明,同市场经济有直接关系的是所有制的具体实现形式而非所有制性质本身。只要是公有制适合生产力发展状况,并改变其传统实现形式,就能实现公有制同市场经济的结合。长时间以来,社会主义公有制同市场经济的兼容受到来自两个方面的理论否定:传统社会主义理论认为社会主义经济中不存在商品货币关系,从否定商品经济和市场机制的角度排除了社会主义经济的商品性;西方经济学则把市场经济看成是资本主义的专利,认为公有制经济不能充分利用市场机制,合理配置资源,要搞市场经济就要搞私有制,从否定社会主义和公有制的角度排除社会主义经济的商品性。其根子都是把计划经济等于社会主义,把商品经济、市场经济等于资本主义。再有,商品经济本身存在的条件是社会分工和生产资料属于不同的所有者。过去,否定商品性是社会主义经济内在属性还有另一个主要理由,即国有企业的生产资料所有权同属于国家,国有企业之间相互交换的产品并没有改变所有权,故它们之间不存在实质性的商品交换关系。其实,这只能说明传统体制下国有企业实现形式不适宜商品经济发展,而不是公有制本身与市场经济不相容。

社会主义公有制与市场经济的兼容性源于社会主义经济自身的商品性。具体可以从所有制结构的多元性、社会主义公有制内部的多主体性和公司企业出资者所有权的分散性、多元性进行分析。

1. 所有制结构的多元性

我国现阶段的社会主义同时存在的是以公有制为主体的多种经济成分。不同所有制企业间的交换自然只能是商品交换关系,正是在多种所有制的相互融合和竞争中,公有制与市场经济的结合得以实现。公有制同市场经济的兼容,首先正出自于多元的所有制结构中,公有制经济与非公有制经济的兼容。

2. 社会主义公有制内部的多主体性

我国社会主义公有制经济本身亦有多种形式。除了全民所有制、集体所有制以外,还有全民所有制和集体所有制联合建立的公有制企业,以及各地区、部门、企业互相参股等形式的公有制企业。显然,在全民企业和集体企业以及其他形式的公有制企业间的交换只能是商品的交换。同时,就全民所有制经济内部说,存在的是多投资主体和多利益主体,并且是多产权主体。而不同产权归属企业主体(中央企业与地方企业、地方企业与地方企业)间的交换自然也应是商品交换。过去,一般是从存在利益差别角度讲商品性是社会主义经济的内在属性。这显然是不够的,因为真正意义上的商品交换只能是产生于不同的所有者之间。商品交换实质是产权交换,必须研究公有制与市场经济的本质关系。社会主义经济的商品性从根本上说源于社会主义公有制内部的多主体性。不仅是多产权主体,而且是所有权的多元。

3. 公司企业出资者所有权的分散性和多元性

企业组织形式即所有制的具体实现形式。社会主义经济的商品性,最终要落到作为微观基础存在的企业是真正意义上的商品生产者和经营者。企业改制后,以公有制为主体,以混合所有制为基础的公司企业,实现了股权的分散和出资者所有权的多元化,企业拥有完整的法人财产权和法人所有权,从而使商品生产者和经营者变得名副其实。即便是少量的国有独资公司,也同样拥有完整的法人财产权。在这种情况下,社会主义条件下的公司企业同以私有制为主体条件下的公司企业,就作为市场竞争主体来说已很少有什么差别。

总之,商品货币关系内在于社会主义,社会主义公有制同市场经济的兼容,是可以从理论上得到说明的。从我国改革开放实践看,至少是已开始证明公有制能够同市场经济兼容。

传统公有制企业制度的创新

从传统计划经济体制向市场经济体制转变,两种不同的经济体制如何衔接和更替,有理论问题,更主要的是实践问题。而由传统公有制企业制度转变为现代企业制度,则是造就市场经济新体制的奠基工程,也是最难的工程。

关于如何构建现代企业制度,有三个问题值得研究:一是如何把握现代企业制度;二是国有大中型企业的改制主要应解决什么问题;三是国有大中型企业以外的公有制企业如何进行体制的改革和创新。

（一）现代企业制度的基本特征

企业制度的发展经历了三个阶段，与之相应有三种企业组织形式：第一阶段为独立的自然人为经济活动的唯一主体，相应采取业主制企业或个体企业形式；第二阶段是多个自然人投资者共同投资，与之相应的是合伙制企业形式；第三阶段为法人企业制度阶段，采取公司制的企业形式。

公司制企业与自然人企业相比，主要有以下几个不同的特征：

一是公司法人制度。个体企业和合伙企业是自然人企业，民事主体是作为业主和合伙人的自然人。而公司制企业则取得了独立于出资人的法人地位，成为民事主体。公司法人制度的核心是法人财产制度。在公司法人制度下把本来意义上的完整的所有权，分解为出资者所有权和法人财产权。出资者所有权属于出资者（具体表现为股权）；法人财产权则是出资者整体所有权的体现，为法人企业所拥有，从而达到经营权与法人财产权的统一。公司则以其全部资产对公司的债务承担有限责任。

二是出资者的有限责任。个体企业的业主、合伙企业的合伙人，对企业承担的是无限责任。而公司企业的出资者，则以其出资额为限对公司承担有限责任，从而分散了投资风险。

三是董事的信托责任。个体企业的业主、合伙企业的合伙人，都是亲自经营企业。而在公司企业里，则以董事作为代理人经营法人财产。股东与董事的关系是信托关系，由此便产生了董事的信托责任。

四是内部的法人治理结构。在公司企业内部，一般要设立股东会、董事会和监事会，使所有者、经营者、劳动者之间互相制衡。

现代企业制度首先是一种现代产权制度。现代企业制度最本质的特征在于企业以其拥有的法人财产，独立经营企业，并承担有限责任。有限责任公司和股份有限公司具有这一最本质特征，是现代企业制度的典型与主要的形式。公司企业既可以容纳私有财产，也可以容纳公有财产。事实说明，它已是市场经济国家大中企业普遍实行的企业组织形式,也定能成为公有制在市场经济下实现的新形式。关键在于必须使我们的国有大中型企业的改制真正按照建立现代企业制度要求进行,而不是换换牌子,走走过场。

(二)搞好国有企业改制需注意研究解决的几个问题

进行国有企业的改制,应特别注意解决好这样几个问题:

1. 应有什么样的指导思想

一是不可搞所谓的"国有企业的公司化"。事实上,公司制应主要在国有大中型企业中实行,决不可能是所有国有企业统统都办成公司企业,也不是股份制企业就绝对好(这要看本身是否适宜实行股份制)。应同时大力推动国有小企业的包、租、卖和企业兼并、破产,有些则适宜于转为股份合作制。

二是不应为传统体制和传统观念束缚住手脚。建立社会主义市场经济体制,是对传统计划经济体制的根本性变革,企业改制也不可能是一蹴而就。可以按照现行规定进行国有企业的改制试点,但同时应加强对一些重大问题的研究,现行规定能否成为建立现代企业制度的目标模式还要走着瞧。又如,建立国有资产经营公司或投资公司无疑是需要的,但很容易基于传统体制框架考虑问题,从企业主管部门中分出一部分人员建立这样的公司,这样做虽然省事,但很难达到预期目的。

三是不能把企业改制变成单纯的集资手段,更不是"一'股'就灵"。有些企业对建立现代企业制度有兴趣,主要是股票上市。有不少企业实际是把改制当作集资手段看待,名义上已改制,实际上则未转换机制。这种情况应努力避免。事实上,企业经营好坏、效益高低,有多种因素,转为公司制不过是为企业更好地参与市场竞争创造了条件。但既然是进行市场竞争,不论何种组织形式的企业,都是既有成功、也有失败。有的兼并别人、有的被别人兼并。推广承包制时曾流行过所谓"一'包'就灵",此类笑话不应重复。

四是不能把注意力全部集中在搞"试点"。首先在少数企业中进行建立现代企业制度的试点无疑是必要的,但必须统筹兼顾。现在是亏损企业扭亏有政策,试点企业有优惠条件,剩下的国有大中型企业和一些国有小企业怎么办,很值得研究。

2. 国有股应授权谁持有

建立现代企业制度,首先要解决明晰产权的问题,对国有大中型企业的改制尤其是如此。

十四届三中全会《决定》规定,"对国有资产实行国家统一所有、政府分级监管、企业自主经营的体制"。具体到国有资产由谁代表,先后有三种来自于国家正式行政程序的规定:1988年在《国家国有资产管理局"三定"方案》中规定,由国有资产管理局行使国有资产所有者的代表权;1990年在《国务院关于加强国有资产管理工作的通知》中又决定,由财政部和国家国有资产管理局行使国有资产所有者的管理职能;1992年在《全民所有制工业企业转换经营机制条例》中,又确定由国务院代表国家行使所有权。总之,既是对国有资产实行国家统一所有,那就要找出一个总代表。但仅有这样一个规定,还不能使国有资产的所有权得到落实,因此提出了一个国有股应授权谁持有的问题。有的主张授权国有资产管理部门持有;有的主张授权国家财政部门持有;有的主张授权原行政主管部门持有;有的主张授权国有资产投资公司或国有资产经营公司持有;有的主张授权企业集团公司持有;有的主张授权企业持有;还有的主张建立国有资产管理委员会,并作为国有资产所有权的代表。我认为,出自于政资分开和政企分开的考虑,应是分别不同情况,或授权企业集团公司持有,或授权国有资产投资公司和国有资产经营公司持有。但国有资产投资公司或经营公司应是完整的企业,必须是真正的能人经营。这样,对国有资产最终将建立起三个层次的管理体系:一是权威的国有资产专管部门;二是产权经营的中介机构,一个个经营国有资产的法人实体;三是企业。自然,这仍是在现行规定框架内考虑问题的。事实上,要不要实行对国有资产的"分级所有"已是一个无法回避的问题。

3. 如何解脱国有大中型企业的历史包袱

国有大中型企业历史包袱过重是一个普遍性问题。这一问题不解决,转为现代企业制度便缺少必要条件。

压在国有企业肩上的历史包袱主要有三个：一是债务负担；二是社会负担；三是富余人员负担。就债务负担来说，据国家计委测算，如按1990年利润水平，国有企业即使将全部利润用于还贷，也需要18年才能还清。企业有这么高的负债率，出资人风险大，很难改组为真正的股份制企业。解决这一问题可采取如下措施：① 改贷为投。对"拨改贷"和基本建设本金形成的债务，可有重点、有选择地转为国家投资，作国家股。② 债权变股权，即银行将有些债权转为产权。③ 对有些贷款挂账停息，对有些呆账、死账由银行在呆账准备金中核销。④ 企业间相互欠债也可由债权变股权。解决企业社会负担重的问题，应逐步将企业的非生产人员从企业中剥离开来，办成服务性经济实体，对这些从企业分离出来的服务性经济实体，国家应给予一定时期的优惠政策。企业的富余人员，有条件的可采取一次买断工龄，也可提前退休。

（三）公有制小企业体制的改革

在我国公有制经济中，除去国有大中型企业，还包括国有小企业在内的面广量大的公有制小企业；显然，这些小型公有制企业，除一部分应继续实行"包、租、卖"等改革措施外，同样也存在一个企业体制的改革问题。

我认为，同一般股份制和合作制相比，股份合作制更适合我国的国情和小型公有制企业的实际。因此，一些国有小企业，绝大部分的城乡集体所有制企业，都可以转变为股份合作制企业。

股份合作制是介于合作制和股份制之间的一种企业制度，既承袭了合作制和股份制的基本制度要素，又与合作制和股份制有所不同。具体说：

第一，股份合作制首先承袭了合作制的基本制度要素，职工人人平等地持有股份，就所有制性质来说仍为劳动群众集体所有制经济。

第二，股份合作制显然也不再是本来意义上的合作制，或者说已是大大发展了的合作制。从内部说，已不完全是企业的产权分属于社员个人所有，企业留有积累，实行民主管理，部分按劳分配。从内外部关系说,合作制企业外部自然人、法人不能入股;而股份合作制则突破了这一限制,已成为开放的合作经济。

第三,股份合作制承袭了企业全部注册资本都以股份形式构成的股份制基本制度要素,但显然也不同于一般意义上的股份制。股份合作制与股份制的一个最大不同是外部人员一般不可以控股。

第四,股份合作制的真谛在于合作制与股份制各自长处的结合。确立名为股份合作制的这样一种企业组织形式,要旨正在于分别依据合作制下职工普遍平等持股和股份制下全部资本股份化的机理,对产权关系模糊不清的我国公有制小企业进行改组、改造,从而既使企业公有制性质得以保持,又能转上新型企业制度运行。

第五,股份合作制实质上是劳动者的股份制。它不仅要求企业职工人人平等地持有股份,而且要求职工个人股要达到一定数量界线。占多大比例,可以研究。

股份合作制是劳动者平等持股,所有资本都以股份形式存在,以企业内部持股为主、外部持股为辅,按劳分配与按股金分配相结合的一种企业制度。

事实将证明,股份合作制就是一种兼有股份制和合作制长处的企业组织形式,也是公有制的一种较好的实现形式。

多种所有制并存和多层次、多形式公有制并存

探索市场经济下公有制实现的具体形式,从深层次说,还必须研究所有制结构问题。

这里所说的所有制结构,一是指在一定社会经济形态中,各种所有制的社会构成以及各种所有制形式所处的地位、所起的作用和它们相互之间的关系;二是指生产资料所有制的内部构成。这里,将着重分析适合我国国情的社会主义公有制的内部构成。

(一)在竞争中达到所有制社会构成的优化

以公有制为主体的多种经济成分的共同发展早已不是一个理论问

题。改革前是公有制经济的一统天下,到今天已同时存在着国有经济、集体经济、私营经济、个体经济、联营经济、股份制经济、外商投资经济、港台澳投资经济和其他经济等9种经济类型。研究我国的所有制结构,人们议论较多的是在以公有制为主体、多种经济成分共同发展的所有制社会构成中,公有制和公有制以外的其他经济成分各占多大比例才是最优的结构,以及这种最优的比例关系如何形成?

求得我国所有制社会构成的最优,从根本上说应是一个实践的问题,并不需要人为地先规定下比例来对公有制经济以外的其他经济成分进行这样那样限制。我们既然是在搞社会主义公有制,首先就应相信公有制经济的优越性和公有制为主体公司企业的竞争力。只要形成平等竞争的外部环境,只要我们的公有制企业能真正转变为公司体制,就没有公有制竞争不过非公有制的道理,并在竞争中自然而然形成最优比例关系。

(二) 再议"多层次社会主义公有制"

十四届三中全会《决定》规定"对国有资产实行国家统一所有、政府分级监管、企业自主经营的体制"。依据这一规定所进行的国有大中型企业转上现代企业制度的试点也已全面铺开。然而,还有必要进一步探讨一下,国有资产的"分级所有",特别是背后的"多层次社会公有制"问题。

"多层次公有制"的概念最早由薛暮桥同志提出。我个人研究这一问题也有多年。在我主编的《中国企业集团的建设》一书中,对"多层次社会主义公有制"的概念重新作了如下的注释:"'多层次社会主义公有制'有多层意思:一、表明这种生产资料所有制是公有制;二、表明这种生产资料公有制是社会主义公有制;三、表明这种社会主义公有制事实上是同时存在的从中央到地方、从城市到乡村多层次(范围不同)的公有,是同我国社会主义初级阶段的生产力发展状况相适合的、在社会主义初级阶段上的实行的公有制。具体说: ① 依据资产形成的不同,对现有被笼而统之地称为'全民所有制企业'的资产进行界定,再结合企业在国民经济中的重要性和其他一些考虑,变传统的全民所有为国有、省有、市有、县有（如把不是中央投资的企业明确为国有，对地方应予以补偿；反之亦然）；② 依据同样原则，同时对城镇集体所有制企业，特别是所谓'大集体'企业的资产进行界定，并明确其产权归属；③ 农村集体所有制经济，包括乡镇企业另议。"

我们是在以公有制为主体的条件下来建立现代企业制度的。在以公有制为主体的条件下建立现代企业制度，不仅要求企业拥有完整的法人财产权和法人所有权，而且必须做到出资者所有权即股权的分散和所有权主体的多元化，这是全部问题的关键所在。而在全民所有制"大一统"下是不可能做到这一点的。如实行国有资产的分级所有，并相应地把传统国有制转变为多层次公有制，那么各级地方政府所拥有的就不再只是管理权而是所有权，就要同时界定国有资产、地方资产，明确资产所有者和产权代表。作出这种改变虽然还不能解决如何实现政资分开和政企分开，即企业最终的改制问题，但对走向现代企业制度毕竟是迈出了一大步，并且是关键的一步，即明确了国有资产的具体所有者，而不再是"大一统"全民所有制下的国有资产的虚空。不同的所有权基础构造出不同的产权结构和产权安排。必须说，在传统国有制框架内构造现代企业制度，同在多层次公有制的新格局下建立现代企业制度是不一样的。照现行企业改制试点办法，财产所有权是国家的，国家股由国务院授权的部门或机构，或根据国务院决定由地方人民政府授权的部门或机构持有并委派股权代表，这说不上是规范的股份制。传统国有制转变为多层次公有制，所有权主体明确和分散了，在这个基础上实行的以公有制为主体的股份制才是规范的股份制。自然，采用由国务院委托地方政府代行所辖国有资产所有权的办法，也可以使地方政府拥有所辖企业的所有权；但既然是委托，也可以收回委托，终究没有从所有制老根上解决问题。

总之，将传统的两种基本形式的社会主义公有制转变为"多层次社会主义公有制"已是必然选择。正是以公有制为主体的多种所有制并存，以全民所有制即国有制为主导的多层次、多形式公有制并存，以公有制为主体、以混合所有制为基础的公司制企业和其他类型企业并存，构成了有中国特色社会主义的所有制结构特色和微观基础。

（原载《江苏社会科学》1995年第2期，人大复印报刊资料《社会主义经济理论和实践》1995年第5期全文复印；收入中共中央党校出版社出版的《中国领导科学文库》以及《中国特色社会主义文库》、《中国当代社科文献》、《中国改革开放系列丛书》等书）

"有进有退"并非"全面退出"竞争

国有企业改革一直是我国改革的重中之重。日前召开的十五届四中全会强调从战略上调整国有经济布局,要同产业结构的优化升级和所有制结构的调整完善结合起来,坚持有进有退,有所为有所不为。这无疑是国有经济发展方针的重大调整,有利于从整体上搞好国有经济。但有人以为国有经济"有进有退"中的"退"就是全面退出竞争领域,我认为这是一种误解,是没有真正理解四中全会的精神。

我们知道,经济体制改革和国有企业改革的初衷就是要实现社会主义与市场经济的有机结合,关键又是转换国有企业的经营机制,从根本上解决国有经济活力不强的问题。从着眼于搞活单个国有企业转到着眼于整体上搞好、搞活国有经济,从实质上说,也正在于从整体上提高国有企业的竞争力;同样,提出对国有经济作战略性调整,对国有企业的战略性改组,也决不等于增强国有企业活力的改革初衷已经变了。这个初衷并没有变,也不能变。在世界经济一体化和现代市场经济条件下,对任何一个国家来说,其经济控制力的基础又正在于竞争力。在这里,竞争力和控制力已经融为一体了。党的"十五大"报告讲得很清楚,国有经济比重减少一些而又不会影响我国的社会主义性质,其前提条件正是控制力和竞争力得到增强。只讲国有经济的控制力,不讲国有企业的竞争力,就犯了片面性的错误。相应地,深化国有企业改革是为了转换国有企业的经营机制,使其更好地进行市场竞争,而不是全面退出竞争。

"全面退出论"者的立论根据是:非公有制经济天生适于竞争,而国有经济则天生不适于竞争,由此推出"国有资本从原有体制内的竞争性领域退出"应该是全面而彻底的,既包括小型国有企业,又包括中型国有企业和大型国有企业,使"民有民营经济成为市场经济的基础"。这种看法明显违背了改革的本意。

　　无论从理论上,还是从实践上看,都有两种不同涵义的"退出"。第一种是基于长时间形成的我国国有经济涉及面过宽、战线过长、布局和结构不合理的现状,必须对国有经济进行战略性调整和对国有企业进行战略性改组。从结果看,一部分国有资产(尤其是国有小企业)从其原所在行业退出来,转向国有经济更需要加强和发展的领域,将不可避免,也是符合工人阶级和广大人民群众的根本利益的。第二种是先定个框框,硬要国有经济从竞争性领域作"全面退出",把不赚钱的、赔本的买卖留给国有经济去做,而把赚钱的买卖都让给非国有制经济。很显然,十五届四中全会所强调的国有经济"有进有退"中的"退"是前者,而不是后者。如果是后者,即"全面退出",我国的国有经济又如何能发展得更强大,难道说世界强手之间的竞争就只能限于非国有企业之间竞争?

　　正确理解"有进有退",还有一个正确理解"竞争性领域"的问题。竞争是相对于垄断说的。在理论上,垄断又分国内市场垄断和国际市场垄断。然而,世界经济发展到今天,国内、国际两个市场早就联系在了一起。我们发展经济必须面向国内、国际两个市场,而不是一个国内市场,而且就国内市场讲也早就不仅仅是我们自己的企业在竞争。依照公认的划分,我国的高科技、航天航空等自然应属于国有经济发挥作用的领域,但放眼两个市场,谁又能说不存在竞争?现在,我国电力、交通、金融、外贸等部门都已开始放开。不存在竞争的部门和行业已很难找到。同时,原有体制内的竞争性领域也是一直在变化的。如果把"有进有退"理解为全面退出"竞争领域",不知这个"竞争性领域"究竟如何界定?

　　"退出"如何实现?是在行政力量强制下"退出",还是通过市场竞争"退出"?显然,国有资产从哪些行业退出,并不是政府事先规定的,而应是市场竞争的结果。国有企业难以真正转换机制，主要的症结正在于政府职能转换滞后，政企迟迟不能分开。政府不仅在做属于企业的事，而且在做应由市场决定的事。现在，新旧体制转换尚在进行中，不承认政府在资源配置中的作用是不对的，但同时也应警惕传统经济体制回归。

国有经济为何不可以以控股、参股形式存在，为什么一定要从竞争性领域完全退出？国有企业改革，关键在于找到国有经济在市场经济下的微观实现形式。为此，不仅要实现所有制结构的多元化，而且要实现微观基础的多元化。从现代市场经济发展要求说，不仅单体国有企业不适合，单体非公有制企业同样也不适合。适合的正是股份形式的混合所有制经济。说到竞争性企业，更是各种所有制经济的我中有你、你中有我，而不是这种经济或那种经济的退出。

我国国有企业实际又可分为中央投资企业和地方投资企业，面广量大的国有小企业属于各级地方。这里撇开要不要实行"分级所有"的争论不说，并且假定中央投资企业全面退出竞争性领域有道理，若硬性地让地方企业从竞争性领域退出也不见得就对发展经济有利。我们历来讲要发挥中央和地方两个积极性，而不是中央一个积极性。硬要地方企业退出竞争性领域，地方又在哪里发展？如何积累建设资金？

退后一步说，即便是"全面退出"理论上是成立的，在实践上也没有可行性。存在于竞争性领域的国有资产不是小数，决非想退出就能退出。关键是要有买者愿意购买并买得起。国有小企业的拍卖难，各地早已领教，更不要说大中企业了。如果说，今后国家财政一般不应再向竞争性领域投资的意见还值得重视、并能做到的话，那么，要国有大、中、小企业全都从竞争性领域退出，就只能是纸上谈兵了。

（原载《光明日报》1999年9月24日第六版"学习党的十五届四中全会精神笔谈"）

公有制的主体地位必须坚持

——"民营经济主导论"质疑

读过4月26日《经济学消息报》第四版上发表的张寒松的文章,对文中阐释的"民营经济主导论",笔者实在不敢恭维。坦诚地说,这篇文章并没有把要讲的问题真正给讲清楚,但其立论却事关重大。因此,完全有必要把这一立论提出来讨论,看看它到底能否成立。

"主导"与"非主导"的颠倒

文章开宗明义地提出:"据测算,到2000年,民营经济占GNP的比重可能达到70%~75%。无论从数量上,还是从质量上看,民营经济在国民经济中的优势地位日见突出,公营经济的优势地位正在丧失。在这样的格局下,公营经济主导论在实践上缺乏事实依据,理论上也与我们历来从数量,质量结合的角度判断一种经济成分的地位不相符合。可行的提法应是:以公营经济为基础,民营经济为主导。"这完全是把"主导"与"非主导"给弄颠倒了。

照理说,作者既然是在谈诸种经济成分中哪种或哪些种能在国民经济中发挥主导作用这样的大问题,那么,首先就应该对何谓"公营经济"和"民营经济"作出明确解释。奇怪的是,这种应有的解释却被作者不应有地省略了。不过,从上下文看,文中所讲的"公营经济"正是通常所讲的国有经济(原称国营经济),"民营经济"则系指非国有经济(在此撇开"国有民营"不说)。这里,且不论赋予"基础"何种涵义以及把数量上只占30％～25％的国有经济看做国民经济的"基础"是否妥当,而单就作者把非国有经济成分拼凑起来充任社会主义国民经济的"主导"讲,怕是连人们通常所说的在社会主义国民经济中发挥主导作用是什么意思,也未能给真正弄通、弄懂。

  大家都知道,我们讲社会主义公有(制)经济历来都是讲既包括社会主义全民所有制经济即国有经济,又包括集体经济;我们通常又都是讲的以公有制经济为主体、多种经济成分共同发展,以公有制经济为主体和以国有经济为主导。至于对主体、主导如何把握,党的十四届三中全会通过的《决定》作过集中阐释。江泽民同志在党的十四届五中全会闭幕时的讲话中又进一步指出:"坚持公有制的主体地位,重要的是把握好以下几个方面:一是在社会总资产中要保持国家所有和集体所有的资产占优势,二是国有经济在关系国民经济命脉的重要部门和关键领域占支配地位,三是国有经济对整个经济发展起主导作用,四是公有制经济特别是国有企业要适应社会主义市场经济发展的要求,不断发展和壮大自己。"江泽民同志这里对如何发挥国有经济主导作用的阐述,同他在上海、长春召开的企业座谈会上的讲话中所讲的"国有经济只要在国民经济重要和关键的行业、领域中占据支配地位,国有经济就会发挥主导作用"完全一致。总之,我们现在是讲的以公有制为主体,而公有制又包括国有制和集体所有制,传统的国有经济主体、主导论,即国有经济在数量上也必须占绝对优势的认识早已被打破;讲主导从来都是指的对国民经济发展的导向作用,也只有国有经济才能充当这一主导,归根到底,这又是由国有经济自身的性质所决定的;国有经济在整个经济中发挥主导作用,并不一定要有数量的优势作条件(当然,也必须拥有一定的数量才行),但一定要确保其在国民经济重要和关键的行业、领域中占据支配地位;相对于"非国有经济"都是"非公有经济"的情况说,数量巨大的多种形式的集体经济的存在,无疑使国有经济发挥导向作用来得容易得多了。可见,文章以国有经济不占据数量优势为由,就否认其仍能在国民经济中发挥主导作用,是站不住脚的。至于作者为何不直接使用"国有经济"和"非国有经济"的概念,而用"公营经济"和"民营经济"代之,笔者有些不解。因为,大家又都知道,确切地说"公营"、"民营"并非是在区分不同的经济成分,而实际是在区别不同的经营方式,并且一般是讲"国有"、"国营"、"国有国营"和"国有民营",而很少把"国有经济"称作"公营经济"(至于国外如何使用"公营经济"的概念,那是另一个问题)。再具体到"民营经济"讲,一般也是认为,其涵义可宽可窄,宽者可以是指非国营,窄者可理解为个体、私营。如果把"民营经济"作后一种涵义上的理解,那么,提出"民营经济主导论"问题就更大了。

总之,以上分析说明了,文章的立论所带来的第一个严重问题,正在于不应有的"主导"与"非主导"的颠倒。

根本问题上的模糊

文章提出"民营经济主导论",所发生的另一个问题在于,在"民营经济"的拼盘里不作公有经济与非公有经济的划分,集体经济不见了,通篇没有一个地方提到还要坚持以公有制经济为主体(其实,既然不承认国有经济是主导,这样着笔十分自然),这就难免有舍弃公有制经济主体地位之嫌疑。这实在是作者在根本原则问题上的不应有的模糊。

为什么一定要坚持公有制的主体地位呢?江泽民同志在党的十四届五中全会闭幕时的讲话中已很好地回答了这一问题。诚如他所讲:"坚持公有制的主体地位,是社会主义的一条根本原则,也是我国社会主义市场经济的基本标志。在整个改革开放和现代化建设过程中,我们都要坚持这条原则。只有确保公有制经济的主体地位,才能防止两极分化,实现共同富裕。任何动摇、放弃公有制主体地位的做法,都会脱离社会主义的方向。"

照笔者的领会,在整个改革开放和现代化建设过程中之所以必须坚持公有制经济的主体地位,是由于:

第一,公有制是社会主义生产关系的基础,同时也是我国社会上层建筑的基础。这也就是说,社会主义的经济是以公有制为基础的,没了公有制也就没了社会主义。明白了这一点,也就不难明白对坚持以公有制为主体这一条,邓小平同志为什么一而再、再而三地强调了又强调。

第二,只有确保公有制的主体地位,才可能实行按劳分配的原则,才能防止两极分化,实现共同富裕。现在大家都讲社会主义要消除两极分化,最终实现共同富裕。如何才能真正做到这一点呢?首先是发展生产力,但同时必须坚持按劳分配。而要坚持按劳分配为主的原则,就又必须坚持公有制的主体地位。也就是说,坚持公有制的主体地位,又正是坚持按劳分配为主的原则、实现共同富裕的前提。

第三,坚持公有制的主体地位又是我国社会主义市场经济的最基本标志。我们所实行的是社会主义市场经济。社会主义市场经济和社会主义基本制度结合在一起,也就是主要和公有制结合在一起。离开了公有制的基础,我们所搞的市场经济也就不成其为社会主义市场经济了。

第四,也只有坚持公有制的主体地位才能实现比资本主义下更有效的宏观调控,从而创造出比资本主义更高的劳动生产率和达到比资本主义更高的生产力发展水平。

足见,文章的作者避开必须坚持公有制的主体地位而鼓吹什么"民营经济主导论",是十分幼稚的。

说来也巧,就在发表这篇文章的《经济学消息报》的同一个版面,在另一篇文章中读者看到,有同志至今仍然在讲"中国和前苏联、东欧国家所有制改革的区别不在于是否需要私有化,而在于怎样私有化"的问题(见《中国经济改革的经验与问题——世界银行1996年度〈世界发展报告〉初稿讨论会综述》)。必须指出,如果"民营经济主导论"实际是要非公有制经济作主导,这实在是一个危险。

(原载人民日报理论部《理论参考》1996年第8期)

让企业像细胞一样具有活力

党的十二届三中全会通过的《决定》指出,增强企业的活力是以城市为重点的整个经济体制改革的中心环节。我联系实际学习《决定》以后,认识到,抓住了这个中心环节,企业就会像细胞一样具有了生命的活力,就能提纲挈领带动改革的整个全局。

过去,用行政命令的方式对企业进行直接的干预,把计划加以具体化作为指令下达,企业经济活动的决策权不该集中的强求集中,那就不可避免地压抑了企业的生机和活力。正像我们在调查中听到有的厂长讲的:作为企业的领导,我们主观上没有不想把企业搞好的。但由于手中无权,这也要请示,那也要报告,成天是跑不完的腿,磨不完的嘴唇皮,磨来磨去,积极性、主动性和创造性就减少了。另外,由于政企职责不分,集中过多,管得过死,还使得一些地区、部门往往从局部需要出发,人为地割断经济发展的自然联系,而且往往是只对上级负责,企业自身的利益却得不到照顾,所有这些都不利于搞活企业,发展生产。

在经济体制改革中实行政企职责分开,扩大企业自主权,就可以正确解决国家与企业的关系,克服多年来经济管理体制上存在的弊端。但是,简政放权放到哪一级?我们觉得,应该是一竿子到底——放到企业。过去我们多次实行权力下放,但都只限于调整中央和地方、条条和块块的管理权限。改来改去,无非是条条多管一点,还是块块多管一点。但是,不论条条管,还是块块管都是按行政体系、用行政办法来管,而不是按照客观经济的内在联系,用经济办法来管。这样在条条、块块的权限上兜圈子,不能从根本上解决体制问题,还没有让企业自己管,更没有让企业职工群众管,这样怎么能调动企业和企业职工的积极性、主动性和创造性呢?现在,《决定》明确指出,政企职责分开后,要充分发挥城市的中心作用。城市政府机关也必须实行政企职责分开,简政放权,不要重复过去那种主要依靠行政手段管理企业的老做法,以免造成新的条块分割。

值得注意的是,在城市改革中,有的地方出现了挂起"公司"招牌的行政机构,不仅抓住原有企业不放,而且想方设法还把一些大的企业往上收。有的是局长、总经理一身二任。这实际上是拦截了本应放给企业的权利,是与改革的精神不相符合的,有这种情况的地方,应按照《决定》精神,实事求是地予以改进。

(原载《新华日报》1984年11月2日,特约撰写)

进一步把国营大中型企业放开

顾秀莲省长在向省六届人大第三次会议作工作报告时指出:"现在多数大中型企业的发展不如小型企业,全民所有制企业不如集体所有制企业,这与大中型企业缺乏活力有很大关系。"为什么大企业缺乏活力,不如小企业,不如集体企业?

我以为,要解决这个问题,就必须进一步把思想敞开,沿着《决定》指引的方向不停顿地走下去。比如《决定》阐明了全民所有制企业生产资料的所有权同经营权可以适当分开的理论。就商品经济的本性讲,企业理应是独立的经济实体。因为,在有计划商品经济条件下,企业间(包括全民所有制企业间)的经济联系,只能是商品交换关系。由是,在如何进一步把国营大中型企业放开、搞活的问题上办法就多了。

首先,进一步把国营大中型企业放开,就企业内部关系讲,最重要的方面就是要继续完善经济责任制,特别是适当划小企业规模或生产经营规模和核算单位,即"大划小"。为何划小企业的生产经营规模和核算单位就能生出活力呢? 这是因为,我们的企业大多数都是"大而全"和"小而全",特别是大中型骨干企业、设备的利用率一般较低,有些甚至长年不用,多余人员也多,一旦划小生产经营规模和核算单位,产品很快就能做到适销,不仅设备得到充分利用,人的积极性也得到更大发挥。"大划小",通常是改封闭式车间成立分厂,改统负盈亏为自负盈亏。表面看,生产资料的所有权并没变,但从生产资料同劳动者的结合看无疑是更紧了,劳动者的经济利益同生产成果之间的联系也更密切了,实际是在不改变生产资料所有权的条件下,对生产关系进行的合理调整。

其次,在企业同国家的关系上,可以考虑:

(1)学首钢,对有些国营大中型企业放手实行一定时期的上缴税利包干。上缴税利包干,使生产资料的所有权和经营管理权彻底分开,实质是国家将生产资料定期出租:一个叫租金,一个叫包干税利,差别仅在于名称。

(2)将有些国营大中型企业的生产资料股份化,70%以上(当然也可以规定另外的比例)的股份归国家,剩余的准许企业职工个人(或外人)购买。也可以考虑企业现有生产资料的所有权不变,准许企业或企业职工个人入股。为保证国家利益(包括合理利用资源、合理使用生产资料),可同时考虑向实行税利包干和生产资料股份化的企业派驻厂员(也可委托银行、税务部门派员代理),或成立管理委员会。另外,不论是实行定期税利包干,还是将生产资料股份化,又都涉及如何对待新增的生产资料和如何控制消费增长过速。就定期税利包干讲,追加的固定资金原则上应由国家出,所有权自然应该是国家的。至于企业自有资金,原则上应做流动资金用。就生产资料股份化讲,原则上应是谁追加归谁占有(即使国家追加的投资没有企业多,大不了最终使企业变成企业所有制性质的,也没有什么可怕)。就控制消费基金增长过速讲,企业职工收入增加同必然扩大消费并无必然联系,银行存款增加就是例证。如果职工有股份的企业确实经营得好(否则职工收入不会增加太快),股息又高,至少会有一大部分个人消费基金重新转为企业生产基金,弄得好很可能形成一个良性循环。当然,上述改变毕竟关系太大,因此不能操之过急。需先进行试点,证明真正可行后才能推开。

(原载《经济学周报》1985年12月1日)

推进国有企业改革和发展的几个基本认识

国有企业改革是当前改革的重点,也一直是我国改革最大的难点,从总体说,企业改革仍然是整个经济体制改革的薄弱环节。本文拟提出如下问题并结合江苏实际谈些个人看法。

改革思路的根本性转变

10多年来的企业改革有两个特点十分突出:一是就国有制企业的改革说,单个企业是始点又是终点,试图把每个现有国有企业都搞活、搞好,并且针对具体企业实施不同的政策,比如同是钢铁企业,具体改革措施就有很大不同。二是以不同所有制性质的企业为对象,轮番进行政策调整,如对国有企业实行放权让利,对乡镇企业给予政策优惠,对"三资"企业给予特殊条件,等等。这样推进企业改革在改革的一定时期内是必要的。但也潜伏着一个问题,就是根本不可能做到使现有企业都能搞活、搞好,也是违背市场竞争规律的。更大的问题在于,我国现有的数量众多的企业,是在条块分割传统体制下和不合理经济结构中存在、发展的,硬给一些本应在市场竞争中被淘汰的企业打强心针,必然要障碍经济结构(包括产业、产品结构,技术结构,企业规模、组织结构等)的合理调整。当然,客观地说,我们从改革一开始就提出了结构调整问题,也采取了一些措施。但由于整个指导思想在于把现有单个企业搞活,因而在很长一段时间内,未能跳出囿于单个企业进行改革的圈子。

进一步讲,推进国有企业改革,必须实行指导思想和改革思路的转变,即不是以试图分别搞好单个企业为改革目标,而是以盘活国有资产为改革目标。换句话说,新的改革思路的支点在于加快国有经济结构调整,由过去的搞活单个国有企业转变为搞活国有经济、着眼于增强整个国有经济的活力。事实上,从生产力方面说,国有经济的主导作用很重要的一点正表现在能够在资产优化配置和产业结构高度化过程中发挥积极作用。从这里讲,抓住了国有经济的结构调整,也就抓住了改革的根本。新近胜利召开的十四届五中全会明确提出,必须转变经济增长方式,即经济发展要从粗放型转向集约型。无需说,着眼于搞好整个国有经济的改革思路,同这一点是完全一致的。

着眼于搞好整个国有经济,要求对国有企业的改革实行分类指导,即针对不同类型的国有企业,实行不同的深化改革措施。国有企业改革总的就是"抓大放小"。具体到企业组织形式,应是适宜于什么形式就采用什么形式。一般地讲,涉及国家安全、国际尖端技术、特殊产品、公用设施等特定行业的企业,有的仍要实行国有国营,有的可转上国家独资公司形式;属于竞争性行业中的国有大中企业,应采用股份制形式,即按一般公司体制改制,或转上有限责任公司,或转上股份有限公司,有的可实行国家控股,有的可实行国家参股;而对于一般国有小企业要进一步放宽放活,有的可以实行兼并、联合和租赁,有的可改组为股份合作制,也可以出售。现在,已明确对于县属企业可以放得更开一些。但具体如何进行改革,还要研究。从江苏情况看,在国有工业中,地方县属企业的生产单位数比重占96.9%,小型企业的生产单位数比重占72.2%。1994年,大、中型和小型企业的资金利税率分别为9.83%、7.22%和3.12%,百元固定资产实现利税分别为11.65%、10.85%和5.23%。存在严重困难的企业也主要是县属小企业。提请省有关部门抓紧进行调查研究,以尽快总结出这方面的改革经验,指导面上改革。

着眼于搞好整个国有经济来推进国有企业的改革是改革的深化,也是必走的一步。它涉及一些既得利益的调整,比囿于单个企业进行改革更难,很重要的一点是局部利益要服从整体利益。不能是仅仅把"着眼于搞好整个国有经济对国有企业进行深化改革"停留在口头上,一遇到具体的结构调整问题又来了。

国有经济决不惧怕竞争

首先,必须正确地认识以公有制为主体、多种经济成分共同发展的基本方针。

依据党的"十二大"、"十三大"、"十四大"政治报告,特别是十四届三中全会《决定》,坚持以公有制为主体、多种经济成分共同发展的方针,主要应明确这样一些问题:

其一,必须坚持以公有制为主体,以全民所有制即国有制为主导。社会主义全民所有制是社会全体成员共同占有生产资料的公有制形式,是同高度社会化的生产力相适应的一种社会主义公有制。全民所有制本身的这种性质,决定了它必然在我国多种经济成分并存的所有制结构中居于主导的地位。

其二,公有制包括全民所有制和集体所有制,以公有制为主体不等于以国有制为主体。从我国当前情况和发展看,在公有制内部,就量的关系讲,包括乡镇企业在内的我国城乡集体所有制经济将比国有制经济占有更大的比重。

其三,就全国来说,公有制在国民经济中应占主体地位,有的地方、有的产业可以有所差别。

其四,公有制的主体地位主要体现在国家和集体所有的资产在社会总资产中占优势,国有经济控制国民经济命脉及其对经济发展的主导作用等方面。正如江泽民总书记在上海、长春召开的企业座谈会上的讲话中所正确指出的,"国有经济只要在国民经济重要和关键的行业、领域中占据支配地位,国有经济就会发挥主导作用"。

其五,随着社会主义市场经济体制的建立,随着产权的流动、重组,财产混合所有的经济单位会越来越多,将形成新的财产所有结构。

其六,国家要为各种所有制经济参与市场竞争创造条件,对各类企业一视同仁。

正确贯彻以公有制为主体、多种经济成分共同发展的方针,很重要的一点在于正确认识非公有制经济在我国国民经济整体中的地位、作用。从改革初期的允许个体、私营经济存在,到今天的多种经济成分的"长期共同发展",标志着我们对非公有制经济认识的深入,所说非公有制经济是社会主义公有制经济的必要和有益的"补充",是相对于公有制经济的主体地位而言之。事实上,非公有制经济早已从开始的"拾遗补阙",发展到国计民生行业,并向国际市场拓展,成为地区经济生活中的活跃因素,国民经济的重要组成部分。

摆在我们面前的一个重大实践问题,正在于构建以公有制为主体的多种经济成分长期共同发展的所有制结构,并使结构优化。首先又有两个问题:一是各种经济成分以及公有制内部全民所有制和其他公有制形式各自应占多大比例? 二是这种比例最优的,以公有制为主体、多种经济成分并存的所有制结构如何形成? 是在平等竞争中形成,还是在对非国有制经济,特别是非公有制经济进行这样那样限制中形成? 有的同志,嘴里讲的是以公有制为主体,心里想的仍是应以国有制为主体;嘴上讲的是多种经济成分的长期共同发展,心里想的是必须对非公有制经济的发展进行限制。这种认识显然并不符合以公有制为主体、多种经济成分共同发展的基本方针,照此办理才是真正危险的。

当然,有些同志所以存在这种认识,主要还不是担心眼前,而是顾忌以后。在他们看,照今天这种态势发展下去,公有制经济特别是其中的国有制经济,所占比重势必愈来愈小。其实,这种顾忌是多余的。首先必须坚定信心,就是国有经济决不惧怕竞争。改革开放以来,非公有制的发展明显快于公有制,特别是快于国有制,有复杂原因:从国有制经济,特别是国有大中企业说,它们承担着绝大部分的改革成本,自身又背着沉重的债务、企业办社会和富余人员等包袱。而非公有制经济的发展则得益于改革开放政策,有政府扶持,且经营机制灵活,不像国有企业那样背着沉重包袱。但随着改革的深化,这种种不正常情况终将要发生改变。没有理由认为，真正转上现代企业制度的以公有制为主体的公司大企业竞争不过非公有制小企业。

集体经济，特别是乡镇工业发达是江苏经济发展的一大特色。据省统计局《统计分析资料》：全省国有工业总产值占工业总产值的比重，1994年已下降至23.9%。集体经济在不少地方是"三分天下有其二"。另据省工商局统计：至1994年底，全省个体工商户为136万户、从业人员215万人，私营企业2.8万户、从业人员31万人。与有些兄弟省市比，发展明显滞后。由此可以肯定两点：一是江苏集体经济的优势不能丢；二是非公有制经济，特别是个体、私营经济发展的余地还很大（尤其是在经济欠发达的苏北）。对江苏省说，着眼于搞好整个国有经济来积极推进国有企业的改革无需说是极其重要的，但不能顾此失彼。国有企业改革最终是要把企业推向市场。发展国有经济也只能靠竞争。

现代企业制度必须是产权清晰的制度

建立现代企业制度是我国国有企业改革的方向，并且主要是解决国有大中型企业的问题。现代企业制度首先又是现代产权制度，这就又提出一个传统国有资产管理体制和产权制度的深化改革问题。有段时间，明晰产权的话不大讲了，似乎国有资产产权明晰不得，要明晰就只能退到私有制。又有同志尖锐地提出，不应不加分析地批评全民所有制"产权虚置"，认为全民所有制产权关系并不模糊。到底存在不存在一个全民所有制"产权虚置"问题？究竟怎样把握"企业法人财产权"？这里说说我的看法。

有些同志所以认为全民所有制产权不模糊，说来说去无非是说全民资产属于国家所有是明确的。然而，无可否认的实际情况是：一方面国有企业中的国有资产属于国家所有是明确的，另一方面却又是具体代表国家作为国有资产出资者的机构职能界定不清，权力和责任的不明确。或者说，就理论讲，就法律讲，就国有资产总体讲，国有资产产权边界是清楚的；但从单个国有企业的角度看，产权关系又不明晰，缺少人格化的代表,没有哪个真正对国有资产的增值负责。实际上,这正是"所有者缺位"和"产权虚置",也正是传统国有制的主要弊端。也因此才提出一个"政企分开"和"政资分开"的问题。

如何正确地把握企业法人财产权?这也是一个有很大争议的问题。有的同志提出,不能把提出企业法人财产权理解为是要构造出一个新的企业财产所有权,而应当理解为是在保护国家所有权和保证国有资产增值的前提下,通过明确企业对出资者授予其经营管理的财产享有独立支配权,进一步促进所有权与经营权的分离。

现在,同是讲建立现代企业制度,但具体设计却有很大差别:一是立足于维护传统国有制框架来研究如何建立现代企业制度;一是真正按照搞好搞活国有经济、按照建立社会主义市场经济体制的要求来研究如何构建现代企业制度。

按照第一种设计,国有企业改制后仍然是国有企业。因此才提出,先要确立"国有企业法人财产权"的概念,并应把它理解为包括三个方面的内涵:一是确保所有者权益;二是确保企业独立运营;三是确保出资者和企业各自承担有限责任。强调的是,国有企业的所有权不应分割,不能搞成部分属于国家、部分属于企业的所有权双重化,更不能把国家所有权变为企业所有权。总之,企业所拥有的只是一个经营权(实属委托经营),并且必须保证国有资产的增值。

按照第二种设计,转上现代企业制度,主要是转上现代公司企业制度,公司企业一旦依法成立,投资者所有权也就转化、分离为股权和法人所有权。同时,公司企业要求多投资主体而不是单一投资主体。这里,股东和公司企业所拥有的是同一财产,实际是两个主体、两个客体:股东拥有股票,公司拥有法人财产。在这里,构成公司法人财产的每一部分的来源都是明确无疑,出资者和其财产的种类、数量界限都是明确的。但是,正如有同志所说,公司一旦依法成立,各出资者的出资就被投入了"炼金炉",一切旧的痕迹、功能都被熔化,凝结为一个不能被各个出资者区别、分割、占有、支配、处分的整体——公司法人财产,其所有权主体唯一为公司法人机构,出资者和出资统统变成了清一色、无差别的股东和股份。显然，公司法人依法所拥有的是实质性的所有权，作为现代法人的企业，也只有实际地依法拥有自己的法人财产，才能成为独立的民事主体。因此，在这里，不是要单单保护国家所有权，而是要保护所有出资者的所有权；不是国有企业的所有权不应分割，而是公司法人财产的不可分割。

有必要强调的是，在公司企业里，国家哪怕拥有再多的股份，作为股东与其他股东地位都应该是平等的。为此才必须实行政企分开，使股份不为具有特殊身份的政府持有，而为同样是企业法人的经营性实体公司持有。总之，提出出资者所有权和法人财产权的概念，实质上就是要变单一投资主体为多元投资主体，就是要构造出一个新的法人所有权，就是要变传统计划经济体制下的官营为市场经济下的企业家经营。法人所有权只是一种法律形式，决定所有制性质的是实际控股公司的股东本身的性质。顺便说，"国有企业法人"和"国有企业法人财产权"只适用于国有独资企业，且就其实质说，公司企业所拥有的也应该是"法人所有权"。"国有企业法人财产权"的概念对多投资主体的公司制企业并不适用。

联系江苏建立现代企业制度试点看，我以为很重要的一点，还在于真正做到国有资产投资主体的具体化、人格化，并多吸收非国有股份，以实现从单一投资主体到多元投资主体的转变。只有做到这一点，才能使改制后的企业按公司企业机制运营。

突出地抓好发展大公司、大集团

搞好国有经济，除解决体制问题外，还有产业、企业组织、产品、技术等结构方面的问题。这就要求把企业改革同改组、改造和加强管理结合起来，也就是现在常说的"三改一加强"。这里，拟着重说说抓好发展大公司、大集团的问题。

大家都还记得，十四届三中全会《决定》对发展企业集团的重大意义所作的精辟概括。江泽民总书记在上海、长春召开的企业座谈会上的讲话中又强调,"一个国家的经济发展,工业化的实现,经济整体素质的提高,主要依靠大型企业和企业集团"。现在看得更清楚了,企业集团在促进结构调整,提高规模效益,推进技术进步,增强国际竞争能力等方面所能发挥的重要作用,是无可替代的。

就"三改一加强"说,摆在我们面前的有两种选择:一是从单个企业出发,各搞各的改革、改组、改造和强化管理;二是着眼于提高经济的整体素质,着重抓好大企业、大集团,特别是企业集团的改革、改组、改造和科学管理。我以为,正确的选择应该是后者。

进一步说,企业集团的发展壮大同企业的改革、改组、改造和强化科学管理都有着直接地促进关系和联系。就企业改革说,主要是推动企业转为公司体制,这就完全可以把它同组建和完善企业集团结合起来进行,首先搞好企业集团核心企业和主要成员企业的改制。就企业改组说,主要在于优化企业的组织结构,发展规模经济和企业间的专业化协作,而企业集团正是现成的形式。就企业技术改造说,囿于单个企业各搞各的必然是低效益,既难以避免重复地进行又要受到企业自身财力的限制,而立足于企业集团进行技术改造,就可以做到统一规划、统一引进和集中全集团企业的力量进行产品开发和技术开发,不仅节省了投资,而且能举办单个企业所办不到的事,这一点也早已为许多企业集团的实践所证明。同时还要指出,企业集团更有利于发展同高校和科研机构的紧密联合,在加快实现产、学、研结合以及加速实现科技成果向现实生产力转化方面,更是单个企业所不能比的。就强化企业的现代化管理说,单个企业,特别是单个小企业要受到这样那样限制,而企业集团不仅要求进行现代化管理,也能实现现代化管理,不少企业集团核心企业,直接帮助其成员企业强化内部管理,在短期内就使成员企业的管理达到一个新水平。另外,发展企业集团对增强国际竞争能力、加快实现企业经营的国际化,作用更加明显。事实上,国际市场上的竞争已变成各国综合经济实力的竞争,并主要表现为各国大公司、大集团的竞争。发展企业集团,无疑是实施经济国际化战略的一项根本措施。总之,抓好一个企业集团,就可以带动中小企业一片。回到资源优化配置上来,对集团企业进行改革、改组和改造比之企业单独进行改革、改组、改造,可以避免企业低水平自我封闭循环的盲目性,有利于在较大范围和较大规模上实现资源的优化配置和资产重组,也有利于现代企业制度的建立。

现在,国家拟重点抓好1000家大型企业和企业集团,准备成立20个控股公司。从兄弟省市看,"粤货北上"依靠的正是企业集团。上海近两年实施发展大集团战略亦成效卓著。江苏的企业集团现已发展到1200多家。数量居于各省市前列。所差的是大都没形成适度规模,整体素质还不高。但实施发展大公司、大集团战略已有雄厚基础,并且已有一个良好的开端。江苏着手组建和完善十大集团,其中熊猫电子集团、南化集团、跃进汽车集团、江苏小天鹅集团、徐州工程机械集团、春兰集团的组建和完善工作已基本完成,剩下的金城摩托车集团、江苏亚星集团、江苏电子信息集团和江苏纺织集团的组建和完善工作正在抓紧进行中。各市也要重点抓好一批大集团,并应十分注意推进乡镇企业的集团化。江苏要明确提出"打集团牌,唱集团戏",脚踏实地地实施好发展大集团战略,以形成经济的新增长点和新优势。发展集团经济,将实现国有经济和其他所有制经济的混合生长,并充分发挥国有经济的主导作用。

加快转变政府职能

推进国有企业的改革和发展,乃至转变经济体制和经济增长方式,所要解决好的一个最具有实质性的问题,在于真正转变政府职能。

这里所要解决好的第一个问题在于重新确立政府和企业的关系,以使企业真正成为名副其实的商品生产者和经营者。事实说明,企业所关心的最重要的自主经营权至今并未落实,如拥有真正投资决策权的至今并不是企业而仍然是政府部门,也远远说不上企业已是科技投入和技术开发的主体。妨碍我们的国有企业真正成为独立商品生产者和经营者的另一个重要问题在于,我们的厂长至今仍然是"官"而不是

"民"。

　　这里要解决好的另一个重要问题是,必须采取积极措施解脱事实上是政府强加在企业肩上的种种沉重负担。现在,国家已明确提出,对于那些历史包袱和社会负担重而又在国民经济中占有重要地位的国有大中型企业,国家要投入一笔资金,采取三项措施:一是鼓励企业兼并,对被兼并企业的部分债务实行免息、停息和推迟偿还本金;二是把相当一部分"拨改贷"形成的企业债务转为国家投资;三是冲销破产企业的债务。这还只是使部分企业解脱了部分债务负担,其他沉重负担如何解脱,应抓紧时间研究。

　　深化改革大潮呼唤着政府进一步转变职能。

(原载《江苏经济探讨》1995年第11期)

深化企业改革的思考

大家知道,我国的经济体制改革必须适应在社会主义公有制基础上发展有计划商品经济的要求,以增强企业活力、完善市场体系和健全宏观管理制度为主要内容。其中,中心环节又是增强企业活力。按照这个既定的改革方向和总体部署,1987年以来我们着重进行了以改革企业经营机制、改革企业内部领导体制、改革企业劳动工资制度、发展横向经济联合等为内容的(统称"三改一联"或"一联三改")深化企业改革,赵紫阳同志在党的第十三次代表大会的报告中,又把当前深化经济体制改革的主要任务,明确为围绕转变企业经营机制这个中心环节,分阶段地进行计划、投资、物资、财政、金融、外贸等方面体制的配套改革,逐步建立起有计划商品经济新体制的基本框架。这里,拟就进一步深化国有大中型企业改革的几个共性问题,谈些认识。

大中型企业实行承包经营也要搞竞争

深化企业改革,关键还在于如何转变企业经营机制。现在完全可以说,经过不断探索,我们终于找到了一种在社会主义公有制基础上,按照所有权和经营权适当分开和企业自主经营、自负盈亏的原则,以契约的形式确定国家和企业责权利关系的经营管理制度,这就是承包经营责任制。它来自实践,适合国情,符合我国现阶段生产力发展的状况,具有鲜明的中国特色。因此,虽然不可以认为要转变企业经营机制唯有全面推行承包经营责任制一条道,但也决不可以去舍近求远。

关于如何推行承包经营责任制，国家经委和国家体改委在有关的文件中已经作了具体规定和说明。而在我看有必要在这里指出的是，尽管国家明文规定"实行承包经营责任制……必须引入竞争机制，通过招标确定承包指标，选聘经营者"，但实际上，在大中型企业（特别是那些各方面工作都做得较好的企业）中推行承包经营责任制，"招标选聘经营者"这一条却很少能够得到认真执行，并且总是要出现人们常说的"一对一"或"二对一"或"一对二"的讨价还价。这就不能不认真思索一下：招标选聘经营者的办法，在大中型企业推行承包经营责任制中究竟适用不适用？如果适用，为什么又不能实行？

我以为，不论从哪方面说对前者的回答都应当肯定。以下且让我们一般地看看，为什么要在承包中引进竞争机制，或者说为什么必须通过招标来选聘经营者。

简言之，这样做一有利于合理确定承包基数。二有利于优选承包经营者，使优秀人才脱颖而出。三有利于优化承包方案，即不仅可以从众多承包方案中确定最佳者，而且能从没中标的方案中吸收营养。四有利于确立厂长的中心地位（不仅是事先已经明确，而且在干部和职工心目中，通过招标选聘的经营者与上级任命的厂长的形象完全不同），并促使实现两权分离、党政分开和政企分开。五是有利于把企业推上市场竞争和自负盈亏轨道，增强企业的自我调控力。六是有利于深化企业内部改革。七是有利于焕发承包经营者的拼搏精神（招标招聘的厂长和上级任命的厂长有着截然不同的精神状态）。八是有利于形成承包经营者和职工目标、利益上的一致（作为招标过程中的一个不可缺少的环节，要组织职工代表参加评分，这样一开始就使得职工对招标产生的新厂长及其治厂方案有清楚的了解）等等。

既如此，招标选聘经营者这一条为何在大中型企业承包中又推不动呢？据说：1. 怕把企业搞乱。2. 在大中型企业中经营者是集体。3. 大企业治厂方案难出，外人不好参与。4. 有些企业的厂长、书记等本来配合得好好的，弄得不好反造成被动。在我看来，所有这些事实上都是难以成立的。首先，招标招聘关键在于组织。只要工作做得好，

"乱"字就无从谈起。其次,既然是实行厂长(经理)负责制,那么在企业中处于中心地位,依法对企业负全责的当然就只能是厂长(经理)。因此,"经营者是集体"自然也就同样不能成为反对在大中型企业招标选聘经营者的理由。再次,说大企业治厂方案难出,这的确是事实,但说外人不好参与,这就难以叫人接受了。最后,也是最重要的一点,就是真正富有经营才干的厂长(经理)并不惧怕招标竞争。如果通过招标招聘的形式使原厂长的经营才干得到职工的进一步确认,这对他(她)又有什么不好呢?另外,在我看如下一点也是不应当给忽略的,即就企业主管部门说,对所属企业的原厂长(经理)自然比较了解。但也不能排除这种情况:由于企业主管部门的同志同所属企业的厂长(经理)相处时间长,并且还很可能是自己一手提拔的,所以也就很容易看重其长处而无视其短处。更不用说,在现有社会风气下,还能够因此得到些利(恕我直言)。如果这个思想不打破,要实行招际招聘也只能是走走形式。

应注重健全企业集团的经营机制

在江苏,参加企业联合体、特别是参加企业集团的企业已经占到相当大比重。例如,在组建企业集团较早的无锡市,1986年仅市区的26个企业集团,全年完成的工业产值和实现的利税,就已分别占到全市工业总产值和总利税的41.76%和42.3%。又如在常州,到1986年底共组建起各种形式的企业群体68个(常州是"企业群体"的发祥地。究竟怎么认识"企业群体"和"企业集团"的概念,本文不打算涉及),全年完成的工业产值和实现的利税,分别占到全市的34.3%和44.2%。此外,在南京、苏州等城市,企业集团完成的工业产值和实现的利税,也都占到相当比重。因此,即便是撇开将来不论,要探讨建立健全企业经营机制也不能把企业集团给忽略掉。

大家都看到,对于什么是企业经营机制以及如何转变作为独立商品生产者的单个独立核算企业的经营机制,迄今已经探索得很有成绩,并且毫无疑问还要做进一步探索。而对于如何建立和健全企业集团及其成员企业的经营机制,一方面由于企业集团自身发展还不成熟,其特征还没有充分显示,另一方面也由于对它的重视程度还远不如作为独立商品生产者的单个独立核算企业,所以,至今还很难说出个所以然。然而,正是由于这个早该进行系统研究、早该给以更大重视的问题没有进行系统研究和没有给予更大重视,所以眼下对它的探索也就变得格外紧迫。

那么,这方面的探讨究竟如何进行或从哪里开始?

我认为,正像探索如何建立健全单个独立核算企业的经营机制必须抓住各种形式的经营责任制一样,这里,核心的问题恐怕还在于究竟如何配置企业集团公司实体及其成员企业的自主经营权。然而现在就能够看得出,企业集团在不同发展阶段上,在同一个企业集团的核心层、骨干层和协作层以及这种类型的企业集团和那种类型的企业集团,必然会有着互不相同的特点和要求。这种状况的存在,就又使得问题本身更加复杂化了。

但不管问题本身怎么复杂,有一点则可以作为探讨的出发点,这就是"两权分离"的原则对于企业集团实体及其成员企业当然也同样适用。而这里碰到的实际问题是,企业集团公司及其成员企业(包括核心层和骨干层,至于联合层,一般说还应当是自主经营、自负盈亏的经济实体)的生产经营自主权究竟用什么方式行使?"统分结合","该统则统、宜分则分",这个话好讲,但究竟怎样进行,首先就又牵涉到如何处置所属企业的法人资格。从调查看,现有企业集团中成员企业的法人资格,大致存在如下一些基本类型:一是,企业集团还在筹建,还没有形成实体,集团公司还不是独立法人,主体企业和其他成员企业的法人地位不变;二是,企业集团由成员企业共同投资入股或采用别的形式发展成自主经营、自负盈亏的实体性公司,企业集团公司和成员企业同是法人,但集团公司还要依附于主体厂;三是,规定企业集团公司是独立法人,但作为过渡,暂时还保留着成员企业的独立法人资格;四是,企业集团公司(或实际上叫什么别的名称)一个法人对外,成员企业的独立法人地位取消。企业集团一般又都建立起由成员企业法人代表组成的最高决策机构——董事会,同时实行董事会领导下的总经理负责制,并设置规格不等的管理机构。一般地讲,在成员企业还具有独立法人资格的情况下,成员企业还享有不完全的生产经营自主权;而一旦发展到企业集团公司一个法人对外,成员企业也就基本上变成了集团公司的一个车间或分厂。有的企业集团,形式上也是实行的总厂、分厂制。

现在看,不管是企业集团公司同成员企业同时是法人,还是实行两级法人或企业集团公司一个法人,客观上都要求妥善处理好以下几个关系:

一是,企业集团与政府主管部门的关系。考虑到我们国家的实际,企业集团总还要有个挂靠。从当前实际看,企业集团公司有个别挂靠在当地计经委,而绝大部分行政上都隶属于主体企业的主管局。在具体做法上,个别的企业集团公司能享受到主体企业以上或主体企业的待遇,而绝大多数的则依然是人员从哪里来待遇还回到哪里去。企业集团究竟应挂靠在哪里?同政府部门究竟是什么样的关系?看来还需要结合整个经济管理体制的深化改革好好地进行研究。

二是,企业集团公司实体与成员企业、特别是主体企业的关系。从调查看,在组建企业集团公司实体时,主体企业的股份一般都占到40%~50%,从而也就保证了公司实体能牢牢地控制在主体企业手里。正因为如此,所以除少数企业集团公司的董事长或总经理由主体企业主管部门委派干部兼任或担任外,其余都出自主体厂:个别的是厂党委书记出任董事长、厂长出任总经理,更多的则是厂长一身二任。考虑到横向经济联合发展的实际,应当说作出这种安排带有一定的必然性(不做这种处理,企业集团事实上很难组建起来)。然而这种做法同时也带来一个问题,即当企业集团公司与主体企业利益不一致时,主体企业的厂长即集团公司的总经理究竟代表谁?怎样才能保证集团公司目标的整体性和长期性?为解除其他成员企业的疑虑,也有的企业集团公司把主体企业变成了集团公司的一个直属厂。但作出这种改变事实上等于在主体企业外又多出一整套管理机构和领导班子,还牵涉到干部如何配备。不能不看到，企业集团是主体企业辛辛苦苦创办起来的，它的进一步发展在很大程度上也要继续依赖于主体厂。虽然，从长远说现在的"企业办集团"会被以后的"集团办企业"所取代，但那毕竟要有个过程。所以，如何妥善处理好企业集团同主体企业的关系，不能不是企业集团得以巩固和进一步发展的头等大事。至于如何妥善处理企业集团与其他成员企业的关系，特别值得重视的恐怕还在于要不要匆忙地取消成员企业的法人资格。同时是法人、两级法人和集团一个法人，究竟哪一种更可取？恐怕最主要的还要视具体情况。不过，考虑到同一个行业内可以同时有多个企业集团存在，企业又都可以自由地参加或退出，同时参加进企业集团的企业大都也并非就生产一个产品（还要提倡企业搞多种经营），我以为，最好还是不要匆忙地取消成员企业的法人资格。

三是，企业集团内主体企业与其他成员企业的关系。如上所述，企业集团内主体企业同其他成员企业的关系，比企业集团公司实体同成员企业的关系更老。集团公司成立后，其他成员企业也主要是同主体企业发生关系，而且有不少企业集团的主体企业对其他成员企业都有投资（集团公司成立后对成员企业也有投资）。因此，如果这个方面的关系不能妥善处理，同样也会影响企业集团巩固。

归结起来说，这几个方面的关系怎样处理以及打算把集团联合推进到什么程度，当前全部问题已经集中到如何实事求是地对联合发展早期规定的"三不变"进行调整。

总之，企业集团的存在、发展，的确是已经提出一系列的重大课题亟待研究。建立健全企业集团及其成员企业的经营机制之所以重要，是因为它的研究、解决不仅关联到深化企业改革如何进行，而且直接关联到计划、物资等方面体制，究竟如何围绕"转变企业经营机制"这个总要求配套来改。说彻底了，它甚至直接关联到我们的经济体制改革究竟要建立一种什么样的经济模式。

必须通盘考虑真正理顺内部工资关系

深化企业改革,一个很重要的方面就是要深化企业内部分配制度的改革,以真正搞活内部分配。应该说,尽管这方面的改革已取得很大进展,但也的确并不是没有问题需要研究。

首先,我认为一开始就应当明确这一点,即我们之所以要进行企业内部分配制度改革,说到底正在于要充分调动起企业中各类人员的积极性;而要达到这一步,那就唯有(当然是说的分配领域)真正理顺企业内部各类人员的工资分配关系。否则,要么是像十一届三中全会以前那样,大家都没了积极性;要么是只能调动起这一部分,伤害了那一部分。

既然是要把改革的目标定在真正理顺企业内部工资关系,那就又直接牵扯到工资关系"顺"还是"不顺",究竟应当拿什么标准衡量?从调查看,对此事实上存在着很不相同的认识:一是,"理顺"就是"拉平补齐"。即工龄、学历一样,工资、奖金也就应该一样的多。二是,"顺"与"不顺",就看大多数的职工能不能接受。大多数没意见就叫"顺",少数人有意见什么时候也避免不了。按照这一解释,有不少的同志认为他们厂子的工资关系已经基本理顺。三是,"顺"与"不顺",根本的标准只能是看是否实现了按劳分配。实现了,就叫"顺";没实现,就叫"不顺"。用这一标准衡量,总起来看我们的企业距真正理顺内部工资关系无疑还相差甚远。三种看法中哪一种才正确?我相信毫无疑问应当是第三种。

基于以上认识,我以为在企业内部分配制度改革中存在的一个最大的问题,就是还没有抓住如何从总体上理顺内部工资关系这样一个根本,以至于反复强调的一些改革措施往往是"头痛医头,脚痛医脚",从上头说更缺乏一个通盘考虑。具体表现在:

1. 认识不切实际。人们常常能听到这样一种认识,即深化改革企业工资制度重点还是要放到理顺国家和企业的分配关系,至于内部工资关系如何理顺,只要把自主分配权给企业,其余的并不需要多管。然而显而易见的是理顺企业内部工资关系所涉及的并不仅仅是单纯的分配,借用某厂长的话讲:"不是不想办,而是不好办,弄得不好就得砸锅。"

2. 讲来讲去跳不出内部分配的具体制度和形式。实现内部分配,当然离不开一定的具体工资制度和形式。但是也不能不看到,只要现有基本工资关系不变,分配形式再活也终久代替不了企业内部各类人员工资关系的进一步调整。更进一步说,即便是企业普遍推行了计件工资制和定额工资制,也仍旧绕不过如何正确处理好企业各类人员的工资关系。

3. 是要讲企业经营者的责权利,但毕竟又不能孤立地考虑经营者的一头。结合推行经营责任制,近些年来一直都在强调经营者的收入要和企业的经营效益挂钩浮动。但实际生活中普遍存在的情况,却是对于过高的个人收入很少有哪个精明的经营者愿意拿。这一方面反映出,硬性规定给企业经营者过高的收入同其付出的劳动和承担的风险并不对称;同时也说明,增加企业中哪一部分人的收入,都不能离开一个总的篮子。

4. 同样,强调照顾"一线"也应当有个"度"。面对普遍存在的"一线不稳"的情况,近些年企业在内部分配制度改革中一直都在强调"稳定一线,体现差别"。考虑到眼下的实际,应当说这样做是必需的。然而话要说回来,企业各类人员本来就是一个分工协作的整体,照顾一线也总应当有个"度"。因此,正像孤立地考虑大幅度提高企业经营者的工资不见得就合适一样,对一线工人工资的调整也必须放在理顺企业内部工资关系这个大篮子里头进行。

因此,回到前面提出的问题上来,为着真正理顺企业内部工资关系,一方面要进行配套改革;另一方面,国家和地方必须有个通盘考虑和进行卓有成效地指导。

关于配套改革或如何看待外部环境

探讨进一步把企业搞活,除去探讨如何深化企业内部改革外,还有另一方面即如何进行配套改革,以给企业创造一个平等竞争的外部条件或环境。本文意在探讨深化企业改革,因此这个方面的问题就只好省略了。不过,作为结束,我认为完全有必要在此讲明如下一点,即外部条件或环境对搞活企业,特别是国有大中型企业来说的确是十分重要的,但是又不能坐等。同时,外部条件再重要,毕竟还要通过企业自身的生产经营活动发生作用。因而也没有理由把企业活力不强的原因归之于外部环境。再说,不论是资本主义企业,还是我们的乡镇企业和城市大中型企业,不都证明尽管外部条件相同,企业主观努力不同,其自身活力的确是大不一样吗?

(原载《深化企业经营机制改革》,同济大学出版社1988年版)

把企业制度的改革引向深入

说到企业体制改革,有些同志看重承包制,有些同志看重股份制。我认为,提到日程上来的问题已经是必须把实行承包制和推行股份制特别是和发展企业集团、进一步改革国家所有制等密切结合在一块探讨,从而把企业体制和企业经营机制的改革引向深入。

把承包制引向股份制

大家知道,现行的承包经营责任制是总结实践经验提出的一种在社会主义公有制基础上,按照所有权和经营权适当分开和自主经营、自负盈亏的原则,以契约的形式确定国家和企业责权利关系的经营管理制度。由于它符合双轨制的实际和相对落后的经营管理水平且易于为各个方面接受,所以,它的全面推行,无需说是有助于深化企业经营机制改革从而进一步增强企业活力的。然而现在看来,对企业经营机制改革的探讨还有待于进一步深入,这主要表现在:

——承包制以包死基数、确保上交、超收多留、歉收自补为其核心内容。它的推行是以企业外部、内部诸因素相对不变为条件的,因此也就避不开条件变化的巨大冲击。事实上,由于原材料价格上涨,承包制已陷入困境。现在,人们正在议论要使承包制变得适应价格改革的要求,愿望虽好但却很难做到。

——在这种经营管理制度下两权分离还不彻底。由于发包者是企业的主管部门,因而也就很难真正实现通常所讲的党政、政企、所有权和经营权、经营权和决策权"四分开",或者说并没有真正改变企业对政府部门的依附关系。

——由于承包制绕过了产权界定,企业资产(特别是存量)还是死的。这样,从宏观看,还解决不了资源配置不合理的问题,也不利于产业结构的进一步调整。

——由于作为发包者的政府部门事实上并不承担多大责任及其他情况,企业实行承包后仍然是只负盈、不负亏。

——还难以有效地克服企业的短期行为。尽管承包合同对企业的技术改造等也有明确规定,但由于种种情况,承包者更多考虑的总是承包期以内的。并且,与企业承包并行的又必然是内部层层包,车间、工段、班组的短期行为比企业承包者甚至还要严重。从近期看,企业实行承包经营责任制后一般都能收到成效;但看长远,这种做法是否有利于增强企业发展的后劲,还值得很好地考虑。

——在做法上,承包经营一般要包死上交税利,在某种程度上说这也不利于税制等的改革调整。

——最大的问题还在于这种制度本身不规范,不符合商品经济要求。因为,商品经济要求公平竞争,而签订承包合同却是一企一率,讲来讲去仍没跳出国家给企业减税让利,执行中就难免不是没完没了地讨价还价,并且往往是鞭打快牛;同时,正像如上已经指出的,承包指标确定后难免不受外部条件影响,要么是不断进行调整,要么是完不成大家都没责任,使承包徒有虚名,和不实行没大区别。

总之,一方面可以说,承包制不失为双轨制中的最佳选择,也取得了明显效果;但另一方面也必须看到,有些问题显然并没有得到解决,改革进行到这一步还必须继续向前走。具体说,也就是要由承包制向股份制过渡。为何这样讲呢?

(1)转向股份制,再加上政治体制及其他方面的配套改革,企业才能真正成为法人,真正做到自主经营、自负盈亏,最终解决前面讲过的"四分开"。如拿"两权分离"来说,承包制仅是以集财产权与行政权于一身的国家行政机关同企业进行的一次性短暂直接分离,并且政府部门是主体、企业是客体,不可能从根本上解决政府部门与企业之间的摩擦;而股份制下所有权与经营权的分离,则通过出资人与公司法人、公司法人与经营者之间的两次分离实现,不仅实现了所有权与经营权的分离,而且实现了经营权与决策权的分离,进而使承包从外部转到企业内部。

（2）股份制是历史发展创造的跨部门、跨地区的现成的企业组织形式。如上述,在承包制下很难根治重复引进和重复投资,也不利于促使实现产业结构优化;而实行了股份制,则不仅能够促使实现资产的有效利用、资源的优化配置,而且将促使实现产业、产品结构的合理调整。

（3）作为社会化大生产的普遍规律,发展股份经济不仅使得孤立分散存在的小资本不适于社会化大生产要求的问题迎刃而解,而且能够集中起更多的社会闲散资金,既能举办起单个企业无力举办的事,又求得了规模经济效益。

（4）正像股份经济自身发展所证明的,在股份制下,预算是刚性的。这样也就自然而然地在企业内部建立起自我约束机制,从而也就有效地克服了企业的短期行为。

（5）实行股份制在一定限度内实现了劳动者与生产资料的直接结合,同承包、租赁比,它无疑更有利于增强企业职工的主人翁责任感和调动他们的积极性。

（6）还有一点,就是股份制对价格波动和工资波动的承受力要比承包经营强大得多。

当然,股份经济本身是商品经济和社会化大生产发展的产物。并且,它的作用的充分发挥离不开发达的资本市场。目前,在我国普遍实行股份制的条件还不成熟。这就牵扯出又一个问题,就是要由承包制转向股份制,究竟如何进行;如果是简单地把现有单个独立核算企业改变成股份制企业,那就难免不是事与愿违。

把对股份制探讨的重点转向企业集团或群体企业

大家知道,这些年,股份制一开始就是作为改革企业制度的一个设想被提出来的。研究的对象是如何搞活现有单个独立核算企业,因而也就很自然地把眼光放在了现有单个企业内部。但是,如果是依然顺着这个思路思考,我认为眼下还很难找到出路。主要转向哪里去呢?正是企业集团或群体企业。事实上,当我们把注意力集中在如何使我们的作为独立商品生产者的单个企业股份化的时候(焦点又是设不设企业股),扎根于我国社会主义商品经济和社会化大生产沃壤的股份经济不仅伴随着横向经济联合的深化应运而生,而且到目前已有了相当程度发展。

具体说,我这里主要还不是指的以生产要素入股形式进行的单个企业之间的生产联合,而是正在蓬勃发展着的企业集团或群体企业。依据我们对江苏各地的实地调查,伴随着企业集团产生而产生的股份经济,大致有如下存在形式或类型:

(1) 开始时普遍发生的是群体企业中主体企业向其他成员企业投资入股。主要是指出于共同发展需要,主体企业往往向成员企业转让设备、技术,通常有两种处理方法:一是有偿转让,二是作价入股、按股分利(同时再投入现金的只是极少数)。

(2) 进一步发展的形式是由联合体全体成员企业集资入股、创建具有独立法人资格的集团公司。在通常情况下,集团公司和出资企业同时是法人,并相应建立起由成员企业法人代表组成的决策机构——董事会(主体企业的股份一般不少于整个股份的 40%,并出任董事长和总经理)。作为这一形式的派生形式,许多企业集团公司不仅直接从事有关集团整体发展需要的生产经营活动,而且还拿出一部分资金以入股形式掉过头来向成员企业投资。

(3) 较高层次的存在形式是在集团核心层实行资产经营一体化。

(4) 另一种形式是生产企业以全部资产折股联合商业、外贸和金融创办新型股份公司。

除以上形式外,有不少企业集团还在紧密体内部和面向社会发行了"股票"。

由上可以看出,尽管伴随企业集团产生而产生、发展而发展的股份经济还不成熟、不完善,还不过是以股份形式划分参与者的产权关系,但却使得发展股份经济成为现实可能。更何况,通过发展企业集团发展股份经济,也正好同经济体制改革的目标模式相一致。至于原企业内部设不设企业股和如何建立资本市场这样的大问题,不妨放后一步。

为发展企业集团和股份经济进一步对国有制进行改革

如果上述思路能够成立,那就需考虑怎样进一步对我们的国家所有制本身进行改革、调整。

首先探讨一个高层次的问题,即假定全民企业的资产理所当然地为国有,那么,是像传统理论认为的那样统统归作为社会中心的国家(中央)所有,还是按照生产关系一定要适合生产力发展的规律,对国有生产资料作些调整,使各级地方也占有一定份额?

这里,且不说传统理论同实践如何不一致,而单就我国全民所有制经济的产生、发展看,如此众多、不同类型的全民所有制生产资料的所有权都属于国家,地方只是分级管理,依行政隶属关系的不同分为中央企业和地方国营企业,结果"全民所有,全民谁也不所有"。

要推行股份制,必然提出由谁代表国家?流行的看法是所有权归国家不能变,宜在中央设国有资产管理局或财产部。但是,第一,把所有全民所有制生产资料的所有权都交给中央财产部,符合不符合生产关系一定要适合生产力发展的规律的要求?第二,将由地方集体企业上升和地方直接投资举办的全民所有制企业的资产所有权归中央又是何道理?第三,全民所有制企业数以十万、百万计,中央财产部将怎样管理?同时,中央是国家,地方也是国家,作为国家不可分割部分的地方,是否同样有领导和组织经济建设的基本职能?它对经济要不要实行中观控制?如要又如何建立起自己的物质基础?所有这些,都无法回避,也不应当回避。

这里还要强调这样一点,就是与社会主义初级阶段的生产社会化程度相适应,国有经济的范围应进一步缩小已是普遍看法。为此,有些同志提出对国有中小企业要实行转、租、卖,也有不少同志寄希望于两权分离的深化改革。老实说,我不大赞同把大批全民企业转成集体所有制,要租、卖的也是少数。而按两权分离的思路进行深化改革,也不可能使得不该社会中心占有的也为社会中心占有的违背客观经济规律的问题同时解决,并且,这点同样适用于(包括)推行股份制。认为不该社会中心占有的也为社会中心占有的问题通过实行两权分开、特别是实行股份制后就可以自然得到解决,无异于承认当今资本主义私人占有同生产社会化的矛盾已不复存在,这显然是荒唐的。

总之,在我看:(1)由于我国还处于社会主义初级阶段,直接由社会中心即国家占有和支配的生产资料不可能很多;(2)应承认地方所有制;(3)在发展企业集团的同时推进股份制,绕不过对我国多年铸成的国家所有制形式进行改革。

照以上思路,第一个要做的就是要动动现有全民所有制。大致说来,除由没收的官僚资本发展起来的企业归中央所有外,原则上应是谁投资为谁所有;在此基础上,分别建立起国有资产管理机构并相应建立起国有资产管理制度;至于有些国有中小企业要不要采用转、租、卖的形式,那完全是所有者自己的事。我认为,这一步走过了,就能推动企业集团和股份经济进一步发展,然后再具体研究单个企业内部产权如何界定。至于争论最大的企业股,事实上对发展社会主义股份经济来说并不是决定的或关键的。这样说,主要还不在于这样做有悖于法律机理,违反国际通例,而是它的来源讲不清楚,硬要这样去做,势必要带来生产资料实际占有的不公平和生活的苦乐不均。同时,认为只有设企业股企业才能避免短期行为和发挥更大积极性也很难站得住。设企业股,说到底并不在于企业自身发展而在于给企业职工带来更多一些的物质利益,这点不设企业股同样可以做到。现在,职工个人投资入股没有分歧,问题在于在低工资下成不了大气候。在此我大胆进言:与其让职工用共有资产投资、集体占有同一块不可分割的企业股份,还不如拿出其中的一部分(另一部分作集体福利,以什么形式提可具体研究)直接量化到职工个人。这样,经济效益高的企业职工就能较快增加个人股的份额,更有利于调动企业经营者和职工的积极性,也符合让一部分人先富的原则。至于企业(集团)扩大再生产,当然应走股东再投资和增发股票的路。企业(集团)之间,主要也应是作为所有者的国家和地方相互参股。

无需说,这里讲借助于企业集团的形式发展股份制和相应对国有制进行改革,当然并不排除集团以外的企业(特别是新建企业)也可以实行股份制。至于为推行股份制所必需的其他方面的配套改革,这里就不讲了。

(原载《国情·改革·发展》,江苏人民出版社1989年版)

如何造就职业企业家队伍

市场经济实质上是企业家主导的经济,中国改革的历史性任务之一,正在于造就一支宏大的职业企业家队伍。

市场经济不能没有企业家

我们实行了几十年的计划经济体制,计划经济是政府主导型经济。在这一体制下,国有企业实际上办成了政府行政机构的附属物,企业的领导也由企业的主管部门任免。对厂长、经理来说,即使经营不善,板子也打不到他们的屁股上,甚至可以换个地方高升。严格地说,由于在传统计划经济体制下,企业并不享有自主经营权,故并不存在真正意义上的企业,当然也不存在真正的企业家。

市场经济是以市场为基础来配置社会资源的经济。由传统计划经济体制转变为社会主义市场经济体制,国有企业由政府行政机构的附属物转变为真正意义上的社会主义商品生产者和经营者,相应地,企业家的地位和作用也大大加强。这可以从以下几个方面来认识:(1)市场经济首先要求有自主化的市场主体,而最重要的市场主体是企业,企业家又正是企业的当事人;(2)市场经济通过市场来实现社会资源的优化配置,而作为企业当事人的企业家又正是生产要素优化组合的推动者;(3)市场经济的规律是通过无情的市场竞争实现优胜劣汰,而作为企业当事人的企业家又正是市场经济海洋里的船长。此外,在我国具体条件下,企业家还是现代企业制度的营造者。可以说,市场经济中的所有关系,包括生产、分配、交换等都必然反映到企业的经营及其行为之中。在某种程度上讲,市场经济就是企业家的经济。特别是要看到,中国经济正面临着市场化和国际化的双重任务,在这一过程中,没有一大批懂经营、善管理又熟悉国际惯例的企业家,中国经济的市场化和国际化实在难以想象。正如法国经济学家勃拉尔顿所强调的:"市场经济的关键是企业,其当事人是企业家,企业家必须能自主决策和对自己的决策负责。……标志着市场经济存在和发挥作用的不是企业的法律地位,而是企业的决策自由和责任。"应该讲,不论与什么社会制度相联系的市场经济,企业的当事人即企业家在市场经济中都是关键的。《韩国日报》在总结韩国经济快速增长的历史经验时,对三星集团董事长李秉哲、出口大王金宇中等一批知名企业家给予极高评价和赞誉,称"这些大财阀的成长过程本身就是一部鲜活的韩国经济成长史"。可谓一语破的。其实,不论是在日本还是欧美,不论是香港还是韩国,一些国家和地区经济的发展无不同一批知名企业家的名字连在一起。就是在解放前的旧中国,如果没有一批企业家的苦心支撑,中国民族工业的命运势必更惨。再从改革以来我国企业的实际看,同样的市场,同样的环境,甚至大致相同的企业,一个好的带头人能使一个企业蒸蒸日上,而一个不称职的厂长也能使一个各方面都不错的企业由盈变亏。说"市场经济不能没有企业家",其道理并不深奥。

在和平与发展成为当代主题的今天,发展经济已成为各国的普遍要求,企业家也理所当然地成为这个时代的主角。

社会主义市场经济要求什么样的企业家

什么是企业家,社会主义市场经济要求什么样的企业家?

关于什么是企业家,国外、国内都有多种说法。美国著名的管理学家彼得·德鲁克说得最直截了当,也最接近事物的本质:"企业家即为谋取利润,并为此承担风险的人,他们是能开拓新市场、引导新需求、创造新顾客的人,是一批别出心裁,独具匠心,与众不同的人。"就一般而言,创办企业就是为了能带来利润,但要能给企业带来利润还必须善于经营管理。所谓企业家,首先也正是专门家,即经营管理企业的专家。如下是他们独有的品格和素质:

第一,企业家必须具有良好的政治素质。也就是他们必须是具有高度的责任感、使命感和强烈事业心的人。在此要强调的是,我们所实行的是社会主义市场经济体制,在国民经济中居于主体地位的仍然是、也必然是公有制经济。社会主义企业与资本主义企业的一个根本不同,就在于它必须体现社会主义生产目的。这就有个保持社会主义方向、为满足社会需要多提供适销对路产品、为国家多多提供积累的问题。即便是社会主义市场经济下的私营企业家(是所有者又是经营者),也不能是只顾自己发财,因为私营企业毕竟是在社会主义条件下创办的企业。

第二,企业家必须具有丰富的专业知识,不可缺少的技能和现代管理经验,并注重知识的更新。即是说,必须具有经营管理企业的真本领。

第三,企业家必须有魄力、有胆识,敢于竞争和善于竞争,敢冒风险和承担风险。

第四,企业家必须有经济头脑,理财有方。

企业家是实践造就的,而不是上级任命的,更不是自封的。既不是一个人想成企业家就能成为企业家,也不是企业家都能心想事成。

社会主义市场经济所需要的企业家,也必须是职业化的。现代企业家并不隶属于某个企业而是受聘于某个企业,这一点对实行社会主义市场经济体制的我国同样适用。企业家的职业化首先要求企业经营者把厂长、经理作为自己的终身职业。他们不应是"官",而应是"民"。企业家的职业化还包含另一层意思,就是经营管理现代化企业非职业企业家不能胜任。现代企业分工细密,生产具有高度的连续性,技术要求严格,协作关系复杂,必须建立一支统一的、强有力的、高效率的生产指挥系统和经营管理系统,不是随便什么人都能"玩得转"。从建立现代企业制度来说,现代企业制度首先是现代产权制度。在公司企业里,出资者所拥有的是投资者所有权,企业所拥有的是法人财产权。虽然国外不乏大股东直接参与公司经营管理的例子,但整个说来,职业企业家仍属于公司的"高级雇员"。即是说,建立现代企业制度也要求企业家的职业化。

总之,社会主义市场经济所要求的企业家不仅应是高素质的,而且必须是职业化的;他们不是"官",而是"民",也没有铁饭碗可捧。

加快造就一支宏大的职业企业家队伍已是时不我待

党的十四届五中全会通过的《建议》提出,为了实现跨世纪的奋斗目标,关键是实行两个具有全局意义的根本性转变。在笔者看,这两个根本性转变能否最终实现,在很大程度上取决于能不能最终建立一支宏大的、高素质的职业企业家队伍。

首先,转变经济体制呼唤着建立一支宏大的职业企业家队伍。转变经济体制,最基础的工程在于把企业真正变成市场竞争的主体。现在看,不把国有企业的厂长、经理由"官"变为"民",不把企业交给职业化的企业家经营管理,将很难实现真正的政企职责分开,企业也不可能成为真正的法人。

其次,实现经济增长方式的转变也呼唤着建立一支宏大的职业企业家队伍。转变经济增长方式,归根到底要依靠科技进步和提高劳动者的素质。在这里,作为企业当事人的企业家的作用是无可替代的。关键是要使企业真正成为投资的主体,包括技术开发的主体和科技投入的主体。一些国家和地区的实践也证明,把企业交给职业企业家经营管理,一般不会去干那些片面追求发展速度、而不注重经济效益的蠢事,对企业的技术进步也必然要表现出极大的关心。反之,如果仍然是政企职责不分,不能建立起一支宏大的、有影响力的职业企业家队伍,那就很难消除地方政府的投资冲动,经济增长方式将很难实现真正的转变。

改革十多年来,可以说,我国已在实践中造就了一些社会主义企业家。但相对于数以万计的国有企业、数以百万计的城乡集体企业来说，企业家还是寥若晨星。所说企业家的职业化还只是理论界在大声疾呼。实现两个根本转变，不仅要求企业家的职业化，而且要求形成一个有足够影响力的职业企业家阶层。他们理应享有应有的社会地位和得到较高的经济收入，并建立自己的组织。

造就职业企业家队伍，除需要采取正确的舆论导向，加强对企业家的培养等措施外，最重要的还要寄希望于深化改革。如人事制度的深化改革。在企业中，不应再继续存有干部、工人两种身份，要彻底打破企业的"官本位"，企业的厂长、经理要名副其实地由董事会聘任。又如企业制度的深化改革，应加快进行现代企业制度的试点，完善公司的内部结构，使企业真正按公司体制运营。特别是，要加快企业家市场的培育和建设，尽快形成企业家竞争淘汰机制，使企业家自身的价值通过市场得以发现和实现。

加快造就一支宏大的职业企业家队伍已是时不我待！

（原载《集团经济研究》1996年第1期）

世纪之交中国国有企业的改革与发展

中国改革最难的工程

由传统计划经济体制转变为社会主义市场经济体制,改革传统公有制,特别是改革传统国有制正是最难的工程。具体说困难有二:

1. 实现公有制与市场经济体制的有机结合是历史性新课题。社会主义市场经济体制必须有与之相适合的微观基础。就理论说,市场经济作为一种资源配置方式,并不属于社会基本制度范畴,资本主义能利用,社会主义也能利用。事实也已说明,市场经济体制同社会所有制性质并无直接关系,有直接关系的是所有制的具体实现形式。但如下两点亦应是不言而喻:第一,传统计划经济体制下公有制一统天下的格局及其实现形式(国有国营,集体办成了"二全民"),是无法实现同市场经济体制结合的;第二,至今还都是市场经济体制同资本主义私有制结合,求得市场经济体制与社会主义公有制的结合,历史上还没有先例。我国进行体制改革,从根本上说也正在于要在实践中解决这一疑难问题。中国改革解决好这一历史性课题,将是对全人类作出的重大贡献。

2. 打破根深蒂固的传统公有制观念要有个过程。在人类历史上,是先有无产阶级的革命导师创立起科学社会主义理论,尔后才在其指引下,在一些国家创建起社会主义制度的。在很长时期内,由于人们对科学社会主义还只能从马克思主义的"本本"和一些率先走上社会主义道路的国家在"本本"指导下的实践来认识,从而在世人的头脑中形成了一整套的社会主义固有观念,其中传统公有制观念又成为其核心。十一届三中全会以来,在邓小平建设有中国特色社会主义理论指导下,我国人民在中国这块大地上开始了创建有中国特色社会主义的全新的实践,对科学社会主义的认识也日渐深化。随着社会主义有计划商品经济理论和社会主义市场经济理论的创立,一些根深蒂固的传统公有制观念逐步被打破。具体些说,对社会主义公有制的认识,已初步实现如下10个方面的创新:

——从认为社会主义生产关系应是"一大二公二纯",到确信在社会主义初级阶段上,还必须是以公有制为主体的多种经济成分长期共同发展;

——从认为全民所有制即国有制是社会主义公有制的高级形式,唯国有制才体现社会主义的本质特征,社会主义国民经济必须以国有经济为主体、主导,到确认各种所有制、各种公有制都只能在自己适宜的范围内才谈得上优越性,在多元的所有制结构中也只能是以公有制为主体、国有制为主导;

——从认为社会主义公有制建立后,就主要剩下一个调整人与人之间关系的问题,到确认社会主义制度建立后,还必须通过改革不断完善和发展,还要通过改革来进一步解放和发展生产力;

——从认为公有制与商品经济、市场经济不容,社会主义只能实行计划经济,到确认社会主义经济是有计划的商品经济,在公有制下也可以搞市场经济;

——从认为股份经济是资本社会化的存在形式,是资本主义的特有的东西,到确认股份经济实则企业财产的一种具体组织形式,完全可以为社会主义所用;

——从认为地方对所投资企业只是一个"分级管理"问题,到确认国有资产的所有权不可分割、但可以是多投资主体和多产权主体,即各级地方对所投资企业不拥有所有权但可以拥有产权;

——从认为对国有企业只能实行"国有国营",到确认可以实行所有权同经营权的适当分开,可以有多种不同的经营方式,再到进行建立

现代企业制度的改革试点,并承认企业有自己相对独立的利益;

——从把劳动群众集体所有制视为同手工操作和半机械化生产相适应的一种社会主义公有制的低级形式,搞"穷过渡",到明确地把集体经济看做社会主义公有制的重要组成部分,并不再在全民和集体之间比高论低;

——从认为只存在社会主义全民所有制和社会主义劳动群众集体所有制这两种社会主义公有制的基本形式,到确认社会主义公有制本身也有多种形式;

——从认为不能对公有制企业实行兼并、破产,到确认也可以对公有制企业实行兼并、破产,并采取措施积极推动公有资产的流动重组。

在如下基本认识上则仍存在不同看法:

——成为社会主义根本标志的是国有制,还是公有制?该不该限制非公有制的发展,优化的所有制结构如何形成?国有经济在量上不占优势,是否还能很好地发挥主导作用?

——在中央和地方关系上,要不要变"谁投资、谁受益"为"谁投资、谁所有和谁受益",即要不要变传统的对国有资产的"分级管理"为"分级所有",并相应地变两种基本形式的社会主义公有制为"多层次社会主义公有制"?

——如何正确地把握"抓大放小"?特别是对一般国有小企业的改革,是强调"主要是改变国家对小企业的管理方式",还是在指导思想上,收缩国有经济战线,将那些不适宜实行国有的国有小企业从国有经济中退出?

——如何进行国有大、中企业的改制?国有独资公司是多搞还是少搞?竞争性行业的国有企业要不要,如果需要又如何真正改制为以混合所有制为基础的公司制企业?是否是国家要占有51%以上的股份才能实现控股?如何推动国有股流动?

——如何认识我国的集体所有制经济?特别是如何看现有"城镇大集体"?是继续不顾实际地坚持把城镇集体所有制企业定性为"财产属于劳动群众集体所有、实行共同劳动、在分配方式上以按劳分配为主体的社会主义经济组织",并把"劳动群众集体所有"明确为"本集体企业的劳动群众集体所有"和"集体企业的联合经济组织范围内的劳动群众集体所有",并恢复其"本来"面目;还是实事求是地界定集体(特别是城镇大集体企业)资产的产权,把有些所谓"城镇大集体企业"明确为地方企业,并改制为公司制企业,同时把大量的集体小企业改制为股份合作制企业或合作制企业?

——可不可以设"企业股",究竟存在不存在一种所谓"企业所有制"?可不可以将已明确为企业集体所有的部分资产(至少是集体企业存在这一问题)量化到职工个人并作职工个人股?

——国有资产监管、运营体系如何构建,权威的国有资产专管机构是隶属于人大还是隶属于政府,国有资产的所有权具体应由谁代表,是大量地搞所谓"转体公司"、还是把国有资产经营公司的主生长点放在大型企业集团公司?

——发展社会主义市场经济需要不需要造就一支庞大、高素质的职业企业家队伍?如果需要,这样的队伍又如何尽快建立,特别是如何尽快形成职业企业家的生成和竞争淘汰机制?

——在现代企业制度下,如何从制度建设上确保职工的主人翁地位,使全心全意依靠工人阶级不致成为一句空话,如何在公司企业中更好地发挥党的核心作用?

——国有企业肩上的沉重负担如何解脱?

总之,改革的过程也正是创新传统社会主义观念,特别是创新传统社会主义公有制观念的过程。根深蒂固的传统公有制观念不是一下子就能打破,国有企业的改革也只能逐步深入。

通向新世纪的中国国有企业改革和发展之路

加快国有企业的改革和发展,必须从深层次上解决好如下问题:

1. 首先必须从生产关系一定要适合生产力发展层面上,进一步把国有经济改革得适合我国社会生产力发展状况。现在看得更清楚了,在我国建立社会主义市场经济体制,就所有制改革说,必须同时解决好如下两个方面的问题:一是发展非公有制经济成分,以逐步建立起与我国社会生产力发展状况相适应,以社会主义公有制为主体、多种经济成分并存的所有制结构;二是对传统公有制,特别是传统国有制进行改革,并且首先又正在于从生产资料占有关系上,把国有经济调整得适合我国社会生产力发展状况。即是说,只有首先在宏观上把我国传统国有制调整得适合我国社会生产力发展的水平和要求,再进一步解决好传统国有制在市场经济下的微观实现形式问题,才能真正解决好公有制与市场经济体制的有机结合问题。现在大家都承认,我国的传统国有制的确是摊子铺得过大、涉及面过宽,不该实行国有的也实行了国有。如改革中不能切实把这一问题解决好,要从整体上搞好国有经济将是很难的。从实际看,现在困难最大的也正是那些在不适宜的领域中运营的国有小企业。因此,必须真正着眼于搞好整个国有经济来正确地领会"抓大放小"的方针,也只有在"将那些应继续实行国有的国有企业真正转上现代企业制度运营和让那些不适宜实行国有的国有小企业从其不适宜运营的领域退出"的涵义上来领会"抓大放小",才是真正把握住了"抓大放小"的真谛(顺便说一句,这同私有化完全是两码事)。

2. 必须适应市场经济的要求,真正把竞争性行业的国有大、中企业改制为以混合所有制为基础的公司制企业。建立现代企业制度已是深化国有企业改革的必然选择。建立现代企业制度第一个要做到的正在于产权关系明晰。这里所说的"产权关系明晰",不但是指企业财产边界清楚,归属明确,并有具体的人格化代表,而且要求是多产权主体和多所有权主体,实现股权的分散。而这也正是国有企业真正转上现代企业制度运营所必须解决好的一个带有实质性的问题。现在,不少国有企业宁肯改制为国有独资公司,也不肯改制为不上市的股份有限公司和有限责任公司,不能说是正常。我认为,现在我们的确是面临一个真改制还是走过场的问题。要真改制:(1)国有独资公司只能是少量的;(2)竞争性行业的国有大、中企业,一般应改制为国家控股或参股、真正以混合所有制为基础的公司制企业;(3)必须彻底打破"企业官本位",国有企业是真改制还是假改制,很关键的一条就是要看是否由"官营"转上了"民营"。

3. 必须对"转体公司"持慎重态度。适合社会主义市场经济发展要求的国有资产管理新体制应是怎样的,至今仍存在一些不同看法。但大致上说,对于国有资产管理新体制应按"上有权威的国有资产监管部门,中间有国有资产的运营机构,下有国有资产运营机构控股、参股的企业"的大框架构建,大家的认识是统一的。争议最大的在中间层,我倾向于把国有资产经营公司的主生长点放在大型企业集团公司,而对所谓"转体公司"必须持慎重态度。切不可把企业的主管部门变为事实上的"婆婆加老板"。

4. 大力推动企业集团的发展和国际化经营。现代市场经济不同于早期的市场经济,它不仅一般地要求市场竞争主体的自主化,而且要求微观基础主体的大型化;同时,企业集团作为社会化大生产的一般组织形式,更明显地具有单个企业所不具有的基本功能和综合优势。企业经营的国际化更成为当代经济发展的一大趋势。因此,要使我们的国有企业走出困境、重振雄风,必须走集团化和国际化的路。

5. 加快建立自主创新的企业技术进步机制。市场的竞争实质上是技术之争。纵观国外大公司、大集团,一般都有自己的研究开发机构,资金投入占销售收入的比重更是高得惊人。长期以来我国国有企业的一个致命弱点正在于技改投入不足,未能建立起自主创新的技术进步机制。在我看,这是一个失误。必须下大功夫从体制、机制上来解决好这一问题。

6. 努力造就一支庞大、高素质的职业企业家队伍。市场经济实质上是企业家主导的经济,社会主义市场经济亦不例外。现在强调要切实加强企业管理,突出抓好国有企业领导班子整顿和建设,无疑很有必要。但是更要看到,建立社会主义市场经济体制,要解决的并不单是一个企业要有一个好厂长和一个好的领导班子的问题,而是必须造就一支庞大、高素质的职业企业家队伍。为此也必须解决体制和机制的问题。

7. 进一步把国有企业推向市场。国有企业要重振雄风,必须从根本上树立在市场竞争中求生存、求发展的意识。有人说,国有企业到什么时候都只能是"一只眼看市场,一只眼看政府",此种认识实际是似是而非的。在市场经济条件下,作为市场竞争主体的企业,不分种姓、大小,都是市场竞争的平等参与者。国有企业再不能寄希望于吃偏食,必须能自主地作出经济决策,独立地承担决策的经济风险。当然,从另一方面说,为着使国有企业平等地参与市场竞争,必须尽快解脱国有企业肩上的种种包袱。

8. 全心全意依靠工人阶级。企业活力的源泉,在于广大职工的积极性、智慧和创造力。不论进行怎样的改革,对公有制企业说,全心全意依靠工人阶级这一条都没有变,也不能变。党的核心作用更必须加强,这也正是我们的政治优势。

(原载《中国国情国力》1997年第3期,收入天津人民出版社1998年5月出版的《探索振兴国有企业之路》一书)

国有企业重振雄风路在何方

——"春兰"、"小天鹅"、"常柴"
等企业高速高效发展的经验及其启示

改革 18 年过去,我国国有经济依然未能从整体上搞好。但也无可否认,在我国众多的国有企业中,也确有一小部分企业已经具有了极强的竞争力。本文要综合分析的春兰(集团)公司、无锡小天鹅股份有限公司、常柴集团有限公司和无锡柴油机厂,就是江苏省少部分已经活起来的原地方国有企业的突出典型。它们高速高效发展的成功经验,也很值得我们去认真总结。

飞快的发展

搞得较好的春兰(集团)公司等 4 家企业,具体又可分为三种情况:一是从困境中奋起,在短短时间内发展成为大型企业集团的母公司;二是改革前是"老先进、老典型",改革中更得到快速发展;三是在发生严重亏损情况下,以整体划拨方式加入外地企业集团紧密层,很快旧貌换新颜。大致情况是:

春兰(集团)公司的前身——泰州制冷机厂是原县级泰州市的一家名不见经传的地方小型国有企业,生产包括空调器在内的大小 48 个产品,由于产品缺乏竞争力,长时间惨淡经营,到 1985 年仅有固定资产 280 万元,已是资不抵债。新调整的领导班子带领全厂职工开拓进取,果断决策,研制适销对路产品,走集约化经营之路。10 年间,该企业在没有要国家一分钱投资的情况下,产值扩大 1000 倍,资产增值 700 倍,产值、销售收入、实现利税、劳动生产率、资金利税率连续 6 年居全国同行业之首。1996 年,该公司拥有资产近 100 亿元,完成产值 102 亿元,实现利税 15 亿元,全员劳动生产率 150 万元,已发展成为世界上最大的空调生产基地之一,在国家公布的中国企业综合评价 500 优中名列第五。以该公司为核心的"春兰集团"成为江苏 1995 年组建的 10 大省级重点工业企业集团之一。江泽民同志赞扬:"春兰人有志气!"

无锡小天鹅股份有限公司的前身为始建于 1958 年的无锡陶瓷厂,1979 年转产洗衣机,并更名为无锡洗衣机厂。同年 8 月,城镇集体性质的无锡第二机床电器厂并入该厂后,成为国集合营企业。1986 年又以该厂为核心,成立了无锡市小天鹅电器工业公司。转产洗衣机后,该厂曾有过一段好光景。后来由于产品老化,质量不稳定,造成产品大量积压,到 1989 年发生 189 万元亏损。在困难面前公司新一届领导班子,以强烈的市场意识和国际化的质量要求,带领职工开始了艰苦创业。经过艰苦的质量攻关,引进松下技术生产的全自动洗衣机,1990 年获得中国洗衣机行业唯一一枚国家优质产品金质奖,企业当年摘掉了亏损企业帽子。从此,企业步入了发展的快车道,1993 年又以定向募集方式将企业改制为无锡小天鹅股份有限公司。在短短五六年时间里,该企业已发展为具有国际竞争能力的大型公司,销售收入增加 30 倍,劳动生产率提高 20 倍,上缴国家税金增长 40 倍,国有资产增值 25 倍,主产品"小天鹅"洗衣机连续 7 年保持全国销量第一,企业综合经济效益名列全国第 18 位(在全国工业企业 500 强中排名 350 位)。1996 年销售"小天鹅"洗衣机超过 100 万台,实现销售收入 14.5 亿元,利润 2.17 亿元,上缴国家税金近 1.2 亿元。江苏小天鹅集团也是江苏 10 大省级重点企业集团之一。

具有 80 多年历史的常州柴油机厂是江苏省乃至全国农机行业的一个"老先进、老典型"。企业生产的金牌产品 S195 柴油机有竞争力,但发展受到这样那样的条件限制。1994 年 5 月正式成立常柴股份有限公司,到 1995 年 12 月成立了江苏常柴集团有限公司暨江苏常柴集团(也是江苏 10 大省级重点工业企业集团之一)。该企业在体制转换中，从计划经济体制下的金牌走向市场经济体制下的名牌,注重实施"名牌、巨人、集团"三大战略和资本经营,使企业得到迅速发展。1996年,全年共生产各类柴油机150万台(比1985年增长15倍),实现销售收入25.5亿元,利润2.8亿元,自营出口创汇2618万美元。近两年,该公司的净资产从1.38亿元增加到6.48亿元,总资产超过10亿元。企业在剧烈的市场竞争中稳稳地站住了脚跟。

无锡柴油机厂原是一家生产多缸柴油机的骨干企业,曾跻身全国柴油机八强。生产的产品有7个系列几百个品种,但却没有主导产品。随着市场竞争的加剧,该厂陷入困境,1991年亏损额高达1200多万元。1992年,在市里支持下,该厂以整体划拨的方式加入"一汽集团"紧密层,从此面貌一新。到1995年,该厂的固定资产由1991年的8941万元增加到2.5亿元。1996年5月18日,能装配轻、中、重型载重汽车的新装配线建成投产,标志着"锡柴"已发展成为"一汽集团"在华东的柴油机研制、开发、生产基地和正在崛起的中型卡车、改装车生产基地。省领导同志称赞说:"这是许多困难的国有企业起死回生、进而得以大发展的成功之路。"

成功的秘诀

由此可见,春兰(集团)公司等4家企业虽然各自走过不同的路,但有一点是相同的,就是都在不长时间内使国有资产得到神话般的增值,这不能不说是一个极大的成功。它们高速高效发展的奥妙在哪里?这很需要做出解释。在我看来,它们取得极大成功的基本经验有以下几个方面。

一、有一个好的领导班子

在我国现实情况下,一个好企业的确是离不开一个好的领导班子。这点,在春兰(集团)公司体现得更为充分。一个好领导班子,应包含如下意思:(1)要有一个高素质的厂长或经理、总经理。这里所讲的"高素质",首先又表现在必须具有强烈的搞好国有企业的历史责任感和卓越的经营才能。春兰集团的总经理陶建幸和江苏小天鹅集团的总经理朱德坤就是突出的代表。(2)党政关系协调,要有一个好的党委书记(也可由厂长兼任)。(3)主要领导精于"弹钢琴"和善于发动群众。(4)适时作出重大决策并保证决策的正确,决策作出后迅速变成全厂的自觉行动。春兰集团通过广泛市场调研,果断作出"让出大道,占领两厢"和上摩托车的正确决策。小天鹅公司在全自动洗衣机因价高销售不畅的形势下,果断作出坚持超前发展全自动洗衣机的正确决策,并果敢地付诸了实施。

二、三股力涌流汇成强大合力

超常规发展源于"超常"的强大动力。这个"超常"的强大动力,至少是由三股力涌流汇成的合力。

1. 面向市场,锐意改革

春兰(集团)公司等4家企业对市场取向的改革领悟较早。春兰(集团)公司明确提出"把市场营销作为企业经营第一线";小天鹅公司明确提出"工厂一线在市场",60%的职工轮流站过柜台;常柴明确提出"市场是第一线,一切围着市场转"。这几家企业的共同点就是以市场为导向组织生产经营活动和新产品开发,并特别注重加强销售队伍建设和市场营销体系建设。如春兰集团在全国建立起13个销售分公司、62个办事处和1万个销售点,形成了由宣传网络、销售网络、售后服务网络组成的营销体系。集团还根据形势的变化,不断创新营销办法,先是变"直销"为"销售代理制",随后又相继推出了"受控代理制"和"卖方信贷制",与商家结成新的利益共同体。又如,小天鹅公司把建立现代化的市场营销体系,提高市场覆盖率作为企业生产经营活动的一个关键环节来抓。主要措施包括:建立灵敏的市场营销信息手段,实施"一流产品进一流商店"的营销策略,组织精兵强将闯市场等。锐意改革为企业发展提供了根本的动力。

2. 在技术改造上下功夫，在技术创新上花本钱

春兰(集团)公司等4家企业所以能成为竞争的强者，在很大程度上又应归功于狠抓了企业的技术进步。如春兰(集团)公司10年来，平均每年技改投入超过3亿元，技术开发费用占总成本的3‰，与国内其他企业相比，投入比例明显高。该公司早在1987年就建起由140名科技人员组成的制冷技术研究所，并投资1700万元新建了一座7000平方米具有14套先进设备的产品测试中心及产品开发中心。1997年年初，又投资10亿元建春兰中央研究院。与此同时，春兰集团博士后科研工作站也建立了起来。"小天鹅"公司亦投资2500万元，建立起国家级科技开发中心和检测中心并在美国聘请国外专家建立研究所。常柴仅"八五"期间的技改投入就达1.83亿元。锡柴于1993—1995年间，技改投入达1.7亿元，是前10年投入总量的17倍。这几年，这4家企业开发研制的新技术、新产品，有不少项目填补了国内空白，有的达到了世界一流水平。技术创新成为春兰(集团)公司等4家企业超常规发展的又一重要推动力。

3. 以人为本，加强队伍建设

企业活力的源泉来源于职工积极性、创造性的发挥。春兰(集团)公司等4家企业都把人的因素看做企业发展的第一因素，十分重视企业经营管理者队伍和职工队伍的建设。特别值得一提的是，春兰(集团)公司等4家企业在人才培养上下了大功夫。如1988年以来，春兰(集团)公司就以高出国家规定职工教育经费10倍的比例，投入800多万元，先后进行了270多期、100多项适应性培训。"小天鹅"公司不仅注重培养高素质的技术人才，而且注重培养能够率领企业跨世纪发展的高层决策管理人才，包括选派人员去国外学习、高薪聘请外国专家来厂工作等。充分发掘人才的创造性和积极性是企业不断发展强大的精神动力。

三、精心实施名牌战略

名牌不仅代表着企业的形象和集中地体现着企业的综合实力，而

且是民族工业的一面旗帜。当今,产品质量的竞争已升华为品牌之争。春兰(集团)公司等企业都拥有为我所特有的名牌产品,都实施了名牌发展战略。春兰(集团)公司等既有效地利用外资创办起一个个中外合资企业,又坚持不卖牌子,这点十分可贵。

四、注重发展规模经营和多角化经营

春兰(集团)公司等4家企业都走了发展规模经济的路,因而能够获取规模经济效益。春兰(集团)公司在全国近百家空调企业中,第一个形成140万台空调器的年生产能力;"小天鹅"公司的全自动洗衣机的年产量,已突破百万台大关;常柴的柴油机年产量达150万台。这些企业同时又都发展了多角化经营。

五、注重资本经营

春兰(集团)公司等4家企业都开展了资本经营,并收到巨大效果。春兰(集团)公司把产品形态、资产形态、金融形态、无形资产形态等多种形态的资本有机地结合起来,综合加以运用。利用"春兰"品牌,吸收3家企业投入7000万元资金,建成分体式空调分厂("春兰"占70%股份);股票上市,根据国际金融市场的变化,成功地进行资本运作(该公司现有净资产的一半是靠资本运行获得的)。"小天鹅"公司进行资本经营则走过"定向募集,设立股份有限公司";"配股权转让,引入海外资本";"借用异地指标,境外发行B股";"抓住机遇,发行A股"等"四步曲"。同时,又以无形资产扩张成功地与武汉荷花洗衣机厂结成以资本为纽带的战略同盟,完善了"小天鹅"的产品系列。而常柴的股票则在深圳上市,以品牌、技术、管理等无形资本扩张和合资控股方式先后组建了"常银公司"、"常春公司"、"常柴齐富公司"、"常万公司",并接受了两家异地企业的整体划转,开展了租赁经营。

六、不断强化科学管理

七、企业集团的放大效应

八、当地政府的大力扶持

有益的启示

春兰(集团)公司等4家国有企业的高速高效发展,不仅有助于消除一些同志至今仍然存在的对能否实现社会主义国有制同市场经济体制有机结合的疑虑,而且给了我们多方面的有益的启示:

(1) 春兰(集团)公司等4家企业,更不要说还有许多中央所属及地方所属搞得很好的其他国有企业的高速度发展,证明了社会主义公有制完全能够同社会主义市场经济体制有机地结合起来,国有经济一定能从整体上搞活搞好。社会主义国有制经济存在的根据只能从社会生产力发展的客观要求寻找,那种要国有经济从竞争性行业中退出,把有盈利的"买卖"让给非国有经济的主张不可取。

(2) 建立现代企业制度的改革方向完全是对的。一般地说,国有大中型企业转向公司制运营的关键在于真正实现产权主体的多元和股权的分散,必须大力发展混合所有制经济。

(3) 必须采取切实措施,推进国有企业的战略性改组,促使生产要素向优势企业聚集。

(4) 作为社会化大生产一般组织形式的企业集团,不仅是规模经济的主要载体,而且具有优化结构等之功效,要努力促使其更快发展;组建和发展企业集团,必须真正打破条块分割的限制,能作龙头的作龙头,不能作龙头的作凤尾,在集团内部还要建立起竞争淘汰机制。

(5) 转换经济体制,最难的还在于真正转换企业的经营机制;而对国有企业来说,要转换其经营机制,首先是要转换经营者的思想。

(6) 必须赋予企业以完全的自主经营权。真正转向现代企业制度运营的国家投资企业并不惧怕同其他经济成分的企业竞争。

(7) 必须重视和大力推进企业技术进步。推进企业技术进步,首先要把功夫下在强化企业技术创新上,努力提高技术创新能力。大企业应尽快建立自己的研究开发中心,中小企业可建立联合研究中心和实验室。

(8) 必须注重于创建我们自己的名牌。

(9) 必须提高利用外资的水平,创办合资企业,一是要有所选择;二是应该控股的一定要坚持控股。

(10) 更大地推进资本经营。

(11) 考虑到企业进行资本经营的需要和居民储蓄情况,对于上市公司应适当放宽。

(12) 市场经济实质上是企业家主导的经济。从建立社会主义市场经济体制要求说,实现企业经营者的市场化和职业化是必然选择。

(原载《"首钢杯"全国企业技术经济论文大奖赛(1997年)获奖论文集》,冶金工业出版社1998年版)

国有企业改革与竞争

——兼议国有经济从竞争领域的"退出"

国有企业改革一直是我国改革的重中之重,同时也是难中之难。经过多年探索,我党已明确了关于国有企业改革与发展的各项基本方针。但由于受到体制及外部环境等多方面的牵制,客观地说,我国国有企业的改革还没有迈出最后的门槛。因此,要实现国有大中型企业三年解困的目标还必须加把劲。

什么是改革的初衷

为什么要对国有企业进行改革,或者说什么才是中国经济体制改革和国有企业改革的初衷?这点原本是清楚的,即要实现社会主义与市场经济的有机结合,关键是转换公有制企业,特别是国有企业的经营机制,以从根本上解决国有经济活力不强的问题。从指导思想看,改革一开始我党就明确地把增强企业活力,特别是增强国有大中型企业的活力,作为整个经济体制改革的中心环节,体现了市场取向的改革,即建立社会主义市场经济体制的要求;党的十四届五中全会又提出,要从着眼于搞活单个国有企业转到着眼于从整体上搞好、搞活国有经济,实质上也是从整体上提高国有企业的竞争力;同样,提出对国有经济作战略性调整,对国有企业作战略性改组,更不等于说增强国有企业活力的改革初衷已经变了。这点,完全可以从江泽民总书记关于国有企业改革与发展的一系列重要讲话中,得到证明和解释。

近些年来，江泽民总书记对国有企业的改革与发展问题，表现出极大的关心和高度重视。他几乎走遍全国各地，连续不断地作调查研究，一次次亲自主持召开由一些省、市、区领导同志和企业负责人参加的座谈会。仅 1999 年 4 月份以来，这样的座谈会就已开过 4 次，且每次都有重要谈话发表。如下就是他多次讲话中的原话：

（1）"我国经济体制改革的目标是建立社会主义市场经济体制，而不是搞资本主义市场经济，重要的是要使国有经济和整个公有制经济在市场竞争中不断发展壮大，始终保持公有制经济在国民经济中的主体地位，充分发挥国有经济的主导作用。"(1995.6)

（2）"到本世纪末要使大多数国有大中型骨干企业初步建立起现代企业制度，成为自主经营、自负盈亏、自我发展、自我约束的法人实体和市场竞争主体。"(1996.5)

（3）"我们必须抓住机遇，下大决心、用大气力切实解决国有企业面临的深层次矛盾和问题，进一步增强国有企业的活力。""20 年来，国有企业在改革中焕发了新的生机和活力。这充分说明，在多种所有制共同发展的市场竞争环境中，国有企业有充分的发展空间；市场经济不是私有制的专利，公有制完全可以和市场经济有机结合起来。""只有千方百计地把国有企业搞好，进一步在改革和发展中壮大国有经济，我们才能加快我国的工业化和现代化进程，我国经济才能在日益激烈的国际竞争中稳定发展，在下个世纪中叶基本实现现代化。""推进国有企业改革和发展，必须……不断增强企业的市场竞争能力、科技创新能力和抗御风险能力。""积极探索在发展社会主义市场经济条件下发展国有企业的新路子，大胆探索能够极大促进生产力发展的公有制实现形式，使国有经济在改革中不断取得新的生机和活力。""集中力量抓好大企业集团，采取多种形式放开搞活国有小企业。""深化国有企业改革，增强国有企业的发展活力，符合工人阶级和广大人民群众的根本利益。"(1999.4)

（4）"国有企业改革是整个经济体制改革的中心环节。国有企业必须形成适应发展社会主义市场经济要求的充满活力的机制，在市场的风浪搏击中发展壮大。""国有企业完全可以找到广阔的用武之地,关键是要面向市场,适应市场,开拓市场,提高企业的整体素质,增强市场竞争能力。"(1999.5)

(5)"根本出路在于深化改革,要坚持建立现代企业制度的改革方向,使企业真正成为适应市场的自主经营、自负盈亏、自我发展、自我约束的法人实体和竞争主体。"(1999.6)

(6)"必须坚持建立现代企业制度的改革方向。多年来的实践证明,国有企业要提高市场竞争能力、科技创新能力和抗御风险的能力,必须建立起充满生机的管理制度和组织形式。现代企业制度,是发展社会主义市场经济条件下企业的基本制度。没有企业在管理和市场经营方面的有效机制的建立,社会主义市场经济体制是建立不起来的,公有制同市场经济的有机结合最终也难以实现。"(1999.6)

江泽民总书记的这些重要讲话所反复强调的,正是转换国有企业经营机制、增强其活力,使之真正成为市场竞争主体的问题。这正是国有企业改革的初衷。这个初衷并没有变,也不能变。还要在这里指出的是,党的"十五大"报告,所强调指出的是"国有经济起主导作用,主要体现在控制力上"。"只要坚持公有制为主体,国家控制国民经济命脉,国有经济的控制力和竞争力得到增强,在这个前提下,国有经济比重减少一些,不会影响我国的社会主义性质。"事实上,在当今经济全球化和科技发达的市场经济条件下,对任何一个国家来说,其经济控制力的基础都在于竞争力,在这里,竞争力和控制力已经融为一体了。"十五大"报告讲得很清楚,国有经济比重减少一些而又不会影响我国的社会主义性质,其前提条件正是"控制力和竞争力得到增强"。只讲国有经济的控制力,不讲国有企业的竞争力,就可能犯片面性的错误。

总之,深化国有企业改革是为着转换国有企业的经营机制,使其更好地进行市场竞争,而不是"退出"竞争。

"全面退出"质疑

毋庸讳言,在我国国有企业改革与发展问题上,人们的认识并不完全统一。这原本很正常,并不令人感到奇怪。但如果要把一些有重大争议的认识变为政策则应持慎重态度,所谓"功能定位论"或"全面退出论"就属于这样的问题。近年来,这一看法大有主导国有企业改革之势,而且据传媒透露,国家有关部门已在着手对哪些行业的国有企业需要退出和如何退出进行设计。这就不能不把这一问题郑重提出来,进一步做些讨论。

这个广为流行的"功能定位论"或"全面退出论",其立论的根据是非公有制经济天生适于竞争,而国有经济则天生不适于竞争。其中,又以1999年6月20日的《新华日报》的一篇报道说得最清楚:"按照国有经济应有的地位和应起的作用来说,它只应该是在特殊性、自然垄断性、非盈利性(公益性)等领域存在的一种形式,实际上也就是市场配置资源失灵或不利的领域。"因此,"国有资本从原有体制内的竞争性领域退出"应该是全面而彻底的,既包括小型国有企业,又包括中型国有企业和大型国有企业,以使"民有民营经济成为市场经济的基础"。这种看法,明显是违反了改革的本意,放弃了改革的初衷,也是违背党的"十五大"精神的。这就必须切实辨辨清楚以下问题:

1. 首先,这里有两种不同涵义的"退出"。一是基于长时间形成的我国国有经济涉及面过宽、战线过长、布局和结构不合理的现状,必须对国有经济进行战略性调整和对国有企业进行战略性改组。从结果看,一部分国有资产(尤其是国有中小企业)从其原所在行业退出来,转向国有经济更需要加强和发展的领域,将不可避免,也符合改革与发展的整体利益。二是先定个框框,硬要国有经济从竞争性领域作"全面退出",把不赚钱的、赔本的买卖留给国有经济去做,而把赚钱的买卖都让给非国有制经济。这么去做,我国的国有经济又如何能发展得更强大,难道说世界强手之间的竞争就只能限于非国有企业之间竞争?

2. 如何界定"竞争性领域"？竞争是相对于垄断而言的。在理论上，垄断又分国内市场垄断和国际市场垄断。然而，世界经济发展到今天，国内、国际两个市场早就联系在了一起。我们发展经济必须面向国内、国际两个市场，而不是一个国内市场，而且就国内市场来说也早就不仅仅是我们自己的企业在竞争。依照公认的划分，我国的高科技、航天航空等自然应属于国有经济发挥作用的领域，但放眼两个市场，谁又能说不存在竞争？现在，我国电力、交通、金融、外贸等部门都已开始放开。不存在竞争的部门和行业已很难找到。同时，原有体制内的竞争性领域也是一直在变化的。不知这个"竞争性领域"究竟如何界定？

3. 资源配置的主体是政府还是企业，国有经济"退出"如何实现？是在行政力量强制下"退出"，还是通过市场竞争"退出"？显然，国有资产从哪些行业退出，并不是想当然地事先规定的，而应是市场竞争的结果。国有企业难以真正转换机制，主要的症结在于政府职能转换滞后，政企迟迟不能分开和包袱沉重。政府不仅在做属于企业的事，而且在做应由市场决定的事。现在，新旧体制转换尚在进行中，不承认政府在资源配置中的作用是不对的。但同时也应警惕传统经济体制回归，搞"新计划经济"。

4. 国有经济为何不可以以控股、参股形式存在，为什么一定要从竞争性领域"完全退出"？国有企业改革，关键在于找到国有经济在市场经济下的微观实现形式。为此，不仅要实现所有制结构的多元化，而且要实现微观基础的多元化。从现代市场经济发展要求看，不仅单体国有企业不适应，单体非公有制企业同样也不适应。适应的正是股份形式的混合所有制经济。说到现代竞争性企业，更需要各种所有制经济的我中有你、你中有我，而不在于空论竞争是这种经济的长处还是那种经济的短处。股份制是现代企业的一种资本组织形式，而不是私人财产的组织形式。

5. 是否认为我国政府只是简单收收税？我国国有企业实际又分为中央投资企业和地方投资企业，面广量大的国有中小企业属于各级地方。这里撇开要不要实行"分级所有"的争论不说，并且假定中央投资企业退出竞争性领域有道理,硬性地让地方企业从竞争性领域退出也不见得就对发展经济有利。我们历来讲要发挥中央和地方两个积极性,而不是中央一个积极性。无产阶级专政的一个重要职能正在于组织国家经济建设,而决不是单纯收收税。硬要地方国有资产退出竞争性领域,地方又在哪里发展?

6. "全面退出"有多大可操作性?再退后一步说,即便是"全面退出"理论上是成立的,在实践上也没有可行性。存在于竞争性领域的国有资产不是小数,决非想退出就能退出,关键是要有买者愿意购买并买得起。国有小企业的拍卖难,各地早已领教,更不要说大中型企业的退出了。如果说,今后国家财政一般不应再向竞争性领域投资的意见还值得重视、并能做到的话,那么,要国有大、中、小企业全都从竞争性领域退出,就只能是纸上谈兵。

7. 社会主义公有制到底能不能同市场经济结合,难道说市场经济真的是私有制的专利?认为非公有制经济天生适于市场竞争,而国有经济则天生不适于竞争,这个"功能定位论"或"全面退出论"的立论本身就站不住。党的十一届三中全会以来,我们这样一个大国能保持世界第一的增长速度这一事实已证明这个"理论前提"是不能成立的,又怎么能说我国国有经济不适于竞争,包括参与国际市场竞争呢?至于这些年来,我国的非公有制经济远较公有制经济、特别是国有经济发展快,这有多方面的复杂原因,决不能由此得出结论说,是非公有制经济适于竞争,国有经济不适于竞争。非公有制经济就那么好?不妨这样想一想,讲市场的作用,我们没有能力同发达市场经济国家比,即便是把我国的经济都变成非公有制经济,又有哪个能保证,我国配置社会资源的效率一定比资本主义国家高,经济一定比它们发展快?诚然,非公有制经济是我国社会主义市场经济的重要组成部分,我们必须长期坚持公有制为主体、多种所有制经济共同发展的基本经济制度,再不可以戴着有色眼镜来看非公有制经济;但也不可以抬高非公有制、贬低公有制。人们毫不怀疑,一些同志倡导国有经济从竞争性领域全面退出完全是出于好心。但这里所要说明的问题却走到了另一面:原来,社会主义国有经济是不能同市场经济有机结合的,还是把市场经济看成是私有制的专利。这才是劈波斩浪 20 年,理论上又回到改革前。

8. 对党的"十五大"精神必须作准确、完整的领会。有的同志着眼于国有经济定位在市场配置资源失灵或不利的领域,提出"让国有资本在它应该存在的领域发挥作用,而民有民营经济成为市场经济的基础"。还说这是依据的"中共'十五大'指出的国有资本尽量集中的精神"。真不知此话是从何谈起。事实上,纵然把"十五大"报告细读千万遍,也绝对领会不出我们的改革就是要使"民有民营经济成为市场经济的基础"这样一个结论来。

总之,不应该把对国有经济所作的战略性调整和对国有企业所作的战略性改组同转换国有企业经营机制、增强其活力割裂开来、对立起来,更不可以认为此举是要国有经济"退出"竞争。

机制转换的难点

市场经济决非私有制的专利,能否实现公有制同市场经济的有机结合,关键正要看能否真正转换国有企业经营机制;而要实现这种转换,就必须坚定不移地沿着建立现代企业制度的方向,进一步推进国有企业的改革。江泽民总书记在青岛主持召开的华东七省市国有企业改革和发展座谈会上,再一次突出强调了这一点。

现在,改革已到最后关口,必须下大决心来解决企业在建立现代企业制度及发展中所遇到的诸多深层次矛盾。主要是:

1. 如何切实理顺企业和国家的关系,明确国家和企业的权责,建立有效的国有资产管理、监督和营运机制;

2. 如何真正实现股权多元化,特别是解决好非公有制进入和职工持股的问题;

3. 如何进一步完善公司制企业的内部治理结构,处理好"新三会"与"老三会"的关系;

4. 如何解脱企业的历史包袱,建立包括国家控股企业的资本金注入机制；

    5. 如何建立起企业的技术进步机制；

    6. 如何主要通过市场选择好企业经营者，并建立好企业内部激励、约束机制；

    7. 如何搞好配套改革，特别是进一步转换政府职能和加快进行社会保障制度改革和人事制度改革等。

    完全可以相信，以上难点问题真正解决了，国有企业改革就一定能取得最后的胜利！

（原载《江苏经济探讨》1999年第8期，新华社江苏分社主办《江苏内参》摘发）

关键在于增强国有经济的竞争力

江泽民总书记于党的十五届四中全会召开前夕，在东北和华北地区国有企业改革和发展座谈会上所作的重要讲话中，突出地强调了一个关于国有企业改革和发展的"说到底"的问题，着重指出："我们推进国有企业的改革和发展，说到底，就是要在发展社会主义市场经济的条件下使国有经济不断发展壮大，增强国有经济的主导作用和控制力。这一点，在我们的指导思想上，必须十分明确。"在这里，江泽民总书记从指导思想的高度，讲明确这样一个根本问题，即改革决不是要非国有经济取代国有经济，而是要促使国有经济变大、变强；在经济全球化已是必然趋势的今天，社会主义市场经济条件下发展壮大国有经济，那就又必然要立足于国内、国际市场的剧烈竞争。因此，我们推进国有企业的改革和发展，关键在于努力促使国有经济整体素质的提高和整体竞争力的不断增强，必须转换企业经营机制，才能更大地增强国有经济的主导作用和控制力。这也是我们学习党的十五届四中全会《决定》所必须牢牢抓住的最重要之点。《决定》中先后使用"竞争"、"竞争（能）力"和"竞争机制"的字眼达19处之多，其本身就是对这一最重要问题所做的最好的解释。

笔者以为，以下几点都应是不言而喻的：

一、我们进行社会主义改革，正是要把社会主义同市场经济有效结合起来。这个初衷没有变，也不能变。市场经济决非私有制的专利。中性的股份制是现代企业的一种资本组织形式，而不是私人财产的组织形式。实际上，从现代市场经济发展要求看，不仅单体国有企业不适应,单体非公有制企业同样也不适应。说到现代竞争性企业,更需要各种所有制经济的你中有我、我中有你。空论竞争是这种经济的长处或那种经济的短处,已远离了股份制经济世界范围内大发展的现实。

二、讲国有经济的主导作用和控制力更要着眼于增强国有经济的整体竞争力。基于我国社会尚处于并将长期处于社会主义初级阶段的最基本国情,我国国有经济在整个国民经济中的比重将不可避免地还会有所减少,这不会改变我国的社会主义性质。但国有经济数量的减少而又不使我国的社会主义性质发生改变又是有条件的,这就是党的"十五大"报告和十五届四中全会《决定》都强调的"坚持公有制为主体,国家控制国民经济命脉,国有经济的控制力和竞争力得到增强"。事实上,在经济全球化和现代市场经济条件下,对任何一个国家来说,其经济控制力的基础又正在于市场竞争力。只讲国有经济的控制力,不讲国有经济的整体竞争力,不能不是一种片面性。

三、我们要实现的是社会主义现代化,而不是别的什么现代化。离开具有强大竞争力的国有经济,社会主义现代化将难以设想。江泽民总书记1999年4月22日在成都由他亲自主持召开的四省市国有企业改革和发展座谈会上所作的重要讲话中指出:"在我们这样一个实行社会主义制度、有12亿多人口的发展中大国,提高综合国力和人民生活水平,巩固和发展社会主义制度,促进社会全面进步和保持社会安定,必须形成独立的、比较完整的工业体系和国民经济体系。国有企业特别是国有大中型骨干企业,是我国工业和国民经济的中坚力量。只有千方百计地把国有企业搞好,进一步在改革和发展中壮大国有经济,我们才能加快我国的工业化和现代化进程,我国经济才能在日益激烈的国际竞争中稳定发展,在下个世纪中叶基本实现现代化。"《决定》亦强调指出:"国有企业是我国国民经济的支柱。发展社会主义社会的生产力,实现国家的工业化和现代化,始终要依靠和发挥国有企业的重要作用。"虽然说任何国家都有国有经济存在,但社会主义国有经济肩负着独特的历史性功能,决不可以把社会主义国家国有经济混同于剥削制度下的国有经济。充分发挥国有经济的主导作用,完全是社会主义国民经济发展的一种内在要求。甚至可以讲,国有经济为主导正是社会主义国民经济所特有的一条客观经济规律。而我国还处在社会主义初级阶段,要在国有经济不占数量优势的情况下更好地发挥国有经济的主导作用,重要的在于放大国有资本的功能,提高国有经济的控制力、影响力和带动力。国有经济的控制力、影响力和带动力,又都根植于国有经济的整体竞争力。

四、在经济全球化和市场经济条件下,已很难分清什么是竞争性领域、什么是非竞争性领域了。世界经济发展到今天,国内、国际两个市场已联系在了一起。我们发展经济必须面对国内、国际两个市场,而不是一个国内市场,而且就国内市场讲,也早就不仅仅是我们自己的企业在竞争。依据公认的划分,基础产业、高新技术产业、航空航天等无疑应属于国有经济发挥作用的领域,但放眼两个市场,谁又能说不存在竞争?现在,我国电力、交通、金融、外贸等部门都已开始放开,不存在竞争的行业和领域事实上已很难找到。在这种情况下,发展壮大国有经济就只能依赖于提高其整体素质和整体竞争力,事实上,不要说在一般竞争性行业和领域中,国有企业必须接受优胜劣汰的严峻考验;即便是在国有经济需要控制的行业和领域,仍然会存在多种所有制经济。从实质上说,市场经济就是不同类型企业平等竞争的经济。发展社会主义市场经济亦不能"厚此薄彼",合适的做法是提高行业准入的门槛。

五、提高国有经济的整体竞争力,必须坚持"有进有退,有所为有所不为",切实搞好对国有经济的战略性调整和对国有企业的战略性改组。由于长时间实行计划经济体制,我国国有经济的确是存在一个涉及面过宽、战线过长、布局和结构不合理的问题,致使其缺乏整体竞争力。《决定》提出,要针对"国有经济需要控制的行业和领域"和"其他行业和领域",对国有经济进行战略性调整;要区别"极少数必须由国家垄断经营的企业"、"竞争性领域中具有一定实力的企业"、"产品有市场但负担过重、经营困难的企业"和"产品没有市场、长期亏损、扭亏无望和资源枯竭的企业"等不同情况,对国有企业进行战略性改组,说到底,也正是要从整体上提高国有经济的市场竞争力。从根本上说,国有经济适宜于在哪些行业和领域发展,不适宜于在哪些行业和领域发展,都只能由市场裁定;国有资产要从哪些行业和领域"退出"、"退了多少",也不应是由政府事先确定的,而应是市场竞争的结果。但有一点是清楚的,就是那些产品没有市场、长期亏损、扭亏无望和资源枯竭的企业,早就应实行破产了,这是地道的市场行为而非政府行为。在这点上,我们要进一步解放思想,只能按现行市场价拍卖,这样做压根就说不上是什么"国有资产流失"。

六、提高国有经济的整体竞争力,在微观层面上,关键在面向市场切实转换企业经营机制,使之真正成为适应市场的法人实体和竞争主体。而要真正做到这一点,建立现代企业制度的改革就不能走过场。事实上,现在讲转换国有企业经营机制,早已不是就单个国有企业说单个国有企业,而按照建立规范的现代企业制度的要求,着力发展混合所有制经济。必须由国家垄断经营的企业只是极少数(即使是国有独资公司,也要尽可能由多家国有投资公司或其他国有企业共同持股,成为由多家投资主体组成的公司)。有些可以由国家控股,一般的应是由国家参股(当然,国家也可以不参股)。这里,带有实质性的是要解决好非公有制经济的进入和企业经营者、企业职工的持股问题,以真正实现投资主体的多元和股权的分散。如真正照这个方向去改,就没有国有经济不能从整体上搞活、在竞争中发展壮大的道理。

总之,《决定》通篇所强调、所解决的最根本问题,正在于提高国有经济的整体素质和整体竞争力。那种要国有经济从竞争性领域作"全面退出"的意见固然失之偏颇;在对《决定》精神的宣传中,只强调提高国有经济的控制力,而闭口不谈提高国有经济的整体竞争力,也不够全面,没有说到最根本点上。

(原载《江苏改革》1999年第12期,特约撰写)

苏州市集体工业是怎样发展起来的

1982年4月至8月,我们两次去苏州市进行了调查。据1979年统计,该市的城镇集体所有制企业无论是集体所有制职工占全市职工的比例,还是集体所有制工业固定资产占全市工业固定资产的比例,在全国都名列前茅。我们通过调查发现,该市集体工业的发展具有一些特色:

一是分布广。该市现有的424个集体工业企业占工业企业总数的68.71%,遍布全市17个区局和公司,其中3个城区所属工厂全部是集体的,工艺公司、二轻局、农业局所属工厂绝大部分是集体的,机械局、一轻局、纺织公司、医药公司等超过半数,电子局、化工局、丝织公司等超过三分之一,商业、交通、建工等局所属工厂也有不少是集体的。这样全面发展集体所有制工业并不多见。

二是组织形式多。从隶属关系划分,该市集体所有制工业的组织形式,少说也有十几种。如部属,市属,区属,街道办,社办,队办,校办,部队办,知青厂,"全民带集体"的工厂和车间,合营工厂,区、街福利工厂,劳动服务公司(站)组建的专业队、组,居委会办的生产组织以及新近成立的为全市"三办"工业服务的联合经营机构——"三联公司"等等。真可谓万紫千红,满园春色。

三是发展快。1981年同1956年相比,集体工业产值增长27.23倍,平均每年递增25.3%,远比同期全民工业增长12.04倍、平均每年递增10.8%为快。从固定资产看,1980年该市集体工业拥有的固定资产原值已达到28084万元,占整个工业固定资产的27.55%,比1957

年增长 123.27 倍,大大超过同期全民工业增长 9.2 倍的水平。从集体企业职工占全市工业企业职工的比例看,1981 年已经占到 45.7%(如加上被全民企业借用的集体职工 18292 人,则占 53.25%)。再从集体工业产值在全市工业总产值中占的比重看,1957 年占 20.69%,1978 年占 33.85%,1979 年占 31.86%,1980 年占 32.98%,1981 年占 33.75%(如加上当年全民企业使用的集体职工创造的 36237 万元,则占 43.39%),一年比一年大。

那么,该市的集体所有制工业到底是怎样发展起来的呢？基本经验有下面三条:

(一)突破集体工业只能归手工业局办的老框框,促使集体工业在各个部门、各个行业全面开花。

该市的集体所有制工业所以办得这样多,所以发展得这样快,在于较早地突破了集体所有制工业只能归手工(二轻)工业局办的老框框,把各个方面的积极性都调动起来,促进集体所有制企业在各个部门、各个行业全面生根、开花、结果。

早在"大跃进"和调整时期,该市就在机械局内搞了个无线电联社(电子工业局前身),按行业实行归口管理。之后,在工交、商业、科研、教育、文化、卫生等各部门都发展了集体所有制。尤其是党的十一届三中全会后,集体所有制企业更是在全市各个部门、各个行业全面开花。据不完全统计,仅从 1978 年至 1980 年 8 月,全市就新建集体工厂 31 个,从老集体工厂分建集体工厂 17 个,并且多数都办得比较好。

(二)为满足社会和自身的需要应运而生,力求发展。

苏州市集体所有制工业所以发展这样快,还在于发展城镇集体所有制确实是外有需求、内有要求。特别是该市的街道工业、社队工业、校办工业、区街福利工厂、劳动服务公司组建的专业队(组)等等,更是为满足社会和自身需要而穷办苦干发展起来的。它们应运生,竞相长,最后终于证明自己是适合生产力发展的经济形式。

首先拿该市的街道工业讲,它所以取消不了,愈办愈大,归纳起来,主要有三个原因:一是因为街道企业生产的产品,是满足社会需要的必要补充;二是因为它解决了一些待业人员的就业和生活出路问题,有利于社会安定团结;三是因为办好街道企业又是开展区、街工作的不可缺少的经济补充。其中,解决就业问题又是最主要的。我国有10亿人口,就业问题非常突出。今后,解决就业问题主要是靠集体(当然不限于街道企业)。发展街道企业,就是贯彻自力更生,广开生产门路,解决就业问题,这决不是什么权宜之计,而是社会主义经济优越性的表现。

其次,苏州市郊区的社队工业,发展得也比较快。到1981年底,郊区社办工业企业一共有46个,队办工业企业一共有114个。在农业总产值中,仅队办工业产值就占64.61%。从郊区的情况看,凡是富一些的社队,都是由于工副业生产搞得好;反之,所有分配水平较低的队,没有一个工副业生产是搞得好的。这就证明,对郊区的农工副综合发展来说,也非走这条路不可。

在苏州市,校办工业已经具有相当规模。据1981年底统计,仅中、小学办的校办工厂就有106个(中学全部办了校办工厂,小学也都按辅导区办了校办工厂,单独办的也有);一共拥有653万元的固定资产和400多万元的自有流动资金。不仅依靠自身积累实现了扩大再生产(1981年完成产值1789万元,比1976年的671万元增长1.66倍),而且向国家缴纳了税金(1981年缴工商税93万元)。该市校办工业的蓬勃发展,明显地起到这样一些好作用:第一,有助于全面贯彻党的教育方针。第二,弥补了国家办学经费的不足,改善了办学条件。据不完全统计,从1973年至1981年,该市仅中学校办工厂实现的利润达2109万元,其中用于改善办学条件和师生福利1047万元,占49.64%。第三,补了国家计划和大工业生产的不足,为社会提供了许多有用产品。校办工业在生产上有三大优势:一是有一批掌握科技知识的人才;二是在利润问题上包袱不大;三是生产经营比较灵活。该市校办工厂生产的产品已有400多个品种,有的还是部定产品。可见,校办工厂作为我国城镇集体所有制工业的组织形式之一,同样有其存在和发展的必要。

区、街福利工厂是该市集体所有制工业在新形势下开出的又一枝鲜花。经过几年的努力,该市凡符合招工条件的待业人员基本得到安排,唯有长期积存的近千名"四残"人员的就业和生活问题没有着落。如由民政部门直接投资兴建新的社会福利工厂,安排这些"四残"人员就业,在资金、厂址、熟练工人、产品等方面都有困难。为此,市里决定依靠基层来办。每个区先办了一个集体厂,但依然不能解决问题。于是又动员各个街道来办。开始,街道怕背包袱,后经做工作,每个街道都办了一个。到1982年7月份,全市共新办区、街福利工厂(社)26个,有职工2214人,其中"四残"人员634人,加上其他渠道安排的,共有900名"四残"人员的就业和生活问题有了着落。同时,依靠基层办福利工厂还具有如下作用:一是由于这些福利工厂能从民政部门得到一定支持(该市民政部门为支持区、街福利工厂已拿出100万元),所以对集体企业自身发展也有好处;二是体现了社会主义制度的优越性,促进了安定团结;三是"四残"人员做到了"残而不废",为社会创造了财富;四是为社会福利事业的进一步发展打下了基础,为继续安置"四残"人员提供了基地。总之,区、街福利工厂作为集体所有制工业的另一种组织形式,它们的兴起,同样是有客观需要和条件的。

同其他城镇相比,该市劳动服务公司(在街道叫劳动服务站)组建的供待业人员短期劳动的专业队、组不算太多。但从发展看,随着劳动体制的改革,劳动服务公司将愈来愈大地起到劳动力蓄水池的作用,因此理应组建更多的新集体。到那时,劳动服务公司系统的各种专业队、组,很可能成为我国城镇集体所有制工业存在发展的又一重要形式。

(三)利用现有企业对新办集体企业带、帮、促。

苏州市集体所有制工业不断发展的另一个重要途径,就是通过"全民带集体"、"大厂带小厂"、"老厂带新厂"的形式来发展新的集体企业,也就是通常所说的"老鸡孵小鸡"。其直接结果,就是一大批知青工厂和一大批"全民带集体"的工厂、车间的出现。

据1981年底统计,该市一共办起集体所有制性质的知青厂56个,安排待业青年(主要是下放回城的)12237人,同年实现利润2100万元。这些知青厂能办成这个样子,多亏了现有企业的扶持。

该市早在安排知青去郊区插队时,就注意到厂队挂钩,有计划地让那些在市内难以发展的企业扩散产品,办了若干知青厂。1978年,市里决定将这些初具雏形的知青厂划给各主管局,实行归口管理。各主管局把划归的知青厂,有的交给全民厂主办,也有的交给集体厂主办。由于市、局和主办厂在人力(一般由主办厂派领导、派技术骨干,这些人的工资、奖金仍由原单位出)、物力(主管局和主办厂拨给或借给部分设备)和财力(市、局、主办厂贷给和借给部分资金)上大力扶植,知青厂从此便进入了发展的新时期。现在,这些知青厂绝大多数都办得比较好。如服装一厂主办的服装三厂,原先是几个厂合办的,生产的产品也不固定。交服装一厂主办后,1980年就盈利8.26万元,1981年更盈利20.8万元,现已拥有36.5万元的固定资金,并新建起1400平方米的厂房(另有1300平方米在建),盖了900平方米的职工宿舍,还买了一部交通车。现在,这个厂的产供销都比较正常,职工拿的工资、奖金也不比同类老集体企业少,并计划招收部分新工人和添置部分设备,实现扩大再生产。事实说明,知青工厂的举办,不仅解决了一大批待业青年的就业问题,而且在为全民厂配套服务,承担全民厂脱壳的低档、微利产品,支持全民厂发展高档产品方面,都做出了贡献。

"全民带集体"这种形式,该市早在1972年发展手表工业和半导体器件工业时就已采用。到1981年底,该市"全民带集体"的工厂、车间已发展到72个,从业人员10213人,并且收到了明显的成效。如集体所有制性质的苏州电视机厂,1972年改变为全民厂后,生产急需发展,但劳动力却没有得到相应增补。1978年11月,采用"全民带集体"办法建立起集体所有制性质的电视机二厂,经济上以劳务形式由全民厂付给加工费。到1979年11月,一共吸收310名集体职工和200名培训工。同年,电视机产量比上年增长2.83倍,成本显著下降,劳动生产率也有所提高。

采用"老鸡孵小鸡"的办法发展集体所有制,自然而然地要涉及经济利益问题。这里既涉及集体与集体之间的经济利益,也涉及全民与集体之间的经济利益。这里只说"全民带集体"、"全民帮集体"之间的问题。从苏州市的情况看,现有的全民企业有些是利用集体企业的基础发展的,有些是从集体企业上升的,有些是合并了集体企业壮大的,在现有的近200个全民企业中,真正由国家投资兴建的只有6个。可以说,该市几乎所有全民企业的血管里都包含有集体企业的血液。另外,该市全民企业"借用"集体企业上交的合作事业基金就有1000多万元,至今还没归还。至于全民企业实现的利润中有不少实际上是集体所有制职工创造的,这更是公开的秘密。就拿采用"全民带"、"全民帮"办法建立集体性质的工厂、车间这件事本身来说,也不能认为只是集体沾全民的光。如苏州毛纺厂建立起集体性质的第三毛纺厂后,部分闲置设备得到利用,产值和利润均大幅度增加,劳动生产率也提高14%。所以我们不能忘记长期以来集体对全民发展的贡献,不能忽视全民企业要进一步发展仍然离不开集体企业的支持和配合,不能否认"全民带集体"、"全民帮集体",实际上也是全民自身发展的需要。当然"全民带集体"必须贯彻"扶而不包"的原则,把集体企业办得名副其实。

综上所述,苏州市的集体所有制工业所以办得这样多、发展得这样快,除了客观需要外,就在于主观上敢闯新路。而我们从事社会主义建设,也正需要这种精神。

(原载《开创城镇集体所有制工业的新局面》,轻工业出版社1983年版,与是慧琴合写)

要更好地发展城镇新办集体企业

江苏省近几年创办的城镇新集体企业,是以安置城镇待业青年就业为基本特征的。这些新的集体企业,有企事业单位办的,有街道办的,有劳动服务公司办的,有群众自办的,形式多种多样。我们做了点调查,现就办好城镇新集体企业谈几点看法。

正确认识城镇新办集体企业

城镇新集体企业虽然是适应城镇青年就业的需要发展起来的,但不仅仅是为着解决就业问题,而是直接关系到把产业结构和所有制结构调整得更加合理,关系到繁荣经济和人民生活的提高,关系到建设有中国特色的社会主义。即使就业问题,也是一项直接关系到发挥社会主义制度优越性,解决人民群众切身利益的大事。我们社会主义国家,应使符合就业条件的人都有用武之地,但由于我国国民收入中能够用于扩大再生产的部分有限,新的国营企业不可能一下子办得很多,国家不可能把城镇青年的就业问题全包下来。据测算,今后三年内,全国每年平均尚需安排 600 万人就业,还要重新安排数以百万计的国营企业经过调整后的富余人员。今后一个相当长时期内,解决就业的根本出路只能靠大力发展集体经济,而且要更多地寄托于大力发展城镇新集体。从江苏省 1979 年至 1982 年底安置城镇就业的情况看,城镇集体和个体经济一共安置了 1368 万人就业,占就业总人数的 56%。从安置待业人员就业的情况看,更出现了这样的趋势,即安置到全民企业的比重大大下降,安置到大集体的比重也下降了很多,而安置到新集体的比重则大大提高,估计今后安置到城镇新集体的比重将会更大。足见各种形式的新集体已开始走上前台,发挥重要作用。我们要充分认识城镇新办集体企业的重要意义,开创城镇集体所有制工业的新局面。

总结实践经验,办好新集体企业

城镇集体所有制企业,是由劳动群众占有生产资料、共同劳动并实行按劳分配的社会主义经济组织。但由于我国的城镇集体所有制工业在自身发展中走过不少弯路,加之城镇新集体又是在新的历史条件下出现的,要把新集体办好,还有待于在实践中探索。最重要的是尊重群众的首创精神,不断地总结他们的实践经验,力求办出特色。

从我们了解的情况看,江苏省大多数城镇新集体都办得比较好。总结各地的实践经验,如下几点是切实可行的:

第一,坚持自愿组合,人员能进能出。由18名城镇待业青年创办的响水县响水镇糕点厂,除相对稳定一部分骨干外,根据生产需要,通过镇劳动服务公司在待业青年中招收临时工,进得来、用得上、出得去,较好地解决了淡季与旺季的矛盾,收到了明显的效益。由于多数新集体都办得很有生气,福利也不比老集体差。采用自愿组合的组织形式和能进能出的用工制度,的确比端"铁饭碗"更好些。

第二,企业实行独立经营、独立核算、自负盈亏,不搞统管包揽。这里主要是指企事业单位、街道和劳动服务公司扶持的新集体。如东台县轻工系统,1982年3月份一个月的时间内就办起了13个厂、社、队、组。在处理新办集体与扶持单位的关系问题上,一开始就坚持让新集体"组织上自立门户,经济上自负盈亏,分配上按劳取酬",并坚持处理好两个关系,即扶持单位与新办集体既是"母子关系",又是"兄弟关系",既防止了混账混岗,又避免了对新办集体撒手不管和统管包揽。

第三,民主管理,干部实行选举、招聘,能上能下。民主管理的一个重要内容,就是要保证职工真正做到民主选举企业领导人和罢免不称职的干部。人员增减根据生产经营情况由全体成员讨论决定,企业的经营方式、民主制度、企业规章制度和大的业务活动要经过全体成员讨论决定。

第四,坚持按劳分配,形式灵活多样。

不少新集体企业在实践中找到了多种体现按劳分配的好形式,如计件工资、基本工资加奖励、基本工资加计件、基本工资加浮动、评分计酬、定额包干等。有的工资形式在这个企业行不通,而在另一个企业则是可行的,有的企业人数不多,但却有几种工资形式。这说明工资形式灵活多样,恰恰是城镇新集体的特色。

第五,不少城镇新集体都有职工集资。这是应当允许和鼓励的。

总之,城镇新集体贵在一个"新"字,在某些方面它比某些老集体更"像"集体。只要我们的态度是积极的和科学的,就一定可以把城镇新集体办出一个新水平。

为办好集体企业创造条件

为着更多更好地发展城镇新集体企业,要从多方面为其发展创造条件。

1. 改革招工制度。现行的招工制度,一方面讲组织起来就业已属正式就业,另一方面却又保留着去全民、大集体就业的机会,新集体职工存在临时观点,影响了新办集体企业的巩固发展,应实行全民、大集体和街道企业一起招收合同制工。今后,不论在全民企业就业,还是在集体企业就业,都应做到事先培训。各类企业招工应一视同仁,一样招考。新办城镇集体,绝大多数都有扶持单位,有办法把人招来,逐步形成一批骨干队伍。全民招收合同工,城镇新集体可以用同样的办法加以解决。

2. 办好社会保险。南京市丹凤街道办事处新办集体企业进行社会劳动保险试点测算:按每人每月投保6元,1982年银行按个人存款利率和最佳储存方法测算,投保20年,每月可享受养老待遇22.1元,

25年为34.1元,30年为51元,35年为74.7元,40年为107.8元。如果一开始就业投保,30年后达50岁左右,每月可享受51元的养老待遇。这个街道的集体所有制企业职工,平均基本工资每月为40元左右,每月6元的保险金占工资额的15％。个人负担20％（占工资额的3％）,集体负担80％（占工资总额的12％）。按丹凤街半年来的实际数据测算:国家让税部分占保险金总额的23.5％,集体负担56.5％。另外,在制定保险金提取办法时,应考虑到工资增长因素。如果按工资总额的固定百分比提取,显然会越提越多。因此,最好规定由集体和个人共同负担的保险金不应高于多少元。为使社会保险金能得到最高利息,应按最佳储存方法储存。

3. 调整税收。对以安置城镇青年就业为主的新办集体所有制企业的税收政策,国务院67号文件已做了原则规定,并讲明应按财政部有关规定办。但从江苏执行情况看,社队企业享受的免税待遇一般比新办城镇集体为高。既然都是集体,那就应该一视同仁。再说,现行的八级超额累进税制起征点也太低,不利于小企业。另外,应该采取灵活的税收政策,有的可以多征,有的可以少征,有的可以减免,对小企业要扶持,尽量减轻小企业的经济负担,修理服务行业要减轻税收。

（原载《城镇集体工业与改革》,轻工业出版社1984年版）

城镇集体工业企业"大划小"趋势初探

在城镇集体工业企业的改革中,划小企业规模的事到处都有发生,并且往往是由下而上地做起。这是偶然还是必然?是所有城镇集体企业都要走这条路,还是仅仅适用于其中的一部分?这些,都需从理论和实践的结合上做出回答。

一

从苏州、扬州、南京、徐州和连云港五市由大划小的24个轻工企业(其中二轻22个,一轻2个)的初步了解,大致有两种类型:

一是另立门户。这些企业单位,或者是由原企业一分为二或一分为三,或者是从原企业分出,不仅对人、财、物作了清理,而且单独照章纳税,是名符其实的门户另立。属于这类的有苏州市工艺美术系统近几年划分的12个企业单位,从连云港市新海印刷厂分出的工艺印刷厂,徐州磁性材料分厂等。

二是统分结合。属于此类的有扬州玩具工业公司隶属的由原扬州玩具厂划建的5个玩具专业厂、南京服装七厂、三厂和南京工艺制花厂、南京美术织毯厂的民用绣品车间、连云港市鞋帽厂等。其中,各个厂的具体做法又不一样。扬州玩具工业公司开始时对5个专业厂实行全统全包,即统一经营,统一设计,统一供应,统负盈亏,后改为统分结合、厂司并举、分负盈亏。南京服装七厂则是将3个生产车间变成独立核算单位,实行两级核算。南京工艺制花厂在分权上没有南京服装七厂彻底,采取全厂统一计划,车间同厂签订承包合同,独立负责各自的产、供、销,联系业务还要企业出介绍信,在银行也无账号。

总的看,企业实行"大划小"后各方面都有很大起色。如苏州市工艺美术等8个单位,自1981年下半年起划分以后,1983年同1981年相比,产值增长51.06%,利润增长64.93%(而系统内其他没划开的厂总产值则略低于1981年的水平,利润总额只增长11.38%)。又如原扬州玩具厂于1981年5月实行厂司并存、按经营需要和玩具门类划建为5个玩具专业厂后,现已从700人发展到1200人,花色品种增加到627个,形成50个厂外加工厂(点),连续3年产值超过千万元、利润超过百万元。再如南京服装七厂,1982年"分家"前实际已处于半停产状态(产品积压达78万元,欠银行贷款58万元,每天工作5小时)。分开后,银行贷款年底就全部还清。1983年同1982年比,产值增长8.5%,销售收入增长26.2%,利润增长171%,劳动生产率提高7.77%,定额流动资金周转由97天减到53天。南京工艺制花厂从1984年6月份起才将4个生产车间正式分开,7月份就使实现利润回升(1至6月份比去年同期连续下降),8月和9月两个月更分别比去年同期增长47.23%和1倍多。南京美术织毯厂民用绣品车间1983年实际亏损3万元以上,1984年改为独立经营、单独核算后,仅1至9月份就实现利润3万多元。

二

进一步分析看出,实行"大划小"的都是这样一些城镇集体企业:

一是以手工操作为主,特别是传统色彩浓而产、供、销主要又是靠市场调节的;

二是企业"大而全"、"小而全"而生产的产品又是风马牛不相及的;

三是过去强行合并的企业,搞了一平二调,吃亏的一方要求独立的;

四是产品在企业的整个生产中排不上队而所在职工又不满足于吃

"大锅饭"的；

五是管理基础差、生产规模过大，又能独立生产和独立核算的。

在前面提到的 24 个由大划小的企业中，属于第一种情况的居多。城镇集体企业中，特别是二轻系统的工艺美术、玩具、服装、鞋帽等占的比例更大。如扬州玩具工业公司生产的布绒玩具，85％是手工劳动，其余 15％也是利用缝纫机。苏州工艺美术系统划分的 12 个厂，所产产品大多也是手工操作多和传统特色浓。实践证明，将这类企业搞得过大，总是弊大于利的。至于受市场调节决定的企业，其规模更不宜过大。如南京服装七厂原是几个街道厂，在 1979 年行业归口时连同中心店一起划归市服装公司组建起来的，并上升为市属大集体。前些年，由于市场上服装生产求大于供和商业统购包销，日子还能凑合。但随着"做衣难"矛盾的缓和和商业经营方式的改变，该厂生产很快陷入困境。因为像七厂这样一个全靠市场调节的服装工厂，把 3 个车间捆在一起，生产上进行流水作业和单品种、大批量生产，分配上吃"大锅饭"，根本适应不了市场变化的新形势。不冲破企业生产的这个老框框，永远翻不了身。这说明，南京服装七厂的改革，确实是符合了自己的实际，并且取得了成效。南京服装三厂的改革，就是向这个厂学的，同样取得了好成效。

在上述由大划小的 24 个企业中，也有第一、第二两种情况兼而有之的企业，如原苏州工艺美术厂生产绢花、通草、麻将牌等性质各不相同的大类产品，是个"大而全"的企业，领导抓这丢那，人、财、物都争着要，亏损的靠有盈利的补，多年难改面貌。1981 年一分为三，除玩具稍差外，其余两个都上去了。又如连云港市鞋帽厂仅有 402 名职工，但却是出名的"小而全"，共有鞋、帽、工艺、裁剪、制帮、机修等 7 个生产车间，长期捆在一起吃"大锅饭"。1984 年 6 月，职工自动起来要求将生产分开后就大有起色。再如南京工艺制花厂有 430 名职工，生产塑料花、绒制品、绢花、塑料制品、制须等五大类产品。实行全厂统一计划，车间供、产、销一条龙承包后，职工很是满意。

属于第三、第四种情况并兼有一、二种情况的也有一些。其所以如此，首先应归于在"左"的影响下多次进行的盲目合并、升级。如"十年动乱"期间，苏州市工艺美术系统相继把绣品4个大厂和刺绣研究所、3个雕刻厂、3个扇厂、3个民族乐器厂合并，后虽经调整、整顿，但规模过大和产品混杂的现象并未真正解决，这次划分出12个厂也只能是初步的。其次，在现有的所谓"大集体"中还有这种情况，就是有些厂本身就是拼凑的，长期是人合心不合，厂分数处，产品也不统一。像这类厂子就宜于分。另外，党的十一届三中全会后，为实行归口管理又并了一些厂子。从实践看，有的并了对生产有利，有的则不如不并。如原连云港市新海印刷厂，当时就有些勉强，合并后一直是貌合神离，职工的奖金、福利不如以前，终于在1984年划开。再如南京美术织毯厂的情况也是类似的。合并后原三八缝绣厂生产的民用绣品领导很少有精力过问，加之民用绣品生命周期短，利润微薄，竞争激烈，厂的整个机构设置根本适应不了。管生产的"婆婆"很多，相互牵制，办不了事。现在是生产和供销合为一体，该决定的马上就能拍板，立足本市，主动出击，货不停而利自生。

第五种情况是，企业生产经营规模过大而管理工作又跟不上。对这类企业，宜于划开的就划开，不宜于划开的可采取产、供、销一条龙承包，实际上也等于是划小了企业生产经营规模和核算单位。

三

陈云同志早就提出："有不少的工厂、手工作坊、商店纷纷合并，有些不应该合并的合并了，有些可以合并的也合并得太大了。总之，是并得过多，统一计算盈亏的单位太大。"[①]在党的"八大"期间，他在发言中又进一步指出："工业、手工业、农业副产品和商业的很大一部分必须分

---

① 《陈云文选》(一九四九——一九五六)，人民出版社1984年版，第316页。

散生产、分散经营,纠正从片面观点出发的盲目集中生产、集中经营的现象。"①虽然陈云同志的这些话是29年前讲的,但对我国当前城市企业的改革仍具有重大的指导作用。

由此说明,将部分企业的规模或生产经营规模和核算单位划小,至少有如下理由:

第一,从根本讲,企业的生产经营规模和形式取决于社会生产力发展水平。手工业生产一般带有分散性和地方性,而现代化大生产则要求集中(当然不排斥专业化)。诚然,今天我们不应该再用手工业生产合作社、组的老眼光来看待城镇集体,但也不可否认,就其中的大多数讲,手工生产的特点仍然为主,即使再过些时候这种状况也不会从根本上得到改变。这就决定了整个城镇集体企业的生产经营规模必须是"宜大则大、宜小则小"。而现在的问题是,有些本来"宜小不宜大"的,也搞得过大了。目前,有些企业的职工和企业主管部门,自动起来将企业生产经营规模和核算单位划小,从根本上讲正是同生产力发展的内在要求相适应的。

第二,企业生产经营规模和核算单位大小,在很大程度上取决于企业生产经营的内在要求。现在人民需要的一些高档、耐用消费品,就不是小规模生产所能制造出来的;但就城镇集体企业中的大多数讲,"小而灵"仍然是一大特色。如果不将某些搞得过大的企业划小,这个特色就很难保持得住。以南京市二轻系统的艺新、艺光两个丝织厂为例,这两个厂生产的天鹅绒毯曾驰名中外,但一遇外贸有变,立即陷入被动。造成这种情况一方面是由于企业缺乏发展眼光,没有后续产品;另一方面也证明,将企业规模搞得过大,确实不好调头。

第三,将企业办得"大而全"和"小而全",既脱离干部的管理水平,又不利于实现生产的专业化。从现实情况看,城镇集体企业的素质普遍较差,这不仅表现在生产条件差、设备陈旧,而且表现在职工的文化程度和干部的管理水平低。这也决定了某些城镇集体企业不宜办得过

---

① 《陈云文选》(一九五六——一九八五),人民出版社1986年版,第6页。

大。如果将企业办得"大而全"或"小而全",那就很难避免顾此失彼。同时,这样做更无益于工业生产的专业化协作和联合。

第四,将某些"宜小不宜大"的城镇集体企业划小,不仅有利于企业按照自己的特点自主经营,而且有利于贯彻按劳分配。大家知道,我们的社会主义经济还是在公有制基础上的有计划的商品经济。按劳分配的实现,还要同作为独立或相对独立的(前者通常是指集体,后者通常是指全民)商品生产单位的企业的经营效果直接挂钩。而一般地讲,生产经营单位愈小,生产的品种愈纯,其劳酬也就愈易于相符。企业大划小后一般都更能调动职工的积极性。

总之,就某些城镇集体企业讲,划小生产经营规模和核算单位是有其客观必然性的。对于诸如此类的事我们不仅不要去反对,而且要及时地给以指导和扶持。但切忌一哄而起,不该划的也划。实际上,影响企业是否由大划小的因素是多方面的,因而将某些"宜小不宜大"的城镇集体工业企业划小也只能是相对的。即使是两个企业的条件差不多,也并非一定是要划都划,更不是愈小愈好。此外,我们一方面赞同将某些"宜小不宜大"的城镇集体企业划小,另一方面也从不反对在条件成熟时通过各种形式的联合将生产规模扩大。只要坚持实事求是,从发展生产力出发,不论"大划小"还是"小变大"都会给企业带来新的生机。

(原载《城镇集体工业改革与发展战略》,轻工业出版社1986年版)

对"劳动群众集体所有制"要重新认识
——兼谈"地方公有制"问题

"对我国的劳动群众集体所有制要重新认识"不是今天才提出来的新问题。但对其究竟应如何认识、如何来进行改革，人们的认识至今仍相距甚远。为着便于集中地讨论问题，这里只说我国的城镇集体所有制。

理论和实际的严重脱节

提出对"城镇集体所有制"要重新认识的问题，首先是由于人们看到，现有集体经济的理论以及依据其制定的现行政策规定已很难正确地说明和指导实践。

1. 现行规定

在《中华人民共和国城镇集体所有制企业条例》（以下简称《城镇集体所有制企业条例》）中，明确地把城镇集体企业定性为"是财产属于劳动群众集体所有、实行共同劳动、在分配方式上以按劳分配为主体的社会主义经济组织"，并言明"前款所称劳动群众集体所有"系指"本集体企业的劳动群众集体所有"或"集体企业的联合经济组织范围内的劳动群众集体所有"；在《中华人民共和国乡村集体所有制企业条例》（以下简称《乡村集体所有制企业条例》）中，则明确地规定乡村集体企业的财产"属于举办该企业的乡或者村范围内的全体农民集体所有"。在这里，劳动群众集体所有制属于一种什么性质的所有制是清楚的。

2. 现行规定同客观实际的严重脱节

然而,现行文件中对我国城镇集体所有制企业财产所作的这种硬性规定,却明显地脱离了或至少是在很大程度上脱离了被称为"城镇集体所有制经济"的实际。首先,不论从哪方面讲都应该是"投资才谈得上所有"。而在我国现有的城镇集体企业中,除去少量的"民办集体"不说,一般却并非由职工集资或投资兴办,在手工业合作社时期职工入股的股金也早已退还给职工。在这种情况下,撇开有些集体企业曾经发生过的职工早先入股的股金生息不论(这些职工一般也已退休),如果要讲在集体企业中有属于职工所有的资产的话(以集体所有形式存在),那就是他们的劳动积累。

进一步分析我国的城镇集体企业,按照流行的说法,主要包括区(县)以上所属的"城镇大集体"、街道办以下"城镇小企业"和"新办集体"。从江苏省的情况看,城镇集体所有制工业的发展,大致经历了四个阶段:(1) 1951—1957 年。在这个时期内,实现了对个体手工业的社会主义改造,并在此基础上对一些合作社(组)进行了调整、合并,建立起第一代集体所有制工业。(2) 1958 年至"文化大革命"前。在这个时期内,一方面,原有的手工业生产合作社(组)经历了一个先是被合并、改组、升级,后又得到恢复、发展的过程;另一方面,伴随着 1958 年开始的"大跃进",以家庭妇女和社会闲散劳动力为主,又建立起第二代集体所有制工业(主要是街道工业)。与其同时,郊区社队企业和校办工厂也应运而生。(3)"文化大革命"十年。在这段时间内,一方面是不少老的合作工厂再次被合并、升级;另一方面,新的街道企业、社队企业和校办工厂等又得到发展。(4) 粉碎"四人帮"以来。这个时期开始面临的突出问题是大批知青和回城待业人员要安排,党和国家又逐步明确了鼓励发展城镇集体经济的政策,各个部门各单位发展集体经济的积极性都被调动起来,创办了一大批"新办集体",可称为城镇集体所有制工业的第三代①。这期间,在有的地方,出于专业化生产和加强行业管理的考虑,对有些集体企业又一次进行了调整,改变了企业的隶属关系。主要是把有些区属集体企业归口到市各主管局。总的来说城镇集体工业经历了一个曲折发展的过程,并且,挑大梁的是区(县)属以上,特别是市属大集体,而市属大集体又主要来自三个部分:一是在手工业合作社基础上发展的;二是由区、街办企业上升的;三是靠集体企业的积累新建和从老集体企业分建的。另有不少合作工厂上升为地方国营。

就城镇集体企业资产来源来说,主要有如下渠道:(1) 举办者原始投资;(2) 联社投资;(3) 国有单位扶持资金(多发生在"新办集体"中的"全民带集体");(4) 银行贷款;(5) 国家减免税优惠;(6) 企业历年积累;(7) 社会集资;(8) 职工个人投资性出资。后两种主要发生在改革后的企业。有不少集体企业创办时仅有很少资金,街道出个场地,职工从家里搬个板凳就开工了,现已发展到很大规模。

再就城镇集体企业来说,特别是"城镇大集体企业"与各级地方实际存在的关系,也很难认为企业的财产仅仅是企业职工集体的。早些年我们曾作过这方面的调查,无论是集体企业的职工(当时调查的主要是大集体),还是它的主管部门,都不这样想。事实上,地方也一直是把其所属的大集体企业看做地方企业,对有些更是倾全力扶植(如常州市对金狮自行车总厂和苏州市对长城电扇总厂),并"参照"全民企业进行管理,厂长也由主管部门任免,在推行承包制和建立现代化企业制度试点中,地方(大多是通过主管部门)都是以企业所有者的身份行事。

总之,不论从我国城镇集体企业发展的历程看,还是就其资产构成

---

① 城镇集体企业的组织形式繁多。据我们1982年实地调查,在集体所有制经济发展较快的苏州市,按隶属关系划分,集体工业的组织形式有10多种,包括部属、市属、区属、街道办、社办、队办、校办、部队办、知青厂、"全民带集体"的工厂和车间、区街福利工厂、合营工厂、劳动服务公司组建的专业队以及居委会办的生产组织等。

看,或就地方与企业实际存在的关系看,认定城镇集体企业的财产"属于劳动群众集体所有",并把"劳动群众集体所有"具体明确为"本集体企业的劳动群众集体所有"或"集体企业的联合经济组织范围内的劳动群众集体所有",都还值得做进一步研究。

两种不同的改革思路

事实上,在如何对待城镇集体企业进行改革的问题上,从一开始就有两种很不相同的改革思路。

1. 改革思路的分歧

应该说,理论界和实际部门的同志对我国城镇集体所有制经济的讨论开展得还是比较早的。早在1980年1月就在沈阳市召开了"全国城镇集体所有制经济理论讨论会"。会上对阻碍城镇集体经济的错误观点进行了批判,加深了人们对城镇集体所有制的认识,为更深入地研究城镇集体所有制开了一个好头。自1982年起,华东各省市轮流当东道主,又分别在上海市和山东的威海市、江苏的南京市、浙江的杭州市等地连续召开了一年一度的"华东地区城镇集体工业经济理论讨论会"。成为各次讨论会热点的是如下两个问题:一是如何认识"集体"的范围;二是如何看待"大集体"。对于"集体"的范围,见仁见智,难以统一看法。如有的认为,"集体"的范围实指"企业集体"(被称为"范围"问题上的"窄派");有的认为,既可以是指一个企业,也可以是指一个部门或一个地区的一群企业;又有的认为,可以是指一个企业,也可以是指一个部门、一个地区,并具体论证说县属集体就是全县人民集体所有,市属集体就是全市人民集体所有。

具体到城镇集体企业究竟应如何办,归纳各种意见,如下两种基本看法最具有代表性(事实上,这两种改革指导思想的争论一直延续至今):一是强调,"发扬手工业合作社民主管理和勤俭办企业的优良传统,恢复集体经济的原有特征","还所有权于集体企业"。个别的更提出,应恢复到原来手工业生产合作社那一套传统做法。二是立足于我国城镇集体企业,特别是挑大梁的区(县)属以上大集体企业的发展实际,把有些被称为"假集体、真地方国营"的所谓"城镇大集体企业"正名为"地方公有制企业",把一些小型集体企业办成真正的合作经济组织。但这后一种看法很少有公开发表的机会,且往往被说成是不符合改革精神。前文所转引过的《城镇集体所有制企业条例》,在很大程度上正是吸收了第一种看法,而否认了第二种看法。城镇集体工业企业的改革基本上也是按照这一思路进行的。

2. 城镇集体企业实际改革进程回顾

从实际看,我国城镇集体所有制企业的改革,基本上是跟着国有企业的改革走过来的。至今,国有企业还未能从整体上搞好,城镇集体企业的改革一样困难重重。

大家知道,我们是从"放权让利"开始对国有企业进行改革的;开始,对城镇集体所有制企业的改革也是强调"放权"。后来,国有企业普遍推行起承包经营责任制,城镇集体企业也跟着普遍推行起承包经营责任制,而且是由主管部门发包、企业经营者承包。再后来,在国有企业中进行了股份制改革试点,城镇集体企业中也有企业进行了这样的试点。党的十四届三中全会《决定》发表后,国有企业的改革转上建立现代企业制度,城镇集体企业的改革也跟着转上建立现代企业制度。如此等等。只有一点不是跟国有企业的改革学的,就是理论界对在城镇集体工业企业中推行股份合作制进行了较早的探索,并在有些企业中进行了试点(乡村集体企业改革中也出现了同样的情况),后来,这一新型企业组织形式为十四届三中全会《决定》所肯定,提出有些国有小企业也可以改组为股份合作制。

城镇集体企业究竟应如何改革

那么,我国城镇集体企业的改革究竟应如何进行,或具体该如何建立现代企业制度呢?

1. 由产权界定引出的问题

城镇集体企业要转上现代企业制度运营,碰到的第一个难题就是如何对其产权进行界定。在这一点上,可以说是政出多门,大家的认识还很不一致,各地的实际做法也难以统一。也正是由于产权界定才把它的本来面目给暴露出来。

争议主要集中在如下问题上:

(1) 减免税形成的财产和税前还贷形成的财产究竟应为谁所有。

这已是一个争论了多年的老问题。无论是在经济理论界,还是在实际部门,都存在不同看法。现行法规之间也存在冲突。如,国家税务局规定,税前还贷和税收减免形成的财产,视为集体企业的资本金,一些地方法规也规定税收优惠形成的财产为受惠集体企业所有;而国资局则将部分税收优惠界定为扶持性国有资产。我完全赞同这样一种看法,即必须正确划分国家政策行为与国家投资行为的界限。减免税是各国政府普遍施行的政策,并非为我国所独有。国家对企业的减免税优惠属国家政策行为,减免税形成的财产也理应归受惠企业。再说,国家从未向"三资"企业等要求过税收优惠形成财产的国家所有权,怎么运用在城镇集体企业头上就变了样呢?对税前还贷形成财产的产权界定是同一个道理。

(2) 如何界定"联社"投资形成财产的产权。

在一些老城镇集体企业中,特别是在二轻集体企业中,进行产权界定往往要碰到如何具体界定"联社"投资形成财产的产权问题。我认为,如果此企业为联社一家独资创建,按照《城镇集体所有制企业条例》,企业的财产就应属于全联社范围内的劳动群众集体所有;不过,按照如上所作过的分析,在企业积累中也应该承认有属于职工集体所有的财产。如果此企业仅有联社的投资,那就要具体算算,企业总共上交了联社多少合作事业基金,联社总共又对该企业有多少投资——如若企业的上交多于联社投资,联社就不应向企业索取产权;如若企业的上交少于联社的投资,那就应承认联社对其多投入的部分拥有产权(数量过小可不作计较)。顺便指出,在联社与其成员企业的相互关系问题上,虽然理论上和现行规定中承认联社投资形成的财产属于全联社范围内的劳动群众集体所有,但成员企业却往往感觉不到这一点,不像乡村企业那样每年从税后利润中拿出一定份额用于"补农"、"建农"。这亦是改革中应研究的问题。

(3) 如何处置国有单位对所办劳动就业服务企业的扶持资金。

城镇集体企业界定产权,所遇到的另一个带有普遍性的问题,在于如何妥善处置国有单位对劳动就业服务企业的扶持金。对这一问题,认识上存在分歧,现行法规亦存在冲突。如,《城镇集体所有制企业条例》和《劳动就业服务企业管理规定》均规定,国有单位扶持资金的处理,或作为借用,或作为投资;国资局则规定,"一般应视同投资性质"。总的说,"出资"不等于"投资",应是具体情况具体分析。国有单位的扶持行为属于馈赠、无偿支援性质的,不应索取产权;属于垫支、借用性质的,应是有借有还;属于投资性质的,应进行产权界定。这一问题比较复杂,应兼顾双方利益协商解决。

2. 承认地方公有制

我以为,同国有企业的改革一样,对城镇集体所有制企业的改革,特别是大集体企业的改革,也必须以"三个有利于"作为判断其是非得失的标准。这就要求破除对城镇集体经济原有认识的框框,适宜于什么形式就采用什么形式对其进行改革。具体说:① 原则上把区(县)以上所属的所谓"城镇大集体企业"明确为地方公有制企业,在此基础上,由它的所有者来具体决定如何放开放活(现在事实上也是这么做的,只不过是"言不正、名不顺");② 城镇集体企业中的一个相当部分(特别是中小企业)将改组为股份合作制企业,一小部分可改组为合作制企业;③ 适宜实行承包的可继续实行承包,适宜实行租赁的继续实行租赁,适宜于兼并、破产的就实行兼并、破产。

更加重视对非国有公有制经济的研究

公有制是社会主义的基础;整个社会主义经济中,国有制经济又发挥着无可替代的导向的作用。① 因此,对国有制经济的改革与发展,无论进行怎样的强调都不过分。然而,这决不意味着可以轻视对非国有公有制的研究。应该承认,迄今还没有给非国有公有制经济,特别是对被称为"城镇集体所有制"的这块公有制经济,以应有的重视。

1. 在理论上进一步提高对非国有公有制经济的认识

在理论上提高对非国有公有制的认识,就要对传统公有制观念进一步地进行更新。这里主要应真正搞清楚这样几个带有根本性的认识问题:一是应如何看待社会主义的标志?二是为什么说在整个社会主义公有制经济内部,占更大比重的将不是国有制经济,而是非国有公有制经济?三是不可以再固守传统观念,以为只有国有制在数量上占优势,国有经济才能发挥主导作用。

受根深蒂固的传统公有制观念束缚,一些同志不仅习惯于把社会主义同公有制划等号,而且习惯于把社会主义同国有制划等号,认为惟国有制才具有社会主义的本质特征。其实,追溯历史,自从国家产生国有制就产生了,它并非社会主义的专利。因此,应该说,成为社会主义根本标志的,是整个社会主义公有制,而非单一国有制。把社会主义等同于国有制的传统观念,已是非破不可。

也就是说,以公有制为主体并不等于以国有制为主体,或者说只能是国有制和国有制以外的其他性质和形式的公有制共同成为社会主义国民经济的主体。我们现在也是讲的以公有制为主体,公有制又包括国有制和集体所有制。改革以来,国有经济和非国有公有制经济所占

---

① 参见拙文《公有制的主体地位必须坚持——"民营经济主导论"质疑》,载人民日报理论部主办内刊《理论参考》1996年第8期。

比重,前者呈下降的趋势,后者呈上升的趋势。这固然同国有企业改革步履维艰有关系,但这同时也说明,非国有公有制经济在我国有更大的发展空间,在大部分行业和领域更能适合我国现阶段的生产力发展水平。可以预言,至少是在整个社会主义初级阶段中,在社会主义整个公有制经济内部,非国有公有制经济都将占到更大比重。这也正体现出中国特色社会主义的所有制结构特色。我国尚处于社会主义初级阶段,生产力总体发展水平还比较低,又要做到以公有制为主体,只能靠大量发展非国有公有制经济来达到这一点。这也已经为我国许多地方的发展所证明了。

至于国有制经济在国民经济中不占据数量优势的情况下是否还能发挥主导作用,江泽民同志1995年5月、6月间在上海、长春召开的企业座谈会上的讲话中,已讲得很清楚:"国有经济只要在国民经济重要和关键的行业、领域中占据支配地位,国有经济就会发挥主导作用。"

2. 应着重研究的问题

更加重视发展非国有公有制经济,当前着重研究一些什么问题呢?

(1)"地方公有制"问题。

这是一个敏感问题,也是一个长时间以来一直存在很大争议的问题。在江泽民同志作序、马洪同志主编的《什么是社会主义市场经济》一书中,曾两次明确提出"地方政府公有制"的概念。不过,书中是讲的"国家所有制或地方政府公有制",接下去又讲到"国有企业产权制度改革……国家所有这一条并没有变,变了的只是国有资产所有权的实现形式"①。但不管怎么说,这完全是一个可以研究的问题。

无需在这里隐瞒个人的看法,就传统国有制改革来说,我是倡导变传统的对国有资产的"分级管理"为"分级所有",并相应地变传统的两种基本形式的社会主义公有制即社会主义全民所有制和社会主义劳动

---

① 马洪主编:《什么是社会主义市场经济》,中国发展出版社1993年版,第60、61页。

群众集体所有制为"多层次社会主义公有制"的。早在 1986 年春,就曾在一篇拙文中明确提出了这一看法①,之后又间断地对这一敏感问题进一步做过些探讨②。这里所讲的变传统的两种基本形式的公有制为"多层次社会主义公有制",就国有制改革来说,即主要应依据"谁投资、谁所有和谁受益"的原则,变"大一统"的国有为中央和地方(又包括省、市、县各级)分级所有;就城镇集体所有制改革来说,即依据同样原则,变区(县)以上所属大集体企业为地方企业。这样,中央直接投资的企业即为国有企业;而实为地方投资举办的国有企业加上被称为"二全民"的城镇大集体企业,则构成了地方公有制的基础。

(2)"股份合作制"问题。

被称为"股份合作制"的这种新型企业组织形式,是首先在我国城镇集体企业和乡村集体企业中涌现出来的。但具体形式多样,尚欠规范,看法也很不统一。自党的十四届三中全会《决定》肯定了这一新型企业组织形式,并明确提出一般小型国有企业"有的可改组为股份合作制"后,对股份合作制的研究便作为一个直接关系到我国城镇集体企业改革、乡村集体企业改革和国有小企业改革的极重要问题提上日程。对这一问题,我国理论界和实际部门的同志以及企业的同志,已做过大量研究,笔者也曾发表过一些个人看法③。但总的说研究还不够深入,并依然存在很大分歧。我认为,股份合作制就是一种规范的企业制度,并且应照"股份合作制企业劳动者平等持股,所有资本都以股份形式存在,以企业内部持股为主、外部持股为辅,劳动合作与资本合作有机结

---

① 见拙文《企业横向经济联合和所有制关系改革》,载《江苏经济探讨》1986年增刊号,第 28~32 页。

② 见拙文《"多层次社会主义公有制"探析》,载《南京社会科学》1990 年第 6 期;《论社会主义所有制的改革》,载《江海学刊》1996 年第 6 期;江苏人民出版社 1993 年 12 月出版的《中国企业集团的建设》。

③ 参见拙文《股份合作制的界说和认识》,发表在江苏省社会科学院《要报》1995 年第 2 期。

合、按劳分配与按股金分配相结合的一种企业制度"之方向规范。

在小型公有制企业中,"合作制"也有很大发展余地。因此,对"合作制"的研究也必须进一步加强。

(原载《江苏社会科学》1997年第1期,人大复印报刊资料《社会主义经济理论与实践》1997年第2期全文复印,上海《社会科学报》1997年2月20日摘登。在省哲学社会科学优秀成果评奖中获三等奖)

要注重研究经营集团持大股的股份合作制

党的"十五大"后,各地发展股份合作制热情很高,但由于现实经济生活中存在的股份合作制经济多种多样,加之人们对农业部下发的(1992)农(企)字 24 号文和国家体改委不久前下发的《关于发展城市股份合作制企业的指导意见》,特别是对"十五大"报告中关于股份合作制的一段集中论述以及一些有影响的同志对股份合作制的阐释存在不同认识,致使人们的思想还比较乱,各地的做法也不统一。我总的看法是,发展股份合作制应坚持多形式,不要轻易地定调调、划框框,仍应坚持大胆地试。

在股份合作制问题上存在的主要分歧或实际存在的一些不同做法

据我所知,当前对股份合作制主要存在如下分歧(亦是实践中的不同做法):
1. 是否只能设内部股份;
2. 是否一定是人人平等持股;
3. 设不设职工集体股,留不留集体积累;
4. 设不设乡村集体股(又称社区集体股),要设如何设;
5. 设不设国有股,要设如何设;
6. 准许不准许生产要素入股,特别是如何看劳动力折股;

7. 如何看"劳动者的劳动联合和劳动者的资本联合",承认不承认企业经营者也是劳动者,如何看经营集团多持股、持大股乃至控股;

8. 该不该承认老集体企业的一部分财产应属于职工集体所有,可不可以将属于职工集体所有的资产部分地量化到职工个人;

9. 老城乡集体企业改制为股份合作制企业,究竟应如何界定产权;

10. 国有小企业改组为股份合作制企业,具体应如何操作。

以上分歧或不同做法,反映了实际生活中存在的股份合作制的多样性。根据我对股份合作制经济的理解,下列各点应是肯定的:

1. 股份合作制已不是、也不能是原来意义上的合作制。原则上它并不要求人人平均持股,亦不排斥外部社会法人(也有的认为亦应包括社会个人)入股,但应是内部大多数职工都持股,对外部法人持股也必须做量的限制。以下三种做法都欠妥当:一是硬性搞人人平均持股,不入也得入;二是少数人为多持股、持大股,排斥一般员工多持股;三是搞外部人控股。

2. 股份合作制显然也不再是一般意义上的股份制,它不仅必须设置职工个人股,并使其达到一定比重,而且一般还应设职工集体股;它允许外部人入股,但又必须在量上受到限制。

3. 应鼓励经营集团持大股。这样做,由于做到了出资者投资风险、责任与拥有的权利对称,能把经营者的积极性调动起来,同时也是职工所欢迎的。

4. 一般应留有公共积累并设置职工集体股。理由是:(1) 体现了合作制的本质;(2) 也是按劳分配的根据;(3) 又是民主管理的基础(特别是对少数不持股的员工说)。股本来源:改制型股份合作制企业从属于职工集体所有的企业资产中解决;新建型股份合作制从职工个人股中提等额股份作职工集体股(原则上,不持个人股的员工也应出同等比例资金作职工集体股)。

5. 一般不宜设社区集体股。理由:(1) 社区集体股多了很难实现政企分开;(2) 可转向加大骨干企业投入,发展公司制和企业集团。自然,也不是绝对不可以设社区集体股,做不做优先股可不做规定。

6. 一般不应设国有股。国有净资产可做企业职工负债处理,连同利息逐步收回。

7. 应准许实物、工业产权、生产技术、土地使用权等要素入股。应特别鼓励劳动力折股。

8. 应承认老城乡集体企业的现有净资产中,有一部分本属于低工资下的劳动积累,理应属于职工集体所有;属于职工集体所有的资产,只要是全体职工的意愿,当然可以部分地量化到职工个人,可以是"虚量化",也可以是"实量化"。重要的在于要有一个科学标准,并要考虑到退休职工。

9. 毫无疑问,应把企业经营者看做是与普通职工一样的劳动者。经营集团多持有的股份,原则上也应同股同利。

对党的"十五大"报告中的有关论述应正确理解

党的"十五大"报告明确提出:"目前城乡大量出现的多种多样的股份合作制经济,是改革中的新事物,要支持和引导,不断总结经验,使之逐步完善。劳动者的劳动联合和劳动者的资本联合为主的集体经济,尤其要提倡和鼓励。"这一精辟论述,无疑为我们正确认识股份合作制这一新事物,并加强扶持和引导,使之逐步完善,指明了方向。

然而,也无须回避,事实上现在对党的"十五大"报告中的这段集中论述还存在着很不相同的理解。流行的看法认为,"十五大"报告的这段论述,先是对改革中出现的股份合作制经济予以肯定,接着对比较规范的股份合作制经济进一步肯定它为集体经济。现在一些知名人士也都坚持,要按此模式对现有的股份合作制企业进行规范,股份合作制不可以随意戴"帽子"。其实,只要认真读读原文,就会领悟到,"十五大"报告中关于股份合作制的这段集中论述,实际是讲了三个方面的意思:(1)首先肯定了股份合作制是新事物;(2)承认其有多种形式;(3)对作为其重要形式之一或基本形式的"劳动者的劳动联合和劳动者的资本联合为主的集体经济,尤其要提倡和鼓励"。如果不是做这种理解,文中的"尤其"二字将很难解释。因此,必须坚持股份合作制有多种具体形式,而不是仅有一种形式,因而也说不上都照一个模式来削足适履。

判定一个企业是否属于"十五大"报告特别强调的"劳动者的劳动联合和劳动者的资本联合为主的集体经济"这种形式,关键又正在于切实把握住企业内部股份和职工个人持股以及少数人多持股的"度":总股本中必须是以内部股份(职工个人股+职工集体股)为主,内部股份中必须是以职工个人持股为主,职工个人持股中必须是以一般员工持股为主。不超越这个"度"就是,否则就不是。至于其具体做法,又会呈现出多样性。例如:可以是全部由本企业职工个人持股,也可以是由外部人少量参股;可以是职工人人平等持股,也可以是少数职工不持股和少数人多持股;可以是有技术、土地使用权等生产要素入股,也可以是没有这样的生产要素入股;可以实行劳动力折股,也可以不实行劳动力折股;一般应设有职工集体股,但也允许不设职工集体股;一般不宜设社区集体股和国有股,但也不排斥少量社区集体股和国有股;可以只设普通股,也不排除同时设优先股;等等。总之,只要能体现职工的意愿,并坚持以职工个人持股为主,其余皆不成其为问题。

话要再说回来,现实经济生活中存在的,并非仅有"劳动者的劳动联合和劳动者的资本联合为主的集体经济"这种形式,特别是对企业经营集团持大股、乃至控股究竟应如何看,就是一个非常值得进行深入研究的问题。

发展、完善股份合作制还要大胆地试

现实经济生活中的股份合作制主要来源于"四路人马":一是由农户、个体户自愿入股联合集资新建;二是原来的社区集体企业的转制;三是城镇集体企业的改制;四是国有小企业的改制。就社区集体企业即乡镇企业改制说,早期多采取"增量吸股转换"和"存量转股",后期多实行"先售后股"(具体又分整体出售和售租结合)。实践说明,早期进行的增量吸股和存量转股式的改制,多带有集资性质,一般仍为社区所控制,多是换了名称而机制依旧,且由于职工个人股比重太小、强调人人平均持股,又产生新的大锅饭,效果多不理想。而与后期的"先售后股"式改制并行的,是经营骨干多持股、厂长持大股以至个别人和少数人控股,由于这类改制转换了机制,所以改制后企业活力也比较强。现在,少数经营骨干多持股已被认可,但又强调不宜过分悬殊;而对个别人或少数人控股,大多认为已不能再称其为股份合作制企业,不能再戴股份合作制的红帽子。这就提出一个重大问题,即到底该不该把经营集团控股的企业也看做是股份合作制的一种特定形式?这涉及到对"股份制和合作制结合"、"劳动者的劳动联合与劳动者的资本联合"究竟应如何理解,拟另作探讨。

总之,在发展、完善股份合作制问题上,第一,不要刮风。首先要明确,股份合作制仅是公有制小企业改制的一种形式,而不是唯一的形式。承包、租赁、托管、兼并、破产、拍卖、转让,公司制和组建企业集团,合资、合作,转为个体私营等,这些都是法宝,仍应强调适合于什么形式就采用什么形式。第二,从指导思想说,对股份合作制给予格外的关心有必要,但又不可以轻易定调调、划框框,把实际生活中存在的多种形式的股份合作制往一个模子里装;发展和完善股份合作制,从根本说还是一个实践的问题,检验的根本标准当然也只能是邓小平同志提出的"三个有利于"。

(原载《改革与开放》1997年第11期,特约撰写)

苏南农村雇工经营调查报告

1983年春，在中共江苏省委宣传部的统一组织下，我们到南京市的江宁县、苏州市的太仓县、昆山县、沙洲县和常熟市等5个地方，实地调查了农村出现的雇工经营问题。除与市县有关部门的一些同志进行座谈外，具体考察了10个雇工经营典型单位，接触了经营者、雇工或学徒工，查看了账目、师徒契约和承包合同等资料。通过调查，对苏南农村雇工经营的状况有了一些认识，并试图在理论上做些初步探索。

一

苏南地区的大部分，包括南京、苏州、无锡、常州等大中城市所属的郊区和县，农村经济比较发达，农业生产力水平较高。以太湖地区的13个县为例，土地生产率是年亩产粮食1300斤左右，农村全员劳动生产率1600元左右，农副工社会产品的商品率在80%左右，社员的集体分配收入和家庭副业收入在人均270元以上。农村经济结构发生了质的变化，突破了单一经营粮食生产的自给半自给的自然经济状态，走上了农副工综合发展的道路，农村生产的专业化、社会化、商品化水平有了较大的提高。农村的集体经济是比较巩固和发达的。

实行联产承包制后，苏南地区的农民普遍反映"自主、自由、自觉"了，并为发展家庭经济提供了有利条件。不仅素负盛名的刺绣、编织、花边等传统家庭副业得到恢复，而且还迅速发展了诸如奶牛、蘑菇、淡水养殖、服装加工等新兴副业项目，涌现出一大批重点户、专业户。据年初统计,原苏州地区的8个县已有"两户"2万多户,约占总农户的5%;南京市江宁县"两户"的比重则已超过8%。有的地方甚至出现了"专业村",如"沙发村"、"缝纫村"、"藤椅村"、"横机村"等等。

目前,苏南农村雇工经营的还比较少。例如,我们在江宁县实地调查3个乡,在上坊乡和禄口乡只发现有带学徒的(少则1个,多则2~3个);在横溪乡只发现养鸭专业户江天禄、江天友是雇请帮工经营的(1982年江天禄共雇请长短工10个,江天友雇2个,即使算上江天友,也只占全乡7000户的0.028%)。又如,昆山县花桥公社8400户农户中,雇工经营的只有2户,约占总农户的0.023%。太仓县浮桥公社7955户中,只发现1户雇工,约占总农户的0.013%。另据沙洲县有关部门介绍,全县一共有204000户,除去师傅带徒弟这种形式,已经发现的雇工经营户只有5户,而且多是以承包形式出现的。在常熟市,也是师傅带徒弟的比较多。真正算雇工经营的,我们只发现2户。据此推算,如撇开师傅带徒弟这种形式,苏南地区雇工经营的农户,不会超过万分之一。

只所以如此,初步分析有下列原因:

第一,社队企业的兴起和发展,加上社员家庭经济的复苏,已经使一批农村剩余劳动力找到了出路。太湖地区农村525万劳动力,务工的约占30%,务副的约占10%,务农的约占60%。尽管该地区农村人均耕地仅1.2亩,社队企业的存在,已使农村剩余劳动力的矛盾大为缓和。农业实行联产承包制后,社队工业针对过去存在的单一的"三级所有"的模式和吃大锅饭经济效益差等弊病,着重从两方面进行了改革:一是启用有技术、善经营的"能人"担任厂长、经理,建立经理、厂长经济承包制;二是打破社、队的界限,积极发展社队工业的横向联合。该地区绝大多数的社队企业面对国民经济调整中的能源紧张、供销渠道中断、税率和利率提高等困难,站稳了脚跟,保持稳定增长,企业领导班子和务工人员也相对稳定。采用"一脚踢"的办法把企业承包给私人雇工经营的现象,比较少见。

其次,近两年来,苏南农村各种形式的新经济联合体出现得比较多。这种以劳动力、技术、资金联合经营为特征的新合作经济形式,对雇工经营是一种限制因素。这是由于新经济联合体的大量存在一方面减少了剩余劳动力的数量,另一方面它们自身大多数又不雇工。我们重点调查的5个县、市都反映,农民申请联合经营的现象相当普遍。如吴县现有新经济联合体就达1077个,其中户与户联合的941个,队与户联合的104个,其余为集体与集体、集体与国家、个人与国家之间的联合。由于有关部门对新经济联合体政策上缺乏调查研究,所以绝大多数的户—户联营都没有发证。如果有关各方能予以大力扶植,各种形式的新经济联合体还会比现在发展得更多、更快。我们觉得,在苏南调查的几个地方,联合经营比雇工经营更易于为农村基层干部和农民接受,今后有可能更迅速地发展。

第三,苏南地区以户为基础的联产承包责任制起步较晚。一般地说,县、社各级领导对超出现行政策规定范围的农村个体经营一开始就抓得比较紧,直到现在也只对资源开发性的项目有所松动。可以料想,如果不是这样,苏南农村的雇工经营可能要比目前更多一些。这里,实际上已经涉及到这样一种问题,即:当前在我国社会主义条件下,农村雇工经营有无客观必然性;像苏南这类经济比较发达的地区,农村雇工经营将会发展到什么样的程度,等等。我们拟在后面做进一步的探讨。

苏南农村的雇工经营,按其经济关系,大体上可分为三类:一是自营者的雇工;二是承包者的雇工;三是联户经营者的雇工。其中,以承包者的雇工居多,自营雇工次之,联户雇工最少。承包者雇工具体又有三种形式:① 承包原有队办企业雇工经营;② 生产队出资承包给私人创办企业并雇工经营;③ 名义上的承包,即除去牌子是集体的并按承包合同向集体上交积累和管理费外,其余均由经营者个人决定。该地区承包者雇工所以较多,是与当地具体的社会经济条件密不可分的。苏南地区历史上商品经济就较发达,城镇密集,交通便利,城乡经济联系一直十分密切;同时,农村中有技术、善经营的"能人"较多,加上地区的市场需求比较旺盛,资金也能筹集得到,所以办个小企业(厂、场)并不十分困难。但这只是问题的一方面。另一方面,企业虽易办,执照却难领。没有营业执照,就会给经营者带来像不能在银行开户这样一些无法克服的经营困难。在这种情况下,多数经营者很自然地会转向占据农村经济主体地位的、实力较强的集体经济,寻找庇护和支持,哪怕只是名义上能用社、队的牌子也好。形形色色承包者雇工经营的小厂,正是在这种背景下创办起来的。该地区自营者雇工中,个体工商业者请帮工、带徒弟经营这种形式比较普遍,则是因为苏南的能工巧匠本来就多,且有"五匠"、裁缝外出经营的传统。近年来,随着农村经济政策放宽,带徒弟外出经营的更不在少数。据估算,江苏全省(包括有计划组织的在内)约有20万个农村劳动力出外经营,其中大多数是苏南农民。在这方面沙洲县的情况就很典型。据1982年年底统计,该县有个体工商户6051户,其中属农村户口的有5853户。在这5853户中,出省经营的占65.4%,在本省外县经营的占2.3%,在本县经营的占29%,在本社队当地经营的占3.3%。据介绍,除台湾省外,全国各省市都有沙洲农民的足迹。

从行业上看,苏南农村雇工经营属于资源开发性的种植业、饲养业很少,绝大多数是适宜于分散经营的小手工业和简单的加工企业。我们具体调查的10个雇工经营典型中,除有饲养业、农产品加工(生豆芽)和饮服业各1家外,其余7家均为小手工业和小型加工企业。显然,这同当地按人口平均的土地、水面、矿产、能源、森林等自然资源都相当缺乏,以及已建立了门类齐全并超前10多年得到迅速发展的社队工业体系,是密切相关联着的。

二

通过对调查资料的分析和归纳可以看出,在我国目前的条件下,雇工经营对农村经济的发展是有积极作用的,但也存在若干消极因素和弊病。

它的积极作用有如下四点:

第一,把农村原来分散的、孤立的生产力要素(劳动力、资金、技术、资源)更好地结合起来,使潜在不能发挥作用的生产力,变为现实的生产力。仅就我们调查的10个雇工经营单位,就为社会创造了产值92.40万元的财富,每个劳动力平均实现产值近5000元,实现净产值近

1800元。何况,每个劳动力实现的产值和净产值实际上还要更多些,因为以上数字系按照年底实有人数平均计算的,全年参加生产的并无这样多。

表一 雇工经营典型的生产概况

单 位	类型	行业	人数	产值（元）	净产值（元）
江宁县横溪公社江天禄	自营	养鸭	11	22820	11546
常熟市虞天镇查根泉	自营	饮食	15	143505***	35876***
太仓县娄东公社潘锦宏	自营	生豆芽	6	20000	13300***
昆山县花桥公社江惠民兄弟	自营	服装	10	21600	12960
沙洲县乐余公社黄洪宾父子	自营*	小五金加工	6	28000	13400
常熟市张桥公社张仁根兄弟	自营**	竹器加工	24	80000	36000
沙洲县大新公社宋友成父子	承包	刀具	31	194509***	101376***
沙洲县泗港公社赵龙才夫妇	承包	服装	43	120000***	30000***
沙洲县乘航公社杨培兴	承包	拉链加工	23	200000***	69100***
太仓县浮桥公社顾连生	联合体	手套坯加工	18	936000****	17000****
合 计			187	924034	340558

注:* 挂队办企业的牌子;** 1983年与大队签有承包合同,实行合资经营;*** 系按调查资料推算,以下同;**** 1983年计划数,以下同。未注明者均为1982年年底统计。

虽然，这些雇工经营单位的全员劳动生产率，比1982年原苏州地区8个县社队企业的劳动生产率略低一些，但却大大高于该地区农村全员劳动生产率1600元的水平。同时，它们毕竟提供了一部分劳动产品或劳务，避免了人力、物力、财力因分离闲置所造成的浪费，从而可节约社会劳动，弥补市场供应的某些不足，更好地满足城乡人民物质文化生活的需要。

第二，在集体经济无力把所有的剩余劳动力都包下来的情况下，雇工经营可以解决一部分剩余劳动力的就业问题。在上述10个典型单位，就业的就有187人。据不完全统计，雇工中有50％左右是青年学徒工。苏南各地都有一批富有传统技术、经验的农民，过去在"左"倾路线的影响下，他们不仅英雄无用武之地，而且技术有失传的危险；同时，近年来去村中退休、离职和回乡的技术工人也不断增加。由这些有传统技术、经验或有特殊技艺的老工人、老农民采取各种形式，包括带几名学徒，传授技艺，这对促进农村科学知识的普及，迅速培养出有一技之专的能人、巧匠，发展农副工专业化生产，都是有利的。调查中我们发现，雇工经营户大多数是兼业农户；但值得注意的是，也有一些已从农业中完全分离出来，成了名符其实的专业户。例如江天禄、黄洪宾两户从今年起都将家中的口粮田和责任田退给生产队，不再承包农业生产，而分别专业经营他们的养禽业和小五金加工业。他们所需的口粮则按平价向生产队购买。这一发展趋势同逐步实现农村人口非农化以及农业生产专业化、社会化的方向是并行不悖的。

第三，在雇工经营者迅速致富的同时，可使国家增加税收，集体增加积累，农民增加收入。目前，对雇工经营单位的征税普遍偏松。有的未收税，有的未交足。但就在这种情况下，查根泉、黄洪宾、张仁根、宋友成4家典型户，每年可为国家增加1.9万元税收。江天禄等8户向集体上交的积累和管理费全年可达6万元。以宋友成父子经营的刀具厂为例，在1年零5个月的时间内，生产队以3400元资金垫底，不仅从无到有创办了一个生气勃勃的小企业，而且获得4.9万元的纯利润。这些利润除转入固定资金2.2万元、流动资金0.7万元外，尚余2万元可供社员分配。1982年该队仅仅拿出2万元的一部分纳入集体分配，人均分配水平就从1981年的132.9元提高到220元，预计该队今年的人均集体工副业收入就可达190元。经加权平均计算，10家典型户156个雇工和学徒工的平均工资达600元/年，不仅是原苏州地区社员收入人均270元/年（包括集体分配和家庭副业收入）的2.22倍，而且也略高于1982年苏州地区社队企业平均工资557元/年的水平。但10户雇工的工资水平差距很大，赵龙才户的雇工工资最低，仅有360元/年；雇工工资最高的，如不算受潘锦宏所雇代销豆芽可年收入1200元的话，那么以宋友成户的雇工工资最高，平均为1021元/年，是赵龙才户雇工工资的2.8倍。当然，应当指出，雇工人均年工资受生产时间长短不一影响，亦即受雇的时间长短不一，故不能完全反映工资的实际水平，但可大体上看出一种趋势。

表二 雇工经营典型收入分配

单位	雇工人数	雇主人均年收入*（元）	雇工人均年工资（元）	税金（元）	上交积累（元）	上交管理费（元）
江天禄	10	5046	500	/	1000	/
查根泉	13	11196	605	4305	/	1211
潘锦宏	2	6400	1200	/	/	200**
江惠民	8	3600	720	/	/	/
黄洪宾	3	3500	420	1400	5000	/
张仁根	22	4211	612	4000	867	1960
宋友成	26	14956	1021	9725	39000	/
赵龙才	39	3000	360	5000	2400	1800
杨培兴	18	7605	418	不详	4500	/
顾连生	15	1303***	651	/	3000	/

注：*已扣除雇主家属的收入；**为市场管理费；***顾连生系大队党支书，每月仅花一周时间处理厂里业务，此数是按雇主人数平均推算的。

第四，促进农村经营管理水平的提高，培养了精干的管理人才和企业家精神。调查中，我们所到的雇工经营单位一般都没有脱产的行政人员，经营环节少，成本低。例如黄洪宾所采用的原材料多是废旧处理物资，出差住的旅店很少有超过 1 元的，而且多在车上睡；粮食不够吃，他在上海买当地粮票再买籼米，每斤只花 0.2 元，尽量节省各种开支。雇主很注意市场信息，根据市场变化及时调整生产。江惠民兄弟与上海市场保持密切联系，在服装的用料、花色、式样上能及时翻新，满足消费者需要，因而产品销路好，加工任务饱满。张仁根兄弟则以质量过硬和如期交货取胜，从 50 只竹箩订货起家，1983 年初订货单位发展到 11 家，所有的竹器都经营，产供销渠道保持通畅。雇主不但讲究经营，企业内部亦管理有方。宋友成在厂内实行工资按销售额的 17.8%，集体浮动的办法，责任明确，赏罚分明，工人生产积极性较高。据该厂电焊工李天生说，他的基本工资每月 60 元，由于超产实际工资收入在 200 元上下，另一学徒工也承认他的基本工资是 18 元，实际却可得到 55 元。

雇工经营在促进农村经济发展的同时，也存在着不能忽视的弊病。主要是经营者无偿占有受雇者的剩余劳动，存在剥削（留待后面具体讨论）。有的雇主与雇工的收入差别悬殊，例如查根泉、陶友清合伙经营的"南新饭店"，查、陶的人年平均收入超过 11100 元，是所雇工人平均工资的 18.5 倍。宋友成户即使按他家 4.5 人参加劳动计算的人年均收入也有 8121 元，也比该厂工人平均工资高出 7 倍。同时，由于对雇工经营者的纯收入分配缺乏国家干预，目前几乎绝大部分纯收入落入经营者的腰包。不纳税或未缴足税的现象比较普遍，亟待研究解决。

表三　雇工经营典型的分配关系

单位	行业	雇工人数	雇主人均收入为雇工平均工资的倍数	经营纯收入分配比例(%)		
				国家	集体提留	经营者
江天禄	养鸭	10	10.1	/	16.5	83.5
查根泉	饮食	13	18.5	15.1	5.0	79.9
潘锦宏	生豆芽	2	5.33	2*	/	98
江惠民	服装	8	5.0	/	/	100
黄洪宾	小五金加工	3	8.3	12.2	43.9	43.9
张仁根	竹器加工	22	6.9	26.5	18.7	54.8
宋友成	刀具	26	14.6	13.9	55.8	30.3
赵龙才	服装	39	8.3	26.3	30.7	43
杨培兴	拉链加工	18	18.1	**	23	77
顾连生	手套坯加工	15	2.0	/	36.7***	63.3

注：* 系市场管理费，不是税金；** 承包合同上规定由经营者纳税，但订的是副业承包合同，现未收税；*** 打算上交数。

另外，在承包者雇工经营的单位，如宋氏父子的刀具厂、赵龙才的服装厂、杨培兴的拉链厂还存在着少数经营者脱离群众监督、独断独行，任意支配生产过程和收入分配的现象。如任其发展下去，有使集体企业变成私人企业的危险。

三

雇工经营，是农村普遍实行联产承包制后出现的新情况和新问题，迫切需要从理论与实践的结合上深入进行研究。我们在这次调查的基础上，拟对其中几个问题在理论上做些初步探讨。

雇工经营产生的原因

在社会主义条件下,特别是在江苏苏南这样的经济条件下,雇工经营是否具有客观必然性?

我们当中有两种不同的意见。一认为农村雇工经营有必然性,理由是:1. 我国生产力水平的状况决定了在长时期内需要多种经济形式的同时并存。作为公有制必要补充的农村劳动者个体经济不仅必然存在,而且要不断发展,努力扩大再生产。由于我国农村"劳动力价格"低廉,加之农村实现机械化将是一个漫长的历史过程,雇工经营正是个体经济发展的途径之一。2. 实行联产承包制后,农村出现大量剩余劳动力和剩余劳动时间,仅靠现有社队企业还容纳不下,主要靠发展家庭副业、新的合作经济以及劳动者个体经济解决。在这两个因素共同作用下,某些待业的劳动者同个体经营者占有的生产资料结合,就会成为必然。持这种观点的同志进一步分析了10个雇工经营单位的经营者的构成,15个经营者中,有1名退休工人,1名大队党支部书记,8名当过供销人员,其余为养鸭能手、裁缝、竹匠等。他们中间没有一个是一般社员。可见,农村雇工经营除了要具备资金和剩余劳动力外,还要有技术、经营才干和活动能力,后二者往往更加重要。另一种意见认为,雇工经营有产生的可能性以至现实性,但并不具备客观必然性。由于我国目前的生产力水平低,地区之间、社队之间经济发展不平衡,特别在实行联产承包制后,劳动力的流动并同其他生产力要素相结合的要求更为迫切,当国家和集体尚无力完全加以调节时,农村或多或少出现雇工经营的现象是不足为怪的。然而雇工经营只是目前农村剩余劳动力和生产资料相结合的一种形式,而非唯一的形式,更不是主要的和最好的形式。持这种观点的同志在分析了江苏苏南地区雇工现象极少的原因后指出,苏南农村剩余劳动力从供求两方面看,矛盾却不很尖锐,处于一种静态平衡的状态,从而认为农村剩余劳力的出路完全可以从发展社队企业、鼓励各种形式的合作经济、扶持"两户"和发展家庭副业等方面解决。事实上,苏南已有一些先进大队和生产队,如沙洲县孙桥公社欧桥大队、吴县黄桥公社张庄大队、太仓县浮桥公社浮北大队第7生产队已经做到农副工综合发展,"能人"尽其长,劳动力无剩余,初步达到了小康水平(人均收入600～1000元,40％的农民已建成或正在建新楼,人均住房面积30～50平方米,缝纫机、自行车、电视机、电风扇等耐用消费品基本普及)。显然,在这些地方就不具备产生雇工的客观条件。

雇工经营的性质

当前,对这个问题大致有三种见解:一认为基本上是社会主义的;二认为基本上是资本主义的;三认为不能简单地说基本上是社会主义的或基本上是资本主义的,而是社会主义因素和非社会主义因素在同一体内同时存在。至于哪种因素更主要,则应具体分析。我们基本上倾向于后者。

我们所考察的雇工,是社会主义条件下的雇工。我国早就建立起社会主义的政治制度与经济制度,社会主义公有制占绝对优势,无产阶级和全体人民不仅牢牢地握掌了国家的政治权利,而且牢牢地掌握了国家的经济命脉,掌握了立法的、行政的和经济的一切手段。这个先决条件既决定着私人雇工经营的范围是有限的,又规定着私人雇工经营的性质是特定的。所谓私人雇工经营的性质是特定的,实际是说,雇工经营从形式上讲虽然是旧有的,但已经有了某些崭新的内容,既非完全的资本主义,又非完全的社会主义。私人雇工经营中的社会主义因素表现在:(1)雇工经营本身受社会主义国家政治经济制度的制约,不论产前产后都同社会主义公有制经济发生这样那样的联系,其产品也是社会生产和人民生活所需要的;(2)在雇工经营者与受雇者相互关系方面,既有雇佣与被雇佣的一面,又有互助合作的一面;(3)在利润分配上不是雇工经营者一方独占,而是要向国家缴税,向集体交积累,有的还要分一部分给雇工。非社会主义因素表现在:(1)对企业生产资料关系的不平等;(2)雇工经营者占有受雇者的剩余劳动;(3)被雇者在企业中受雇主支配。以上仅是就一般而论,具体说到某个雇工经营单位,不可能没有差别。

比如,前面讲过的江天禄和查根泉都是较典型的私人雇工。但相比之下,江的雇工经营中包含的社会主义因素远比查的雇工经营为多。这是由于:(1) 江的养鸭场地(包括鱼塘)是承包的集体的,并向集体上交部分积累,具有部分承包性质;(2) 江本人确有专长,在技术上也不保守,愿向帮工传授养鸭技艺,经营者与雇工之间有较明显的互助合作关系;(3) 与供销社订有产销合同,1982 年的禽、蛋全部卖给了国家。而查则属"无证经营",本人不懂技术,与雇工之间收入差距极大,明显存在大量剥削,除向国家缴一点营业税外,很难说还有别的什么是社会主义的。

又如,对承包者的雇工也要具体分析。原有的社队企业采用"一脚踢"的办法承包给私人雇工经营,究竟属不属私人雇工经营的范围,本身可以研究。我们所以把这种类型的承包放到私人雇工经营中一起探讨,是因为在我们看来,就内容讲,这类雇工经营明显地带有私人性质。拿赵龙才夫妇承包的大队综合厂服装车间讲,实际情况是这个服装车间已经停办一年多,剩下的仅仅是 4 间房子和 2 台旧拷边机,而承包合同上又明确规定原有的这些设备是"无代价地转让"给赵使用,且年底还要归还。这说明,原有大队综合厂服装车间的设备并不算大队的投资。而赵承包后又添置 1000 元的设备,并打算继续投资。如果没有新的规定,数年后这个厂很可能变成赵家的。

由生产队出资承包给私人个人创办和经营这种形式,原则上应视为队办企业。我们所以把宋家父子承包的刀具厂看做私人雇工经营的类型之一,主要是出于这样的考虑:(1) 承包者本人实际上也有投资;(2) 承包者不仅对生产握有全权,而且对人事握有全权,并且雇请的生产人员绝大部分都是外社外队的;(3) 从利润分配讲,承包者所得占的比重也太大。

在一般情况下,集体同私人合资雇工经营这种类型不宜做私人雇工看待,但张氏兄弟经营的张桥公社东村大队竹器厂,其私人雇工经营的性质则十分明显。至于名义上承包、实际上雇工自营的企业,非社会主义因素就更多些。

雇工经营有无剥削

考察私人雇工经营中存在不存在剥削,具体涉及两个层次的问题:一是雇主的复杂劳动包括那些因素,雇主的复杂劳动与雇工的简单劳动如何换算?二是如何确定雇主在劳动报酬外应得的其他方面的合理收入?前者主要包括三个部分:(1)技术专长;(2)经营管理才能和活动能力;(3)超额的脑体力消耗。后者对自营者主要指投资的报酬,对承包者主要指应得的分成利润。如果上述诸方面能研究出一个大体的界限,那么,具体分析各个雇工经营者有无剥削时就有了衡量的尺度。

我们假定,雇工经营者甲既有技术专长,又善于经营管理,活动能力也有一些,且空闲时又同雇工一样参加劳动(如前面提到的江天禄、宋友成、宋达华、黄洪宾等),再假定雇工乙从事的是简单劳动。根据恩格斯的分析,"一小时复杂劳动的产品同一小时简单劳动的产品相比,是一种价值高出两倍或三倍的商品"①。假如把雇工经营者甲看做一个从事复杂劳动的技术员,他应得的报酬应为受雇者乙的3倍(之所以不是4倍,是因为他的技术水平无论如何比不过一个8级工)或者与他雇请的有技术专长的师傅相等。又由于同一劳动时间内只能从事一种工作,所以他花费在经营管理和供销方面的劳动最多只能获得"职务补贴"。而补多补少则只能视经营成果而定,并且要在"投资报酬"或"分成利润"中一并支付。至于超额的脑体力消耗,一般不会超过本人工作时间三分之一,因而最多只能得到相当于受雇者乙的报酬。这样计算雇主的劳动报酬,不仅理论上讲得通,雇主本人也可以接受。从我们调查的几个典型材料看,雇工经营者本人的"工资收入"实际上也正是参照有技术的师傅定的。至于雇工经营者本人除得到"基本工资收入"

---

① 恩格斯:《反杜林论》,人民出版社1962年出版,第195页。

外,再得到多少纯利润才合理,这正是解决问题的关键所在。

我们认为,既然雇主"基本工资收入"以外的收入带有"职务补贴"性质,那么,从量上讲,其合理性只能限定在"基本工资收入"以下。参照国务院关于城镇合作经济组织税后盈利分配中"股金分红最高不得超过股金的 15%"的规定,个体经营者的投资报酬最高不宜超过投资的 20%。至于承包者从超额利润中分得多少才合理,总的讲还是以不超过"基本工资收入"为宜,如果承包者实际上有投资(尽管账面上没有反映),那么,除得到一定比例的分成利润外,还应从税后利润中得到不超过投资额 15% 的"额外分成"。

概言之,雇工经营者的劳动一般可视为复杂劳动,并且从事"技术"、"管理"和"供销"中的任何一项都应视为复杂劳动,应得到相当于 3 倍于简单劳动的报酬或与雇请的技术工(即师傅)一样多的收入;超额劳动的报酬一般不应超过本人"基本工资收入"的 1/3;"职务补贴"性质的收入则应结合年终税后利润一块来算。雇工经营在以上范围内得到的收入,都应视为体现按劳分配为主(含有部分股金分红)的合理收入。超过其合理收入的部分,当然就是雇主无偿占有的雇工的剩余劳动(严格地说,尚包括社会的剩余劳动和各种形式的价值转移),超过得愈多,剥削量就愈大。按照马克思计算剩余价值率(M')的公式($M'=M/V$),即用剥削量与支付雇工的工资相比,就可算出剥削率。

按照上述方法,我们计算了雇工人数超过国家现行政策规定的 5 个经营典型的雇主合理收入、剥削量和剥削率。

结果表明,苏南地区雇工人数较多的雇主,其合理收入当在本企业雇工人平均工资的 4 倍左右,一般都不同程度地存在剥削。各个行业的剥削率是不同的,饮食业最高,小加工业次之,以手工劳动为主的竹器加工的剥削率较低。在剥削率一定的情况下,剥削量与雇工的人数成正比。

表四　雇工经营典型的雇主合理收入、剥削量和剥削率

单位	行业	雇工人数	雇主人数	雇主每月每人合理收入		雇主实际月收入（元）	剥削量（元）	支付雇工月工资总总额（元）	剥削率％
				金额（元）	为雇工平均工资的倍数				
查根泉	饮　　食	13	2	151.5	3	1866	1582	656	241.1
张仁根	竹器加工	22	2	222	4.4	702	258	1123	23.0
宋友成	刀　　具	26	2	278	3.3	2493	1937	2210	87.6
杨培兴	拉链加工	18	2	165	4.7	1267	937	628	149.2
江天禄	养　　鸭	10	1	241	4.8	420.5	179.5	500	36

在当前我国的具体条件下，雇主除了上述应得的合理收入外，是否还允许其剥削，我们当中也有两种意见：一种观点是不允许。我国是社会主义国家，宪法明确规定："社会主义公有制消灭人剥削人的制度，实行各尽所能、按劳分配的原则。"允许剥削就违背社会主义大方向，违背我国的根本大法。事实上，上述雇主的合法收入中，不仅已充分考虑了雇主的复杂劳动、超额劳动，而且也有一定数量的股金分红和对其经营成果的奖励等非按劳分配的因素，是符合我国目前实际情况的。反映在数量上，也达到了雇工平均工资的4倍左右。因此，在理论上不应给剥削以合法地位，在实践中应采取一系列具体措施，来限制雇主的剥削收入，使其在合理收入外得不到更多的好处。另一种观点是，社会主义最终目标是要消灭一切剥削，但我国目前尚处在社会主义的初级阶段，经济形式是多种并存，按劳分配亦不可能纯而又纯，暂时存在一些旧社会的痕迹并不可怕。除了合理收入外，如果不允许雇主有一定的剥削，也就不会有雇工经营了。因而主张允许雇主有一定的剥削量，但必须加以控制。并具体提出可否把雇工8人以上的自营者的允许剥削量定为雇工平均工资收入的3倍。即连同本人的合理收入，一般不超过雇工平均工资的8倍；也就是说，在雇主的收中可以允许的剥削收入不宜

超出本人合理收入的一半。当然,这个比例只能在内部掌握,并放在投资报酬中一块来算。其目的是为了制定恰当的税率,以便使雇主除劳动所得和3倍于雇工平均工资的可以允许的剥削收入外不能再得到更多的东西。至于承包者中雇工经营的,凡名义上承包的,应作为自营者看待;如生产资料有一部分是承包者的,那么,除"职务补贴"外,可允许的剥削收入最多只能相当于雇工的平均工资,具体可放在"分成利润"中一块来算。

雇工经营的发展趋势

前面讲了苏南农村雇工经营的情况。另据了解,直至目前,苏北农村的雇工经营同样是比较少的。至于全江苏农村的雇工经营将会发展到何种程度,现在还只能作一个粗略地估计。

据1982年底统计,全江苏共有6950万亩耕地,6089万人口,1280万农户,2330万个农村劳动力。按每个劳动力耕种5亩地计算,约需劳动力1400万个。在社队企业务工的现在400余万人。在外省干的约有20万人。以上约有1820万人得到安排,还有510万人是多余。"两户"家庭经济的发展,每户可解决自身劳动力1至1.5个。目前,全省"两户"已发展到8%。按比较保守的估计,至1990年全省"两户"发展到20%是可能的。达到20%(240万户),即可容纳240万至360万劳动力。按330万人算,还下余180万人。根据1980年至1982年在社队企业务工社员人数增长的情况估算,在社队企业保持稳定增长的情况下,至1990年再现增加100万人不会成为问题。就是说,只有余下的80万人需要自谋出路。即使这80万人全变成雇工经营者和被雇者,也不超过全省总劳动力的3.5%。当然,这只是一笔粗账,因为这里没有考虑到人口从而劳动力增长的因素,也没考虑到非"两户"中从事家庭副业的劳动力。

就现有的各种雇工经营形式的发展趋势讲,最值得研究的是各种类型的"承包企业"。具体讲有两种选择:(1)逐渐充实内容,向经理承包责任制发展;(2)摘掉集体的牌子,从形式到内容都变成私人的。我们倾向于前者。列宁多次讲过,阶级间差别的主要特征或基本标志是它们在社会生产中的地位,因而也就是它们对生产资料的关系。从长远看,各种类型的私人雇工经营总要向不同形式的合作经济发展。既然这些私人雇工经营一开始就同承包连在一起,既然有现成的形式,那又何必不去利用呢? 有同志担心,这样做难免会走老社队企业的路。其实,既把这类企业逐渐办成集体的,又保持住现有的经营活力,并非不能做到。例如,只要把宋友成、宋达华承包的队办刀具厂稍做调整,这一点就能实现,照样可以办得很好。

关于若干具体政策和措施的建议

1. 进一步放宽政策

除对资源性开发项目继续放宽外,对那些适宜分散经营的小手工业、简单的加工企业以及服务生产、方便生活的农村服务行业,既应允许生产队办,也应当允许个体劳动者或社员联户举办。这是广开生产门路,解决剩余劳动力出路的一条重要途径。工商行政部门应准予登记发证;银行应允许开户、给予贷款、办理结算;商业部门应一视同仁,供应原料、收购产品并允许自产自销。

2. 限制雇工经营者的剥削收入,并逐步创造条件,把雇工经营单位引导为新的合作经济

雇工人数和每个雇工提供的剩余劳动量,是构成剥削量的两个因素。要限制剥削量,就要对雇工的人数作出规定。但由于在不同的行业,剩余价值率不同,因此,雇工人数的限额不能"一刀切"为"8"人。应当在调查研究的基础上,根据各行业剩余价值率的高低,分别规定雇工最高限额。同时,加强对雇工的劳动工资的管理,如规定最低工资标准和劳保福利待遇及补助办法,以控制剩余价值率。由于现行价格体制不合理,价格背离价值的现象十分普遍,即使采取以上措施,仍会有些雇工经营者获得大量剥削收入。因此,还有必要对经营者的纯收入进行国家干预,征收累进所得税,并研究制定具体的征税办法,防止偷税漏税。对税后利润,应逐步实行提取公共积累基金,归经营者与雇工共

有。随着经营的发展,公共积累基金不断增加,雇工经营就能自然而然地转变为新的合作经济——实行经理承包制的集体所有制企业。

3. 帮助落后的社队,开拓生产门路,解决剩余劳动力出路

从总体上说,苏南农村经济比较发达,但1982年仍存在部分的生产队,人均集体分配水平在100元以下。要大力扶持这些地区,引进技术力量和资金,既注意发展当地的集体经济,又放手发展社员的家庭经济,也可以有组织地进行劳动力流动。在这些地区要特别注意打击包工头和劳动力贩子的非法活动。一经发现,坚决取缔。

4. 其他问题

我们认为,党员雇工经营或受雇于人都是欠妥的。至于一般退休职工,承包集体企业或被雇请原则上应当允许,但不应同时享受退休待遇(一旦停止即恢复)。

(原载《江苏经济探讨》1983年第9期,《调研资料》1983年第168期全文转载,后收入中国社科院农经所1983年12月选编的《农村雇工经营调查研究》一书。在省哲学社会科学优秀成果评奖中获三等奖。与严英龙、杨基宇合作)

关于"两户"的概念和划分标准

最近,我们去苏南农村作了一次调查,发现各地对"两户"的概念认识模糊,划分标准很不统一。对于"两户"的划分标准,大体上有下列几种:

以经营者的实物或货币收入量作为划分标准

如有的地方把家庭副业和其他多种经营每年纯收入 500 元至 1000 元称为重点户,1000 元以上的称为专业户;有的地方把每年多种经营纯收入 1000 元至 2000 元的称为重点户,2000 元以上的称为专业户。

按经营项目或专业生产规模作为划分标准

如有的地方把养猪 5 头、养牛 3 头以上,养鸡 50 只或养鸭 200 只以上列为重点户;把重点户中的拔尖户列为专业户(起点未明确)。

按产值和货币收入比重作为划分标准

如有的地方把多种经营产值达到 1000 元、纯收入占到家庭总收入 50%的作为重点户,产值达到 1000 元以上、纯收入占到 60%～70%的作为专业户。

按经营项目的数量,结合产品的商品率和现金收入作为划分标准

如有的地方把商品粮达到 70%、现金收入达 3000 元以上的列为重点户,把出售万斤粮或收入万元以上的户列为专业户。

按家庭劳动力投入多少和货币收入比重作为划分标准

如有的地方把主要劳动力从事多种经营,其收入超过家庭总收入 70%的叫专业户,在 50%～70%之间的叫重点户;有的地方把主要劳动力从事多种经营,多种经营收入达到家庭收入 60％以上的称为专业户,60％以下的称为重点户。

按经营项目的来源作为划分标准

如有的地方把由家庭副业发展起来并达到一定规模的叫重点户,把承包集体项目的叫专业户;也有些地方把由家庭副业发展起来的叫自营重点户、自营专业户,以承包集体项目为主的叫承包重点户、承包专业户。

按专业程度作为划分标准

如有的地方把以家庭为单位从事某种商品生产的称为专业户,把兼营其他的称为重点户。

由于划分标准不一,同一类标准的起讫点也比较悬殊,这就不可能不影响到对"两户"发展的统计、分析和指导。如根据统计,截至 1982 年底,在苏北有的县"两户"占总农户的比例已达 16.9％;而苏南各县"两户"占总农户的比例则很少有超过 5％的。但从实际调查情况看,不论用哪种标准衡量,苏南各县"两户"发展的比例都高于苏北各县。由此可见,在划分标准不统一的条件下,统计数字就很难反映出各地"两户"发展的实际。

那么,对"两户"的概念及其划分标准,究竟怎样确定才科学呢？我们认为:从概念上讲,"两户"是"两位一体",同质异量。"两户"的"质"至少有两点是相同的:一是以户(家庭)为经营单位;二是以商品生产为基本特征。"两户"在量上的差别,主要在于商品率高低和专业化程度。因此,作为衡量标准,按经营项目来区分自营重点户、自营专业户和承包重点户、承包专业户无疑是可行的;而用来具体划分重点户和专业户则不科学。再说,以"户"为单位来计算经营项目的数量、专业生产规模或货币收入量也是有矛盾的。因为同是一户,人口和劳动力有多有少,存在着许多不可比的因素。

从上述认识出发,我们设想,对专业户一般可规定下列几条:① 在生产分工上基本上只经营一两个专业项目,投入了主要的劳动力;② 专业产品的商品率超过 90％(粮食超过 70％);③ 专业产品的货币收入超过家庭总收入的 80%。达不到上述标准,但是专项产品的商品率和货币收入超过 50% 的,可以列为重点户。我们认为,不能把"两户"标准订得过低,因为我国广大农村从以自给性生产为主转向专业化、社会化生产是一个长过程,在实践中不应把这个过程看得过于简单了,借用列宁的话讲就是"宁肯少些,但要好些"。

(原载《经济学周报》1983 年 10 月 24 日)

关于私人雇工的性质问题

——对白永秀等同志《商榷》的答辩

白永秀、张晓芝二同志在《江海学刊》发表文章①,提出同我商榷,现就有关问题进行答辩。

关于社会主义条件下私人雇工的性质

对于社会主义条件下私人雇工的性质的认识,白、张二同志和我的分歧主要表现在以下三个问题上:

1. 雇佣劳动究竟是"经营一般"还是"资本主义特殊"?

对这一问题,我在《对私人雇工的再认识》②一文中,原是从引证人们对恩格斯讲的那段作截然相反解释的话开始的。原话是这样的:"包含着整个资本主义生产方式的萌芽的雇佣劳动是很古老的;它个别地和分散地同奴隶制度并存了几百年。"③一个是"资本主义生产方式的萌芽",一个是"个别地和分散地同奴隶制度并存",所以,即使是喜欢咬文嚼字,那也应当说得出雇佣劳动"天生就打着资本主义的印记"的结论的不是我。

---

① 见《江海学刊》(经济社会版)1987年第1期。
② 《江海学刊》(经济社会版)1986年第1期,以下简称《再认识》。
③ 恩格斯:《反杜林论》,人民出版社1962年版,第268页。

事实上，白、张二同志指出的那两段话，不过是恩格斯上段话的补充。在引证过马克思的这两段话后，我较详细地探讨了应如何领会马克思在《资本论》中讲过的雇工8人还不是资本家而不过是"小业主"。我不是像一般理解的那样在8人上下划一条杠，而是着重指出，马克思的分析表明，"这只能证明还'化'得不够，而决没有雇工在8人以下还不是资本主义生产这样的意思。因为，他紧接着就讲：'资本主义生产发展到一定高度，就要求资本家能够把他充当资本家即人格化的资本的全部时间，都用来占有从而控制别人的劳动，用来出售这种劳动的产品。'既如此，哪里又能找到充足理由，证明在'资本主义生产发展'没有达到'一定高度'之前，雇佣劳动的性质就变了呢？"在做过这样的分析后，我紧接着又把话题转到恩格斯自己的论述上来："其实，恩格斯讲得异常明白：'我占有我自己的产品或者占有别人的产品，这自然是两种很不相同的占有……'在这种情况下，我仍然认为这是能够证明"雇佣劳动正是资本主义的特殊劳动形式"的、除去前面引证过的恩格斯的那段有争议的论述以外的两段最重要的根据。

2. 所处条件不同，是否就决定了私人雇工的性质也根本不同？

白、张二同志批评我"完全不顾条件、地点地引用政治经济学经典作家的论述来说明现实问题"。但我对此仍有不同的看法。

在我看，"事物的性质虽然要受到环境和条件的影响，但决定的因素还在于事物内部"。而白、张二同志的认识则相反，认为"所处的社会条件不同，就决定了它们的性质也不同"或"根本不同"。当然，我们不应当在社会主义条件下的私人企业同资本主义社会中的资本家企业之间划等号，不应当看不到社会主义条件下的私人企业已经具有一系列新特点。但我认为，社会主义条件的存在毕竟只能给私人企业以影响，而并不因此就改变雇佣劳动的一般性质。无论是资本家雇工还是社会主义条件下的私人雇工，都是私人占有生产资料，都是采用雇佣劳动，因而也都存在一定剥削关系。而所有这些，也就铸成了私人雇工经营的本质。正像社会主义公有制这—"普照的光"不能把个体经济照成社会主义公有制一样，社会主义公有制这一"普照的光"也不能决定私人雇工不再具有如上性质。否则，多种所有制形式并存又从何解释？难道这不正好是说明各自具有自己质的规定性吗？白、张二同志如此看重社会主义条件对私人雇工的影响、制约，我认为是不对的。

3. 私人企业和个体经济、社会主义和非社会主义能不能相混？

在《再认识》一文中，我是把"个体经济"和"明显带有资本主义雇工剥削性质的所谓'个体经济'"，"小业主"式雇工和资本主义雇工，社会主义和非社会主义等区分开的。然而在白、张二同志看，这完全是多余的。

白、张二同志一会儿讲社会主义条件下的私人雇工和资本主义条件下雇佣劳动的性质"根本不同"，"是一种新型的雇佣劳动"；一会儿又讲"它隶属于社会主义经济"；接下去又讲它是"个体经济"。这样，就既看不到事实上存在的个体经济、"小业主"式雇工、明显带有剥削雇佣劳动性质的私人雇工之间的区别，更看不出哪些是符合政策规定的和哪些是超出规定以外的。

事实上，白、张二同志把"私人雇工"和"个体经济"搅到了一块。因为，按照白、张二同志看："如果我们把社会主义条件下的雇工经营看做是资本主义性质的，而把公有制经济看做是社会主义性质的，那么就是把一个有机的完整的统一体分割开来了。"这里姑且撇开私人雇工经营的性质不论，请问："把公有制经济看做是社会主义性质的"难道错了？或者，难道天底下能存在不是公有制经济的社会主义经济？依我说，私人经济就是社会主义经济的补充，社会主义经济就是社会主义经济；如果讲社会主义社会的经济，那当然要把"补充"包括在内；如果是讲社会主义经济，那当然又只能是公有制经济。这样讲，不是硬把"一个有机的完整的统一体分割开"，而是看谁和谁。

这里，白、张二同志可能有个误解，好像既然是社会主义经济的"补充形式"，那就一定要靠上或贴上社会主义。其实，在实行对外经济开放过程中吸引外资来我国举办的合资经营企业、合作经营企业和独资企业，也都是我国社会主义经济必要的有益的补充，社会主义经济又如何贴得上呢？

关于对社会主义条件下雇工数量
要不要限制的问题

白、张二同志推论说我"中心是说明,我国的雇工数量也应受到限制"。这倒正符合我的意思。目前还没有足够的理由能叫我改变认识。而白、张二同志则认为:"随着生产力的发展,私人雇工的概念也发生了变化。在现代化生产条件下的私人雇工经营,由于生产手段的变化,企业规模必然扩大,雇工数量必然增加。这种情况是符合历史发展规律的。"

想必白、张二同志也知道,我们国家关于个体经营者为了补充自己劳动力的不足,可以雇请一两个帮手,有技术的可以带三五个学徒的规定并没有废弃。至于对某些雇工人数超过这个规定的私人企业也应当允许存在,加强管理,兴利抑弊,逐步引导,依我看也丝毫不含有私人企业可以漫无边际地发展,雇工数量可以不厌其多的意思。事实上,私人企业的存在不仅不应当跨越"少量"这个"度",而且还要尽快规定其经营范围。这本身也就等于对私人雇工的总量作了限制。

关于对私人雇工经营的态度问题

第一,我在《再认识》一文中讲"那种明显带有剥削雇佣劳动性质的所谓'个体经营'",属于私人资本主义经济,从根本上说是否就错了呢?我至今仍在思索这一问题。不管白、张二同志怎样把它们纳入社会主义经济整体中去,社会主义经济包括资本主义这一条我决不苟同(至于吸收外资,那完全是另一回事,对此我在《再认识》中已作了论证)。何况,有关文件曾指出,对收入分配上的过分悬殊要"通过管理和立法,加以调节和限制",这实际上也就意味着残酷剥削不能合法、不能允许。

第二,在《再认识》一文中我不仅肯定地认为应当允许政策规定范围内的雇工经营存在,而且明明白白地指出"对那些明显带有剥削雇佣劳动性质的所谓'个体经营'"亦不是取缔,而是"向各种类型的合作经济引导"。白、张二同志对此视而不见,居然说什么"大可不必取缔私人雇工",这也能算是说理吗?

第三,白、张二同志批评我"不顾我国的实际情况,用传统的观念看问题",这话非常宝贵。值得经常给自己敲敲警钟。

(原载《江海学刊》1987年第3期,收入《中国社会科学文库》、《跨世纪改革战略文库》)

从理论和实践结合上求得
对私营经济的认识

——《中国现阶段私营经济研究》读后

怀着浓厚的兴趣读完了南通市哲学社会科学研究所由薛一青同志任主编,姜作培、季建林同志任副主编的《中国现阶段私营经济研究》一书。就我来说,读到如此系统地研究和探讨我国私营经济发展中的理论问题和实际问题的著作还是首次。

大家知道,私营经济重新在我国崛起,走过的道路并不平坦。虽然党的"十三大"报告对它的积极作用已做了充分肯定,"国家允许私营经济在法律规定的范围内存在和发展";又写进了全国人大七届一次会议通过的宪法修正案,《中华人民共和国私营企业暂行条例》也业已制定,但这并不等于在我国发展私营经济的问题已经解决了。在社会主义条件下发展私营经济的问题,还有待于深入研究。《中国现阶段私营经济研究》一书在这方面进行了有益的尝试。

应当肯定,本书称得上是对我国私营经济发展中绕不过的所有重大理论问题和实际问题的系统、全面地探论。全书十一章,从我国现阶段私营经济存在与发展的社会历史条件,私营经济在国民经济中的地位、作用,私营经济的性质,私营经济的雇佣劳动关系,到私营经济的生产经营目的,私营经济的经营形式与特点,私营经济的企业主,私营经济的收入分配,再到国家对私营经济的宏观管理,工商行政、税务、法律在管理私营经济中的任务与作用,直至私营经济的发展趋势,可以说,当前我国私营经济发展中遇到的所有重大问题,都从正面进行了接触。

我认为,本书对私营经济问题的论述是有相当理论深度的。从基本立论看,实际是代表了争论各派中认定"我国私营经济既具有资本主义性质、又带有一些社会主义因素,因而可以成为社会主义公有制经济的必要补充,应允许其在一定范围、一定程度发展"的一派。尽管其主要的论点、论据可能今天人们已不很陌生,但由于本书阐述得完整、系统,因此还是能给人以新的启迪。同十年以前的情形相比,无疑是个进步。

本书另一个值得称道的地方,是遇到理论上和实际生活中的难点、难题不绕道走,而且论述不乏新意。如要正确认识我国私营经济的雇佣劳动关系,就绕不过这样一个敏感问题,就是怎样认识资本主义企业中资本家的管理指挥劳动的性质,或者资本家的收入是否都是剥削收入?大家知道,在以往的政治经济学教科书中,是把资本家所从事的管理指挥劳动一笔抹杀的,认定他们所获得的利润全是剥削收入。本论著以马克思的完整论述为据,说明资本主义企业中资本家的管理指挥劳动实际上具有二重性,即既有服从于剥削工人的一面,又有社会化生产中像乐队指挥那样不可缺少的一面,后面这一方面同样是一种加入产品价值的劳动。这样的分析是有说服力的。又如,正在崛起的我国私营经济中,党员做雇主的现象已相当普遍,至今还是议论纷纷。本论著对这一问题也没回避,而是展开分析、论证,提出对于共产党员能否从事雇工经营及私营企业主能否入党的问题应持肯定、积极、慎重的态度。虽然不少同志早就持有这种见解,但本论著在说理上不无独到之处。

总的说,本书是一部理论性专著,但同一般的理论专著相比,其密切联系我国经济发展实际的鲜明特色格外醒目。正像本书《后记》所言明的,本论著是江苏省社会科学"七五"规划项目,是南通市哲学社会科学研究所组织的,由理论工作者和工商行政管理工作者参加的课题组研究成果。据我们看,在江苏省社会科学"七五"规划项目中,此项目是进展较快而且完成得比较好的项目之一。其所以能如此,在很大程度上要归之于他们走了一条理论同实际密切结合、理论工作者同经济管理工作者密切结合的路。改革需要理论指导,改革的实践也呼唤着理论工作者走出书斋与实践相结合。作为读者,我们很希望能看到更多的从理论和实践结合上探讨我国经济发展问题的新著。

无需说,私营经济重新在我国崛起,还是党的十一届三中全会以后的事。迄今人们对它的认识不一致,这原没有什么不正常。有些问题现在能说清楚,而又有些问题恐怕一时还说不清楚。总的看,《中国现阶段私营经济研究》不失为一本从理论和实践结合上研究和探讨我国现实经济问题的好书,但也还存在着一些不能令人满意之处。比如,作为理论探讨,如能把研究的眼光放得更远些、更宽些,对有些问题的阐述就能更好地摆脱对现行政策、法规作说明的局限性,增强科学性。另外,对我国现阶段私营经济的性质论述,对其在现阶段所能发挥作用的程度和范围的分析,以及如何促使其在社会主义条件下健康发展的探索等,也还有可以商榷的地方。这些,顺便提一提,这么讲毫无吹毛求疵之意,而只是进一步说明,在人们对私营经济的认识还不很一致的今天,在我国正确发挥私营企业作用的问题也还正在实践中不断探索的时候,及时推出这样一本较有系统见解的论著是有价值的,也是不容易的,而今后对这个问题探索和研究的活动余地也还是十分广阔的。

(原载《江苏经济探讨》1989年第6期,书评)

试论社会主义条件下公有制与非公有制的兼容、相促

——兼谈中国西部地区所有制结构的调整

党的十四届五中全会《建议》"把国有企业改革作为经济体制改革的中心环节"列为今后15年经济和社会发展必须遵循的九大方针之一,同时又作了这样的强调:"要大力发展集体经济,鼓励和引导非公有制经济的发展。"如何正确地领会以公有制为主体、多种经济成分共同发展的方针,特别是如何正确地认识社会主义条件下存在的非公有制经济,明显地还存在一些不同看法。本文拟着重分析一下在社会主义条件下,公有制与非公有制因何能够相容、相促,并结合谈谈中国西部地区所有制结构的调整。

以公有制为主体的多种经济成分长期共同发展的必然性

依照国家统计局等部门发布的新的经济类型标准划分,当前我国的经济分为国有经济、集体经济、私营经济、个体经济、联营经济、股份制经济、外商投资经济、港澳台地区投资经济和其他经济等9种类型。概括起来,即分公有制和非公有制。

我们这里要研究的,是以公有制为主体的多种经济成分共同发展的必然性。换言之,我们是研究在社会主义条件下,公有制与非公有制因何能共处于社会所有制结构这一统一体中。这里所说的"社会主义条件",在经济上,主要是指已建立起以公有制为基础的社会主义经济

制度和以按劳分配为原则的社会主义分配制度;在政治上,有处于执政党地位的马克思主义政党(在中国为中国共产党)的正确领导,已建立起人民当家作主的政权,劳动人民成为国家的主人;在文化上,步步加强地建设着以马克思主义为指导的社会主义精神文明。正是存在着这样的条件,以公有制为主体的多种经济成分的长期并存才成为可能。

进一步说,对于以公有制为主体的多种经济成分长期共同发展的客观性,一般可从如下几个方面认识:

首先,以公有制为主体的多种经济成分的长期共同发展,是以我国社会尚处于社会主义初级阶段为本源的。正像大家都知道的,尚处于社会主义初级阶段的我国社会生产力的最基本特征是:总体水平低,结构多层次,布局不平衡。我国社会生产力发展的这种实际状况决定了,在社会生产关系方面,必然是以公有制为主体的多种经济成分的长期同时并存和多种公有制形式的长期同时并存。也就是说,在我国社会主义发展的初级阶段上,之所以还必须有以公有制为主体的多种经济成分的长期共同发展,最根本的经济根源正在于生产力发展的状况和水平,是生产力决定生产关系,而不是相反。

其次,以公有制为主体的多种经济成分长期共同发展的必然性又源于商品经济的不可逾越性。认识到"商品经济的充分发展,是社会经济发展的不可逾越的阶段",这是改革所取得的一大思想成果。也就是说,我国可以不经过资本主义的充分发展而直接步入社会主义社会,但要建设社会主义,实现社会主义现代化,还必须回过头来补发展商品经济的课。这同有人所鼓吹的"补资本主义的课"完全是性质不同的两码事。大家知道,商品经济是为交换而生产的经济形式。产品之所以要采用商品的形式交换,正在于其属于不同的所有者。如果整个国民经济为单一经济成分,那就不可能存在真正的商品交换关系,商品经济也不可能真正发展起来(这点已经为改革前的我国经济发展所证实)。我们已认识到我国经济是商品经济。正是商品经济的发展,为非公有制经济的兴起和活动提供了有利的条件。即是说,在我国,商品经济的存在和大发展具有必然性,非公有制经济的兴起和长期存在也是客观的。

再次,限于我国现阶段的社会生产力发展水平,也限于公有制自身发展的程度,人民多方面的物质和文化生活需要,仅有公有制经济还难以完全给以满足,还要有非公有制经济来"补充"。这也成为以公有制为主体的多种经济成分长期共同发展的一个客观因素。换句话说,在社会主义初级阶段上,生产资料公有制这一社会主义的基本特征,还只能表现为以公有制为主体和起主导作用。公有制以"主体"存在具有客观性,作"补充"的非公有制的存在和发展也具有客观性。由是也不难说明这样的问题,就是我们在任何时候都只能是讲"以公有制为主体的多种经济成分共同发展"。在社会主义条件下,非公有制与公有制的长期共同发展具有必然性,以公有制为主体同样是客观的。

发展非公有制经济决非权宜之计。经过十多年的发展,非公有制在我国整个国民经济中虽已占到一定比重,但从全国看,总的说仍然是"不是发展得太多了,而是还很不够"。有的人只知背诵《共产党宣言》中讲过的"共产党人可以用一句话把自己的理论概括起来:消灭私有制"的话,而忘记了恩格斯在《共产主义原理》中同样讲过:"只有在废除私有制所必需的大量生产资料创造出来之后才能废除私有制。"[①]至于以公有制为主体的多种经济成分的并存将持续到什么时候,这将不是由现在人们的预想、而应是由实践来回答的问题。

我领会,坚持公有制的主体地位,重要的是要把握好以下几个方面:第一,在社会总资产中要保持国家所有和集体所有的资产占优势;第二,国有经济在关系国民经济命脉的重要部门和关键领域占支配地位,对整个经济发展起主导作用(但却不能认为,以公有制为主体就是以国有制为主体,也不是国有经济只有在量上也占优势其主导作用才能发挥);第三,必须破除"国有工厂"和"国有国营"的固有观念,发展国有民营和实行国有资产的优化重组(随着产权的流动和重组,财产混合所有的单位越来越多,将形成新的财产所有结构);第四,公有制经济在

[①] 《马克思恩格斯选集》第一卷,人民出版社 1972 年版,第 265、219 页。

整个经济中应占主体地位是就全国来说的,有的地方、有的产业可以有所差别;第五,依据生产力决定生产关系的马克思主义基本原理和各种经济成分自身的性质,一般地说,在经济发展相对落后和还比较落后(欠发达和不发达)的地区,非公有制经济所占比重可以更大些。这最后一点,笔者颇有感触。

作为科研扶贫的一项有意义的活动,新近我们所组织力量,专程对仍属于江苏贫困县的丰县的经济社会发展进行了调查研究,看到在经济发展还比较落后的地区,要迅速改变落后面貌,很重要的一点正在于进行地区所有制结构调整,更大地发展个体、私营经济。据该县有关部门的最新统计,1996年上半年全县共完成工业总产值291393万元,比上年同期增长45.1%,其中县属和乡办工业完成99360万元,占37.6%;村以下(主要是个体、私营)为62.4%,已接近"三分天下有其二"。目前,该县的县属企业和乡办企业困难很大,有些已处于停产、半停产状态,而个体、私营经济却焕发出勃勃生机,已成为该县经济发展势头最盛的一个新的生长点。从该县情况看,引进、利用外资难以迈大步,外经、外贸也是困难重重;由于工业基础差、整体素质低,再加上受发展资金和人才、技术的制约,县属工业这一块难有大作为;乡办企业也是投资效益差,技术和管理落后,办得同县属企业差不多。看来,像丰县这样的落后地区,要加快经济发展步伐,一要重视发展农业的多种经营,二要把发展工业的重点放在搞资源型深加工,三要注重把流通搞活。而不论是发展农业的多种经营,还是搞资源型深加工,还是发展流通,都要放手发展个体、私营经济。对政府说,应重在制定促进政策和搞好服务。如果在这样的地方也要把公有制为主体放在头里,那就只好像现在这样继续受穷。

社会主义条件下公有制与非公有制的相容、相促

在社会主义条件下公有制与非公有制的兼容

我以为,在社会主义条件下,公有制经济与非公有制经济之所以能共处于社会所有制结构的统一体中,主要是由于:

第一,在社会主义条件下,非公有制经济必然同占优势的公有制经济相联系,并受公有制经济的巨大影响和制约。

马克思早就讲过:"在一切社会形式中都有一种一定的生产支配着其他一切生产的地位和影响,因而它的关系也支配着其他一切关系的地位和影响。"①事实上,自从人类历史上出现私有制以来,没有一个社会的经济是单一的。但在任何社会中,又总有某种一定的社会生产关系(基础又是所有制)居于支配的地位,决定着该社会经济制度、从而该社会的性质,构成该社会的基础。这里要分清两个完全不同的问题:一是,就人类社会更替或社会基本经济制度说,只能是一种居于支配地位的生产关系取代另一种居于支配地位的生产关系,在这里,取代和被取代的社会生产关系、从而社会经济制度是对立的,不可能兼容;但具体到某一社会或该社会存在的社会生产关系说,又不可能是纯而又纯,也不是有你无我、有我无你——一方面,处于非支配地位的其他经济成分的存在,并不影响整个社会的性质;另一方面,同时存在的其他经济成分,又必然要受到居于支配地位的所有制经济的巨大影响和制约。例如,在资本主义社会里和在社会主义社会里都存在国有制,但居于支配地位的社会生产关系决定了,资本主义条件下的国有只能为"集体资本家"所有,而社会主义条件下的国有则实系国家代表全民所有。又如,就社会主义条件下存在的私营经济说,虽然其私人资本主义的性质并

---

① 《马克思恩格斯选集》第二卷,人民出版社1972年版,第109页。

未因其是在社会主义条件下存在而发生根本改变,但由于是同占主体的公有制经济相联系,其生产经营活动必然要受到公有制的影响和制约;它们必须遵守国家的法律并在被允许的范围内从事生产经营活动;在雇主与雇工关系上也已经带有一些新特点;由于全社会还是以按劳分配为主体,再加之国家对雇主过高收入的合理调节,这就完全有可能使资本主义条件下必然存在的两极分化得以避免。

第二,就经济发展和社会进步说,公有制和非公有制都是发展生产力的手段。

从新旧社会制度的更替和我们所追求的目标说,公有制是目的,没了公有制也就没了社会主义制度;但单就经济发展说,公有制与非公有制又都是手段,都是为了发展生产力。这就使得公有制与非公有制,能够统一在客观存在的社会主义社会所有制结构之统一体中。

第三,共同构成社会主义市场经济的微观基础。

我们要建立的是社会主义市场经济体制,它不能没有自己的微观基础。而我国社会主义市场经济的一个最基本的个性特征正在于是在以公有制为主体的多种经济成分共同发展的条件下运行。因为是客观存在的同一个微观基础,公有制与非公有制自然是相容的了。

总之,在社会主义条件下,非公有制经济具有与公有制经济的兼容性和可控性。这同时也是以公有制为主体的多种经济成分长期共同发展的更深层次的根据。

在社会主义条件下公有制与非公有制的相促、相长

在社会主义条件下,公有制与非公有制不仅能够兼容,而且还得以相促、相长。这又主要表现在:

一是非公有制经济的发展对建立、健全社会主义市场经济体制,特别是对国有企业改革与发展的促进。从经济体制转换说,奠基工程正在于造就其微观基础,转换公有制企业,特别是国有制企业的经营机制又成为整个体制改革的中心环节。在这里,对国有企业的改革与发展来说,非公有制经济的兴起和发展无疑是一个有力推动因素。① 非公

有制经济的发展使整个国民经济的发展保持较高的增长势头,这直接关系到能否保持一个继续深化改革的宏观环境。② 非公有制经济的发展增加了国家的财政收入,使国有企业有可能早日从沉重的债务负担和企业办社会负担中解脱出来。③ 国有企业中的富余人员也要靠发展非公有制经济提供新的就业机会。④ 国有企业实行抓大放小、兼并破产也要利用市场机制,有些正要通过产权的转让变为非公有制经济。⑤ 非公有制经济的发展为国有企业培养了竞争对手和市场环境,促使其转换经营机制。国有企业也只有在多种经济成分共同竞争的环境中,才能更好地发展。可见,把公有制企业的改革与发展,与非公有制的发展割裂开来,视为两个不同的问题,实无道理。

二是公有制经济对非公有制经济发展的促进。客观地讲,如果不是公有制提供种种便利和条件,包括公有制企业,特别是国有大中企业的高税赋,承担着多方面的社会责任和绝大的改革成本,实际上是处于不平等竞争等,我国的非公有制经济要在这么短时间内达到今天这样的规模是不可能的。公有制企业的改革实际为非公有制经济的崛起提供了历史机遇。许多非公有制企业也是为公有制企业生产配套件,这亦体现出公有制发展对非公有制发展的促进。

三是公有制与非公有制间的相互促进。公有制与非公有制不仅是板块式互补,而且是渗透式互补和交融共生。从发展看,公有制与非公有制将会在产权明晰、自愿互利基础上发展联合、联营,直至通过组建股份制企业和企业集团融为一体,相促、相长。

非公有制经济的作用

早已不能在"拾遗补阙"意义上来看待非公有制经济了。事实上,非公有制经济已成为许多地方经济生活中的活跃因素,已是国民经济的一个不可缺少的部分。具体些说,非公有制经济的兴起和发展,在如下8个方面所发挥的积极作用都是众所周知的:

第一,促进了经济体制的改革,特别是促进着公有制企业转换经营机制和市场发育;

第二,扩大了就业门路;

第三,利用了闲散资金,节约了国家投资,增加了国家财政收入;

第四,繁荣了经济,活跃了市场,方便了人民的生活;

第五,增强了公民,特别是广大农民的市场经济意识,造就出一大批被称为"能人"的"民营企业家";

第六,发展了社会生产力,已成为经济的新增长点;

第七,对发展外资经济说,不仅利用了外资,而且有助于提高我国企业的技术水平和科学管理水平;

第八,发展非公有制经济有利于发展外向型经济。

当然,非公有制经济也存在着诸如利己性、自发性和盲目性等固有弊病。在追求个人发财的同时,必然造成个人利益之间以及个人利益与社会整体利益之间的对立。特别是在私营企业和外资企业中,还实际存在雇佣劳动关系,并造成少数人暴富,引发一些社会矛盾。但应该相信,只要是"在社会主义条件下"这个大前提不变,就完全能够做到"兴善抑恶"和"兴利抑弊"。

中国西部地区所有制结构的调整

党的十四届五中全会《建议》提出:"从'九五'开始,要更加重视支持内地的发展,实施有利于缓解差距扩大趋势的政策,并逐步加大工作力度,积极朝着缩小差距的方向努力。"这实际是把原来设想的到2000年达到小康时就要突出地提出解决这一问题的时间提前了,对我国西部地区(指内地,即通常所说的中西部地区)的发展说,是一次难得的历史机遇。

照实说,笔者对我国西部地区经济、社会发展的具体实际知之甚少。因而,在"中国西部民营经济发展研讨会"这样的庄重场合,本来是不应该有发言权的。不过,在发展民营经济问题上,对一些最基本问题的认识,应该是在东部沿海适用,在内地也适用。这里,就基于如上分析,对"中国西部民营经济发展"的有关问题,粗线条地谈点个人的浅薄认识。

关于"民营经济"的概念

在这里要先说一下"民营经济"的概念。上文中所讲的"非公制经济"的概念,其涵义是清楚的,具体也就是指我国社会发展现阶段实际存在的各种非公有制经济成分。而对于"民营经济"一词的内涵,在我国理论界则有着不同的理解。可以认为,"民营"原系相对于"国营"或"官营"(在国外称"公营")说的。确切地讲,"国营"、"民营"并非在区分不同的经济成分,而是在区别不同的经营方式。不过,既然可以把原称"国营企业"和"私营经济"理解为经济成分,那么,对"民营经济"一词在经济成分涵义上使用也是可以的。只是,具体到"民营经济"的涵义则可宽可窄:宽者,可以是指"非国有"(包括通常讲的"国有民营",这又是在说经营方式);窄者,可以是专指个体、私营。可见,"非公有制经济"同"民营经济"并非等一涵义的概念。如从宽的涵义上理解,"民营经济"不仅包括"非公有制经济",而且包括集体经济,直至从经营方式上区分的与"国有国营"相对应的"国有民营";如从窄的涵义上理解,则"非公有制经济"又包含"民营经济"。具体到研究某一地区的发展或地区所有制结构说,显然并不只是一个发展个体、私营经济的问题,因而最好还是把"民营经济"在宽的涵义上理解;但也完全可以集中探讨一下个体、私营经济的发展问题。从宽的涵义上把握"民营经济"也好,从窄的涵义上把握"民营经济"也罢,实质性的问题又都在于合理调整所有制结构。

中国西部地区所有制结构的合理调整

我以为,就中国西部地区经济发展战略说,其重要目标之一,不论是从发展民营经济角度研究问题,还是从发展非公有制经济角度研究问题,其实质性的问题正在于必须把过高的国有经济所占比重逐步降下来。

按照林凌同志的计算,1994年工业总产值中,全国国有经济单位所占比重为42.59%,东部地区国有经济单位为35.43%,中西部地区国有经济单位为55.73%;整个东部地区国有、非国有经济工业总产值中的比重分别为35.43%、64.57%,中西部地区则分别为55.73%和44.27%;而在东部沿海地区,国有经济仅占30.26%,非国有经济高达69.74%,非国有制经济已占主体地位。[①]林凌同志的结论是:中国中西部地区必须"以极大的努力构建以非国有经济为主体的所有制结构"。这一点笔者完全赞同。

我以为,不论是从生产关系一定要适合生产力发展的规律的要求看,还是从全民所有制即国有制自身的性质看,还是从中西部地区经济发展的实际看,中西部地区国有经济所占比重如此之高都是不正常的。相反地,在经济较发达的我国东部沿海地区,国有经济所占比重本应更高一些。同时,就集体经济,特别是乡镇企业发展说,中西部地区已经失去了东南沿海曾有的发展机遇,能够发展,但已很难达到像江苏苏南等地这样的规模、水平。倒是非公有制经济的发展前景广阔。1994年在工业总产值中,东部地区个体私营经济的比重为13.33%,中西部地区达到16.34%,已初步显现出其发展的优势。

进一步地转变观念才能实施好民营经济发展战略

我以为,在中国中西部地区,特别是在那些经济发展还比较落后的地方,在注重发展公有制经济的同时,必须从发展战略高度来认识发展民营经济的问题。即是说,应明确地把推动民营经济的发展作为地区发展的一大战略。

实施这一战略是一项系统工程,要研究的问题很多。在此仅突出强调这样一点,就是必须真正把邓小平同志提出的"三个有利于"作为评判改革是非得失的标准,进一步地解放思想,勇于开拓,特别是对一些根本性问题,必须有个统一的认识。

[①] 《东西部差距扩大问题分析》,《经济研究》1996年第7期,第50~51页。

(1) 以公有制为主体不等于以国有制为主体，成为社会主义根本标志的是公有制而非国有制

受根深蒂固的传统公有制观念束缚，一些人不仅习惯于把社会主义同公有制划等号，而且习惯于把社会主义同国有制划等号，认为全民所有制即国有制才具有社会主义的本质特征。正统的马克思主义政治经济学也一直是把国有制视为公有制的高级形式和社会主义的标志。其实，自从国家产生就出现了国有制，国有制并非社会主义的专利；同时，以公有制为主体亦不等于以国有制为主体，成为社会主义根本标志的应是公有制占数量优势（即为主体），而不是国有制占数量优势。这点，江泽民同志已讲得很清楚："坚持公有制的主体地位，是社会主义的一条根本原则，也是我国社会主义市场经济的一条基本标志。"

(2) 国有制经济不占据数量优势依然能发挥主导作用

我们现在是讲的坚持以公有制为主体、国有制为主导，而公有制又包括国有制和集体所有制。传统的"国有经济主体、主导论"已被打破。传统的"国有经济主体、主导论"认为，国有经济在数量上也必须占优势，惟如此国有经济才能发挥其主导作用。现在，有三点应是不言而喻：一是主体、主导是就全国经济总体讲的；二是讲主导从来都是指的某一经济成分对国民经济发展的导向作用，也唯有国有经济才能充当这一主导（归根到底，这又是由其自身的性质所决定）；三是国有经济在整个国民经济中发挥主导作用，并不一定要有数量的优势作条件（当然，也必须拥有一定数量才行），但一定要确保其在国民经济重要和关键的行业、领域中占据支配地位。此外，还应该从深层次上搞搞清楚这样一个问题，就是并非生产关系越大、越公越先进，各种公有制、各种所有制都只能在自己适宜的范围才谈得上优越性。恩格斯早就讲过："只有在生产资料或交通手段真正发展到不适于由股份公司来管理，因而国有化在经济上已成为不可避免的情况下，国有化……才意味着经济

上的进步。"①也就是说,并不是国有制经济想占多大比重就可以占多大比重。根据我国的实际情况,非国有的公有制经济比国有制经济有更大发展余地(东部地区经济的发展已证明这一点),非国有的公有制经济在公有制内部占更大比重并与国有制一起作国民经济的主体,一点没有使我们的社会主义逊色;同时,非公有制经济也会占相当比重。

(3) 形成优化的所有制结构从根本上说是一个实践的问题

多种经济成分的并存和竞争,的确是存在一个所有制结构优化问题。必须从有利于发展社会生产力的角度来对待所有制结构。什么样的所有制结构或比例更符合生产力发展要求,就努力实现这样的比例;在不知什么是最优比例的情况下,只能靠各种所有制经济的平等竞争,并且,从根本说优化的所有制结构也只能靠竞争形成。我们既然是在干社会主义,首先就应相信公有制经济的竞争力。

(本文为"中国西部民营经济发展研讨会"参会论文,在参会论文评奖中获三等奖,会后收入获奖论文集;《民营导报》1997年第1期刊登了本文的主要部分)

---

① 《马克思恩格斯选集》第二卷,人民出版社1972年版,第317页。

社会主义与非公有制经济

以党的十一届三中全会为起点标志的中国社会主义改革,已走过20年的不平凡路程。20年来,我国经济领域所发生的一个最广泛、最深刻的变革,就是由单一的公有制结构初步转变为以公有制为主体的多种所有制经济共同发展的所有制结构。所有制是最基本的生产关系和经济关系,既是一个带根本性的问题,也是一个十分敏感的问题。纪念党的十一届三中全会召开20周年,把这一重要问题提出来正确地加以认识,是很有意义的。

从"不容"到"长期共同发展"

我国的改革,从根本上说,就是要把社会主义同市场经济结合起来;社会主义同市场经济的结合,带有决定意义的又是社会主义公有制同市场经济的结合;而社会主义公有制同市场经济的结合能否实现,关键又要看能否对多年以来形成的单一公有制结构进行合理调整,并最终找到公有制在市场经济下的实现形式。这样,整个改革也就归之于这样一个起点上,即为着切实解决好社会主义同市场经济的有机结合问题,首先必须把人们的思想从传统观念的束缚中解脱出来。

(一) 十一届三中全会前存在的认识误区

众所周知,马克思和恩格斯曾从理论上推断,取代资本主义旧制度的未来社会(即共产主义社会,社会主义是它的初级阶段)已经是一个不再存在商品货币关系、实现了整个生产资料的全社会占有的社会。

但有一点也是很清楚的,就是他们所预想的未来社会,是后资本主义、后工业化的历史阶段的新形态,应是各个方面比资本主义发展程度更高。总的来说,在俄国十月社会主义革命前,列宁的社会主义所有制思想同马、恩无多大差别;十月革命胜利后,特别是转为实行新经济政策后,列宁的思想发生了很大改变,必须重视市场的作用,还要实行商品经济,国有制、合作制和租让制,都为他一再所强调。只是到斯大林时期,才有了一个"社会主义=公有制+按劳分配+计划经济"的所谓"社会主义的模式"或"公式",并长时间被奉为马克思主义的"经典",且对我国的社会主义改造和建设产生了极大的影响,并逐渐形成了社会主义等于公有制,公有制等于全民所有制,全民所有制等于国有制,国有制是社会主义公有制的高级形式,集体所有制是社会主义公有制的低级形式,公有化程度愈高生产关系愈先进,公有制与私有制"水火不容"等模糊认识。

(二)传统公有制观念的逐步被打破

随着改革的推进,"公私不能相容"等传统公有制观念也一步步被打破。

1978年12月召开的具有深远历史意义的党的十一届三中全会,明确提出"社员自留地、家庭副业和集市贸易是社会主义经济的必要补充部分",不再是资本主义"尾巴"。1979年9月29日,叶剑英同志在庆祝建国30周年大会上的讲话中,首次明确提出"目前在有限范围内继续存在的城乡劳动者的个体经济,是社会主义公有制经济的附属和补充"。1981年6月召开的党的十一届六中全会通过的《中国共产党中央委员会关于建国以来党的若干历史问题的决议》,又进一步提出"一定范围的劳动者个体经济是公有制经济的必要补充"。1982年9月召开的党的"十二大",首次明确提出"发展多种经济形式"问题。1984年11月召开的党的十二届三中全会通过的《中共中央关于经济体制改革的决定》,又在发展外资经济上求得突破,明确提出"利用外资、吸引外商来我国举办合资经营企业、合作经营企业和独资企业,也是对我国社会主义经济必要的有益的补充"。1987年10月召开的党的"十三大",又在私营经济问题上求得突破,指出"私营经济是存在雇佣劳动关系的经济成分。但在社会主义条件下,它必然同占优势的公有制经济相联系,并受公有制经济的巨大影响。实践证明,私营经济一定程度的发展,有利于促进生产,活跃市场,扩大就业,更好地满足人民多方面的生活需求,是公有制经济必要的和有益的补充"。党的"十三大"报告已明确提出:"社会主义初级阶段的所有制结构应以公有制为主体。"党的"十四大"报告更进一步指出:"在所有制结构上,以公有制包括全民所有制和集体所有制为主体,个体经济、私营经济、外资经济为补充,多种经济成分长期共同发展。"这表明,一直到党的"十四大",我们党才最终从所有制结构上解决了公有制和非公有制的关系问题。

(三) 所有制结构的初步调整

经过这些年的改革、发展,我国的社会经济面貌确实大变了样。一方面,国民经济的总量迅速增大,综合国力大大增强;另一方面,在社会主义公有制经济不断巩固、发展的同时,非公有制经济快速发展壮大。统计表明,1978年,非公有制经济在我国已基本上被消灭(仅占国民生产总值的1%,工业为零)。而在1996年底,我国工业总产值中,非公有制工业已达32.1%;城镇从业人员中,非公有制从业人员已占43.3%;社会固定资产投资总额中,非公有制占33%;社会消费品零售总额中,非公有制占53.3%。另据统计,在1996年实现的我国国内生产总值中,非公有制已占到24%。一个以公有制为主体的多种所有制经济共同发展的所有制结构已在我国初步形成。

从社会主义的"体外"到初级阶段社会主义的"体内"

党的"十五大"报告创造性地提出:"非公有制经济是我国社会主义市场经济的重要组成部分。""公有制为主体、多种所有制经济共同发展,是我国社会主义初级阶段的一项基本经济制度。"这就把我国现存的各种非公有制经济包容进社会主义初级阶段的基本经济制度中,也就是有些同志所说的非公有制经济已由社会主义的"体外",进入社会主义初级阶段的"体内"。党的"十五大"报告对我国社会主义初级阶段基本经济制度的新认识和对非公有制经济的新定位，又使我们对公有制为主体条件下存在的非公有制经济的认识，深入了一步。

（一）"社会主义市场经济"本来就内含着"非公有制经济"

1. 把非公有制经济明确为"我国社会主义市场经济的一个重要组成部分"才科学。作为一种资源配置方式，市场经济并不具有社会属性，因此不能说存在着社会主义性质的市场经济和资本主义性质的市场经济。但任何市场经济又都是具体的，必然要同一定的社会基本制度结合在一起。社会主义市场经济即社会主义条件下存在的一种资源配置方式，而作为一种有效社会资源配置方式，它理应涵盖全社会，并必然要求有多种经济成分存在，以铸造其微观基础。换句话说，在社会主义市场经济条件下，任何不同所有制的企业或以混合所有制为基础的企业，都必须平等地参与市场竞争，按照同样的规则运行，从这里说公有制经济和非公有制经济都是市场经济平等的构成要素，并无主、辅之分，离开非公有制经济的存在，也就没有真正的市场经济。把非公有制经济看做是"社会主义市场经济的一个重要组成部分"，正是社会主义市场经济的"题中应有之义"，也更科学。直至党的"十五大"前，我们还一直是把非公有制经济当做"社会主义公有制经济补充"看的，没有摆脱传统计划经济的思维定式，还是"鸟笼经济"和"板块结合论"。这种思维定式早就应丢掉。

2. 但也不可以把"社会主义市场经济"等同于"社会主义经济"。应该看到，"社会主义经济"与"社会主义市场经济"是两个不同的概念，前者属于社会制度范畴，后者指资源配置方式。在社会主义市场经济和社会主义经济之间，并不存在一个"因为"、"所以"的关系（即有同志所提出的，因为社会主义市场经济必然要求多种所有制经济存在，所以非公有制经济也就成了社会主义经济的有机组成部分）。党的"十五大"报告明确提出"集体所有制经济是公有制经济的重要组成部分"，"非公有制经济是我国社会主义市场经济的重要组成部分"，而不讲"非公有制经济是我国社会主义经济的重要组成部分"，择词的差别正反映出不同所有制经济性质的差别,是经过慎重考虑的。

(二)正确认识"社会主义公有制为主体、多种所有制经济共同发展的基本经济制度"

党的"十五大"报告在创造性地提出"公有制为主体、多种所有制经济共同发展,是我国社会主义初级阶段的一项基本经济制度"后,紧接着进行了如下的论述:"这一制度的确立,是由社会主义性质和初级阶段国情决定的:第一,我国是社会主义国家,必须坚持公有制作为社会主义经济制度的基础;第二,我国处在社会主义初级阶段,需要在公有制为主体的条件下发展多种所有制经济;第三,一切符合'三个有利于'的所有制形式都可以而且应该用来为社会主义服务。"问题十分清楚,首先,社会主义的性质决定了社会主义经济制度的基础只能是公有制经济;其次,我们需要的是在公有制为主体的条件下发展非公有制经济,而不是搞什么私有化;再次,坚持公有制为主体,同坚持"三个有利于"的标准在根本上是统一的。因此,照笔者领会,对于"十五大"报告中所讲的社会主义初级阶段的基本经济制度,只能从我国历史发展的特殊性,我们的社会主义还只能是"不发达"、"不完全"的社会主义,以及作主体的公有制决定着社会基本经济制度的性质说明,而不能从非公有制经济已经具有了社会主义经济的性质、已经成了社会主义经济的一部分说明。

(三)从根本上认识社会主义初级阶段基本经济制度中的公有制经济和非公有制经济

1. 必须始终坚持公有制为主体这一社会主义的根本原则。坚持公有制为主体,并不仅仅是出自于我们对社会主义的理念,从根本上说是在于,这样做最有利于我国社会生产力的发展,我国社会的全面进步。在这里,以公有制为主体的社会基本经济制度同生产力标准相统一。近50年的实践充分证明,"只有社会主义才能救中国,也只有社会主义才能发展中国和建设中国",没有公有制为主体也就没有社会主义的基础,没有人民当家作主的主人翁地位,没有社会主义与资本主义的最根本区别,也就不可能做到对国民经济进行比资本主义更有效的宏观调控,也建立不起发达的社会主义精神文明,更实现不了人民的共同富裕。正如江泽民同志在党的十四届五中全会闭幕时的讲话中所指出的:"任何动摇、放弃公有制主体地位的做法,都会脱离社会主义的方向。"

2. 从根本上说,任何一种所有制都只是在自己适宜的范围内才说得上优越性。生产力决定生产关系,而不能是相反。因此,完全可以说,适合生产力发展的生产关系就有其存在的合理性,任何一种所有制也只能在自己适宜的范围内才说得上更优越。这既适合公有制,也适合非公有制。非公有制经济已被包容进我国社会主义初级阶段的基本经济制度中,是我国社会主义市场经济的一个重要组成部分,无疑还要进一步发展。但对非公有制经济的发展,同样必须有个正确态度。不能认为、事实上也不是公有制天生优越于非公有制,更不是公有化程度愈高生产关系愈先进;同样,也决不是非公有制天生比公有制有效率,公有制所占比重愈小愈好。从指导思想说,很重要的一点就是今后不可以再以所有制定政策,而是应注重环境建设,努力为各种所有制经济的平等竞争创造条件。有些同志提出这样的疑虑:又要坚持公有制为主体,又不可以对非公有制的发展进行限制,公有制的主体地位能保得住吗?存在这样的疑虑,说到底还是不相信公有制经济的控制力和竞争力。其实,改革以来非公有制发展比公有制,特别是比国有制快,系多种原因促成,并不表明公有制不如非公有制有效率。应该看到,第一,经过几十年的发展,我国生产的社会化程度大有提高,在我国毕竟是大量存在着适宜于国有经济发展的领域;第二,集体经济更是具有广泛适应性的公有制经济;第三,随着现代企业制度的建立,今后混合所有制经济将成为我国经济的大头,没有理由认为,经过规范的改制后,国有骨干企业的活力不会增强;第四,中央和各级地方,还必然要根据国民经济发展需要,不断加大投资;第五,就国有经济而言,除经营性资产外,还有更庞大的非经营性资产。同时,对公有制为主体、国有经济为主导,也必须用新的眼光来看,而不能仅仅是看比重。因此,只要坚持正确的改革方向,在现有庞大公有制经济基础上,继续保持公有制经济的主体地位是完全能够做到的。

3. 事实已经证明并将继续证明,在社会主义条件下,公有制经济和非公有制经济不仅能够兼容,而且还必然是一种相促、相长的关系。

从"社会主义初级阶段的基本经济制度"预想到"自身发展成熟的社会主义基本经济制度"

"公有制为主体、多种所有制经济共同发展,是我国社会主义初级阶段的一项基本经济制度。""这样的历史进程,至少需要一百年时间。"这一点,党的"十五大"报告已讲得很清楚。至于社会主义初级阶段结束,社会主义自身发展成熟后,还有没有非公有制经济存在,那时社会主义基本经济制度又是怎样的,报告没具体涉及。在笔者看来,作为理论探讨,我们完全可以把目光放得更远一些。

(一)至少可以说在发达社会主义社会仍将会存在非公有制经济

看来,不仅是在我国社会主义初级阶段要实行公有制为主体、多种所有制经济共同发展的基本经济制度,而且至少可以说,在发达社会主义社会仍将会存在着各种非公有制经济(先不说在自身发展成熟的社会主义阶段,还要不要实行以公有制为主体、多种所有制经济共同发展这样一种基本经济制度)。这是因为:

1. 市场经济排斥单一经济成分。只要还是实行商品经济和市场经济,就说明生产力发展仍要求有多种所有制经济与其相适应;作为一种有效资源配置方式,市场经济还不知要存在多少年(姑且不论商品经济能否"万岁"),在单一公有制基础上实行计划经济还无从设想。

2. 知识经济时代的来临使得对有些问题还必须重新认识。21世纪人类将迈进知识经济新时代。知识经济时代的来临,使得有些被认为是毋庸置疑的结论性认识,在经受住新的实践的检验后,才能证明其正确。例如,长期以来人们都认为,高度社会化的生产力与私有制不容;然而,知识经济的发展,信息高速公路的开通,全球互联网的实现,倒是使非公有制经济存在、发展的空间扩大了。"秀才不出门,全知天下事",人们可以坐在家中或办公室里搞创造、搞经营。知识经济又使大公司变小(实际操作规模变小),中小企业有着广泛的生存与发展空间。

3. 经济全球化更预示着各国都必然要更大地发展外资经济。经济全球化已是一种必然趋势,将来只会使各国的经济、技术乃至政治联系更加密切。在这种情况下,对各个国家和地区来说,都必然要更大地发展外经、外贸和利用外资。很难设想,多少年后,全球经济一体化了,我们会再来个新的闭关锁国,去人为地消灭非公有制经济。

当然,这里也存在另一个方面的问题,即在自身发展成熟的社会主义社会里,是否存在一种非公有制经济在经济总量中所占比重逐步变小的趋势,特别是社会主义如何过渡到共产主义?可以说这还不是现在就能预想的,只能看未来人类的实践了。

(二)并不存在一个社会主义和资本主义的"趋同论"

在传统上,一直是把资本主义经济看做是百分之百的"纯"私有制经济,社会主义是"纯"公有制经济,并认为非公有制经济会随着资本主义制度的灭亡而灭亡。20年改革所带来的一大思想解放,就是我们终于承认,资本主义社会中也有公有制经济存在(虽然不能把它等同于社会主义公有制经济),并且,同时又终于承认整个资本主义经济运行也决不是政治经济学科教书上所说的那种"无政府状态",现代资本主义国家也同样在进行着对经济的宏观调控。

经过20年的改革、发展,中国所发生的两个方面的重大变化,更引起全世界的关注:一是也像资本主义国家那样,搞起了市场经济;二是进行了所有制关系的改革和所有制结构的调整,非公有制经济迅速发展壮大,国有经济所占比重明显变小。

大家知道,不论是在国外,还是在我国国内,早就有一些人相信,从发展讲社会主义和资本主义会走向"趋同"。如果这种社会主义和资本主义两种不同社会制度的"趋同论"是正确的,那么,社会主义必然取代资本主义、人类终将实现共产主义的伟大理想的定论,就将从根本上被推翻。对这样一个最根本问题,自然不可以不做出回答。

我相信,"趋同论"不过是提出来说说而已。正确认识这一问题,还必须摆脱传统思维定式的束缚。可以肯定的是,资本主义和社会主义在可预见的将来都是以市场为基础来配置社会资源,并都是多元的所有制结构,这是两种社会经济制度共同的一面;而资本主义是以资本主义私有制为主体,社会主义是以社会主义公有制为主体,这又是两者的本质差别。正是由于存在着这样的本质差别,社会主义制度下才能实现比资本主义制度下更有效的宏观调控,才能创造出高于资本主义的劳动生产率,求得资本主义所不可能达到的社会公平和促进社会的全面进步。这也正是社会主义必然要战胜资本主义的内在原因。当然,社会主义取代资本主义是漫长的历史过程,这个总趋势不会改变,所不同的仅在于实现形式。

(原载《反思与探索》,中央编译出版社1999年版)

关于促进非公有制经济健康发展的问题

——兼论中国改革者肩负的一项重大历史责任

1978年改革开始时,个体、私营等非公有制经济已在中国(指中国大陆,下同)基本上被消灭(统计资料显示,在是年的全国工业总产值、全国社会商品零售总额和国内生产总值中,仅分别占到0.2%、2.1%和1%)。而经过改革以来的恢复、发展,现今非公有制经济在中国经济总量中所占比重已在1/3以上。从一方面说,非公有制经济所占比重的急速增大,有力地洗刷着传统社会主义观念对人们头脑的禁锢;另一方面,面对非公有制经济自身发展中存在的种种不规范行为和不健康现象,也同时提出一个如何促进其沿着健康道路发展的新问题。这里就来谈谈这一新问题。

中国非公有制经济发展中存在的种种不健康现象

中国非公有制经济发展中存在一些不规范行为和不健康现象,这是事实。面对这种种不规范行为和不健康现象,人们的认识和态度则大相径庭:有的把此归之于非公有制经济本身,对非公有制经济是"否定多于肯定"(乡镇企业兴起时也曾被泼过类似的污水)。又有的实际上是"中国要实现'私有化'"的得力鼓吹者,对非公有制经济历来是"只言其美,不说其丑"。更多的人认为,非公有制经济在中国的更大发展带有历史必然性,但这并不等于说国家要放弃对其的引导、监督和管理;面对着非公有制经济发展中存在的种种不规范行为和不健康现象,重要的不在于急于表明对放手发展非公有制经济是反对还是支持,而是要从理论上揭示其不健康现象产生的根源,并坚持深化改革,努力促进其沿着健康的道路发展。我完全赞成许多同志的这一分析、认识问题的思路。

近来我翻阅了一些资料并进行了一些社会调查,初步思索了一下,我国非公有制经济发展中存在的不规范行为和不健康现象,主要有以下八个方面的表现:

1. 发展不是靠正当竞争,而是靠"拉关系"

创办和发展不是靠平等竞争,而是背靠行政权力和搞"权钱交易",直至官商勾结——这已是我国个体、私营经济和外资经济中普遍存在的现象,也是非公有制企业发展中存在的最为严重的"经济行为不规范"。尽人皆知,有一些非公有制企业就是依靠握有实权的"关系人"或依靠"拉关系"创办的。一方面是不法分子变着法儿行贿,另一方面是身为党政要员的腐败分子明里暗里索贿、受贿,形成了中国体制转换时期现实经济生活中的一片"独特风景"。说不上是问题的也要请吃、请喝,办公桌上解决不了的留在酒桌上、舞厅里解决。胡长清案、成克杰案以及多个走私大案(特别是近期开庭审理的厦门特大走私案)触目惊心。不久前传媒揭露的河北省黄骅市私盐犯子通行无阻也能由小见大,中央电视台新近播出的电视剧《大雪无痕》亦是中国现实生活的真实写照。更不要说迄今经传媒曝光的一些"权钱交易"、官商勾结的个案,不过是实际存在的一小部分。这种不规范经济行为,集中表现为依附于权力发展。它是存在于中国非公有制经济的一个毒瘤,被称为中国非公有制经济的一个"死穴"。

2. 内部劳资关系紧张

为引导非公有制经济健康发展,中国已为各种类型非公有制企业制定了一整套包括正确处理其内部关系在内的法律、法规;虽然说这些法律、法规还有待于进一步完善,但业主从事经营活动已是有法可依、有规可循。然而非公有制经济中较普遍存在的情况却是有法不依,内部劳资关系紧张。在非公有制企业中,雇主肆意侵害雇员合法权益的事已不是个别的,包括任意延长工作时间,法定节假日不给休息,加班不给加班费,任意克扣雇员工资;普遍不注重劳动保护;甚至饭不给吃饱、限制雇员人身自由;有的外资企业雇主更是胆大妄为,不把中国雇员当人看,如此等等。许多非公有制企业都忽视了这样一项根本性工作,即不去努力建立、健全本企业的利益关系协调机制。而不建立、健全这样的机制,就不能建立起稳定的员工队伍,就不能很好地把员工的积极性和创造性调动起来,这样企业只能得到一时的发展,而不可能得到持久的发展。事实上,在发达市场经济国家普遍存在的情况是,企业早已不限于"合法经营",而是通过实行员工持股、吸收员工参加管理、加大情感投资等,使内部关系更密切、更协调;也可以说,凡是经营业绩好的,无不是其内部关系处理好的。而且从深层次看,作为社会主义市场经济重要组成部分的中国非公有制经济,理应受到社会主义关系的制约,在企业内部建立起远比资本主义制度下更协调的劳资关系。

3. 偷税、骗税

有种说法早就在社会上流行,叫做"个体户、私营企业主逃税的多"。逃税手段更是花样迭出。有些外资企业的雇主手脚也说不上干净。除了被称为"小打小闹"的逃税、漏税,更有金额大、情节恶劣的偷税、骗税、骗汇、走私。不论是何种性质的企业,也不论是在何种制度的国家中,企业要能存在、发展,首先就必须做到"合法经营"。坦率地说,改革以来非公有制经济所以能得到这么快发展,固然主要是靠了国家给予的优惠政策和善于经营,但较普遍存在的逃税、漏税、偷税、骗税,本应该上缴国家的却落入个人的腰包,也成为其加快发展的一个因素。这种普遍存在于非公有制企业中的逃税现象必须终止。

4. 不注重企业信誉,直至制假售假

近些年来,广大消费者对个体、私营企业生产的产品已不能放心购买。就一般而论,个体、私营企业使用的大多是比较落后的设备,加之雇员素质不高,管理又落后,生产的产品质量差一些本是很正常的,低质低价也有市场,有些还是老百姓的生活必需品。问题严重的是,大量存在的制假售假等非法经营活动,已使这些企业的信誉变得很糟糕。

假酒、假烟、假药等早已是见多不怪。人为造假掺"毒"的事件也已是屡见不鲜。如大米用矿物油"抛光",面粉掺用"甲醛"之类潜在致癌物以漂白增韧,银耳用硫磺熏制增白,黄鳝添饲"避孕药"速肥,生猪喂食"瘦肉精"增瘦,酱腌菜使用"苯甲酸"防腐,炸油条添加洗衣粉发大,用牛血加兑洗衣粉制造"鸭血",如此等等,昧良心赚黑钱。有不少企业经营者是打一枪换一个地方,谁又会放心同你做生意?要银行对你不惜贷也真是难为了银行。必须看到,在现代市场经济条件下,信誉已成为企业发展的决定性要素。因制售假冒伪劣产品而吃了大亏的温州市的个私企业,至今也还要借"上海"的牌子。

5. 急功近利,有些境外投资者原本就心术不正

据对一些地方所作的实地调查,非公有制企业特别是私营企业中,急功近利的倾向相当普遍。如认为进行技改会耗费大笔资金且存在风险,聘请专业管理人员会增加企业成本、不聘请日子也能过。由于技术手段落后和专业技术人员缺乏,许多企业都不具备产品开发能力。又有些企业在人才使用上只"挤奶"不喂料,造成人才流动过频,人才结构不稳。更有一些人无视国家法律,偷猎、滥捕,乱砍滥伐,污染环境。有的个私餐馆是只要能买得到就敢变着法儿做给食客吃。这类急功近利和掠夺式经营者,没有长远发展的眼光,不注重积累,一般都难成大事。还要在这里指出,有些境外投资者来华投资不是出自于看好中国的投资环境,在公平竞争中赚取合理利润,而是原本就心术不正,趁中国实行改革开放政策来投机取巧,直至搞欺诈,装满了布袋就溜之大吉。

6. 越俎代庖,行政干预现象普遍

与国外私人企业存在、发展的条件不同,中国非公有制经济发展离不开政府和有关部门的扶持。但这同时也使政府同非公有制企业之间结成一种不正常关系,以至于越俎代庖,行政干预盛行。一些地方和部门为显示"政绩",发展个私企业和创办"三资"企业都定任务、搞攀比。普遍存在着重数量、轻质量,重创办、轻管理和不该管的也管的情况。特别是,违背企业主意愿,硬性推动企业搞兼并或办一些力不能及的事。在有些地方,私营企业更成为基层政权监督、控制的资本。从表面

看这是在支持非公有制经济发展，实际上却打断了非公有制经济的自然发展秩序。政府行为失范已对非公有制企业运营带来一系列负面影响。

7. 近亲繁殖，家族化管理

据《新华日报》报道，苏南某市乡镇企业局对该市72家私营企业所作的调查，有61家企业的管理人员是企业主的家属或亲戚；更有少数企业，其管理岗位就是根据家庭成员的多少设置的。苏南另一个市对全市1216家个私企业作调查时发现，由于很多企业的管理人员为家属或亲属，这些人多数又不具备管理才能，导致相当多的企业没有建立基本的管理制度，连基本的账目也没有，离现代化管理的要求"路漫漫、水长长"。另据有关调查资料，我国97.2%的私营企业主同时又是企业管理者，58.8%的经营决策由业主本人制定。近亲繁殖，家族化管理，已不能适应非公有制企业向更大规模和更高水平发展的要求。

8. 至今仍有企业戴着"红帽子"

中国的非公有制经济，特别是私营经济，可以说是冒着很大的政治风险才恢复、发展起来。只是在党的"十三大"后，尤其是在邓小平南方重要谈话发表后，发展的环境才逐步变得宽松，并在党的"十五大"取得应有的地位。在个私经济发展的早期，企业主为躲避政治风险和享受优惠政策带来的好处，政府部门为不犯政治错误，有许多私营企业戴上了"集体企业"的"红帽子"。后来，在城乡集体企业改制中，又产生了一批新的名为"股份合作制"的假集体、真私营或私人合伙企业。而又有些私人企业或私人合伙企业，则混迹于"三资"企业从而戴上"洋帽子"。经过近些年的深化改革，一些企业已恢复其本来面目，但至今仍有一些私营企业戴着"红帽子"或"洋帽子"，造成企业产权界定不清，民事主体错位，并带来一些其他方面的问题。

对中国非公有制经济中不健康现象的理性思考

能否这么说：第一，上述存在于中国非公有制经济中的种种不规范行为和不健康现象,在中国公有制经济中同样也是存在的,但在公有制经济中存在的一些不规范行为和不健康现象,还不像在非公有制经济中这样普遍;第二,中国企业中存在的这种种不规范行为和不健康现象,有些在发达市场经济国家企业中同样有发生,但发生在发达市场经济国家企业中的这种种不规范行为和不健康现象,又不像在中国企业中这样严重;第三,中国非公有制经济自身发展中存在的这种种不规范行为和不健康现象,就总体说仍属于非公有制经济发展的支流,但也已经是带有相当的普遍性,已不容轻视。而对于这种种不规范行为和不健康现象产生的原因,具体可以从外部因素和内生因素两个方面加以分析。

1. 外部因素

这里所讲的外部因素,即企业正常从事经营活动的外部环境,包括市场环境、宏观环境(主要指宏观经济政策和宏观管理体制)、法律环境和社会环境等。择其要说,中国非公有制经济发展中之所以比较普遍地存在种种不规范行为和不健康现象,首先正是在于,处于新旧体制转换时期的中国客观上存在如下一些特定条件:

(1)体制不完善。产生、存在这种种不规范行为和不健康现象,首先要归之于中国经济体制和政治体制的改革还不到位,特别是政府职能转变和政治体制改革滞后。在如上分析过的种种不规范行为和不健康现象中,最不正常、最严重的当数依靠"拉关系"和依仗权势来达到经营目的。苍蝇不叮无缝的蛋。我们的国家公务员队伍总体上是好的,但其中也确有一些意志薄弱者惯以搞"权钱交易",成为历史罪人。体制不完善,在如下两个方面表现得尤为突出:一是还没有真正实现政企分开和政资分开,政府还没有真正转换职能,有许多本应由市场机制来解决的问题,还为政府部门和官员所控制;二是权力缺乏制约和监督,至今仍未建立起有效的监督机制。这样,客观上也就存在着"权钱交易"的土壤和空隙。因此,要从根本上消除非公有制经济中借助于权势求发展的不健康现象,同时也为着从源头上治理党内存在的腐败,就必须下定决心进行彻底的改革,特别是要加大政治体制改革力度。一方面,要加强和完善监督机制,包括尽快制定《监督法》;另一方面,要加快转换政府职能,加大对政府机构和行政审批权等的改革,能够用市场机制代替的,就要用市场机制解决。理论和实际都说明了,完善社会主义市场经济体制的改革离不开政治体制的相应改革,这也是保持中国经济稳定、健康发展的治本之策。

（2）法制不健全。产生、存在这种种不规范行为和不健康现象,又应归之于我国的法制还不健全,特别是维护市场经济运行的法律、法规还明显存在欠缺。市场经济是法制经济。没有健全的法制,也就谈不上经济的健康发展。上述非公有制经济发展中存在的种种不规范行为和不健康现象,有些直接就是违法犯罪。这种情况的存在,一方面在于有些不法经营者为牟取暴利不惜以身试法;另一方面也是由于我国法律体系中还有空子可钻,同时,执法人员也是良莠不齐,有的公然执法犯法和贪赃枉法,致使已实施的法律、法规不能很好地得到执行。事实说明,完善维护市场经济运行的法律,加强市场监管的立法已刻不容缓;同时,针对对各种违法犯罪打击乏力的情况,还必须加强执法部门的地位和作用,并注重提高执法队伍的素质,严格执法,对违法犯罪形成强大的威慑力量。还要强调的是,总的说我国针对非公有制经济的立法滞后,这包括维护非公有制企业业主合法权益的法律和维护雇工合法权益的法律。应尽快制定非公有制企业业主权益保护法。对非公有制企业的用工制度、工时工资、员工福利、劳动保护及企业内部管理、分配等,也必须用法律、法规进行规范。健全的法制正是非公有制经济健康发展的保证。

（3）管理跟不上。产生、存在这种种不规范行为和不健康现象,在某种程度上还在于政府对非公有制企业的管理体制落后和政府行为不规范。如上分析过的崴姐代庖和个私企业戴"红帽子"现象,就直接源于或者在某种程度上应归于政府行为不规范;大量存在的侵犯雇员合法权益,偷税、骗税,制假售假等违法犯罪活动,也明显反映出政府对非公有制经济的管理跟不上。直至今天,各级综合经济管理部门和企业主管部门,依然主要是在管理公有制企业,而个私企业和外资企业则分别由工商管理部门和外经贸部门代管。随着非公有制经济的不断发展壮大,这种管理体制已明显不能适应,也不符合市场经济的要求。改革的方向应是由政府部门的直接管理转变为行业管理,现今这种按所有制性质归口管理的体制,特别是对个私企业由工商管理部门归口管理并由各级工商联作中介的管理体制,仍未能跳出传统计划经济体制的老框框。温州地区发展非公有制经济的实践说明,对非公有制企业是放弃管理还是加强管理,完全是两种效果。非公有制经济的健康发展呼唤着建立、健全政府对非公有制企业的管理体制和政府行为的规范化。

(4) 社会条件。产生、存在这种种不规范行为和不健康现象,还有社会的原因。在此仅限于指出如下事实:一是"官本位"根深蒂固。"做官"就一定要发财,以至于大家还要来讨论所谓"59岁现象"。同时,"升官"不问老百姓是否拥护,而是要看虚夸的"政绩",致使弄虚作假、官僚主义和形式主义泛滥成灾。二是总的说老百姓还是"太穷"。照理说,我们是社会主义国家,依靠资本原始积累的方式对待雇工是不能允许的,已成为国家主人的求职者也不会接受。但打工者实在太多,你不干愁没人干,于是也就不再计较条件差。三是存在地方保护主义。做好对非公有制经济的引导、监督和管理本是政府应尽的职责,但在一些地方,当地政府、部门却成了"制假售假"的保护伞,说白了也就是为多收些税。四是全民法制观念淡薄。吃"大锅饭"的社会主义留下诸多后遗症,公家的东西可以"大家拿",逃点税并不被看成是大问题;中国人还特别讲"义气",一般不去举报违法犯罪。

2. 内生因素

非公有制经济发展中之所以较普遍地存在一些不规范行为和不健康现象,内生因素也不容忽视。主要是:

(1) 生产目的驱使。生产资料所有制性质决定生产目的,马克思主义政治经济学的这一原理并没有过时。马克思深刻揭示出"资本主义生产的始终不变的目的,是用最小限度的预付资本生产最大限度的剩余价值"。我们当然不可以把中国非公有制企业等同于"资本主义企业",也不妨说作为中国社会主义初级阶段基本经济制度组成部分的非公有制经济,已带有一些社会主义成分;但撇开以生产资料个体所有制和个体劳动为基础的劳动者个体经济以及明显属于资本主义经济的外资经济不说,以雇佣劳动为基础的私营经济,在性质上并没有变成社会主义经济或具有社会主义性质的经济,而是在总体上仍属于私人资本主义经济。要这样的企业不去追求利润最大化又如何做得到呢?由是也就不难说明,有些不法经营者为何为牟取暴利而甘冒被杀头的风险。

(2)资本原始积累的冲动。在公有制为主体的条件下发展非公有制经济不会改变中国的社会性质,但私营经济发展也必然要经历一个资本积累的过程。由于非公有制经济是在国家政策允许下才得到发展,并且很少能从银行得到资金,因而用资本原始积累的方式来进行积累,也就不令人感到奇怪了;另一方面,又由于存在着上文中分析过的社会条件,也使得用资本原始积累的方式进行积累成为可能。事实上,私营企业的积累,主要也正是雇工剩余劳动的积累,并导致内部劳资关系紧张。

(3)家族经营制导致管理和运行不规范。历史地看,中国改革中早期涌现的私营企业经营者普遍文化程度不高,技术知识缺乏,也很少懂现代化管理(现在的情况有所改变),并大多把企业办成了家族制企业。这种家族管理体制对经营内容单一、技术层次低的中小企业有一定的适应性,但也存有种种局限,如决策随意性大,产权封闭,人才来路不畅。特别是业主的行为不受监督,企业制度的不规范导致了管理和运行的不规范。中国非公有制企业(尤其是私营企业)正面临一个制度创新和结构调整问题。当然,要促进非公有制经济快速、健康发展,还必须进一步改善外部条件,并突出地解决好"融资难"和"市场准入"问题。

中国改革者肩负的历史责任

中国改革,说到底就是要把社会主义同市场经济有机结合起来。确定这一改革目标,本身就是发展中国、发展社会主义的一个前无古人的伟大创举。因此,实现这一既定改革目标,也正是用马克思列宁主义、毛泽东思想和邓小平理论武装起来的中国改革者所肩负的义不容辞的庄重历史责任。

具体到从所有制关系看问题,在中国进行建立和完善社会主义市场经济体制的改革,包括两个方面的内容:一是宏观上的所有制结构调整;二是微观基础的再造。从而,深化进行社会主义公有制(特别是国有制)企业的改革,进一步发展、壮大公有制经济和大力发展、壮大非公有制经济,也就成了中国改革和中国改革者所肩负庄重历史责任的"题中应有之义"。这些年来,讲起中国改革者所肩负的历史责任,人们所一再强调的是搞好国有企业的改革,把它看做是中国改革所必须跨越的"门槛",并一再申明中国决不搞私有化。这无可指责。而对于快速、健康地发展非公有制经济,则远没有像发展公有制经济那样花费气力,非公有制企业也享受不到国有企业那样的发展条件,更谈不上像对待发展公有制经济那样,把努力促进非公有制经济的快速、健康发展,也看做是中国改革者所肩负的历史责任。这又不能不说是对中国改革者所肩负历史责任认识上的一种偏差。

那么,如何具体说明,努力促进非公有制经济的健康发展是中国改革者所肩负的历史责任呢?

其一,没有健康发展的非公有制经济也就发展不起真正的市场经济。这里所说的"真正的市场经济",也就是真正让市场在社会资源配置中发挥基础性作用的经济。这里,决定的又在于使企业真正成为自主经营的市场竞争主体。市场经济不姓"资"、不姓"私",但现在看,市场经济又少不了"资"、离不开"私"。迄今国有资产在社会总资产中仍占有一半以上的比例,没有非公有制经济的快速、健康发展,还实现不了所有制结构的完善和微观基础的重构。

其二,没有健康发展的非公有制经济也就建立不起完善的社会主义初级阶段基本经济制度。诚然,社会主义初级阶段基本经济制度是以社会主义公有制为主体的,但非公有制经济同样是这一基本经济制度的不可缺少的组成部分。而且,不论是从市场经济的要求看,还是从知识经济为非公有制经济开辟了新的发展天地以及经济全球化必然带来外资经济的更大发展看,非公有制经济都将长期存在,并同公有制经济相促、相长。

其三,没有健康发展的非公有制经济也就不能充分调动和利用社会资源。生产力决定生产关系。我们的国家和集体提供不出那么多的生产资料供劳动者使用。实践已证明,非公有制经济可以同多层次的社会生产力相适应,非公有制经济发展社会生产力的作用是无可代替的。

其四,没有健康发展的非公有制经济也就无法从整体上搞好国有经济。国有经济的战略性调整和国有企业制度创新离不开非公有制经济的参与。

其五,没有健康发展的非公有制经济也就建不成有中国特色的社会主义。建设有中国特色的社会主义主义,首先是建设社会主义初级阶段上包括非公有制经济在内的有中国特色的社会经济。中国人民只能走"先有部分富、后有共同富"的必由之路。

(原载《现代经济探讨》2001年第3期,人大复印报刊资料《国民经济》2001年第4期全文复印)

不能干多干少一个样
——贯彻"各尽所能,按劳分配"原则

"各尽所能,按劳分配"是社会主义社会分配个人消费品的基本原则,是社会主义的经济规律。要调动广大劳动者的积极性,建设社会主义经济,必须遵循这个原则,不能干多干少一个样。这是我国三十多年来的实践所证明的一条极其重要的经验教训。

社会主义为什么要实行按劳分配原则

社会主义实行按劳分配的必然性

按劳分配原则,就是以劳动为尺度,根据劳动者向社会提供的劳动的数量和质量来分配个人消费品,多劳多得,少劳少得,不劳动者不得食。这一原则,适用于物质生产领域的劳动者,也适用于非物质生产领域的劳动者,如商业服务人员,文化、教育、卫生工作者,国家机关工作人员等。我国第五届全国人民代表大会通过的宪法规定:"国家实行'不劳动者不得食'、'各尽所能,按劳分配'的社会主义原则。"

在社会主义社会,对个人消费品为什么必须实行按劳分配的原则?首先,这是由生产资料公有制决定的。大家知道,生产资料所有制是生产关系的基础,它决定产品的分配方式,而产品的分配则是所有制的实现和结果。有什么样的生产资料所有制,就有什么样的分配方式。在资本主义社会,资本家占有生产资料,这就决定了资本家能按照各自占

有资本的大小来瓜分工人创造的剩余价值,过着穷奢极欲的寄生生活;而广大工人则只能按照劳动力的价格得到工资,维持劳动力的再生产。在社会主义社会,生产资料的社会主义公有制代替了资本主义私有制,劳动人民摆脱了剥削,成为生产资料的主人。这就必然要求按照劳动者的利益来分配个人消费品。只有这样,劳动人民对生产资料的占有才能实现,劳动人民才是名符其实的生产资料的主人,否则,生产资料的公有制就会失去实际内容而成为一句空话。

其次,社会主义社会之所以必须实行按劳分配,归根到底取决于生产力的发展水平。恩格斯说:"分配方式本质上毕竟要取决于可分配的产品的数量。"这个道理是显而易见的。打个比方:一块面包三个人吃,就只能平均分配,才能彼此勉强维持生活;三块面包两个人吃,就可能有人多吃一点了;九块面包一个人吃,就能比较充裕地满足需要了。在原始社会,生产资料归公社成员共同所有,但由于生产力水平极低,可分配产品数量极少,因而只能实行平均分配。否则,人们就无法生存。将来到了共产主义社会,生产力极大发展,产品极大丰富,就可以实行按需分配。社会主义社会的生产力发展水平当然远远地超过了原始社会,但又远没有达到共产主义社会那样高度发展的程度,因此只能实行按劳分配。

再次,社会主义社会之所以必须实行按劳分配,还由社会主义社会劳动的特点所决定。在社会主义社会,生产资料归全体劳动者共同所有,但劳动力仍部分地归劳动者个人所有,社会还不能不默认不同的工作能力是各个人的"天然特权"。同时,由于社会生产力还不够发展,旧式分工还存在。体力劳动和脑力劳动的重大差别仍然存在,劳动还没有成为生活的第一需要,仍然是一种谋生手段。劳动得多,体力和脑力消耗也多,劳动力再生产应当取得的补偿也就多,这样才是合理的,合乎客观规律的。如果出大力、流大汗的与出力少、贡献小的一样分配,就是不合理的,会挫伤劳动积极性。因此,个人消费品的分配只能以劳动为尺度,把劳动同报酬直接联系起来,并且尽可能地使劳动报酬体现劳动差别,多劳多得,少劳少得,按劳分配。这样才能调动劳动群众的积极性,从而促进生产力的发展。

按劳分配是社会主义的分配原则

"各尽所能,按劳分配"原则的实现,是人类历史上分配制度的一次深刻革命。自从人类社会出现阶级对抗以来,几千年中都是"劳者不获,获者不劳"的人剥削人制度。奴隶社会的分配,是奴隶主把奴隶当作会说话的工具,让奴隶过着牛马般的生活。在封建社会,农民要将大部分劳动收获白白地缴纳给地主,自己却处于糠菜半年粮的悲惨境地。到了资本主义社会,资本家残酷地剥削工人的剩余价值,而工人则只能出卖劳动力度日,还时刻面临着失业的威胁。"各尽所能,按劳分配"的社会主义原则是对一切人剥削人的制度的根本否定,也不承认任何个人特权。它要求每个社会成员,都要尽自己的能力为社会工作,社会则根据各人所提供的劳动付给报酬。不劳动就不得食,这对广大劳动人民来说,是从未有过的平等,从未有过的合理。这种分配制度标志着人类历史上一个划时代的进步,它体现了社会主义制度较之过去各种社会制度的巨大优越性。

当然,按劳分配还不是共产主义的东西,同按需分配相比,还不是最理想、最美好的,它还带有旧社会的痕迹和弊病,按劳分配所依据的原则是等量劳动相交换。这在形式上是平等的,每个劳动者都以劳动作为尺度来分配消费品。但是"这种平等的权利,对不同等的劳动来说是不平等的权利"[①]。因为劳动者的体力有强有弱,技术熟练程度有高有低,他们提供的劳动量就会有多有少,得到的报酬也就各不相同;同时,由于每个劳动者赡养人口的多少不等,即使取得的报酬相同,实际生活水平也会有差别。所以,按劳分配,消灭了人剥削人这种不平等,但还存在着劳动者之间的事实上的不平等。马克思把按劳分配这种形式上的平等掩盖着事实上不平等的弊病,叫做"资产阶级权利"。

---

① 马克思:《哥达纲领批判》,人民出版社 1974 年版。

说按劳分配存在缺点,带有"资产阶级权利",能不能否定按劳分配的社会主义性质呢?不能。我们讲按劳分配还有缺点与不足之处,是与共产主义相比而言的,它不如按需分配那样理想、美好。这种缺点、弊病的存在,是刚从资本主义社会脱胎出来的社会主义社会所不可避免的,就如同胎儿总是带着母斑一样。但是,按劳分配决不是资本主义的东西。那种把按劳分配原则、物质利益原则和资本主义因素等同起来,因而认为要予以限制和批判的观点,完全误解了马克思的原意。马克思在《哥达纲领批判》里讲按劳分配所体现的"平等权利"是资产阶级权利,指的是在劳动人民之间分配个人消费品时,实行等量劳动与等量劳动相交换的这种原则,与旧社会通行的等价交换原则有相似之处罢了,而绝不是资本主义社会中以资本剥削雇佣工人剩余劳动为特征的本来意义上的资产阶级权利。资本主义社会中,资产阶级的权利是在平等的口号下掩盖着资本家对工人的剥削,而社会主义社会按劳分配中所体现的平等权利,是劳动人民在摆脱了剥削的基础上的劳动平等和报酬平等的权利,它消灭了"按资分配"这种人剥削人的最大的不平等,实现了按劳动取得报酬这种事实上的平等。所以,按劳分配是社会主义原则,它决不是什么"资本主义因素"。在资本主义社会是根本谈不上按劳分配的。

按劳分配对加速社会主义建设的促进作用

实行按劳分配,把劳动和报酬直接联系起来,就能使劳动者从物质利益上关心自己的劳动成果,极大地调动群众的社会主义积极性。这对于促进社会生产力的发展和科学技术水平的提高,巩固和发展社会主义制度,最终消灭资本主义和资产阶级,为过渡到共产主义创造条件,都有着十分重大的意义。

建国以来的经验证明,按劳分配贯彻得好,照这条规律办事,国民经济就发展;按劳分配遭破坏,不按规律办事,国民经济就停滞、倒退。就拿江苏农村情况来说,除了自然因素之外,从一九五〇年到一九五五年,由于实行了土改、合作化,坚持自愿互利原则,强调分配上要保证百分之九十以上的社员增加收入,社员积极性很高,全省粮食产量年年增长,六年共增产六十八亿斤,平均每年增产十四亿多斤。一九五八年农村大刮共产风,搞一平二调、穷富拉平,实行供给制,吃饭不要钱,严重侵犯了农民利益,挫伤了农民的积极性,集体经济遭破坏,农业生产大倒退,从一九五九年到一九六一年,三年共减产四十五亿斤。一九六一年起,贯彻了农村《六十条》,纠正了共产风,实行了三级所有、队为基础的制度,贯彻了按劳分配、等价交换原则,调动了广大农民的积极性,从一九六二年到一九六六年,粮食连年增产,五年共增产一百一十六亿斤,平均每年增产二十二亿斤。一九六六年以后,由于"文化大革命"极"左"思想的干扰破坏,一些地方搞"穷过渡"、"割尾巴",实行"大概记工",按劳分配得不到贯彻,农民的积极性受到影响。从一九六七年到一九六九年,三年粮食又有减产,平均每年减产七亿斤左右。一九七一年到一九七八年,自北方农业会议以后,特别是粉碎"四人帮"以后,进一步贯彻了农村的各项经济政策,包括实行定额管理,贯彻按劳分配政策,促进了农业生产的发展,八年粮食共增加一百三十亿斤,平均每年增加十四亿斤。一九八〇年年终分配,有三百多个大队、生产队社员从集体分配的收入平均每人达到四百元以上。推行农业生产责任制后,农村经济又有了新的飞跃。正反两方面的实践经验更加清楚地告诉我们,为了把工人、农民、知识分子等的社会主义积极性调动起来,共同为实现四化出力,这就要求我们更加自觉地贯彻按劳分配原则,坚决克服一切违反和破坏按劳分配的思想行为,认真地搞好按劳分配,这是加速实现四个现代化所必须采取的一项基本措施。

我国社会主义劳动报酬有哪些形式

在社会主义制度下,贯彻按劳分配原则,做好劳动者个人消费品的分配工作,必须采取相应的劳动报酬形式。目前,我国所采用的劳动报酬形式主要有两种,一种是全民所有制和城镇集体所有制企业中的工资制,一种是农村人民公社集体经济组织中的工分制。此外,还有奖金、津贴等劳动报酬的辅助形式。这些不同的形式,本质上是相同的,都是根据劳动者给予社会的劳动量来支付的劳动报酬。

社会主义的工资

在我国社会主义国营企业中,劳动报酬的基本形式是社会主义的工资。其基本形式有计时工资和计件工资两种。

(1) 计时工资就是直接以劳动时间来计量的,即按劳动者在一定时间内提供的一定质量的劳动来支付的劳动报酬。这种形式比较能够衡量出劳动者提供劳动量的差别,能够保证劳动者获得较为稳定的基本收入。方法简便易行,适应性比较广泛,一般的部门、一般的工种都可以采用。

但是,由于计时工资是以劳动时间来计算报酬的,它只能反映劳动者在一定的时间内,应当提供的劳动量,而不能完全反映每个人实际付出的劳动量和是否提供了超额劳动。因此,在实行计时工资的部门和工种,必须加强劳动管理,建立和健全岗位责任制,要有先进合理的劳动定额,不然的话,就可能出现"出勤不出工"、"出工不出力"、"吃大锅饭"的现象,同时,在实行计时工资的企业,还必须实行奖金制度,作为补充形式。

(2) 计件工资就是根据劳动者完成的具有一定质量的产品件数或作业量来计算的劳动报酬。一定的产品数量是一定时间的劳动结晶,所以,计件工资是计时工资的转化形式。它们只是支付劳动报酬的具体方式不同,没有本质的区别。

计件工资有两个特点:一是能够准确地反映劳动者提供的劳动量,更好地体现按劳分配的原则;二是把劳动报酬同劳动成果直接联系起来,按件计酬,看得见,摸得着,干活多,报酬多,更能有效地促进劳动者从物质利益上关心自己的劳动成果,鼓励他们学习技术,提高劳动生产率,在保证质量的基础上增加产量,为国家创造更多的财富,从而也使个人获得较多的收入。

实行计件工资必须具备一定的条件。一九七九年四月一日,国家计委、经委和劳动总局制定的《国营企业计件工资暂行办法(草案)》,明确规定了企业实行计件工资制的三个条件:(一)生产任务饱满,原材料、燃料、动力供应和产品销路比较正常;(二)制定有先进合理的劳动定额、严格的计量标准和质量标准;(三)企业管理制度(如生产原始记录、计量统计、检查验收、经济标准等)比较健全。明确指出,企业在具备实行计件工资制的条件下,对于适宜于实行计件工资制的工人,都可以实行计件工资制。

无论计时工资也好,计件工资也好,都是按劳分配的具体形式,都有各自适用的条件和范围。我们应当从本单位实际情况出发,研究一下哪种形式最能体现按劳分配,就采取哪种形式,而决不搞一刀切、一律化。

社会主义的劳动工分制

劳动工分制是我国农村人民公社所实行的一种劳动报酬形式。它同工资制相比较,有不同的特点:农村人民公社实行"三级所有、队为基础"的制度,各个集体单位独立核算、自负盈亏,各个社队的分配水平,取决于各自的生产和经营水平。各个生产队的工分值的高低,取决于各个社队的收入水平和收益分配的比例,社员的收入水平既同他们提供劳动的多少相联系,又同工分值相联系。分配的方式,一般都采取年中预分、年终决分的办法,而不像工厂那样按月支付工资。分配时既采取货币形式,又采取实物形式,不像工厂那样完全发现金。

我国农村中劳动工分制的具体形式是多种多样的,大体上可以分为三种:一种是按定额记工分;一种是按时记工分加评议;一种是在生产队统一核算和分配的前提下,包工到组、到劳、到户,联系产量计算劳动报酬,实行超产奖励。这三种工分制的具体形式,对搞好生产责任制、贯彻按劳分配的原则、调动群众积极性都有重大作用。它们各有长短,各有其适应的范围。党的十一届三中全会以来,各地干部和社员群众从实际出发,大胆探索,建立了多种形式的生产责任制,深受社员群众的欢迎。

社会主义的奖金和津贴

奖金是超额劳动的报酬或奖励。它根据按劳分配、多劳多得的原则，实行多超多奖，少超少奖，不超不奖。

在实际工作中，对奖金的本质有一些不明确的认识。例如，笼统地说"奖金是物质鼓励的一种形式"，是不确切的，它没有指明是对什么样的劳动进行物质鼓励。还有种说法："奖金实质上是针对我国目前职工工资过低的状况而发放的一种经济补助。"这里把劳动报酬和社会福利混为一谈了。奖金是对超额劳动的报酬，它必须排除超额劳动以外的任何标准或条件。劳动者家庭生活困难与否，本人工作年限的长短或觉悟的高低，都不能成为得奖的条件。只有这样，才能激励人们竞相提供超额劳动，起到鼓励先进、促进生产的积极作用。正因为奖金制度具有这种特点，它才是社会主义劳动报酬不可缺少的重要补充形式。

前一时期，由于对奖金的本质缺乏明确的认识，在奖励制度的执行中，出现了平均主义和滥发奖金的现象。有的单位不管企业是否超额完成生产任务，不问职工有无超额劳动，同样按照工资总额的一定比例提取奖金，月月照发，人人有份，奖金实际上成了新的附加工资。有些单位滥发奖金，项目繁多，加上思想政治工作没有跟上，"领导事事靠奖，职工事事要奖"，有奖就干，无奖就看，不愿多干。结果，奖金并没有起到奖励先进的作用。这些问题的发生，并不是奖金制度本身不好，而是工作没有做好，具体办法有毛病。为了更好地发挥奖金的作用，更要进一步整顿和完善奖励制度。

许多单位的实践表明，奖金的提取要同利润挂钩。奖金能否提取和提取多少，这不仅仅是取决于劳动者个人是否提供了超额劳动，更直接的是要取决于整个企业是否因此而获得了超额经营成果。因此，必须改变过去按工资总额提取奖金的办法，逐步改为按企业利润多少来提取奖金。利润多就多提，利润少就少提，没有利润就不提。至于企业之间由于价格不合理、利润率不一致而造成的苦乐不均的问题，应该采取妥善的办法加以合理解决。

最后谈一谈津贴。津贴也是劳动报酬的一种补助形式。它是对那些劳动特别繁重、特别艰苦、特别复杂、危险或者有损健康的劳动给予的补充劳动报酬。这就是通常说的岗位津贴。例如，对从事井下作业，水下作业，高温、高寒、高空作业以及野外作业的劳动者，对从事有毒、有害健康作业的劳动者，除了发给应发的工资外，还要增发这种岗位津贴，以补偿他们在劳动中的特殊消耗。

怎样实行按劳分配

要反对平均主义和高低悬殊两种错误倾向

实行按劳分配，承认不同的劳动者投入的劳动量有差别，因而不同的劳动者取得的劳动报酬也有差别。从这一点说，按劳分配是承认差别，反对平均主义的。正确贯彻按劳分配原则，首先就要防止和克服平均主义倾向。

平均主义是小生产的产物，是小资产阶级的空想社会主义思想，它和无产阶级的科学社会主义思想是根本不同的。我国是一个小生产曾经长久而广泛地存在的国家，平均主义思想根深蒂固，加上林彪、"四人帮"煽动平均主义思潮，至今仍有很大影响。在劳动者个人之间，在企业与企业之间、企业内部各个"小集体"之间，都较为普遍的存在干多干少、干好干坏一个样的情况，不管劳动贡献大小、经营成果的好坏，都给予一样的报酬，分配一样的收益。在社会主义条件下，这种平均主义是反动、落后、倒退的。它不是鼓励先进，而是鼓励落后；不是鼓励勤劳，而是鼓励懒惰；不是鼓励干社会主义，而是鼓励吃社会主义、干资本主义，严重地挫伤了群众的积极性，阻碍生产的发展，也败坏了劳动者队伍的思想品质和组织纪律性。贯彻按劳分配，就要承认差别，反对平均主义，允许一部分企业、社队和劳动者个人首先富起来，以利于鼓励先进，鞭策后进，促进生产的发展。

我们反对分配上的平均主义，也要防止人为地扩大差别，造成高低悬殊。报酬差别应以劳动差别为依据。高低悬殊,报酬差别超出了劳动差别,同样是对他人劳动成果的侵占,是对按劳分配原则的破坏。至于少数人不顾党纪国法,利用职权搞特殊化,任意侵占或挥霍国家资财,则是一种犯罪行为。这种东西是封建特权的残余,同社会主义的按劳分配毫无共同之处。

要极大地提高经营管理水平

经济管理的好坏,管理水平的高低,对于按劳分配原则的贯彻执行有着直接的关系。按劳分配既然是按照劳动者提供的劳动量分配消费品,就必然要对劳动的数量和质量进行科学的核算和严格的检查。例如一些企业的经验证明,为了完善奖励制度,必须抓住三个环节:一是制定科学的岗位考核标准,工人都要按岗位制定操作标准和考核指标,科室人员也要制定出岗位办事细则,落实到人;二是严格按标准进行考核;三是根据考核的结果实行奖励。为此,必须建立健全企业的各项基础工作,有明确的岗位责任制,有一套定额、计量、原始记录和统计制度,能够如实地反映和计算出每个岗位劳动的数量、质量。这样,实行记分计奖就有了科学的依据,发放奖金才能真正体现按劳分配、多劳多得的原则。

要加强思想政治工作

有人说:"现在强调按劳分配,关心群众的物质利益,思想政治工作好比冬天的扇子,可以收起来不用了。"这种把思想政治工作同物质利益原则对立起来的观点,显然是不对的。我国社会主义社会的现阶段,剥削阶级作为阶级消灭了,但阶级斗争仍然存在,封建阶级、资产阶级的意识形态还将长期存在,小生产者的思想也有广泛的影响。如果不加强思想政治工作,不向劳动群众灌输社会主义思想,有些人就会用旧思想来看待按劳分配,把工资、奖金看得高于一切,斤斤计较个人得失,"按酬付劳","不愿比别人多做半小时工作,不愿比别人少得一点报酬"。这同样不能正确贯彻"各尽所能,按劳分配"的原则。同时,人们的觉悟程度怎样，思想状态怎样，对于完成生产任务是有重要影响的。因此，我们在进行物质奖励的同时，要向群众不断灌输科学社会主义思想，培养共产主义的劳动态度。要提倡艰苦奋斗，奋发图强，要讲不计较报酬，忘我劳动；要讲发扬风格，互相谦让；要讲争挑重担，勇攀高峰；要讲不怕牺牲，力排万难。只有把思想政治工作同按劳分配、物质鼓励结合起来，才能持久地调动人们的社会主义积极性，促进四个现代化的早日实现。

充分实现按劳分配必须高度发展社会生产力

按劳分配既然是由客观经济条件决定的，它的实现程度就不能不受经济条件的制约。在我国现阶段，按劳分配在全民所有制和集体所有制这两种所有制之间存在着差别；在集体所有制的不同企业、社队之间存在着差别；而且在不同的全民所有制企业之间，也存在着差别。这就是说，等量劳动领取等量报酬，还不能在全社会范围内按照同一标准实现。同时，我国经济落后，生产力水平不高，按劳分配的实现程度不能不受生产力水平的限制。因此，我国现在只是初步实现了按劳分配。生产的发展是按劳分配的物质基础。生产越发展，按劳分配的物质基础越雄厚，它的实现程度就越广泛。要充分实现按劳分配，就必须大大发展社会生产力。

（本文系江苏人民出版社1985年6月出版的《社会主义经济简明读本》第十四讲，这里收录的为征求意见稿原件）

按生产要素分配和按劳分配

同一个劳动过程在创造出财富（使用价值）的同时也创造出价值

在世界经济学说史上，劳动价值论并不是由马克思主义的创始人所首先提出。但科学的劳动价值理论，却正是由于马克思发现了劳动的二重性，并创立起科学的劳动二重性学说，才最后完成的。他的如下一段精辟阐述已为许多人所熟知："一切劳动，从一方面看，是人类劳动力在生理学意义上的耗费；作为相同的抽象的人类劳动，它形成商品价值。一切劳动，从另一方面看，是人类劳动力在特殊的有一定目的的形式上的耗费；作为具体的有用劳动，它生产使用价值。"[①]也即是说，生产商品的劳动具有二重性：一是具体劳动，是劳动的自然属性；一是抽象劳动，是劳动的社会属性。而生产商品的劳动的二重性，又决定了商品所固有的使用价值和价值的二重性。再进一步说，具体劳动和抽象劳动并不是两种劳动，更不是两次劳动，而是同一劳动不可分割的两个方面。具体劳动是劳动者使用不同的劳动工具加之于不同劳动对象，以获取不同用途产品（使用价值）的特定种类的生产活动。抽象劳动则是撇开具体形式的无差别的人类劳动，即劳动者的体力和脑力在

---

① 马克思：《资本论》第一卷，人民出版社1975年版，第60页。

生产中的耗费,形成商品价值。价值不能凭空存在,只能凝结在作为使用价值的商品中,故使用价值又成为价值的物质承担者。生产商品的劳动是具体劳动与抽象劳动的统一,商品是使用价值和价值的统一(体)。

这样,生产商品的同一劳动过程,也就同时进行着两种创造:一是财富(使用价值)的创造;二是价值创造。而必须分辨清楚的一个关键性问题也正在于,不能把创造财富(使用价值)的源泉同创造价值的源泉相混。

劳动原本就是人类创造物质和精神财富的有目的活动。任何劳动者的有用具体劳动,作为其结果,首先正在于创造了新的社会财富,即生产出新的使用价值。而从生产过程看,由使用价值构成的物质财富的生产过程的三个要素,即劳动、劳动资料和劳动对象(后两个要素又称为"生产资料"和"非劳动要素")都在发挥着作用。从这里说,劳动、劳动资料和劳动对象这三要素,即构成由使用价值构成的物质财富的源泉。创立起科学的劳动价值理论的马克思,在著名的《哥达纲领批判》中,针对"劳动是一切财富和一切文化的源泉"的不正确认识,尖锐地指出:"劳动不是一切财富的源泉。自然界和劳动一样也是使用价值(而物质财富本来就是由使用价值构成的!)的源泉……这句话只是在它包含着劳动具备了相应的对象和资料这层意思的时候才是正确的。"[①]正所说"劳动是财富之父,土地是财富之母"。

然而,价值创造则完全不同于财富创造。劳动之外的其他生产要素并不具有创造价值的功能,其自身的价值也只能随着财富(使用价值)的形成而转移到新商品中去。其所以如此,从根本上说这正是由于价值所体现的是人与人的关系,如果认为非劳动生产要素也创造价值(包括物化劳动),那就不能不问:它们创造了哪个价值,又是如何体现人与人关系的呢?

---

① 《马克思恩格斯选集》第三卷,人民出版社1972年版,第5页。

总之,同一个劳动过程在创造出物质财富(使用价值)的同时也创造出商品的价值;财富(使用价值)创造源泉是多元的,价值创造源泉是一元的;财富(使用价值)由多种生产要素共同创造,商品价值却只能由活劳动创造。

价值分配(形式)不是由价值创造者决定,而是由生产要素所有权决定

认为价值不是单由劳动创造,而是由各种生产要素共同创造,很重要的一点又正在于混淆了价值的创造和价值的分配。价值所表现的是商品生产者之间相互交换劳动的社会联系。交换过程错综复杂,往往是投资者不仅收回了全部投资,而且得到丰厚的投资回报,劳动创造价值的这一本质,因为劳动者不能占有全部价值被掩盖了。

其实,价值分配(形式)并不是由价值创造者决定,而是由生产要素所有权决定。压根就不存在劳动者可以得到"全部劳动所得"的问题。正如马克思早就指出的那样:"消费资料的任何一种分配,都不过是生产条件本身分配的结果。而生产条件的分配,则表现生产方式本身的性质。"①

正是由于各种生产要素一并构成物质财富的源泉,价值又必须有使用价值作物质承担者(从这个意义上说,非劳动生产要素虽然不是价值创造的源泉,但却参与了价值创造),因此,在所有权存在的经济条件下,各种生产要素的所有者都有权参与社会财富分配;从财富生产的人类活动看,也就是都有权参加价值的分配。其生产要素所有权的形式又决定了价值分配形式。而具体到资本主义私有制下的价值分配来说,由于资本归资本家所有,土地归土地所有权的占有者所有,劳动力归劳动者所有,活劳动创造价值后,补偿劳动力再生产的部分就

---

① 《马克思恩格斯选集》第三卷,人民出版社1972年版,第13页。

归于劳动者,其余以剩余价值形式存在的部分就归于资本家和土地占有者。

在《资本论》第3卷中,马克思用了整个第七篇的篇幅,集中地对资本主义社会各种收入及其源泉做过透彻的分析;其中,又用第四十八章整章的篇幅,层层深入地批判了法国资产阶级庸俗政治经济学的创始人萨伊炮制的资本—利息、土地—地租、劳动—工资这个"三位一体公式"。细读马克思对萨伊"三位一体公式"的批判可以看出,从价值创造角度来说,这一公式十分荒谬;但从价值分配角度看问题,其背后又隐含着市场经济下按生产要素分配的合理性。也就是说,萨伊"三位一体公式"的荒谬并不在于在资本主义社会收入分配中,企业主得到利润,土地所有权的占有者得到地租,工人得到工资;而是在于,公式把资本、土地、劳动看做是并列的收入源泉,即资本创造出利润,土地创造出地租,劳动仅仅创造出工资。"在资本—利息,土地—地租,劳动—工资这个公式中,资本、土地和劳动分别表现为利息(代替利润)、地租和工资的源泉,而利息、地租和工资则是它们各自的产物,它们的果实。"①

可以这么说,从资本主义生产的实质看问题,资本主义生产就是剩余价值生产,资本主义实行的是按"资"分配;但从一般社会生产和再生产、从全社会的个人消费品分配看问题,资本主义所实行的又是"按生产要素分配"。马克思如下的论述正说明了这一点:"由每年新追加的劳动新加进的价值……分成三部分,它们采取三种不同的收入形式,这些形式表明,这个价值的一部分属于或归于劳动力的所有者,另一部分属于或归于资本的所有者,第三部分属于或归于土地所有权的占有者。因此,这就是分配的关系或形式,因为它们表示出新生产的总价值在不同生产要素的所有者中间进行分配的关系。"② 在不同生产关系下,价值表现着不同的人与人之间的社会关系和联系。按生产要素分配不仅是资本主义社会通行的分配原则,而且应是市场经济的共性分配原则。

---

①② 马克思:《资本论》第三卷,人民出版社1975年版,第922页。

从根本上说这是由于在市场经济下生产要素都成为商品，一切都要通过市场来进行，如果投入的生产要素得不到补偿，社会生产和再生产就不能持续下去。可以说，按生产要素分配和市场经济生来就结下不解之缘。

在社会主义市场经济条件下必须把按劳分配和按生产要素分配在制度上结合起来

在社会主义社会里必须实行按劳分配（按劳分配原本就属于社会主义经济制度），这点在理论上并没有错。然而，我们又不能不面对我国的现实。

同马克思主义创始人所处的历史时代和他们所预想的未来共产主义社会（社会主义是共产主义的初级阶段）相比，我们所必须面对的现实有两个最大不同：一是，我国现在处于并将长期处于社会主义初级阶段。社会主义初级阶段，是整个建设有中国特色社会主义的很长历史过程中的初始阶段，其发展程度比在资本主义自身发展成熟基础上产生的社会主义的初始阶段还要低。在这个阶段上，我们还只能实行以公有制为主体、多种所有制经济共同发展的基本经济制度。二是，商品经济发展不可逾越，在一个现在还说不清什么时候是终点的历史时期内，我们都只能实行社会主义市场经济。社会主义市场经济，即社会主义条件下的市场经济。就一般运行规则说，社会主义条件下的市场经济同资本主义条件下的市场经济并无多大差别。

按照马、恩的预想，在取代资本主义旧制度的未来新社会里，已经实现了由社会直接占有生产资料，由劳动者共同使用全部生产工具；已不存在商品货币关系（因而也无须价值插手其间），社会生产将按其需求来调节，每一个人的劳动都成为直接社会劳动；一切生产部门将由整个社会来管理，各个地方、各个部门、各个企业已没有什么特殊的物质利益；在整个社会范围内实现了劳动的平等和报酬的平等，只是主要由于物质财富还没有极大丰富，在社会主义阶段上，还只能实行"按劳分配",而不是共产主义高级阶段的"按需分配"。足见,按劳分配和按需分配都是有条件的。马克思主义创始人这里所预想的按劳分配,不论是在中国,还是在世界上其他国家,还从来没有实现过。我们今天讲按劳分配,已包括了一些我们自己的解释。

在我国经济理论界,一般是把社会主义公有制看做是实行按劳分配的直接理论依据,也就是把按劳分配看做是社会主义公有制的实现。我国走上社会主义道路后,虽然并不具备马克思主义创始人所预想的实行按劳分配的条件,但改革开放前由于把全国的经济搞成了公有制经济的一统天下,并实行高度集中的计划经济体制,全国的企事业单位都靠红头文件齐步走地调整工资,并对生活必需品实行严格的计划管理。在这种情况下,虽然对个人消费品的分配带有较浓厚的平均主义色彩,但说成是在实行按劳分配,一般人还是能接受的。改革中发展起非公有制经济。但如果固守主体、主导的"数量决定论",即在整个国民经济中,作为主体的公有制经济和作为主导的国有经济,必须占有数量上的绝对优势,并在"板块结合"的理论指导下进行体制改革,也仍然可以认为,是坚持了以"按劳分配为主体"的。但从改革所要达到的目标说,有一点不能忽视,就是在所有制结构上坚持"以公有制为主体",并不意味着在分配结构上就可以做到"以按劳分配为主体"。因为,我们现在讲"坚持以公有制为主体",已不再是"数量决定论",而是强调必须注重国有经济质量的提高。而讲"以按劳分配为主体"就不同了,那就必须讲数量的优势,那就意味着劳动者收入中主要部分属于按劳分配,小部分属于其他分配方式。这里,一个关键性问题是,既然是实行真正的市场经济了,我们还能不能把国有企事业单位以及国家控股企业职工的工资,看做是按劳分配得到的收入(非公有制企业员工的工资收入不属于按劳分配显而易见,国家参股公司员工的工资收入也很难同按劳分配挂钩)。由于在社会主义市场经济下劳动力仍然是商品,并不可避免地存在人员流动,企业和劳动者要双向选择,因此,国有企业职工的工资水平也只能由市场决定,而不是由国家决定。实事求是地看问题,一个劳动者是在国有企业就业还是在非公有制企业就业,难说在前一种企业实行的是按劳分配,在后一种企业实行的是按生产要素分配。同时还要看到,在社会主义市场经济下,职工的收入已经多来源化,"无产者"变为"有产者"应是历史的重大进步。退后一步说,就算仍然可以把国有企业和国家控股企业职工的工资收入看做是按劳分配的收入,那也占不到数量的优势。基于以上的分析,我以为在我国具体情况下,不仅完全的按劳分配做不到,就是"坚持按劳分配为主体"也难以做到。那么,既然按生产要素分配是市场经济的共性分配原则,是否可以提出,用按生产要素分配来取代按劳分配,或者把按劳分配包含在按生产要素分配之内呢? 也不可以。这是因为,在社会主义公有制条件下,毕竟是存在一个按劳分配规律并发生作用;同时,如果真的这样去做,社会主义条件下的市场经济同资本主义条件下的市场经济也就没有什么区别了。应该认为,在社会主义市场经济条件下,按劳分配和按生产要素分配都具有客观性,正确的选择只能是把这两种分配原则在分配制度上结合起来。

从理论上讲,社会主义的按劳分配和市场经济的按生产要素分配在分配制度上结合的依据又在哪里呢? 我以为,这一可以从社会主义初级阶段基本经济制度寻找,二可以从社会主义市场经济体制去寻找。从我国社会主义初级阶段基本经济制度说,社会主义公有制和非公有制本来就共存于这一基本经济制度中,已经实现了在基本经济制度上的结合;所有制决定分配,公有制与非公有制各有其自身所要求的分配原则,顺理成章。从社会主义市场经济运行说,公有制企业的生产资料和劳动力,非公有制企业的生产资料和劳动力,混合所有制企业的生产资料和劳动力都是商品,它们处于平等的地位,从按劳分配中"劳"的实现和商品价值的实现说正互为条件。以下情况也成为两种分配原则在制度上结合的根据:(1)都要讲"必要劳动"和"剩余劳动"。(2)体现按劳分配的劳动者的工资收入和体现按生产要素分配的劳动力价值(格),必然相互影响,并最终由市场决定。

这里有一个这样的问题,就是处于同一分配制度中的按劳分配和按生产要素分配,谁主导谁?按劳分配和按生产要素分配并不是"板块结合"。在这里,按劳分配处于主导的地位并发挥着主导作用:(1) 在全社会贯彻"不劳动者不得食"原则。"不劳动者不得食"本来就是按劳分配的题中应有之义,这也是我们仍在坚持按劳分配原则的一个突出标志。按生产要素分配就是按生产要素所有权分配。贯彻按生产要素分配原则的一个必然后果将是生产资料占有不平等和贫富差距的拉大。马克思在谈到资本家的管理劳动也是创造价值的生产劳动时说得清楚,就是这个资本家事实上是在做经理的工作。在社会主义条件下贯彻按生产要素分配原则,要解决的一个关键性问题正在于要从制度上保证,使那些有钱人不脱离劳动,不产生新的资产阶级。国家应在这方面制定专门的法律。(2) 通过制定各种有效政策和措施使价值的分配向"劳"倾斜,以使劳动者的个人消费不再限于劳动力再生产的最低水平。(3) 注重发展集体福利和公共福利。(4) 确保相对贫困阶层的基本生活需要。不能忘记,我们所实行的是社会主义条件下的市场经济,因此,既要实行按生产要素分配,又要有利于逐步扩大按劳分配,并最终消除按要素所有权分配。

对我国应建立和完善的分配制度可作出如下多种表述:

表述一:"我国发展社会主义市场经济必须实行按生产要素分配的制度,把按生产要素分配和按劳分配结合起来。"这一表述突出地强调了按生产要素分配,把按劳分配放在了次要的位置。我个人表示反对。

表述二:"在社会主义市场经济条件下,我国必须实行按劳分配和按生产要素分配相结合的分配制度。"这个表述的优点是,社会主义和按劳分配,市场经济和按生产要素分配,一一对应,言简意赅;不足之处在于,没有表示出按劳分配和按生产要素分配的关系。

表述三:"至少在整个社会主义初级阶段上,我国都要实行以按劳分配原则为主导、按劳分配和按生产要素分配内在结合的分配制度。"这个表述的优点是,着眼于整个社会主义初级阶段和市场经济的长期存在考虑问题,突出了按劳分配的主导作用,强调了两种分配是内在结合;缺点是文字不够简练。

不论哪种表述,后面都应加上注重满足弱势群体的基本生活需要;高度重视科技劳动和管理劳动;兼顾公平和效率;多贡献多得,少贡献少得,"不劳动者不得食"。

(原载《南京社会科学》2002年增刊)

社会主义市场为什么有几种价格？

我们社会主义市场上的商品，为什么会有计划购销价、议购议销价和集市贸易价等几种价格形式呢？它们又是根据什么发生变动的呢？目前有些群众对这些问题闹不清楚。因此我在这里就自己的认识，说一说这些问题。

大家都晓得，早在一九五六年，随着三大改造的胜利完成，包括国家市场和集市贸易两个部分的我国社会主义统一市场就已形成。二十几年的实践证明，计划购销价格、议购议销价格和集市贸易价格等三种价格形式，对于社会主义商品流通来说都是不可缺少的。

在我国社会主义统一市场上，起主导作用的是国家根据客观经济规律和政策需要制订的计划价格。所谓计划价格，也就是人们通常所说的"国家牌价"。除去货币价值变化的因素，决定计划价格的客观因素主要有三：一是商品本身的价值（价值是价格的基础，价格是价值的货币表现。一般说来，商品价值应该是计划价格的出发点，也是最主要的依据）；二是商品的供求关系；三是国家的物价政策。由于商品的价值量和供求关系都是不断变化的，并且政策也具有一定的灵活性，所以商品的计划价格不可能是一成不变的。合理地制订和调整计划价格，是自觉地利用价值规律为社会主义建设事业服务的一个最为重要的方面，同时也是社会主义制度比资本主义制度优越的明证。另一方面，计划价格也是社会主义计划经济的客观要求。没有计划价格，不可能有物价和市场的稳定；而没有物价和市场的基本稳定，人民的生活就不能安定，计划经济则成了纸上谈兵，无产阶级专政也难以巩固。所以，计划价格对于社会主义经济来说，决不是可有可无的。

然而，计划价格虽然坚持了社会主义的方向，具有计划性和相对稳定性的长处，但同时也带有缺乏灵活性的短处。计划价格的不足之处，要由议购议销价格来补充。

无需多说，像我们这样一个国土广、人口多、底子薄的处于发展中的社会主义国家，国民经济的计划工作能大体上安排好国民经济发展的主要比例关系，就很不错了，而根本不可能、也没有必要编制出一个包罗万象的计划。既然社会主义计划经济同时又是商品经济，那就必须贯彻计划调节同市场调节相结合，以计划调节为主、同时充分重视市场调节作用的原则。所谓市场调节，实质上就是价值规律调节，而价值规律的调节主要又是市场价格的调节。实践证明，议购议销正是计划调节和市场调节相结合的具体形式。

大家都记得，议购议销曾经是我国社会主义商业行之有效的经营方式。所谓议购议销价格，也就是人们通常所说的"议价"。这是一种受国家计划指导的，在一定范围、一定幅度内浮动的价格形式。这种价格形式，既有计划性，又有灵活性。它一方面克服了统得过死的缺陷，补充了国家计划的不足；另一方面又能平抑集市贸易价格，保护计划经济不受"自己贸易"的冲击。从性质上看，议购议销价格无疑是社会主义的。

议购议销主要适用于包括小宗农副土特产品和小商品在内的三类物资。这是因为，小宗农副土特产品和小商品具有品种繁多、规格复杂、零星分散的特点，它们的生产和流通是很难由国家计划来安排的。如果无视这一点，计划不了硬计划，管不过来硬要管，包不下来硬去包，其结果只能是市场越管越死，渠道越管越窄，品种越管越少，质量越管越差。难道事实不正是这样吗？例如，我省南通市一九六二年生产的日用小商品达一千二百多种，一九七八年减少到七百多种。又如闻名中外的无锡水蜜桃、宝应藕粉等，现在已经很难在市场上见到了。这样下去，怎么成呢？当然，对小宗农副土特产品和小商品实行议购议销，必须采取必要的管理措施，经过试点，逐步推行，不能一哄而起。

从理论上讲，议购议销的商品并不仅仅限于三类物资，况且二、三类物质还有个如何划分的问题。但是，在当前情况下，对工业品议购议销的范围应该有所限制。关系到国计民生的统购统销商品和一、二类商品，仍应由商业部门统购包销和按计划收购。人民生活必需的少数小商品，如卫生纸之类，也不能撒手不管；需要全国、全省调拨的，还应由商业部门统一收购或订购。上述由商业收购的商品总金额，应占市场工业品总额的80%以上，以便使商业部门有足够的商品供应市场，稳定大局。

在一定条件下，对于某些人民生活必需的农副产品和主要副食品，可以考虑把计划价格同议购议销价格结合起来运用，即定量之内的按计划价格供应，定量供应之外的实行议购议销。在这方面，经验、教训都有。我省无锡市、徐州市等地商业部门经营的议价豆制品，群众很欢迎。而有些地方的粮食部门经营的议价绿豆、香油之类，效果却不理想。看来，效果好坏同价格高低关系很大。议购议销，贵在一个"议"字。既然名曰"议购议销"，价格就要有涨有落，实行高进高出、低进低出、随行就市、宣传教育的原则。要想销价低，还要购价低。为着降低销价，商业部门要广泛组织货源，尽量从多余过剩的低价地区议价购进，及时运到缺货的高价地区出售。这样做，不仅在地区之间互通了有无，调剂了余缺，而且既保护促进了低价地区的生产，同时又缓和了高价缺货地区供求之间的矛盾，有利于物价和市场的稳定。这样搞下去，社会主义市场就活。

当然，实行议购议销，在供应不足的情况下，有些商品价格往往上涨，这也不奇怪。应该相信，随着生产发展，商品会逐步由少到多，价格也会逐步下降。现在，在某些同志的心目中，"议价"意味着"涨价"，"高价"成了"议价"的代名词。这也是很自然的。因为我们过去实行议价的往往是紧俏商品，平价改为议价，总是涨价的时候多，降价的时候少。但是，必须明白，开展议购议销不是为涨价而是为降价。有些议价商品的价格过些时候会降，有些眼下就能降低。据分析，如果对山芋粉、红枣、中熟苹果等实行议购议销，这些品种的收购价格和销售价格都要下降。集市贸易价格尚且能稳中有降,议购议销价格哪有只涨不落的道理呢?

提到集市贸易,现在大家都承认它是我国社会主义统一市场的不可缺少的组成部分。作为我国社会主义商业的必要的补充,它既与资本主义自由市场有本质区别,也不同于旧集市贸易。两种社会主义公有制的并存,人民公社集体经济三级所有的体制,社员还保留少量的自留地和家庭副业,这正是我国农村集市贸易存在的经济基础。大家知道,社员在集市贸易上相互交换的杂七杂八的小商品,国营商业和合作商业既不能把它们全部收购,也不能保证充分供应。特别是鱼虾、菜秧、瓜果之类的时间性很强的鲜活产品,更是国营商业和合作商业难以经营的。所以,集市贸易的作用是取代不了的。由于目前国营商业无力把城镇居民的商品供应全部包下来,加之城郊社队、社员之间也存在着互通有无、调剂余缺的问题,所以城市开放集市贸易也有其客观必然性。

农村集市贸易和城市集市贸易的价格是由买卖双方协商议定的,不能由国家统一规定。为什么呢?这是因为,人民公社集体经济组织和社员个人,允许他们在集市上相互交易的产品,具有品种繁多、规格多样、零星细小的特点。国家不应该也不可能硬性规定上市商品的牌价。实践证明,硬性限价,其结果只能是越限东西越少,越限价格越高。你不去乱加干涉,价格反会下降。当然,集市贸易虽不同于资本主义的自由市场,但也必须按照"管而不死,活而不乱"的原则加强管理,不能放任自流。

对集市贸易要加强管理,对国家市场同样不能放松。价格是个大经济"杠杆",千万不能拿它当儿戏。这个大经济"杠杆"运用得好,能为人民造福;运用得不好,就会翻筋斗。因此,必须严肃物价纪律,不准擅自提价和变相涨价,严禁用随意提价的办法扭亏增盈。对明知故犯者要严肃处理。

(原载《新华日报》1979 年 11 月 10 日,特约撰写)

加强计划指导与充分发挥市场调节作用

一九八一年一二月份,南京市工业总产值比去年同期有所下降,上缴利润也完成得不够好。之所以造成这种状况,原因当然是多方面的,但没有注意发挥市场的调节作用恐怕是原因之一。

大家知道,我们的社会主义经济,还是建立在生产资料公有制基础上的有计划的商品经济。一方面,正因为是生产资料公有,所以才必须、而且有可能制订计划;另一方面,正因为是商品经济,所以客观上又要求充分利用市场的调节作用。这就说明,变单一的计划调节为计划调节与市场调节相结合,完全是由社会主义经济条件决定的。对此,决不应该有什么怀疑和动摇。前些时候,针对市场调节中出现的某些盲目性,国家提出加强对市场调节的计划指导,以便促使市场调节沿着正确的轨道健康发展。对不对呢?当然是对的。正像前面已经讲过的那样,我们是社会主义国家,毕竟是以计划经济为主体的。我们要搞的市场调节,并不是排斥计划调节的单纯的市场调节,而是在国家计划指导下的市场调节。当然,另一方面也必须看到,国家提出加强对市场调节的计划指导,本身就是肯定市场调节而不是不要市场调节。有的同志一听到加强计划调节,就感到是风向"变"了,正在于他们对计划调节与市场调节的关系缺乏一个正确认识。

有同志说,一方面讲要加强计划指导,另一方面下达的计划又不足,到底叫企业怎么办?吃不饱怎么办?原则早就定了,那就是努力把社会需要的、有条件搞的生产搞上去。也就是说,按照调整的要求,开展市场调节,把生产搞上去。当前,南京市某些系统(如冶金、机械、交通等)生产任务严重不足,在那里等待观望;有的企业一说调整,社会需要的、自己也能干的也不干了,似乎调整就不要市场调节了,这怎么行呢?实际上,市场上供不应求的商品有的是,只要"开动机器",并非没有门路可走。拿机械工业讲,生产任务不足,可以发展同轻纺工业的联合,可以加强市场预测,为农业和轻纺工业提供技术装备,也可以开展技术服务。另外,还可以从国际市场找出路。这些,既是调整的要求,也是调整的内容。总之,一个企业有没有生命力,关键就看它能不能生产出社会真正需要的产品。我们要在服从国家计划指导的同时,充分利用市场的调节作用,广开生产门路,使我们的社会主义生产,能够在调整中得到发展和提高。

(原载《南京日报》1981年3月25日,时用笔名"童稚"。特约撰写)

市场经济与计划经济体制不容

——同孙开镛先生商榷

不可以说市场经济不是制度

市场经济也是一种制度。不过,够得上"制度"的经济范畴,事实上是分层次的。具体讲:第一层次是基本经济制度,主要指所有制和分配制度,如以不同生产资料所有制作基础的封建制度、资本主义制度、社会主义制度,它是对社会生产关系本质的抽象;第二层次是社会经济形式,如自然经济或商品经济或产品经济,它是对以一定的社会生产关系联系起来的人们所从事生产活动,首先是为什么而生产的抽象;第三层次是经济的运行方式,反映的是经济体制的运行特征,如市场经济或计划经济,它是对社会资源配置方式的抽象;末一个层次是经济运行中的具体制度,如工资、价格制度等。由此可以得出结论说:某一社会的性质,决定于居于主体地位的生产资料所有制的性质和分配;自然经济、商品经济、产品经济、市场经济、计划经济等范畴,就其本意说都是中性的;撇开末一个层次不说,同一层次内具体制度又都是一一相对的。

是市场经济体制就不可能同时还是计划经济体制

市场经济同计划经济是两种对立的体制,事实上很难相容。换句话说,既然是市场经济体制就不可能同时还是计划经济体制。在社会主义市场经济中,市场与计划的结合同市场经济与计划经济的结合,是两码事。

孙开铺教授在《经济学消息报》第75期上发表文章论述社会主义市场经济与资本主义市场经济的"区别点"时，认定社会主义市场经济的特征之一正在于"社会主义市场经济同社会主义计划经济相联系，相结合，它的完整概念应是在公有制基础上的有计划的市场经济"。并从如下三个方面进行了论证：① 在制定社会主义经济是社会主义市场经济时，并不意味着就否定了社会主义计划；② 计划经济的本源是生产资料社会主义公有制，是社会主义经济的国有属性；③ 不能把计划经济等同于指令性计划，把计划经济同市场经济看做是对立物；市场经济在社会主义经济中已同计划经济在公有制基础上互相联系起来，并相互结合成一个有机的整体。不过，在我看来，这三条理由都是可以商榷的。

就第一条理由说，说社会主义市场经济并不排斥计划，这无疑是对的。但把它看做是证明社会主义经济还是计划经济的理由，这显然是把社会主义计划等同于社会主义计划经济了。我的立论是"有计划并不等于就是计划经济"。就第二条理由说，认为计划经济的本源是生产资料社会主义公有制，是社会主义经济的国有属性，这种话在迄今流行的各种版本的《政治经济学教材》中都能找得到。不过，既然党的"十四大"报告已明确提出我国经济体制改革的目标是建立社会主义市场经济体制，那么，还能不能把计划经济看成是社会主义经济的本质特征，就成了一个需要予以重新认识的问题。"十四大"报告没有提到"计划经济"这四个字。就第三条理由说，把计划经济等同于指令性计划当然是不对的，但人们却有足够理由把两种不同的经济体制看做是对立物。虽然不可以认为实行市场经济就要否定、排斥指令性计划，但既是要搞社会主义市场经济就必须把指令性计划缩小到尽可能小的范围，这却已是人所共知的了。如果文中所说"市场经济在社会主义经济中已经同计划经济在公有制基础上互相联系起来，并相互结合了。二者成为互相渗透，互相融合，互为补充的一个有机的整体"的言外之意是说，在社会主义条件下，指令性计划同市场经济并不互相排斥，就更加叫人费解。退后一步说,纵使把指令性计划全部改为指导性计划,基于如上说过的理由,那也是不好讲社会主义经济既是市场经济又是计划经济,或实际是计划经济与市场经济相结合的经济的。我认为,这不是什么咬文嚼字,而是直接关系到我国的国民经济究竟是按什么方式运行,亦即我国经济体制改革的目标模式本身。

(原载《经济学消息报》1992年12月26日)

国有资产管理体制改革迈出的重要一步

——谈"直接委托大企业、大集团公司
　　行使运作国有资产的职能"

陈焕友同志在全省贯彻落实党的十四届五中全会精神经验交流会上的讲话中,在谈到国有资产管理体制改革时明确提出,要"积极探索政府社会经济管理职能与国有资产所有者职能分离、国有资产行政管理职能与国有资产运营职能分离的有效途径。加快建立健全权责明确的国有资产管理、监督、运营体系,目前的主要方式是,由国有资产管理机构统一行使国有资产管理职能,直接委托大企业、大集团公司,行使运作国有资产的职能,相应建立企业监事会,加强对资产运营的监督"。这是江苏在国有资产管理体制改革中迈出的重要一步,必将对加快实现全省的两个根本性转变产生重大影响。

探索适合自己情况的新模式

大家知道,在国有资产管理体制改革的新探索中,影响较大的主要是"上海模式"和"深圳模式"。两种模式都是"国资委"("国有资产管理委员会"的简称)一条线,而具体又有差别。上海于1993年成立起市"国资委",并在纺织等局成立起国有资产经营管理公司。1995年又撤销纺织等局,成立了纺织等控股公司,由市"国资委"授权国有资产管理职能。据报载,上海市由行政管理局转制的33个控股公司和企业集团公司授权经营的国有资产,已占到地方经营性国有资产的一半。深圳市则明确提出,要建立"国资委(国资办)—国有资产经营公司—企业三个层次的国有资产管理新体制"。市"国资委"是市政府领导下专司国有资产管理的职能部门,它作为国有资产的所有者代表,对市属国有经营性资产、非经营性资产和资源性资产进行全方位的宏观管理和监督。第二层次的市级国有资产经营公司是由市"国资委"授权的国有资产运营机构,是代表国家对一部分国有资产直接行使资产受益、重大决策、选择管理者等出资者权利的企业法人和国家授权投资的机构。它的主要职能是"投资、管理、监督、服务"。第三个层次的企业具体指国有企业和国有资产参股、控股企业。

同作为直辖市的上海市和作为经济特区的深圳市比,江苏有江苏的省情,因此,在架构国有资产管理体制的新探索中,也必须走自己的路。这主要体现在:(1)坚持实现政府社会经济管理职能与国有资产所有者职能分离、国有资产行政管理职能与国有资产运营职能分离,在省不设国资委,由现国有资产管理机构统一行使国有资产管理职能,由政府授权投资的机构直接行使国有资产运营的职能。(2)把政府授权投资机构的主要组织形式和主要生长点,放在大企业、大集团公司。(3)把专业经济管理部门改革的主要方向,放在转向行使行业管理职能。(4)依照《监管条例》搞好对资产运营的监督。

据了解,依照这一改革思路,江苏已对全省10家重点企业集团实行了国有资产授权经营试点。同时,对徐州工程机械集团、南京化学工业集团有限公司等3家集团,无锡威孚集团有限公司、双沟酒业集团有限公司等5家现代企业制度试点企业,实行了经省政府授权明确的企业国有资产投资主体试点。今后,将把更多的大型企业集团公司和现代企业制度试点中符合条件的大企业,改制成国有控股公司,明确为国有资产投资主体。而具体到各市、县,做法又有不同。如,南京、苏州、无锡、南通四市成立了"国资委",镇江市成立了"公资委"。但在这几个市,国资局是"国资委"的办事机构,实际上具体行使国有资产管理职能的是国资局。我们认为,重要的是改革的方向要明确,至于国有资产管理机构如何设置,无必要强求统一。

在调查中我们还了解到,构建江苏国有资产管理、监督、运营体系,还有这样一些问题要解决：一是要切实搞好对国有资产运营的监督；二是根据江苏实际情况，对县(市)、区级国有资产管理机构设置应给以足够重视；三是要切实加强对集体资产的管理。

为何要把运作国有资产的职能直接委托给大企业、大集团公司

我国总的是"对国有资产实行国家统一所有、政府分级监管、企业自主经营的体制"。为此需要构建上有权威的国有资产监管部门，中间有国有资产运营机构，下有企业的三个层次的国有资产管理、监督、运营体系。现在的情况是，虽然在第一个层次如何构建上还存在不同看法，如这样的权威机构是隶属于人大、还是隶属于政府，是建"国资委"、还是建国资局，要不要把政府的国有资产行政管理职能与国有资本运营管理职能也给分开，等等。但这样的重大问题，要得到明确还要靠出台国资法。在国资法没出台前，依然应该是不争论、大胆地试。最后一个层次的企业则比较明确。争议最大、也是最难的还在中间层，即国有资产运营机构如何建立？下面着重就这一点加以论述。

依照现行文件规定，处于中间层次的国有资产运营机构，主要有如下几种组织形式和生长点：

国发[1991]71号文规定："结合国有资产管理体制的改革，经国有资产管理部门授权，进行把紧密层企业的国有资产交由核心企业经营的试点。"在国家国有资产管理局、国家计委、国家体改委、国务院经贸办制定的《关于试点企业集团国有资产授权经营的实施办法》中又提出："取得经验后，逐步扩大实施范围。"在这里，国家首先对企业集团国有资产授权控股经营作了明确。

十四届三中全会通过的《决定》提出："按照现代企业制度的要求，现有全国性行业总公司要逐步改组为控股公司。"这是党中央的文件中第一次提出"控股公司"的概念。

1993年12月公布的《公司法》的有关条款规定："国家授权投资的

机构或者国家授权的部门可以单独投资设立国有独资的有限责任公司"。这是国家法律中第一次提到"国家授权投资的机构"这一重要概念。"国家授权投资的机构"必须是一个经济实体,是独立的企业法人。而国家授权的部门则不是企业法人,不能直接经营国有资产,只是代表国家行使投资和国有资产监管职能。《公司法》又规定:"经营管理制度健全、经营状况良好的大型的国有独资公司,可以由国务院授权行使资产所有者的权利。"

十四届五中全会通过的《建议》提出:"把专业经济管理部门逐步改组为不具有政府职能的经济实体,或改为国家授权经营国有资产的单位和自律性行业管理组织"。

另外,在正在进行的现代企业制度试点中,明确国有资产投资机构的形式主要有国家投资公司、国家控股公司、国有资产经营公司和具备条件的企业集团的集团公司。

应该肯定,依照有关法规所进行的多种组织形式和多个生长点的国家授权投资机构的试点,都是必要而有益的。现在,争议集中在究竟应如何看待由企业原主管部门转体为控股公司、资产经营公司和直接委托大企业、大集团公司行使运作国有资产的职能。在我们看,直接委托大企业、大集团公司行使运作国有资产的职能,不仅有较少的风险,而且明显地有如下一些方面的积极意义和作用:

1. 为实现政企分开、政资分开以及国有资产行政管理职能与国有资产运营职能分离,找到一条现实途径;
2. 有利于建立现代企业制度;
3. 有利于深化投资体制改革;
4. 有利于贯彻国家的产业政策;
5. 有利于实施大公司、大集团战略;
6. 有利于打破行业垄断和加强行业管理;
7. 有利于加快经济的国际化;
8. 有利于造就职业化企业家队伍;
9. 相对于"转体公司"说,大企业、大集团公司更具有在国内外市场经营的经验和从事资产运营的实际能力,也容易使资产经营的责任、权力和风险统一起来,并减少了管理层次,提高决策水平和运营效益。而大搞转体公司,弄得不好确有可能使企业原主管部门变成"婆婆"加老板,并很容易在公司间抽肥补瘦和产生其他弊病。

总之,直接委托大企业、大集团公司,行使运作国有资产的职能,符合建立社会主义市场经济新体制要求,不仅必要,而且可行。而对转体公司,则必须持慎重态度。从这点说,江苏模式的特点也正是江苏模式的优点。现在,首先正要在这一点上提高认识。

坚持搞好利益关系调整,加快造就职业企业家队伍

陈焕友同志在讲话中还特别谈到,必须注重培养优秀企业家队伍,加快企业家职业化和市场化的改革步伐。这实际提出了一个与"直接委托大企业、大集团公司,行使运作国有资产的职能"相关的极重要问题。对此也必须有个正确认识。

首先,要正确认识政府因何要转变职能和因何要造就职业化企业家队伍。可以说,与传统的政府主导型计划经济不同,市场经济实则企业家主导的经济。在这点上,社会主义市场经济亦不会例外。因此,要建立社会主义市场经济新体制,就必须造就一支浩大的、高素质的职业企业家队伍。也正应从这样的高度来正确认识政府转变职能。

其次,必须努力为企业家成长创造条件,并首先坚持搞好利益关系的调整。改革说到底是利益关系的调整。改革愈是向前推进,利益关系调整所引发的问题和矛盾就愈是突出。要建立社会主义市场经济新体制,就要放手解决一些深层次的矛盾和问题,就要触动一些权力和利益的现存格局。这一问题解决好,才能真正把国家与企业的关系理顺,才能真正为企业家成长创造出良好环境。而搞好利益关系的调整,很重要的一个方面又正在于积极稳妥地搞好企业原行政主管部门的改革。在市场经济下,企业不再需要有行政隶属关系这点是肯定的。摆

在专业经济管理部门面前实际上有多条路,譬如,可以逐步改组为不具有政府职能的经济实体,也不排除少数转体为控股公司或国有资产经营公司,特别是要研究如何转向行使行业管理职能,有些人员要充实到国有资产管理和监督机构,又有的会由政府官员转变为企业家。总之,就是不能简单地搞翻牌公司,这样做企业的同志最反对。

再次,造就职业企业家队伍除要解决上述问题外,还必须有正确的舆论导向,并加强对企业家的培养,还要进一步深化各方面的改革,特别是人事制度的改革和企业制度的改革,以及加快企业家市场的培育和建设,形成企业家的竞争淘汰机制。

(原载《江苏经济探讨》1996年第5期)

建设社会主义必须走自己的路
——重读《论十大关系》

纪念毛泽东同志诞辰 100 周年,最重要的是学习他的光辉思想。《论十大关系》堪称毛泽东同志关于社会主义建设问题的代表作,在 37 年后的今天读来仍然感到很亲切。

体现在《论十大关系》中的一些永放光芒的卓越思想

1. 建设社会主义必须走自己的路。在《论十大关系》中,毛泽东同志开宗明义地指出:"提出这十个问题,都是围绕着一个基本方针,就是要把国内外一切积极因素都调动起来,为社会主义事业服务。""特别值得注意的是,最近苏联方面暴露了他们在建设社会主义过程中的一些缺点和错误,他们走过的弯路,你还想走? 过去我们就是鉴于他们的经验教训,少走了一些弯路,现在当然更要引以为戒。"

在中国具体条件下建设社会主义,首先碰到的一个问题就是以什么态度对待马克思列宁主义,特别是苏联经验的问题。毛泽东同志提出:"我们的方针是,一切民族、一切国家的长处都要学,政治、经济、科学、技术、文学、艺术的一切真正好的东西都要学。但是,必须有分析有批判地学,不能盲目地学,不能一切照抄,机械搬运。""对于苏联和其它社会主义国家的经验,也应当采取这样的态度。"他强调说:"社会科学,马克思列宁主义,斯大林讲得对的那些方面,我们一定要继续努力学习。我们要学的是属于普遍真理的东西,并且学习一定要与中国实际相结合。"

据薄一波同志回顾说,毛泽东同志后来谈到,十大关系的基本观点就是同苏联作比较。1966年6月18日在《十年总结》中又进一步说:前8年照抄外国的经验。从1956年提出十大关系起,开始找到自己的一条适合中国的路线,开始反映中国客观经济规律。①《论十大关系》的基本指导思想就是探索适合中国国情的社会主义建设道路。通篇讲话都体现出这一点。邓小平同志在《中国共产党第十二次全国代表大会开幕词》中明确提出,"走自己的路,建设有中国特色的社会主义",从而把毛泽东同志所率先探索的这一道路进一步理论化了。

2. 社会主义必须注重发展生产力。《论十大关系》充分体现出毛泽东同志的另一个极重要思想,就是社会主义必须注重发展生产力。这一重要思想不是在作论十大关系报告时才形成的。党在过渡时期的总路线已生动地体现出这一点。1955年3月他在中国共产党全国代表会议上又讲:"我们进入了这样一个时期,就是我们现在所从事的、所思考的、所钻研的,是钻社会主义工业化,钻社会主义改造,钻现代化的国防,并且开始要钻原子能这样的历史新时期。"②毛泽东同志这一重要思想,在党的"八大"预备会议上的讲话,和根据毛泽东同志关于处理十大关系的方针政策而提出的"八大"政治报告中得到进一步体现。特别是他在"八大"预备会议第一次会议上所讲的那段有名的"你有那么多人,你有那么一块大地方,资源那么丰富,又听说搞了社会主义,据说是有优越性,结果你搞了五六十年还不能超过美国,你像什么样子呢?那就要从地球上开除你的球籍"③的话,足以让全党清醒。1958年,他又提出要把党和国家的工作重点转到技术革命和社会主义建设上来。

---

① 薄一波:《若干重大决策与事件的回顾》,中共中央党校出版社1991—1993年版,第471页。
② 《毛泽东选集》第五卷,人民出版社1977年版,第144页。
③ 《毛泽东选集》第五卷,人民出版社1977年版,第296页。

所有这些,都说明毛泽东同志十分强调社会主义的根本任务就是发展生产力。

3. 农业是基础,全党一定要重视农业。重视农业在国民经济发展中的基础作用,强调全党一定要极大地重视农业生产、关心农民,是毛泽东同志的一贯思想。在《论十大关系》中,毛泽东同志在论述"重工业和轻工业、农业的关系"时,鉴于苏联的教训,反复强调了决不可以用牺牲农业和轻工业的办法来发展重工业,决不可以因为要优先发展生产资料的生产,而因此忽视生活资料尤其是粮食的生产。随后不久,即1957年1月在省市自治区党委书记会议上的讲话中,他又对农业的基础作用,从农业关系到5亿农村人口的吃饭问题、关系到城市和工矿区人口的吃饭问题、是轻工业原料的主要来源、农村又是重工业的重要市场、现在出口物资主要是农产品、农业是积累的重要来源等6个方面作了全面论证,反复说明"农业关系国计民生极大。要注意,不抓粮食很危险。不抓粮食,总有一天要天下大乱"[①]。在《论十大关系》中,毛泽东同志强调,"我们对农民的政策不是苏联的那种政策",不能把农民挖得很苦。

农业是基础是一个带有普遍性的规律,它也是我国现代化中所必须解决好的一个根本问题。毛泽东同志的这一重要思想,在今天对解决好我们建设中存在的问题,仍有着很强的针对性。

4. 重、轻、农必须保持合理的比例。《论十大关系》中提出的第一个关系就是"重工业和轻工业、农业的关系"。当时的情况是,虽然没出现大的问题,但重工业投资所占比重明显过高,在一定程度上挤了农业和轻工业。毛泽东同志强调,重、轻、农之间必须保持合理的比例。

大家知道,社会生产分两大部类:第一部类是生产资料的生产,第二部类是消费资料的生产。只有保持两大部类间的比例关系,社会生产才能正常进行。重工业、轻工业和农业是物质生产的主要部门。重

[①] 《毛泽东选集》第五卷,人民出版社1977年版,第359~361页。

工业的产品主要用于生产消费,基本上属于第一部类;农业和轻工业的产品,主要用于生活消费,基本上是属于第二部类。所以,农、轻、重的关系,基本上体现了社会生产两大部类之间的比例关系。抓住了农、轻、重的比例关系,也就抓住了国民经济中各种复杂比例关系的"牛鼻子"。

这里实际提出了一个社会主义经济发展中的产业结构调整问题。毛泽东同志在《论十大关系》中阐明的这一重要思想,对我国社会主义建设有着长远的指导意义。在《关于正确处理人民内部矛盾的问题》中,毛泽东同志又进一步把重工业、轻工业和农业的发展关系问题,提到中国工业化道路的高度认识。

5. 建设社会主义必须发挥中央和地方两个积极性。正如毛泽东同志所讲:"处理好中央和地方的关系,这对于我们这样的大国大党,是一个十分重要的问题。""要发展社会主义建设,就要发挥地方的积极性。中央要巩固,就要注意地方的利益。"

建设社会主义必须发挥中央和地方两个积极性。在《论十大关系》中,毛泽东同志阐发了一个重要思想,就是地方权力过小对社会主义建设事业不利。同时,对于地方的上下级关系,省市和省市之间的关系,也必须处理好。当时存在的问题是中央管得过多、过细、过分集中,束缚了地方的积极性。1958年走上另一个极端,来了个权力大下放,将绝大部分中央企事业单位下放给地方,造成了混乱。以后就不再注意扩大地方权力了。

6. 充分利用沿海工业基地。沿海工业和内地工业的关系,主要是个生产力布局问题。旧中国留下的工业布局不合理,工业集中在沿海。据1952年统计,沿海各省市工业的产值占全国工业总产值的70%。从合理布局和国防安全出发,"一五"期间开始建设的工业建设项目绝大部分放到了内地,这在当时情况下并不错。问题出在有些同志一味强调国防安全,对沿海工业发展不重视。毛泽东同志在《论十大关系》中强调说明,要好好地利用和发展沿海的工业老底子,指出这同把新建厂放在内地的根本方针并不矛盾。据薄一波同志回顾,毛泽东同志在听取汇报时曾插话:"沿海地区要充分合理发展,不能限制。""有的同志好像战争就要来的样子,准备着架子在等待战争,因此要限制沿海,这样不妥。"①

7. 正确处理国家、集体和个人三者关系。在《论十大关系》中,毛泽东同志提出了正确处理国家、生产单位和生产者个人利益关系的总原则,这就是国家、集体和个人都必须兼顾,不能只顾一头。无论只顾哪一头,都是不利于社会主义,不利于无产阶级专政的。他的这一重要思想,对正确处理国家、集体和个人三者关系,有着长远的指导作用。

特别要指出这样一点,即当时国家对企业实行统收统支办法,把什么东西都统统集中在中央和省市,不给工厂一点权力,一点机动的余地,一点利益。针对这种情况,毛泽东同志指出,"各个生产单位都要有一个与统一性相联系的独立性,才会发展得更加活泼"。这实际上是提出了经济体制改革的问题。

8. 必须努力学习资本主义国家的先进的科学技术和其他一切真正好的东西。毛泽东同志在《论十大关系》中,基于对每个民族都有它的长处、每个民族都有它的短处的分析,提出"自然科学方面,我们比较落后,特别要努力向外国学习"。他强调说:"外国资产阶级的一切腐败制度和思想作风,我们要坚决抵制和批判。但是,这并不妨碍我们去学习资本主义国家的先进科学技术和企业管理方法中的合乎科学的方面。"然而,正如邓小平同志所指出的:"毛泽东同志在世的时候,我们也想扩大中外经济技术交流,包括同一些资本主义国家发展经济贸易关系,甚至引进外资、合资经营等等。但是那时候没有条件,人家封锁我们。后来'四人帮'搞得什么都是'崇洋媚外'、'卖国主义',把我们同世界隔绝了。"②

---

① 薄一波:《若干重大决策与事件的回顾》,中共中央党校出版社 1991—1993 年版,第 483~484 页。

② 《邓小平关于建设有中国特色社会主义的论述专题摘编》,中央文献出版社 1992 年版,第 14~15 页。

《论十大关系》中,还体现出毛泽东同志一些其他方面的基本思想,都值得我们认真学习。

学习《论十大关系》的现实意义

毛泽东同志《论十大关系》在马克思主义的社会主义建设理论中占有极重要位置。正如邓小平同志所讲:"这篇东西太重要了,对当前和今后都有很大的针对性和指导意义。"①联系我国当前改革开放和现代化建设的实际,我以为有这样三个问题特别需要在这里加以强调:

1. 必须牢固地树立起"农业是基础"的思想。党的十一届三中全会以来,总的说我党对农业和农民问题是很重视的。但相比之下,十一届三中全会后开始几年我党抓农业更加有力,带来了前所未有的好形势。近些年虽然也重视抓农业,但实际存在的情况却是"上边热、下边冷,工作难做"。特别是到处存在的乱建开发区、乱集资、乱摊派等,反映出在我们一些同志头脑中农业是国民经济基础的观念淡薄了。

当前农村发展潜伏着深层危机。表现在:(1)农民的比较利益下降,种田无积极性。主要是农业成本增大,工农业产品比价不合理,增产不增收,一度缩小了的工农业产品价格剪刀差有拉大趋势。农民收入相对于城镇居民收入的差距再度拉大。农民不把致富的希望放在农业上,有文化的青壮年劳动力转向二、三产业,包括集体外出打工。在不少地方是老弱病残种粮食,抛荒特别是暗抛荒现象严重。(2)农业投资减少,农业资金被挪用。(3)挤占耕地现象严重。(4)农产品"卖难"问题、"白条子"问题没真正解决,农民负担仍然过重。

出路何在?首先还要从思想上提高认识,充分认识社会主义市场经济下农业的基础地位,而后才说得上采取切实措施自觉地加强这个

---

① 薄一波:《若干重大决策与事件的回顾》,中共中央党校出版社1991—1993年版,第491页。

基础。这些措施包括：(1)提高农业的比较利益，增加农民收入，调动农民种田的积极性。一方面，对农产品价格适当调整；另一方面，深化农村和农业结构调整，向"三高"农业转化。(2)发展乡镇工业，以工补农、以工建农；同时，国家在可能情况下增加农业投入。(3)加快农业生产社会化服务体系建设，形成多所有制、多层次、多形式的服务网络，包括科学服务。(4)加强法制建设，保护农民利益。国外一些国家对农业生产和农民利益都采取保护政策，包括对农业生产给予补贴和实行最低限价等。要努力使国家减轻农民负担的政策得到落实。(5)保护耕地。

前不久，中共中央在北京召开了农村工作会议，强调全党要高度重视农业、农村和农民问题。这再一次表明了党中央加强农业基础的决心。全国上下都必须把农业是基础的思想树立得牢牢的。

2. 必须讲求国民经济的协调发展。1992年和1993年上半年，我国投资增势过猛，特别是投资结构不合理，致使国民经济结构失衡加剧，"瓶颈"制约更加突出。国家采取一些宏观调控措施后，情况开始好转，但深层次问题并没有解决。如何求得我国经济的稳步协调发展，这是多年未能解决好的老问题了。

几十年来，包括改革开放以来，一次次经济过热有个共性特征，就是投资增长过快，引起通货膨胀，造成经济的混乱。不少人提出，这主要是政府（指各级地方政府）推动，通过对财政、金融施加影响，急功近利，乱开口子，大量投放资金形成过旺需求。因此，要治本，就必须深化改革，转换政府职能。但必须看到，这里所牵扯的并不只是一个管理体制问题。即便是已实现了政府职能的转换，把投资权下放给企业，也不等于按比例协调发展的问题得到解决。这就必须在指导思想上明确，要求得经济的稳步协调发展，从根本上说还要按客观规律办事，一要重视农业这个基础，二要讲求比例（包括农、轻、重之间的比例和农业内部、工业内部的比例）。这主要靠制定正确的宏观经济政策、特别是符合实际的产业政策做好引导。

邓小平同志南方讲话后，江苏经济发展迅速，成绩应充分肯定。但也必须看到,近两年来我省增长较快的是加工工业,而能源、重要原材料仍是短腿,电力、铁路运输更加紧张,结构性矛盾更加突出。再有,同经济发展较快的一些省市,如同广东省比,我省主要差在两个方面:一是第三产业发展滞后;二是基础设施建设跟不上。近几年来,我省第三产业发展是快的,但所占比重仍然过小,仍需加快发展,对于基础设施建设也迈出了新的步伐。当前我省经济结构调整,应在加快基础设施和基础产业发展、优化经济结构上下功夫。特别是要抓好投资结构调整,确保重点,加强交通、电力、通信等基础设施和重点原材料工业建设。这些方面的建设越是加强,受宏观环境变化引起的经济波动就越小。同时,还必须注意经济的外向化发展。

3. 必须坚持"两手抓,两手都要硬"。在《论十大关系》中,毛泽东同志在论述"中国和外国的关系"时,特别指出"外国资产阶级的一切腐败制度和思想作风,我们要坚决抵制和批判"。这对我们发展对外开放有很大指导意义。实行对外开放,一些腐败的东西就会钻进来,决不能任其自由泛滥。邓小平同志多次强调,我们现在搞两个文明建设,一是物质文明,一是精神文明。要坚持两手抓,一手抓改革开放,一手抓打击各种经济犯罪活动。对作为执政党的我党说,决不是"腐败难免"。对业已存在的一些腐败现象必须坚决惩治!

最后,有两点具体建议:其一,要大兴调查研究之风。应把"没有调查研究就没有发言权","没有调查研究就没有决策权"作为座右铭。不能满足于常规地听汇报、看文件,而应经常深入实际,亲自去解剖麻雀。其二,建议全党上下,特别是政府部门的同志,认真读读《论十大关系》。

(原载《江苏经济探讨》1993 年第 12 期)

社会主义的根本任务是发展生产力

邓小平同志创立的建设有中国特色的社会主义理论,所要解决的一个首要的基本的理论问题,是关于什么是社会主义和怎样建设社会主义的问题。而建设有中国特色的社会主义,首先又在于在真正搞清楚什么是社会主义的基础上,明确社会主义的根本任务,并制定正确的发展战略。

社会主义的根本任务是发展生产力

什么是社会主义的根本任务?在科学社会主义发展史上,这个问题一直未得到明确回答。邓小平同志正确地回答了什么是社会主义的问题,并深刻地揭示出:"社会主义的任务很多,但根本一条就是发展生产力。"[①]他还把发展生产力称做"社会主义阶段的最根本任务"、"社会主义的首要任务"、"社会主义的中心任务"、"社会主义时期的主要任务"、"社会主义的第一个任务"和"压倒一切的中心任务"。并反复强调,必须"把进行社会主义现代化建设放在一切工作的首位","其他一切任务都要服从这个中心"。从而第一次把这一问题给讲透彻、讲清楚了。

为什么必须把发展生产力作为社会主义的根本任务或中心任务?

---

① 本文所引证邓小平同志的论述,均见《邓小平文选》第二、三卷。

为什么其他一切任务都要服从经济建设这个中心？邓小平同志从多方面进行了论证。

1. 这是以现阶段我国社会的主要矛盾为根据的。

邓小平同志深刻地指出："我们的生产力发展水平很低，远远不能满足人民和国家的需要，这就是我们目前时期的主要矛盾，解决这个主要矛盾就是我们的中心任务。"我们知道，主要矛盾是在复杂事物的发展过程中起着领导性、决定性作用的矛盾。它的存在和发展，规定或影响着次要矛盾的存在和发展。抓住了这一主要矛盾，也就抓住了解决当代中国一切问题的关键。比如，反对霸权主义，振兴中华民族，离不开发展生产力；保持安定团结，发展社会主义民主，健全社会主义法制，加强精神文明建设，坚持"一国两制"方针等等，也都离不开生产力的发展。

2. 这也是对我国社会主义建设经验教训进行总结所得出的一个重要认识。

众所周知，我国进入社会主义社会后，党领导各族人民进行社会主义建设取得很大成绩。同时，也经历了曲折。邓小平同志指出，多少年来我们吃了一个大亏，社会主义改造基本完成了，还是"以阶级斗争为纲"，忽视发展生产力。"文化大革命"更走到极端，教训十分深刻。十一届三中全会以来，我党正确贯彻执行了"一个中心、两个基本点"的基本路线，真正集中力量进行现代化建设，社会主义事业得到飞快发展，人们的生活质量有了明显提高。这反、正两个方面的经验，为确立社会主义的根本任务是发展生产力提供了丰富的实践的依据。

3. 这又是巩固和发展社会主义制度的最根本途径，也是为将来进入共产主义社会准备基础。

马克思主义告诉我们，社会主义是共产主义第一阶段，它在政治、经济、文化各方面都应高于资本主义。它的一个基本特征正在于高度发达的社会生产力和比资本主义更高的劳动生产率。因此，"要坚持社会主义制度，最根本的是要发展社会生产力"。由于我国没有经过资本主义的高度发展就步入了社会主义社会，因而发展社会生产力的任务也就更加迫切。同时,共产主义社会是物质极大丰富的社会。没有生产力的大发展,共产主义就只能是一个可望而不可即的美好理想。"社会主义的任务就是要发展社会生产力,增强社会主义国家的力量,使人民的生活逐步得到改善,然后为将来进入共产主义准备基础。"

4. 把大力发展社会生产力作为社会主义的根本任务,同时也是为了更大地发挥社会主义的优越性,更好地实现社会主义的发展目标。

邓小平同志尖锐地指出,社会主义制度优于资本主义制度首先要表现在经济发展的速度和效果方面。没有这一条,再吹牛也没有用。社会主义制度优越性的根本表现,就是能够允许社会生产力以旧社会所没有的速度迅速发展,使人民不断增长的物质文化生活需要能够逐步得到满足。邓小平同志这里讲明了,只有大力发展社会生产力,社会主义制度的优越性才能得到更大体现,更好地实现社会主义生产目的。换句话说,把发展生产力作为社会主义的根本任务,也正是为了更大地发挥社会主义制度的优越性,实现社会主义生产目的和发展目标。

发展生产力是判断改革和各方面工作是非得失的根本标准

在明确社会主义的根本任务是发展生产力的同时,邓小平同志提出了判断改革和各方面工作是非得失的生产力标准。

邓小平同志尖锐地指出:"建国后,从一九五七年到一九七八年,我们吃亏都在'左'。"在"左"的禁锢下,成为人们基本认识的是"人有多大胆,地有多大产",搞社会主义建设"可以"不按客观规律办事;是社会主义公有制经济与非公有制经济的不相容,连自留地和集市贸易都被看做是必须割去的"资本主义的尾巴",盲目追求"一大二公三纯"和"穷过渡";是把计划经济看做社会主义的基本特征,把商品经济和市场经济都贴上资本主义的标签;是"穷思变、富则修","宁要穷的共产主义,不要富的资本主义",如此等等。"左"的束缚集中到一点,就是把不带有社会主义的本质属性的东西硬说成是社会主义而强行坚持,把不带有资本主义的本质属性的东西硬说成是资本主义而实行专政,当然,更谈不上即使是属于资本主义的也可以为我所用。正像邓小平同志一针见血指出的:"改革开放迈不开步子,不敢闯,说来说去就是怕资本主义的东西多了,走了资本主义道路。要害是姓'资'还是姓'社'的问题。"

对改革和一切工作的是非得失究竟应用什么标准衡量?是动不动先要问问是姓"资"还是姓"社"(自认为的"资"、自认为的"社"),还是看是否有助于发展生产力?这的确是建设有中国特色的社会主义所必须解决的一个重大认识问题。邓小平同志曾多次谈到这一点,并提出了明确的标准。如,早在1979年10月邓小平同志就谈到,"衡量一切工作的最根本的是非标准"应是"对实现四个现代化是有利还是有害"。他在1980年5月又谈到,"社会主义经济政策对不对,归根到底要看生产力是否发展,人民收入是否增加。这是压倒一切的标准"。1983年1月他又提出"三个有助于",即"各项工作都要有助于建设有中国特色的社会主义,都要以是否有助于人民的富裕幸福,是否有助于国家的兴旺发达,作为衡量做得对或不对的标准"。在视察南方重要谈话中,邓小平同志把他的思想系统起来,明确提出判断改革和一切工作是非得失的标准是"三个有利于",即"应该主要看是否有利于发展社会主义社会的生产力,是否有利于增强社会主义国家的综合国力,是否有利于提高人民的生活水平"。从而从根本上解除了"左"的禁锢。

社会主义的根本任务和社会主义的本质

党的"十四大"政治报告在论述邓小平同志创立的建设有中国特色社会主义理论的主要内容时,这样讲道:"在社会主义的根本任务问题上,指出社会主义的本质是解放生产力,发展生产力,消灭剥削,消除两极分化,最终达到共同富裕。"足见,社会主义的根本任务同社会主义的本质有着极为密切的关系和联系。也就是说,要正确地阐明社会主义的根本任务,必须真正认清社会主义的本质。

现在权威的看法认为,邓小平同志1992年初视察南方谈话中所讲的"社会主义的本质,是解放生产力,发展生产力,消灭剥削,消除两极分化,最终达到共同富裕",是"对社会主义本质这一重大问题作了总结性的理论概括"。做出这一结论性认识,分析问题的角度是"在坚持社会主义基本制度的基础上进一步认清社会主义的本质","坚持公有制和按劳分配,维护公有制和按劳分配的主体地位,是体现社会主义本质的前提"①。这样来领会邓小平同志关于社会主义本质的这一论述自然有其道理。这是先讲存在、后讲本质,即先认定社会主义已作为一种基本社会制度存在,尔后再来考察这一基本社会制度应体现出的本质。我们认为,完整地领会邓小平同志对社会主义本质的多角度论述,还可以不把公有制和按劳分配看做体现社会主义本质的前提,或与社会主义本质有别的社会主义实体,而直接地把其看做社会主义本质的一个本源层次。

关于社会主义的本质,邓小平同志从不同角度进行过多种论述。在《邓小平文选》第2、3卷中,涉及社会主义本质的论述,除众所周知的如上那段以解放、发展生产力为出发点,以共同富裕为落脚点,从社会主义的历史使命和根本任务的角度揭示的社会主义本质的引文外,至少还有如下四处:

一处见《社会主义首先要发展生产力》。邓小平同志这里讲社会主义的本质时,显然是把生产关系和生产力结合在一起考虑的,并且首先强调的是解放和发展生产力。

一处见《对中国改革的两种评价》。在这篇可以说是专门讲改革开放会不会"伤害社会主义的本质"的短文中,邓小平同志也没有明确讲什么才是社会主义的本质、什么不应该列入社会主义的本质。但联系上下文看,邓小平同志这里说的"社会主义的本质",实际是指的与其他社会制度相区别的整个社会主义制度(基本经济制度、基本政治制度

---

① 中共中央宣传部编:《邓小平同志建设有中国特色社会主义理论学习纲要》。

等)的质的规定。

一处见《用中国的历史教育青年》。显然,邓小平同志这里所讲的"事物的本质"亦即社会主义的本质,并且是就整个社会主义制度讲的。

一处见《善于利用时机解决发展问题》。邓小平同志在这里说得明明白白:"共同致富,我们从改革一开始就讲,将来总有一天要成为中心课题。社会主义不是少数人富起来、大多数人穷,不是那个样子。社会主义最大的优越性就是共同富裕,这是体现社会主义本质的一个东西。"

我们认为,考察社会主义社会的本质,首先要抓住社会主义经济制度的本质。社会主义经济制度的本质可从如下几个方面考察:

第一个方面是社会主义公有制和按劳分配。任何社会制度的性质都是由占统治地位的生产关系决定的,而生产关系又取决于生产资料所有制的性质。作为社会主义生产关系基础的社会主义公有制,无疑是社会主义最本质的体现,并以此同资本主义制度及一切其他剥削制度相区别。它高居于社会主义经济制度本质的首要地位,也是社会主义本质的本源。由社会主义公有制决定并体现其本质的则是按劳分配。讲社会主义质的规定性,首先正应紧紧抓住它从根本上与其他社会经济制度相区别的公有制和按劳分配。换言之,公有制和按劳分配正体现着社会主义的制度本质。

第二个方面是解放、发展生产力。这可称之为"社会主义运行的本质"。解放和发展生产力决不是外加于社会主义的,社会主义制度的建立就是为了解放被旧制度束缚的生产力,并通过社会主义制度自身的完善和发展,进一步解放生产力,发展生产力。同时,解放和发展生产力,本身又正是实现社会主义生产目的和巩固发展社会主义制度的必然要求。关于社会主义制度的建立本身就是解放生产力,以及在社会主义制度建立后必须大力发展生产力,马克思、恩格斯、列宁、毛泽东等马克思主义经典作家都反复强调过。邓小平同志第一次深刻揭示出,在社会主义条件下,还必然存在一个通过改革进一步解放生产力的问题。他作为中国改革开放和社会主义现代化建设的总设计师,亲自领导了在中国解放、发展生产力的伟大实践。正如邓小平同志所讲:"革命是解放生产力,改革也是解放生产力。……过去,只讲在社会主义条件下发展生产力,没有讲还要通过改革解放生产力,不完全。应该把解放生产力和发展生产力两个讲全了。"这是邓小平同志在社会主义建设新时期,在理论和实践的结合上对科学社会主义作出的一个杰出贡献。

第三个方面是共同富裕。这是从运行结果看的社会主义的本质。邓小平同志立足于社会主义的实际,提出让一部分人先富起来,同时,深刻揭示出"消灭剥削,消除两极分化,最终达到共同富裕"这一社会主义的本质,是他对科学社会主义的又一杰出贡献。

应该说,社会主义经济制度质的规定性的以上三个方面有着密不可分的内在联系。正是由于建立起以公有制为基础的社会主义经济制度,才谈得上在此制度下解放和发展生产力,并从根本上消灭剥削制度;正是由于社会主义经济制度在生产力的推动下不断完善,社会生产力得到更加充分的解放和发展,才使得消灭剥削,消除两极分化,最终达到共同富裕成为现实。

社会主义的根本任务是以社会主义的本质为本源的。社会主义的根本任务既由社会主义本质所规定,又是社会主义本质的一个直接体现。社会主义制度决定着社会主义生产目的,这个目的只能是最大限度地满足人民日益增长的物质和文化的需要。而要实现社会主义生产目的,要"消灭剥削,消除两极分化,最终达到共同富裕",就必须大力发展生产力。社会主义的本质内含着解放和发展生产力;发展生产力又是社会主义本质所决定的社会主义的根本任务或中心任务。因此,发展生产力既是社会主义的根本任务又是为社会主义的本质所决定的。正是在发展生产力这个根本问题上,把社会主义的根本任务同社会主义的本质统一起来了。

(原载《学海》1996年增刊,本文是论文《论中国社会主义现代化建设发展战略》的第一部分,全文4万字。)

实现苏南现代化必须以邓小平的发展思想为指导

研讨苏南现代化问题,认真学习邓小平建设有中国特色社会主义理论,特别是全面理解和正确把握他的发展思想,意义重大。作为建设有中国特色的社会主义理论主线的邓小平同志的发展思想,包含着多方面的丰富内容。

中国式的社会主义现代化思想

这里所说的邓小平的中国式的社会主义现代化思想,主要包括一般意义上的中国现代化、中国是在社会主义条件下搞现代化和必须走出一条中国式的现代化道路等具体内容。

1. 在中国实现现代化,就是要赶上和超过发达国家的水平,必须下长期奋斗的决心。

邓小平同志在讲到中国社会主义现代化时指出:"社会主义的中国在经济、技术、文化等方面现在还不如发达的资本主义国家,这是事实。但是这不是社会主义制度造成的……毫无疑问将来会比任何资本主义国家发展得都快,并且比较稳定而持久。至于国民生产总值按人口平均数赶上和超过发达的资本主义国家,那当然需要相当长的时间。""总之,我们拥有各种有利条件,一定能够赶上世界上的先进国家;但是也要认识到,为了缩短和消除两三个世纪至少一个多世纪所造成的差距,必须下长期奋斗的决心。""我们进行社会主义现代化建设,是要在经济上赶上发达的资本主义国家,在政治上创造比资本主义国家的民主更高更切实的民主,并且造就比这些国家更多更优秀的人才。"①

足见,关于中国的长远发展目标,邓小平同志已讲得十分清楚,就是要在经济上赶上和超过发达国家的水平,并且不是这些国家现在的水平,而是当时的水平。邓小平同志同时明确谈到,社会主义还要在政治上创造出比资本主义国家的民主更高更切实的民主,并且造就比这些国家更多更优秀的人才,充分反映出他发展的是社会全面进步的思想。

2. 我们是搞社会主义的四个现代化,不是搞别的现代化。

"我们要实现工业、农业、国防和科技现代化,但在四个现代化前面有'社会主义'四个字,叫'社会主义四个现代化'。"②从邓小平同志的完整论述看,四化建设中坚持社会主义道路,从经济角度说,主要是必须坚持社会主义公有制和按劳分配的原则,坚持人民的共同富裕,坚持自力更生为主。邓小平同志多次强调说,社会主义有两个非常重要的方面,一是以公有制为主体,二是不搞两极分化。中国搞四个现代化,要老老实实地艰苦创业。中国这样的社会主义大国,不可能走"捷径"。只有社会主义才能救中国,也只有社会主义才能发展中国。离开社会主义搞现代化,只能是不到1%的人富,99%以上的人摆脱不了贫穷,中国也不会成为强大的中国。总之,中国搞现代化建设,只能靠社会主义,不能靠资本主义。为此,他反复地强调,我们要在中国实现四个现代化,必须在思想政治上坚持四项基本原则。

3. "三步走"的发展战略和中国社会主义现代化的基本实现。

作为中国改革开放和现代化建设的总设计师的邓小平同志,不仅从理论上讲明了什么是社会主义和社会主义的现代化,而且亲手为我们设计了分"三步走"基本实现现代化的宏伟蓝图:第一步,从1981年

---

① 《邓小平文选》第二卷,人民出版社1994年版,第166~167、260、322页。
② 《邓小平文选》第三卷,人民出版社1993年版,第138页。

到1990年国民生产总值翻一番,实现温饱;第二步,从1991年到本世纪末,达到小康;第三步,到下个世纪中叶再翻两番,达到中等发达国家的水平。这就是我们在社会主义初级阶段经济发展的战略目标和战略步骤。

邓小平同志这样来具体设计中国的社会主义现代化是一个伟大创造。他对中国现代化作出这种设计并非偶然。1979年3月,邓小平同志首次明确提出"中国式的现代化"概念,指出:"过去搞民主革命,要适合中国情况,走毛泽东同志开辟的农村包围城市的道路。现在搞建设,也要适合中国情况,走出一条中国式的现代化道路。"1979年12月6日,邓小平同志在会见日本首相大平正芳时,又把"中国式的现代化"具体描绘为"小康"。他指出:"我们的四个现代化的概念,不是像你们那样的现代化的概念,而是'小康之家'。"①后来,邓小平同志又谈到:"翻两番,国民生产总值人均达到八百美元,就是到本世纪末在中国建立一个小康社会。这个小康社会,叫做中国式的现代化。翻两番、小康社会、中国式的现代化,这些都是我们的新概念。"②邓小平同志还曾把达到小康水平称之为四个现代化的"初步目标"和"最低目标"。

到本世纪末实现国民生产总值翻两番,"这意味着到本世纪末,年国民生产总值达到一万亿美元。从总量说,就居于世界前列了"。"翻两番还有个重要意义,就是这是一个新的起点。再花三十年到五十年时间,就可以接近经济发达国家的水平。不是说制度,是说生产、生活水平。"之后,小平同志又把"接近经济发达国家的水平",具体为"达到中等发达国家的水平"。而达到中等发达国家水平,就可以说,"我们基本上实现现代化,那就可以进一步断言社会主义成功"③。

---

① 《邓小平文选》第二卷,人民出版社1994年版,第163、237页。
② 《邓小平文选》第三卷,人民出版社1993年版,第54页。
③ 《邓小平文选》第三卷,人民出版社1993年版,第88、89、320页。

以经济发展为中心的社会政治、经济、文化各方面全面、协调发展的思想

1. 经济发展是中心,一切都要服从经济发展这个大局。

邓小平发展思想中,一个极重要的方面正在于经济发展是中心的思想。在他看来,发展是社会的全面发展;而经济不发展,其他任何发展就失去了基础。发展的首要任务是大力发展生产力。邓小平同志对发展生产力强调了又强调,称之为"社会主义阶段的最根本任务"、"社会主义的首要任务"、"社会主义的中心任务"、"社会主义时期的主要任务"、"社会主义的第一个任务"和"压倒一切的中心任务",必须"把进行社会主义现代化建设放在一切工作的首位"①,"其他一切任务都要服从这个中心"②。

为什么必须把发展生产力作为社会主义的根本任务或中心任务?邓小平同志从多方面作了论证。首先,这是以现阶段我国社会主要矛盾为根据的。"我们的生产力发展水平很低,远远不能满足人民和国家的需要,这就是我们目前时期的主要矛盾,解决这个主要矛盾就是我们的中心任务。"③其次,这也是由社会主义的本质所决定的。邓小平同志深刻地指出:"社会主义的本质,是解放生产力,发展生产力,消灭剥削,消除两极分化,最终达到共同富裕。"④把解放、发展生产力列入社会主义的本质中,是邓小平同志在继承和发扬马克思主义基本理论的基础上,对科学社会主义所作的富有时代特色的重大发展。再次,发展生产力又是巩固和发展社会主义制度,并最终战胜资本主义的最根本

---

① 《邓小平文选》第三卷,人民出版社1993年版,第63、69、116、130、171、227～237页。

② 《邓小平文选》第二卷,人民出版社1994年版,第250页。

③ 《邓小平文选》第二卷,人民出版社1994年版,第182页。

④ 《邓小平文选》第三卷,人民出版社1993年版,第373页。

途径。"要坚持社会主义制度,最根本的是要发展社会主义生产力。"①

2. 坚持社会主义政治、经济、文化各方面的协调发展。

邓小平同志的发展观在总体上是社会全面进步的思想。他说:"各种任务之间又有相互依存的关系,如像经济与教育、科学,经济与政治、法律等等,都有相互依存的关系,不能顾此失彼。"邓小平同志强调要安排好各种比例关系,包括农业和工业,农业内部和工业内部,"骨头"和"肉",积累和消费;经济发展和教育、科学、文化、卫生发展等。②

3. 必须建设高度的社会主义精神文明。

邓小平同志反复强调,我们要建设的社会主义国家,不但要有高度的物质文明,而且要有高度的精神文明。社会主义精神文明建设包括思想道德建设和教育科学文化建设两个方面,根本任务和目标是适应改革开放和社会主义现代化建设的需要,培养有理想、有道德、有文化、有纪律的社会主义新人,提高整个中华民族的思想道德素质和科学文化素质。

要正确认识两个文明的关系。一方面,物质文明建设是精神文明建设的不可缺少的基础,"精神文明说到底是从物质文明来的"③。另一方面,精神文明建设不但为物质文明的发展提供智力支持和精神动力,而且保证它的正确的方向。"不加强精神文明的建设,物质文明的建设也要受破坏,走弯路。"④为了搞好社会主义精神文明建设,邓小平同志讲了一系列"两手抓,两手都要硬",如一手抓物质文明、一手抓精神文明,一手抓建设、一手抓法制,一手抓改革开放、一手抓惩治腐败,一手抓改革开放、一手抓打击经济犯罪。总之,必须坚持社会主义物质文明和社会主义精神文明的全面发展。只有两个文明建设都搞好了,这才是有中国特色的社会主义。

---

① 《邓小平文选》第三卷,人民出版社1993年版,第149页。
② 《邓小平文选》第二卷,人民出版社1994年版,第249~250页。
③ 《邓小平文选》第三卷,人民出版社1993年版,第52页。
④ 《邓小平文选》第三卷,人民出版社1993年版,第144页。

社会主义现代化建设必须依靠发展第一生产力的思想

邓小平同志关于科技工作的一系列论述,是建设有中国特色社会主义理论的重要组成部分。其中,关于"科学技术是第一生产力"的思想,是精髓。邓小平同志说:"四个现代化,关键是科学技术的现代化。没有现代科学技术,就不可能建设现代农业、现代工业、现代国防。没有科学技术的高速度发展,也就不可能有国民经济的高速度发展。"[①]科学技术是生产力也是马克思主义历来的观点。邓小平同志深刻地概括出"科学技术是第一生产力"的新命题,继承了马克思的论点又发展了马克思的论点,反映了科学技术在当代发展的新形势和对我国现代化建设的新要求。为了更大地推进科技进步,邓小平同志主要谈到这样一些问题:一是发展科学技术必须同时抓教育;二是要切实加强科学技术工作;三是要深化改革科技体制。尤其要在这里提出的是,邓小平同志曾多次谈到要"加强企业的科学研究工作","大厂要有自己独立的科研机构","这是多快好省地发展工业的一个重要途径"[②]。邓小平同志的这一思想对深化我国科技改革有重要指导意义。要通过改革,促使企业逐步成为技术开发的主体和科技投入的主体。

必须高度重视农业、农村、农民问题,努力推动我国工农业转向现代化大经济的思想

邓小平同志一贯重视农业、农村、农民问题,他强调工业发展必须"确立以农业为基础、为农业服务的思想。……工业越发展,越要把农

---

① 《邓小平文选》第二卷,人民出版社1994年版,第86页。
② 《邓小平文选》第二卷,人民出版社1994年版,第29页。

业放在第一位"①。"中国社会是不是安定,中国经济能不能发展,首先要看农村能不能发展,农民生活是不是好起来。翻两番,很重要的是这百分之八十的人口能不能达到。"②邓小平同志充分肯定了改革中迅速崛起的我国乡镇企业,认为大量农业劳动力转到新兴的城镇和新兴的中小企业是必由之路。乡镇企业要发展,要提高。关于中国农业长远发展战略,邓小平同志还提出了两个飞跃的思想:"第一个飞跃,是废除人民公社,实行家庭联产承包为主的责任制。这是一个很大的前进,要长期坚持不变。第二个飞跃,是适应科学种田和生产社会化的需要,发展适度规模经营,发展集体经济。这是又一个很大的前进,当然这是很长的过程。"③

关于工业的发展,邓小平同志也有大量论述。除要注重比例关系、消除薄弱环节(特别是能源和交通)、推进技术进步等等外,另有两点特别值得我们注意:一是要用好原有的生产能力;二是要加强专业化协作,发展企业集团。总之,不论工业,还是农业,都要转向现代化大经济。这亦是邓小平同志很重要的发展思想。

抓住机遇发展的思想和"台阶式"发展的思想

学习邓小平同志的发展思想,要正确领会他的抓住机遇加快发展的思想。在南方重要谈话中,邓小平同志又作出"发展是硬道理"的科学论断,言简意赅地表述了发展的客观必然性。

首先,发展是历史赋予我们的重大责任。贫穷不是社会主义,发展慢了也不是社会主义,中国能否快速发展已不仅仅是中国的事。邓小平同志正是把发展同社会主义制度,同中国和世界人民的命运联系起来,从我们所肩负的重大历史责任,来讲中国发展的。

---

① 《邓小平文选》第二卷,人民出版社 1994 年版,第 28~29 页。
② 《邓小平文选》第三卷,人民出版社 1993 年版,第 77~78 页。
③ 《邓小平文选》第三卷,人民出版社 1993 年版,第 355 页。

其次,必须从世界发展的时空坐标来看待中国的发展问题。早在20世纪80年代初,邓小平同志就提出和平与发展是当代世界的两大主题,要抓住时机,加快发展我国的经济。邓小平同志的这一发展思想的形成,是基于对国际形势新的观察、新的分析。他提出的可利用的第一个机遇,就是要利用有利的和平国际环境来发展自己。二是要抓住世界经济发展中心向亚太转移的机遇。三是要抓住时机发展高科技。邓小平同志指出,现在世界的发展,特别是高科技领域的发展一日千里,中国不能安于落后,必须一开始就能参与这个领域的发展。不加入发展的行列,差距就会越来越大。不能失掉时机。此外,邓小平同志还谈到,要善于利用世界上存在的各种矛盾,这也是发展的机遇。总之,要善于把握住时机来解决我们的发展问题。现在,我们国内条件具备,国际环境有利,加快发展是可能的。

邓小平同志又提出了"台阶式"发展的思想。他说:"可能我们经济发展规律还是波浪式前进。过几年有一个飞跃,跳一个台阶,跳了以后,发现问题及时调整一下,再前进。""在今后的现代化建设长过程中,出现若干个发展速度比较快、效益比较好的阶段,是必要的,也是能够办到的。我们就是要有这个雄心壮志!"①

地区的由不平衡发展到比较平衡发展的思想

邓小平同志发展思想中,很重要的一个方面是中国地区发展思想。

首先,邓小平同志强调,地方发展经济要有创造性。其次,有条件的地方要尽可能搞快点。需要特别提出的是,邓小平同志对江苏发展表现出格外的关心。早在1983年3月2日,邓小平同志就对江苏依靠发展集体所有制的中小企业,重视知识、重视知识分子的作用,连续实现工农业总产值翻番,给予了充分肯定,特别是对苏南地区经济的发展

---

① 《邓小平文选》第三卷,人民出版社1993年版,第368、377页。

和社会的全面进步给予了很高的评价。再次,邓小平同志明确提出了中国地区发展战略。地区发展,很重要的是发展的战略选择。邓小平同志地区发展思想的核心,正在于他的地区的由不平衡发展到比较平衡发展,即先富带后富、最终达到共同富裕的发展战略思想。邓小平同志1978年就提出了允许一部分地区先发展起来,以极大的示范力量带动其他地区,使全国人民都能比较快地富裕起来的地区发展战略构想,称"这是一个大政策,一个能够影响和带动整个国民经济的政策"[①]。它标志着中国地区发展战略思想的历史性转变。

邓小平同志的这一中国地区发展战略思想,是对我国地区发展战略历史经验的科学总结。邓小平同志深刻地指出:"我们坚持走社会主义道路,根本目标是实现共同富裕,然而平均发展是不可能的。……改革首先要打破平均主义,打破'大锅饭',现在看来这个路子是对的。"[②]

这里,很重要的一点是对于"共同富裕"必须全面把握和完整地领会:其一,坚持走社会主义道路,根本目标只能是实现共同富裕。其二,只能是先部分富,后共同富。一部分地区发展快一点,带动大部分地区,这是加速发展、达到共同富裕的捷径。主要是要让沿海一些地区先发展起来。其三,共同富裕从根本说是一个发展生产的问题,而不是一个分配问题。社会主义的原则,第一是发展生产力,第二是共同富裕。在生产发展的基础上,一部分地区生活提高得快些,这是合乎发展规律的。其四,先进地区有义务帮助落后地区。可以由沿海一个省包内地一个省或两个省,开始时可以做某些技术转让,可以是先富起来的地区多缴点利税,最根本的还要靠实行全方位开放,靠生产要素的合理流动带动经济欠发达地区。先富裕起来的地区帮助后进地区,要注意掌握适当的时机和力度。"可以设想,在本世纪末达到小康水平的时候,就

[①] 《邓小平文选》第二卷,人民出版社1994年版,第152页。
[②] 《邓小平文选》第三卷,人民出版社1993年版,第155页。

要突出地提出和解决这个问题。"①

　　归结起来说,邓小平同讲发展,按客观规律办事贯穿始终。也可以说,以上所列邓小平同志各个方面的发展思想,又都可归结为按客观规律办事的思想。

　　(原载《苏南现代化研究》,中国经济出版社版1995年版)

---

① 《邓小平文选》第三卷,人民出版社1993年版,第374页。

努力走出一条西部开发的新路子

西部大开发是党中央面向新世纪所作出的重大战略决策。对西部大开发的研究也迅即成为一大热点。与我国以往的种种地区经济开发相比,西部大开发面对着体制背景不同、国际环境不同等重大变化,因而精心实施好这项世纪工程,也必须有新思路和新机制。

首先,应依靠市场。西部大开发明显不同于传统计划经济下曾经进行过的"移民开发"、"兵团建设开发"和"三线建设开发",也有别于二十多年来在我国东部沿海地区实施的"开放开发"。众所周知,"三线"建设是在地区平衡发展思想指导下,运用计划手段配置资源,且在很大程度上考虑到战备的要求进行的,布局混乱,因而并没有取得预想效果。改革开放以来在我国东部沿海地区进行的"开放开发",主要是利用沿海地区的区位优势,国家通过实行向东部地区倾斜的区域政策和对经济特区沿海开放城市的更加特殊的优惠政策,使这一地区由于能够同时享受到计划经济和市场经济的双重好处,而得到快速发展。而西部大开发则是在我国社会主义市场经济的框架已经基本确立的新形势下进行的,主要应依靠市场,运用市场机制开发。西部大开发一起步就引出一个是"主要依赖于政府"还是"主要依靠于市场"的问题。现在,社会主义市场经济的框架已经在我国基本确立。因此,按照市场经济规律要求进行西部开发,自然也就应该由过去计划经济下的政府行为为主转变为市场导向为主,也就是通常所讲的"政府搭台、企业唱戏"。还应注意,这里所讲的"市场导向"不是一城一地的狭隘市场,而是国内、国际大市场。事实上,改革开放以来之所以出现了我国东西部开发差距拉大的趋势,根本的一点也正在于东部地区较快地进行了新旧经济体制转换,较快地发展了市场经济;而西部地区体制转换滞后,企业机制仍然不活。改革也是解放生产力。西部地区的发展,首先必须解决好体制、机制的问题。主要运用市场机制开发,就必须充分发挥作为市场主体的企业和个人在实现资源优化配置中的作用。为加快西部地区的发展,国家在投资等政策上向西部地区倾斜是完全必要的,先发展起来的东部地区通过多种方式帮助和支援中西部地区发展,也是应尽的责任。但更需积极探索形成东部与中西部地区互惠互利的合作机制。东西部地区各有其优势,也都有自己的劣势,东西合作,优势互补,协调发展,共同富裕,将是西部大开发的主旋律。

第二,必须着力营造投资环境。要在西部开发中很好地发挥市场机制的作用,就必须格外重视市场和投资环境的建设,特别是投资软环境建设。西部地区经济发展落后,为改善西部地区的投资环境,在国家支持下加快进行西部地区交通、通讯、城市基础设施等"硬件"建设完全是必要的,但更应看到,有了良好的投资硬环境,并不就等于能迅速扩大投资(特别是吸引外来投资)。东部开发的经验也早已证明了,一个良好的投资环境,除了基础设施等"硬件",还必须有包括政府政策和服务等等在内的"软件"。可以说,就整个西部地区而言,投资硬环境不行,投资软环境更差,"硬件"和"软件"都有待于大力加强,并且可以相信,随着西部大开发战略的实施和国家基本建设投资向西部地区倾斜,西部地区的投资硬环境在一个不太长的时期内将会有个很大的改观,而让人担心的还在于这一地区的投资软环境建设能否很快跟上。加强投资软环境建设,重要的不是要比谁家制订的政策更优惠,而是要看哪个地方更能舍弃陈旧观念,跳出自我封闭的框子和提供更高质量的服务。

市场经济发展的奥妙在于企业间的平等竞争和优胜劣汰。良好的投资环境意味着相对较小的投资风险和较高的投资回报率。西部地区投资环境真正建设好了,不愁没有创业者来投资。

第三,要大力发展非国有制经济。现在,国有经济仍占到50%以上比重的省份都在西部地区,在有的省份国有经济的比重仍高达60%～70%。贯彻党的"十五大"和十五届四中全会精神,必须按照"有进有退,有所为有所不为"的既定方略,进一步搞好对国有经济的战略性调整和对国有企业的战略性改组,以进一步调整、完善所有制结构和进一步转换企业的经营机制。是生产力决定生产关系而不是相反。西部地区的生产力发展水平比全国水平低,国有经济仍占到这样的比重是不正常的。西部地区的同志要进一步解放思想,放开手脚发展非国有经济,特别是非公有制经济,进一步做好调整、优化地区所有制结构的文章。

第四,必须是开发环保并重。西部大开发要实现的战略目标之一正在于建立起可靠的全国生态屏障,以实现我国国民经济的可持续发展。这就要求,必须把加强生态环境保护和建设作为开发的根本。西部地区应立足于当地的实际,进行经济结构调整。要从主要从事开采转变为一、二、三产业协调发展,大力发展有自己特色的优势产业,有条件的还可发展高新技术产业,切记不可乱上项目、乱铺摊子。东部沿海地区的发展既有成功经验可供西部开发借鉴,又有教训可供吸取。进行西部大开发要大胆探索,在不断开拓创新中形成地区自我发展的良性机制。

第五,必须大力发展科技和教育。西部大开发,关键是人才。在西部大开发中必须重视人力资源开发,从一起步就要注重大力推进科技进步,全面提高劳动者素质。西部地区经济发展落后的另一面或原因之一,还在于人们思想观念陈旧,劳动者的文化素质低。承认落后才能改变落后。西部地区在考虑发展思路、制订发展规划时,都要制定人才规划和政策措施,包括发展在职教育,有些人才可送到东部培训。在这方面,已经取得了一些成功经验。

第六,从根本上说西部地区发展还要依赖于西部地区人民。马克思主义哲学告诉人们,外因仅是促使事物发展变化的条件,而内因才是事物发展变化的根据。毫无疑问,西部大开发战略的实施,将有力地吸引区外生产要素向西部地区汇集,成为西部经济发展的重要力量。但从根本上说,西部地区的发展,西部现代化的加快实现还要依赖于西部地区人民。西部地区广大干部群众有着迅速改变地区落后面貌的热切期望和强烈要求,这个潜能是无可估量的,再有了国家重点支持和东部地区的大力支援、帮扶,定能闯出一条适合地区实际的发展新路来。但也应看到,西部开发是一项规模巨大、复杂艰难的系统工程,需要许多人持续努力。各级党委和政府一定要把人民群众的积极性引导好、保护好和发挥好,使之成为西部大开发的强大动力。面对西部大开发,西部地区的同志必须克服长期形成的"等、靠、要"思想,中央扶、东部地区帮是不可缺少的,但关键还在于自己真干、实干,发扬艰苦奋斗精神。

西部大开发将不仅能释放出西部地区的发展潜能,还能为整个国民经济发展提供更广阔的空间和巨大的推动力,同时也为一切创业者提供了新的发展机遇。

(原载《当代经济·江苏版》2000年第3期)

努力按客观经济规律办事

邓小平经济理论深刻揭示了像中国这样的发展中国家经济建设和发展的规律，而一定要按照客观规律要求办事的思想又贯穿他整个经济理论的始终。

总之，我们现在强调要按经济规律办事

可以说，遵循客观规律要求办事，这在小平同志是一贯的。《在西南局城市工作会议上的报告提纲》中，他就指出，正是由于遵循了"新区发展的规律"，城市工作才取得很大的成绩。① 在《邓小平文选》第二、三卷中，直接、间接论述这一问题的地方，随处可见。

邓小平同志首先回答了为什么必须尊重客观经济规律的问题。他不厌其烦，高屋建瓴，把个中道理讲得十分透彻。

1. 经济规律是一个客观存在，违背它必然受惩罚

经济规律是经济现象发展过程中内在的普遍的和必然的联系，是一种不以人们的主观意志为转移的客观必然性。在《邓小平文选》第2、3卷中，小平同志反复地讲明了如下三层意思：建国后头八年，由于遵循了客观经济规律，各方面关系比较协调，经济发展也比较快；从1957年下半年到1976年"四人帮"垮台，除去三年调整，二十年的失误

---

① 《邓小平文选》第一卷，人民出版社1994年版，第172页。

主要来自"左",而"左"的实质是践踏客观经济规律,并受到惩罚;十一届三中全会后恢复了党的实事求是的思想路线,又回到按客观经济规律办事。①

2. "解放思想,实事求是",说到底正在于"求"客观规律要求之"是"

邓小平同志讲,解放思想就是使主观和客观相符合,就是实事求是。他借用毛泽东同志的论述说:"'实事'就是客观存在着的一切事物,'是'就是客观事物的内部联系,即规律性,'求'就是我们去研究。我们要从国内外、省内外、县内外、区内外的实际情况出发,从其中引出其固有的而不是臆造的规律性。"小平同志强调说明,实事求是,是无产阶级世界观的基础,是马克思主义的思想基础。过去我们搞革命所取得的一切胜利,是靠实事求是;现在我们要实现四个现代化,同样要靠实事求是。而"解放思想,实事求是",说到底也正在于"求"客观规律要求之"是"。②

3. 也正是尊重社会经济发展规律才实行改革开放

邓小平同志教导说,我们探索中国怎么搞社会主义,目标确定了,从何着手呢?就要尊重社会经济发展规律,搞两个开放。一个对外开放,一个对内开放。即是说,搞好改革开放,重要的正在于研究其内在的规律性。③

4. 我们需要的是鼓实劲,不鼓虚劲

邓小平同志强调说,经济工作要鼓实劲,不鼓虚劲。并特别说明:"所谓鼓实劲,不鼓虚劲,拿科学的语言来说,就是按客观规律办事。经济工作要按经济规律办事,不能弄虚作假,不能空喊口号,要有一套科

---

① 《邓小平文选》第二卷,人民出版社 1994 年版,第 313~314、346 页;第三卷,人民出版社 1993 年版,第 116~117、136~140、249、253~254、269 页。

② 《邓小平文选》第二卷,人民出版社 1994 年版,第 364、116~117、143 页。

③ 《邓小平文选》第三卷,人民出版社 1993 年版,第 117 页。

学的办法。"必须"按照经济规律管理经济"①。

要自觉地运用经济规律就必须科学地把握经济规律

事实上,一个社会存在的客观经济规律有多种。有一切社会形态都发生作用的经济规律,有几个社会形态共有的经济规律,有某一社会形态所特有的经济规律。而只有正确地认识和把握经济规律,才说得上自觉地运用经济规律。

在《邓小平文选》中,小平同志没有具体讲明社会主义社会都存在哪些客观经济规律。但从他的整个论述看,我国社会主义社会中存在的主要经济规律至少有如下一些:

1. 生产关系一定要适合生产力发展的规律

生产关系一定要适合生产力的发展,这是人类社会共同的经济规律,并为我国理论界所公认。邓小平同志讲搞"大跃进"、人民公社完全违背客观规律;讲有些地区过去粮食能自给,后来却不行了,主要是脱离了当地实际,超越了经济发展水平,没有按经济规律办事,以及实行家庭联产承包责任制后又取得明显效果;讲在社会主义条件下还要通过改革解放生产力等等,事实上都正是对这一客观经济规律的生动分析和运用。②

2. 国民经济按比例发展规律

现在看,过去把"有计划按比例发展"看做是社会主义特有的经济规律,还有待进一步研究;但"按比例分配社会劳动"则无疑是任何以分工为基础的社会生产,特别是社会化大生产的必然要求。邓小平同志多次讲到比例失调,强调要统筹兼顾,正确处理各方面比例关系;把农业等看做战略重点;提出组织一个班子,研究下一个世纪前五十年的发

---

① 《邓小平文选》第二卷,人民出版社 1994 年版,第 196、129 页。
② 《邓小平文选》第二卷,人民出版社 1994 年版,第 313、346 页;第三卷,人民出版社 1993 年版,第 116、370 页。

展战略和规划等等,正是对这一客观经济规律的具体运用。① 还要在这里说清楚的是,邓小平同志从来没有把经济的高速度发展和按比例发展对立起来;相反地,他一直也是认为,没有按比例发展就不可能有稳定的、确实可靠的高速度,也因此才有个对比例失调的适时调整问题。②

3. 价值规律

价值规律是商品经济的基本规律。这也是邓小平同志明确讲到的社会主义社会中存在的客观经济规律。足见小平同志对这一规律的重视。③

4. 社会主义基本经济规律

不论对每个社会中是否存在一个基本经济规律以及对其如何表述存在怎样的不同看法,但社会生产目的是客观的,达到目的的手段也是客观的,这点毋庸争辩。"社会主义的经济是以公有制为基础的,生产是为了最大限度地满足人民的物质、文化需要,而不是为了剥削。"④

5. 社会主义物质利益规律

社会主义物质利益规律是社会主义本质的反映。邓小平同志尖锐地指出,如果只讲牺牲精神,不讲物质利益,那就是唯心论。小平同志又指出,在社会主义社会中,国家、集体和个人的利益在根本上是一致的,必须把国家、集体和个人的利益结合起来。这实际上是揭示了社会主义物质利益规律的内容和要求。⑤

---

① 《邓小平文选》第二卷,人民出版社 1994 年版,第 355、249~250 页;第三卷,人民出版社 1993 年版,第 9、312 页。

② 《邓小平文选》第二卷,人民出版社 1994 年版,第 161 页;第三卷,人民出版社 1993 年版,第 368 页。

③ 《邓小平文选》第三卷,人民出版社 1994 年版,第 130、131、162、278 页。

④ 《邓小平文选》第二卷,人民出版社 1994 年版,第 167、252 页;第三卷,人民出版社 1993 年版,第 110~111 页。

⑤ 《邓小平文选》第二卷,人民出版社 1994 年版,第 151、337、351 页;第三卷,人民出版社 1993 年版,第 146 页。

6. 社会主义按劳分配规律

必须说，社会主义制度下对个人消费品实行"按劳分配"是客观的，这一点并没有因转换社会主义市场经济体制而改变。只是，按劳分配规律的作用，还必然要受到生产力发展水平的限制。邓小平同志充分肯定了"按劳分配"的社会主义性质，指出：坚持按劳分配的原则，这在社会主义建设中始终是一个很大的问题。①

7. 中国地区间由不平衡发展到相对平衡发展规律②

社会主义社会里还存在一些其他的经济规律。例如，以农业为基础就带有客观规律性。在《邓小平文选》中，小平同志对农业、农村和农民问题作了突出的强调。又如，地区间由不平衡发展到相对平衡发展，也是合乎发展规律的。邓小平同志先富带后富的思想已是众所周知。

按经济规律办事，就要注重培养按经济规律办事的人

在讲清为什么一定要按客观经济规律办事，以及如何正确认识社会主义社会存在的客观经济规律之基础上，邓小平同志把落点放在了如何培养、造就按客观经济规律办事的人。《邓小平文选》第2、3卷，有很大篇幅都是讲这一问题的。

邓小平同志教导说，按经济规律办事，就要培养一批能按经济规律办事的人。我们需要一些专家、懂行的人，现在不懂行的人太多了，"万金油"干部太多了。……改变这个状况，是一项相当长期的工作。现在就要着手，不然，有好机器、好设备，也发挥不了作用。搞建设，行业非常多，每一项都需要有专门知识，还要不断增加新知识。全党同志一定

---

① 《邓小平文选》第二卷，人民出版社1994年版，第30、101页。
② 见《邓小平文选》第二卷，人民出版社1994年版，第152页；第三卷，人民出版社1993年版，第52、155、277~278、364、373~374页。

要善于重新学习。邓小平同志又指出,要善于使用干部,努力为他们工作创造条件。①

党的十一届三中全会公报就这样讲过:"实践证明,保持必要的社会政治安定,按照客观经济规律办事,我们的国民经济就高速度地、稳定地向前发展,反之,国民经济就发展缓慢甚至停滞倒退。"在《邓小平文选》中,小平同志也始终是把我们进行改革开放和现代化建设取得的胜利归之于按客观规律办事的胜利。学习邓小平同志一定要按客观规律办事的教导,倍感亲切!

(原载《江苏经济探讨》1997年第4期)

---

① 《邓小平文选》第二卷,人民出版社1994年版,第196、264、153、151页。

社会主义市场经济和社会主义精神文明
——学习党的十四届六中全会《决议》体会

党的"十四大"确定了"我国经济体制改革的目标是建立社会主义市场经济体制",并明确指出"社会主义市场经济体制是同社会主义基本制度结合在一起的"。但"十四大"政治报告在具体阐释社会主义市场经济体制如何同社会主义基本制度结合在一起时,也还只是讲了"在所有制结构上"、"在分配制度上"和"在宏观调控上"社会主义市场经济所表现出的一些新特点。由是,许多同志也都持有这样的看法,即讲社会主义市场经济体制同社会主义基本制度的结合,主要应是指其同社会主义基本经济制度的结合。而江泽民同志作序、马洪同志主编的《什么是社会主义市场经济》一书,在谈到社会主义市场经济体制如何和社会主义基本制度结合在一起运行时,则言明:"社会主义的基本制度,从经济上说,是以公有制为主体;从政治上说,是以共产党为领导。"可以认为,在这里,事实上已经提出了社会主义市场经济体制不仅要同社会主义基本经济制度结合在一起,而且要同社会主义基本政治制度结合在一起。在十四届六中全会《决议》中,第一次明确提出,社会主义市场经济体制"不仅同社会主义基本经济制度政治制度结合在一起,而且同社会主义精神文明结合在一起"。《决议》的这一集中概括,进一步把我国改革的实践经验上升到理论,标志着我党对社会主义市场经济认识的深化。

社会主义市场经济体制必然要同社会主义基本制度结合在一起

市场经济作为一种经济体制和资源配置方式,无疑具有一些共性特征,包括通常所讲的主体自主化、要素市场化、调控间接化、运行法制化、保障社会化以及要遵守国际经济交往中通行的规则和惯例等。改革以来,特别是自党的"十四大"确定我国经济体制改革的目标是建立社会主义市场经济体制以来,我国理论界、实际部门和企业界的同志,对此已进行了多方面探讨,在许多问题上取得共识,做得很有成绩,这方面的工作还要继续做。然而,现实生活中存在的市场经济从来就是具体的。我们所搞的是社会主义市场经济,而不是别的什么市场经济。这就又要求我们,既要能很好地把握市场经济的共性特征,又要能切实把握我们所搞的社会主义市场经济的个性特征;在某种意义上还可以讲,切实把握我国社会主义市场经济的个性特征,比把握市场经济的共性特征,要更困难,意义也更大。

有了18年的改革实践,现在已能看得很清楚,虽然社会主义市场经济的个性特征可以有多个方面的具体表现,但从根本上说,正在于它是在社会主义条件下运行的;这里所讲的"社会主义条件",首先又正是指的社会主义的基本制度;而这里所讲的"社会主义基本制度",又是既包括社会主义的基本经济制度,也包括社会主义基本政治制度和文化制度。换言之,要正确地把握社会主义市场经济的个性特征,就必须正确认识它是如何具体地同社会主义基本制度结合在一起的。

1. 社会主义市场经济首先要同社会主义基本经济制度结合在一起

社会主义市场经济必然要同社会主义基本经济制度结合在一起,对此的认识比较统一。这主要表现在:社会主义市场经济是在以公有制为主体的多种经济成分共同发展的条件下运行;社会主义市场经济允许合理的收入差距但又不会导致两极分化;社会主义市场经济必然要受到强有力的国家宏观调控等。

2. 社会主义市场经济又必然要同社会主义基本政治制度结合在一起

那么，又如何认识社会主义市场经济体制又是同社会主义基本政治制度结合在一起的呢？

按照通常的理解，所说一国的基本政治制度，主要是指该国的国体、政体和政党等，具体到我国的基本政治制度，依据江泽民同志《在庆祝中国共产党成立七十周年大会上的讲话》中所讲，主要是指"人民民主专政"、"人民代表大会制度"和"中国共产党领导的多党合作和政治协商制度"。显然，所说社会主义市场经济体制还要同社会主义基本政治制度结合在一起，不可能是指其直接与我国的国体、政体和政党结合在一起；也不好讲它实际是在人民民主专政等条件下运行的；马洪同志主编的《什么是社会主义市场经济》一书提出，社会主义的基本制度"从政治上说，是以共产党为领导"，不仅不够全面，而且也未做进一步阐释。总之，究竟社会主义市场经济体制是如何同社会主义基本政治制度结合在一起的，还有待作具体说明。

我领会，《决议》中明确提出社会主义市场经济体制还要同社会主义基本政治制度结合在一起的根据是：其一，正如江泽民同志所讲，"有中国特色社会主义的经济、政治、文化，是有机统一、不可分割的整体"。即是说，社会主义市场经济体制既然要同社会主义基本经济制度结合在一起，也就必然要同社会主义基本政治制度、文化制度结合在一起。其二，政治是经济的集中表现，归根到底由经济决定，并为经济服务。而一个国家的政治制度，总是同该国的根本性质和社会经济基础相适应的。政治和政治制度属于社会上层建筑的范畴。因此，对于社会主义市场经济体制同社会主义基本政治制度的结合，还必须从上层建筑对经济基础的巨大反作用来认识。择其要说：（1）社会主义市场经济体制的微观基础，社会主义的整个经济基础，有了社会主义基本政治制度的保障才能巩固和发展。（2）正是由于社会主义基本政治制度的存在并发挥作用，社会主义市场经济才能不偏离社会主义的航向，才能最终实现其经济目标,即达到共同富裕。(3)也正是由于社会主义基本政治制度的存在并发挥作用,才得以不断建立、健全服务于社会主义市场经济的法律体系,以保障社会主义市场经济健康、有序地运行。(4)也正是由于社会主义基本政治制度的存在并发挥作用,才能够逐步建立起高度发达的社会主义精神文明和社会主义民主。

这里,要特别地说说以中国共产党为领导的问题。有人不解地问:搞市场经济同哪个政党领导又有何相干?难道资产阶级政党领导就不是市场经济了吗?这是只知其一而不知其二,或者说这是只看到了市场经济的共性而没有看到社会主义市场经济的个性。提出这样的问题的人忘记了,全中国人民在长期奋斗的实践中早已深刻认识到这样一个真理,就是只有中国共产党人才是社会主义事业和人民利益的最坚决捍卫者。也正是中国共产党高举起改革的旗帜,并确立起建立社会主义市场经济体制的改革目标。一些前社会主义国家发生的波折也从另一个方面说明了,离开马克思主义政党的正确领导的改革,社会主义就会化为乌有,更谈不上发展社会主义市场经济。既如此,又怎么可以把坚持和加强党的领导同搞社会主义市场经济对立起来呢?

3. 社会主义市场经济还必然要同社会主义基本文化制度结合在一起

这里所说的社会主义文化,既是指思想道德,又包括教育、科学、文学艺术、新闻出版、广播影视、卫生体育、图书馆、博物馆等各项文化事业。在这里,"社会主义文化"是"社会主义精神文明"的"同义语"。《决议》讲,社会主义市场经济体制还要"同社会主义精神文明结合在一起",实际也就是还要同社会主义基本文化制度结合在一起。

那么,具体又如何来把握这一"结合"呢?我领会,同上文所分析的社会主义市场经济体制同社会主义基本政治制度结合在一起的情况一样,对于社会主义市场经济体制同社会主义文化即社会主义精神文明的结合,也应从经济、政治、文化是一个统一体和文化对社会政治经济的巨大反作用来认识。

要在此强调的是,任何一个社会(这里指阶级社会和有阶级社会)

都必须有统治思想,并且任何一个社会的统治思想又都是统治阶级的思想;作为社会上层建筑的一部分,每个社会都必然要在一定经济基础上形成一定的社会意识形态,并为一定阶级的利益服务。无需说,社会意识形态也必须有与之相适应的制度。而所说一国的基本文化制度,首先也正在于是以什么思想作精神支柱。因此,讲社会主义市场经济体制还要同社会主义文化结合在一起,首先也正表现在马列主义、毛泽东思想和邓小平建设有中国特色社会主义理论居于指导地位,要同社会主义思想道德结合在一起。正如《决议》所讲:"社会主义思想道德集中体现着精神文明建设的性质和方向,对社会政治经济的发展具有巨大的能动作用。"

提出社会主义市场经济体制要同社会主义思想道德结合在一起,这听起来很有些令人费解。然而,必须说加强以思想道德建设为核心内容的社会主义精神文明建设,又的确是社会主义市场经济体制的内在要求。这表现在:(1)社会主义市场经济体制不仅要做到以市场为基础配置资源,而且必须不偏离社会主义的航道运行,而这在很大程度上正是要靠加强社会主义思想道德建设来引导和保障的。(2)建立和完善社会主义市场经济体制,要求健全社会主义法制,加强精神文明建设,引导人们正确处理竞争和协作、自主和监督、效率和公平、先富和共富、经济效益和社会效益等关系。(3)健康有序的社会主义市场经济必须有一定的经济和社会生活规范,需要科学的价值导向,而这也正要靠健全社会主义法制,加强精神文明建设来建立。

其次,必须说实现社会主义市场经济体制同社会主义精神文明的结合,也是完全有可能的。作为一种有效资源配置方式,市场经济完全可以为社会主义所用。也可以讲,就其基本方面说,市场经济观念同社会主义精神文明并非是对立的。亦如《决议》所正确指出的:"我国的实践已经证明,发展社会主义市场经济有利于解放和发展社会主义社会的生产力,增强社会主义国家的综合国力,提高人民的生活水平,也有利于增强人们的自立意识、竞争意识、效率意识、民主法制意识和开拓创新精神,使社会主义的优越性进一步发挥出来。"诚然,市场自身也有弱点和消极方面,并会反映到精神生活中来。而这也正有赖于通过健全社会主义法制、加强社会主义精神文明建设来抑制。有一种看法认为,市场经济的"天性"决定了,市场经济体制同社会主义精神文明不能结合。这是不懂得,资本主义市场经济本来也是同资本主义精神文明结合在一起,社会主义市场经济也必然要同社会主义精神文明结合在一起。

社会主义市场经济体制不仅要同社会主义基本制度结合在一起,而且要同社会主义基本制度的一些具体制度结合在一起

迄今都是一直在讲,市场经济体制要同社会基本制度结合在一起。那么,是否可以认为,社会主义市场经济体制还要同社会主义基本制度的一些具体制度结合在一起呢?我认为这是一个可研究的问题。

这里提出社会主义市场经济体制还要同社会主义基本制度的一些具体制度结合在一起,有两个方面的理由:一是社会基本制度还要通过相应的具体制度来体现;二是市场经济本来也不仅仅是经济手段。第一点应是不言而喻。这里着重说说另一个方面的一些想法。

通常认为,市场经济体制只是一种经济手段,资本主义可以利用、社会主义也可以利用,这无疑完全正确。但我认为,在把市场经济体制看做经济手段的同时,还必须把它看做一整套经济活动、行为、组织、管理和规则的体系。也无需否认,作为经济体制的市场经济,事实上也是一种经济制度。对此,笔者在前些年就公开表明过这样的看法,即够得上"制度"的经济范畴事实上是分层次的,只有居于最高层次的经济范畴才体现出社会基本制度的差别。具体来说,第一层次是基本经济制度,主要指占主体地位的所有制和由所有制决定的分配制度,它是对社会生产关系本质的抽象;第二层次是社会经济形式,如自然经济或商品经济,它是对以一定社会生产关系联系起来的人们所从事经济活动的抽象;第三层次是经济活动形式,反映的是经济运行层次(体制)的关

系，如计划经济或市场经济，它是对社会资源配置方式的抽象；再下一个层次是经济运行中的各项具体制度，如企业制度、管理制度等。这样来把握市场经济，至少是说清楚了这样几点：(1) 市场经济体制本身不属于社会基本制度范畴，但它又不可能脱离社会基本制度而凭空存在；(2) 市场经济体制本身也是一种经济制度，并必然要同与之相适合的一些具体制度相联系；(3) 作为经济体制的市场经济不仅要同社会基本制度结合在一起，而且要同社会基本制度的一些具体制度结合在一起。

用不着多做解释，这里提出社会主义市场经济体制还要同社会主义基本制度的一些具体制度结合在一起，显然不是指在传统计划经济体制下形成的具体制度的原封不动地沿用；也不是指所有现实存在的基本制度的具体制度（一是改革还在进行中，二是也不可能是所有基本制度的具体制度）；而是指真正与社会主义市场经济发展要求相适宜的种种具体制度。这样提出和认识问题也是符合改革要求的。改革正是社会主义制度的自我发展和完善，其本意也正在于在坚持社会主义基本制度的前提下，改革生产关系和上层建筑中那些不适应生产力发展的方面和环节，而所有的改革又都可归到建立社会主义市场经济体制。如果不承认社会主义市场经济体制还要同与之相适合的社会主义基本制度的具体制度结合在一起，这在理论上又怎么能自圆其说呢？

再就构建社会主义市场经济体制所碰到的一些具体问题看，也很难认为社会主义市场经济体制不是同社会主义基本制度的一些具体制度结合在一起的。例如，建立社会主义市场经济体制的关键正在于切实搞好公有制企业，特别是国有企业的改革，方向也已经明确，就是要转上现代企业制度。同时，不论是国有独资公司，还是以公有制为主体的公司制企业，又都有个如何在公司制企业里切实加强职工民主管理的问题。就是非公有制企业，也必须有制度来确保工人的合法利益。这实际是提出了社会主义市场经济体制如何同社会主义基本经济制度的具体制度结合在一起的问题。又如，在社会主义市场经济体制微观基础的架构中，有两个问题特别突出，一是如何切实发挥党的核心作用,二是如何确保职工的主人翁地位,普遍遇到一个如何处理好"老三会"、"新三会"关系的问题。就非公有制企业看,不仅要有制度保证职工和雇主在政治上是平等的,而且在有的非公有制企业中,更已建立起党的基层组织和工会、共青团等群众组织。这实际上又提出了一个社会主义市场经济体制如何同社会主义基本政治制度的具体制度结合在一起的问题。再就社会主义市场经济体制同社会主义精神文明的结合说,更是要有一系列具体的文化制度作为载体。包括文艺、新闻出版等以及文化市场都要有具体管理制度,作为我们传家宝的思想政治工作制度,制度化的多种形式的群众性精神文明创建活动,各种形式的表彰先进制度等。

正确认识社会主义市场经济体制不仅要同社会主义基本制度结合在一起,而且还必然要同基本制度的一些具体制度结合在一起,意义重大。可以说,改革至今,我们对社会主义市场经济的认识的统一,在很大程度上还是名词概念上的统一,一碰到具体问题,争论就来了。如下两种倾向必须注意纠正和防止:一是口头上讲的是社会主义市场经济,而心中的模式则是资本主义市场经济,包括认为搞社会主义市场经济是公有制所占比重愈小愈好,直至倡导什么国有资产的私有化,把建立市场经济体制同加强党的领导对立起来,把发展社会主义市场经济同发展社会主义精神文明对立起来,在企业内部只强调经营者的作用、而无视如何加强党的领导和职工民主管理,等等。二是口头上讲的是社会主义市场经济,心中想的还是计划经济,如把社会政治经济文化生活中存在的一些坏东西都一股脑儿堆到社会主义市场经济头上,动不动就提出对非公制经济的发展要进行限制,把所属企业看做自己的势力范围而死抱住手中的权力不放,一些明显过时的具体制度也不愿意改,等等。承认社会主义市场经济体制不仅要同社会主义基本制度结合在一起,而且要同基本制度的具体制度结合在一起,共同语言也就多了。

在我国具体条件下建立社会主义市场经济体制必须高度重视发展社会主义精神文明

社会主义精神文明建设中,教育科学的发展对经济社会发展的巨大作用,无需在这里多讲。单就发展社会主义市场经济,还要靠发展教育来培养、造就大量的、高素质的各种专门人才(包括职业企业家队伍)说,离开教育的大发展,我们的社会主义市场经济到底能搞成什么样子也无从设想。

在我国具体条件下发展社会主义市场经济,加强以思想道德建设为核心内容的社会主义精神文明建设更是有着特殊的重要意义。必须正确地认识我国的基本文化国情和所处的环境。(1)封建主义在我国影响极深,封建社会、半殖民地半封建社会遗留的腐朽思想不可能自动地退出历史舞台;(2)由于资本主义不发展,在资本主义制度下得到大大发展的那些属于全人类共同财富的精神文明成果我们还很少有,有的是资本原始积累时期的野蛮和贪婪;(3)传统计划经济观念也不愿自动退去,新体制、新规范正在出现,又未真正形成,出现一系列的新矛盾、新问题;(4)对外开放资本主义腐朽东西会乘机而入;(5)西方敌对势力从未停止对我进行意识形态渗透,从未放弃对我实行"西化"、"分化"。正如《决议》所正确指出的,在我国社会精神生活方面存在的问题已相当严重。因此,必须对加强社会主义精神文明建设的紧迫性和建设社会主义精神文明的长期性、复杂性有个足够的认识。

邓小平同志早就明确讲过,只有两个文明建设都搞好了,这才是有中国特色的社会主义。现在,党中央对两个文明建设都作出了具体部署。我们对伟大祖国的壮丽前景充满信心。

(原载《江苏经济探讨》1996年第12期)

第三编

江苏经济发展研究

五十年光辉历程

——江苏经济发展五十年回顾及启示

社会主义新中国即将走过她50年的不平凡历程。从1949年至1999年的50年间,尽管中国在前进道路上发生过一些波折,但整个地说,仍无愧是社会主义制度不断巩固、经济不断发展、社会不断进步、人民生活不断改善的可歌可泣的50年。特别是自党的十一届三中全会以来,改革极大地解放了中国的社会生产力,保持了世界第一的经济增长速度,在各个方面都取得了举世瞩目的巨大成就。

就某种意义说,江苏省的50年也就是共和国50年的一个缩影。这里,拟对江苏经济50年的发展进行简要回顾,并看看能从中受到些什么启示。

辉 煌 的 成 就

1. 不同时期的发展

江苏50年的经济发展,大致可分为以下几个时期:

(1) 国民经济恢复和"一五"时期(1949年10月至1957年)

1949年4月23日,中国共产党领导的中国人民解放军占领南京,宣告了蒋家王朝的覆灭。6月,江苏全境解放。江苏经济自此结束了长期停滞、衰落的历史,走上了恢复、发展国民经济,建设社会主义新江苏的道路。

总的说,包括国民经济恢复和第一个五年计划在内的这一时期的江苏经济发展平稳,基本完成了对生产资料私有制的社会主义改造,社会主义取得了决定性的胜利。据统计,经过3年的恢复、发展,江苏工农业总产值从1949年的54.33亿元,增长到1952年的80.36亿元,再增长到1957年的98.87亿元(按1980年不变价计算)。财政收入从1952年的6.8亿元,增加到1957年的10.10亿元。按所有制分类,1949年国营工业产值占全部工业产值的9.07%,合作社占0.04%,公私合营占2.78%,私营占49.25%,个体手工业占38.86%;1956年国营上升到29.26%,公私合营为43.66%,私营为0.01%,手工业合作组织为19.23%,个体手工业为7.29%。①

(2) "大跃进"和国民经济调整时期(1958年至1965年)

从1958年起,江苏开始实施省的"二五"计划,并贯彻中央制定的社会主义建设总路线,开展了"大跃进"和"人民公社化"运动。其时,以高指标、瞎指挥、浮夸风和"共产风"为主要标志的"左"倾错误严重泛滥,江苏深受影响。"二五"时期,江苏原定的计划增长目标未能实现,并出现3年的负增长。1963年到1965年的调整时期,国民经济又有了新的发展。这期间,全省国内生产总值从1962年的69.20亿元,增加到1965年的95.10亿元,年均增长12.5%。

(3) "文化大革命"时期(1966年至1976年)

从1966年5月至1976年10月,中国开展了一场长达10年的所谓"文化大革命"。其间,"左"的思想泛滥成灾,一切全搞乱了。只是由于在党的领导下,江苏广大群众以不同形式对林彪、江青两个"反革命集团"进行了强有力地抵制,加上此前已形成的基础,才使得江苏经济遭受破坏的程度有所减轻。据统计,这10年,全省国内生产总值年均增长4.9%。1977年和1978年,全省国内生产总值分别增长6.3%和24.70%。从所有制结构看,在1978年的江苏全部工业产值中,国有工业占61.46%(不计队办工业占66.34%),集体工业占38.54%,已是

---

① 文中数据除另有注明的外,均引自笔者主编《江苏经济50年》(江苏人民出版社1999年版)一书。

公有制的一统天下。

(4) 改革开放新时期(十一届三中全会以来)

1978年12月,具有深远历史意义的党的十一届三中全会胜利召开,实现了党的工作着重点的转移,吹响了实行改革开放、开创社会主义现代化建设新局面的号角。从此,江苏经济也步入一个快速增长的新时期。

统计资料显示:1978年至1991年,全省国内生产总值从249.24亿元,增加到1601.38亿元,增长了1.5倍;从1991年至1998年,全省国内生产总值又从1601.38亿元,迅速扩大到7200.8亿元,1992年至1998年7年的年度增长率均在11%以上,年均增长率超过15.6%。由于经济高速增长,江苏经济总量于1992年提前8年实现了比1980年翻两番的战略目标,人均国内生产总值也于1993年提前7年实现比1980年翻两番的目标。改革推动了所有制结构的合理调整,1997年,在全省乡及乡以上工业总产值中,国有工业降至26.93%(在全部工业总产值中占17.65%),集体工业为45.5%,其他为27.57%;社会消费品零售总额中,国有占23.57%,集体占29.94%,联营占0.52%,个体占22.32%,其他占23.65%;全社会固定资产投资中,国有占37.52%,集体占20.33%,其他占42.15%。特别值得一提的是,改革开放中,江苏乡镇企业异军突起,最高时在全省工业总产值中的比重,达到"三分天下有其二";外资经济在江苏的发展也很快。

2. 巨大的成就

建国50年来,在中央的统一领导和江苏省委、省政府的直接领导下,江苏在社会主义革命和建设中,取得了多个方面的巨大成就。择其要说:

(1) 不断巩固、发展了社会主义初级阶段的基本经济制度

1956年对生产资料私有制的社会主义改造的基本完成,标志着社会主义基本经济制度已在江苏建立,剥削制度已被消灭。但回过头来看,我们在当时并没有搞清楚什么是社会主义和怎样建设社会主义。经过十一届三中全会以来的改革和建设实践,才明确认识到我国还处

于社会主义的初级阶段上,还必须发展多种所有制经济,我们要建立和完善的还只能是以社会主义公有制为主体、多种所有制经济共同发展的基本经济制度。依赖于这些年来社会生产力的快速发展和与之相适宜的所有制结构的初步形成,公有制为主体、多种所有制经济共同发展的基本经济制度不断得到巩固、发展和完善。

(2) 初步建立起社会主义市场经济体制

建设和发展社会主义,首先要确立社会主义的基本制度,同时还必须解决好经济体制的问题。新中国成立后,我国长期实行的是社会主义计划经济体制。事实早已说明,这种经济体制不利于资源的优化配置,经济愈发展其弊病愈暴露。从而,实现由传统计划经济体制向社会主义市场经济体制的转换也就成了社会主义改革的必然选择。经过二十多年的努力,这种新型经济体制已在江苏初步建立。需要在这里指出的是,江苏开展市场调节,明确提出新体制应"以市场调节为主",在全国都属比较早的;省政府不管企业也曾作为成功的经验,在全国推行。

(3) 不断推动了经济总量的扩大和经济结构的升级,明显提高了国民经济素质

经过50年的发展,江苏的经济总量规模逐步扩大,全省国内生产总值从1952年的48.41亿元,增加到1998年的7200.81亿元,按可比价格计算,增长38.8倍。全省国内生产总值中的一、二、三次产业结构,也从1950年的52.7∶17.6∶29.7演进为1998年的14.1∶50.6∶35.3。就总体说,江苏已基本完成了初期工业化的历史任务,进入中期工业化阶段。江苏国民经济的整体素质已明显增强。

50年的发展,使江苏的物质生产水平大大提高,物质生产能力和经济实力大大增强。统计资料显示:从1952年至1998年,江苏全社会固定资产投资完成额从1.24亿元扩大到2535.3亿元,增长187.8倍;从1952年至1997年,全省资本形成总额从8.60亿元扩大到2925.28亿元,增长265倍;从1952年至1998年,全省财政收入从6.8亿元增加到579.3亿元,增长84.2倍。

江苏农机总动力已从 1952 年的 5.59 万千瓦,增加到 1997 年的 2499.69 万千瓦,增长 446 倍;农用化肥施用量从 1952 年的 0.17 万吨,增加到 1997 年的 322.68 万吨,增长 1897 倍;粮食产量从 1952 年的 997.55 万吨,增加到 1998 年的 3415.1 万吨,增长 2.42 倍;棉花产量从 1952 年的 9.28 万吨,增加到 1998 年的 46.2 万吨,增长 4.98 倍;油料产量从 1952 年的 21.68 万吨,增加到 1998 年的 115.5 万吨,增长 4.33 倍;水产品产量从 1952 年的 16.81 万吨,增加到 1998 年的 282 万吨,增长 16.8 倍。主要工业产品产量:钢铁产量从 1952 年的 0.62 万吨,增加到 1997 年的 1331.8 万吨,增长 2147 倍;发电量从 1952 年的 4.10 亿千瓦小时,增加到 1997 年的 777 亿千瓦小时,增长 188.5 倍;原煤产量以 1952 年的 113.21 万吨,增加到 1997 年的 2506.01 万吨,增长 21 倍;水泥产量从 1952 年的 36.90 万吨,增加到 1997 年的 4031.73 万吨,增长 108 倍;农用化肥产量从 1952 年的 1.32 万吨,增加到 1997 年的 187.98 万吨,增长 141.4 倍;纱产量从 1952 年的 7.28 万吨,增加到 1997 年的 96.57 万吨,增长 12.3 倍。经过 50 年的建设,江苏的经济实力大大增强,在全国的地位逐步上升。1952 年江苏的国内生产总值占全国国内生产总值的 7.13%,1998 年已升至 9.05%。至 1997 年,江苏的国内生产总值、工业总产值、农业总产值、消费品零售额均居全国第 2 位,固定资产投资、进出口总额均居全国第 3 位,财政收入居全国第 4 倍。江苏以占全国 1.06% 的土地,养育着占全国 6% 左右的人口,并向国家提供了大量的财政收入,为全国经济发展做出了重要贡献。

(5) 不断改善了人民的生活

江苏的人均国内生产总值,已从 1952 年的 131 元增加到 1998 年的 10023 元(折合 1200 多美元),按可比价格计算增长 19.5 倍。生产发展了,人民的生活也在不断提高。如,全部职工年平均工资已从 1952 年的 421 元,增加到 1997 年的 7108 元,增长 15.88 倍,年均增长 6.5%。1978 年改革开始时,论职工工资水平江苏排在全国倒数第一二位,近些年升至第七八位。1998 年全省城镇居民人均可支配收入达

6017.8元,农民人均纯收入 3376.8元。在收入消费水平提高的同时,居民的消费结构发生了明显改变,用于食品消费支出的比例逐步下降,非食品支出的比重不断增大,其中文教娱乐及生活服务支出比重达 25.4%。①

显然,共和国成立50年来,江苏在经济建设中取得的成就,远不止如上所讲到的这些。这里不再一一细讲。

3. 发展优势和特色

江苏经济在发展中显现出以下优势和特色:

(1) 区位优势明显,发展经济的条件较好。

江苏地处富饶的长江三角洲,是中国古代文明和近代民族工业的重要发祥地之一。特别是苏南地区,交通便利,可直接接受上海等大中城市的辐射,并有着务工经商的传统。全省土地肥沃,气候适宜,大部分农田可以灌溉,农业生产条件较优。

(2) 乡镇工业发达,集体经济占很大比重。

同全国的情况一样,改革开始时,江苏也是国有经济居于垄断地位,形成公有制一统天下的局面。随着乡镇企业的崛起,个体、私营等非公有制经济的恢复、壮大,一种以公有制为主体、多种所有制经济共同发展的所有制结构已初步形成。在全省1997年的全部工业总产值中,包括村办工业在内的集体工业产值高达52.7%。这种以集体经济为主体(国有经济仍发挥着主导的作用)的所有制结构,在短期内将不会发生根本性改变。

(3) 产业结构以轻型加工业为主,原材料和产品"两头在外"。

(4) 组织结构以中小企业为主,比较分散。

(5) 工农业发展比较协调。

(6) 经济活动的外向度较高。全省进出口总额占GDP的比重,和实际利用外资占全社会固定资产投资的比重,均达四分之一左右。

---

① 见《新华日报》1999年8月30日第1版。

宝贵的启示

建国50年来,特别是自党的十一届三中全会以来,江苏省在探索中前进,形成了许多共识,积累了宝贵的实践经验。主要是:

1. 社会主义的路还要由我们自己来走

总结江苏50年的发展经验所得到的第一个基本认识是,社会主义不存在一套固定的模式,建设有中国特色社会主义的路具体还要由我们自己走。中国人民历史地选择了社会主义的道路,但只有通过不断进行的实践,社会主义才能在我国变成活生生的现实。重要的是,实践必须在正确理论和路线指导下进行,否则就是盲目、甚至是有害的实践。我党在社会主义初级阶段的"一个中心、两个基本点"的基本路线和作为当代马克思主义的邓小平理论,已被实践证明是克敌制胜的法宝。50年来,特别是改革开放以来,江苏各条战线所取得的胜利,也正是党的正确路线和邓小平理论的胜利。

2. 搞建设必须遵循客观经济规律

总结江苏50年的发展经验所得到的第二个基本认识是,搞现代化建设必须遵循客观经济规律,按客观规律的要求办事。经济规律是经济现象发展过程中内在的普遍的和必然的联系。同一切自然规律一样,它的存在也是客观的。所言"实事求是",也就是要按照客观规律的要求办事。国民经济恢复和"一五"时期,60年代初进行的对国民经济的调整,由于遵循了客观经济规律的要求,经济发展就快;形成鲜明对照的是,"大跃进"时期和"文化大革命"时期,由于违背了经济规律(典型的如"大跃进"年代的"人有多大胆,地有多大产"、"跑步进入共产主义"和"文化大革命"中的"穷过渡"、"割尾巴"),也就不能不受到惩罚;党的十一届三中全会后,重新回到党的实事求是的思想路线,认识规律、尊重规律(如尊重产生关系一定要适合生产力发展的规律发展了多种所有制经济,尊重社会化大生产的规律发展了专业化协作和联合,尊重商品经济规律发展了商品经济等等),也因此才赢得世界第一的增长速度。另外,各地有各地的实际,必须从自己的实际出发,以形成自己的发展优势。

3. 发展经济必须保持一个安定团结的政治局面

总结江苏 50 年的发展经验所得到的第三个基本认识是,发展经济必须保持一个安定团结的政治局面,政治上不安定什么事情也做不成。"一五"时期、改革开放以来新的发展时期,政治上安定,经济形势就好;"文化大革命"时期,政治上不得安定,致使国民经济到崩溃的边缘。这一正一反两个方面的经验教训,值得我们永远汲取。我国安定团结的局面来之不易,必须倍加珍惜和爱护。

4. 搞好改革发展才有动力

总结江苏 50 年的发展经验所得到的第四个基本认识是,没有党的十一届三中全会以来的改革开放就没有江苏经济的大发展,搞好改革发展才有动力。传统理论认为,社会主义基本经济制度建立后,生产关系同生产力之间就不再存在矛盾,剩下的仅是一个发展生产力的问题。邓小平同志曾深刻地提出:"社会主义基本制度确立之后,还要从根本上改变束缚生产力发展的经济体制,建立起充满生机和活力的社会主义经济体制,促进生产力的发展,这是改革,所以改革也是解放生产力。过去,只讲在社会主义条件下发展生产力,没有讲还要通过改革解放生产力,不完全。应该把解放生产力和发展生产力两个讲全了。"[①]我国所进行的社会主义改革,并不是要改变社会主义的基本制度,而是要把社会主义同市场经济有机结合起来,关键又是解决好社会主义公有制,特别是社会主义国有制,在市场经济下的实现形式问题,而对国有大中型骨干企业说,也就是要建立规范的现代企业制度,使之真正成为适应市场的自主经营、自负盈亏、自我发展、自我约束的法人实体和竞争主体。就利用市场机制说,江苏曾比全国先行一步,现正努力争取做到"三个率先",即率先实现国有企业改革和脱贫的三年目标,率先推进国

---

① 《邓小平文选》第三卷,人民出版社 1993 年版,第 370 页。

有大中型骨干企业建立现代企业制度,率先完成经济结构的调整和产业结构的优化。

5. 讲发展应是"自加压力,能快则快"

总结江苏50年的发展经验所得到的第五个基本认识是,抓住了经济发展也就抓住了我国社会的主要矛盾,发展经济必须"自加压力,能快则快"。邓小平同志告诫说:"我们的生产力发展水平很低,远远不能满足人民和国家的需要,这就是我们目前时期的主要矛盾,解决这个主要矛盾就是我们的中心任务。"[①]"猫论","抢抓机遇发展","发展才是硬道理",集中体现了他的发展思想。江苏不依赖国家投资,大力发展地方经济和城乡集体所有制经济,说明对邓小平同志的发展思想有较早的领悟。邓小平同志提出"江苏应该比全国平均速度快"的期望后,江苏又很快把此变成发展的动力。用省委书记陈焕友同志的话说:"历史的呼唤和全国大局的要求,使江苏人民加快发展、率先发展的意识和思路日益坚定和清晰。"[②]改革开放后,江苏所以能达到GDP年均增长12.6%的高速度,正是同这种指导思想和精神分不开的。

6. 进行两个文明建设不能是"一手硬,一手软"

总结江苏50年的发展经验所得到的第六个基本认识是,我们不仅要建立高度发达的社会主义物质文明,而且必须建设高度发达的社会主义精神文明,必须是两个文明一起抓,两手都要硬,而不能是"一手硬,一手软"。在加快经济发展的同时,江苏历届省委、省政府都始终把两个文明协调发展摆在突出位置,逐步建立和完善"两手抓"的机制,人民的精神面貌和城乡环境面貌焕然一新,并涌现出张家港市等一大批先进典型。1996年,江苏省正式提出建成与经济发展相适应的文化大省的口号,并出台了一系列的扶持政策,有力地推动了文化事业的发展。

---

① 《邓小平文选》第二卷,人民出版社1994年版,第182页。
② 见《新华日报》1999年9月6日第1版。

7. 注重抢抓机遇，实施正确的发展战略

总结江苏50年的发展经验所得到的第七个基本认识是，发展经济必须注重抢抓机遇，并立足于本地的实际制定好发展战略。改革开放以来，江苏牢牢把握住三次大的发展机遇，实施了三大发展战略。第一次是80年代初，率先大力发展乡镇企业，完成了工业化初步布局，由农业大省发展为工业大省。第二次是90年代初，抓住上海浦东开发开放的机遇，主动迎接辐射，大力发展外向型经济。1997年初，省委又提出把加大调整经济结构的力度作为江苏经济发展的第三次机遇，努力使江苏经济在保持总量优势的基础上，再形成质量的优势。结合江苏的实际，省委又制定了科教兴省、经济国际化和区域共同发展三大战略（后又把可持续发展提到发展战略高度，有时也讲四大战略），有力地促进了全省经济的发展。

8. 切实尊重群众的首创精神

总结江苏50年的发展经验所得到的第八个基本认识是，奇迹是由人民群众创造的，必须切实尊重群众的首创精神。群众中蕴藏着极大的社会主义建设的积极性和创造性，领导的水平，领导者的责任，正在于引发出这种积极性和创造性。一些新事物，一些新办法，往往不是先由领导者做出来和想出来，再交给下面去做；而是先在下面干出来，尔后才被发现、被认识。乡镇企业是农民的伟大创造。股份合作制经济中的经营者或经营集团多持股、持大股，也是首先在江苏发展起来的。省委、省政府及时地总结了乡镇企业改制的经验，对此进行了充分的肯定。

结　　语

1994年底，江苏省第九次党代会向全省人民庄严承诺，到2000年，全省以县为单位全面实现小康，部分地区初步实现现代化；到2010年，全省基本实现现代化。全面达小康、率先现代化，成为江苏人民统一思想、凝聚力量、鼓舞斗志的旗帜。

1999年6月,据有关方面对我省小康实现情况跟踪监测的结果显示,全省综合评分达98.19分。在64个县(市)中,已经实现和基本实现小康的有55个,接近小康的有9个。[①] 经预测,按目前的发展势头发展下去,到2000年,全省全面实现小康、部分地区初步实现现代化的目标,将胜利实现。如苏州市,1998年的国内生产总值即已达到1250亿元、人均达21733元、职工年均工资8915元、农民人均纯收入5089元。像苏州这样的地方,到2000年达到初步现代化应不成任何问题。

 我们正前进在社会主义的大道上。我们正向着2010年全省基本实现现代化的新目标奋进。到2010年,全省基本实现现代化的目标能如期达到吗?在很大程度上,这还要看对基本现代化的标准如何认定。不过,可以肯定的是,不论到2010年江苏经济发展和人民生活水平如何,由于有了50年的建设经验和基础,再加上全省人民努力奋斗,今后江苏的经济发展仍将会比全国平均速度快,全国到2050年基本实现现代化的原定目标在江苏将大大提前变为现实!

(原载《学海》1999年第5期,特约撰写)

[①] 见《新华日报》1999年8月26日第1版。

"企业集团化"和创建江苏经济发展新优势

——兼论解困国有企业的必由之路

党的"十四大"报告特别谈到"鼓励有条件的企业联合、兼并,合理组建企业集团"的问题。十四届三中全会通过的《中共中央关于建立社会主义市场经济体制若干问题的决定》又对发展企业集团提出明确要求:"发展一批以公有制为主体,以产权联结为主要纽带的跨地区、跨行业的大型企业集团,发挥其在促进结构调整,提高规模效益,加快新技术、新产品开发,增强国际竞争能力等方面的重要作用。"无论是从遵循社会化大生产和商品经济规律的要求说,还是从江苏建立社会主义市场经济新体制、搞好和解困国有大中型企业、加速实现四个现代化的需要说,都必须把推进"企业集团化"的工作摆在重要议事日程。

走经济发展必由之路

建立社会主义市场经济新体制、搞好国有大中型企业、加速实现四化,为什么要特别提出一个合理组建和发展企业集团的问题?从根本上把这一问题搞搞清楚,才能提高行动的自觉性。

1. 社会化大生产和商品经济发达条件下必然的企业组织形式

大家知道,"企业集团"虽然名称不同,但在经济发达国家早就普遍存在。实践证明,它正是社会化大生产和商品经济发达条件下的一种与其相适合的一般企业组织形式,实行社会化大生产和商品经济发展到一定水平或程度后,再进一步向更高水平发展的必然选择。

首先,分工是社会化生产的前提,而专业化则是社会化分工的一种表现形式。有分工就必然要有协作,有协作又必然有联合,并必然产生出相应的组织,这正是社会化大生产的规律。再从商品经济发展看,它的本性、它的活力,都集中表现在生产者之间无情的市场竞争和优胜劣汰上。纵观商品经济发展史,正是自由竞争引起生产和资本的集中;而生产和资本的集中发展到一定程度又自然而然地走向垄断,并渐次产生出卡特尔、辛迪加、托拉斯、康采恩、跨国公司等不同类型和不同发展程度的种种垄断组织。产生于资本主义商品经济中的这种种垄断组织,一方面执行着垄断资本的功能,同时又正是历史所创造的,在社会化大生产和发达商品经济条件下企业从事经济活动的一般组织形式。显然,这种一般组织形式其本身并无一个姓"资"还是姓"社"的问题。这一点也早已为世界不同类型国家和地区经济发展的史实所充分证明了。

2. 现代市场经济更要靠企业集团来作支撑

社会主义市场经济即社会主义条件下的市场经济,因而它也必然带有市场经济的共性特征,主要有这样几点:(1) 主体自主化;(2) 要素市场化;(3) 调控间接化;(4) 运行法制化;(5) 保障社会化。此外,在国际交往中应遵守通行的惯例和规则。当然,任何市场经济又都是具体的。同社会主义基本制度联系在一起的社会主义市场经济,本身又有一些不同于资本主义市场经济的个性特征。

市场经济本身又是在不断完善和发展的。随着商品经济的不断发展,市场经济已发展到它的更高阶段——现代市场经济。一般地说,现代市场经济有如下标志:(1) 主体大型化。现代市场经济的一个最显著的特征是,作为微观基础主体的已不是孤立、分散存在的单个企业,而是公司化和集团型的垄断竞争型企业。在当今,企业的公司化、集团化和国际化已成为不可逆转的大趋势。(2) 市场国际化。这是现代市场经济的又一重要标志。国内市场已与国际市场联为一体,同时,各种要素市场充分成熟,体系更加完善。(3) 宏观调控手段加强,并日益完善。(4) 法制更加健全,运行更加有序。(5) 社会化服务充分发展。

(6)社会保障更加发展,制度更加健全。

我们现在所面对的是一个生产的社会化早已跨越了国界,商品经济已发展到很高的程度,国际分工和交换愈来愈发展的新世界。我们所面对和要发展的已经是现代市场经济。这就必须把企业的公司化、集团化和经营的国际化放在突出的地位。为此,仍然需要进一步进行观念的更新。

长时间以来,在传统旧体制下,我们不仅是条块分割,搞了企业的"大而全"、"中而全"和"小而全",而且是以所有制划分企业、制定政策。必须说,这种状况同发展现代市场经济的要求完全不相适应。即是说,与社会主义市场经济相适宜的只能是以公司制为基本形式的现代企业制度,而不能是旧体制下形成的原有企业制度。一方面,在现代市场经济下,企业只应按组织的法律形式划分,或者是公司企业,或者是合伙企业,或者是独资企业;并且,就公司企业的出资者说,必然是多主体的。不同企业间也只能是平等竞争关系。另一方面,竞争又不断促进联合,在公司化基础上不断发展着企业的集团化和经营的国际化。同时,在现代市场经济中,不同规模和组织形式的企业所扮演的角色又是不相同的。

进一步讲,通常说企业是市场和市场竞争的主体,这话自然没有讲错;提出中小企业亦有中小企业的优势,船小好掉头,同样能参与国际市场竞争,这话一定意义上也能成立;人们更看到,在世界上的各个国家和地区,又都是中小企业占数量优势。然而,所有这些,都改变不了如下基本情况:一是,尽管中小企业在当今各个国家和地区占据数量的优势,但在市场竞争,特别是在剧烈的国际市场竞争中充当主角的,并不是单个中小企业而是大公司、大集团;二是,在发达国家中也存在大量中小企业,但它们一般并不是搞"中而全"和"小而全"式的生产,而是纳入了专业化生产的系统。其实,在现代市场经济下,大企业的生产也是高度专业化的,中、小企业真正、持久的活力更不表现在"船小好掉头",今天来生产这个,明天去生产那个,而是在于专业化生产,为大公司、大集团当好配角。总之一句话,在现代市场经济下,真正的优势是集团经济的优势,发展社会主义市场经济还必须有大公司、大集团来挑大梁。因此,仅仅讲搞活单个企业已经很不够了,有企业的"改制",还要有企业的集团化和经营的国际化。

中国企业集团的崛起和建设

作为改革中迅速兴起的一项具有强大生命力的新事物,企业集团已以其崭新的姿容、巨大的身躯展现在我国经济生活中。然而,就总体说,我国的企业集团还处于较低的发展层次。要实现通常所说的"企业集团化"并进一步向更高水平发展,还是一项经过长期努力才能完成的艰巨任务。

1. 中国企业集团的兴起

据国家体改委1991年对25个省、自治区、直辖市和14个计划单列市进行的统计,在上报了基本情况的千余家企业集团中,依据该委规定的条件,即"企业集团核心企业必须是法人,不兼有政府行政管理职能;核心企业规模必须在中型(含)以上;企业集团必须有多层次的组织结构,有3个(含)以上紧密层企业"判定,初步发育成型的企业集团为431家。据保守的估计,迄今在工商部门登记的企业集团(只登记核心企业)已不少于三四千家。在我国改革开放大潮中有这么多企业集团迅速崛起,这本身就说明了,企业集团这种新的经济组织的大量出现正是适应了我国社会主义商品经济和社会化大生产发展的要求。通过对我省和全国企业集团的多年的跟踪研究,我认为对于企业集团在我国迅速崛起和发展的必然性,具体可以从如下方面分析:

第一,我国早已具备生成企业集团的物质条件。

经过几十年的艰苦奋斗,我国已建立起一个门类比较齐全、独立、完整的工业体系。虽然就总体说,我国的社会生产力发展水平还比较低,但这是相对而言,就生产的社会化程度讲,特别是具体到工业部门和有些地区,已是相当之高。企业集团在工业部门和经济较发达地区发展得比较快,一方面反映出我国经济发展的不平衡性,另一方面也正说明,商品经济和社会化大生产愈是发展,就愈是存在着深化横向经济联合、组建和发展企业集团的内在要求。事实上,我国今天的社会化生产和商品经济发展程度,远比19世纪末和20世纪初的西方国家、战后的日本以及韩国等企业集团发展较快的国家和地区当时的发展程度为高。既然这些都已成为事实,那么,说到我国组建和发展企业集团的条件是否具备,也就不成其为问题了。

第二,我国企业间也早就存在着发展横向经济联合、组建企业集团的要求。

回顾我们所走过的路,可以说我国社会主义经济发展中早就存在着发展专业化协作和经济联合的内在要求了,只是企业联合及其形式的变化不能不直接受制于经济管理体制。在资本主义条件下,可以说企业间的专业化协作和联合、直至企业集团的产生,是源于企业间剧烈的市场竞争"自然而然"地发展起来的。而我国传统经济体制下的企业联合形式及方法,其主要特征就是用行政办法组织行政性工业公司。不是企业不想发展横向经济联合,而是硬性地采用行政手段不准其联合。就是上个世纪60年代常州市兴起的闻名全国的专业化协作"一条龙",也是靠行政手段组织,并且只能在"本系统"内开展。在这点上,前苏联和前东欧社会主义国家由于采用的是同一个高度集中的计划经济管理体制,情况大致相似。

第三,改革不仅为企业集团的生成创造了外部环境,也给了企业发展联合的原动力。

鸡蛋能孵化出小鸡,但也只有在一定的温度下才能孵化出小鸡。同样,社会主义经济能孕育出企业集团,但也只有在一定气候下才能孕育出企业集团。正是党的改革开放的大政策打破了束缚企业的枷锁,给了企业发展横向经济联合的原动力,并不断为企业发展联合创造了条件。从这里说,我国企业集团正是改革的产儿。

改革伊始,党就明确提出要使我们的企业真正成为自主经营、自负盈亏的社会主义商品生产者和经营者。由政府行政机构的附属物转变为独立商品生产者,这样,就不仅使企业生出发展横向经济联合的动力,并逐步有了发展横向经济联合的能力或权力,而且又使企业产生了接受市场竞争考验的压力,发展联合、更好地参与市场竞争成为联合各方的共同要求。与此同时,各方面的配套改革又为企业集团的产生、发展创造了活动舞台和外部条件。循着由低级到高级、从松散到紧密的横向经济联合发展规律前进,由松散型横向经济联合组织演变到具有多层次组织结构的企业集团,原本是瓜熟蒂落、水到渠成。

企业集团的确不是成员企业各自优势的简单相加,而是能产生出1+1>2的"复合效应",创造出一种新的生产力。企业集团确有单个企业所不具有的多种基本功能和综合优势。对于企业集团的多种基本功能、多方面的综合优势及其发展企业集团对我国经济发展的深远影响,现在看得愈来愈清楚。

2. 中国企业集团的建设

在中国特定历史条件下,即在新旧体制夹缝中兴起的我国企业集团,可以说一问世就带有某些先天的不足,体制改革的滞后又使后天营养不良,步履维艰。概言之,我国组建企业集团数量已不算少,但要把它们办得名副其实,不断发展壮大,真正成为竞争中的强者,还是任重道远。这就提出了一个如何进一步搞好企业集团建设的问题。

首先是企业集团自身的建设,包括其结构建设、体制建设和功能的建设。

讲企业集团建设,先要研究解决如何促使其组织结构规范化的问题。典型的中国企业集团应包括核心企业、紧密层企业、半紧密层企业和松散层企业四个层次。前三个层次主要是资产纽带联结,一般说紧密层企业应是企业集团核心企业即集团公司的控股(或全资)公司;半紧密层企业应是集团公司的参股公司,当然也可以"双向"持股;松散层企业通常靠契约维系。这里,关键又在于搞好核心企业的建设。推进企业集团自身的建设,一个很重要的方面又在于大力推进其内部领导管理体制的建设。加强企业集团领导管理体制的建设,应着重解决好以下几个问题:一是要坚持必要的集中统一;二是要充分体现成员企业间作为法人的平等地位;三是要加强企业集团公司及其成员企业的民主管理制度建设;四是要逐步完善董事会领导下的总经理负责制;五是由工厂式管理逐步转向公司化管理;六是要配套地搞好企业集团的领导机构建设,包括企业集团内党的建设等等。企业集团自身建设的另一个重要方面在于强化其自身功能的建设。迄今,我们较多地注意了企业集团的组织结构建设(注重其结构建设自然是必要的),而对于企业集团的功能建设,则没有给以应有的重视。从发展看,实行事业部制,即采用企业集团本部(集团公司)、事业部(分公司)、工厂三级组织管理模式,分别形成"投资"、"利润"和"成本"三个中心功能,是比较理想的选择。但也不可以搞"一刀切"、一个模子。现在,迫切需要研究解决的是真正赋予企业集团公司以投资功能的问题;其次,必须强化企业集团的研究开发功能建设和外向开拓功能的建设。

企业集团就其本质而言是以产权关系为依托的一种公司企业间的联合,股份制企业是它生长的基础。有中国特色的企业集团也必须是股份制集团,必须建立在现代企业制度基础上。我国企业集团之所以难以规范,正在于包括核心企业在内的成员企业还不是实行的现代企业制度。党的十四届三中全会通过的《决定》明确提出了建立现代企业制度的任务,就多数的国有大中型企业说,转为公司体制已是大势所趋,从而也为我国企业集团的规范化建设创造了条件。

创建江苏经济新优势

事实上,企业集团在我省的崛起是比较早的,而且形式多、发展快。据省体改委统计,迄今全省已组建各种类型的企业集团七百多家,其中省级企业集团三百多家。但同全国其他地区普遍存在的情况一样,就总体说它们尚处于较低的发展层次,只有少数初步发育成型,而大部分的企业集团或则没有一个真正的核心,或尚未建立起应有的资产联结纽带,或结构和功能不全,且达不到适度规模,其功能和优势还没有真正得到发挥。

如何推动江苏经济的更大发展,包括如何进一步调整经济结构,怎样进一步搞好国有企业,如何推动乡镇企业上水平,这是近些年来从省委、省政府领导,到各级经济部门、科研部门以及市、县领导和企业的同志都在思考的问题。早在1987年,笔者就曾在《关于发展江苏工业战略突破口的思考》一文中(载《江苏经济研究》1987年第15期)明确提出,应把组建和发展工业企业集团作为发展江苏工业的战略突破口。1989年,在一份研究报告中,笔者又以《新生长点,新路子》为题,全面论证了"从组建和发展企业集团中走出一条振兴江苏经济新路子的必要性、可能性"①。近些年来企业集团在我省的发展实践证明,它们确已成为我省经济的新生长点了。现在需要进一步研究的,是如何借企业"改制"的契机,一手抓企业的制度创新,一手抓好企业的集团化,以创建我省经济发展新优势。

人们知道,较长时间内,国家出于战备的考虑,很少在沿海搞大规模投资,直到"五五"结束,在江苏工业总产值中,中央工业的产值也仅占7.2%。同时,江苏又是一个人多地少和缺少矿产资源的省份,城市就业和农业剩余劳动力问题突出。正是在这一特定历史背景下,促使我省走上依靠农业和地方财力进行原始积累,选择较有基础、本身又是投资少、见效快的轻纺工业作主导产业,积极扶持集体经济,特别是乡镇工业发展的外延式扩大再生产作为自力更生发展经济的路子,并逐步形成加工工业为主、传统工业为主和中小企业为主的独特结构和优势。历史地看,这条路是走得对的。然而,这同时也带来了"散、乱、重、低"等问题。随着改革开放的深入和兄弟地区经济的增长,我省依靠数量增长在全国领先发展的优势逐步丧失,"三个为主"掩盖的问题也日渐突出,昔日的优势甚至演变成了劣势。这就必须努力培育我省经济的新生长点,进而逐步形成新的经济发展优势。而有着完全的必要、也有可能创建的新优势,正是集团经济的优势。

---

① 见笔者主编的《企业集团的功能及发展研究》,江苏人民出版社1989年版。

建立在现代科学基础上的社会化大生产,一方面表现为生产的相对集中,另一方面又表现为生产专业化、社会化的不断加强。而企业集团正是这种社会化大生产天然组织形式。企业形成企业集团首先应有一个实力雄厚的大中企业做核心。企业组建起企业集团后,可以做到优势互补,既可以增强核心企业的活力,又能带动成员企业一片。另外,集体所有制经济,特别是乡镇企业已是我省经济的重头戏,面广量大的乡镇企业一方面可以加入以城市大中企业为核心的大型企业集团,另一方面也可以自我组织起来,发展以骨干乡镇企业(这样的乡镇企业在我省已有一批,本身就是优势)为龙头的中小型企业集团。即是说,不仅是城市大企业,包括乡镇企业在内的所有企业都有个优化结构、借企业集团这条大船发展的问题。所说"企业集团化"具体也就是指企业集团已挑起经济发展的大梁,大部分企业都已是集团企业;发展到这一步,很自然地就形成集团经济的优势。

从全国各地组建和发展企业集团的实践看,发展较快的企业集团有两类:一是以国有大型、特大型企业为核心组建,如一汽集团、二汽集团、宝钢集团、吉化集团等,它们是企业集团中的"国家队";二是由企业自愿组建,既可以是以国有企业为核心,也可以是以城镇集体企业和乡镇企业为核心的土生土长的中小型企业集团,开始不成气候,但组建集团后雪球迅速滚大。再从一些地区经济发展实际看,广东、上海、江苏、山东四省(市)组建企业集团较多,经济发展也快。特别是"粤货北上"、上海重振雄风,都是靠的集团经济。相比之下,江苏组建企业集团数量不少,但绝大部分都未能形成适度规模。事实上,组建起企业集团还不等于就形成了规模经济。这才是在发展规模经济的路上迈出重要一步,接下去还有更大的文章要作。

进一步拓宽视野看,在现代化日益发展的今天,实现规模经济已经是一件关系经济发展全局的大事。20世纪中期以来,发达国家出现一大批超大规模、多种经营的集团企业和跨国公司;一些经济发展较快的发展中国家和地区,也是靠大型企业集团的带动。可以说,企业集团已成为当代经济活动中的核心力量,也是一国经济实力的标志。从这里说,发展集团经济正是循着世界经济发展的大趋势而动。

我省有一种争论,有种看法认为从发展战略讲,江苏第一位的应是进一步进行结构调整;不同的看法则认为,必须把重点放在发展规模经济。而没有看到发展企业集团,既可以收到发展规模经济之效,同时又可以收到优化产业、产品结构和经济组织结构之效。抓好"企业集团化"才是牵牛抓住了牛鼻子。事实上,企业集团有着多方面的基本功能,集团经济发展了,不仅可以收到优化结构和发展规模经济之效,还能促进专业化发展,推动生产要素合理流动,更有利于实现科研与生产的结合、加快研究开发、推进科技进步,还能提高企业管理水平,更大地参与国际市场竞争,并为加强宏观调控创造条件。

这里要重复并强调说明的是,要推动江苏经济上新台阶,十分重要的一点在于提高企业的组织程度,变"小而散"为"小而联"和"小而专";而要做到这一点,企业的集团化几乎是唯一的选择。这里还要强调说明这样一点,即我省经济要实现新突破、上新台阶,另一个很重要的方面正在于充分发挥潜在的人才和开发优势。深圳和海南的开发吸引去不少江苏的人才,省里应采取必要措施稳住人才并把外地的人才吸引到江苏。从这里说,企业集团正是科研与生产结合、使科研成果尽快地转化为现实生产力的好形式。同时,组建企业集团,还有利于对紧密层成员企业统一规划发展、统一进行技术改造和集中研究开发。

从根本说,组建企业集团应是企业的行为。企业是否组建或加入企业集团,关键在企业自身发展是否有这个要求。但也应看到,我国的企业集团是在社会主义条件下生成和发展的,它的形成背景及动因和西方发达国家的企业集团不同。也就是说,在我国条件下组建和发展以公有制为基础的企业集团离不开政府的推动,这主要表现在政府要为企业集团的发展创造条件。

为推动我省企业集团健康发展并逐步实现企业集团化,特别要注意解决好这样几个问题:1. 要有明确的指导思想。企业集团有自身发生、发展的规律,必然要有个成长过程,不是想"化"就"化"起来的。应是"政府搭台,企业唱戏",促进而不包办。搞行政性捏合,搞翻牌集团只会使企业集团走样变形。不能让企业集团兼有行政功能。应坚持企业集团的多模式、多形式。2.要加强规划。可以说,我省企业集团已走过量的发展阶段,现在重要的是推动已有企业集团上档次、上水平(包括促进企业集团再联合)。要抓企业集团中的"拳头",尤其应注意发展跨地区、跨行业的大型企业集团,并重点培育好高新技术集团。3.要集中力量研究如何使企业集团迅速扩大规模和实现技术进步的问题。为此应实行必要的政策倾斜。4.结合企业改制,抓好企业集团的公司化改造。首先对企业集团核心企业按《公司法》予以规范。5.要注重企业集团功能的建设,转换企业经营机制,引导集团企业重软件、练内功、上水平。

总之,企业的集团化不仅已成为经济发展的一种必然趋势,也是提高我省经济的整体素质、推动江苏经济上新台阶的一步高棋。郑斯林同志来江苏后在一次讲话中提出,"要抓企业集团化,这点关系到江苏经济的命运"。这话讲到了点子上。

(原载《国有企业解困之路》,江苏人民出版社1995年版)

漫谈江苏工业结构调整

一、从深层次上理解"第三次机遇"

在调查中,我们注意到这样一个现象,就是有不少同志现在也会讲当前的结构调整是我省加快发展再创优势、再上新台阶的"第三次机遇",但对此的认识还停留在较浅的层次,特别是思想观念陈旧。有正确的认识才能有自觉的行动,为着使这次结构调整取得预想效果,必须先正思想。

这里集中谈两个问题:一是如何进一步从道理上说清楚,结构调整确是我省必须抓住的"第三次机遇";二是要搞好这次结构调整,还必须进一步进行哪些思想观念的更新和创新。

为什么讲结构调整是我省必须紧紧抓住的"第三次发展机遇"?我想,至少有如下理由:第一,经过改革开放以来的高速发展,我国经济已开始步入产业结构升级的重要时期,特别是经济发展具有一定超前性的我省,目前人均国民生产总值已突破1000美元,按照工业化阶段理论和产业结构演进的规律,我省已进入工业化中期,产业结构升级已是发展的客观要求。第二,结构调整和结构升级是推动经济增长方式转变的重要途径,经济结构的调整期也正是发展的机遇期。世界上一些国家和地区的发展经验表明,每次经济结构调整都有力地推动了经济的起飞。美、日抓住时机适时推进"产业结构知识密集化"战略,实现结构升级的成功更为世人所知。第三,我省已具备了优化结构的基础,有条件先行一步,做到"人无我有、人有我高"。必须看到,发展程度较高的并不止江苏,谁行动快,调整得力,谁就赢得了新一轮发展的主动权。从另一方面看,我省的结构性矛盾尤为突出,不主动进行调整已很难再发展。第四,目前正是结构调整的最有利时机。这主要表现在:(1)经过几年宏观调控,我国经济宏观上总量矛盾大大缓和,结构调整有很大回旋余地,买方市场的出现,逼着资源向优势企业聚集,只要能把企业救活,无偿赠送企业的已屡屡发生;(2)群众的承受力大大增强;(3)国家对结构调整的大力推进;(4)国际环境也十分有利。第五,我省一些地方进行结构调整的实践亦证明,早调整早主动,不调整越来越被动。最具说服力的是无锡市纺工系统先行一步进行结构调整,成为全国纺织行业的一枝独秀。春兰集团的飞速发展也说明,调则兴,不调则衰、则亡。

总之,这次进行的结构调整不同于以往进行的适应性结构调整。讲结构调整是我省加快发展的"第三次机遇"有着全新的内容,并不是随便提的。

调整是为着把经济结构调优、调高,而不是把原有不合理结构固化,更不能原有重复建设没有解决好又出现新的重复。为着搞好这次调整,更新观念也就作为一个重要问题摆在我们面前。

一是要增强机遇意识。机遇客观存在,但又是"机不可失,时不再来";没有机遇意识有机遇也抓不住。

二是要树立新的发展观。必须懂得发展决不是只能沿传统老路发展,更不是盲目发展,"发展是硬道理"同讲效益、实现经济增长方式的转变是完全统一的。离开经济效益的高速度没什么意义,盲目建设还要造成资源的浪费。虽然实现经济增长方式由粗放型向集约型的转变要有个过程,但具体到我省,就总体来说是该同旧增长方式决裂的时候了。

三是要真正树立起市场经济观念。只要是搞市场经济,"优胜劣汰"就是很自然的事,就是"同志有情、市场无情"和"企业能生能死,职工能进能出"。特别是要看到,现在已是"国内市场国际化",竞争还要更剧烈,是做竞争的强者,还是在竞争中被淘汰,就全看本事了。

四是要树立社会化大生产观念。社会化大生产讲分工协作,"大而全"、"小而全",一厂一制的年代即将过去,国内市场的竞争也已变为企业集团之争。一个精明的企业经营者所要考虑的是如何发挥整体优势,在社会化分工协作体系中找到自己合适的位置,再不可以是"宁做鸡头、不做凤尾"。

五是树立全局观念。结构调整关联到利益的调整,因此必须讲大局,要"小道理服从大道理"。

二、加强对全省结构调整的指导和协调

调查发现,迄今省有关部门提出的全省工业结构调整意见还比较粗,而各地制订的调整方案或规划则很细。由于仍受到多年形成的传统条块分割体制的限制和缺乏强有力的全省性协调,还基本上是"你做你的调整、我做我的调整"。这种状况令人担忧。

这里又要研究两个方面的问题:一是从理论说,企业和政府谁应是结构调整的主体,对结构调整要不要实行政府的(这里首先是指中央和省)宏观调控;二是如果政府的宏观调控是必须的,具体又如何加强。

首先必须说,社会主义市场经济的一个重要的个性特点就在于有着强有力的国家宏观调控,发生在"两个转变"时期的经济结构调整就更应如此。我以为,讲"结构调整主要是市场推动,应坚持以市场为导向"无疑是很对的。说"企业应成为结构调整的主体",原则上也没有错。但我同时也认为,我们的同志看问题必须客观些。摆在我们面前的一个最基本事实是,由计划经济体制向社会主义市场经济体制的转换还在进行中,建立现代企业制度也还在试点,企业并没有成为真正的市场竞争的主体。同时,和资本主义条件下的情况不同,我们的国家不仅是经济的行政管理者,而且是国有资产的所有者。在这样的情况下,撇开政府来进行结构调整,又如何能行得通呢? 就拿为调整存量资产所必须进行的兼并、破产说(更不要说行政划转),离开作为所有者的政

府难说企业能有多大作为。然而,毕竟也不可以倒过来讲,"政府是结构调整的主体"。看来,过多地在企业和政府哪个应成为"结构调整主体"上纠缠无多大意思,还是要强调企业行为和政府行为的密切结合。一般地说,发展什么产品,应是企业行为,政府应多帮助、少干预,而政府则应干属于政府的事。在"江苏发展高层论坛"第二次会议上,胡福明同志把政府在结构调整中的重要作用概括为"制定结构调整的方案","采取坚决措施,扼制低水平重复建设","推动大力发展新技术产业和新型产业","协调各地区、部门、行业之间的关系,为结构调整创造有利环境"和"提供信息,帮助企业在结构调整中作出准确的投资选择"等五个方面,主要的都讲到了。

其次,从实践说,加强对全省结构调整的指导和协调,第一个要做好的工作正是要在充分调查研究基础上,制订一个切合江苏实际的全省结构调整规划或方案,并认真组织实施。

进行结构调整,为何一定要有一个全省的规划呢?这主要是由于结构调整本身是一项极其复杂的系统工程,没有一个全省的方案必然要打乱仗,弄得不好将事与愿违。事实上,全省的工业布局、结构定位(如苏南各市的工业结构定位、苏南向苏北的产业转移、信息高速公路建设等),也只有省才有能力解决。省的规划主要是确定一个基本思路和框架,明确目标和所能采取的措施。特别是对于如何加快振兴新兴支柱产业、改造提高传统支柱产业和培育高新技术产业,如何进行产业转移,如何促进企业集团发展,应进行集中考虑。这次结构调整的目标很明确,就是依照社会化大生产的要求,提高生产的集中度和组织程度,推进产业升级和技术升级,实现工业结构的合理化和高度化。要不要把最终目标分解为近、中、远期目标,可以研究。

结构调整能否实现预期目标,在很大程度上将直接取决于调整的组织力度和重视程度。现在,全省上下对结构调整都很重视,但又普遍反映缺乏强有力的调控手段。要经济的、行政的和法律的手段并用,并强化政策的倾斜度和集中度。

进一步加强对全省结构调整的指导和协调,要求维护省级政策的权威性,令行禁止。在调查中我们还了解到这样一种情况,就是主管部门产业政策调控乏力,行业厅、局无法正确地行使行业管理职能。对于结构调整,还是要讲各市和省厅的协同。

三、调整应是全面全方位的调整

在调查中我们了解到如下情况,即在省有关部门提出的全省结构调整意见和各市制定的结构调整规划中,所考虑的主要是市区工业(市区工业中主要又是国有工业)一块,而其他方面的调整,则未做通盘考虑。这种情况应该改变。

我以为,就指导思想说,必须明确经济结构本身是多层次、多方面的,因而,我们所进行的经济结构调整,亦应是全面、全方位的调整。

1. 首先是一、二、三产业结构的调整。结合我省实际,仍需继续加快三产的发展。如下几点应是不言而喻:一是三产的发展必须建立在一、二产业,特别是二产发展的基础上;二是各地情况会有不同;三是就总体趋势而言,三产所占比重应进一步增大,尤其是通讯、金融、科学、教育和职业性服务等,将占更大比重。一产的发展,主要应是提高产业化程度。郑斯林省长在太仓、海门考察时提出,农业要从各自实际出发,分别抓好种植业、大农业和农村一、二、三产业等"三个层次的调整",这已深入到一产的内部。

2. 其次是三次产业内部,特别是工业结构的调整。中央和省的经济工作会议都强调,要"加大经济结构调整力度,逐步解决'大而全、小而全'和低水平重复建设问题",即是说这次结构调整的重点应放在不合理工业结构调整。而工业结构本身又包括产业(行业)结构、产品结构、组织结构、技术结构和地区结构等。

3. 具体到工业结构调整,则应是对各种经济成分的工业都要调整。工业结构调整是全社会工业生产力布局的总体调整,这就意味着,不仅国有工业要调整,乡镇集体工业、城镇集体工业、直至"三资"企业等都要调整。只有这样进行调整,才能求得整个工业结构的优化和提高其整体素质。以我省化工为例,突出的问题是厂点多、布局散、产品雷同,又分为中央、地方、乡镇三大块。要形成大化工格局和推进中央化工系统、地方化工系统和乡镇化工的一体化进程,撇开对市区以外工业的调整,又怎么能行呢?又如对省机械工业的调整,全省的机械工业现有三分之二以上在系统外,已经是以乡镇企业为基础、以"三资"企业为增长点,仅在系统内调整难说能取得多大效果。

这里要特别说说对乡镇集体工业和城镇集体工业的调整。大家知道,在我省经济总量中,乡镇企业已是"三分天下有其二",并且主要由于体制的原因,乡镇工业中存在的"小而全、小而散、小而低、小而重"的现象尤为突出。在市场总量矛盾让位于结构性矛盾的今天,乡镇企业的结构调整显得尤为迫切,认识不到这一点将误大事。同时,还必须是把乡镇工业放在全省工业的整体中进行调整。有种看法认为,乡镇工业调整结构,主要是靠市场,无需由政府来管。事实上,迄今还远远说不上已建立起市场机制,乡镇企业转换经营机制的改革也还在进行中。在这种情况下,要完全靠市场调整只能是不切实际的幻想。

城镇集体企业的改革和结构调整,同样是这次结构调整中必须认真研究解决好的一个严重问题。大家知道,我省对发展城镇集体经济历来比较重视,城镇集体工业也曾有过很长一段时间的辉煌。然而,时过境迁,它们中绝大多数的处境比国有小企业更差。对这块被称为"二全民"的公有制经济,到底如何改革,如何调整,亟待拿出新的对策。

总之,我们现在所讲的结构调整是全面、全方位的调整,目的在于实现结构优化。同时要看到,我省的非国有经济比重大,结构性矛盾尤为突出。要充分认识我省工业结构调整的特殊性和艰巨性,特别是对各种成分工业的调整,必须作通盘考虑才行。

四、结构定位要落实到优势产品

进行结构调整是为了结构优化,这里很关键的一个问题,就是要切实搞好全省和各市的工业结构定位。

一般地说，一个地区确立什么样的产业发展方向，应综合考虑如下因素：(1) 地区已有工业基础和优势；(2) 市场前景（包括国际市场及潜在市场）；(3) 国家的产业政策以及区域经济、全国经济乃至国际经济环境；(4) 周边地区工业结构及发展趋势。

现在，国家已把机械、电子、石油化工、汽车制造和建筑业明确为支柱产业。上海市确定的6大支柱产业分别为汽车、通讯（含电子）、发电设备、家电、冶金和石化（计算机、医药为培育产业）。我省确定的4大支柱产业分别为机械、电子、化工和汽车，同国家确定的支柱产业一致；而各市、县规划发展的支柱产业则多有重复。例如苏州市提出的6大新兴支柱产业分别为电子信息、机电一体化、新型家电、精细化工、生物医药、新材料和基础原材料，无锡市提出的5大支柱产业分别为机械及汽车配套、电子及新型家电、精细化工及生物医药、特色冶金及金属制品、高档纺织及服装，南通市提出的6大支柱产业分别为机械及汽车配套、电子信息及电子元器件、精细化工及制药、高档纺织及服装、新材料、船舶，南京市提出的6大支柱产业分别为电子信息、电子电器、生化医药、汽摩、石油和精细化工、冶金建材，徐州市提出的5大支柱产业分别为机械、电子、化工、食品、建材，连云港市提出的5大支柱产(行)业分别为化工、医药、建材、食品、纺织。

习惯上，产业结构调整主要在门类层面上研究，其实对产业结构还应细分。比如在制造业门类中，就有29个大类、172个中类、544个小类产业，就我省机械工业说，也有百余个小行业、2万种产品。从门类层次粗分，地区产业结构的雷同在所难免；而落实到产品，直至细化到品种，则更加有利于避免地区产业结构趋同和重复建设。事实上，现在的竞争已不是行业间的竞争而是特定产品间的竞争。全行业都繁荣的时代已经过去。现在讲发展支柱产业，培育高新技术产业，提高传统产业，是着眼于产业的高度化提问题，自然是必要的。但不论提出以什么作支柱产业，最终都还要具体到行业，落实到产品，直至细化到品种（如汽车制造）上。产业、行业的重复在所难免，而产品特别是品种的重复，则应作好协调。另外，我也认为，支柱产业的概念最好是只在省以上使用;在市以下,讲发展优势行业、优势企业和优势产品已足够。在市、县(尤其是县),大可不必也像国家和省里一样,规划发展多少多少支柱产业。

搞好省、市工业结构定位,要研究解决好的另一重要问题,是如何实施好南北产业转移工程。苏南及南京地区,要以沿江火炬高新技术产业开发带建设为契机,着重解决产业结构高度化和产业升级问题;而经济发展相对落后的苏北,特别是淮北地区,在一定时期内其产业结构将呈现出"大跨度"的特点,应是劳动密集型产业、资金密集型产业、技术密集型产业都要发展。苏南向苏北的产业转移,应重在转移技术、资金,当然也包括一些技术成熟、产品档次较高的劳动密集型产品的转移,但不可以"转移落后"。

结构调整是动态的,对地区工业结构定位也必须用发展的眼光看。同时,讲产业政策,首先是产业结构,其次是产业组织。在解决好地区工业结构定位问题的同时,还必须着力研究解决产业组织问题。我省以加工工业为主、集体经济为主和中小企业为主的总格局不会改变,但经过调整,将大大提高工业生产的集中度和组织程度。企业集团要向高水平发展,面广量大的中小企业要实现"小而专"、"小而联"、"小而高"和"小而精"。

五、下决心打破条块分割

解决多年积存的结构性矛盾,最难的在于消除作为其根源的条条、块块的分割。

60年代初进行的那次卓有成效的结构调整大家至今仍记忆犹新。成功的最大秘诀正在于那时能做到令行禁止,而之后多次进行的结构调整就不那么顺利了,根子也正在于条块分割愈益严重,特别是以打破条块分割为目标的体制改革反使条块利益进一步强化。以致现在一谈到打破条块分割,一些同志就表现出很强的畏难情绪,认为体制问题并非地方能说了算,打破条块分割讲的再多也没用。新近,江泽民同志强调:"要下决心打破条条、块块的分割,切实解决'大而全、小而全'和不合理重复建设问题。"在打破条块分割问题上我们必须知难而进。

这里有三个方面的问题要说说清楚:一是认识要提高;二是利益关系要调整;三是只要善于开动脑筋总会有办法,打破条块分割的路还要靠我们自己闯。

首先,一定要真正认识到,条块分割正是造成"大而全、小而全"和不合理重复建设的总根,打破条块分割既是优化经济结构的要求,同时也是建立社会主义市场经济新体制的要求。因为,从根本上说,市场经济在于以市场为基础配置社会资源,并且最好是能在全社会优化配置,而条块分割体制的存在,却把企业间内在的经济技术联系、统一的全国大市场给割裂开了。这就完全违背了社会化大生产和市场经济的客观规律,并必然导致"大而全、小而全"和低水平重复。以致在我国(我省情况尤甚)从消费类电子产品、汽车、摩托车到小纺织、小丝绸,遍地开花,过去的重复建设问题没解决,新一轮更大规模、更高层次的重复建设已经开始。如不能从根本上端正思想、提高认识,并下决心攻下条块分割的堡垒,这次进行的结构调整就很可能是"雷声大、雨点小",不了了之。

其次,必须说,改革本来就是利益关系的调整,这就难免不触动条块既得利益。现在,没有哪个不拥护改革,但同时又都要求能使自己的既得利益得到照顾,也正是由于在这方面考虑过多,才使得打破条块分割的改革迈不开步。建立社会主义市场经济体制,客观上要求重新规范中央和地方、政府和企业的关系。对障碍市场机制作用的现利益格局该调整的一定要坚持调整。小道理要服从大道理。

再次,虽然体制方面的深化改革措施还要靠中央来定,但应坚信办法总比困难多,各级地方(尤其是省)在打破条块分割体制的改革路上完全可以有更大的作为。已经明确的至少有下列各点:

第一,中央已给地方进行体制改革和结构调整以很大余地。现在,中央已明确国有资产实行政府分级运营,并把放开搞活国有小企业和扭亏的责任明确给地方,问题是如何把中央给的政策用足、用好。

第二，解决条块分割问题，最难的在于如何进一步打破中央企业与地方企业的分割，这方面地方亦有工作可做，如对扬子、仪化、南化、金陵石化4大化工家族的专业化协作和联合，省里就可研究出方案，积极向中央争取。

第三，发展跨省、市联合现在正遇到以往还不曾有过的好时机，白送企业的事已屡有发生，各地可以努力加以推进。

第四，地区间的分割在一定程度上比条块分割还要严重，解决这方面的问题省、市都可以有大作为。包括：（1）在省、市所辖企业范围内更多地实行行政划转（包括兼并）；（2）在省、市打破行业界限组建国有资产经营公司；（3）做好组建和发展省级重点企业集团的文章，把发展设备成套（如小型电站设备成套、化机成套、农机成套等我省都有条件）和跨行业、跨地区的"强强联合"，同合理组建省级重点企业集团密切结合起来，并在政策上作更大倾斜，以促其发展和提高。

第五，深化各方面的配套改革，特别是要改变评判干部政绩标准和考核办法，营造企业家的生成和竞争机制，在这方面各级地方都可以做出成绩。

总之，解决条块分割问题还要靠大胆地闯。在这方面，中央并没有束缚地方的手脚。

据工业普查资料，1995年我省817种工业产品中有414种产品的生产能力利用率在60%以下，利用率在30%以下的有113种。在很大程度上这正是条块分割使然，出路也只能在打破条块分割中寻找。

六、有所不为才能有所为

在这次结构调整中，有两大问题各地反映强烈：一是资金缺口大；二是下岗人员安置难。这两个问题的解决的确同搞好这次结构调整密切相关，必须给予极大的重视。

这里，先要强调的是，为着搞好这次结构调整，上下都必须明确这样一个思想，即"有所不为才能有所为"，要善于集中力量办大事。

首先应充分肯定,经过一段时间的学习和宣传,全省上下的机遇意识大大增强,都希望紧紧抓住我省经济发展的第三次机遇,大干一番事业。这既是指政府和政府部门的同志,又包括企业的同志。大家发展经济的热情完全可以理解,并应受到称赞。从另一方面说,进行结构调整,第一个需要的正是资金,不论是存量调整,还是增量调整,或像人们常说的增量调整带动存量调整,没有资金就办不成事。值得研究的是,我们一些同志的胃口可能大了些,这可以从以下方面看出:(1)目标过高。有些市、县定下一批、甚至是一大批企业要进行技改,一批项目要上马,需要资金从几十亿元到几百亿元,而有来源的仅是其中的一小部分。特别是淮北各地,普遍要求上规模、要贷款、争政策优惠,所订目标宏伟,但资金很难落实。(2)发展基础设施和三产过急。为实现跨世纪发展目标,各地对加强基础设施建设表现出很高的热情,由于动作过大,使本来就紧缺的资金更加紧缺。(3)发展企业集团贪大、贪高。不论是从培育和发展规模经济说,还是从推进企业技术进步说,或是从优化结构和增强国际竞争力说,合理组建和发展企业集团都是一步高棋。然而,不能忘记的是,作为社会化大生产一般组织形式的企业集团也有其自身发展的规律,并非规划好组建多少企业集团、定下多高目标,到时就能达到多高目标。由于组建企业集团贪大、贪高,又都想扶持,表现在资金上总是心有余而力不足。(4)办"合资"企业贪多。这不是说外资利用多了,要控制,而是在有的地方办合资企业缺少规划,这个项目还未谈成,又在谈另一个项目,甚至来者不拒。结果,谈成的项目应出资金难以到位。在有些地方,企业合资后发展前景看好,要扩股,由于我方无追加资金,只好让股,直至企业被外商控制。创办合资企业是利用外资的一条重要途径,又有利于转换企业的经营机制,但搞得不好,也会使本来就紧张的资金更加紧张,事倍功半。

俗话说,"一口不能吃个胖子"。搞经济建设一定要量力而行,否则,"欲速不达"。结构调整是动态的,也是一项长期任务。正确的做法是订好规划,分阶段实施,"有所不为才能有所为"。一是项目不宜贪多;二是对于看准了的项目,要建一个成一个。进行基础设施建设、发展三产同样要看有多大可能,也应是先搞好规划,后分步实施。条件不具备不可贪多,不要轻易把一条街推倒重来。组建和发展企业集团一是要注意和发展优势行业结合起来,二是要重点扶持、重点突破。办合资企业必须坚持以我为主,要把有限的资金投到回报最大的项目上去。有条件的地方建设一些标准较高的公共设施和办公设施是必要的,但也不宜把标准定得过高,更不要相互攀比。此外,进行结构调整,重头戏还在盘活存量,要学会资本经营。

在这里要突出强调的是,在资金严重短缺的情况下,最需要集中力量办大事。集中力量办大事是社会主义制度优越性的体现,正是我们的优势所在。从整体看,我省用于发展的资金并不算少,但由于过于分散,使用效果并不理想。这点,从省到市、县都应有所考虑。

为着避免分散使用资金、乱上项目、搞重复建设,应进一步加强宏观调控。省厅在产业政策导向中的作用应得到更大发挥。单是有对热点产品的备案监督还不够,在审批项目时特别应注意这样两点:一是自有资金是否真正落实,那种借钱抵自有资金、项目批下和得到银行贷款后即撤走的情况太多了;二是上报新项目的地方和单位现有在建项目的资金是否已有保证,原则上应是原有项目资金不落实的暂不审批。

七、轻纺行业大有可为

我们在调查中注意到这样一种情况,就是现在大家对发展新兴产业(包括省里已明确的4大支柱产业和高新技术产业)热情很高,有的市电子仅有个别一般产品,也规定为支柱产业发展;而对于作为我省传统支柱产业的轻纺(含食品、服装),则只有少数几个地方有涉及。这就提出一个重要问题,即在这次调整中,如何正确处理好培育、发展新兴产业和改造、提高传统产业的关系。这个问题处理不好,结构调整很可能要走弯路。

我认为,在这一问题上,正确的做法应该是必须把培育、发展新兴产业和改造、提高传统支柱产业很好地结合起来,应是一手抓新兴产业的培育、发展,一手抓传统产业的改造、提高。自然,这并不意味着要平均使用力量,新兴产业无疑应加快发展,但传统支柱产业的改造、提高,也必须在省、市的结构调整规划中得到如实反映,而不可以是发展新兴产业"一头热"。

在此突出地提出这一问题有如下理由:

1. 轻纺特别是纺织,在今后较长时间内仍将是我省的支柱产业。现在大家都在讲,依照产业结构演变的一般规律,工业化大致可分为前期、中期和后期三个时期。提出"工业化前期的产业结构一般以轻型结构为特征,轻纺工业起着主导作用;工业化中期的产业结构以重化工业为特征,钢铁、机械、电力等资金密集型产业起着主导作用;工业化后期的产业结构以产业结构高加工度化为特征,汽车工业、家用电器等耐用消费产品和新兴产业迅速发展,同时第三产业占主要地位"。然而,作为一个后发展国家,我国经济结构的一个突出特点正在于产业结构跨度大,传统产业将与新兴支柱产业、先导产业长时间共同发展。再考虑到我国才开始步入工业化中期以及我省的省情和工业基础,必须明确地说,轻纺特别是纺织,在今后较长时间内仍将是我省的支柱产业。

2. 轻纺提供了基本的生活必需品,市场广阔,这点在可以预见的将来不会改变。随着产业结构的演进,轻纺在整个工业中所占份额会变小,但不会失去其生命力,在某种意义上还可以把其称为"万万年产业"。特别是我国有这么多人口,总不能依赖进口服装和食品过日子。我国纺织工业在总规模上已居世界前列,但按人均计算水平仍然很低。纺织又是国际贸易大宗商品,世界市场广阔。我省纺织工业在全省工业和全国纺织工业中占有重要地位。据1996年工业普查资料(1995年全社会口径),全省纺织工业总产值1433.95亿元,占全省工业总产值的21.4%,占全国纺织工业总产值的22%,均为第一位。1996年我省纺织工业在全省工业中,仍保持资产比重、产出比重、出口创汇"三个第一"。食品工业在我省也有基础,潜力很大。

3. 资金、技术密集型产业不是想很快发展就能很快发展,而发展、提高属于劳动密集型行业的轻纺我省则优势明显。建设资金紧缺、科学技术落后,使发展资金、技术密集型产业受到限制。不顾可能地来大上汽车、电子等,只能搞低水平重复,浪费资源。而改造、提高轻纺,一方面可为发展新兴产业积累资金;另一方面又能扩大就业,而大家都清楚,就业对我们说绝不是小问题。同时还要看到,提出发展资金、技术密集型产业,决不等于说劳动密集型产业不要发展了,更不可以把生产劳动密集型产品同粗放经营划等号。

总之,出于产业结构升级和技术升级考虑,提出加快发展新兴支柱产业和扶持培育高新技术产业完全正确,但也不可以是大家都来搞机械、化工、电子、汽车,不能是培育、发展新兴产业和改造、提高传统产业"一头热、一头冷"。

八、办好企业集团促调整

近些年来,我省注重于走"抓住优势产品发展优势企业,以优势企业为核心组建企业集团,以大集团带动大产业"的路,已收到一定效果。企业集团在全省已是遍地花开;在省有关部门提出的结构调整意见和各地制订的结构调整规划中,对作为结构调整载体的企业集团,更给予了格外的重视。不妨说,全省上下都已把培育、发展规模经济和大集团,作为推进我省经济结构合理调整的重头戏来唱。

在我省企业集团大发展的一片叫好声中,我以为还必须注意到事情的另一面,即合理组建和发展企业集团,将十分有利于经济结构的合理调整;囿于条条、块块的狭小天地里办集团,则不仅企业集团自身的发展要受到限制,而且很有可能造成不合理经济结构的固化。进一步办好我省企业集团,如下三个方面的问题应特别引起重视:

1. 必须把组建和发展企业集团,特别是培育、组建省级重点企业集团,同培育、发展省的新兴支柱产业、高新技术产业和提高传统支柱产业很好地结合起来。

看来,通过组建和发展大集团来带动产业发展,确是一条不断推动我省经济结构进行合理调整、不断推动我省经济跃上新台阶的近路。因而,组建企业集团,特别是组建省级重点集团,第一个要考虑的正是产业政策导向。比如,我省已确定加快振兴机械、电子、化工、汽车4大支柱产业,并定下扶持、培育电子信息、生物医药、新材料等高新技术产业,改造、提高传统支柱产业。如何把它们的发展同合理组建省级重点企业集团结合起来,就需很好地加以研究,一项一项的落实。新批省级重点企业集团,尤其要注重于在国民经济的关键领域和关键行业内考虑;讲政策倾斜,亦应重点向符合产业政策导向的名副其实的大集团倾斜。

2. 必须努力推动企业集团走出家门。

党的十四届三中全会《决定》就明确提出过,要"发展一批以公有制为主体,以产权联结为主要纽带的跨地区、跨行业的大型企业集团"。国务院新近批转的《关于深化大型企业集团试点工作的意见》中,又一次对"促进跨地区、跨行业的经济联合"作了强调。5月29日,江泽民同志在中央党校省部级干部进修班毕业典礼上的讲话中又强调指出:"要下决心打破条条、块块的分割,切实解决'大而全、小而全'和不合理重复建设问题。要以资本为纽带,通过市场组建跨地区、跨行业、跨所有制和跨国经营的,竞争力较强的大企业集团。"所有这些都说明,我国企业集团的跨地区、跨行业乃至跨国发展的问题,已是非解决不可了。其实,企业集团不论冠以什么名称和具体组织形式如何,本质上都是社会化大生产的一般组织形式;大规模生产,不受地区、部门乃至国界限制地按其内在经济、技术联系,广泛地开展专业化协作和联合,更大、更多地占领市场,实现其资产的增值,实乃其固有的天性。而在改革开放特定条件下生成的我国企业集团(我省也一样)的一个最大的先天不足,正在于把企业集团办成了"你的"、"我的"。这种局面如不彻底打破,不仅使企业集团自身发展受限制,而且十分不利于对不合理结构的调整。这次结构调整,为企业集团的跨地区、跨行业发展提供了机遇,我们要紧紧抓住这个机遇,努力推动企业集团走出家门。

3. 必须努力增强企业集团的国际竞争力。

企业集团本来就应通过市场组建,并在竞争中发展、提高。企业集团本应具有单个企业所不具有的综合优势,但由于我们的企业集团未能按其天性来办,因而对大多数企业集团来说,这种优势并不明显,竞争力不强。有这样一点必须明确,就是现在对个别大集团作些政策倾斜以促其尽快发展、壮大,是必要的;但从根本上说,集团企业也是众多市场竞争主体中平等的一员,不论是市级集团还是省级集团,也无论是市级重点集团还是省级重点集团,统统都必须面对市场进行竞争。现在的一个严重问题,就是如何增强其国际竞争力。企业国际竞争力包括产品竞争力,经营决策和资产、资本营运能力,市场营销能力,技术装备水平和新技术、新产品开发能力,经营管理人才、技术人才和员工文化素质,企业形象,企业组织化程度等多方面的内容。对企业集团,特别是省级重点集团来说,当前应着重提高其资本扩张能力、技术开发能力和国际化经营能力。

九、进一步办好中外合资企业

各地的同志普遍反映,现在企业仍存在较大困难,然而凡是活力大一些的,大都又是已实行中外合资的。一些同志谈到,当前我省利用外资工作中也出现一些新情况和新问题,即新批项目和协议利用外资数量有所下降;现在国外大公司对基础好一些的国有大、中企业兴趣大,并多要求控股;到底该不该搞合资,应如何处理利用外资和保护、发展民族工业的关系也吃不准,等等。

继续利用好外资,特别是进一步办好中外合资企业,是结构调整中遇到的一个很实际而又事关重大的问题。对此,我有如下看法:

首先,改革开放是我国一项长期国策,我国将坚定不移地推行对外开放路线,对此不应有任何含糊。可以说,进一步扩大对外开放不仅是促进国民经济更大发展的迫切需要,也是加快实施区域共同发展和经济国际化战略的迫切需要,尤其是加快转换企业经营机制和加快进行经济结构调整的迫切需要。单就进行结构调整所必不可少的资金投入和技术升级说,利用外资工作也必须加强。肯定地说,现在我们不是利用外资太多了,而是还不够。

其次,利用外资、办好中外合资企业的主动权始终掌握在我们自己手里。毋庸讳言,在如何正确处理好利用外资和发展民族工业关系问题上,是存在一些不同看法,这很正常。利用外资、办"三资"企业,对我和对外商原本就是平等互利,本来就不能以损害我们国家和人民的根本利益为代价。事实上,现在还谈不上利用外资已损害民族工业,何况中外合资、合作企业中还有我们自己一份。问题在于,不可以用传统观念看社会主义、看民族工业。正如江泽民同志所说,"国有经济只要在国民经济重要和关键的行业、领域中占据支配地位,国有经济就会发挥主导作用"。当然,有些可以放开,有些是不能轻易放的。具体来说,对国务院批准试点的大型企业集团和有些省级重点企业集团,在国民经济中起着骨干的作用,一般应坚持控股,有的还要坚持"独资"(指企业集团母公司);而对于其他类型企业,则可以放得更开一些。总的说,现在主要还是一个进一步解放思想的问题。在我省,省级重点企业集团也应积极引进外资,只是该控股的一定要控股,特别是乡镇企业,要加大招商引资力度。

再次,办中外合资企业必须坚持国家产业政策导向,要注重提高利用外资的效率、效益。改革开放初期,来我省投资办企业的外商和台港澳地区商少,选择面不大;发展至今,就要注意择优,要重点发展资金、技术密集型和附加值高的出口产品企业。对于一般性企业,不要怕外方控股,但也应注意,对外商投资不能承担不合理的优惠条件,包括为外商的股本贷款提供担保、保证外商的投资回报率等。当然,如控股对我有利,还是要坚持控股。在调查中我们了解到这样一种情况,就是有些中外合资企业发展前景看好,按规定扩股时由于我方无追加资金,只好让股,直到企业为外方控制。出现这种情况,有关方面应给企业以支持。从改革要求说,国有企业转上现代企业制度,应真正实现以混合所有制为基础,其中也包括外方持有股份。公有制经济并不惧怕竞争,要努力创出我们自己的名牌。

我省利用外资有良好基础。结构调整为进一步利用外资,特别是创办中外合资企业提供了又一次机会。现在,国内利用外资发展经济竞争加剧,这就更要求我们发挥我省在区位、政策方面具备的优势,加大利用外资工作力度,加快对外开放步伐,以更大地促进结构调整,提高经济素质。

十、技术进步,结构调整的核心

熟悉企业的同志都了解,由于企业经营者存在短期行为;企业流动资金严重短缺;贷款搞技改不仅要付高利息,还必须有一定比例的自有资金和找到担保;技改项目完成后,精简下来的职工又难以安置等多方面原因,我们的企业对技改普遍缺乏应有的积极性,早已不再是秘密了。然而,当我们在调查中了解到,企业技改也存在严重虚假现象时,一些同志还是大吃了一惊。结构调整的核心正在于技术升级。如果搞技术改造也不老实,吃亏的只能是自己。这一问题,尤其应引起各有关方面的重视。

具体分析一下原因可以知道,这种状况的出现,有思想认识的问题,有不善于经营、找不到好项目或即便找到好项目也筹措不到足够资金的问题,但带有决定意义的还是体制和机制问题。现在,还说不上企业已成为科技投入的主体和技术开发的主体,更说不上已建立起企业自主创新的技术进步机制。企业追求技术进步仍缺乏动力。当然,这不排除个别企业也有搞得很好的,但个别说明不了一般。对于体制、机制的问题,不打算在这里探究,有些事也不是地方就能说了算。现在最需要的是进一步增强自觉性,多做实事。

首先,要看到我省企业技术装备水平还比较低,如不抓紧时间进行技术改造,同一些兄弟省、市的差距还要拉大。据工业普查资料表明,1995年全省村及村以上工业已安装的主要设备中,进口设备占30.3%,低于全国平均水平;在大中型企业拥有的859种主要专业设备中,仅有95种设备的技术参数达到国际先进水平,占11%。另据统计,我省的机械产品半数以上仍处于20世纪70年代水平,这也是机械产品市场竞争力下降的最重要原因。据了解,近几年有些兄弟省、市舍得在企业技术开发和技改上下本钱,并收到良好效果。更不要说,一些国外大公司的技术开发费,往往占到销售收入的15%,最高超过20%,而我省企业平均提取的技术开发费只有1.4%。我们现在还不好同国外企业比,但作为工业大省的江苏,企业的技术状况和技改投入至少不应落在兄弟省、市后面。

其次,要从根本上提高认识,以增强推进企业技术进步的自觉性。现在全省上下对结构调整不可谓"不重视",但同时还应当明白,产业结构合理化必须建立在技术进步和集约型增长基础上。要看到,我省企业产品与国内,特别是国际先进企业的差距,根本的也正是技术水平和技术开发能力的差距。进行经济结构调整而不把很大力量放在推进企业技术进步上,等于牵牛没有捉住牛鼻子,也是忘记了结构调整的核心所在。特别是要加强对企业经营者的培养和教育,以使他们真正认识到,市场竞争归根到底是企业技术实力的竞争,随着国内市场国际化进程的加快,这种技术的较量势必更加残酷。"不搞技改等死"是真,而"搞了技改早死"则只能说明决策失误和经营者的无能。

再次,企业技术进步的物质基础在于加大科技投入。当前最需要的,是如何采取切实可行措施,以尽可能地把企业技改的"蛋糕"做大。这是一项十分困难的工作,但又不能不去动脑筋。在这次调查中,大家对这一疑难问题议论最多;集思广益,思索具体解决办法,归纳起来有如下途径可供采用:

(1)在省、市两级建立工业发展基金,并尽可能把盘子做大;(2)通过盘活存量资产,尤其是土地来盘活资金(徐州市纺织系统已在这方面进行了很好的尝试);(3)更多、更好、更有效地利用外资;(4)多渠道融资,特别是直接向社会融资;(5)适当提高增值税增加部分对企业的返还比例,用于企业新技术开发或技改;(6)财政增加贴息;(7)采用恰当的形式(如借用)聚集并用好一部分预算外资金;(8)压缩或缓建若干基本建设项目,从基建基金中切出一块用于企业技改;(9)一些吸引力大的项目,采用股份制形式,跨地区筹集资金。

首先是聚集资金,与其同时要加强对技改资金使用的监督(有的地方不考核企业技改投入,而考核耗电量,据说有效)。另外,从推进技术升级考虑,对明显落后的设备,应采取强硬措施加以淘汰。

十一、市场经济呼唤企业经营者的市场化和职业化

在这次调查中,各地的同志还多次提起这样一个问题,即若从微观角度谈结构调整,第一重要的就是厂长;讲人才,首先也应是企业的经营管理人才。这个认识不无道理,但话还不应就说到此为止。

诚然,正像大家都会说也看惯的,的确是"一个好厂长,可以使一个濒临倒闭的厂子起死回生;一个不称职的厂长,也可以把一个充满生机和活力的企业给搞死"。现在提出要加强企业领导班子建设,也大有必要。如何理顺企业中的党政关系,更是一个令人头疼但又必须正确处理好的实际问题。然而,在我看来,上述问题的提出和解决,多少还是受传统经济体制的影响和牵制;如果从实现两个根本性转变高度提出和考虑问题,那就必须说,建立社会主义市场经济新体制,必须实现企业经营者的市场化、职业化才行。我们必须把目光放得远一些。

建立社会主义市场经济体制的深化改革究竟应朝哪个方向进行?提出"推进企业经营者市场化、职业化进程"是对还是错?像这样的带有根本性质的问题,自然值得花些气力辨个明白。在我看,话应该这么来讲:

第一,不要忌讳讲"企业家"。改革唤醒沉睡的神州大地,企业经营者队伍中的卓越分子——企业家也应运而生。但一段时间内也的确是"企业家"过滥,以至来了个矫枉过正,现在连"企业家"三个字也很少讲了。这才是"倒洗澡水倒掉小孩子"。毫无疑问,经营管理企业也是一门高深的学问,所说"企业家"正是指的经营管理企业的专家。为什么不可以讲?当然,企业家并不是自封和随便由哪个单位、组织封的,也不是所有的企业经营者都能成为企业家,更不能保证企业家不犯经营

错误。

第二,市场经济正是职业企业经营者或职业企业家主导的经济(与此相对,传统计划经济则是"政府主导型经济")。根据是:(1)市场经济首先要求有自主化的市场主体,而企业经营者正是企业这一最主要市场主体的当事人;(2)市场经济要求通过市场来实现社会资源的优化配置,而作为企业当事人的经营者又正是生产要素优化组合的推动者;(3)市场经济的规律在于通过无情的市场竞争实现优胜劣汰,企业经营者又正是在市场经济海洋里搏击的航船的船长。总之,在市场经济条件下,企业经营者的地位和作用已大为加强了,特别是在和平与发展成为当代主题的今天,发展经济已成为各国的普遍要求,企业家已理所当然地成为这个时代的主角。企业经营者或企业家的市场化,正是适应了这一客观要求,即是说,企业家的生成,他们之间的竞争和优胜劣汰,也是要靠市场机制的作用,如果没有企业经营者的市场化,这个市场经济充其量也是不完整的。企业经营者或企业家的职业化,则主要是说:企业经营者并不属于某个企业而是受聘于某个企业,他们不是"官",而是"民";他们以经营管理现代企业为职业,同时,经营管理现代企业也非职业企业经营者不能胜任。

第三,社会主义企业的经营者应具有独特的品格和素质。社会主义市场经济首先是与社会主义基本制度相结合的经济,这就要求社会主义企业经营者必须具备独有的品格和素质。主要是:(1)他们必须具有良好的政治素质,有高度的责任感和使命感;(2)他们必须具有专业知识和不可缺少的现代管理经验和技能;(3)他们必须有魄力、有胆识,敢于竞争和善于竞争,敢冒风险和承担风险;(4)他们必须有经济头脑,理才有方。

第四,必须坚持改革大方向,注重营造职业企业经营者的生成和竞争淘汰机制。这里所讲的"职业企业经营者"不是指个别人,而是指必须形成一支宏大、高素质的,市场化、职业化了的企业经营者队伍(阶层)。报载,由上海市委组织部、市人事局和市商业党委共同成立的"上海经营者人才公司"已于最近挂牌,这确实是在加强市场调控经营人才资源,打破经营者的条块分割和行政级别等方面,进行的一个有益尝试。

十二、依靠全社会实施好再就业工程

在调查中,各地都谈到这样一个问题,就是当前进行的这次结构调整,难度比较大的还在安置下岗职工,这项工作做不好,调整将直接受到牵制。因此,对再就业工程必须真正当做一件大事来抓。

所说"再就业",是指已脱离原劳动(工作)岗位的下岗、待业职工,通过组织安排、中介组织介绍或自找门路,重新获得劳动(工作)岗位并获取相应收入。调查发现,现在较普遍的存在着以下三种情况:一是包括下岗职工在内的许多同志观念陈旧,有活不愿干;二是下岗、待业职工中有专业特长的少,以致一些专业技能岗位招不到人;三是有些事情许多下岗、待业职工愿意做,但无人组织。

进一步分析,上述实际存在的这三种情况,又相应提出了三项任务:(1)进一步加强对再就业工程的宣传,端正就业观念和择业意识,为再就业工程的实施努力创造一个良好的舆论氛围;(2)切实搞好已下岗、待业职工和企业富余人员的技能培训,为下岗职工再就业创造条件;(3)调动各方面力量拓宽就业门路。

有的放矢地加强思想教育方能收到较大效果。据了解,下岗职工中较普遍地存在着以下不正确认识:(1)受"等靠要"思想影响很深。明明是企业已经很不景气,本人已经下岗,还是寄希望于企业能起死回生,甚至提出"要与企业共生死"。这反映出一些人市场经济观念依然淡薄,还未真正搞明白实行市场经济体制就只能是企业靠自己,就只能是职工能进能出和企业能生能死。(2)择业观陈旧。不少人是"先国有,后集体,死活不愿干个体"。这说明,生产关系上的"唯成分论"至今仍有影响。对一些人说,职业"有贵贱",做门卫还可以,宁肯闲在家里也不去做小工、扫马路、维护交通等。有的更提出,找工作企业效益不好不去,倒班不去,路远不去,活不称心不去,风险大不去(这可以理解,但欠实际)。(3)少技能又不愿增长知识。此外,下岗后不急于或不打算再找工作的也有的是。一方面要看到,现在职工对改革的承受力已大大增强;另一方面,对下岗职工面临的实际问题和困难,又不可掉以轻心。

就业在我国将始终是一个严重问题,而下岗职工要再就业又是劣势多于优势。做好下岗职工的再就业工作,应结合劳动就业、社会保障制度改革和当地具体情况,从上到下建立各种形式的再就业服务中心,搞好下岗职工再就业前的培训,以增强其竞争力。在我看,做好这一工作也应是多条腿走路。一是各工业主管部门要成立再就业服务中心,负责对下岗人员的再就业培训。做好这项工作,主要是经费有困难,为解决这一难题,各地已想出一些可行办法。二是有条件的企业要做好富余职工转业转岗培训。三是劳动部门协同社会力量搞好初、高中毕业生就业前培训,有条件的也可开展对下岗、待业人员的技能培训。

实施好再就业工程,最终还要落到就业,这就更要发挥政府、企业、劳动者和社会各方面的积极性。当前,各地已经有一些很好的做法,包括发挥区街组织作用,吸纳一批下岗职工开展社区服务和家庭服务;办好劳动力市场等中介组织,介绍下岗职工就业,包括搞好劳动力的对外输出;发挥企业的积极性,创造新的就业岗位;通过发展生产,特别是个体、私营企业扩大就业门路;鼓励下岗职工自谋职业等。

(原载《江苏经济报》第一版,1997年6月6日至7月18日连续分专题刊登,特约撰写)

西部大开发给江苏带来发展机遇

自 2000 年 3 月全国人大九届三次会议明确提出"实施西部地区大开发战略"以来,西部大开发迅速成为全国经济的新热点。西部大开发战略的实施,将对我国东部沿海地区的经济发展和实现全国经济发展的第三步战略目标产生重大影响,同时也给江苏经济带来一次新的发展机遇。

西部地区经济和东部地区经济的互补性,在江苏与西部经济关系中表现得十分突出。西部大开发对东部经济发展的影响虽然表现在"有利影响"和"不利影响"两个方面,但总的说确实给江苏经济的新发展提供了一次机遇。20 世纪 90 年代初,我省紧紧抓住上海浦东开发开放的机遇,大力发展外向型经济,使经济上了一个台阶。事实上,西部大开发给我省经济发展带来的机遇,远远大于浦东开发开放带来的机遇。还必须看到的是,浦东开发开放我省是"近水楼台先得月",一些省市并不具有这样的条件;而这次西部大开发为东部各省市带来的发展机遇,却是"机会均等"的。因而必然存在着剧烈的竞争,弄得不好,机遇就会丧失。所有这些又都要求我省必须早做谋划,有的要"捷足先登",有的则应"从长计议"、"后发制人"。

面对西部大开发给我省经济带来的发展机遇,以下几个方面尤其需要很好地加以把握:

开拓西部市场问题

我省企业原材料和市场销售两头在外,市场问题已成为制约我省经济发展的最重要因素。这里,必须先解决一个思想认识问题,就是不能过于迷恋国际市场。且不说我国国内市场已同国际市场联系在了一起,国内市场已成为国际市场的一部分,单就发展经济的指导思想说,正如江泽民同志所正确指出的,"我国是发展中的社会主义大国,必须依靠自己的力量来解决基本的消费品、工业设备和国防产品,特别是一些高新技术的关键产品。这是关系国计民生和国家长治久安的重大战略"。世界银行首席经济学家斯蒂格里茨也提醒我国,不能只把对外开放看做是增长的发动机,国内经济也可以成为增长的发动机。必须明白,支撑一国经济发展和经济交往的基本因素和动力,主要在于本国内部。自主地在国内发展和依靠内需拉动经济增长,将成为我国的一项长期方针,正应从这样的认识来看待和对待我省产品在西部拓展市场的问题。

西部大开发将为东部地区产品提供广阔的市场,这已是确定无疑的了,问题在于怎么做才能使我省产品占有尽可能大的份额。有些是现在有需求而做好工作就可以扩大的,有些则应把目标定在潜在的市场。我省产品在西部地区销售已有一定基础(包括销售网络建设),这些年来从政府到企业又采取了一些促销措施,但事实说明西部市场还大有潜力。报载,私营南京馨元春化妆品公司领导率领高层管理人员,于2000年3月1日至22日,走访了新疆、青海、甘肃、陕西等西部部分省区,即获得总额1.5亿元的产品订单。这很能给人们一些启发。拓展西部市场,应重点引导消费、创造未来市场,大力开发西部的消费热点。西部大开发必将引起西部地区居民消费结构调整,增加对家用电器、电子、汽车等高档消费品的需求,现在就必须对西部未来市场进行调研,做好预测,早着手进行技术、产品开发。从长期、稳定占领西部市场考虑,单靠在西部销售我省产品还很不够,必须更大地发展我省企业同西部地区企业的联合、联营。

产业转移问题

东部沿海各省市具有很强的经济同构性,发展水平差不多,目前都在做产业优化、升级的文章。西部大开发战略的实施,对东部沿海各省市的经济结构调整和产业升级是一个促进,也都想借助西部大开发实现其"过剩"产业向西部的转移。在这场转移"过剩"产业和"过剩"生产能力的竞争中,我省怎么做才能收到最大的实效呢?

首先,从上到下都应树立起这样一个思想,即要积极扩大对西部地区的投资。以上已分析过,西部大开发战略的实施将使东部地区面临发展资金短缺的问题,在这种情况下,能否大胆地扩大对西部地区的投资,就成了能否在西部大开发中实现产业转移的关键所在。

其次,在西部大开发中实现我省"过剩"产业的转移,既需要政府部门的大力推动,更需要企业的创造性开拓。西部大开发同以往的地区经济开发不同,应主要依赖市场机制。进一步加强政府部门间同西部各地的联系,密切政府部门间的关系,无须说甚有必要。但总的说,还应是"政府搭台,企业唱戏"。作为我省各级政府部门,主要应做好两个方面的工作:一是为发展企业间的合作"搭好台";二是制定好鼓励我省企业西进的政策。从企业说,则应把开拓的重点放在发展同西部地区企业的联合,可以投入资金,更要发展技术、设备、管理、商标等的作价入股,当然也不是不可以搞独资。报载,2000春"西交会"期间,有20多家江苏企业通过独资、合资、合作、收购、兼并、租赁等多种资本运作方式与西部企业或政府签署了办厂协议。这说明合作发展的潜力很大。我省"过剩"产业和"过剩"生产能力的转移,将在这种不断发展的深化联合中推进。

再次,应特别注重于推动我省大型企业集团西进。参与西部大开发,各类、各个企业乃至各个个人都可以有作为,但也不能不看到,企业在西部发展将同样面对着剧烈的市场竞争。实践已证明,大型企业集团具有较强的竞争能力,我省企业集团也正需要向省外拓展,同时,我省企业集团如能在西部站稳脚跟,走向世界将为期不远。

最后,应首先抓住同西部中心城市的联合。西部各省市高度重视大力推进城市化进程,把产业结构调整与城市化进程结合起来。据此,我省企业应首先加强与西部区域中心城市合作,通过发展与中心城市的联合,再辐射到周围地区去。另外,在区域中心城市选择上,可与我省的对口支援和帮扶省、市结合起来。报载,全省至今与陕西省已联办企业44家,更有条件先发展起来。

在西部大开发中实现我省一般加工类产业"过剩"生产能力的转移,决非转移落后。目标应是把我省经济与西部地区经济融为一体,实现区域经济的协调发展。

联手开发西部旅游资源等问题

西部地区旅游资源丰富。发展我省同西部地区的旅游经济合作,联手开发西部旅游资源对双方都有利。西部大开发为我省旅游业带来发展新机遇。

西部大开发为我省建筑业带来新市场。江苏被誉为"全国第一建筑大省",建筑业在全国已具有一定优势。我省各路建筑大军在大庆、北京、深圳、上海等地已树立了良好的信誉。西部大开发仅确定下来的就有几千亿元的基础设施建设投资,已启动10大工程,更不要说还有其他一些建设项目,从而形成一个广阔的建筑工程市场。这也是西部大开发带给我省建筑业的一大难得的发展机遇,大有文章可作。

我省具有人才、科技的优势。在技术转移和人才培养方面,我省已有成功经验。在西部大开发中如何发挥好这一优势,也是需要认真研究的。

总之,我省经济和西部地区经济有着很强的互补性。西部大开发战略的实施,确实为我省经济的新发展提供了一次机遇。我省应从发展规划上做好同西部大开发的衔接,把积极参与西部大开发作为江苏发展外向型经济的重要一环。同时,在指导思想上也必须明确,我省经济在新世纪的发展当然不只是一个参与西部大开发的问题。必须进一步改善江苏的投资环境,继续作好引进外资、内资和人才的文章。另外,没有苏北的现代化,就没有全省的现代化。面对西部大开发的同时还存在一个进一步开发苏北的问题。有的同志提出,苏北将成为新世纪推动江苏经济发展的发动机,这个看法完全正确。

(原载《江苏经济》2000年第8期,特约撰写)

江苏环保产业面临的问题及建议

环保产业是伴随着环境保护深入开展而从传统产业分化出来的新兴产业,又是一种战略型和政策引导型产业。它包含了环保科技开发与产品生产、环境工程与环保服务、废物循环利用、自然生态产业和洁净产品生产等多个门类,既满足人类的环境需求又能创造出经济价值,在整个国民经济体系中具有重要战略地位。

近几年,在市场竞争日趋激烈和自身改革与调整相对滞后的情况下,我省环保产业发展速度趋缓,环保产业单位总数和年总收入的绝对量,已丧失原先连续10年全国第一的地位而低于浙江省,与山东、广东两省的差距也在缩小。如何深化改革、加快发展、完善自我、迎接挑战、重塑辉煌,是我省环保产业面临的重大课题。

调查发现,我省环保产业发展面临以下一些问题亟待研究解决。主要是:

1. 管理体制不健全。目前我省环保产业由省经贸委和省环保厅两家管理,实际上两家都管不到位。不健全的管理体制导致环保产业缺乏统一的发展规划和产业布局,无法从根本上改变小而散、盲目竞争、低水平重复建设的格局,难以形成全省环保产业整体优势。

2. 政策不配套,执行不到位。为促进环境保护和环保产业发展,国家和省已颁布实施多项优惠政策。调查发现,这些优惠政策尚未在省内得到认真落实。

3. 监督管理乏力。目前,无论是政策法规的执行,还是产品、工程、服务市场运行,都缺乏有效的监督管理。不少有效的管理制度,如招投标、产品认可和质量认证、市场准入等都未得到认真执行。环保行政管理失范,法律赋予环保部门统一监督管理的职能未能得到很好发挥。由于受到环保意识淡薄、地方保护和部门利益的干扰,环保执法不严、监督乏力的现象相当普遍。

4. 结构不合理,整体上仍处于较低的发展水平。一是企业组织结构不合理,大部分企业小而散,水平低,能带动全行业发展的"旗舰"式企业很少。二是产品结构不合理,产品科技含量低,一般性通用产品占到绝大多数,还很少有在国内外市场上叫得响的品牌。三是产业内结构不合理,五大门类发展很不平衡。

5. 技术进步缓慢,市场竞争乏力。技术进步缓慢有政策方面的原因,更有体制、机制的问题。突出地表现在技术开发资金投入不足、产品开发能力不强和知识产权保护不力。随着市场竞争的加剧,我省环保产业竞争力弱化的问题已愈益突出。

据了解,一些经济发展较快的兄弟省市,已在纷纷采取重大措施,把加强生态环境建设,加快发展环保产业,提到重要议事日程。浙江省早在2002年9月就制定了《浙江省人民政府关于加快发展环保产业的意见》,具体提出10个方面的促进措施。

为推进我省环保产业发展迈上新台阶,特作如下具体建议:

(一)结合政府转变职能,健全新型环保产业管理体制。从内涵及其特殊性说,环保产业是一个跨行业、跨部门、跨领域、跨地域的产业,其产业活动与其他行业相交叉,是各个行业、各个部门、各个产业体系中为环保服务部分的抽象组合,属于概念性产业。这就决定了对环保产业的管理不能简单地由一个部门包揽,而是应实行有主有从、分工协同的管理体制。在这里,首先要明确的是对环保部门和环保产业协会的职能如何定位。

其实,我国《环境保护法》已经对地方环保部门的职能做出明确的定位,即环保部门本身是一个执法机构,而不是通常的产业主管机构。环保部门的基本职能还在于对环保产业工作实施统一监督管理。省委、省政府应注重为各级环保部门树立起环境监管权威,并促使作为执法机构的各级环保机构从环保产业市场运作中解脱出来。

关于环保产业协会的职能定位,目前还没有一个统一的说法。基于环保产业发展的实际,参照国家有关文件精神,对我省各级环保产业协会的职能可以暂定为:(1)参与制定行业规划,向政府提出有关经济政策和立法方面的意见;(2)参与制定行业标准,经政府部门授权组织资质和产品认定;(3)制定行规行约,开展行检行评;(4)组织行业培训、技术咨询、信息交流、会展等活动;(5)组织科技成果鉴定及推广;(6)代表行业企业进行反倾销、反垄断调查;(7)开展国内外经济技术交流与合作;(8)承担法律法规授权、政府委托及章程规定的其他职能。

(二)加大政策扶持力度,并努力使各项扶持政策得到落实。1. 加强产业政策引导。各地和有关部门及企业要严格执行国家已出台的有关政策,结合我省实际情况,积极进行环保产业结构调整。2. 建立对环保产业实行政策倾斜的激励机制。根据我省加快环保产业发展的需要和可能,在现行发展环保产业各项产业优惠政策和扶持措施基础上,制定更大力度的倾斜政策,并要求投资、财政、税收、信贷、科技、外贸等部门严格执行,包括创办政策性专业银行和建立环保产业发展基金。3. 优先、优惠处置环保基础设施建设和生态建设用地,并努力推进城市环境基础设施运营的企业化、市场化。4. 针对我省普遍存在的环保企业"小、乱、散、低"的状况,多方采取措施,打造我省环保产业的"旗舰",努力推动企业走集团化、规模化之路。5. 借鉴国外经验,通过实行押金制、鼓励金制等,激发企业注重环境保护、自觉防治污染的内在动力。6. 在全省建立环保产业的表彰、奖励制度,重奖在环保产业发展和环境保护工作中做出突出成绩的集体和个人。

(原载《新华日报》2004年2月1日)

第四编

集团经济研究

第四篇

兼囤矛盾問題

深化经济联合 优化规模结构

这几年,我省地区和企业间的横向经济联合发展很快,丰富的实践经验使得有可能对联合的进一步深化进行认识。

联合发展概况和不同层次联合的区分

据有关方面统计,到1986年全省已组建起各种形式的企业联合体4000多个,其中有300多个是规模较大的企业群体(集团),参加联合体的企业有10000多家,占全省乡镇以上企业总数的25%,实现的产值、利税分别占到当年工业总产值和利税总额的25%～30%(无确切统计)。个别地区如常州市,1985年共有企业群体56个,完成的产值和实现的利税已分别占到该年全市工业总产值和总利税的32.86%和40%。应该说,联合的发展是够快的。

联合体有各种各样的分法,争论较大的是怎么认识"企业群体"和"企业集团"。实际上,同样的经济联合在常州市叫"企业群体",在无锡市却称"企业集团",在更多的地方则是"企业群体"、"企业集团"、"集团性企业公司"等混用。在理论界,有的认为"企业群体"和"企业集团"是一个东西,有的则认为"企业集团"比"企业群体"联合的层次为高,还有的认为两者都还处于襁褓中,没有必要在概念上绕圈子。我们认为,"企业集团"同"企业群体"的区别应在内容而不在名字,如果在内容上能求得一致,用前者还是后者表示联合层次更高那倒是无所谓的。不过考虑到诸多因素,由低到高地把企业间的横向经济联合划作如下三个层次应当是合适的：一是一般性的松散的协作型联合，早就存在，并且将一直同层次更高的联合并存到底。二是现存的"总厂"、"企业性公司"、"企业群体"以及同"企业群体"相差无几的"企业集团"，保持着通常所讲的企业所有制形式、行政隶属关系、财政解缴渠道"三不变"，成员企业独立核算和自负盈亏，还跳不出生产、经营型联合的圈子。三是托拉斯式的经济联合或"企业集团（财团）"，系指实行资产联合和股份经营的经济实体。这里讲"深化经济联合"，实际上也就是指创造条件一步一个脚印地朝前走。

深化联合和优化经营规模结构

从大量事实看，由松散的协作型联合走到实行独立核算和自负盈亏的生产、经营型联合，如果有阻力也主要来自于企业的"婆婆"。只要做好工作，这一步还是较容易走的。现在比较难办的是如何在前面讲过的"三不变"下进行变通，以便走到现有的"总厂"、"公司"、"群体"和"集团"后，继续向着更高层次的联合走。事实是，我省的不少紧密联合体已经走到向更高层次过渡的节骨眼上。具体说，有不少已经实行了供产销、人财物、党政群"九统一"，但不同公有制形式的成员企业一般还是建两本账，真正实现资产联合和经销、核算（包括统一分别上缴）、信贷"三统一"的还是很个别的。这一方面说明，既要坚持前面讲过的"三不变"，又要发展层次更高的联合，确实是有一定难度；另一方面又说明，只要政府和各个方面支持，在大不变下也仍然能够融通，而这也恰恰是最宝贵的。

由是就转到下一个问题，即深化联合怎么就能促成经营规模结构的优化和求得规模效益。

照字义解释，规模系范围、格局；结构即构造；但它不是一种简单的量的比例关系，而是指具有一定质的规定性的数量之间的有机联系。所谓"规模结构优化"，说白了也就是有限企业产品生产和市场占有的最大，或者说是企业、产品、国内外市场占有的统一。如果问我们从几千个联合体中最先看到的是什么,那就是联合的深化确确实实是向着这一目标走的。并且,这样做并不需要进行多少投资。这里,不妨列举一个自行车生产从分散到联合的例子。直到1983年,江苏省内还有自行车厂数十家,一年生产的名牌、杂牌加在一块有一二百万辆。现在,南通、苏州的自行车厂投靠上海,省内则集中力量发展无锡市的"长征"和常州市的"金狮",凭借着"群体"和"集团"的优势,"长征"和"金狮"的年产都突破百万辆。要是不走深化联合的路,这是连做梦都不敢想的。当然,优化规模结构并不意味着经营规模愈大愈好,而是着眼于整体规模效益的提高。

促进而不是促退

有必要进一步强调,尽管联合的步步深化是一个客观经济过程,但这决不等于说人们在这一过程面前就无能为力。于是又提出另一个题目,这就是对必然进行的联合不应当去"等",而是要创造条件去"促"。

为此,就不能仅仅满足于我省已组建起多少联合体,而是要准确地把握住联合体发展的趋势,并且善于从进展中看到不足。

具体来说,第一,在我省已经组建起来的几千个企业联合体、特别是企业群体和企业集团中,联合向纵深发展和"群体(集团)"规模大型化的趋势已甚明显。"深",集中表现在紧密联合体内部以股份形式存在的资产迅速增大,以及"群体(集团)"向不同产业、不同部门不断延伸。"大",具体又有两种形式:一是"群体(集团)"依靠自身积累和吸收新的成员变大;二是大厂和大厂、群体(集团)和群体(集团)的联合和再联合(如南京的两家摩托车厂已实现联合,"钟山"电子集团也正在积极酝酿,无锡在筹建"二梅"电子集团,常州的"小柴小拖"集团也有了眉目)。准确地把握住这一趋势,有劲才知道往哪里去使。第二,如果对各地的企业联合归一归类,立即就可以看到,有些问题的确值得好好进行研究。例如,现在大家都晓得联合体中普遍存在着"几多几少",即城乡企业之间的联合多,城市企业之间的联合少;全民和集体企业之间的联合多,全民企业之间的联合少;本地区、本部门企业之间的联合多,跨地区、跨部门之间的联合少;弱强企业之间的联合多,强强企业之间的联合少;等等。造成这种状况,除去存在着"宁做鸡头,不做凤尾"的不正常心理外,主要是条条、块块仍在背后起作用。

  这就不能不提出这样的问题,即对于我们的企业、尤其是管理部门来说,对深化经济联合和优化规模结构究竟是怎么使的劲?是在"促进"还是在"促退"?所谓促进,就是努力去为联合的深化创造条件,作为具体目标,首先使前面提到的几多几少得到扭转,并为使联合进一步深化积极进行变通,勤浇灌而不去揠苗助长。所谓促退,就是表面上热热闹闹,实际上却使横劲,或者是对部门和地区外的"自由恋爱"横挑鼻子竖挑眼,或者是在自己的小圈子里头搞"拉郎配"。这样愈搞,离深化联合和规模结构优化愈远。

(原载《江苏企业管理》1987年第3期)

深化企业改革和发展企业集团

我认为,探索深化企业改革不能囿于现有单个企业,而是需同时研究如何进一步发展中国式企业集团。提出这一问题,不仅在于企业集团也是企业,也需建立和健全经营机制;而且在于,企业集团的存在、发展,确确实实是或多或少地改变着成员企业的多方面关系,甚至还直接关联到我国经济体制改革究竟应选择什么样的目标模式。

深化企业改革的目标及联想

大家都知道,深化企业改革包括认真实行多种形式的经营责任制、改革企业内部领导体制、改革企业内部分配制度等多方面内容。重点是完善企业的经营机制,目标或归宿在于使企业真正成为相对独立的自主经营、自负盈亏的经济实体。用一句不甚确切的话概括之,迄今改革的思路也就是"从增强现有单个独立核算企业活力出发,然后再回到现有单个独立核算企业中去"。

我认为,就事物本性和现有大多数企业说,此种设计的可行性是毋庸置疑的。但也因此引出如下联想:其一,深化企业改革并不像前面设想的这么单纯,决非是简单地把现有单个独立核算企业从行政部门的附属物变作"法人"和"经济实体"就能了事。其二,影响我国国民经济不能持续、稳定、协调、高速发展的症结究竟在哪里?我总觉得这个问题似乎还没有搞得十分清楚。比如,一讲到旧体制的弊病,人们首先想到的就是企业办成了行政部门的附属物,不活,而没有强调症结中还有个最大的就是条块分割的旧体制,使得我国国民经济的微观基础愈来愈加深着结构性缺陷,数以百万计的各种所有制形式的大、中、小企业不能结成一个社会主义社会化大生产的有机整体。即便是进一步增强现有单个企业活力的问题解决了,结构性缺陷依然不能自然消除。因此我同时又认为,深入进行经济体制改革(首要的又是深化企业改革)的思路必须放开阔。

由企业集团发展受到启迪

顺着这个思路,我愈来愈感到对企业集团的发展理应给以极大重视。

我这里所讲的企业集团,包括它的最初或低级形式——企业群体①。仅江苏一省,各种企业群体和企业集团就发展到三百多个。在个别地区如常州市,1985年的56个企业群体(在当地统称企业群体)全年完成的产值和实现的利税,就已分别占到全市工业总产值、总利税

---

① 毋庸讳言,眼下人们对什么是企业群体、什么是企业集团的认识是不统一的。例如,同样类型的经济联合体,在常州市称"企业群体";在毗邻的无锡市却叫"企业集团";在扬州和苏州,又认为企业群体一般是松散的生产、经营联合体,成员企业间的利益还不能捆在一块,而企业集团则有资产关系;在更多的地方,则又是把"总厂"、"企业群体"、"企业集团"等概念混起来用,这里讲"企业群体或企业集团",那里讲"企业群体和企业集团",再不就是不提企业群体只提企业集团(顺便说说,在正式场合如政府工作报告和有关的文件、决定中也是如此)。反映到理论界,有的认为企业群体和企业集团是同一事物起了不同的名字;有的则认为企业集团比企业群体联合的层次为高;还有的认为,企业群体和企业集团都还处于襁褓中,没有必要在概念上绕圈子。我一向认为,使企业集团和企业群体区别开来的自然应当是内容而不是名字;同时,作为理论探讨,还应当把实际存在的、被称作"企业群体"和"企业集团"的经济联合体同作为理论抽象的"企业群体"和"企业集团"分分开;并且,未尝不可以把企业群体看做是发展成熟的中国式企业集团的最初或低级形式。作为理论抽象,企业群体的基本特征应是保持通常(转下页)

的32.86%和40%。在无锡市,1986年仅市区的26个企业集团(在当地统称企业集团),全年完成的产值和实现的利税就分别占到全市工业总产值和总利税的41.76%和42.34%。特别需要指出,企业群体和企业集团完成的产值和实现的利税并不是单个企业独立从事生产经营活动的相加,应当说这是很了不起的。

这确实很能给人以启迪。如果企业集团能在全国范围内普遍发展(无需说这将是一个相当长的过程),那么,前面讲的结构性缺陷至少能在很大程度上得到调整。因为,企业集团的存在、发展,定将不断促进企业的所有制结构、组织结构、规模结构以及产业结构、产品结构、技术结构等等的优化,极有可能从整体上重新构造我国国民经济的微观基础。[①]从另一方面看,企业集团的建立不仅使企业在不同程度上摆脱了行政部门的干预,密切了企业与市场的关系;而且还愈来愈多地把商业、外贸、金融、交通运输和科研等机构组织起来。由此又可以看出,发展企业集团同深化企业改革又有着根本上的一致。或者像有些同志讲的,企业集团事实上已经成了打破旧体制建立新体制的突破口。

两着棋,同步走

这样,深化现有企业改革、完善其经营机制以使企业真正成为相对独立的自主经营、自负盈亏的经济实体和发展企业集团以促使实现结构性调整,便成了摆在我们面前的两着同时进行的棋。从一方面说,企

(接上页)所讲的企业所有制性质、行政隶属关系、财政解缴渠道"三不变",成员企业独立核算和自负盈亏,一般尚跳不出生产、经营型联合的圈子。而在此基础上进一步发展的企业集团,则系指实行部分或全额资产入股,或通过别的形式把成员企业利益捆在一起的经济实体。

① 近期拙作见《深化经济联合,优化规模结构》,载《江苏企业管理》1987年第3期;《关于发展江苏工业战略突破口的思考》,载《江苏经济研究》1987年第15期。

业成为相对独立的自主经营、自负盈亏的经济实体,应当是企业集团存在、发展的基础;从另一方面看,企业集团的存在、发展又反过来促进单个企业的经营机制在更高层次上进行自我完善和调整。如若不然,如果是你考虑这个、我考虑那个,那么,不是企业集团的"统"影响到成员企业的"活",就是成员企业的"活"却同企业集团的整体发展相抵触。现在在企业集团成员企业进行经营责任制试点,就已经发生这种情况。

同时走好这两着互相关联的棋,以我看当前最重要的就是要区别不同情况,建立和健全起各自的经营机制。无需说,集团公司及其成员厂已经不同于通常所讲的单个独立核算企业(这里把单个独立核算企业如何完善其经营机制撇开),因而要完善其经营机制,也就必须研究、解决一系列特殊性问题。

可否这样认识:经营机制作用的发挥决定于自主经营权、经营责任、经营利益、经营环境、经营行为等多个相辅相成的因素。其中,起主导作用的还是自主经营权。然而,正是在这个节骨眼上,企业集团在不同发展阶段上,以及这种企业集团和那种企业集团,都有着互不相同的要求和互相区别的特点。归根结底的问题仍然是企业集团公司及其成员企业的自主经营权究竟赋予谁?

显然,受种种条件限制,我这里还不可能把问题讲清楚,所能做的仅仅是提供一些现存情况,供有志于研究体制改革的同志参考。

据我先后在南京、常州、扬州、南通、无锡、苏州等城市调查,现有企业群体和企业集团中成员企业的法人资格大致存在如下类型:一是经济联合体(一般为企业群体)还不是独立法人,主体厂和其它成员厂的法人地位不变;二是企业集团公司和成员厂同是法人,但公司还要依附于主体厂;三是规定企业集团公司是独立法人,但作为过渡暂时还保留着成员厂的独立法人资格;四是企业集团公司(或实际上叫什么别的名称)一个法人对外,成员厂的独立法人地位取消①。然而,不管集团公司和成员厂同时是法人,还是成员厂的法人地位已被取消②,客观上都要求妥善地处理企业集团与政府部门、企业集团与主体厂、主体厂与非主体厂等的关系。并且,企业集团愈是向前发展,问题也就变得愈加突出。

这里触及到的一个根本问题是,究竟如何对待有关文件规定的发展横向经济联合须遵守企业所有制性质、行政隶属关系、财政解缴渠道"三不变"。限于篇幅,这里已不能够展开说明。③

略谈发展模式

基于上述,接下去我想粗略地设想一下未来我国经济有可能铸成

---

① 与此相联系,企业群体中群体同成员企业的关系,即是主体企业同其它成员企业的关系,因而一般不另设管理机构。而发展到由联合体的成员企业集资入股创建起具有独立法人资格的实体性企业集团公司,一般都建立起由成员企业法人代表组成的最高决策机构——董事会,同时实行董事会领导下的总经理负责制(总经理同时又是集团公司的法人代表。除少数企业集团公司的董事长和总经理由主体企业主管部门委派干部兼任或担任外,其余都出自主体企业的厂长和党委书记,个别的是党委书记出任董事长、厂长出任总经理,更多的是厂长一身二任),并设置起规格不等的管理机构。至于个别已发展到在紧密体内部实行成员企业资产全额入股的企业集团,除主体企业外的成员企业,基本上变成了在其内部实行承包的分厂或车间。

② 如果找个别例子,同是法人和一个法人对外都有办得好的、也都有办得差的。因而,究竟哪种做法更好,还要视具体情况。不过考虑到同一行业内有多个企业集团存在,企业都可以自由参加和退出,同时一个企业还可以搞多种经营等因素,我个人还是倾向于暂时把成员企业的独立法人资格保留。

③ 无需说,"三不变"事实上已经在变,问题仅在于如何变才最合理。以企业行政隶属关系为例:现在,企业集团行政上一般是隶属于主体企业的主管局。在具体做法上,少数集团公司能享受到主体企业的待遇(主体企业则成了集团公司的下属厂),大多数还是干部从哪里来,待遇还回到哪里去。与其同时, (转下页)

怎样的发展模式。

1. 微观基础

旧体制下,构成我国国民经济微观基础的,是一个个土豆堆积式的"大而全"、"小而全"的行政部门的附属物。囿于现有单个企业改革作文章,未来构成我国国民经济微观基础的将是由行政部门附属物转变来的、一个个具有独立法人资格的经济细胞或经济实体。按照"两着棋,同步走"的路子往前走,未来构成我国国民经济微观基础的主要将是大小、层次不等的细胞群。说全了,处在轴心的是通过联合和再联合组成的若干个企业集团(本身又分多个层次),处于外围的是更多的实行松散联合的联合厂或卫星厂,此外又有为数众多的中小企业联合体和一定数量的"局外企业"做补充。

2. 所有制构成和企业组织形式

能够设想,未来我国的新体制从所有制构成和企业组织形式说将

(接上页)有些成员企业的行政隶属关系直接进行了调整(与原主管部门脱钩),而大多数则是名义上不变,实际上也在部分地变(如成员企业的厂长任命需经集团公司同意)。问题是,维持这种现状依然不能从根本上解决问题。说破了,隐蔽在企业行政隶属关系背后的主要是人权、财权、物权,这些对任何一个企业和企业集团的发展说都并非是无关紧要的。如人权,说起来大家都会按照原则办事,但实际做起来并非如此。这也是为什么几乎所有的企业集团公司都(成文不成文地)规定成员厂厂长任命需经公司同意的根底。财权,对任何一个考虑跨地区、跨行业地参加企业集团的企业说,当然也不是可以漠然置之。尤其是物权,尽管指令性下达的原材料计划在不断减少,但对任何一个想"跑"的所属企业说都仍然是有拉力的(现在通行的是,"企业可以给你,但口粮休要带走")。总而言之,历史上形成的企业纵向行政隶属关系及其计划渠道的分散性,与企业集团生产、经营要求的统一性和集中性之间确实是存在着尖锐矛盾,亟待找出切实可行的解决办法。在此我建议:(1)最好是不要将企业集团行政上隶属于主体企业的主管局,而是隶属于计经委;(2)如果双方有要求,可考虑将成员企业直接交企业集团"代管";(3)创造条件实行不同层次的企业集团的计划单列;(4)深化财政金融体制改革,逐步建立起适合企业集团发展的财政金融新体制。

会是以社会主义公有制为主体的多种所有制形式、多种经营方式和多种企业组织形式并存。并且,多种形式的企业集团将成为有计划商品生产和流通的主体,伴随企业集团产生而产生、发展而发展的股份制,将会成为我国企业组织形式中的主要形式。

3. 经济管理体制

可以肯定,不同层次的企业集团的存在同单个企业独立从事生产、经营活动对管理的要求必然是不同的。如拿争论最大的计划体制说,有些同志强调计划,又有些同志强调市场,还有些同志强调"计划指导市场,市场引导企业"即计划和市场正确结合。但由于面对着数以百万计的大、中、小型独立核算企业找不到计划和市场的有机结合点,所以迄今仍然是谁也说服不了谁。现在,既然实际存在的(当然还只能是假定)独立核算企业的主体部分通过企业集团的形式由单个经济细胞变成了细胞群,并且能够通过计划和参股这样或那样、直接或间接地加以引导,那么,这就使得计划和市场的结合不再是可望而不可即,而这实际上也正是具有中国特色的社会主义企业的腾飞之路。

(原载《天津日报》1987年5月26日,在《经济日报》、《天津日报》联合举办的"为深化企业改革献计献策"征文评选中获三等奖)

建立社会主义市场经济体制和合理组建企业集团

发展现代市场经济不能没有企业集团

我们现在提出建立社会主义市场经济新体制，所面对的是社会化、现代化大生产。作为市场经济存在和发展之基础的商品经济已经是现代商品经济了，这就引出一个必须十分重视发展我们自己企业集团的问题。换句话说，被称为"企业集团"的这种较高形式的企业联合体，正是社会化大生产、商品经济发达条件下形成的企业组织形式。

分工是社会化生产的前提，而专业化则是社会分工的一种表现形式。生产力愈发展，分工就愈细，专业化程度也就愈高，协作也就愈发展；而协作一旦从组织上巩固起来，就又发展为经济联合了。可见，有分工就有协作，有协作就有联合，并必然产生相应的组织。考察商品经济的发展史，正是自由竞争引起生产和资本的集中，而生产和资本的集中发展到一定程度又自然而然地走向垄断，并渐次产生出卡特尔、辛迪加、托拉斯、康采恩、跨国公司等不同类型的垄断组织。产生于资本主义商品经济中的这些垄断组织，一方面执行着垄断资本的功能，同时又是在社会化大生产和发达商品经济条件下从事生产经营活动的一般组织形式。显然，作为社会化大生产和发达商品经济的一般组织形式，其本身并无一个姓"资"还是姓"社"的问题，这一点已为世界不同类型国家经济发展的史实所充分证明。

我们现在所讲的企业集团或集团企业，首先也正是就普遍存在于世界各国的这种一般性企业组织形式说的。我们现在所说的企业集团，也就是美国的财团（也有的叫集团）、德国的康采恩。战后日本经济的飞跃发展，被各国视为"世界经济奇迹"，正说明了企业集团在资本主义经济中充当着主角。旧财阀系的三菱、住友、三井，被称为新兴集团的芙蓉、第一劝业银行、三和，以及被称为独立系集团的新日铁、日立、东芝、丰田等三种类型的企业集团各具特色，几乎在世界每个角落都能感受到它们的存在。要知道企业集团是一种什么样的企业组织形式以及在国家经济发展中能起到何种作用，再没有比日本的企业集团更为典型的了。

发达资本主义国家的情况是这样，发展较快的发展中国家和地区的情况也是如此。韩国经济的飞跃发展被各国视为"世界经济的又一奇迹"，同样是由于企业集团在发挥着骨干作用。例如，在世界500家最大企业中，韩国占到60家，其中三星、现代两家已进入了前50名。大宇、现代、三星、金星4家最大的企业集团几乎控制了韩国的经济命脉。在中国台湾和香港地区，企业集团又称"集团企业"。在台湾地区经济起飞过程中诞生的企业集团已是数以千计，也正是这些企业集团，对台湾地区成为新兴工业地区起了巨大推动作用。有资料介绍，到20世纪70年代末，台湾地区资产达100亿新台币的集团企业就已发展到数十家，集团企业出口额已占整个台湾地区出口值的一半。其中，起于50年代的台塑集团规模最大，1985年该集团资产总额达779亿元新台币。台湾地区成为"塑胶王国"、"服装王国"、"鞋业王国"，无不是集团企业所为。无论在老牌资本主义国家，在战后崛起的发达资本主义国家，还是在发展较快的发展中国家和地区，只要从事社会化大生产和发展现代商品经济，就不能没有企业集团这样一种企业组织形式。随着世界经济发展，国际分工与协作越来越得到加强，世界市场的竞争已主要表现为各国大型企业集团和跨国公司的竞争。

转换单个企业的经营机制不能代替完善企业集团的经营机制

转换国有企业的经营机制,从而造就真正的市场主体,对建立社会主义市场经济体制来说,无疑是极端重要的,因为它正是建立市场经济体制的基础。然而,同样明显地,虽然建立和完善企业集团的经营机制同转换企业的经营机制是一致的,但毕竟不可以把企业集团看做是单个企业的简单相加。转换单个企业经营机制,主要是通过理顺产权关系,实行政企分开,落实企业的自主权,使企业真正成为自主经营、自负盈亏、自我约束的法人实体和市场的主体。同时,落实《企业法》的《全民所有制工业企业转换经营机制条例》已经颁布,已经找到了一条具体路子。而建立和完善企业集团的经营机制,则不仅是无法可依,而且涉及的方方面面更多,远比转换单个企业的经营机制要复杂。

建立和完善企业集团的经营机制,同转换单个企业的经营机制,既有相一致的一面,又有特殊的一面。就其一致的一面说,企业集团系由多个独立企业所组成,要把它办得名副其实,要使成员企业真正是自愿地走到一起,其前提正在于要使它们真正成为自主经营、自负盈亏的商品生产者和经营者。并且,不论是就转换单个企业的经营机制说,还是就建立和完善企业集团的经营机制说,决定性的问题又都在于通过理顺产权关系,实行政企分开。就特殊的一面说:一是看起来企业集团各成员企业是平等的伙伴,而具体到企业集团核心企业即集团公司同其它成员企业的关系,又是母子公司或控股、参股关系。二是一般地讲,单个企业是分别隶属于中央各部和各个(级)地方,理顺产权关系相对说来还比较容易;而企业集团作为用一定资产纽带联结在一起、具有多层次组织结构的独立企业的联合体,要理顺其产权关系,涉及的利益调整就多了。三是就经营管理说,单个企业要处理的是工厂与车间(最多是总厂与分厂)的关系;而企业集团内部要处理的则是核心层、紧密层、半紧密层、松散层各层次及层次内部各成员企业的关系,如此等等。

如何理顺国家与企业集团的关系？如上所说，"国家—企业"关系与"国家—企业集团"关系并非是一个等同的概念。国家与企业的关系应是双重关系：一方面国家作为企业资产所有者与国有企业的产权关系；另一方面国家作为社会经济管理者与国有企业的政企关系。解决的办法就是要实现国家双重经济职能分离，即"政资分开"和政企职责分开。而考察国家与企业集团的关系，所面对的则是企业集团成员企业中既有国有企业，又有非国有企业的情况。并且，这里特别有一个如何分别界定不同类型国有企业的产权问题。现在大家都承认，名为全民所有制的国有企业，事实上是多投资来源和多利益主体的。这种客观存在，并不是"分级管理"就完全能够解释的。硬是把各个（级）地方投资兴办的企业说成是全民所有也未必合情理。在现有改革思路下，已层层建立起国有资产管理机构，并设想在国有资产管理机构下建立国有资产经营公司，实行国有资产的委托经营。"政企分工"的构想固然是前进了一步，但问题未必就能从根本上解决。《股份制试点企业国有资产管理暂行规定》中"国有资产管理部门可以委托控股公司、投资公司、企业集团的母公司、经济实体性总公司及某些特定部门行使国家股权和依法定程序委派股权代表"的规定，《全民所有制工业企业转换经营机制条例》中"政府可以决定或者批准企业的合并，在全民所有制企业的范围内，可以采取资产无偿划转方式进行"的规定，都还只是囿于同一地区和部门才可能执行的过渡性措施，终究不能从根本上解决企业集团的跨地区、跨部门发展问题。其实，"国有股权实行谁投资谁管理"之原则，距承认"谁投资为谁所有"仅半步之差。如果说，这一产权关系不清的情况在转换单个企业经营机制时还可以暂时避开，那么，从建立和完善企业集团经营机制需要和发展市场经济要求考虑，怕是迟早要解决的。

搞好国家宏观调控要有企业集团来做"纽带"

　　世上早已没有什么"纯粹"的市场经济了，问题只在于如何才能使得市场和计划这两种手段的长处都能充分发挥出来,这是建立社会主义市场经济体制的特点。

就市场机制运用来讲,资本主义发展了几百年,其企业在高度发达和完善的资本主义市场上是如鱼得水。看来,要使社会主义市场经济比资本主义市场经济运转得更好,其奥秘不应该在市场经济的共性中寻找,而应该在社会主义市场经济的个性中寻找。应理直气壮地讲,在所有制结构上以公有制为主体;在分配制度上,以按劳分配为主体;在宏观调控上,能够把人民的当前利益与长远利益、局部利益与整体利益结合起来,所有这些确是在社会主义条件下发展市场经济的有利因素,而不是相反。特别是正因为所有制的不同,我们也就有可能在社会主义市场经济体制中编织起联结宏观经济与微观经济的纽带,而这点也正是资本主义想做而不可能做到的。

现在看来,这一重任正历史地落在中国特色的企业集团肩上。这并不是说,对企业集团应实行新的"政企合一",也不应该是像已经开始实行的这样,层层地对"重点"企业集团实行"计划单列",而是通过对企业集团的股份制改造,建立起一种法人所有权制度,把企业集团推到市场上去。这样一来,政府就不再直接拥有企业集团的各国有成员企业,而是成了它们的股东。可以设想,国家(中央)将不仅直接拥有实现对关系到国计民生的骨干企业集团控制所必要的股权,而且将会对那些区域性企业集团(核心企业)进行参股、控股,地方亦可以向国家级企业集团参股。到那时,国家将同时在多个方面向企业集团施加影响,正确的产业政策引导,必要的扶持,通过行使股权影响其经营活动。最终,可能达到"依托企业集团、引导调控市场"之目的,也可以称作为"引导企业集团一点,带动成员企业一片"。

(原载《集团经济研究》1993年第1期,收入中央编译出版社1995年10月出版的《中国经济文库》企业卷、南京出版社1994年1月出版的《社会主义市场经济的理论与实践》等书)

大力推进中国企业集团经营的国际化

企业经营的国际化已成为当今世界经济发展的大趋势,特别是恢复我国关贸总协定缔约国地位后,对于长时间以来吃惯了"计划饭"的我国国有企业来说,所面临的将会是一个全新的国际性竞争环境。因此,如何尽快地推动我国企业走上世界,不仅已是深化经济体制改革和进一步扩大开放所必须解决的一个实际问题,也是近年来一直为我国经济理论界和企业界所关注的一个理论热点。

首先要弄明确的几个最基本认识

研究我国企业经营的国际化问题,首先要求我们能在一些最基本认识上有共同语言。主要是:

1. 我们所从事的是愈来愈超越地域、国界的社会化大生产,要发展的是其产品的生产、交换和消费都日渐国际化的现代商品经济。而既然是在从事这样的社会化大生产和这种类型的商品经济,那就一定要有与之相适宜的企业组织形式。

分工是社会化生产的前提,而专业化则是社会分工的一种表现形式。有分工就要有协作,有协作就又有联合,并必然产生出相适宜的组织——这个道理并不难懂。看今日之世界,局限于一国、一地的分工,早已开始在拓展为国际范围的分工;囿于一国、一地的生产的社会化,正日益超出国界、地界,发展为国际化;一国、一地的经济循环,愈益受制于国际经济大循环。应该看到,这正是社会生产力不断发展的结果,也是人类历史在经济发展上的一个巨大进步。

再就商品经济本性说,它原本就是不承认地域、国界的。也可以讲,社会生产力及由其发展引起的社会分工和生产社会化之所以能得到如此迅速的发展,在很大程度上正应归之于商品经济这一取代自然经济的社会经济形式。只是,由于在人类历史上,资本主义制度是借助于商品经济建立和发展起来的,因而,致使一些属于全人类的精神文明成果,也就很自然地同资本主义结下了"不解之缘"。现在人们已看得很清楚,伴随着自由资本主义向垄断资本主义的过渡,在各主要资本主义国家大量涌现的卡特尔、辛迪加、托拉斯、康采恩,以及二次大战后在资本主义世界普遍发展起来的跨国公司等经济组织,一方面执行着垄断资本的功能,同时也正是社会化大生产和商品经济发达条件下形成的一般性企业组织形式。战后日本企业集团的崛起及其经济奇迹的创造,韩国、中国台湾、中国香港等国家和地区企业集团(港、台称"集团企业")的大量涌现及其经济的腾飞,以及联合公司、联合企业在前苏联和东欧一些国家的大量存在等,这都进一步说明,作为全人类精神文明成果的这种社会化大生产和商品经济发达条件下必然存在的一般组织形式,是无论哪个国家和地区要实现和发展经济的现代化都必须采用的。只不过是,它在不同的国家和地区有不同的表现形式和名称。我国企业集团这种组织程度较高的企业联合体的最积极意义也正在于此。

总之,跨国经营的路已是非走不可。但发展我国企业的跨国经营,首先还要从基础环节做起。建造好舰队才好漂洋过海,应花费更大的气力来进行企业组织结构的调整,以最终实现企业的公司化、集团化。

2. 作为现代市场经济微观基础主体的,不可能是分散存在的单个工厂,而只能是现代公司化企业,特别是以大型企业公司为母体的企业集团。从而,对大企业公司,特别是企业集团的跨国经营活动亦应给予更大重视。

党的"十四大"明确提出,我国经济体制改革的目标是建立社会主义市场经济体制。应该看到,通过转换国有企业经营机制的改革,使它们真正成为自主经营、自负盈亏、自我发展、自我约束的独立商品生产者和经营者,也还并不等于就已经建立起市场经济的微观基础。因为,我们要发展的是现代市场经济,而作为现代市场经济微观基础主体的早已不是、也不应该是分散从事生产经营活动的单个工厂或企业了。

看看一些市场经济国家和地区的实际情况,就会明白这一点。在欧、美各主要资本主义国家里,事实上是一些大公司、大集团在左右着这些国家的经济形势,对此不会有人怀疑。战后日本经济发展被各国视为"世界经济奇迹",更能说明,不是别的,正是企业集团在日本经济发展中充当着主角。韩国、中国台湾、中国香港等国家和地区的经济发展同样是如此。实际上,市场经济就是争夺市场的经济。这里所说的市场既指国内市场,又包括国际市场。据统计,目前跨国公司已经垄断了世界上对外直接投资的95%,研究与开发投资的85%,国际技术转让的70%,国际贸易的60%,国际生产的40%。这就足以说明,作为现代市场经济微观基础主体的已不可能是在小范围内活动的单个工厂或企业,而是能与世界强手相抗衡的大公司、大集团。虽然我国短时间内还难以建设起这样的大公司、大集团,但作为目标,必须明确。

3. 市场经济同计划经济是两种根本不同的经济体制。计划经济的主体是政府,而市场经济的主体则只应是作为独立商品生产者和经营者的现代企业及个人。因此,真正赋予企业特别是赋予大型企业集团公司以独立法人地位,并促其尽快走上世界,已该是进一步拿出切实措施和办法的时候了。

市场竞争的主体是企业,而不应是政府部门,应该讲,这已是全党的共识。问题在于如何真正做到这一点。现实情况是,长期处于政府行政机构附属物地位的我国国有企业,至今并不享有完全的自主经营权,更不要说跨国经营权了。这是建立社会主义市场经济体制,发展企业跨国经营,所无法避开的一个最根本问题,一定要尽快加以解决。

与以上分析相联系,我以为最重要也是最困难的,就是应特别注重于把大企业公司,特别是大型企业集团公司尽快造就为自主经营的法人实体和市场竞争的主体。这主要是由于:(1)企业集团确有单个企业所不具有的综合优势,发展跨国经营的条件也较为成熟;(2)单个企业仅是一个企业,而办好一个企业集团公司,则能带动一大片企业;(3)我国企业集团,还有可能成为宏观经济和微观经济的结合部;(4)也唯有大公司、大集团,才能成为参与国际市场竞争的主力军。

综前所述,以上三个基本认识可归之于这样一个总认识,即固然能够说,企业跨国经营不分大小,我国所有企业都有个经营国际化的问题;但发展市场经济,推进我国企业的国际化,关键还在于抓根本。这是说,发展市场经济和企业跨国经营,必须大力推进企业的公司化、集团化,并要求把推进大型企业公司、大型企业集团经营的国际化放在最突出的地位。

我国企业集团跨国经营的现状及存在问题

整个说来,我国企业集团还处于发育完善阶段,规模还比较小,实力还不强。严格说来,基本上还属于"内向型"集团。其跨国经营活动还只能说是方在起步。

从企业集团跨国经营的先行主体看,主要有四种模式:一是大型金融跨国集团。其特点是以金融业为背景进行跨国经营,主要是中银集团和中信集团。二是大型经贸跨国集团。这类集团的核心是长期从事进出口贸易的专业外贸公司,有代表性的如中化集团。三是大型工贸跨国集团。其主要特点是以大型生产企业为龙头,进行外向开拓,到海外投资,跨国经营,如首钢总公司、赛格集团公司。四是大型服务跨国集团。这类集团的特点是以从事第三产业的大企业集团为主体,进行跨国经营,如北京东安集团公司、中国远洋运输总公司。在经营上,则采用了直接投资、合资经营、收购股权、委托经营等多种形式。

在我国众多的各种类型的企业集团中,有一小部分发展得比较快,其跨国经营活动也是进行得相当出色的。如作为中国企业集团特种类型的首钢总公司,据最新介绍,目前已成为横跨16个行业、24个省市,拥有钢铁、矿业、电子、机械、建筑、航运、贸易、金融等9大分公司,105家工厂,41家联营企业,27家境内合资企业,17家海外企业及经营网点,拥有3千万美元海外资产,1991年综合出口创汇达2亿多美元的特大型集团性企业。被称为"综合外向型集团"的深圳赛格集团,1990年共完成工业产值32亿元,出口19亿元,产品出口占销售总额的60%。该企业集团公司已与世界上30多个国家和地区的100多家公司建立了合作关系。中化集团在海外投资达2亿多美元,正扎扎实实地向有中国特色的跨国公司的目标迈进。全额依靠贷款艰苦创业、迅速崛起的汕头海洋集团,已创办起6家海外公司,亦有望发展为跨国集团。

迄今我国在境外兴办非贸易性独资、合资企业,其直接对外投资仅为全世界对外直接投资总额的0.1%。一般认为,工业企业集团的国际化经营要渐次经过这样三个阶段:(1)商品直接出口;(2)海外投资生产;(3)全球性跨国生产和经营。总的来看,我国企业集团还处于以国内生产为主,兼营与自身产品有关的进出口贸易阶段。经营活动的国际化方开始,组织结构的国际化还要有个较长的过程。

我国企业集团(单个企业亦然)跨国经营既存在着体制和政策法规方面的问题,又有自身的问题。体制方面的问题主要是:(1)企业集团公司及其他成员企业跨国经营缺少必要的对外经营自主权。目前仅有部分企业集团公司享有进出口经营权。还谈不上有海外项目投资决定权和海外筹资权。(2)工贸脱节的问题还没有真正解决。(3)国家金融体制改革迟缓,海外投资得不到足够的信贷资金。

政策法规方面存在的问题主要是:(1)在海外办企业缺乏必要的法律规范;(2)对企业的跨国经营活动缺乏必要的激励措施和正确引导;(3)去海外开办企业手续繁多,办事效率低;(4)派出人员难。

企业集团自身则主要存在如下问题:(1)对发展跨国经营的重要意义认识不足;(2)缺乏从事跨国经营活动经验;(3)境内经营与境外经营分离,还没有注重于建立与经营的国际化相适合的企业集团经营机制;(4)资金、外汇短缺;(5)装备水平低,技术开发和产品开发能力不强;(6)企业从事跨国经济短期内难以建立必要的信息网络;(7)派出人员素质不高,导致该谈成的合作项目谈不成,能盈利的没有盈利,甚至被人坑骗。

推进我国企业集团经营国际化的对策建议

适应世界经济发展的大趋势，在此特提出如下建议供政府决策部门参考。

1. 制定正确的发展战略

（1）采用"并举"、"并进"战略。20世纪80年代重在发展境内"三资"企业和进行转换现有单个企业经营机制的改革；90年代应实行引进外资和去海外投资并举，企业集团化和经营的国际化并进。

（2）明确发展重点。没有我国企业的公司化、集团化，没有大公司、大集团经营的国际化，我国企业的国际化就只能是纸上谈兵。因此，推进我国企业的国际化经营，必须把大公司、大集团的建设及外向开拓作为主要目标。对有条件的单个企业所进行的跨国经营活动，自然也应给以积极扶植。

（3）多形式，多模式。发展企业集团及推进其国际化应是多形式、多模式，不能硬性定下这样那样的框框来捆绑自己的手脚。一般地讲，企业从组建成集团，到走上经营的国际化要有个渐进过程：开始属于"内向型"，继而在境外寻求发展，最后发展为跨国集团（公司）。竞争的规律也总是由国内市场的竞争，走向国际市场上的较量。

（4）选好主攻方向。我国与世界广大发展中国家大都保持着良好的关系，生产水平相近，技术有市场，许多工艺技术设备及管理方式对发展中国家有较强的适应性。因而，宜把向发展中国家投资作为向海外投资的主攻方向。当然，在经济发达国家也存在着一些投资机会。

（5）采取最优的投资模式。一般地讲，在海外创办独资企业要承担较大风险。采用合营和合作企业形式则不仅可在境外利用外国资本，减少母公司的负担，而且可以利用合作伙伴的经济实力、信誉、经验，减少投资风险，提高和当地银行谈判融资能力，因而成功的可能性较大。

2. 加强企业集团自身建设

(1) 按照市场经济的要求，从多方面推动企业集团的完善提高，逐步建立起适应国际竞争、符合国际惯例的经营机制。由"生产型"转变为"生产经营型"是我国企业内在机制的第一次转变；由面向国内市场的生产经营型，转变为"跨国生产经营型"，将是我国企业内在机制的又一次转变。面对新的形势，我国企业集团（单个企业亦不例外）必须真正学会按照国际企业的管理规范、国际标准、市场需求和国际贸易惯例来组织生产和经营活动。

(2) 通过引进世界先进技术、培养自己的高技术人才、建立自己的科研开发机构等多种途径，努力提高集团企业的技术水平和开发能力。

(3) 工业企业集团应朝工技贸结合发展，并应积极发展同金融企业的联合，有些可发展成为产业和金融相融合的"产融集团"。

(4) 积极创办中外合资、合作企业，更多地发展同"三资"企业的联合，这将是学会按照国际惯例经营企业的捷径。

(5) 加强信息建设，有条件的应建立自己的国外商情调研机构，还可在国外合资开办咨询公司，或委托国外公司为本集团提供商情动态。

(6) 强化国际化经营的观念，注重对跨国经营人才的培养。

3. 进行多方面的配套改革

(1) 深化企业经营机制的改革。真正把企业集团公司及其他成员企业造就成市场竞争的主体。企业作为市场主体在国内市场上还没有到位，当然更难以自立地走出国门了。

(2) 深化外贸体制改革。一般地说，企业集团公司都应享有进出口经营权。

(3) 深化国有资产管理体制、投资体制和外事制度的改革。赋予企业集团公司从事跨国经营所必需的自主权。如，可否考虑，赋予国家控股的大型企业集团公司以法人所有权、海外投资项目决定权、海外融资权和出国组团、派驻人员、邀请外商出入境审批权。

(4) 深化金融体制改革。企业搞跨国经营，没有金融支持难成气候，应研究如何把我国金融体制改革得与企业的国际化经营的要求相适应。必须大力促进国内资金市场、外汇市场的发育。专业银行要企业化,应鼓励并促成金融企业或金融集团向工业企业集团的参股、控股。还可考虑延伸我国的海外金融机构,为企业的跨国经营活动提供金融支持。

(5) 深化改革科技体制。发展企业的跨国经营,从根本讲还是要靠手中有先进技术。我国大批科技人才现在仍聚集在科研部门和高校,力量分散,必须真正解决科研与生产"两张皮"的问题。把现有科研力量组织起来,其行之有效的办法就是促使企业集团与科研单位实现紧密联合,直至把分散在各个角落的研究力量在某些重点企业集团中集中使用。

4. 加强法制建设,对跨国经营实行更优惠的政策

(1) 尽快制定《海外投资法》,建立健全各项与企业跨国经营配套服务的法律法规。

(2) 对企业集团(公司)去海外办企业给以力所能及的信贷支持。如,可考虑建立专项海外投资基金并实行低息。

(3) 对海外企业实行"放水养鱼"政策。如,可规定在一定年限内,在保证国有资产不流失之前提下,将海外企业创造的盈利全部留给母公司使用。

(4) 取消对企业和企业集团(公司)跨国经营范围的限制。

(5) 要有专门部门管理境外企业。要注重于总结海外企业的成功经验,并在内部及时交流、推广。

(6) 企业集团的科技开发资金应得到保证。国外大公司、大集团有两点同我们的企业形成鲜明对照:一是科技和产品开发舍得下本钱,不仅聚集一大批专门人才,而且有足够的开发资金;二是重广告宣传,重售后服务。我国企业集团发展面临的最大问题,是既少人才,更缺资金,必须找出切实的解决办法。

5. 其他方面

(1) 从国家讲,要调整好产业政策,特别是应加快发展信息产业,以争取早日实现信息传递和处理手段的现代化。

（2）必须更大地重视人力资源开发。应是三个方面并进：一是现有人才的合理使用；二是加大科技教育投资，加快人才培养；三是下大气力搞好外向型人才的培训。

（3）应尽快创办一批以推进企业跨国经营为宗旨的科研和咨询服务机构。可以是官办，可以是民办，也可以是半官半民。

（4）不求多，但求好，抓好几个有代表性的企业集团（公司）的国际化经营试点，率先把它们办成有中国特色的社会主义跨国公司。

（原载《企业跨国经营研究——兼论中国企业国际化》，南京大学出版社1993年版）

提高企业集团发展的质量和水平

无论一个国家和地区实行什么样的社会制度,但只要是从事商品性社会化大生产,发展企业集团就会成为一种必然选择。因此,从本质上看,企业集团是社会化大生产的一般组织形式。从历史的角度来看,企业集团能够在我国蓬勃地发展起来,无疑是经济体制改革取得的一项重大成果。但必须清醒地看到,在新旧体制夹缝中发展起来的企业集团,一生下来就"先天不足",突出地表现在多数企业集团带有明显的行政印记,甚至成为地区集团或部门集团。"十个集团九个空",一些企业集团不仅规模偏小,而且结构不紧,功能不全。近年来经过完善和提高,这种情况虽已程度不同地有所改变,但真正按照企业集团的本性来发展的成熟的企业集团,目前还为数不多。党的"十五大"报告强调,要"以资本为纽带,通过市场形成具有较强竞争力的跨地区、跨行业、跨所有制和跨国经营的大企业集团"。这一论断为我国企业集团的健康发展指明了方向,必将推动企业集团的健康发展。

党的"十五大"报告指出发展企业集团要"以资本为纽带",这是总结企业集团发展经验所得出的一个科学认识。企业集团是由多个独立企业通过一定的联结纽带而组成的一个有机整体。国内外企业集团发展的实践证明,企业集团核心层、紧密层和半紧密层成员企业之间,只有以资本为纽带(并不排斥产品、技术纽带),才能连体连心。这正是企业集团这种较高形式的企业联合体区别于松散型企业联合体的一个重要标志。也只有真正做到这一点,才能逐步抹掉企业集团身上不应带有的行政印记,从而促进企业集团的健康成长。

"十五大"报告强调企业集团要"通过市场形成",既反映了对企业集团自身发生、发展的规律性认识,又有很强的针对性。客观地说,改革之初在"三不变"条件下发展企业间的横向经济联合,继而在新旧两种经济体制并存的情况下组建和发展企业集团,确实难以避免企业集团存在这样那样的问题,主要是这些问题不能也不应该长久地保持下去。过去是靠行政命令发展企业集团,在旧体制即将转变为市场经济新体制的今天,无论是组建企业集团,还是推进其扩张,都必须重视发挥市场的作用。也就是说,发展企业集团必须从企业利益出发,注重成员企业之间内在的经济、技术联系,并把市场经济通行的并购方式作为企业集团低成本扩张的基本手段,而不可以再搞行政包办,更不能向经营状况好的企业集团"甩包袱"。

党的"十五大"报告强调发展"跨地区、跨行业、跨所有制和跨国经营的大企业集团",具有更为重要的现实意义。作为商品性社会化大生产的一般组织形式,企业集团就是靠竞争实力打天下的,并不承认地区、行业、所有制等方面的差别,亦不受国界的限制。现在,大家都讲,组建和发展企业集团,十分有利于调整不合理的经济结构。然而结构调整必须着眼于全社会,应在尽可能大的范围内实现生产要素的优化组合。因此,只有把企业集团办成跨地区、跨行业、跨所有制和跨国经营的"四跨"集团,才能真正发挥其促进结构优化的独特功能。

党的"十五大"报告为我国企业的健康发展指明了方向,但组建和发展企业集团的工作又是具体的,各地的情况也不尽相同。为了进一步提高集团发展的质量和水平,在当前尤其要注意处理好以下几个问题:

1. 行政推动和企业行为要有机结合起来。发展企业集团应当是企业自身的行为,需要靠市场去推动,但由于社会主义市场经济体制仍在建立过程中,企业还没有真正成为产权明晰的法人实体和市场竞争的主体。在这种情况下,要合理组建和发展企业集团,仍离不开行政的推动,因此当前发展企业集团要善于把行政力量和企业行为有机地结合起来。例如,没有国务院的直接参与和运作,金陵、扬子、仪化、南化、江苏省石油公司要实现强强联合组建成中国东联石化集团就无从谈起。当然,在具体工作中,要防止"拉郎配"集团的出现,不能为发展企业集团而发展企业集团。

2. 扶持政策应向产业倾斜而不宜单纯地向个别大公司、大集团倾斜。现在,从国家到地方,对企业集团的发展均给予特殊的扶持政策,在短期内这是必要的。但从根本上讲,企业集团的发展只能靠平等地参与市场竞争,尤其应当注意的是,国家的扶持政策应向支柱产业倾斜,而不宜单纯地向个别大公司、大集团倾斜。具体到江苏来说,机械、电子、化工、汽车等新兴工业支柱产业需要扶持;传统支柱产业,特别是纺织和食品,以及建筑业,在一个相当长时期内仍是我省的支柱产业,也必须加快推动其发展。

3. 不一定把企业集团的核心企业都办成国有独资公司。在改制试点中,大型企业集团的核心企业普遍改制为国有独资公司。贯彻党的"十五大"精神,国有独资公司一般只应存在于影响到国家安全、需由国家垄断经营的产业,或关系到社会安定的公益性行业;对基础性、先导性产业的企业集团的核心企业,一般应坚持国家控股;而对竞争性、盈利性产业的企业集团的核心企业,则可以由国家控股,也可以由集体控股,或非公有制企业控股。对民营高科技企业集团,更应给以必要的扶持。

4. 注重规模扩张,更需讲求规模效益。在我省一些地区,的确是存在着企业集团发展贪大求快的情况。我以为正如不宜层层提"抓大"一样,也不宜层层都规划组建大集团。经济规模大并不就等于有规模经济效益,更不等于竞争力强。在发展规模经济问题上,既要讲大,又要讲专;既要重视发展大型企业集团,又要注意发展"小巨人"。就江苏而言,小型企业比重明显偏高,与之相对应,工业集中度相对较低,在这种情况下,尤其要注意在发展规模经济的同时,不能人为地拼凑规模。这样做,不仅获取不了规模效益,反而会把好企业拖垮。

5. 资产经营和产品经营不是对立的。当前,有两种倾向值得注意:一是某些企业经营者片面强调"资产经营"或"资本经营",而忽视生产经营;二是有些同志把"资产经营"或"资本经营"和生产经营对立起来,提出资产经营仅属于金融企业的业务。对非金融企业、特别是生产企业而言,资产经营只是企业全部管理工作中的一部分,从而把资产经营看做是一种经营形式。其实,有五种具体形态的资本经营(从宏观说是资本运营):一是产品形态的资本经营,二是资产形态的资本经营,三是金融形态的资本经营,四是无形资产形态的资本经营,五是房地产形态的资本经营。对生产企业来说,资产经营必须以生产经营为基础和载体,因此把资产经营和生产经营割裂开来、对立起来显然是说不通的。事实上,对一个生产企业来说,伴随着新旧体制的转换,确有一个从纯粹生产型过渡到生产经营型、再发展到资产经营型的问题。因此,重要的不在于该不该把资产经营看做是一种高级经营形式,而在于必须正确处理好资产经营和生产经营的关系。

6. 正确认识多元化经营问题。从实践上看,多元化经营已成为许多大型企业集团发展的重要战略选择。实行这一战略,不仅有助于分散企业集团的投资风险,而且也有助于推动竞争;同时,不论在哪个行业,都存在发展的机会,成功的诀窍只在于决策的正确,在于企业的内部管理水平。在这方面,尤其要注意改善企业内部的"软件",通过苦练内功,全面提高企业员工的素质和经营者的管理水平,决不能在发展企业集团中"见物不见人"。从某种意义上也可以说,没有良好的企业内部素质,企业集团的发展、企业集团的多元化经营都是很难设想的。

(原载《江苏经济》1998年第2期,特约撰写)

第五编

其他方面研究

漢文研究法

増訂

浅议推进我国企业的跨国经营

利用外资、创办"三资"企业是改革开放的硕果。从另一个方面思考，在引进外资、创办"三资"企业的同时，终究还有个如何推动我国企业走向世界的问题。况且，现在已是形势逼人，办好这件大事情刻不容缓。

确立一个新的发展思想

目前，如何进一步搞好搞活全民所有制的大中企业是个热门话题。不少同志谈到，全民所有制的大中型企业之所以不如乡镇企业特别是"三资"企业有活力，症结正在于它们至今还没有完全进入市场。因此，一个合乎逻辑的结论是，进一步搞好全民所有制的大中型企业，决定的就在于真正把它们推到市场上去，放开经营，平等竞争。我以为，这种认识不无道理。然而，研究如何进一步搞好全民所有制的大中型企业，毕竟不可以只着眼于在国内市场上的竞争，而必须同时考虑，如何把我们的全民所有制大中型企业，尽快推到剧烈竞争的国际市场上去。

从上到下都一直在讲，我们的企业主要有两大问题：一是技术落后；二是管理落后。而境外一些人的看法却有所不同。笔者不久前在香港学习、考察期间，就曾当面听一些大学和企业界人士多次谈起，其实西方国家企业的生产技术也并非都那么先进，大陆企业的生产技术和管理落后固然是问题，但更大的问题恐怕还是市场问题，特别是产品占领不了国际市场。不妨说，倒是境外人士的这种看法同我们企业的实际更接近一些。

　　我以为，有不少同志迄今对明显制约我国企业发展的市场问题的严重性认识还很不足，总以为我国有这么多人口，生产的目的又是不断满足人民日益增长的物质文化需要，存在的只能是总供给的不足，哪里会发生什么"求小于供"的问题——这无疑是把什么是人民的物质文化需要和什么是现实的购买力这样两个根本不同的问题给弄混了。我们在现阶段所面临的主要矛盾，确实是人民日益增长的物质文化需要同落后的社会生产之间的矛盾，但只要是实行商品生产就必然出现一个市场问题。不是么，长时间以来一直是卖方市场的我国，现在对不少企业说，已不是在讲如何开足马力生产，而是在愁生产的产品卖不出去。曾长时间凭票证供应或一度成为抢手货的手表、自行车、缝纫机、收录机、洗衣机、电风扇、电视机、电冰箱等，由于宏观调控不力，生产能力已明显过剩。这种立足于国内市场抢饭吃的状况如继续维持下去，不仅必然是国内市场上的竞争愈来愈厉害，而且会造成生产能力的闲置和极大的浪费。

　　现在提出要把进一步搞好全民所有制大中型企业作为深化改革的一项重要任务，在政策上进一步放宽以期使它们具有更强的活力，是完全必要的。但我以为全民所有制大中型企业的活，不应该以非全民所有制企业，特别是乡镇企业的被排挤为代价；即便是通过进一步深化改革，我们的全民所有制大中型企业已变得同乡镇企业、"三资"企业一样活了，如果囿于国内市场做文章，充其量也不过是解决了国内市场这张馅饼是由哪种所有制性质的企业来吃或你吃多、我吃少的问题，终究只是第一步，还必然要有第二步，这就是倾全力推进我们自己的企业跨国经营。走好这步棋，对于进一步搞好全民所有制的大中型企业，捕捉世界经济发展中的机遇，具有特别重要的意义。

　　事实上，经过几十年的建设，我国企业也并非像有些人所说的那么落后，发展跨国经营对我国不少企业来说是有这个能力的。在外国市场上，中国企业生产的产品被改头换面贴上他国商标售卖的屡见不鲜。"三资"企业中，生产技术也有不如我国企业的，但其产品同样也能走上国际市场。特别是被称为"弹丸之地"、以小企业为主的香港地区,不仅能在港外创办企业,搞跨国经营,而且能把港内企业95%以上的产品销到港外去。看当今世界,可以说没有哪一个发达国家的企业不是实行跨国经营的,也没有哪个国家的政府不给本国企业跨国经营以大力推动的,不少发展中国家也做得很有成绩。我们是以生产资料公有制为基础的社会主义国家,不仅完全有必要,而且完全有可能把此项关系到国家长远发展的大事做得更好!

总之,以我愚见,我国经济发展所面临的战略性转变,不是现在通常所以为的一个,而是两个:一要由速度型向效益型转换;二要由单纯利用外资向发展我们自己的跨国经营转换。对于前一个发展思想,上下都有明确的认识;对于后一个发展思想,则需要引起更多的同志,特别是经济部门领导同志的重视。

寄希望于企业集团来唱主角

我以为,在确立起必须全力推进我国企业跨国经营这一新的发展思想后,有个基本认识问题需要先搞清楚,这就是发展跨国经营,正要依赖于我们的大中型企业,特别是以大中型企业为核心骨干的企业集团来打头阵,也惟有它们才能担当起外向开拓的主要角色。为什么要特别看重在改革中崛起的、蓬勃发展的我国企业集团呢?这主要是,相比之下企业集团的确是有着单个企业(包括单个大中型企业)所不具有的多种整体优势:(1)复合经济优势。企业集团能够在成员企业单位之间进行优势互补,实现生产要素的优化组合,产生出1+1>2的复合效应。(2)规模经济优势。专业化协作和联合的扩大,成员企业经济技术实力的不断增强,使企业集团明显具有规模经济的优势,生出规模效应,求得规模经济效益。(3)布局经济优势。统一规划,合理布局,生出整体效应,带来布局经济效益。(4)结构经济优势。企业集团具有优化结构的基本功能,并能获取单个企业所不能获取的结构效益。(5)范围经济优势。企业集团具有整体辐射功能,通过参股、控股、合资、合作等方式,不断开辟新的领域,不断扩大其活动范围和影响,生出放大效应。(6)管理经济优势。企业集团这种组织形式有利于促进集团公司和成员企业不断提高管理水平和工作效率,降低管理成本。(7)时间经济优势。不少文章都谈到的,随着科学技术的迅速发展,市场竞争早已由先前的产品价格优势为主,继而的产品质量优势为主,进入到新产品开发优势为主。企业集团的这一优势,特别表现在技术开发和新产品开发能力的提高和时间的节省上,从而得以先行一步推出适合国内外市场上需要的高、新产品。此外,企业集团还明显带有这样一个整体优势,就是交易费用的节省。正由于企业集团具有这种种基本功能和优势,所以在剧烈竞争的国内外市场上不仅能树立起自己高大的形象,而且必然具有强大的竞争能力和抗御风险的能力。这正是集团企业发展跨国经营的资本。

一个国家的企业集团,实际上体现着这个国家的经济技术实力,代表着该国的形象。二战后,活跃在全世界的也正是一些属于不同国别的大型企业集团和跨国公司。从某一角度看世界市场的竞争,实际上也具体表现为各国企业集团的竞争。这正是我们发展跨国经营所面对的现实。从这点说我国企业集团也正肩负着国家和民族的希望。从我国企业集团自身发展说,也迫切需要把自己的生产经营活动拓展到境外去。在我国市场上,单个企业间的竞争,早就让位于企业集团的竞争;某些产品生产能力的过剩,也主要是发生在集团企业;有些有经营头脑的企业集团的经营者,在外向开拓中已先行一步——所有这些,都说明我国企业集团已该到世界大舞台上去拼搏一番了。

亟待采取的几项对策措施

1. 围绕增强企业活力这一中心环节,进一步深化改革。发展跨国经营,从根本上讲还在于我们的企业真正要有活力。从这点看,单有一个外贸经营权显然是不够的,还必须赋予企业从事跨国经营自主权。这就要求,在进一步完善企业经营机制的同时,进行多方面的配套改革。如派出人员出、入境就是个很实际的问题。像现在这样手续繁、时间长、没出国就把路线定下来,在国外遇到新项目只能错过机会的情况不应再持续下去。

2. 对跨国经营企业实行更优惠的政策。至少应比出口创汇企业享有的优惠更多、更大,不妨调查了解一下别国都是如何做的。

3. 下大气力搞好"外向型"人才的培养和培训。对"外向型"人才的培养和培训可通过多种途径进行:通过各类学校培养是一条路;创造各种形式的(如政府部门、教学科研机构和大型企业三结合)跨国经营培训中心是另一条路。就当前说,收效最快,也是完全有能力做到的,正在于后者。

4. 尽快创办一批以推进跨国经营为宗旨的咨询服务和研究机构。正确分析和预测国际经济形势,调查了解不同国家和地区的投资政策和投资环境,研究公有资产的海外管理等等,为企业跨国经营排难解忧。

5. 加快发展信息产品。去香港考察,感到大陆经济同香港经济发展中存在一个较明显的差距就是"信息"差距。显然,单靠专门机构向企业提供咨询服务,对企业发展跨国经营,还只是杯水车薪。必须把信息产业提到优先发展的地位,以尽快实现信息传递和处理手段的现代化。

6. 加强对现有海外企业的管理。截至到1991年9月底,我国海外企业已达927家。这些海外企业,绝大部分都是伴随着改革开放,特别是企业集团蓬勃兴起后,由一些企业集团的主体厂率先创办起来的。开创跨国经营的新局面,首先在于加强对这些海外企业的指导和管理。建议在政府部门设立海外企业的主管机构,以推动此项工作开展。

7. 集中力量创办几个能与国外强劲对手相抗衡的社会主义跨国公司。可以把这项工作同重点办好100家大型企业集团结合起来,并给予重点扶植。

8. 要把发展跨国经营纳入国家和地方的发展规划。跨国经营已开始受到国家的重视,北京、天津、上海、福建、广东等省市推动企业跨国经营的工作也早就开始做了。但总的看,全国各地对这一工作重要性的认识还不够,还没有把它作为一个新的经济发展战略提到重要议事日程。为此,建议把发展企业的跨国经营纳入国家和地方的发展规划,并明确政府部门的责任,这也正是社会主义制度优越性的一个生动体现。我相信,只要上下能拿出利用外资的劲头来发展企业的跨国经营,就不愁我国企业走不出国门!

(原载《集团经济研究》1992年第3期)

"入世"杂说

天上没有掉下馅饼

有些同志还没有真正搞清经济全球化是怎么一回事，就来了个盲目乐观。如有的就提出，我国企业已具有参与国际竞争的能力；又有的说，对"入世"我国的家电行业完全可以放宽心；还有的说，我国的纺织品服装出口终于等到了不再受配额限制。实话实说，经济全球化并非一首各国共同繁荣的牧歌，天上并没有掉下馅饼。对包括中国在内的广大发展中国家来说，本来就是机遇与风险并存，亦并非每一个国家都能从全球化中得到好处。不能不看到，就整体而言，我国企业还不具有同国外大公司相抗衡的实力，在短期内许多行业受到冲击也是必然的。就说纺织行业，同样也是机遇与挑战同在。主要问题是仍然存在着产品的结构性矛盾，企业自身创新设计能力弱，不善管理，国有企业至今未能实现真正的转换机制。若不抓紧时间进一步地进行结构调整和技术创新、制度创新，就难免不在新的竞争中败给对手！

主动迎接挑战才能抓住机遇

在要不要融入经济全球化问题上，又有些同志显然是顾虑太重。有风险防范意识是绝对必要的，但若变成对自己思想和行动的束缚，那就走到了同样危险的另一面。而且，必须说，机遇是等不到的。"入世"

意味着我国对外开放的全面扩大，也是我国经济积极主动融入世界经济主流的战略选择，要求得更快、更大的发展，没有别的路可走——正所谓"明知山有虎，偏向虎山行"。

属于"我的"才能是"我的"

叫卖声阵阵，难免不是鱼目和珍珠混杂，所谓"经济全球化将融合国家和民族利益"的流行看法便是一个典型例子。有的竟至于认为，再讲"民族经济保护"就是"民族主义情绪"；又有的公开主张，要以"境内工业"和"境外工业"的新划分，取代"民族工业"的"过时"概念；不少有身份的人士也居然公开倡导，"只讲所得，不讲所有"，"不求所有，但求所在"，"缴税就欢迎"；更有的认为，不仅中外合资企业在中国注册就是中国的企业，而且只要外资企业的利润不汇走，仍留在中国作扩大投资，这些企业就不是外国企业，而是中国企业。这真是"我的是我的，你的也成了我的"。

这里事实上关系到一个属于马克思主义基本理论的问题，即列宁创立的帝国主义理论在今天是否还适用，究竟应如何来正确把握经济全球化的实质。其实，只要不忘记这个全球化原是由国际垄断资本所发动的，成为推动这一经济进程主要载体和主导力量的是发达资本主义国家的跨国公司，再联系到去年发生的科索沃战争和以美国为首的北约野蛮袭击我国驻南联盟使馆的暴行，并不难对这一问题做出正确回答。

必须看到，经济全球化决不意味着国家和民族利益边界的模糊或消失，更不意味着国家和民族在某种层次上的融合。在世界上还存在着两种对立的社会制度，国家和民族间还存在着重大差异，在地球上居住的人类仍分别属于不同国家公民的情况下，硬是说不能再讲国家和民族的利益，硬是说中外合资企业和外商独资企业都成了中国的企业，实在是于情理不通。

要牢牢掌握对外开放的主动

随着经济开放及国家间经济联系的扩大,反映国家经济安全的经济自主能力、经济自控能力和抗风险能力愈益突出。国际垄断资本同广大发展中国家民族资本间的斗争将不可避免,而斗争的中心又正集中地表现为控制和反控制。在这种情况下,最需要保持我们头脑的清醒。

江泽民总书记在《正确处理社会主义现代化建设中的若干重大关系》的著名讲话中就明确提出:"我们这样大的社会主义国家搞现代化建设,必须处理好扩大对外开放和坚持自力更生的关系,把立足点放在依靠自己力量的基础上。"最近,他在省部级主要领导干部财税专题研讨班结业式上所作的讲话中又强调:"在扩大对外开放中,要始终注意正确处理发展国际经济合作与维护国家经济安全的关系。"我们要搞的是社会主义的四个现代化,而不是别的什么四个现代化。我们要扩大对外开放,但又必须始终坚持"以我为主"的原则,始终坚持我国政府在对外开放过程中的主动权。必须看到,支撑一国经济发展和经济交往的基本因素和动力,主要在于本国内部。我国国内市场巨大,又有丰富的人力资源,自主地在国内发展和依靠内需拉动经济增长的空间无限广阔,说什么也要防止我民族经济为外人所控制。

保护民族经济决非保护落后

"入世"决不意味着要放弃发展民族经济。WTO权利与义务相平衡的特点本身就是对成员国各自利益的确认。事实上,也没有哪个世贸组织成员不在极力进行着自己国家、民族利益的最大程度的保护。而这其中,又以美国最为露骨、也最会耍手腕。我们也必须学会充分运用WTO的有关保障机制保护好我们的合法利益。

但又必须清楚,保护民族经济决非要保护落后,也决不是要努力守住多年来形成的工业体系和国有经济的阵地。在计划经济体制下形成的工业体系无疑必须在新的形势下作出新的调整。国有经济也必须在进一步地调整、改组和竞争中得到发展壮大。民族个私经济在国民经济中的地位和作用将进一步得到增强,并在参与国际市场竞争中大显身手。有必要在此一提的是,改革开放中存在的一个明显问题正是优待外资经济,限制民族个私经济,对民族个私经济至今仍然存在着所有制歧视。依我说,在原则上应是凡外资能进入的个私经济皆可进入,并应先于外资经济进入。

放下架子先来当伙计

竞争还要靠实力。我国企业同发达国家的企业,特别是同一些西方的大跨国公司,还不在同一个起跑线上。立足于我国自身的实际,除少数必须由国家控制的外,要放手让各种所有制企业展开竞争。台湾地区发展的经验、深圳市发展高新技术产业的成功经验,还有打工妹学到技术回家乡办厂的经验给了我们一个很大的启发,就是对我们的许多企业来说,欲做老板还要先来当伙计,从接受外发加工到自行研制高附加值的零部件,实现多种形式的联合,这将是加快发展的一条近路。

必须极大地重视资源和生态环境保护

可持续发展对任何国家的发展来说都是生死攸关的。首先,要切实搞好人才资源的保护和开发利用。其次,要更加注重矿产资源的保护。矿产资源开采后不会再生,我国的矿藏并不丰富,应建立矿山资源储备制度。对与外方合资、合作开发资源必须从严掌握。再次,要切实保护好土地资源,包括建筑用地表土层的保留利用。最后,必须十分重视维持生态平衡。

全力推进体制接轨

　　世贸组织规则实质上是市场经济规则在世界范围内的运用和发展,经济全球化的内容之一正在于经济体制的趋同化。体制、机制的挑战才是我国融入世界经济主流面临的最大挑战。若不加快进行深化改革,体制、机制接轨的滞后将成为我国积极主动参与经济全球化的最大制约因素。为此,除加快进行经济管理体制的改革外,还必须进一步改革政治体制。政府不能真正转换职能已成为整个经济体制改革的一大制约因素,必须加快政府职能的转变,以实现政府运作机制的制度化和科学化。体制接轨还要求对现有法律体系进行调整和完善。有根据说,传统计划经济体制还要靠扩大开放来冲击,我国"入世"的一个最大的收获,很可能正表现在我国新旧体制的转换得以在融入经济全球化进程中加快进行,并使社会主义市场经济体制在我国最终确立和完善起来。

(原载《江苏改革》2000年第6期)

论"开放融入"战略中的国家、民族利益保护

一些同志提出,跨入新世纪的中国应实行"开放融入"战略,这无疑是很有见地的;但对于如何正确地实施这一战略,特别是对于我国在主动参与经济全球化进程中,如何切实地维护好国家、民族的利益这一带有根本性的问题研究的还不够。这里就着重围绕后一个方面的问题,谈点个人认识。

经济全球化蕴含的风险

经济全球化已是不可逆转的趋势,然而对于广大发展中国家来说,天上不会自动掉下馅饼。

1. "融入"是必然选择

一般认为,经济全球化是指商品、服务、生产要素与信息的跨国界流动的规模与形式不断增加,通过国际分工,在世界市场范围内提高资源配置的效率,从而各国间经济相互依赖程度日益加深的趋势。① 其内容主要包括生产的全球化,消费的全球化以及体制的趋同化。不管人们对全球化是否喜欢,以及对其有何不同认识,都无力改变全球化趋势正在成为世界经济发展的主流这一客观进程。建国后的前30年,我

---

① 吴欣:《融入经济全球化潮流》,《人民日报》2000年2月1日。

们在很大程度上就是吃了自我封闭的亏;党的十一届三中全会以来,二十多年的改革开放实践更使我们深刻认识到,没有改革开放也就没有我们国家今天的繁荣。因此,面对着经济全球化的必然趋势,我们只有继续坚定不移地实行改革开放政策,主动参与国际经济合作和竞争,才能更快地发展自己。"入世"意味着对外开放的全面扩大,也是我们积极主动地融入世界经济主流的战略选择。要不要"融入"已不是问题,问题仅在于如何"融入"。

2. 什么才是经济全球化的实质

毋庸讳言,当前我国经济理论界在如何正确看待"民族经济保护"问题上,仍存在着严重的分歧,而其背后的问题又是对经济全球化的实质有着不同的领悟和把握。有一种看法,更多地强调的是技术进步所引起的世界范围内的产业结构调整和各国经济、技术联系的加深,亦即生产力发展的全球化。不同的看法不否认经济全球化是世界经济发展到一定程度的必然结果,技术进步是其产生、发展的深刻原因,但同时更看到,这个全球化潮流原是由国际垄断资本所发动的,成为推动这一经济进程主要载体和主导力量的,正是发达资本主义国家的跨国公司。因而它依旧体现出资本的本质是追逐利润,以及资本主义经济发展不平衡的基本规律。从这里说,所谓经济全球化,其内里又包含着资本主义垄断资本,在全世界范围扩张和攫取垄断利润的最大化。已被广泛引用的美国商务部的一份研究报告支持了这一认识,即1989—1991年间,美国工业在亚洲投资的平均收益率为23.3%,高于它们在24个发达国家平均收益率(12%)的1倍。

进一步说,对经济全球化实质的认识正关系到对一个属于马克思主义基本理论问题的认识,即为列宁所创立的帝国主义理论在今天是否还适用?我以为,对此的回答完全是肯定的。列宁早就深刻揭示出,帝国主义是垄断的资本主义,而垄断资本主义就是要霸占全世界。回顾国际资本主义的发展,与其说实践推翻了列宁对帝国主义所作的科学分析,不如说证明了列宁的伟大。特别是去年发生的科索沃战争和以美国为首的北约野蛮袭击我国驻南联盟使馆,离开列宁的帝国主义理论根本就无法解释。就其垄断程度说,今日之垄断资本主义已非列宁所看到的垄断资本主义所能比。据报刊公开引用的统计数据,目前以西方发达国家为主的跨国公司已多达4.5万余家,在国外的子公司28万家。它们控制了全世界生产的40%,贸易的50%~60%,技术贸易的60%~70%,对外直接投资的90%,技术专利的80%,成为名副其实的经济全球化的主要载体和主导力量。

更进一步地分析还必须来正面回答这样一个问题,即为马克思主义经济理论所正确阐明的帝国主义垄断组织的二重性理论,在今天是否也已经过时？依我看,这同样是一个不容怀疑的问题。从一方面说,资本主义跨国公司是社会化大生产的一般组织形式,它适应了生产力发展的内在要求；从另一方面说,作为帝国主义的垄断组织形式,它又执行着垄断资本的功能,体现着一种掠夺和被掠夺、剥削和被剥削的关系。列宁在回答俄国当时为何还要实行"租让制"时就一再明确讲过,这是为了工人阶级的长远利益而不得不暂时忍受剥削、做出牺牲。列宁的这个回答,对于我们今天正确认识经济全球化的实质,不失为是一把钥匙。

挑明了说,回避经济全球化国际垄断资本扩张和攫取垄断利润的实质,无非是要证明,现时代国际经济的变化已经改变了垄断资本的本性。如,有人就提出,现时代西方跨国公司已转为实行"双赢"和"当地化"战略,公司的国家属性在淡化。更有人认为,不仅中外合资企业在中国注册就是中国的企业,而且只要外资企业的利润不汇走,仍在中国扩大投资,这些企业就不是外国企业,而是中国企业。这真是"我的是我的,你的也成了我的"。

在表面上,经济全球化使得世界上一切国家和个人都能够按照同一个规则作游戏,并从中获得最大的利益；然而,一进行具体分析就可以明了,才不是这么一回事。这不仅在于,目前国际经济的"游戏规则"总体上是在垄断资本主义国家主导下制定的,国际经济组织事实上也为它们所控制,而且参与竞争的对手更不在同一条起跑线上。一些垄断资本主义国家,特别是美国,可以最大限度地从全球化中获得好处；

而对包括我国在内的广大发展中国家来说,经济全球化却是一把机遇与风险并存的双刃剑。

3. 不可避免地控制与反控制

随着经济开放及国家间经济联系的扩大,反映国家经济安全的经济自主能力、经济自控能力和抗风险能力愈益突出。帝国主义垄断资本同广大发展中国家民族资本间的斗争将难以避免,斗争的中心正集中地表现为控制与反控制。

就作为一国垄断资本总代表的垄断资本主义国家说,它的天职正在于保护垄断资本的利益,因而也就必然极力推动本国垄断资本向外扩张,以独霸全世界。从作为帝国主义垄断组织的跨国公司说,受其追逐利润最大化的驱使,也必然要图谋击败各个竞争对手;而实现其利润最大化的最有效方式,又正是对所在国某类(种)产品的生产或服务进行控制。从作为资本输入国的发展中国家,特别是发展中的大国说,一方面要积极利用外资,另一方面也必然要极力维护本国民族经济的独立性。从而必然导致不同民族利益、垄断资本主义国家跨国资本的急剧扩张和发展中国家争取民族经济发展的矛盾加剧。我国利用外资的实践已证明了,一些知名跨国公司来华进行直接投资,决不会甘心于扮演"合资不控股"的角色。事实上,现在已有不少外方原本不控股的中外合资企业,外方通过增资扩股的方式控制起经营权;新办中外合资企业,更是外方一开始就要求控股,或者一开始就不搞合资;而有些国外大公司已与我创办起合资企业,却又换个地方办起生产同类产品的独资企业;如此等等。据有关方面调查,目前我国24家重点轮胎厂中的半数已由外资控制,电梯、照相胶卷和无线通信产品外资已形成一定程度的垄断。可以说,我国民族工业正面临着国际垄断资本大举进攻的严重挑战;再联系到有的强国和国家集团,借我"入世"之机对我提出过分要求和我国的据理力争,只能说这种控制与反控制的斗争,想回避也无法回避。说什么"全球化正在悄然动摇民族国家的地位"、"将融合国家和民族的利益",统统不可信。

扩大开放同加强民族经济的自我保护绝不是对立的

我们所进行的改革、开放并不是要搞政治、经济的自由化,深化改革、扩大开放同加强我国民族经济的自我保护绝不是对立的。

1. "入世"决不意味着放弃发展民族经济

世贸组织的一个重要特点正在于权利与义务的平衡,这本身就是对成员国各自利益的确认。世贸组织的所有协议条款都是各成员国通过谈判,在协商一致的基础上达成的。这其中就包含着多个环节的保障机制。如渐进的贸易自由化,以便成员国进行国内产业结构的调整;成员国在遇到国际收入严重逆差,经济发展需要政府采取干预政策等情况下,可以对其相关义务进行暂时的调整;反倾销、反补贴,当出现对国内经济产生严重不利影响时,可以采取保护性措施;设置技术性贸易壁垒等。近些年来,我国企业借鉴国际上的一些通行做法,也在开始运用反倾销手段保护自己的合法利益。在这方面,吉林纸业集团等9家企业对进口新闻纸申请反倾销调查,是一个成功例子。

2. 没有哪个世贸组织成员国不在极力进行着自己国家、民族利益的最大限度的保护

世贸组织各成员国无一例外地都在极力地维护着自己国家和民族的利益,这其中尤以美国为最露骨、也最会耍手腕和动心机。惯用的途径和手段主要有:(1)积极参与世贸组织基本原则的制定,以图使"游戏规则"成为最有利于自己的规则。一些强国在西雅图会议上将"劳工标准"、"环境标准"塞入WTO新一轮谈判,正是要使本国的产品更具优势。(2)用好基本原则的"例外"条款,直至炮制出自己的"特殊"条款(如美国的"特殊301"条款和"超级301"条款)强加于人。(3)在双边、多边谈判中谋取本国的最大利益,直至借机在谈判桌上逼对手承担不能承担的义务。(4)设置非关税壁垒,包括农产品补贴、配额限制和生态标签等。(5)运用政治、外交手段,甚至不惜使用军事手段,为本国谋取贸易以外的经济利益。值得一提的是,在"入世"双边、多边谈判

中,我国承诺不采取任何农产品出口补贴,这已是一种超水平承诺,是不得不作出的让步。

3. 保护、发展民族经济就是保护、发展属于我们自己的经济

现在有一种值得注意的倾向,就是竟至于认为已不好再讲"民族经济保护"。在一些人看来,现在再讲加强民族工业或民族经济的自我保护,显然"不符合"经济全球化的大趋势,是"民族主义情绪"。这种看法,笔者实在不敢恭维。

无需在这里细说国家、民族以及国家利益和民族利益的问题,更无需说,马克思主义历来认为作为社会历史范畴的国家和民族将来都会消亡。然而,将来是将来,现在是现在。在世界上还存在两种对立的社会制度,国家、民族间还存在重大差别,在地球上居住的人类仍分为不同国家的公民的情况下,不讲国家、民族利益,这现实吗?一个很实际的问题倒是,对任何一个国家来说,还不能不分分"内外",分分是"外人"还是"自家人"。终究不可以把不属于自家的东西,硬说成是自家的。对任何一个国家,特别是对广大发展中国家来说,都不可以津津乐道于GDP,而是还必须看看GNP。面对不讲或不敢理直气壮地讲"民族经济保护"的不正常现象,必须毫不含糊地申明:不论是我们的公有制经济还是个私等非公有制经济,也无论是我们把工厂办在国内还是办到国外,都属于中国的民族经济;而在华的外资经济,则总体上属于外国资本主义经济。在华的外资经济,可以而且能够成为中国社会主义经济的必要而有益的补充;但如果走到我国民族经济为外资经济所控制这一步,那就已经谈不上国家经济的独立,而且离丧失国家的政治独立也已为期不远!

4. 不应忘记我们所搞的是社会主义的四个现代化

邓小平同志谆谆告诫我们说:"在改革中坚持社会主义方向,这是一个很重要的问题。我们要实现工业、农业、国防和科技现代化,但在四个现代化前面有'社会主义'四个字,叫'社会主义四个现代化'。我们现在讲的对内搞活经济、对外开放就是在坚持社会主义原则下开展的。社会主

义有两个非常重要的方面,一是以公有制为主体,二是不搞两极分化。"①

　　这样,问题就又回到究竟应如何来看待和对待我国的公有制经济,特别是国有经济的问题上来。这既是一个在实施"开放融入"战略中必须解决好的思想认识问题,更是一个在新的实践中必须切实解决好的重大实际经济问题。而对此,江泽民总书记早已讲得十分清楚。以下是江总书记一系列论述中的几段原话:"国有企业特别是大中型骨干企业,是我国工业和国民经济的中坚力量。只有千方百计地把国有企业搞好,进一步在改革开放中发展壮大国有经济,才能加快我国的工业化和现代化进程,我国经济才能在日益激烈的国际竞争和剧烈的市场动荡中稳定发展,才能在下个世纪中叶基本实现现代化。"②"我国是发展中的社会主义大国,必须依靠自己的力量来解决基本的消费品、工业设备和国防产品,特别是一些高新技术的关键产品。这是关系国计民生和国家长治久安的重大战略。"③"国有大中型企业是我国经济参与国际竞争、合作、分工的基本力量……只有搞好国有大中型企业,才能壮大我国的对外经济实力,进一步提高我国的国际地位。"④"我们推进国有企业的改革和发展,说到底,就是要在发展社会主义市场经济的条件下使国有经济不断发展壮大,增强国有经济的主导作用和控制力。这一点,在我们的指导思想上,必须十分明确。我们要积极开拓,勇于进取,但决不搞私有化。"⑤

---

　　① 《邓小平文选》第三卷,人民出版社1993年版,第135页。

　　② 《十四大以来党和国家领导人论国有企业改革和发展》,中央文献出版社1999年版,第291页。

　　③ 《十四大以来党和国家领导人论国有企业改革和发展》,中央文献出版社1999年版,第300页。

　　④ 《十四大以来党和国家领导人论国有企业改革和发展》,中央文献出版社1999年版,第5页。

　　⑤ 《十四大以来党和国家领导人论国有企业改革和发展》,中央文献出版社1999年版,第341页。

我们要实现的是社会主义现代化。国有经济正是当代中国民族经济的脊梁,同时也是中国经济参与国际竞争的主力军。那种国有经济所占比重愈低愈好的观点以及要国有经济全面从竞争性领域退出的观点,都不可以接受。

加强自我保护要注重研究的问题

江泽民总书记在省部级领导干部财税专题研讨班上的讲话中着重指出:"在扩大对外开放中,要始终注意正确处理发展国际经济合作与维护国家经济安全的关系。"这话讲得很及时。面对着经济全球化的滚滚潮流,我们尤其需要保持头脑的清醒。

加强我国家、民族利益的自我保护,切实维护国家的安全,尤其要注重解决好如下问题:

1. 必须始终坚持"以我为主"的原则

我国是一个社会主义大国,在建设中必须处理好扩大对外开放和坚持自力更生的关系,把立足点放在依靠自己力量的基础上。必须始终坚持"以我为主"的原则,坚持我国政府在对外开放过程中的主导权,以保障开放的有序进行。同时必须明白,支撑一国经济发展和经济交往的基本因素和动力,主要在于本国内部。我国国内市场巨大,又有丰富的人力资源,自主地在国内发展和依靠内需拉动经济增长,具有广阔的空间。而对外开放,终究把握一个"度"。

2. 必须用好WTO赋予我们的权利

一要积极参与"游戏规则"的制定,以使WTO更多地保护包括我国在内的发展中国家的利益。二是在"入世"前的双边、多边谈判中,坚持我加入的条件,不能让步的绝不让步。三要利用好争取到的"过渡期"和WTO的有关保障机制,保护国内相关产业。四是利用多边争端解决机制维护自身利益。WTO对国际间的直接投资并没有明确规定市场准入的原则,当前许多国家对外国资本持有本国公司的股份都有一些特殊的规定。不能放开的决不可以轻易放开,该控股的必须坚持控股。"入世"在即,要一个行业一个行业地制定规则,落实应对挑战的措施。如对农业,应加大政府对农业的"绿箱支持"。又如对金融、电信业的开放,必须持慎重态度,还应同时考虑建立我们自己的信息网络。要用好技术壁垒。对非关税壁垒也要据理力争、合理运用。

3. 必须高度重视保护资源和生态环境

可持续发展对任何国家的发展来说都是生死攸关的。首先,要切实搞好人力资源的保护和开发利用。其次,必须十分重视矿产资源保护。资源不可再生,我国矿产资源并不丰富,应建立矿山资源储备制度,对中外合作、合资开发资源应从严掌握。再次,要切实保护好土地资源。最后,必须极大地重视维护生态平衡,防止在引进外资的同时引进污染。

4. 必须大力推动企业"走出去"

对外开放原本就有"引进来"和"走出去"的双重含义,亟待研究制定"走出去"的发展战略。

5. 必须切实提高我民族经济的整体竞争力

保护我民族工业决非保护落后。要参与国际竞争还必须具有竞争的实力,就总体说我国企业还没有能力同国外大公司相抗衡。因此,主动迎接经济全球化的挑战,关键的关键还在于尽快地提高我民族经济的整体素质和竞争力。为此,必须加快国有经济战略性调整和国有企业战略性改组的步伐,积极推进所有制结构的调整完善和产业结构的优化升级,切实搞好技术创新和包括整个体制转换在内的制度创新,并加快进行市场经济法律体系建设,以尽快实现中国经济同国际经济的接轨。

6. 必须彻底消除对民族个私经济的所有制歧视

在中国,外资企业受到优待,而对民族个私经济则至今仍然存在着较严重的所有制歧视。这种不正常状况必须尽快改变,应是在原则上,凡对外资经济开放的行业、领域民族个私经济都能进入,并可以首先进入。

7. 必须加快转变政府职能

政府职能的转换已成为整个体制转换的难点所在,这在很大程度上还要靠进一步地扩大开放来促进。加快实现政府职能的转换,或许是"入世"带给我们的最大收获。

8. 必须用马克思主义牢牢占领思想文化阵地

必须清醒地看到,西方敌对势力正在加紧实施"西化"、"分化"我国的战略图谋,企图用他们的那一套政治观点、意识形态和生活方式把我国和平演变过去。对此,必须认真对付。绝不可以搞主体意识形态、主流价值观念的多元化。

总之,经济全球化绝不意味着国家和民族利益边界的模糊或是消失。中国需要经济全球化,同时更需要保护国家和民族的利益。在这里,提出国家、民族利益保护问题,完全是积极的。

(原载《现代经济探讨》2000年第4期)

再论经济全球化的实质

在一篇题为《论"开放融入"战略中的国家、民族利益保护》的拙文中,笔者曾试着提出如下观点:(1)列宁当年对帝国主义所作的科学分析,以及为马克思主义经济理论所正确阐明的帝国主义垄断组织二重性理论,在今天并没有过时。(2)经济全球化趋势,从生产力运动和发展的角度看,是世界经济发展到一定程度的必然结果;但从经济关系和生产关系的角度分析,其内里又包括着帝国主义垄断资本,在全世界范围扩张和攫取垄断利润的最大化。(3)没有理由说当代帝国主义垄断资本已改变了其本性,无视经济全球化国际垄断资本扩张和攫取垄断利润的实质是危险的。但受原论述问题的限制,还仅限于表明看法而未作展开,特别是未能结合邓小平同志对当今帝国主义和国际垄断资本的精辟论述,对经济全球化的实质进行深入剖析。[①] 这里就来进一步谈谈这一极为重要问题。

经济全球化绝不只是一个生产力问题

经济全球化作为一种潮流,一种经济运动出现在人类社会现时历史阶段,已是不可逆转的趋势;进一步实行扩大开放政策,以促使中国的经济更大地融入全球化潮流之中,是我国最好的选择。在这点上,笔

---

① 《现代经济探讨》2000年第4期,第3~7页。

者无不同看法,分歧出在究竟应如何正确地把握经济全球化的性质。有种看法已十分流行,就是只把这一潮流、这一经济运动,看做是一个纯生产力发展问题,可称之为"生产力发展的全球化"。如,把经济全球化定义为其是指"商品、服务、生产要素与信息的跨国界流动的规模与形式不断增加,通过国际分工,在世界市场范围内提高资源配置的效率,从而各国间经济相互依赖程度日益加深的趋势"等等;提出"世界经济一体化背后的基本逻辑就是资源在全球范围内的优化配置和利用"等等;认为"经济全球化是一种新的国际关系体制,生产的全球化是其主要特点,世界范围的产业结构调整是其实质,科技进步是其产生发展的根本原因"等等;鼓吹"经济全球化将融合国家和民族利益"等等,都可以归之于这种认识。笔者也赞同从生产力运动和发展的角度说明经济全球化,但同时更认为,研究任何一种实际的社会生产都不可以撇开生产关系来谈生产力。经济全球化属于一种什么性质的经济运动,并不能由生产力自身发展决定,而是必须由其主导力量的性质决定。我们不能不清醒地看到,这个经济全球化原是由国际垄断资本所发动的,成为推动这一经济进程主要载体和主导力量的,正是发达资本主义国家的垄断经济组织——跨国公司。因而它依旧体现出资本的本质是追逐利润以及资本主义经济发展不平衡的基本规律。换言之,正是成为经济全球化主体和主导力量的国际垄断资本的性质,决定了经济全球化的性质;生产力发展的全球化不过是物质载体,而国际垄断资本在全世界范围的扩张和攫取垄断利润才是其实质。这一点,完全可以用列宁当年对帝国主义即垄断资本主义所作的科学分析,以及为马克思主义经济理论所正确阐明的帝国主义垄断经济组织的二重性理论来加以说明。同时,还可以借商品的二重性说明,虽然商品同时具有价值和使用价值,但使用价值只是价值的物质承担者,是商品的自然属性,而价值才是商品的社会属性。经济全球化作为一种经济运动,也同时具有社会生产力和社会生产关系的两重性,但决定其性质的又只能是社会生产关系的性质。

列宁的帝国主义理论并没有过时

挑明了说,对于经济全球化实质认识的分歧,又正源于对列宁所创立的帝国主义理论认识的分歧。大家知道,列宁的帝国主义理论曾长期被认为是属于马列主义基本原理的无价之宝,然而如今在许多人的心目中已不再这么认为,甚至以为这个理论完全不能解释现实,早已进"历史的博物馆"了。事情果真如此吗?当然不是。

诚然,拿当代资本主义同列宁时代的资本主义相比,是发生了很大变化,并呈现出一些新特点。然而,这决不意味着列宁创立的帝国主义理论"已经过时"。这么说,完全有着充足的理由:

第一,资本集中和垄断程度更高,帝国主义的经济实质未变。列宁帝国主义理论的核心和精髓,在于深刻揭示出帝国主义是"垄断资本主义"。只要当代资本主义仍然是垄断资本主义,这个理论就仍然适用。事实上,当代资本主义同列宁时代的资本主义相比,其资本集中和垄断程度更高了。据报刊公开引用的统计数据,目前以西方发达国家为主的跨国公司已达4.5万多家,在国外的子公司28万家。它们控制了全世界生产的40%,贸易的50%~60%,技术贸易的60%~70%,对外直接投资的90%,技术专利的80%,成为名副其实的经济全球化的主要载体和主导力量。联合国秘书处公布的最新资料更显示,"新经济"依然是一种"富国现象"。发达国家登上信息革命的头班车,在"知识权力"的集中过程中,通过创造比较优势和夺取全球市场份额进行大规模工业重组来获取先行军利益,而大多数发展中国家继续处在"数码鸿沟"的另一边。目前富国和穷国因特网用户的多寡比国民收入的不平均还要严重。全球收入最高国家中的1/5人口占有全球国内生产总值的86%和因特网用户的93%,而最低收入的1/5人口只占国内生产总值的1%和因特网用户的0.2%。足见,当代资本主义出现的一些新特征只是表象,而不断走向更高程度的垄断才是本质。

第二,帝国主义的反动本性未变。昔日八国联军侵略中国,14个帝国主义国家联合干涉俄国的社会主义革命,是帝国主义反动本性的大暴露;新中国诞生后,对中国实行封锁、禁运,以及动不动地就对中国实行所谓"经济制裁",实施"分化"、"西化"的战略图谋,妄图"不战而胜",同样地暴露了帝国主义的反动本性。特别是以美国为首的北约绕过联合国,向主权国家南联盟发动侵略战争和野蛮袭击我国驻南联盟使馆,离开列宁的帝国主义理论根本就无法解释。更能说明问题的是,美国已是举世公认的全世界第一号军事强国,却又在不顾全世界人民的反对而极力发展导弹防御系统,彻底暴露了其称霸世界的狼子野心。正如墨西哥《至上报》发表的《新帝国主义》一文所揭露的:"新帝国主义已不是那种赤裸裸地侵略、征服的帝国主义,帝国主义已变成一种权力,其方法就是金钱。国际货币基金组织和世界银行是新帝国主义的两只'手'。""这种帝国主义,在其权力受到拒绝或质疑的地方就会动用武力。"政治是经济的集中表现,垄断是霸权主义的基础。既然帝国主义还是帝国主义,也就不可能改变其反动本性。

第三,西方跨国公司是国际经济中的一种新经济组织,更是帝国主义垄断经济组织。现在流行一种看法,说什么国际跨国公司已转而实行"双赢"和"当地化"战略,已不具有垄断资本的本性;更有的认为,不仅中外合资企业在中国注册就是中国的企业,而且只要外资企业的利润不汇走,仍在中国进行扩大投资,这些企业就不是外国企业,而是中国企业。这种看法实在没有道理。其实,马克思主义经济理论早就正确地阐明,帝国主义垄断经济组织原本是带有二重性的经济组织,一方面,它是社会化大生产的一般组织形式;另一方面,它又带有垄断资本的属性,体现着一种控制和被控制、剥削和被剥削的关系。亦如墨西哥《至上报》发表的《新帝国主义》一文所揭露的:"新帝国主义的目的在于:全世界都要被置于跨国企业的控制和统治之下。"

总之,和平与发展依然是当今世界的主流和主题,但天下并不太平。列宁当年对帝国主义即垄断资本主义所进行的科学分析并没有过时。面对已经发展变化了的新形势,必须从根本上讲清楚这一点。

邓小平对当今帝国主义和国际垄断资本的精辟分析

邓小平同志对当今帝国主义和国际垄断资本进行过一系列精辟分析,并成为邓小平理论的重要内容。

(一)帝国主义并没有改变其本质、本性

"现在国际垄断资本控制着全世界的经济,市场被他们占了,要奋斗出来很不容易。"①

"过去两个超级大国主宰世界,现在情况变了。但是,强权政治在升级,少数几个西方发达国家想垄断世界"②。

"和平与发展两大问题,和平问题没有得到解决,发展问题更加严重。""少数国家垄断一切,这种形式过去多少年没有解决任何问题,今后也不能解决任何问题。"③

"整个帝国主义西方世界企图使社会主义各国都放弃社会主义道路,最终纳入国际垄断资本的统治,纳入资本主义的轨道。"④

"霸权主义者有疯狂性,不知道他们在什么地方制造一件什么小事情,就可能挑起战争。大战固然可能推迟,但是一些偶然的、局部的情况是难以完全预料的。"⑤"小的战争不可避免,现在不发达国家之间的战争,实际上是发达国家的需要。发达国家欺侮落后国家的政策没有变。"⑥

---

① 《邓小平文选》第三卷,人民出版社1993年版,第218页。
② 《邓小平文选》第三卷,人民出版社1993年版,第329页。
③ 《邓小平文选》第三卷,人民出版社1993年版,第353、360页。
④ 《邓小平文选》第三卷,人民出版社1993年版,第311页。
⑤ 《邓小平文选》第二卷,人民出版社1994年版,第77页。
⑥ 《邓小平文选》第三卷,人民出版社1994年版,第319页。

(二) 资本主义想最终战胜社会主义,但历史的车轮不可阻挡

"帝国主义肯定想要社会主义国家变质。"①

"资本主义是想最终战胜社会主义,过去拿武器,用原子弹、氢弹,遭到世界人民的反对,现在搞和平演变。"②

"我坚信,世界上赞成马克思主义的人会多起来的,因为马克思主义是科学。它运用历史唯物主义揭示了人类社会发展的规律。封建社会代替奴隶社会,资本主义代替封建主义,社会主义经历一个长过程发展后必然代替资本主义。这是社会历史发展不可逆转的总趋势,但道路是曲折的。……不要认为马克思主义就消失了,没用了,失败了。哪有这回事!"③

(三) 马克思列宁主义者必须根据现在的情况,认识、继承和发展马克思列宁主义

"马克思去世以后一百多年,究竟发生了什么变化,在变化的条件下,如何认识和发展马克思主义,没有搞清楚。绝不能要求马克思为解决他去世之后上百年、几百年所产生的问题提供现成答案。列宁同样也不能承担为他去世以后五十年、一百年所产生的问题提供现成答案的任务。真正的马克思列宁主义者必须根据现在的情况,认识、继承和发展马克思列宁主义。"④

总之,邓小平同志总是善于透过现象看本质,善于抓住帝国主义和国际垄断资本的本质来分析认识当今世界所发生的种种问题。他对当今帝国主义和国际垄断资本的深刻分析,是邓小平理论完整体系的一个极重要组成部分,并成为社会主义国家外交战略理论的基础。在我们讲"国际金融"、"发达国家跨国公司"或"世界知名跨国公司"的时候,不应忘记国际垄断资本才是真正的主宰。把这一点搞清楚是十分重要

---

① 《邓小平文选》第三卷,人民出版社1993年版,第320页。
② 《邓小平文选》第三卷,人民出版社1993年版,第326页。
③ 《邓小平文选》第三卷,人民出版社1993年版,第382~383页。
④ 《邓小平文选》第三卷,人民出版社1993年版,第291页。

的,因为它直接关系到如何判定"经济全球化"这一经济运动的性质。

必须始终坚持"以我为主"

随着经济开放及国家间经济联系的扩大,反映国家经济安全的经济自主能力、经济自控能力和抗风险能力更加突出。帝国主义垄断资本同广大发展中国家民族资本间的斗争将难以避免,斗争的中心正集中地表现为控制与反控制。

值得引起重视的是,有种意见甚至于认为已不好再讲"发展民族经济",理由是"经济全球化将融合国家和民族利益",讲发展民族工业或民族经济显然不符合"经济全球化的大趋势"。这是由经济全球化性质上的糊涂生出的另一个糊涂。其实,经济全球化绝不意味着国家和民族利益边界的模糊或是消失,特别是我国是一个社会主义大国,在建设中必须处理好扩大对外开放和坚持自力更生的关系,把立足点放在依靠自己力量的基础上。这就必须坚持"以我为主"的原则,坚持我国政府在对外开放过程中的主导权,以保障开放的有序进行。还应看到,支撑一国经济发展和经济交往的基本因素和动力,主要在于本国内部。我国有广阔的国内市场,又有丰富的人力资源,自主地在国内发展和依靠扩大内需拉动经济增长,空间无限广阔。决不是利用外资越多越好。

还要指出,建设有中国特色的社会主义,发展有中国特色的社会主义经济,毕竟存在一个如何坚持社会主义方向的问题。必须明白,我们学习资本主义的先进经验和科学管理方法,是要利用属于人类精神文明的成果,即是说,学习资本主义是为着干社会主义,而不是学资本主义干资本主义。也就是邓小平同志所一再告诫我们的,我们要实现四个现代化,但在四个现代化前面有"社会主义"四个字,叫"社会主义四个现代化"。这就必须坚持以公有制为主体的社会主义根本原则,外资经济和整个非公有制经济是要大力发展,但终究不可以由非公有制经济来主导我国经济。否则,就违背了改革开放的初衷,等于宣布了改革开放的失败。

从我国改革开放的实际看,应该说,迄今非公有制经济的发展并没有动摇公有制经济的主体地位,在国民经济中,国有经济也依然是"主导"。但是,也不能不看到,我国有些行业中一些产品的生产已为外资所控制。① 对于这种状况,绝对不可以熟视无睹。既要积极主动地把我国经济融入经济全球化潮流,又必须十分注意保持我国经济的独立性。

江泽民同志在省部级主要领导干部财税专题研讨班结业式上强调:"在扩大对外开放中,要始终注意正确处理发展国际经济合作与维护国家经济安全的关系。"又在全国党校工作会议上所作的重要讲话中又进一步指出:"经济全球化作为一个客观进程,具有两重性。西方发达国家力图主导经济全球化,发展中国家总体上处于劣势,如果没有正确的对策就会落入更加不利的地位。"认真学习、深刻领会江泽民同志的这些讲话,将有助于澄清人们对经济全球化认识的混乱进而采取正确的对策措施。

(原载《武汉市经济管理干部学院学报》2000年第4期,特约撰写)

---

① 《中国工业经济》2000年第4期。

漫谈知识经济

一、知识经济叩响新世纪的大门

一个全新的名词在全世界回响。作为一种全新的经济形态,"知识经济"已愈来愈引起我国政府部门、企业和知识界的热切关注。

由于知识经济对人类来说还是一个未被完全认识的新领域,在我国探求、认识这一新事物的时间更短,加之我国生产力还不发达,以致现在人们同是谈论知识经济,却又莫衷一是。

一是对知识经济究竟是一种什么样的经济新形态众说纷纭。现在,把知识经济定义为"以知识为基础的经济",即以现代科学技术为核心,建立在知识和信息的生产、分配和使用之上的经济,已被普遍认可。但至今仍有人在讲"知识经济也就是信息经济",甚至还有的把知识经济等同于提高产品的技术含量和一般所讲的技术创新。具体到知识经济是一种什么样的经济新形态,更是各有各的解释。如有人从科学技术是第一生产力来说明知识经济,提出知识经济时代就是科学技术成为第一生产力的时代;也有人从信息科学和信息产业的发展来说明知识经济,认为知识经济是人类社会进入计算机信息时代后出现的新型经济形态;又有人从产业结构的演进来说明知识经济,认为知识经济是与农业经济、工业经济相对应的一个概念,200年前工业经济开始代替农业经济,在今天知识经济又开始代替工业经济;还有人从资源配置角度把人类社会的经济发展分为劳力经济、自然资源经济和智力资源经济；更有人按对经济增长起决定性作用的要素，把人类社会的经济发展分为五个阶段或五种形态，即资源经济、劳动经济、资本经济、技术经济和知识经济等等。

二是对知识经济何时形成的判断存在混乱情况。见诸报端的不同讲法即有如下 8 种：一说"当今世界正迈向知识经济时代"；二说"知识经济时代已经到来"或"人类已进入知识经济时代"；三说"美国等发达国家正在进入知识经济的时代"；四说"美国等发达国家已进入知识经济时代"；五说"美国已率先迈入知识经济时代"；六说"今天还只能说出现了知识经济的萌芽，即使在这方面领先的美国也还没形成知识经济"；七说知识经济将在 2010 年信息科学技术中的软件产业、生命科学技术产业等各高新技术产业的产值全面超过汽车、建筑等传统产业时形成；八说联合国系统对改变世界面貌和人类生活的重大高科技产业化将在 2030 年前后全面实现的估计更科学、客观。

三是对知识经济的真正含义的认识更是见仁见智。在目前的一些出版物中，大多是用科学技术是生产力、科教兴国方面的理论来说明知识经济，对知识经济的标志、核心和特征等等方面的认识更是莫衷一是。

应该说，现在在我们的同志中，对知识经济存在这样、那样的不同认识，这很正常。在有些问题上，我们的看法是：第一，知识经济是一个有确定含义的概念，把"知识经济"等同于"信息经济"，或把增加产品的技术含量和通常所讲的技术创新都说是发展知识经济，并不合适。第二，应该把知识经济看做是高于工业经济的经济新形态，但知识经济并不会取代农业经济和工业经济。第三，说"人类已进入知识经济时代"还为时过早。第四，要准确地把握知识经济的真正含义，还必须正确地认识科学的两个层次功能（科学发现，创造出知识；科学发明，创造出技术）。知识经济的实质正在于科技创新，或者说知识不断创新、高新技术迅速产业化，才是知识经济的最基本特征。第五，知识经济的主要标志有二：一是知识成为资本，从而成为经济发展的关键要素；二是知识形成产业经济。第六，知识与经济的直接结合推动了经济领域的一场空前的革命,这一经济新形态发展的历史进程将深刻改变世界经济格局。

知识经济已叩响新世纪的大门。对我国来说,这既是严峻挑战,也是发展的新希望。

二、发展知识经济必须走我们自己的路

以美国"微软公司"的崛起为标志,一些发达资本主义国家正在进入知识经济的时代。这使还没有完成工业化的我国,正面临着一场新的严重挑战。迎接新挑战,必须先确立一个正确的指导思想,尤其要搞清楚这样几个问题:

一是发展知识经济是需要条件的,不可以头脑发热。这主要是指:一要有坚实的工业基础,不可能是还没有实现工业化,就已经有了发达的知识经济;二要有雄厚的资本基础,以大投入取得大回报;三要有发达的科学、教育和众多的杰出人才,实现了劳动者的知识化。对我国来说,这显然不是短期内就可以达到的。必须看到,在人力、物力、财力诸方面,我国同发达国家还存在不小的差距,尚需要用相当长的时间来走人家早已走过的路程。知识经济时代对我们还是巅峰的诱惑。

二是要确立这样一个信念,即面对知识经济的挑战,我们必须有所作为,也一定能有所作为。说我国尚不具备现在就步入知识经济的条件,这是实情。但决不等于说,面对知识经济时代的到来,我们无能为力;更不能认为,只有实现了工业化,才有条件发展知识经济。事实上,无论是讲工业,还是讲资本,还是论科学、教育,我们都已奠定起相当的基础,在这个基础上是能够培育、发展知识经济的。挑战中蕴含着发展机遇。过去,由于复杂原因,我们几次失去机遇,延缓了工业化进程,这次再不能使发展机遇丧失。搞得好,完全可以收到事半功倍之效。

三是必须采取正确的战略。知识经济战略首先应是经济战略,而不是单纯的科技战略,因此必须考虑国民经济发展的总体。一方面,邓小平同志提出的"三步走"的战略目标并未改变;另一方面,迎接知识经

济的挑战,又必须研究新情况,解决新问题。现在,大家都赞成这样一种看法,就是正确的选择应是工业化和培育、发展知识经济并重,对工业化能超越的部分实行超越,不能超越的应稳步打好基础。概括地说,我国培育、发展知识经济,着力点应放在:(1) 突出发展科学、教育,尽可能地加大教育和研究开发投入;(2) 加强基础设施建设;(3) 加快发展高新技术产业;(4) 运用高技术改造和提升传统产业。以上几个方面都应给以重视,这里要着重说说加快发展高新技术产业的问题。培育、发展高新技术产业,首先要注重构建国家创新体系,规划实施好知识创新工程,特别是要办好各类高新技术开发区。其次,要解决好风险投资主体和融资机制、创新机制的问题,大力推进高新技术成果的商品化。再次,应是"有所为,有所不为",尤其不要赶浪头。有许多所谓的"高技术企业",并没有自己的技术,又不能在引进技术的基础上创新,这样的高技术企业实际上是一种初级的组装加工业,根本不可能成为新兴支柱产业,也很难被看做是知识经济。不顾条件的可能,盲目上马所谓"高技术",不仅会带来很大投资风险,而且有可能带来新一轮的重复建设。特别是一些经济欠发达地区,应把发展的重点放在推进工业化上,当前主要还是运用高技术改造和提升传统产业。

四是有条件的地区要率先迎接知识经济的挑战。一国经济的发展总是由起步时的不平衡走向相对平衡。发展程度相对高的地区,率先实现工业化、现代化,率先步入知识经济时代是可能的。我国东部沿海经济发达地区,应主动迎接知识经济的挑战。我省就完全可以发展得快一些。迄今我省已建立了全国第一个高新技术产业带——苏锡常火炬带和南京、苏州、无锡、常州4个国家级高新技术产业开发区,并启动了沿江火炬带、苏北星火带的建设,共建有17个高新技术开发园区。发展知识经济已有很好的基础。只要善于发挥优势,求得高新技术的重点突破和在国内一定程度的超前发展,就决不是空想。

总之,发展知识经济必须走我们自己的路,上下都要确立起这一指导思想。

三、知识经济的基本特征

迎接知识经济的新挑战,很重要的一点正在于要明白知识经济是一种什么样的经济,正确地把握这一经济新形态的特征。由于总的说来迄今我们还并不完全认识知识经济,因此,对其特征的研究也有待于深入。

现在,把知识经济看做是"以知识为基础的经济",即建立在知识和信息的生产、分配和使用之上的经济,已为人们所普遍认可。但先要明白,这里所讲的"知识"不是一般的知识,而是以科学技术为代表的知识,核心是现代科技。因此,把通常的文化学习和一般性技术改造都归之于知识经济,显然有失偏颇,也贬低了知识经济。

按照大多数同志现有的看法,是先有农业经济,后有工业经济,现在又开始出现一种高于工业经济的知识经济。因此,对照农业经济和工业经济的特征,更容易看清知识经济的特征。大家知道,农业是利用动植物自身的生长机能,采取人工培育和管理的方法以取得产品的物质生产部门。经济发展主要是依靠人本身的体力、畜力、风力和经验,以人的体力劳动为主,对自然条件具有很强的依赖性。工业是从自然界取得物质资源并对各种原材料进行加工制造的物质生产部门。工业经济属于资源消耗型经济,主要使用机器生产,经济增长主要依赖于资本、劳动力、资源要素的大量投入。而知识经济是后工业经济的新形态,但它并不取代农业经济和工业经济,而是高科技的发展和运用,使农业经济和工业经济智能化了。知识经济是以人的智力为资源的经济新形态。如果说机器是人手的延伸,电脑则是人脑的扩展。可以从多个层面和不同角度来认识知识经济的特征。

1. 知识成为资本,并成为占主导地位的资源和生产要素。知识经济时代,资本的概念发生了变化,最重要的生产资料已不是资金、设备、原材料等,而是人的知识。它们就在员工的头脑里。在工业经济时代,是注入知识提高生产力;在知识经济时代,知识直接与经济结合,知识本身成为直接的生产要素,成为产值增加的源泉。美国微软公司迅速崛起的事实,充分说明可以把知识作为资本来发展经济。

2. 知识形成产业经济。美国微软公司的产品是软盘及软盘中包含的知识,这些知识的推广打开了计算机应用的大门,形成新产业。随着知识经济的发展,生产知识和信息的部门和提供信息服务的部门成为主导产业部门。

3. 创新性。创新是知识经济的灵魂。科技发展日新月异,产品更新换代快。

4. 无限性。知识投入不受限制,不像物质资源那样越用越少。且知识资本不具有唯一性和排它性,可为人类共享,重复使用,越积累越多。

5. 高密集性。有两重涵义:一是知识密集型产品成为经济增长主渠道;二是知识的创造和产品的生产高度密集,如美国的"硅谷"。

6. 可持续性。指经济发展的可持续性。工业经济发展不仅使资源越用越少,而且带来严重环境污染问题。相比之下,知识经济可促进人与自然的协调,保持经济的可持续发展。

7. 资产投入无形化。在资源配置上,以智力资源、无形资产为第一要素。知识经济是以无形资产投入为主的经济。在企业资产中无形资产比例增加。咨询业在经济活动中的重要性增大。

8. 投入越多,产出越大。物质要素投入存在一个报酬递减规律。知识经济则投入与产出成正比例关系,投入多,产出多。

9. 管理者和劳动者素质全面提升。经济知识化带来决策与管理知识化和劳动者的知识化。面对知识经济的来临,"文盲"的概念也发展了。传统意义上的文盲就是不识字的人;现在,不学习新的语言和符号、图表,就可能成为新时代的文盲。

四、知识经济和创新

江泽民同志指出:"知识经济、创新意识对于我们二十一世纪的发展至关重要。""创新是一个民族进步的灵魂,是国家兴旺发达的不竭动力。"知识经济时代的到来预示着知识成为一种极重要资源,人类创造和运用知识的能力成为首要的经济发展因素。因此,培育和发展知识经济,至关重要的正在于不断强化上下的创新意识,并采取有力措施,以更大、更快地提高我们的科技创新能力。

首先,如上文中已讲过的,"知识经济"的"知识"并非一般的知识,而是以科技为代表的知识。知识的价值体现、知识经济的灵魂、知识经济发展的真正动力正在于知识的不断创新。严格些说,知识经济正是以不断创新的知识为基础的经济。知识经济的一个重要特征是"千变万化"。发展知识经济首先要求人们的正是知识创新能力。现在,世界科技发展日新月异,知识更新速度加快,从技术革命到产业革命的周期缩短,技术产品的生命周期缩短(如在我国电脑市场上,"386"持续了一年多时间,"486"一年不到,"586"红火了半年就开始为"奔腾Ⅱ"取代)。从国家讲,必须重视科技的创新;对每个人说,也必须不断进行知识的更新。

其次,思维创新是科技创新的先导,要有知识的创新先要有意识的创新。从世界经济发展看,一些发达资本主义国家之所以率先开始由传统的工业经济演变为知识经济,并不在资本主义制度,而是在于市场经济下自然形成的很强的竞争意识和创新意识,并在此驱使下所不断进行的科技创新。在市场经济下,科学研究在很大程度上是由利益驱动,由此导致知识爆炸、知识商品化、商品知识化,而这一切又加速着产业的升级。长期封建专制和帝、封、官"三座大山"的压迫,留给我们的是保守、无知。在传统的排斥市场作用的计划经济体制下,企业吃惯了国家的"大锅饭",职工吃惯了企业的"大锅饭",无追求技术进步的动力,创新意识当然不强;脑力劳动者得不到应有的尊重,知识不值钱,人们从事科学研究是一种社会责任感使然。随着体制的转换,人们的观念也在不断进行着更新。但就整体而论,我国人民的创新意识同发展知识经济的要求,仍存在很大距离。

再次,必须配套地研究和制定推进我国科技创新的政策、措施。

1996年我国从事研究与开发总人数列世界前4名,而我国科学研究和专利指标的国际竞争力则仅分别居世界的第32位和21位。在技术创新方面,我国专利贡献率不足世界总数的0.1%,以致大量技术,尤其是高新技术还处于以引进为主的状况。我国科技成果推广率在20%左右,科技在经济增长中的贡献率也维持在30%~35%之间,还比不上一些发展中国家。这说明我国的整体科技水平与发达国家还存在很大差距,知识创新和技术创新效率低。为培育和发展知识经济必须采取强有力的措施。主要是:(1)努力加大研究开发投入。进入20世纪90年代以来,我国研究与开发的经费投入占GDP的比例长期徘徊在0.5%~0.7%之间,低于发达国家的2.5%~3%,也低于新兴工业国家的1.5%~2.5%。这种状况必须改变。(2)加快转换机制。在我国,科研与生产"两张皮",创新体制不合理的问题至今仍未得到很好解决。要使企业真正成为开发与投入主体,发展产学研结合,建立风险投资机制。(3)加快知识市场培育。我国科技转化能力低,市场机制发育不完善是很大的制约因素。必须加快进行技术市场、人才市场的建设。(4)加快国家创新体系建设。就一国而言,建立科技创新体系是发展知识经济的一项基础性工作。对我国来说要发展知识经济就要真正搞出我们自己的创新体系。(5)加快高新技术的产业化。

总之,知识经济的灵魂在科技创新。这就要求我们用创新精神迎接知识经济的挑战。知识的载体是人才,而人才的培养又要靠教育。

五、知识经济和人才

人才是知识的载体。知识经济的要义是人知合之一、人才为本。国内有的学者从生产要素出发,把知识经济概括为以智能为核心的人力资源的占有、使用,以科技为主的知识的生产、分配、创新和使用为重要要素的经济。这一概括,不仅突出了知识的核心地位,而且指明了人力资源在知识经济中的应有作用。这也说明,我国只有切实解决好人才培养和人力资源开发问题,才能很好地迎接知识经济的挑战。

首先，人才是创造之本，知识经济必然要以智力资源为依托。人才是指那些在各种社会实践活动中，具备一定知识，有较强的能力，能够以自己的创造性劳动，认识、改造自然和社会并对人类作出了某种贡献的人。知识要靠人才来创造，创造的知识也必须通过人的作用才能产生效益。可以说，在知识经济时代，产品生产，商品价值的提高，企业的成长，都依赖于知识和所掌握的人力资源，没有人才资源的开发和使用，也就没有一切资源的最佳开发使用。美国等发达资本主义国家之所以能率先开始由传统经济形态向知识经济过渡，说到底也正在于这些国家的民众具有较高的文化素质。报载，著名的美国"硅谷"有50万人口，其中有一半是专业人士，包括科学家、研究人员、工程师、商业管理人才和律师等，另一半是受过技能训练的制造业生产员工。足见人才资源是推动社会、发展生产的最根本的物质条件和精神条件。也可以说知识经济是依靠智力创造来推动的经济。

其次，要看到，人才带有时代性，知识经济所要求的是现代高素质人才。人才一般具有"有才能、有远见、有较强的开拓和创新能力"的特征。同时，不同制度的国家，对人才的"德"的方面还有不同的要求。而知识经济则特别要求智慧型、主动型和创造型人才。创新是一切人才所追求的目标。没有创新，就没有人类文明的发展和历史的进步。需具有以下几个方面的基础知识，才能成为当代创造型人才：(1)哲学指导。要有哲理性的头脑，具有辩证唯物主义的世界观和方法论。(2)语言修养。通晓外语并能熟练使用计算机，以增强理解能力，迅速准确、大范围地获取信息。(3)数学训练。当代科学技术要求创造型人才具备数学的基本功。

因此，这就要求我们，迎接知识经济的挑战必须把加快人才培养和人力资源开发作为一项最根本的应对措施，而努力做出成绩。人力资源指包含在人体内的一种生产能力，并以劳动者的数量和质量来表示的资源。从开发的角度说，不仅包含人的智力开发，还包括人的思想文化素质和道德觉悟的提高；不仅包括人力的现有能力的充分发挥，还包括人力潜在能力的有效发掘。我国人力资源丰富，但整体说来，丰富的人力资源至今还没有得到很好地开发利用。现在,我国不仅现代高素质人才十分短缺,而且人才结构不合理,人才浪费和人才流失严重。社会对知识价值认识不够,知识价格与价值背离,压抑了人才创造力。迎接知识经济的挑战,一方面,我们要规划好人才培养;另一方面,要努力为现有的高智力的管理者、专业技术人员充分发挥潜能创造条件,包括制定好推动人才流动、吸引出国深造人员回国和让"知识资本"参与分配等政策,以合理利用现有人才,最大限度地激发知识在创新中的作用。

承认知识的价值就必须承认人才的价值,知识的发展带来人才价值的上升。发展知识经济,特别需要造就大批有市场头脑的科技专家和有科学头脑的企业管理者。在我国,现在高层专业人才已是十分抢手,知识也更值钱。

六、知识经济和科教兴国

实施科教兴国战略,是我们党面对世界范围科学技术日新月异的发展和综合国力剧烈竞争的挑战,着眼于国家和民族的长远利益,根据我国现实情况作出的重大决策,是加快实现社会主义现代化宏伟目标的必然选择。推进科教兴国战略,同培育、发展我国知识经济,在根本上相一致。因此,在工作实际中,我们必须自觉地把迎接知识经济的挑战,同实施好科教兴国战略结合起来。

知识经济的核心是现代科技。科教兴国的理论基础是科学技术是第一生产力。大家知道,在马克思主义发展史上,是敬爱的邓小平同志第一个明确提出了"科学技术是第一生产力"的重要论断。科教兴国,是指全面落实科学技术是第一生产力的思想,坚持教育为本,把科技和教育摆在经济、社会发展的重要地位,增强国家的科技实力及向现实生产力转化的能力,提高全民族的科技文化素质,把经济建设转移到依靠科技进步和提高劳动者素质的轨道上来,加快实现国家的繁荣强盛。显然,实施科教兴国战略,实质上也就是要采取切实措施,加快发展我国的科技教育。而加快科技和教育的发展,其本身又正是培育、发展我国知识经济的根本要求。所说知识创新,首先也正是指科技创新;知识又要由人来掌握、来创造;而教育的基本职能又正在于传授知识,培养、造就创新知识的人才。因此,也就有了一种流行的说法,即发展知识经济,核心是科技,关键是人才,基础是教育。

我们必须正视我国的科技和教育都还比较落后这个现实。面对知识经济的挑战,现在世界各国特别是大国都在制定和实施面向21世纪的发展战略,抢占科技和产业的制高点。这就要求我们必须从社会主义事业兴旺发达和民族振兴的高度,充分认识实施科教兴国战略的重要性和紧迫性,采取一切积极措施,把这一战略落到实处。包括进一步深化科技和教育体制改革,促进科技、教育同经济的结合;强化创新意识,努力增强我们自己的创新能力。要真正搞出自己的创新体系,从国外引进一些先进技术是必要的,但必须把基点放在自己的创新上。不然,就会陷入"引进—落后—引进"的泥潭而不能自拔,永远跟在别人后面爬行。

加快发展科技和教育,说到底在于要投入资金。在这点上,我们要有战略眼光。诚然,资金短缺是长期困扰我国建设的一个大问题。各部门、各地方都说自己重要,但总要有个轻重缓急。邓小平同志讲过,宁肯少干一些别的事情,也要多办教育。其实,有的地方不是没有资金,问题就在如何使用。有的地方舍得在办公楼上动脑劲,攀比多少年不落后,但却没钱办科技、办教育。同时,发展科技、教育也不能只依靠国家,要调动各个方面的积极性。

实施科教兴国战略,必须尊重知识、尊重人才。应该说,经过改革开放的洗礼,我国社会上对知识和脑力劳动的看法已经发生了根本性的改变。有知识、有专长的人愈来愈受到尊重,"脑体倒挂"的现象也成为过去。但这并不是说,在尊重知识、尊重人才方面,我们已不再有问题。比如如何加快实现科技成果的商品化,如何保护知识产权,如何让"知识资本"参与分配,都还不是短时间内能解决的。

江苏省早在1988年就在全国率先确立了"科技兴省"战略(1994

年改提"科教兴省"),并于1995年把"科教兴省"战略确定为全省经济、社会发展的"主体战略"。科教兴省战略的实施为江苏省经济、社会发展注入了新的活力。面对新世纪知识经济的挑战,应坚定不移地把这一"主体战略"实施下去。

七、知识经济与可持续发展

可持续发展是知识经济的重要特征。可持续发展战略是我国政府正在大力推行的一项重大战略。迎接知识经济的新挑战,同推进可持续发展战略是统一的。

20世纪80年代以来,可持续发展愈来愈引起世人的关注。1987年世界环境与发展委员会在《我们共同的未来》的报告中把"可持续发展"的概念明确为"可持续发展是在满足当代人需要的同时,不损害人类后代满足其自身需要的能力",成为国际社会的广泛共识。可持续发展的核心是发展,突出强调的是"发展的可持续性",包括经济、社会和生态的可持续发展三项基本内容。经济的可持续发展主要是指满足人类需求能力的提高和物质财富的扩大;社会的可持续发展是指控制人口和实现人的发展以及解决贫富分化问题;生态的可持续发展是指保护生物和维持生态系统的平衡。可持续发展战略从根本说,是通过智力的高投入来减少物质的投入,用集约的信息、管理和高科技投入去取代对商品性和不可再生物质投入的依赖,并同时达到降低废弃物和污染高输出的目的。我国是人口众多、资源相对贫乏的国家,实施可持续发展战略更具有特殊的重要性和紧迫性。

工业时代,社会生产力水平有了惊人的提高。但由于工业经济本身是一种资源消耗型经济,在生产活动中肆无忌惮地掠夺自然资源,随心所欲地向环境排放废弃物,后果愈益严重——"温室效应"加剧,臭氧层耗损,水土严重流失,沙漠蔓延,酸雨肆虐,垃圾成灾——以致全球经济增长超过了地球生态所能承担的能力,人类因此受到惩罚。而相比之下,知识经济的发展不仅不存在耗尽资源的问题,而且能促进人与自然的协调，从而保持经济的可持续发展。当然，作为一种高于工业经济的经济新形态，知识经济并不取代农业经济和工业经济。而且，不管经济发展到什么阶段，物质生产都是基础。但信息科学技术的软件、生命科学的基因工程等对资源的耗费，与传统工业社会不可同日而语，高科技的发展和应用还能不断地开发新原料、新材料、新能源。同时，不论是控制人口，还是合理利用资源和保护生态环境，又都需要技术手段。如环境保护，环境监测、污染治理都需要大量的先进设备，环保产业本身就是一个技术含量很高的产业。又如，讲可持续发展，很重要的一个方面正在于实现农业可持续发展。农业可持续发展是指农业在选择合适的生产技术方式的同时，进行合理的投入，提高农业生产率，保持农业资源再生，保护农业生态环境平衡，保证农业生产持续发展，不断满足人类生存和发展的需要。而从根本说，这又正依赖于不断创新的知识。足见，知识经济是实现可持续发展的基础，可持续发展是知识经济的目的。

因此，这就不仅应该，而且能够把实施可持续发展战略同培育、发展知识经济结合起来。首先，对实施可持续发展战略要坚定不移，要增强自觉性。必须明白，人类发展还不能不受到资源的有限性和环境承载力的限制，对控制人口、节约资源、保护环境，必须当作根本大事来抓。其次，对培育和发展我国知识经济，既要"烧慢火"，又必须持积极态度。诚然，实现现代化是迈向知识经济的必要条件，但也决不是只有等实现了现代化，才能发展知识经济。最后，尤其要强调的是，不论是从推进可持续发展战略说，还是从培育、发展知识经济说，都必须一刻也不脱离我们自己的国情。

人类的共同目标应是实现人、社会与自然的和谐、协调发展，而知识经济的发展将使这点成为现实。

八、知识经济与高新技术产业发展

早在1988年10月，邓小平同志就在一次讲话中提出："下一个世纪是高科技全面发展的世纪。""过去也好,今天也好,将来也好,中国必须发展自己的高科技,在世界高科技领域占有一席之地。"这话今天读起来倍感亲切。在一定意义上说,知识经济也就是高科技经济。因此,面对知识经济的严重挑战,我们必须切实把培育和发展我国的高新技术产业,放在突出的位置。

一、知识经济的产业支柱

自农业经济开始,经济就是由产业支柱形成的。在工业经济时代,出现一系列新产业并构成工业经济的产业支柱。而高新技术产业及相关服务业,又将成为知识经济的产业支撑。

知识经济实质是以高科技为龙头的产业结构体系。在三个产业的发展中,第三产业将成为主导产业,生产知识、信息的部门和提供信息服务的部门将成为主导产业部门(也有的把高科技产业称作第四产业)。三个产业都将更多地依靠知识来发展,第一、第二产业由于知识的渗透将全面得到提升。知识所创造的价值将逐步居于三个产业的主要地位。

"高科技"是特指的,不是传统工业技术的简单创新,而是指能形成新兴产业的先进技术。按照联合国组织的分类,主要有信息科学技术、生命科学技术、新能源与可再生能源科学技术、新材料科学技术、空间科学技术、海洋科学技术、有益于环境的高新技术和管理科学(软科学)技术。高技术又是一个动态发展的概念,不断有新的高技术产生。知识经济的一个基本特征亦正在于知识的不断创新,高新技术迅速产业化。

二、高科技产业化已成为时代的浪潮

知识经济时代的竞争是以高科技为先导、以经济为基础的综合国力的竞争。谁在高科技领域抢占了制高点,谁就能赢得主动;谁在高科技领域落后,谁就会陷入被动,在竞争中落伍。为了抢占世界经济发展的制高点,当今世界各国纷纷调整科技发展战略,包括成立国家高层次管理机构和实行倾斜政策,在全球范围内形成一股势不可挡的高科技产业化浪潮。

高科技产业化浪潮的出现,对发达国家是生产力发展的结果,而对于仍处在工业化过程中的发展中国家来说,则是新挑战。发达国家高新技术产业化的快速推进,使它们在国际竞争中居于更加有利的地位。培育和发展自己的高新技术产业以迎接这一挑战,同时也是广大发展中国家所面临的发展机遇。

三、我国发展高新技术产业要重点突破

我国经济发展仍处在实现工业化的阶段,现在面临着工业化和知识化的双重挑战。一方面,我们必须抢抓机遇,大力发展科技、教育,加快培育和发展我国的高新技术产业;另一方面,培育、发展高新技术产业又必须从我国的实际出发。我们不能认为现在还谈不上发展知识经济。但同时又要明白,整个地说搞知识经济不能超越工业化。这就又要求我们,发展高新技术产业,必须量力而行。特别是不可以贪图在区域经济发展中建立"大而全"、"小而全"的高新技术产业体系,要有所不为才能有所为。仅以信息科学为例,任何国家都不可能在计算机技术、微电子技术、芯片技术、大规模集成电路技术、光电子技术、光纤技术、多媒体技术、网络技术、软件技术以及层出不穷的新的高技术中全面领先。对我国来说,重要的是在切实加强教育的同时,选择和确定好自己的优势高科技产业,选准对我国经济和社会发展有战略意义的一些高科技项目,重点投入,集中力量攻关,以求得重点突破。同时,应面向市场,大力推进高新技术成果商品化、高新技术商品产业化。

九、知识经济与传统产业提升

党的"十五大"报告明确提出了"改造和提高传统产业,发展新兴产业和高技术产业,推进国民经济信息化"的新任务,并提出"把发展技术密集型产业和劳动密集型产业结合起来"。迎接知识经济的挑战,必须注重培育和发展我国的高新技术产业,这点大家都赞同,前面也已讲过了;而对于同时还必须注重改造和提高我国传统产业,则不仅讲得少,且不为一些同志所重视。这里就来着重谈谈这后一个方面的问题。

1. 物质资料生产永远是人类存在和发展的基础。在知识经济时代,人们的生活方式将发生巨大改变,这是毫无疑义的。知识经济必然使知识在物质产品中的含量愈来愈高,以至于达到知识在物质产品价值中、在社会总生产中占有主导地位。但不管怎么说,物质资料生产在知识经济时代绝不会消失。而且,不仅不会消失,还必然是物质产品愈来愈丰富。说到底,人们的吃、穿、住、行还得靠工业化和农业现代化来提供。特别是像我们这样一个人多地少、技术落后的大国、穷国,人民的消费水平还很低,在有些地方连温饱都还没解决,不重视发展现代农业和基础产业,又怎么行呢?

2. 个别领域有可能超越,但整个工业化阶段不可以超越。前面已经讲过,知识经济是高于工业经济的经济新形态,由传统工业经济转上知识经济是有条件的,其中首要的一条就是必须有坚实的工业基础。因此,就整体而言,知识经济不能超越工业化。认为中国经济能够跨越工业化阶段而直接进入知识经济是陷入了误区。对我国来说,当前主要还是要完成工业化的任务。但从另一个方面说,也决非只有等到工业化完成后才能发展知识经济,就个别或有些领域来说,实现技术的跨越发展又是有可能的。这又要求我们,应该是工业化、知识化并重。

3. 传统产业不等于"夕阳产业","劳动密集"更不等于"粗放型"增长。有种流行看法,把一系列传统产业称为"夕阳产业",认为会趋于消亡。这种看法十分片面。完全有根据说,在知识经济中一些传统产业仍然是基础产业,农业和矿业都不会消亡。纺织工业也不会消亡。虽然说,随着知识经济的发展,传统产业在国民经济中的地位会下降,但绝对量还会增加。特别是具体到我国来说,要在国际上具有竞争力,缩小与发达国家的差距,在相当长时间内还必须大力发展劳动密集型产业,以发挥其比较优势。同时,发展现代市场经济中技术含量已经较高的劳动密集型产业,不仅可以减轻长时间存在的劳动者就业的压力,而且可以为经济发展积累资金,高科技产品也需要传统产业的需求作为市场的基础。"劳动密集"同"粗放型"增长更是两码子事。

4. 提升传统产业更是高科技产业化的"题中应有之义"。要全面认识高科技产业化的完整内涵。高科技产业化有三个基本点：① 开发研究高科技；② 发展高新技术产业；③ 对传统产业与基础性产业全面进行改造，实现高科技化。足见，全面提升传统产业和基础性产业，乃是高科技产业化的"题中应有之义"。高新技术将为传统产业注入新生命，形成新的竞争力和产业优势，使之成为与知识技术产业发展相适应的产业。

5. 产业、技术升级同样包含着传统产业的提升。进行经济结构调整，意在使失调的比例关系趋于协调。这其中也确有个推进产业升级和技术升级的问题存在。但也不可以只顾培育、发展新兴支柱产业和高新技术产业一头。如纺织业一直是我国的一大传统支柱产业，有"纺织大省"之称的江苏更具有代表性。统计表明，从1996年至今，全省纺织企业技改总项目、总投资和专项贷款都呈下降趋势，其发展前景令人担忧。

十、知识经济与现代企业

进入知识经济时代，社会生产方式、经济活动空间、经济组织形式等等将发生深刻的改变。作为社会经济活动运行实体的企业，如何适应这些新变化，以求得新的更大发展？这是企业所关心的问题，也是一个值得深入探讨的新课题。

知识经济对企业发展的影响是多方面的。首先，知识经济将为企业的发展提供全新的环境，知识经济的发展，将改变经济运行方式和竞争方式，并对投入方式产生强烈影响。物质经济要求不断增大有形资源的投入，而知识经济则要求在增大有形资源投入的同时，加大无形资源的投入，从而引起企业资本结构改变。也可以说，在物质经济时代，知识和信息是作为发展的"软因素"来认识的；而在知识经济时代，知识已成了经济发展最重要的"硬因素"。知识经济发展引起竞争的加剧，并加快了竞争全球化步伐。

第二，从"创造"到"思维"，知识经济又引起企业功能的转变。企业发展,经济增长,劳动、资本、技术是三个基本投入要素,生产在三个要素结合下进行。但在生产力发展的不同阶段上,三者的地位、作用又是不一样的。自然经济下,发展主要靠投入劳动力;机器大工业下,发展主要靠投入资本;知识经济则是技术密集的时代,发展主要依靠知识的创新和技术进步,从而引起企业组织的改变,即从制造产品到开发技术。知识经济时代的资本主要是创新的知识,企业的发展和壮大也主要是靠知识的不断创新、加工、传播、应用。

第三,知识经济又引起企业结构的改变。内部网络将成为知识经济时代企业的骨架。

第四,从"有形"到"无形",知识经济引起竞争对手转变。在知识经济时代,企业实际上是在同新技术发展竞争,同潜在对手竞争。市场需求变化频繁,产品周期越来越短,新知识在短时间内便有可能成为区域性或世界性商品,会出现一些预想不到的竞争对手,不懂得发生了什么的企业将被淘汰。

第五,企业中专门人才地位上升和劳动者素质提高。一是拥有专门知识和技术的人愈来愈受到敬重;二是劳动者知识化。

迎接知识经济的挑战,我们的企业,特别是国有大中型企业主动适应才能发展自己。为此,必须进一步搞好自身的改革和调整,包括:(1)企业要重新确定自己的经营理念。在物质经济时代,企业主要靠扩大规模,提高质量,加大有形资本投入在竞争中取胜;在知识经济时代,企业的经营管理活动已由注重质量、规模经济、资本投入,转向知识创新,依赖于知识的生产和应用。(2)实现经营管理体制创新、机制创新和组织转型。(3)尤其应注重人力资本投资和人力资源的开发和管理。(4)加快智力基础设施开发。(5)发展协作。(6)不断地学习。大部分知识是可以复制的,只有一小部分知识可以通过专利权加以保护,所以企业可以很快学会竞争对手所做的一切。

知识经济以知识密集型企业为标识。当前,我国企业,特别是国有大中型企业面临的首要问题,正是提高创新能力。当然,这并非很容易就能做到。在知识经济时代,企业发展的根本在于一定程度上掌握核心能力(关键性新技术)。企业自我开发能力不强,借外脑,发展同高校和科研单位的联合是条近路。现在,有的国有大企业注资高校或科研院所,参与高新技术开发,就很有眼光。采取切实可行措施,促进高新技术企业成长,更是有重大意义。现代企业系指拥有现代化的技术装备并实现了科学化管理的企业,而不受所有制和规模大小的限制。知识经济的发展,倒是为小型企业开辟了更大的发展空间。特别是民营高科技企业,已显现出很强的竞争力。

十一、知识经济与管理创新

　　管理的历史源远流长,而企业管理则是从有工厂以后,自工厂管理演变来的。伴随着工业经济向知识经济的转变,企业管理也必须创新。
　　现在人们就能感觉到,成倍增长的信息,飞快更新的技术,瞬息万变的市场,已经对企业的生产经营活动提出了更高的要求。从而,不论是在观念上,还是在服务对象、服务内容上,还是在管理组织、目标、对象、内容、侧重点、范围乃至方法上,企业管理都有了新内涵。如从观念说,由一般意义上的市场、经营、效益、开拓等观念,到突出创新、信息观念。从管理目标说,由一般意义上的优质、高效、低耗和技术进步、经济发展,到高效、洁净、安全利用新能源和保护生态环境,实现经济持续发展,以及追求人、自然和社会发展的协调。从管理范围说,由一般意义上的生产经营,到融产品经营、资本经营于一体,融生产、流通和金融于一体,企业管理范围向跨时空,跨地区、行业、部门拓展。从管理内容说,十分突出的一个方面已变为对人力资源、对知识的管理。从管理方法说,由一般意义上的行政、经济、法律等方法及定位、定量方法,到运用管理信息系统、决策支持系统等,以及最新科研成果的吸收和应用。
　　因此,从现在开始,我们的企业就必须注重于进行管理的创新。包括知识管理目标创新、知识和人才的管理创新、集体知识共享和技术创新、组织文化建设创新、精神激励创新、领导方式创新、用人制度创新,等等。特别是对知识的管理,对我们的许多企业来说,还是一个新问题,必须真正给以重视。知识管理不同于信息管理,它是通过知识共享、运用集体的智慧提高应变和创新能力。知识管理的实施在于建立激励员工参与知识共享的机制,培养企业创新和集体创造力。一个很重要的问题,就是管理人员必须懂得如何有效地管理知识,努力提高其知识管理水平。否则,企业管理就是抓了芝麻而丢掉了西瓜。知识经济还要求企业经营战略的创新,由通常的产品经营、资本经营,到知识经营。知识经营是知识经济的体现,又是创造、使用、保存、提升并转让知识和智力的一种全新管理模式,是企业发展史上一次意义深远的变革。

企业家是企业经营管理的主帅。实现企业管理的创新,又要求必须注重于培养新的企业家。具体说,也就是要使他们成为"知识企业家",成为创新型管理者。从实际情况看,我国企业经营者中普遍存在的一个问题,正表现在管理能力的不足。迎接知识经济的挑战,要求对企业家们的思维方式、经营理念及知识结构等做出相应调整。企业家必须具备创造性思维能力和风险意识,必须善于学习(不仅要搞好自己的学习,注重于个人的知识更新,而且要善于领导员工的学习),勇于实践,永不满足,成为能够导致彻底的变革,能够开发新的生产手段和新的市场,能够提供新的产品和服务,能够在复杂情况下作出正确决策的人物。知识企业家的大量涌现既是知识经济发展的要求,同时也是知识经济时代的一个重要特征。市场经济要求企业家职业化和市场化,知识经济又要求企业家知识化。在我国具体情况下,企业家知识化有两条途径:一是现有的企业家要由经验型转向知识型;二是要让科学家进入企业家队伍。

知识经济的来临将引起一场传统经济学和传统经济管理模式的革命。自然,正像我国还不能很快就实现从工业经济向知识经济的转变一样,我国企业管理的创新也不可能很快就可以做到。重要的是现在就要认清这一点,并努力创造条件,以争取早日实现这一创新。

十二、知识经济与劳动者知识化

伴随着知识经济的来临,一个新概念——"知识工人"已被普遍使用。这里所提出的,即是"劳动者知识化"问题。

显然,所谓"知识工人",不仅仅是指那些坐在办公桌后面的员工,而是包括公司各部门,从总部到具体岗位的各种人员。知识工人一般应受过中等以上教育。知识工人与普通劳动者的一个最大不同,在于他们已属于"有知识"的人。迎接知识经济的挑战,又为何要提出一个"劳动者知识化"问题?这需要从道理上搞搞清楚。

首先,众所周知,知识经济本来就是以现代科学技术为核心的、建立在知识和信息的生产、分配和使用之上的经济。科学技术不是空中楼阁,它必须有人的载体和物的载体。一个企业只有拥有一批高智力的专门技术人才,才能从事知识创新和高科技领域的管理。即是说,知识企业首先要成为高智力劳动者的集合体。这点无需在这里多讲。

其次,又必须说,在知识企业里,除了必须拥有一定量的高智力专门人才外,普通劳动者也必须掌握一定的科技知识和技术,特别是信息技术,具备信息处理能力。之所以有这样的新要求,完全是由知识企业的生产经营活动的新特点所决定的。在知识企业里,员工要参与知识的集体创造和共享,应当在任何地点都能获取信息和互相联络。现在看,移动电话、笔记本电脑和袖珍电脑,已经提供了这种可能。不是说在知识企业里,不存在普通劳动者,但知识劳动者将成为劳动力的主体,也是不言自明。借用眼下流行的话说,知识经济时代是一个知识大爆炸和信息大交流的时代,不掌握一定的科技知识,不懂网络、不懂电脑、缺乏信息方面的知识与能力,将成为新时代的文盲。

总之,知识经济要求劳动者成为知识劳动者。搞四个现代化,也应是先"化"人,后"化"物。大家知道,我国劳动者平均文化程度低,更缺乏高智力的专门人才。提高劳动者的科技文化水平已是一项紧迫任务。这里有几个方面的人才培养问题:一是要坚持进行教育改革,用现代教育观、现代教育内容、现代教育方法和手段,加快培养现代化人才。二是要更大地发展职业教育和继续教育。调查证明,不仅我国的普通劳动者有个提高科技文化水平的问题,企业现有科技人员也急需更新知识。现在,科技人员下岗的已不在少数,并且同样存在再就业难的问题。出现这种情况,主要是他们的知识老化,专业技能单一,在知识经济时代,知识更新快,就是近些年培养的一些硕士、博士,如不注重于知识的补充提高,也可能落伍。

看得出来,随着知识经济的来临,这种企业对劳动者素质提出的新要求,已经开始在我国显露。现在的实际情况是,一方面,有大量下岗、失业人员无事干;另一方面,有不少工作岗位又无人能干。相比之下,有专门知识、有一技之长的人,找工作远较无专门知识、无一技之长的人容易。许多下岗工人,通过刻苦学习,有了一技之长,便很快找到工作。也有些下岗职工,以这样那样的理由拒绝学习,结果只好长时间待业。学习当然要有投入,但这个投入"值"!

知识经济是一个以知识为资本的时代。在知识经济社会里,每个人都能通过各种方法使自己更有价值,拥有更多的财富。知识化已成为当代世界的潮流。这就不仅要讲企业家、管理者的知识化,而且要讲一般劳动者的知识化。过去常讲,知识分子是工人阶级的一部分;现在强调的,已是普通劳动者应成为有知识的劳动者。这是了不起的一大历史进步!

十三、知识经济与劳动就业

知识经济的兴起,将对劳动就业产生重大而深刻的影响。我国人口众多,就业问题十分突出。迎接知识经济的挑战,解决就业问题,必须采取正确的对策。

首先,要正确看待知识经济对劳动就业带来的影响。总的说,知识经济的发展,对劳动就业既有正面的积极作用,又有负面的消极作用。现在就已经看得清楚,知识经济的发展,高新技术产业化的发展,将不断开发新的就业领域。美国是知识经济的先锋,这些年来经济持续增长,同时又保持了较低的失业率,主要就是得益于高新技术产业的发展,仅1997年美国高科技行业就创造了24万个高薪就业机会,其中23%在硅谷。有资料说,印度软件业的崛起,也在国内外为印度人提供了几十万个高薪就业机会。在我国,高新技术开发区已成为经济的重要的新增长点,也为劳动者提供了大量就业机会。从知识经济时代的就业趋势看,一方面,新兴的高新技术产业不断地提供新的就业岗位;另一方面,为其发展提供服务的行业所提供的就业岗位也在不断增加。

进一步说,知识经济的发展,使就业结构发生变化。一是服务业就业人数将大大高于物质生产部门的就业人数;二是脑力劳动者人数高于体力劳动者人数。知识经济下,劳动力市场对专门人才需求增加,被录用者也将获得较高的工资(故有"高薪就业"一说)。这对于低技能工人具有负面影响,相对需求降低。30年来,美国的企业的生产一直在增加,而工人人数却由占劳动力人口的33%减少到17%,今后还会进一步减少。从发达资本主义国家的情况看,知识经济的发展将使财富更加集中,小部分有知识的人将占有大部分的财富。知识经济是把双刃剑。引导得当,新技术革命将促使社会生产力大发展,人类得以享受发展程度更高的新文明;但如果使其负面影响发展,多数人不能从中获利,给人类带来的将是苦果。当然,所有制是生产关系的基础。以私有制为基础的社会解决不了社会分配不公的问题。我们是社会主义国家,要在实践中把这一问题解决好。

在知识经济和市场经济条件下,就个人说,缩小收入的差距首先在于缩小握有知识的差距。应看到,知识经济对每个劳动者都提出了更高要求。现在就可以看到,我国目前出现的下岗职工中,大多数人是文化素质、工作技能较低的;在劳动力市场上,有一技之长的劳动者,找工作远较普通劳动者容易。所以,我们必须认识到,无论专业技术人员或是一般劳动者都要注重学习。现在,许多做父母的舍得在子女受教育上花大本钱,这是很有发展眼光的明智之举。

迎接知识经济挑战,解决我国劳动者的就业问题,从国家说必须采取正确的应对措施,包括:(1)更好地贯彻落实"科教兴国"方针,更大、更快地发展教育;(2)强化劳动者技能培训,提高劳动者素质;(3)加快发展高新技术产业,开拓新的就业门路;(4)基于我国的基本国情,三产要加快发展,但也要看到劳动密集型产业仍有很大发展余地,同时三产的发展也必须以一产、二产的发展为基础;(5)坚持多渠道就业,特别是要大力倡导自谋职业。知识经济的发展,不是使个体、私营经济存在、发展的空间缩小,而是使其存在、发展的空间放大。当然,这是对有知识的劳动者讲的。报载,现在在有的资本主义国家,如美国,一些与电子有关的大公司,已是约有60%的员工在公司和家里两头上班,余下的40%则完全在家办公。

十四、知识经济与知识产权保护

前面,在谈到知识经济的基本特征时,我们已指出,知识经济是以无形资产投入为主的经济。与此相联系,知识产权保护问题便突出起来。

知识经济是知识化的社会。在知识经济社会里,资产的主要形态就是知识。这就必然提出或凸现出一个知识产权问题。知识产权,简单地讲,就是知识的所有权。确切地说,是指法律规定的公民、个人或法人,对其在科技、文化等知识领域中创造的成果所享有的专有权。地域性、专用性和时间性成为它的主要特征。就内容说,知识产权通常分为工业产权和版权。工业产权狭义上指专利权和商标权;广义上包括发明、发现专利,实用新型专利,外观设计专利,商品和服务商标,商业秘密、店名、产地名称或产地标记的使用权以及制止不正当竞争等。

传统工业经济需要大量资金、设备,有形资产起着决定的作用;而知识经济在资源配置上,则以智力资源、无形资产为第一要素。知识就是智力资源,智力资源是知识经济的基础。在市场经济下,投入要求相应回报,否则就不会有投入和开发。如知识得不到尊重,侵犯知识产权的欺诈行为得不到有效制止,就难以真正调动起拥有知识的人才的积极性,必然影响知识的创新,知识经济也就不能顺利发展。从这里说,知识产权化正是知识经济发展的一个基础条件。保护知识产权,靠道德培养,更要靠法律的硬约束。健全的知识产权法,包括《著作权法》、《专利法》、《商标法》、《技术合同法》、《科技成果转化法》、《反不正当竞争法》等,其中,专利、商标、版权是知识产权法律体系的三大支柱。同时,还需建立各种知识产权保护组织。

建立社会主义市场经济体制,实现同世界经济的接轨,已使知识产权保护成为一个摆在我们面前的重要问题。对此,我们必须有个正确态度:一是,我国必须建立和完善自己的知识产权保护体系;二是,我们在同世界各国的经济交往中,要注重维护自己的利益;三是,要从自己的实际出发,稳步前进。发达国家建立、健全知识产权保护体系用了上百年时间,直到现在仍是问题多多,要求作为发展中国家的我国在短期内达到同样标准不现实。特别要指出,改革开放以来,我国的知识产权事业发展迅速,各方面都取得了很大进展,以专利、商标、版权为三大支柱的知识产权法律体系已基本形成,知识产权执法体制也日趋完善,这已是有目共睹。当然,我国的知识产权立法仍然存在一些不够完善的地方,对侵犯知识产权的行为还打击不力,假冒伪劣商品屡禁不止。在健全和完善知识产权法律保护制度方面,还有很长的路要走。

这里还要说说科技成果的转化问题。一般地讲,财产有三类,即动产、不动产和知识财产。从这一方面说,知识必须经过注册登记等法律程序才能成为资产,否则就得不到法律保护;从另一方面说,知识可以成为资本,但并不能自动地成为资本。换句话讲,知识经济中的"知识"并不是直接生产力,只有将它投入到生产过程中,才能转化为直接生产力;科技成果的拥有者,不进行成果转让,不将其直接投入到生产过程,其知识的价值也不能得到实现。这就要求在知识与资本之间,建立一种转换机制,以便将知识创新成果迅速地转化为现实生产力。而实现这种转换,在市场经济下主要又只能依赖于市场。据说,发达国家科技成果转化率达到50%,而我国还不到10%。这说明,我国的科技成果转化率依然甚低,在知识创新资源上存在很大浪费。这既与科技体制改革不到位、科研脱离实际有关系,更与以人才市场、技术市场为主的知识市场的发育不成熟、不完善有关系。

十五、知识经济与世界经济一体化

知识经济是在全球(世界)经济一体化大趋势下发展的。更有的直接把世界经济一体化或经济全球化,看做是知识经济的基础,或人类进入知识经济社会的标志。因此,我国发展知识经济,必须考虑世界经济一体化的背景,并实行相应的发展战略。

人们看到,以商品、服务和资本跨国交流的迅速扩张为主要特征的世界经济一体化趋势,已愈来愈明显。在世界范围内,各国之间在经济上越来越多地相互依存。亚洲金融危机对多个国家经济的震荡是又一例证。经济一体化确已是世界经济发展的一大必然趋势。随着微电子技术、多媒体技术等的发展,互联网遍及全球,整个世界的产业发展日渐呈现出一体化特征。一方面,分工更细,增加了生产的国际合作机会;另一方面,国际分工已不单是劳动分工,而是技术分工,服务、专利、信息技术等知识类商品日益成为国际贸易的主要交易对象。

进一步讲,知识经济又是在世界经济一体化条件下的经济。知识经济依靠无形资产的投入实现可持续发展的前提,正是依靠世界经济一体化。这主要是由于:第一,就知识创造说,高新技术产业的产业技术领域十分广阔,没有哪个国家能创造出它所需要的全部信息和知识。仅以信息科学为例,任何国家都不可能在计算机、微电子技术、光电子技术、芯片技术、大规模集成电路技术、光纤技术、多媒体技术、网络技术和软件技术以及层出不穷的高新技术中全面领先。任何一个国家都可以充分利用自己的智力资源,发挥自己的优势,集中力量突破,在世界大市场中占有一席之地,成为世界经济一体化不可或缺的部分。第二,从知识的价值,即高技术含量商品的价值实现说,又要求市场的国际化。第三,知识的基础构件是全人类的财富,知识产权超过一定时限就不再属于个人或法人。信息服务的根本性特征在于其分散性和共享性。现代高新技术具有高创造性、高渗透性和高投入、高风险性,并在发展过程中呈现出科技一体化、研究开发国际化的趋势。生产、市场的国际化,又引起交通、金融、信息等的国际化。

面对世界经济一体化趋势,高新技术领域的竞争受到各国政府的空前重视,有远见的国家纷纷制定相应的战略对策。发达国家对此反应尤为迅速,早在20世纪90年代初就着手调整经济发展战略,大力发展信息高速公路等知识经济的支柱技术和产业。一些发展中国家,也紧紧抓住世界科技革命所带来的新机遇。如印度,近些年来在加强科学研究和信息技术、大力发展电脑软件产业方面,就已取得突出的成绩,迅速成为世界第二大软件出口国。

发展知识经济,我国必须大力发展属于自己的高科技。否则不能在高新技术及其产业领域占据一席之地。中共中央、国务院《关于加强技术创新,发展高科技,实现产业化的决定》已下发执行。这是党和国家坚定不移地落实党的"十五大"提出的"科教兴国"战略和可持续发展战略的重大举措,同时也是推进我国知识经济发展的强有力措施。必须清醒地看到,世界经济一体化或经济全球化趋势,对经济文化发展还比较落后的我国来说,是发展的新机遇,又是严峻挑战。我们既要看到有利条件,又要看到不利因素。要胜利实现我国既定的经济、社会发展目标,必须正确处理好多方面的复杂关系。特别是我们一方面要深化改革、扩大开放,另一方面又必须发展民族工业,保持国家经济独立,维护国家的经济安全。这本身就是一个必须做深入研究的问题。能否把这一问题解决好,将是历史对我们提出的新考验。

21世纪是知识经济的世纪,同时又将是一个世界经济一体化大大发展的新时代。改革、开放使东方巨龙腾飞。21世纪的中国必将变得更强大!

十六、知识经济与"知识经济学"

已很少再有人怀疑,21世纪将是知识经济的世纪。

知识经济,从其基本含义说,就是"以知识为基础的经济",即"建立在知识和信息的生产、分配和使用之上的经济"。一切经济新时代都产生出新的经济理论。"知识经济学"已由"信息经济学"揭示给经济学家。

以上所进行的对知识经济的初步探讨说明,在理论上,应该把知识经济看做是"后工业社会"的继续和对工业经济的超越。而构成"知识经济学"理论基础的则是"科学技术是第一生产力"。马克思早就揭示出"科学是生产力"。随着由农业社会到工业社会、再到向"后工业社会"的发展,科学技术在社会经济发展中的作用,是愈来愈重要了。邓小平同志关于"科学技术是第一生产力"的思想,正确地反映了科学技术在当代发展的新形势,是对人类新的丰富实践经验的科学总结,也是对马克思主义理论的重大发展。"第一生产力"即起决定作用的生产力,是经济增长最重要的内生变量。知识经济时代就是科学技术是第一生产力的时代。

把知识经济看做是"建立在知识和信息的生产、分配和使用之上的经济",也可以设想按照知识的生产、知识的分配和知识的使用的逻辑顺序,来进行"知识经济学"的理论架构。不过,现在人们还只是朦胧地意识到,未来知识经济将是以知识为最基本的生产要素,以现代科学技术为核心,以智力资源为基础或首要依托,所有的经济行为都依赖于知识的存在和创新的一种经济新形态。但从全球范围看,知识经济才开始萌芽,还没有跨入知识经济新时代,它的全部特点、运行规律及其对未来社会的影响尚未充分展现,创建体系完整的"知识经济学"还难以做到。或许,作为一门新的经济科学,"知识经济学"应该着重研究如下问题:(1)作为发展最重要原动力的科学技术的发展;(2)知识经济的基础及其特征;(3)知识的生产;(4)知识的传播、使用;(5)知识资本及其运营、管理和评估;(6)知识经济社会的财富分配;(7)知识经济社会的文明;等等。

知识经济是一种全新的经济。在这种经济形态里,知识成为一种最基本的生产要素,发展依赖于知识创新、积累,社会从"资本积累"为核心的生产,转向"知识积累"为核心的生产。知识可以再生产,是无形的,它在人的头脑中。这种根本性的变化,使传统经济学的很多规律、原理已很难再完全适用于知识社会。

　　传统经济学主要是研究的工业社会的经济。如劳动价值论,讲商品的二重性和创造商品的劳动的二重性,讲使用价值、价值和交换价值,讲具体劳动和抽象劳动、个别劳动和社会劳动、简单劳动和复杂劳动,讲商品与货币、价值与价格、价值与剩余价值,等等,对传统工业社会的价值创造还是能很好说明的。而知识经济中的知识则很难用价格衡量,定价也无标准,特别是对"一般所说的劳动"在社会生活中所起作用需重新认识。传统经济学体系是建立在物质生产要求之上的,而知识作为一种商品则具有许多独特性。知识经济下,经济发展主要不是靠体力,而是靠智力。时代的主流是以高科技为代表的脑力劳动在领导着社会的进步。经济学如果仍然停留在以繁重体力劳动为研究对象的价值理论上,就不能对发生在我们身边的许多社会现象作出自圆其说的解释。至于知识经济的发展必将引起管理科学的革命与创新,就更加明显。完全可以这么说,知识经济时代的到来,无可避免地将引起传统经济学和经济管理模式的革命。研究知识经济理论也同样有个必须坚持进一步解放思想的问题。

　　(原载《新闻通讯》1998年第9—12期、1999年第1—12期,特约撰写)

香港经济考察

1991年9月份,笔者有幸受江苏省人民政府的委派,随团赴香港参加香港中华总商会主办的第28期工商研讨班,对香港经济进行了实地考察。一个月的时间,对全面了解香港经济还只能是"走马观花"。但也确是机会难得,获益匪浅。这里拟就香港经济的结构及其运行说些看法,并试着分析一下,从香港经济的较快发展中,能够得到些什么启示。

发展概况

香港有1074平方公里,581万人口(我国同胞占98%以上)。然而,就是这样一个"弹丸之地",既无自然资源,又无西方资本主义几百年的资本积累,近30年来经济的发展却取得了令人瞩目的成就。据统计,在过去30年里,除去个别年份,香港经济的平均增长率介于8%~9%之间。1990年全港国民生产总值(按当时市价计算)5461亿港元,人均折12000多美元,在亚太地区仅次于日本,列"四小龙"之首。

香港为什么在不长的时间内竟能创造出这样的奇迹呢?直至1949年新中国成立时,香港虽已拥有200多万人口,但那时还只是一个转口港,没有自己的工业,经济发展远不如当时的上海,也比不上广州。新中国诞生后,美国打着联合国的旗号对中国实行禁运,香港的转口贸易被迫中止,于是转向发展轻工业,进行所谓的"工业革命",利用世界发达国家调整经济结构的机遇,在一二十年的时间内,由单纯的转口港逐步转变成一个以加工业为支撑,出口导向的工业城市。可以说,这是外部条件变化所促成的香港经济的第一次结构性转变和调整。随着中美关系松动,香港同内地的贸易亦出现了新的转机,特别是随着中国实行改革开放政策,香港同内地的经济关系进一步密切,更给香港经济发展带来一个千载难逢的绝好机会,并由此引发了香港经济一系列新的结构性转变:(1)转口贸易剧增,出口更多地转向转口。1988年转口首次超过出口。到1990年,在出口总额中,转口贸易已占到64%强,成为亚洲最大的转口贸易中心。而转口货物的80%又与内地有关。(2)为降低生产成本,港商把大批占地多、用工多、技术要求不高的产品转向内地加工(主要在珠江三角洲地区。这一地区为港商加工产品的工人就多达二三百万人,为在港生产工人的二至三倍,港商在内地办厂付给工人的工资仅为在港工人的1/10,地价更不可比);与此同时,本港的加工业则转向生产技术密集型产品,相应地制造业内部也发生了变化,传统的纺织业比重由70年代的27%下降到16%,而电器和电子工业所占比重则由9%上升到15%。(3)资金和劳动力更多地转向服务,从而引起制造业在生产总值中所占比重的下降和服务业所占比重的上升。如制造业在生产总值中所占比重1970年为31%,1989年下降至18%;服务业在生产总值中所占比重,1970年为60%,1989年上升至67%。制造业雇员人数在总劳动人口中的比重,亦从41%下降至28%。

  就其结构讲,香港经济总的是循着由低度化向高度化的轨迹发展的,但并不具有独立经济的完整性,个性十分突出。主要表现在:

  从作为社会生产关系基础的生产资料所有制看,香港经济中的"公有经济"(依法为香港政府所有的一种类型的国家资本主义经济)在整个经济中所占比重相对较低,且多为"公有私营"(如港口、机场、铁路、地铁等),或参股私营公司(如空运站),或为半官方机构所实际占有(如出口信用保险局、工业村公司等)等作为其存在形式。以港内、港外分,港商的投资只在制造业中占第一位。外资中,投资于制造业以美国资本为最多(占全部外来投资的3/4,其次是我国内地和英国);在商业中,投资最多的则是日本(占香港商品零售总额的40%);至于金融,世界100家大银行中3/4以上在香港都有业务,可以说香港的金融活动实际上是操纵在港外银行手里。所有这些,又都说明香港经济是带有很强国际性的经济。

就产业结构说,工业、贸易、金融、房地产和旅游被称为香港五大经济支柱。若用三个产业划分,第一产业大大落后,所占比例不到1%,而且还在继续降低;第二产业在60—70年代里曾是香港经济的主体,但进入80年代后所占比重明显下降;第三产业高度发达,尤其是贸易。1990年,全港对外贸易总额(值)高达12824亿港元(其中,本港产品出口2259亿港元,转口4140亿港元,入口6425亿港元),出口值占全世界的2.4%,进口值占2.3%,在世界商品贸易主要进出口国家和地区中居第11位。现在,贸易已成为香港经济结构中比重最大的产业,1990年的贸易总值相当于本港生产总值的2.32倍,对外贸易经济在香港国民生产总值中所占份额已达23.9%。自70年代中期起,香港金融业发展迅速,逐渐成为重要的国际金融中心,成为香港经济中仅次于对外贸易的第二大支柱产业(在生产总值中所占份额为19.7%)。在香港考察,信息传递和处理手段的现代化给人的印象尤为深刻,香港不仅是世界贸易、国际金融和航运的中心,而且已发展成为世界信息的中心。从这方面讲,香港经济的最大特色正在于它是以服务业为中心的经济。

在工业经济方面,从生产结构看,比重较大的有制衣业、纺织业、电子业、钟表业、塑胶业和首饰业;从规模结构看,100人以下的工厂占到97%,10人以下的小厂占73%。此外,香港工业还带有这样一些特色,即承包业务发达,按买家给样生产,经营灵活,多层工厂大厦,这点在世界上更是独一无二的。香港工业原料全靠进口,而生产的产品则95%要销到港外去,这种类型的"大进大出、两头在外"表明,香港经济又是发展成熟和独树一帜的外向型经济。

原因探析

香港经济的成功,主要应归之于如下几个方面的因素:

1. 特殊的地理位置。这里所说的"地理位置"因素,既包括自然的、历史的,也包括经济的和政治的。如上讲过,香港面积狭小,不仅缺原料,而且缺粮、缺水,其产品又差不多全部要销到港外,这不能不是其发展的劣势。但它处于亚太地区中心,不仅是天然良港,而且背靠幅员辽阔、拥有11亿人口的内地,在特殊历史条件下维持了经济、政治的相对稳定,这无疑又是香港经济发展的有利条件,也是"四小龙"中的其他三条龙所没有或不好比的。特别是中国的改革开放,更使香港直接受益,可谓"得天独厚"。

2. 港府对经济运行奉行"积极不干预政策",重在做好服务,从而为企业的生产经营活动创造出一个适宜的外部环境。韩国、新加坡、中国台湾地区和香港地区"四小龙",都是实行的所谓"自由经济"即自由资本主义制度,但政府在经济发展中所起作用或管理经济的方法,则呈现出差异性。一般认为,韩国政府对经济干预大,新加坡政府和台湾当局对经济有一定干预,而港府对经济活动的干预则相对要小。在香港,不论是港府官员,还是企业界人士和专家学者,一说起政府在经济发展中的作用,无不指明港府奉行的是"积极不干预政策"。

在一百多年时间里,港英政府在香港建立起一套庞大的公务员体系,在港督下设有14个决策科,由一大批司级官员分别掌握着65个政府部门,有总数达19.9万人(占全港劳动力总数的6.8%)的庞大的公务员队伍。与其同时,还设有一批直接为社会生产和生活服务的法定半官方机构(如生产力促进局、贸易发展局、出口信用保险局、工业村公司、职业训练局等)。这么多的官方和半官方机器;这么多的强将精兵,当然不是吃闲饭的。事实上,港府对经济活动的所谓"积极不干预",正表明政府很少直接同生产、贸易等的经营活动有关系,而是重在搞好本港的投资环境建设,私人部门无法提供的由政府提供,也的确是做出很大成绩。这里所说的投资环境建设,既包括如港口、道路、通讯和填海造地、市镇建设等基础性设施在内的所谓"硬环境",又包括管理制度、政策、结构等在内的所谓"软环境"。经过多年建设,香港的港口、机场、道路、通讯等基础性设施已属世界第一流的。在港期间,我们特别考察了香港的工业村,填海造地(已做到水、电、路齐全),广招八方来客,既做到了统一规划,又为厂商来此投资办厂创造了条件。生产力促进局等半官方机构,对香港经济发展所起的推进作用也是明显的。以上也讲过,企业规模小正是香港工业的一大特色。这些半官方机构所做的,正是单个小厂所无力做的。如生产力促进局的一项重要工作是推广新技术,它研制出新技术,尔后低价转给厂商生产。又如贸易发展局和出口信用保险局,对推进香港贸易、特别是小厂产品的出口也是出了大力的。尤其值得一说的是港府十分重视智力投资,除提供九年免费教育外,港府还专门设立了半官方的职业训练局,年支出达 12.3 亿港元之多,年训练 10 万人次(有就业前培训,有就业后教育)。据统计,从 1949 年到 1988 年的 39 年中,港府在教育方面的开支增加了 681 倍,年增长 18.7%。1990 年用于教育方面的投资,占到政府财政支出总额的 18.5%,是政府列支项目中开支最大的一项。出于吸引外来投资等方面的考虑,在香港,不仅免收关税(烟草等个别货品除外),薪俸税和利得税也都实行低税率(薪俸税最高不超过 15%,利得税最高不超过 16.5%);不仅可以自由换汇,而且得以自由汇进、汇出等。

3. 法律制度健全。给人印象突出的是,经过多年实践,在香港已形成一整套与经济运行相适应的法律制度。这就从又一个侧面说明了所谓"积极不干预"的涵义。如要从事工业经营,就有"工厂及工业经营条例"监管,该条例对从事机器制造、电力生产、危险品生产、建筑业等各个工业部门的动作及经营都有明确规定,不厌其详。要创办公司,则又必须遵守"公司条例"、"合伙经营条例"以及"有限责任合伙经营条例"的规定。在银行和金融方面,港府更制定了"银行条例"、"外汇基金条例"、"金融保险公司条例"、"证券条例"、"保障投资者条例"等多种条例。1980 年,当香港的 4 间股票交易所要合并时,港府还专门为此制定了"证券交易所合并条例"。有趣的是,港府制定的一系列法规并不只是管平民百姓的。为医治贪污痼疾,特设立了廉政公署;为提高政府机关的办事效率,规定对出口签证必须在 48 小时内办妥,否则将受到投诉。这就足以说明,港府对经济活动的所谓"不干预",决非对经济运行的放任自流,而是重在服务、以法制港。从而,不仅为企业的生产经营活动创造出良好的条件,而且保证了经济运行的有序。

4. 自由竞争,机制灵活。香港经济接近于较纯粹的自由资本主义经济(或者说是较为纯粹的资本主义市场经济)。这种经济,在老牌资本主义国家中早已成了历史的过去。

香港经济在其运行中,是商品经济的基本规律即价值规律在背后发生着支配作用。香港政府从不对在港的哪家企业实行政策优惠,而是倡导企业间的自由竞争,优胜劣汰。在香港,资本自由投放、自由转移,一切都为着赚取利润,人们的价值标准也与内地有很大不同。考察后知道,尽管在港的大公司很多,但还说不上存在垄断造成生产和技术发展停滞的问题。事实上,在香港这样一种地方,要垄断又谈何容易。在香港也有独占性经营(如煤气、电话、电讯、轮渡公司、巴士公司等),但都有各自的专利监管制度。私有企业有个最大的特点,就是产权关系明晰,经营机制灵活,只要能提供一个适宜的投资环境,竞争起来劲头是很足的。再有,在香港已积累了多年的资本主义管理经验,管理的手段和方法也已是现代化的。如地铁,凭"通用储值票"进出,已基本实现自动化管理。当然,这种情况的存在,并不能证明私有制企业一定比公有制企业有活力。只是表明作为一种特殊,像香港这样一种自由企业制度目前和在一定时间内,还是适合当地生产力发展的。其实,香港经济自身的弊病和弱点亦十分明显。除去资本主义私有制造成的贫富不均、发展不平衡、较严重的通货膨胀、制造业的衰退等不说,香港经济的对外依赖性和脆弱性是一目了然的。如何才能改变香港经济的这种致命的弱点呢?在我看根本的考虑有二:一是进一步优化结构。我认为,港商转向内地加工,制造业的资本和劳动力向服务转移,在自由经济制度下都可以理解,也不可怕。令人担心的倒是港府推动传统加工业向高技术产业转换的意愿能否变成现实的问题。我们在香港了解到,由于在内地加工有廉价劳动力,市场又有需求,迄今港商对推进技术进步还没有表现出多大的兴趣。另外,发展高技术产业带有高风险并需要高投入。在香港这样一种小企业挑大梁、政府又不给单个企业的政策优惠的条件下,如何推动传统加工业向高技术产业转移,至今还是一个没有解决的问题。二是应进一步密切同内地的多方面联系。随着中国实行改革开放政策,内地与香港的经济联系已较前密切多了。现在,香港不仅主要在做内地的转口生意,而且双方已互为最主要的贸易伙伴。内地和香港之间的双向投资也呈现出日渐增大的势头。还有香港的货币发行是实行"外汇基金制",即不设中央银行,要托汇丰、渣打两家外国商业银行代发港币。对这点,港内外的看法也并不一致。总之,促使香港经济结构进一步走向高度化,也就增大了香港经济在世界市场上的发言权,其结果必然是使得香港经济较能经得起外来风浪的冲击;同样,进一步密切香港经济同内地经济的联系,也定将成为稳定香港经济的一个重要因素。

几点启示

香港实行的是资本主义制度,而内地实行的则是以公有制为基础的有中国特色的社会主义制度。因此决不可以认为,在香港适用的,也一定适用于内地。但内地和香港又都是从事社会化大生产和实行的商品经济制度,香港经济在不长时间内能达到今天的水平,确有不少成功的管理经验和做法值得我们借鉴。

1. 政府对经济的管理应重在服务,必须进一步解决好政企职责不分的问题。企业缺乏应有的活力,至今仍是一个没有得到很好解决的老大难问题。从港府所奉行的所谓"积极不干预政策"中,我们不难受到一些启发。自然,由于作为内地生产关系基础的是公有制,因而政府对经济的管理,也不可以简单地照抄照用港府的做法。这主要是说,我们所实行的是公有制基础上的有计划的商品经济,政府除负有对社会经济活动的一般行政管理职能外,还要以所有者的身份对国有资产进行有效的管理,现在看,按照"一分离、两分开"或"三分开"(指所有权和经营权的分开,政企职责分开,国家对经济的一般管理和对国有资产的管理分开)的理论和构想进行的改革的大方向并不错,问题在于如何深化下去。主要有这样几个问题:一是循着"国有不等于国营"的改革方向继续前进。企业承包经营责任制应进一步完善,对股份制的试点也完全可以加快一些。二是更快地把政府对经济的管理由直接管理转向间接管理,以切实解决企业的自主经营权不落实的问题。港府重视基础设施,做企业不能做的事,为工商企业发展提供了一个高效的社会化服务系统,这种做法的确值得借鉴。三是必须进一步加强法制建设。香港的情况说明,有了完善的法律制度,企业从事生产经营活动才有法可依,经济运行才能做到高效、有序。特别是《公司法》、《证券法》等,应尽快制定。

2. 努力为各类企业间的公平竞争创造条件。港府不给单个企业以优惠,意在创造一个自由竞争的外部环境。这也正是商品经济本身所要求的。自实行改革开放政策以来,就发展速度说,我国国营经济比不上集体经济(特别是乡镇工业),更比不过私营经济,从国内企业与"三资"企业的发展看,前者更明显地低于后者。造成这种情况在很大程度上应归之于改革的不同步。在香港,有的对内地给"三资企业"以政策优惠不理解,说要优惠也应首先对国内企业优惠,这是不了解中国国情。但这种不理解本身也包含一定合理的因素,从本来意义或长远说,作为独立商品生产者之间的竞争,是同等外部条件下的竞争,而不能寄希望于给单个企业以优惠。

3. 必须十分重视信息。香港的企业绝大部分都是小企业,但却能够把95%的产品销到港外去。在很大程度上这应归之于香港的企业信息灵。我们习惯说小船绑在大船上才能漂洋过海,对此,香港企业界人士的看法亦与我们有不同。他们认为,小企业转产快,经营灵活,这是大企业比不了的。只要信息灵,就能在激烈竞争的国际市场上找到自己的位置。

4. 更大地重视教育。香港经济的成功给我们的又一个启示，就是要更快地发展经济，必须极大地重视智力投资。给人印象尤为深刻的是香港的就业前培训和在职教育，这点的确值得内地借鉴。当然，更快地发展教育，先要有资金，香港的有些做法内地一时还难以做到，但适当增加一些教育经费，进一步提高资金使用效益，还是能办得到的。

5. 要研究如何把社会闲散资金转变为生产资金。内地城乡居民手中握有的银行存款多达数千亿元。钞票多了不可怕，但总要有个体制将闲散资金收回。受香港经济得以较快发展之启发，我以为大的出路有二：一是发展房地产业，引导居民置房地产；二是更快地发展股份制，并允许个人购买股票。发展房地产业，也有个需要明晰产权的问题。城市的土地归国家所有，私人买房是买的使用权，这是明确的；但这里有个如何正确处理中央和地方利益关系的问题。必须明白，居民手中的巨额存款是继续存在银行，还是直接将其转变为生产资金，其效果大不一样。该是转变观念的时候了。

6. 深化内地和香港之间的经济联系，充分利用香港"窗口"作用。内地企业问题有两个：一是缺乏国际市场；二是技术落后，更新改造又缺乏资金。这两点，正可能从进一步发展内地和香港之间的经济技术合作中得到一定弥补。途径之一是发展内地企业同香港企业间的联合，合作对双方都有好处；途径之二是借港办厂和借港出海；途径之三是加强内地驻港机构，并充分发挥其作用（特别是集资作用）。我们相信，只要努力做工作，充分利用香港窗口，促进内地与香港贸易、工业、金融、科技全方位合作是完全可能的。

(原载《江苏经济探讨》1991年第12期)

李富阁论著要目

1.《发展中的江苏企业集团》(主编),江苏人民出版社 1988 年版。
2.《企业集团的功能及发展研究》(主编),江苏人民出版社 1989 年版。
3.《中国企业集团的兴起》(主编),江苏人民出版社 1990 年版。
4.《中国企业集团的建设》(主编),江苏人民出版社 1993 年版。
5.《仪征化纤》(副主编),《中国国情丛书》,当代中国出版社 1994 年版。
6.《企业集团建设新探》(第三作者),江苏人民出版社 1999 年版。
7.《蓝皮书 1998:江苏经济形势分析与预测》(副主编),江苏人民出版社 1998 年版。
8.《蓝皮书 1999:江苏经济形势分析与预测》(副主编),江苏人民出版社 1999 年版。
9.《蓝皮书 2000:江苏经济形势分析与预测》(副主编),江苏人民出版社 2000 年版。
10.《江苏经济 50 年》(主编),江苏人民出版社 1999 年版。
11.《南京工业结构调整和产业升级》(第一作者),南京出版社 2001 年版。